Dana-Livia Cohen
Wolfgang Knapp
Christian Könne

QUEER IM LEBEN!

Geschlechtliche und sexuelle Vielfalt in Geschichte und Gegenwart der Rhein-Neckar-Region

Bearbeitung und Redaktion: Andreas Schenk

MARCHIVUM

MANNHEIMS ARCHIV
HAUS DER STADTGESCHICHTE
UND ERINNERUNG

DANA-LIVIA COHEN / WOLFGANG KNAPP / CHRISTIAN KÖNNE

QUEER IM LEBEN!

GESCHLECHTLICHE UND SEXUELLE VIELFALT
IN GESCHICHTE UND GEGENWART DER RHEIN-NECKAR-REGION

BEARBEITUNG UND REDAKTION: ANDREAS SCHENK

verlag regionalkultur

Umschlagabbildungen
Vorderseite:
Progress-Pride-Flagge mit dem Wasserturm am Mannheimer Friedrichsplatz, 2022. Kathrin Schwab, MARCHIVUM
Rückseite: Liddy Bacroff, 1933. Staatsarchiv Hamburg StAHH 242-4

Titel:	QUEER IM LEBEN! Geschlechtliche und sexuelle Vielfalt in Geschichte und Gegenwart der Rhein-Neckar-Region
Reihe:	Schriftenreihe MARCHIVUM Nr. 9 Herausgegeben von Ulrich Nieß
Autor*innen:	Dana-Livia Cohen, Wolfgang Knapp, Christian Könne
Bearbeitung und Redaktion:	Andreas Schenk
Herstellung:	verlag regionalkultur
Layout und Satz:	Jochen Baumgärtner, Melina Lamadé, vr
Umschlaggestaltung:	Jochen Baumgärtner, vr
Endkorrektur:	Andreas Schenk, Louise van der Does, Andrea Sitzler, vr

ISBN 978-3-95505-355-0

Bibliografische Information der Deutschen Nationalbibliothek
Die Deutsche Nationalbibliothek verzeichnet diese Publikation in der Deutschen Nationalbibliografie; detaillierte bibliografische Daten sind im Internet über http://dnb.dnb.de abrufbar.

Diese Publikation ist auf alterungsbeständigem und säurefreiem Papier (TCF nach ISO 9706) gedruckt entsprechend den Frankfurter Forderungen.

verlag regionalkultur
Ubstadt-Weiher • Heidelberg • Speyer • Stuttgart • Basel

Verlag Regionalkultur GmbH & Co. KG
Bahnhofstraße 2 • D-76698 Ubstadt-Weiher
Tel. 07251 36703-0 • *Fax* 07251 36703-29
E-Mail kontakt@verlag-regionalkultur.de
www.verlag-regionalkultur.de

INHALT

…DOKUMENTATION ZUM …EEREN LEBEN IN DER RHEIN-NECKAR-…

… Wolfgang Knapp und Dana-Livia C…
… aus Fernsehsendungen und Reportage…
… Statements zu…

GELEITWORT

Die vorliegende Publikation stellt die Geschichte und Gegenwart queeren Lebens in der Rhein-Neckar-Region und ihrer drei Zentren Heidelberg, Ludwigshafen und Mannheim erstmals in umfassender Weise dar. Der Blick in die Vergangenheit zeigt eindringlich, wie sehr queere Menschen auch in unserer Region verfolgt und ausgegrenzt wurden, wie sie um ihre Anerkennung und Rechte kämpfen mussten. Heute ist queeres Leben in vielen Bereichen sichtbar und akzeptiert. Trotz der Aufhebung des § 175, der die männliche Homosexualität unter Strafe stellte, der Einführung der Ehe für alle, der Möglichkeit für non-binäre Personen, im Personenstandsregister die Geschlechtsbezeichnung ‚divers' eintragen zu lassen, und anderer gesetzgeberischer Maßnahmen zur Stärkung der Rechte queerer Menschen sind aber immer noch Fälle von Diskriminierung, Diffamierung, offener Ablehnung und Gewalt zu verzeichnen.

Die Städte Heidelberg, Ludwigshafen und Mannheim haben es sich zur Aufgabe gemacht, ein Klima von Respekt und Wertschätzung gegenüber lesbischen, schwulen, bisexuellen, transgeschlechtlichen, intergeschlechtlichen und queeren Menschen (LSBTIQ+) zu fördern. Verschiedene Initiativen wurden ergriffen, beispielsweise wurden „Runde Tische" mit Vereinen und Akteur*innen der queeren Community ins Leben gerufen und Kontaktstellen für Anliegen queerer Menschen geschaffen.

Mannheim und Heidelberg sind Mitglieder des Rainbow Cities Network, eines internationalen Zusammenschlusses von Städten, die sich der Akzeptanz von queeren Menschen verpflichten. Als Freiheitsraum für LGBTIQ-Personen (LGBTIQ Freedom Zone) folgt Mannheim zudem der vielbeachteten Entschließung des Europäischen Parlaments, die Europäische Union zur LGBTIQ Freedom Zone auszurufen. Anlass war die zunehmend ausgrenzende und queerfeindliche Politik gegenüber lesbischen, schwulen, bisexuellen, transgeschlechtlichen, intergeschlechtlichen und queeren Menschen, insbesondere der Regierungen in Polen und Ungarn. In allen drei Städten setzen sich städtische LSBTIQ+-Beauftragte für die Chancengleichheit von Menschen vielfältiger sexueller und geschlechtlicher Identitäten sowohl innerhalb der Stadtverwaltungen als auch in der Stadtgesellschaft ein. Aus dem Mannheimer Bürgerbeteiligungsverfahren für den städtischen Haushalt 2019 ging außerdem das QZM, Queeres Zentrum Mannheim, hervor.

Alle drei Kommunen unterstützen queere Vereine, Initiativen und Aktionen, wie den Christopher Street Day, das Regenbogenfest, den Dycke*March Rhein-Neckar, das Queer Festival Heidelberg oder die Trans*Aktionswochen Rhein-Neckar. Das Stadtmuseum Ludwigshafen widmete sich 2015 in der Ausstellung „Vom anderen Ufer?" dem queeren Leben in Ludwigshafen. Das MARCHIVUM – Mannheims Archiv, Haus der Stadtgeschichte und Erinnerung – geht mit dieser

Publikation nun einen Schritt weiter und stellt die Geschichte queerer Menschen in der Rhein-Neckar-Region vor. Gemeinsam mit dem zum Buch veröffentlichten Film zeigt die eindrucksvolle Dokumentation einmal mehr, dass queeres Leben zur Vielfalt unserer Region gehört – eine Vielfalt, die es gerade auch in der heutigen Zeit gegen Ausgrenzung und Diskriminierung queerer Menschen zu schützen gilt.

Mannheim, Ludwigshafen, Heidelberg, im Juli 2022

Dr. Peter Kurz
Oberbürgermeister der Stadt Mannheim

Jutta Steinruck
Oberbürgermeisterin der Stadt Ludwigshafen

Prof. Dr. Eckart Würzner
Oberbürgermeister der Stadt Heidelberg

GRUSSWORT

Auf der Agenda des MARCHIVUM stand seit Langem die Absicht, das queere Leben in Mannheim als Teil der Geschichte dieser Stadt zu erforschen und in einer Publikation darzustellen. Nun wird dieses facettenreiche Thema erstmals umfassend, ohne Anspruch auf Vollständigkeit erzählt und zugleich der Blick auch auf das queere Leben in Ludwigshafen und Heidelberg wie der gesamten Rhein-Neckar-Region gelenkt. Dies trägt der Tatsache Rechnung, dass Mannheims queere Geschichte eng mit jener seiner Nachbarstädte und der Region verzahnt ist.

Die Beiträge berichten von Ausgrenzung, Diskriminierung und Verfolgung, aber auch vom Kampf für Anerkennung und Gleichberechtigung, von queeren Emanzipationen und Communities. Über viele Jahrhunderte waren Menschen, die wir heute als schwul, lesbisch, bi, trans*, inter*, queer bezeichnen, der Ächtung und Verfolgung ausgesetzt. Dennoch bildeten sich in unserer Region bereits um 1900 queere Communities, die aber nur im Verborgenen und immer mit der Angst vor polizeilichen und juristischen Unwägbarkeiten existieren konnten. Im Nationalsozialismus wurden die frühen Emanzipationsbestrebungen zerschlagen und erlebte die Verfolgung Homosexueller ihren traurigen Höhepunkt. Die Reform des § 175 im Jahr 1969 ging mit einem Aufbruch innerhalb der queeren Communities einher, die offensiv für Gleichberechtigung und gegen Vorurteile und Diskriminierung eintraten. Die Veröffentlichung schlägt den Bogen über weitere Themen wie die Aids-Krise und die Geschichte des CSD in Heidelberg und Mannheim zu den vielfältigen Formen queeren Lebens in der Gegenwart. Bereichert wird die Studie durch eine Filmdokumentation, die Ausschnitte aus Fernsehsendungen und Reportagen sowie aktuelle Zeitzeug*innenberichte und Statements zusammenführt.

Mit dem Wunsch, dass Buch und Film breite Resonanz finden mögen, danke ich allen Beteiligten. An erster Stelle sei Dr. Christian Könne genannt, der mit seinen Beiträgen den Hauptanteil der Texte trägt. Weitere Worte des Dankes gebühren Dana-Livia Cohen und Wolfgang Knapp, die das Werk mit ihren Schlaglichtern abrunden und auch für die filmische Dokumentation verantwortlich zeichnen. Zu danken ist außerdem Ali Badakhshan Rad, der als Filmemacher weiteren wichtigen Anteil an der Filmproduktion hat, sowie Dr. Andreas Schenk vom MARCHIVUM, der die Buchbeiträge und Bildauswahl mit großem Engagement redaktionell betreute. Dem verlag regionalkultur und seinen Gestalter*innen Jochen Baumgärtner, Andrea Sitzler und Melina Lamadé gilt für die gute Zusammenarbeit und die Sorgfalt bei der Umsetzung der Text- und Bildvorlagen ein weiteres Wort des Dankes.

Mannheim, im Juli 2022

Ulrich Nieß

Prof. Dr. Ulrich Nieß
Leiter MARCHIVUM

1 EINFÜHRUNG

Dana-Livia Cohen, Wolfgang Knapp, Christian Könne

Sexuelle und geschlechtliche Vielfalt von Menschen gab es immer. Ihre über Jahrhunderte währende, von Religionen und Staaten ins Werk gesetzte gesellschaftliche Stigmatisierung und Verfolgung trug zur Unsichtbarkeit von Menschen des LSBTI-Spektrums bei. Vor allem in westlichen Gesellschaften konnten LSBTI-Personen zusammen mit ihren Straight Allys (heterosexuellen und/oder cisgeschlechtlichen Verbündeten) in den zurückliegenden Jahrzehnten durch eine rechtliche wie gesellschaftliche Verbesserung das Versprechen der Menschenrechte, dass alle Menschen frei und gleich an Rechten geboren seien, zunehmend umsetzen. Eine völlige rechtliche Gleichstellung steht auch 2022 aus.

Der weiterhin bestehende Druck einer heteronormativen, cisgeschlechtlichen Gesellschaft auf LSBTI-Menschen zeigt sich beispielsweise in der Suizidrate von LSBTI-Jugendlichen, die 2017 vier- bis sechs Mal höher als in ihrer Vergleichsgruppe lag.[I] Eine Untersuchung der Antidiskriminierungsstelle des Bundes ergab 2017, dass 80 % der Befragten der Aussage zustimmten, dass homo- und bisexuelle Menschen in Deutschland diskriminiert und benachteiligt wurden. 10 % benannten Homosexualität als unmoralisch, 18,3 % als unnatürlich.[II] Die Studie „Sicher out" ergab 2018 speziell für die Region Rhein-Neckar, dass 44 % der Befragten wegen ihres Queerseins im zurückliegenden Jahr beschimpft wurde, 7 % hatten körperliche Gewalt erlebt und 21 % waren sexuell belästigt worden.[III] Die Zahl der Fälle von Hasskriminalität gegen LSBTI stieg zwischen 2019 und 2020 bundesweit um 36 %.[IV] Sich selbst als queer zu „outen", war und ist also weder selbstverständlich noch ohne Risiken.

VERFOLGUNGEN UND REPRESSIONEN

Anfang des 11. Jahrhunderts stellte das Decretum des Bischofs Burchard von Worms Regelungen zusammen, die „sodomitische" Handlungen im Bereich des Kirchenrechts bestraften. Katharina Hetzeldorfer wurde für ihr Zusammenleben in der Rolle eines Mannes mit einer Frau in Speyer 1477 im Rhein ertränkt. Der aus Mannheim stammende Psychiater Richard von Krafft-Ebing sorgte 1886 mit seiner Publikation „Psychopathia sexualis" für die Verbreitung des Konzepts, dass Homosexualität und Transidentität „Krankheiten" seien. Der Schulleiter Carl Friedrich Müller-Palleske in Landau sowie die Bürgermeister von Neckargemünd und Schifferstadt, Wilhelm Steinbrunn und Walther Braun, verloren wegen Homosexualitätsverdachts ihre Ämter. Der Kaufmann Karl Feigel aus Mannheim und

I Bundestagsdrucksache 18/12849, 21.6.2017, S. 7.
II Antidiskriminierungsstelle des Bundes (2017), S. 2f., 5ff.
III PLUS (2018), S. 15.
IV https://www.lsvd.de/de/ct/2445-Homophobe-Gewalt (Zugriff: 17.7.2022).

der Direktor der Volksbank in Frankenthal, Ferdinand Heintz, begingen Suizid. Einer der beiden größten bisher bekannt gewordenen Prozesse in Baden wegen Homosexualität fand 1909 gegen Männer aus Hardheim statt. Hugo Otto Kleine profilierte sich als Chefarzt der Frauenklinik Ludwigshafen/Rhein in der Weimarer Republik mit eugenischen Konzepten gegen Lesbianismus. In der NS-Zeit wurden homosexuelle Männer und Frauen ebenso wie trans Personen auch in der Region auf unterschiedliche Weisen verfolgt.

Die Anschläge von Neonazis auf queere Einrichtungen in den 1980er Jahren oder die geplante Gegendemonstration der NPD in Ludwigshafen gegen den Christopher Street Day in Mannheim zeigen, dass queere Emanzipationen und Öffentlichkeiten nicht selbstverständlich waren. Gleichberechtigung und -behandlung blieben ein – teilweise Gewalt auslösender – Stein des Anstoßes für manche. Das Sonderstrafrecht für Homosexualität wurde erst 1994 ganz abgeschafft. 2021 wurden medizinisch nicht notwendige Operationen zur Angleichung an das weibliche oder männliche Geschlecht bei Kindern mit uneindeutigen Geschlechtsmerkmalen verboten. Die Überarbeitung des Transsexuellengesetzes steht 2022 noch zur Diskussion.

AKTEURE DER EMANZIPATIONSBEWEGUNGEN

Mit Carl Friedrich Müller-Palleske (Landau), Else Drumm und Emil Tremmel (beide Heidelberg) sowie Josef Loerbroks (Bensheim) hatten verschiedene „Obleute" des Wissenschaftlich-humanitären Komitees (WhK) in Berlin ihren Wohnsitz in der Region Rhein-Neckar, darunter auch Heterosexuelle. In der Weimarer Republik agierte mit August Fleischmann ein führender Kopf der Emanzipationsbewegungen in Mannheim. Das WhK und die Freundschaftsverbände hatten Gruppen – auch eigene Damengruppen – in Mannheim, die auch in Ludwigshafen aktiv waren, deren Mitglieder aber aus verschiedenen Orten der Region stammten. In der Nachkriegszeit war eine Gruppe der sogenannten Homophilenbewegung in Heidelberg und später der IDH (Interessenvereinigung deutscher Homophiler) in Mannheim bekannt.

Mit den dritten Emanzipationsbewegungen bildeten sich seit den 1970er Jahren vielerorts Gruppen, wie beispielsweise Homo Heidelbergensis (Heidelberg), SchAM (Mannheim), Dinos (Worms), Andersrum (Neustadt) oder die Odenwälder Schwulengruppe in Bad König-Zell. Heidelberg hatte für einige Zeit sogar ein eigenes lesbisches Aktionszentrum. Der bundesweit engagierte Lesbenring hatte seinen Sitz in Eberbach. Über die Emanzipationsmedien – regional, landesweit und international vernetzt – trugen diese und weitere Gruppen ebenso wie engagierte Einzelpersonen zur Öffentlichkeit und Aufklärung über queeres Leben bei. Später gründeten sich queere Sportvereine oder Chöre. 2020 kam ein queeres Zentrum in Mannheim dazu.

ANSÄTZE UND ZUGÄNGE, QUELLEN UND PERSPEKTIVEN

Das verwendete Untersuchungsdesign ermöglicht es, sich den Lebenswelten queerer Menschen anzunähern. Die vorrangig genutzten Quellen sind Tageszeitungen und Publikationen der Emanzipationsbewegungen. Für die Nachkriegszeit wurden zusätzlich die regional oder lokal erschienenen Stadtmagazine und Zeitschriften der Frauenbewegung sowie der Studierenden herangezogen. In der Tagespresse als der Sicht „von außen" wurden queere Menschen und ihre Lebensweise bis weit in die 1980er Jahre hinein meist als deviant und u. a. in Kontexten von Kriminalität oder Krankheit beschrieben. Demgegenüber steht die in den Zeitungen der Emanzipationspresse abgebildete Sicht „von innen", also die von homo- und bisexuellen sowie transidenten Menschen auf sich selbst, auf die Mehrheitsbevölkerung und deren Verhalten. Seit den 1980er Jahren ist diese Perspektive auch in den Stadtmagazinen und teilweise in der Presse der Studierenden zu finden. In Emanzipationszeitschriften wie Stadtmagazinen finden sich auch Ego-Dokumente queerer Menschen. Mit monatlichen Auflagen von 30.000–40.000 Stück erreichten die Stadtmagazine die breiteste je erreichte regionale mediale Öffentlichkeit für LSBTI-Themen. Sie stellten damit auch eine wichtige mediale Verbindung des Lebens von queeren und anderen Menschen in der Region dar.

Aufgrund der Corona-Pandemie war es nicht möglich, umfangreiche Recherchen in den Archiven durchzuführen. Dies gilt in besonderer Weise für die Untersuchung und Abbildung der Verfolgungsgeschichte auf der Basis von Strafakten oder solchen der Psychiatrie. Hier konnten Recherchen, soweit sie nicht bereits vor Beginn der Pandemie abgeschlossen waren, nur zu speziellen und durch andere Quellen bekannten Einzelfällen vorgenommen oder vervollständigt werden. Ebenso wurde mit den Anfragen an die Stadt- oder Kreisarchive verfahren. Die Ego-Dokumente von Frauen zu lesbischen und bisexuellen Themen mit Bezug zu Heidelberg sowie die Aufzeichnungen eines schwulen Mannes aus Schwetzingen im Deutschen Tagebucharchiv Emmendingen konnten nicht eingesehen werden. Dasselbe gilt für die Bestände des Schwulen Archivs und des Lesbenarchivs Spinnboden in Berlin. Schließlich wurden aufgrund der Corona-Pandemie auch keine umfangreichen Zeitzeug*inneninterviews mit Vertreter*innen der Emanzipationsbewegungen, mit Straight Allys oder den heutzutage in Amt und Würde befindlichen queeren Stadträt*innen, Lehrkräften, Priester*innen als öffentliche Personen der Region geführt.

Diese Menschen über ihre Geschichte(n) zu befragen, die Ergebnisse mit den hier vorgelegten zu vergleichen, die hier gemachten Aussagen zu überprüfen, zu erweitern oder zu korrigieren – und dies auch umgekehrt mit den Informationen aus der „Oral History" auf der Basis der hier vorgelegten Ergebnisse aus der schriftlichen Überlieferung zu tun, wäre ein möglicher nächster Schritt. Es wäre zu wünschen, dass der vorliegende Band grundsätzlich zu weiteren Forschungen motiviert.

WAS HEISST QUEER? BEGRIFFE ZUR GESCHLECHTLICHEN UND SEXUELLEN VIELFALT

2

Wolfgang Knapp

Geschlechtliche und sexuelle Vielfalt existierten schon immer. Doch erst im Zuge der Emanzipation und Organisation der betroffenen Personengruppen haben sich bestimmte Begrifflichkeiten herausgebildet. Es handelt sich hierbei um einen dynamischen Prozess und Diskurs, so dass sich bestimmte Begriffe mit dem jeweiligen Selbstverständnis auch wandeln. Viele der heute etablierten Begriffe sind in weiten Teilen der Gesellschaft noch unbekannt. Häufig werden auch bestimmte Ausdrücke bzw. deren Bedeutung miteinander verwechselt. Eine Hilfestellung bietet das „Lexikon der kleinen Unterschiede". Es wurde 2015, 2016 und 2018 vom Ministerium für Soziales und Integration des Landes Baden-Württemberg herausgegeben und ist Teil des Aktionsplans für Akzeptanz und gleiche Rechte.

Hier eine kleine Auswahl von Begriffen und Kurzerläuterungen, die als erste Orientierung zu verstehen sind. Alle Begriffe und ausführliche Erklärungen sind dem „Lexikon der kleinen Unterschiede" zu entnehmen, das kostenlos als Printausgabe und online zum Download erhältlich ist.[1]

Eine lesbische Frau ist homosexuell, sie liebt und begehrt also Frauen. — LESBISCH/LESBE

Ein schwuler Mann ist homosexuell, er liebt und begehrt also Männer. — SCHWUL/SCHWULER

Bisexuelle Menschen fühlen sich emotional und sexuell zu Männern und Frauen hingezogen. — BISEXUELL/BISEXUALITÄT

Homosexuelle Menschen fühlen sich emotional und sexuell von Menschen des gleichen Geschlechts angezogen. — HOMOSEXUELL/HOMOSEXUALITÄT

Heterosexuelle Menschen fühlen sich emotional und sexuell von Menschen des ungleichen, also anderen Geschlechts angezogen. — HETEROSEXUELL/HETERONORMATIVITÄT

Intersexuelle Menschen werden mit einem Körper geboren, der nicht der medizinischen Norm von „eindeutig männlich" oder „eindeutig weiblich" entspricht. — INTERSEXUELL/INTERSEXUALITÄT

Die Abkürzung LSBTTIQ steht für lesbisch, schwul, bisexuell, transsexuell, transgender, intersexuell und queer. — LSBTTIQ

QUEER Als queer bezeichnen sich Personengruppen mit einer geschlechtlichen und/oder sexuellen Identität, die von der gesellschaftlichen Norm abweicht.

COMMUNITY Community heißt die Gruppe von lesbischen, schwulen, bisexuellen, transsexuellen, transgender, intersexuellen oder queeren Menschen, die aufgrund ihrer geschlechtlichen und/oder sexuellen Identität gleiche Erfahrungen teilen und in diesem Zusammenhang aktiv sind.

TRANS Der Bereich „Trans“ umfasst vielerlei Begriffe und Bedeutungen, die häufig verwechselt werden:

TRANSSEXUELL sind Menschen, die mit einem biologischen Geschlecht geboren wurden, das nicht ihrer eigentlichen geschlechtlichen Identität entspricht.

TRANSIDENT/ TRANSIDENTITÄT wird zunehmend als Synonym für transsexuell und Transsexualität benutzt und betont, dass es den betroffenen Menschen mit einem (Geschlechts)-Identitätsproblem nicht um Sexualität und sexuelle Orientierungen geht.

TRANSFRAU Eine Transfrau ist ein Mann-zu-Frau-Transmensch.

TRANSMANN Ein Transmann ist ein Frau-zu-Mann-Transmensch.

TRANSGENDER Dieser Begriff bezeichnet ursprünglich Menschen, die teilweise oder zeitweise in eine andere Geschlechtsrolle wechseln, ohne dabei das biologische Geschlecht in Frage zu stellen. Dieser Begriff wird vermehrt auch für transidente Menschen verwendet.

TRANSVESTITEN sind Menschen (vor allem heterosexuelle Männer), die aus erotischen Gründen die Kleidung des anderen Geschlechts tragen.

TRAVESTIE meint Shows und Entertainment mit perfekt und oft übertrieben gegengeschlechtlich gekleideten und geschminkten Künstler*innen, die oft bekannte Stars imitieren.

CSD 2018 in Mannheim. Stadt Mannheim / Alexander Kästel

HOMOSEXUALITÄT IN DER DEUTSCHEN GESETZGEBUNG: VON VERFOLGUNG UND ÄCHTUNG ZUR REHABILITATION 3

Wolfgang Knapp

Etwa 120 Jahre dauerte es, bis der 1872 eingeführte, menschenverachtende § 175 StGB, der männliche Homosexualität auch bei Einvernehmen kriminalisierte, im Jahre 1994 endgültig und ersatzlos gestrichen wurde (§ 151 StGB-DDR bis 1989). Nach der Einführung des Lebenspartnerschaftsgesetzes 2001, der Aufhebung der Urteile nach § 175 StGB aus der NS-Zeit im Jahr 2002 und dem Allgemeinen Gleichbehandlungsgesetz von 2006 gibt es seit 2017 die „Ehe für alle". Ebenfalls 2017 stellte die Bundesregierung fest, dass das Verbot einvernehmlicher gleichgeschlechtlicher Handlungen und die sich hieraus ergebende Strafverfolgung sowohl gegen die Grund- als auch gegen die Menschenrechte verstoßen. Daraufhin wurde das „Gesetz zur strafrechtlichen Rehabilitierung der nach dem 8. Mai 1945 wegen einvernehmlicher homosexueller Handlungen verurteilten Personen" verabschiedet, welches am 22. Juli 2017 in Kraft trat. Homosexuelle Justizopfer erfahren damit eine späte Anerkennung und finanzielle Entschädigung. Diese positive rechtliche Entwicklung entspricht jedoch noch nicht einer umfassenden gesellschaftlichen Akzeptanz.

> *Wir können das geschehene Leid nicht ungeschehen machen. Aber mit der Rehabilitierung erhalten die Betroffenen ein Stück ihrer Würde zurück, die ihnen genommen wurde.*[2]
>
> Dr. Katarina Barley, Bundesministerin für Familie, Senioren, Frauen und Jugend (2017)

CHRONIK DES UNRECHTSPARAGRAFEN 175

§ 175 RStGB — Fassung vom 15.05.1871

Die widernatürliche Unzucht, welche zwischen Personen männlichen Geschlechts oder von Menschen mit Tieren begangen wird, ist mit Gefängnis zu bestrafen; auch kann auf Verlust der bürgerlichen Ehrenrechte erkannt werden.

§ 175 StGB — Fassung vom 28.06.1935

(1) Ein Mann, der mit einem anderen Mann Unzucht treibt oder sich von ihm zur Unzucht mißbrauchen läßt, wird mit Gefängnis bestraft.

(2) Bei einem Beteiligten, der zur Zeit der Tat noch nicht einundzwanzig Jahre alt war, kann das Gericht in besonders leichten Fällen von Strafe absehen.

§ 175 a StGB

Mit Zuchthaus bis zu zehn Jahren, bei mildernden Umständen mit Gefängnis nicht unter drei Monaten wird bestraft:

1. ein Mann, der einen anderen Mann mit Gewalt oder durch Drohung mit gegenwärtiger Gefahr für Leib oder Leben nötigt, mit ihm Unzucht zu treiben oder sich von ihm zur Unzucht mißbrauchen zu lassen;
2. ein Mann, der einen anderen Mann unter Mißbrauch einer durch ein Dienst-, Arbeits- oder Unterordnungsverhältnis begründeten Abhängigkeit bestimmt, mit ihm Unzucht zu treiben oder sich von ihm zur Unzucht mißbrauchen zu lassen;
3. ein Mann über einundzwanzig Jahren, der eine männliche Person unter einundzwanzig Jahren verführt, mit ihm Unzucht zu treiben oder sich von ihm zur Unzucht mißbrauchen zu lassen;
4. ein Mann, der gewerbsmäßig mit Männern Unzucht treibt oder von Männern sich zur Unzucht mißbrauchen läßt oder sich dazu anbietet.

Fassung vom 25.06.1973

§ 175 StGB: Homosexuelle Handlungen

(1) Mit Freiheitsstrafe bis zu fünf Jahren wird bestraft

1. ein Mann über achtzehn Jahre, der mit einem anderen Mann unter einundzwanzig Jahren Unzucht treibt oder sich von ihm zur Unzucht mißbrauchen läßt;
2. ein Mann, der einen anderen Mann unter Mißbrauch einer durch ein Dienst-, Arbeits- oder Unterordnungsverhältnis begründeten Abhängigkeit bestimmt, mit ihm Unzucht zu treiben oder sich von ihm zur Unzucht mißbrauchen zu lassen;
3. ein Mann, der gewerbsmäßig mit Männern Unzucht treibt oder von Männern sich zur Unzucht mißbrauchen läßt oder sich dazu anbietet.

(2) In den Fällen des Absatzes 1 Nr. 2 ist der Versuch strafbar.

(3) Bei einem Beteiligten, der zur Zeit der Tat noch nicht einundzwanzig Jahre alt war, kann das Gericht von einer Strafe absehen.

§ 175b *wird aufgehoben*

Fassung vom 10.03.1994

§ 175 StGB: Homosexuelle Handlungen *aufgehoben*

Gesetzestexte zitiert nach https://www.homowiki.de/Paragraf_175 (abgerufen am 19.01.2022).

Von 1949 bis zur Reform des § 175 im Jahre 1969 kam es zu mehr als 50.000 Verurteilungen gleichgeschlechtlich liebender Männer in der Bundesrepublik. Doppelleben und Scheinehen, Erpressung, gesellschaftliche Ausgrenzung, berufliche Vernichtung, Angst und Selbstmorde waren bis 1969 die erschütternde Realität der Betroffenen und bis 2017 blieb der Strafmakel bestehen.

Zeichnung „§ 175“, aus der Zeitschrift Die Freundschaft Nr. 3, 1951.

Die Mannheimer Staatsanwältin Barbara Just-Dahlmann erregte 1961 bundesweit Aufsehen, als sie die schleppende Verfolgung von NS-Verbrechen öffentlich anprangerte. Mehrfach setzte sie sich für die Entkriminalisierung homosexueller Männer ein. Dazu hielt sie beim Deutschen Juristentag 1968 in Nürnberg einen aufsehenerregenden Vortrag, der nach ihrer Erinnerung dazu führte, dass der damalige Bundesjustizminister Gustav Heinemann die Anwendung des § 175 StGB noch vor der 1969 erfolgten Reform aussetzte.[3]

Barbara Just-Dahlmann (1922 – 2005) beim Deutschen Juristentag in Nürnberg mit dem damaligen Bundesjustizminister und späteren Bundespräsidenten Gustav Heinemann, 1968. Pressebild Kurt Schmidtpeter, MARCHIVUM

Der aus Ludwigshafen stammende Adolf Müller-Emmert, Bundestagsabgeordneter der SPD für den Wahlkreis Kaiserslautern in den Jahren 1961 bis 1987, war von 1963 bis 1969 stellvertretender Vorsitzender des Sonderausschusses des Deutschen Bundestages für die Große Strafrechtsreform, bis 1976 Vorsitzender dieses Ausschusses. Er trat öffentlich für die Abschaffung der Strafbarkeit einvernehmlicher Homosexualität unter Erwachsenen ein und entfernte den Begriff „Unzucht" aus dem Strafrecht.

Adolf Müller-Emmert (1922–2011), Staatsanwalt und Politiker, Foto von 1970. Deutscher Bundestag/Slomifoto

Plakat der Kampagne „Endlich rehabilitiert", 2017, ein Projekt der Bundesinteressenvertretung schwu er Senioren BISS e. V., gefördert vom Bundesministerium für Familie, Senioren, Frauen und Jugend. Konzept & Design: klinkebiel.com, Foto: P. Meinwelt

Ich hätte nie geglaubt, dass ich jemals eine Rehabilitierung erfahre. Nun ist es Realität, ich schöpfe neue Kraft und gebe jetzt meine Erfahrungen an jüngere Menschen weiter.

Klaus Schirdewahn, Jahrgang 1947

Klaus Schirdewahn, 2022. Kathrin Schwab, MARCHIVUM

SODOMIE UND SODOMITEN – VORSTELLUNGEN UND VERNICHTUNGEN

4

Christian Könne

ZUR IDEE DER BESTRAFUNG SODOMITISCHER HANDLUNGEN IM KIRCHLICHEN BEREICH

Seit dem 10. Jahrhundert begann die Kirche, homosexuelle Handlungen als Sodomie mit Kirchenbußen wie Wallfahrten, Abstinenzen, Fasten oder dem Ausschluss von Sakramenten zu bestrafen. Sodomie bedeutete jedoch sehr viel mehr als das, was wir heute als Homosexualität bezeichnen. Auch Sex mit Tieren, Analverkehr Heterosexueller oder Selbstbefriedigung galten als Sodomie. Kurz: Jede Sexualität ohne Kindszeugung.

Die Idee einer Strafbarkeit sodomitischer Handlungen entstammte zunächst der Kirche. Bischof Burchard von Worms (etwa 965 – 1025) fasste die in verschiedenen sogenannten Bußbüchern zusammengestellten Regelungen in seinem Decretum zusammen.[4] In diesem mittelalterlichen Strafrechtskatalog sind verschiedene Sexualhandlungen und die ihnen zugeordneten Bußen aufgeführt, die seitens des aus kirchlicher Sicht sündig gewordenen Gläubigen zu vollziehen waren. So mussten Männer, die sich selbst befriedigt hatten, zehn Tage bei Brot und Wasser Buße tun. Bei wechselseitiger Onanie mit einem anderen Mann erhöhte sich die Buße auf dreißig Tage. Weit länger dauerte die Buße bei Analverkehr: *Wenn du eine Frau hattest und es ein- oder zweimal getan hast, mußt du zehn Jahre lang jeweils an den zum Gottesdienst bestimmten Tagen Buße tun – und zwar in einem Jahr davon bei Brot und Wasser. Wenn du es gewohnheitsmäßig getan hast, mußt du zwölf Jahre lang an den zum Gottesdienst bestimmten Tagen Buße tun. Wenn du dieses Verbrechen mit deinem leiblichen Bruder begangen hast, mußt du fünfzehn Jahre lang jeweils an den zum Gottesdienst bestimmten Tagen Buße tun.*

Mit Auspeitschung, Demütigung und Gefängnisstrafe wurden die Vertreter der Kirche bedroht: *Wer als Kleriker oder Mönch jüngeren Männern oder Minderjährigen nachstellt, gleich ob man ihn nun bei einem Kuß oder in sonst einer schändlichen Situation überrascht hat, soll öffentlich gegeißelt werden und seine Tonsur verlieren. Wenn er dann zum Zeichen seiner Schande kahlgeschoren ist, soll man ihm überall ins Gesicht spucken, dann soll man ihn in Eisenketten schließen und ihn in sechsmonatiger Haft streng büßen lassen. Jeweils an drei Tagen der Woche soll er sich nur gegen Abend mit etwas Gerstenbrot stärken dürfen. Danach soll er sechs Monate unter der Aufsicht eines geistlichen Oberen in einem abgesonderten Teil des Gartens verbringen; dabei soll er sich ganz der Arbeit mit den Händen und dem Ge-*

bet widmen, sowie sich in Nachtwachen und Tränen der Reue üben. Stets soll er nur unter Bewachung durch zwei geistliche Brüder hinausgehen dürfen, und auch später darf er mit jungen Männern kein Verhältnis anknüpfen: er soll mit keinem Jüngeren außerhalb seiner Obliegenheiten sprechen oder ihm Auskünfte erteilen.[5]

Bischof Burchard von Worms, Statue vor dem Wormser Dom, eingeweiht am 3. November 2002, Bildhauer: Ernemann Sander. © panthermedia.net/ Kiefer

DER SODOMIE-VORWURF ALS POLITISCHES INSTRUMENT

Der Vorwurf der Sodomie wurde bei innerkirchlichen wie politischen Auseinandersetzungen genutzt, um Gegnerinnen und Gegnern zu schaden.[6] So wurde das Schreiben „Vox in Rama" während der Kreuzzüge 1233 im Bistum Mainz eingesetzt. Angeblich gab es eine Gruppe von Klerikern in der Region, denen sodomitische Handlungen vorgeworfen wurden. Auch Johann Wasmud von Homburg, ab 1399 Rektor der Universität Heidelberg, setzte bei seiner Verfolgung der spirituell-religiösen Frauengemeinschaften der Beginen Hinweise auf deren angeblich widernatürlichen Sexualverkehr ein.

Im Hinblick auf die politische Verwendung ist Kaiser Heinrich IV. die bekannteste Person, gegen die der Sodomie-Vorwurf Verwendung fand. Heinrich IV. ging als derjenige in die Geschichte ein, der im Rahmen des sogenannten Investiturstreits in heftigen Streit mit dem Papst und den hohen Würdenträgern des Reichs geriet, exkommuniziert wurde und den Gang nach Canossa antreten musste. Ihm wurde Sex mit Frauen, auch mit Nonnen und Äbtissinnen, sowie darüber hinaus Sex mit Männern vorgeworfen.

Dass die Verfolgung von sogenannten Sodomitern später sogar die Todesstrafe einschloss, zeigt der Fall von Richard Puller von Hohenburg, dem Onkel von Franz von Sickingen, aus dem heutigen deutsch-elsässischen Grenzgebiet bei Nothweiler in der Pfalz. Gemeinsam mit seinem Diener Anton Mätzler wurde er 1482 in Zürich auf dem Scheiterhaufen verbrannt.[7] Auch Katharina Hetzeldorfer aus Speyer musste sterben. Sie hatte in der Rolle eines Mannes mit einer Frau zusammengelebt, wurde dafür angeklagt und 1477 im Rhein ertränkt.[8] Doch musste ein Geschlechterrollenwechsel nicht immer solche Folgen haben. Beispielsweise trat Hildegund unter dem Namen Joseph ins Männerkloster Schönau bei Heidelberg ein, ohne dass dieser Rollenwechsel Konsequenzen zeitigte. Nicht nur das: Hildegund wurde später heiliggesprochen und ist heute im Hinblick auf Transvestitismus/Crossdressing im Mittelalter die am umfangreichsten erforschte Person der Rhein-Neckar-Region.[9]

DIE FESTSCHREIBUNG DER SODOMIE IM RECHT DES STAATES: DIE CONSTITUTIO CRIMINALIS CAROLINA

Von Rudolf I. von Habsburg ist bekannt, dass er 1277 *einen Herrn von Haspisperch (Habsberg) wegen des ‚sodomitischen Lasters' einzuäschern befohlen* hat.[10] Dieses Strafmaß wurde 1532 in der Constitutio Criminalis Carolina (CCC) als allgemein

Darstellung der Verbrennung von Richard Puller von Hohenburg und seinem Diener Anton Mätzler wegen „Sodomie". Schilling, Diebold: [Grosse Burgunder Chronik]. Bern, [1481 – 1484?]. Zentralbibliothek Zürich, Ms A 5, https://doi.org/10.7891/e-manuscripta-87065 / Public Domain Mark

gültiges festgehalten, so dass die bisher im kirchlichen Bereich für Sünde erklärten Taten Eingang ins staatliche Recht fanden. Durch die CCC wurde Sodomie ein staatlich zu sanktionierendes Unrecht, das mit dem Feuertod geahndet wurde. Damit hatte sich die Strafe für Sodomie seit den Regelungen Burchards erheblich verschärft. Die Carolina prägte mit ihren Verboten und Strafen ebenso wie die Kirche mit ihren Glaubenssätzen über Jahrhunderte die Vorstellungswelt vieler Menschen von dem, was offiziell verboten war. Bis ins 18. Jahrhundert waren die Regelungen der CCC in Kraft.

5 LISELOTTE VON PFALZ UND IHRE SICHT AUF DIE SEXUALITÄTEN AM FRANZÖSISCHEN HOF

Christian Könne

Die in Heidelberg geborene Liselotte von der Pfalz (1652 – 1722), Enkelin des Pfälzer Kurfürsten Friedrich V., wurde 1671 aus politischen Gründen mit Philippe de Orléans (1640 – 1701), dem jüngeren Bruder des französischen Sonnenkönigs Ludwig XIV., verheiratet. Eine politisch motivierte Ehe war im europäischen Hochadel die Regel. Die sexuellen Präferenzen von Philippe de Orléans waren bekannt.[11] So berichtete der Herzog von Saint-Simon in seinen erst gegen 1750 fertiggestellten Memoiren: *Monsieurs* [d. i. Philippe de Orléans] *Neigungen galten nicht den Frauen, woraus er durchaus kein Hehl machte; durch eben diese Neigung aber war er der Herrschaft des Lothringers* [Philippe de Lorraine, ein „Favorit"] *ausgeliefert; und so blieb es zeit seines Lebens.*[12]

Liselotte von der Pfalz, Gemälde nach Pierre Mignard, um 1680. Museo del Prado, Madrid. akg-images

Pflichtschuldig zeugten Philippe und Liselotte dennoch drei Kinder. Philippe de Orléans schlug sich auch wacker im Feld. Die Briefe, die Liselotte über die Verhältnisse ihres Gatten zu seinen „Favoriten" ebenso schrieb, wie sie über die verschiedenen Sexualitäten am französischen Hofe berichtete, sind Zeugnisse für Varianten von Sexualität zu einer Zeit, in der offiziell jene Sexualpraktiken, die nicht zur Zeugung eines Kindes führten, in Deutschland als Sodomie mit dem Tode bestraft werden konnten. Dass Liselotte all dies dennoch an ihre Verwandten in Deutschland schrieb und diese Briefe trotz Zensur aufseiten des französischen Hofes zugestellt wurden, zeigt eine Situation auf, die von gesellschaftlichen Privilegien, juristischen Duldungsräumen und einer sich wandelnden Auffassung im Hinblick auf mittelalterliche Strafvorschriften geprägt war.

Wie sprach nun Liselotte über ihren Mann und was erfährt man aus ihrer Feder über die Sexualitäten am französischen Hofe? Ihrer Meinung nach verhielt sich Philippe nicht geschlechterrollenkonform: Er *hatte mehr weibliche als Mannesmanieren an sich, liebte weder Pferde noch Jagen, nichts als Spielen, cercle halten, wohl essen, tanzen*

Philippe von Orléans, Farbdruck nach Gemälde von Wallerand Vaillant, 1660. akg-images

und geputzt sein, mit einem Worte, alles, was die Damen lieben.[13] Dass ihr Gemahl keine Frauen begehrte, dafür aber Verhältnisse zu „Favoriten" hatte, kommentierte Liselotte mit den Worten: *Monsieur ist mehr auf die buben verpicht, als nie, nimbt laqueyen aus den antichambren; alles was er in der welt hat, vertut er auf diese weise, er wird seine kinder zu pure bettlers machen* [...].[14] Da der Begriff der Homosexualität erst 1869 gebildet wurde, konnte Liselotte in ihren Briefen nicht von Homosexualität sprechen. Dass sie umgekehrt den negativ besetzten Begriff der Sodomie allein für die „Favoriten" ihres Mannes, aber nicht für diesen selbst verwendete, zeigt, dass Liselotte ihr Vokabular bei der Beschreibung Homosexueller unterschiedlich qualifizierend einsetzte. Im Hinblick auf ihren Mann hielt sie fest, er sei *kein Tag des Lebens von keinem Weibsmensch verliebt gewesen, hat sich aber Schande halber* [...] *angestellt, als wenn ers wäre, hat sich aber nicht lange zwingen können.*[15]

Gleichzeitig legte Liselotte in ihren Briefen einen Grundstein für die Behauptung, Homosexualität sei ein typisch französisches Phänomen und der französische Hof sei deswegen besonders degeneriert. Darüber hinaus befürchtete sie: *Mir ist bang, daß man mit der Mode auch die Laster von hier in unser Vaterland bringen wird. Denn wenn die Franzosen einen hübschen Deutschen sehen, laufen sie ihm so lange nach, wie sie können, um ihn zu bekommen.* [16] Liselotte machte auch keinen Hehl daraus, dass sie die Erziehung ihres Sohnes keinem „Sodomiten" überlassen wollte: *Euer Liebden müssen wissen, daß die Partei meiner Gegner Monsieur in den Kopf gebracht hat, seinen Oberstallmeister zum Erzieher meines Sohnes zu machen. Da mir aber – wie ganz Frankreich – klar ist, daß dieser Mensch einer von den ehrvergessensten und ausschweifendsten Kerlen der Welt ist, habe ich Monsieur gebeten, meinem Sohn einen anderen Erzieher zu geben; und meine Ursachen sind diese: daß mich deucht, daß es meinem Sohn keine Ehre sein könne, wenn man meinte, er sei die Mätresse d'Effiants – denn es ist gewiß, daß kein größerer Sodomit in Frankreich ist als dieser, und daß es ein schlechter Anfang für einen jungen Prinzen sei, mit den ärgsten Ausschweifungen der Welt sein Leben anzufangen.*[17]

Fast scheint es aber auch, als habe sich Liselotte in der Rolle derjenigen gefallen, die zum Beispiel ihrer Halbschwester Raugräfin Amalia Elisabeth von der Pfalz von den diversen Sexualitäten am französischen Hof berichtete: *Wo seid Ihr und Louise denn gestocken, dass Ihr die Welt so wenig kennt? Mich deucht, man bedarf eben nicht lang an Hof sein, ohne sie bald zu kennen. Aber wer alle die hassen wollt, so die jungen Kerls lieben, würde hier keine sechs Menschen lieben können oder aufs wenigst nicht hassen. Es seind deren allerhand Gattungen: es seind, die die Weiber wie den Tod hassen und nichts als Mannsleute lieben können: andere lieben Männer und Weiber.* [...] *Andere lieben nur Kinder von zehn, elf Jah-*

ren, andere junge Kerls von siebzehn bis fünfundzwanzig Jahren, und deren seind am meisten. Andere debauches sein, so weder Männer noch Weiber lieben und sich allein divertiren; deren ist die Menge nicht so groß als der andern. Es seind auch, so mit allerhand debauchieren, Vieh und Mensch, was ihnen vorkommt. Ich kenne einen Menschen hier, so sich berühmt hat, mit alles zu tun gehabt zu haben, bis auf Kröten. [...] *Da seht ihr* [...], *dass die Welt noch schlimmer ist, als Ihr nie gemeint habt.*[18]

Diese und weitere Schilderungen dienten den deutschen Editoren der Briefe Liselottes seit 1789 dazu, die angeblich moralische Verkommenheit der Franzosen anzuprangern und als angeblichen Wesensunterschied zu den Deutschen herauszustellen. Je schlechter das deutsch-französische Verhältnis war, desto drastischer waren die Qualifizierungen dieser Briefe. Im Vorwort der Edition von 1895 ist davon die Rede, dass die Aufzeichnungen Liselottes *von dem wüsten Leben und Treiben am französischen Hofe und von der zu Paris herrschenden Sittenlosigkeit und Verwilderung* berichteten. Sie schilderten *mit entsetzlicher Wahrheit* [...] *die sittliche Versumpfung, in die sie* [Liselotte] *den Hof und die Hauptstadt des Reiches versunken sah*, worunter auch *die abscheuliche Sodomie* falle, *womit die ganze französische Jugend jetzt befleckt* sei.[19] 1902 wird hervorgehoben, dass bei der Auswahl der Briefstellen die Absicht maßgebend war, *einen Beitrag zur Sittengeschichte des französischen Hofes zu geben, dessen tiefe, häßliche Schatten und schaudervolle Nachtseiten sich in dem tugendklaren, fleckenlosen treuen, wahrhaften und reinen Charakter der deutschen Fürstin deutlich abspiegeln.*[20]

Erst seit 1907 in der sogenannten Harden-Eulenburg-Affäre weltweit über mehrere Jahre hinweg und mit Hingabe zu erotischen Details darüber berichtet wurde, dass es Homosexualität auch an deutschen Höfen gab, wandelten sich die Vorworte der Liselotte-Editionen. Doch bis dahin waren die entsprechenden Aussagen teils sogar in Schulbüchern zu finden.[21] Nach den Weltkriegen und angesichts des Wunsches nach einer Aussöhnung mit Frankreich verwies man in den Editionen dann darauf, dass die Briefe Liselottes ein Beweis für die jahrhundertealten engen deutsch-französischen Beziehungen seien. Darauf hinzuweisen, dass darin auch homosexuelle deutsch-französische Kontakte belegt sind, verzichtete man.

Die Interpretationen der Briefe Liselottes waren also immer auch ein Spiegel des jeweils aktuellen deutsch-französischen Verhältnisses. Die Schilderungen verschiedener Sexualitäten und die Ehe Liselottes mit einem Mann, der Männer liebte und in seinen Kleidungsvorlieben Parallelen zur Frauenwelt aufwies, galten in der frühen Sexualwissenschaft als Nachweise für Homosexualität und „Transvestitismus".[22] Im Jahr 2015 wurde ein Porträt Liselottes in der Ausstellung „Homosexualität_en" des Deutschen Historischen Museums in Berlin gezeigt. Doch nicht wegen der hier vorgestellten Briefe, sondern weil sie auf diesem Porträt ohne Schmuck, mit Jagdkostüm und Perücke für Männer abgebildet ist.[23] Hatte sie also selbst Interesse am Wechsel der Geschlechtsidentitäten? Die Lektüre der Liselotte in queerer Sicht ist jedenfalls nicht abgeschlossen.

HOMOSEXUALITÄT ZWISCHEN STRAFFREIMACHUNG UND VERFOLGUNG. VON DER AUFKLÄRUNG BIS ZUR GRÜNDUNG DES KAISERREICHS

Christian Könne

VON DEN IDEEN DER AUFKLÄRUNG UND EINEM GEÄNDERTEN RECHT FÜR DIE „FLEISCHLICHEN VERBRECHEN"

Im Badischen Landrecht galt seit 1710 die Variante, dass Homosexualität auch schon beim Versuch *nach gestaltsame der Umbstände ernstlich abgestraft* werden sollte. Im Hinblick auf das Strafmaß verwies man auf den Rat von Rechtsverständigen.[24] Mit der Aufklärung kamen in Europa Veränderungen auf die Sicht der sogenannten fleischlichen Verbrechen auf. Der Italiener Cesare Beccaria war der erste, der dies 1764 im Werk „Dei delitti e delle pene" (Von den Verbrechen und von den Strafen) formulierte.[25] Hier war Homosexualität nicht mehr aus dem Glauben heraus bewertet, sondern in einem Zusammenhang mit soziologischen Ursachen erörtert. Die juristische Geschichtsschreibung nennt dies „revolutionär".[26] Das war es zweifellos, denn es markierte das Ende des mittelalterlichen Denkens. Auch in Deutschland finden sich dafür bedeutende Hinweise. So forderte 1787 der Jurist Johann Jakob Cella in seinem Werk „Über Verbrechen und Strafe in Unzuchtsfällen" ebenfalls, dass einvernehmliche Sexualität Erwachsener deren Privatangelegenheit sein müsse, aus der sich der Staat herauszuhalten habe:

§ 19 Wohin gehören nun die sogenannten fleischlichen Verbrechen? [...] *Wenn fleischliche Verbrechen nichts anderes sind als unerlaubte Stillungen des Begattungstriebs, so liegt freilich in dem Begriff derselben an und für sich nichts, das diese Vergehungen zum Verbrechen im Verstand des peinlichen Rechts* [Strafrecht] *machte. Denn einmal ist gewöhnlicher weise die Absicht solcher Verbrecher nie, andern Leuten zu schaden, sie zu beleidigen, sondern bloß, sich selbst ein sinnliches Vergnügen zu verschaffen. Sie* [die Täter] *schaden auch unmittelbar nur sich selbst dadurch, dass sie ihre Gesundheit oder ihre moralische Vollkommenheit zu Grunde richten. Der Schaden, die Beleidigung, die anderen* [...]

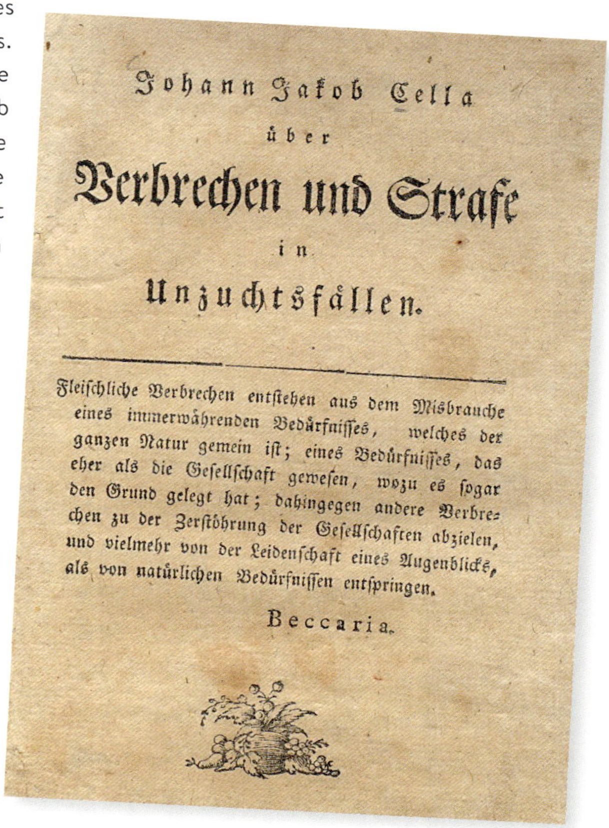

Johann Jakob Cella

über

Verbrechen und Strafe

in

Unzuchtsfällen.

Fleischliche Verbrechen entstehen aus dem Misbrauche eines immerwährenden Bedürfnisses, welches der ganzen Natur gemein ist; eines Bedürfnisses, das eher als die Gesellschaft gewesen, wozu es sogar den Grund gelegt hat; dahingegen andere Verbrechen zu der Zerstöhrung der Gesellschaften abzielen, und vielmehr von der Leidenschaft eines Augenblicks, als von natürlichen Bedürfnissen entspringen.

Beccaria.

Titelseite der von Johann Jakob Cella verfassten Schrift „Über Verbrechen und Strafe in Unzuchtsfällen", veröffentlicht bei Ludwig Philipp Hahn und Kompanie in Zweibrücken und Leipzig, 1787. Pfälzische Landesbibliothek Speyer *etwa durch Verführung zu moralischen Vergehungen, widerfahren kann, wird ihnen auch gewöhnlich nicht eigenmächtig, gewalttätig zugefügt, sondern setzt ihre Einwilligung voraus, und* [es] *kann also nicht gesagt werden, dass der andre Teil durch die mit jenem vollbrachte That ein Verbrechen an ihm begangen habe. Der hieraus entspringende Schaden ist überhaupt bloß moralischer Schaden; greift die Rechte, zu deren Garantien Staaten errichtet werden, nicht an;* [der Schaden] *gehört mithin nicht unter die Gegenstände, wo der Staat als Kriminalrichter zu untersuchen und zu strafen, sondern, wo eine kluge vernünftige Polizei für die Erhöhung des moralischen Wohls der Untergebenen zu sorgen hat.*[27]

DIE FRANZÖSISCHE REVOLUTION UND IHRE AUSWIRKUNGEN AUF DAS STRAFRECHT IM SÜDWESTEN

1789 kam es zur Französischen Revolution, in deren Folge das Strafrecht geändert wurde. Im Code Pénal wurde entsprechend der Ideen der Aufklärung einvernehmliche Sexualität zur Privatsache Erwachsener, die den Staat nichts anging. Sie wurde im Strafrecht nicht mehr erwähnt. Auch die Erwähnung von Homosexualität entfiel, was freilich nicht mit einer Akzeptanz von Homosexuellen zu verwechseln ist.[28] Dennoch war Frankreich das erste Land Europas, das Homosexualität straffrei machte.

Infolge des französischen Einflusses im 19. Jahrhundert im Rheinbund übernahmen vor allem die süddeutschen Staaten große Teile des französischen Rechts. Dementsprechend wurde in der damals zu Bayern gehörenden Pfalz Homosexualität ganz straffrei. In Württemberg war sie es dann, wenn niemand sich beschwerte. In Hessen und Baden wiederum blieb die Strafbarkeit erhalten.[29] So legte die badische Landesverordnung des achten Organisationsedikts für die Verwaltung der Strafrechtspflege im Hinblick auf *widernatürliche Unzucht* fest, dass diese *mit zweijähriger Kettenstrafe und mit lebenslänglicher Amtsverbannung* geahndet werde. Sie galt als vollbracht, sobald *eine körperliche Vereinigung erfolgt* war. Es sollte hierbei jedoch auf die *unkluge und sitenverderbliche Untersuchung über die weitere physische* [sic!] *Aeußerungen und Folgen* verzichtet werden.[30] Da in Baden 1809 der Code Napoléon eingeführt wurde und es dort bis 1845 brauchte, um ein Strafrecht zu erarbeiten, ist in der Forschung offenbar letztlich nicht geklärt, wie die Strafbarkeit im Großherzogtum Baden in dieser Zeit aussah.[31]

VERFOLGUNG IM BADISCHEN TEIL DER RHEIN-NECKAR-REGION

Für die Rhein-Neckar-Region ist allerdings überliefert, dass es im badischen Bereich mehrfach zu polizeilichen Untersuchungen, Gerichtsverfahren und Verurteilungen kam. So wurden im Jahr 1832 acht Untersuchungen durchgeführt, von denen zwar vier eingestellt wurden. Drei Männer wurden aber zu einer Gefängnisstrafe und ein Mann sogar zu einer Zuchthausstrafe verurteilt. 1833 weist die badische Statistik fünf Untersuchungen wegen „widernatürlicher Unzucht" aus. Von den betroffenen Männern wurden drei freigesprochen, einer wurde zu einer Zuchthaus-, ein weiterer zu einer Arbeitshausstrafe verurteilt.

Mit der Verabschiedung des Badischen Gesetz- und Verordnungsblatts im Jahr 1845 stand nach § 371 auf „widernatürliche Unzucht" eine Strafe von bis zu zwei Jahren Arbeitshaus.[32] Offenbar bestand aber die Praxis, dass es nur dann zu einem Strafverfahren kam, wenn *durch die Begehung der Tat oder ihre Folgen ein Aergernis entstanden, also die Kunde davon bereits in das Publikum gedrungen sei, weil sonst das Uebel, dem man entgegenwirken wolle – die Entstehung öffentlichen Aergernisses – wohl durch die gerichtliche Handlung selbst hervorgerufen würde.*[33] Kam es aber zur Verfolgung, dann wurde unter Umständen mittels Fahndungsaufrufen nach Betroffenen gefahndet. Diese Aufrufe wurden in den Tageszeitungen mit dem Vorwurf der „widernatürlichen Unzucht" öffentlich gemacht.

Das erste statistische Jahrbuch des Großherzogtums Baden, das 1868 erschien, bildet die Fälle von 1865 – 1868 ab. Es enthält keine Rubrik „widernatürliche Unzucht".[34] Hatte man aufgrund der oben genannten Regelung auf die Nennung dieser Fälle in der Statistik verzichtet? Es ist auf dieser Basis jedenfalls nicht nachzuvollziehen, wie viele Männer in Baden und im badischen Teil der Rhein-Neckar-Region bis zur Reichsgründung 1871 verhaftet und verurteilt wurden. Da viele Prozessakten speziell bei Prozessen wegen „widernatürlicher Unzucht" vernichtet wurden, ist also auch diese Überlieferung unvollständig. Aus diesem Grund wurden für die vorliegende Publikation Zeitungen als Quelle genutzt. Darin finden sich – ebenfalls unvollständig – neben den Fahndungsaufrufen auch die Ankündigungen der Prozesse, Prozessnotizen unter Mitteilung der Strafmaße sowie Hinweise auf die verfolgten und verurteilten Männer der Region.[35]

Die Übersicht zeigt, dass „widernatürliche Unzucht", bei der nicht zwischen Homosexualität zwischen Männern oder Sexualität mit Tieren unterschieden wurde, insgesamt ein Delikt war, das selten verfolgt wurde.[36] Die Verfolgungszahlen nahmen aber zu. Zwischen 1829 und 1868 wurden alleine in Nordbaden so viele Männer verurteilt, wie dies in den 1830er Jahren der Gesamtzahl der Verurteilungen Badens entsprach.[37]

Jahr	Anzahl	Wohnort
1829	1	Mannheim
1855	2	Waldwimmersbach, Diedesheim
1864	1	Neckargemünd
1866	2	Mannheim, Kirchheim
1868	1	Liedolsheim
1869	4	Mosbach, Neckarsteinach, Großsachsen, Leutershausen

Übersicht der im 19. Jahrhundert bis zur Reichsgründung im badischen Landesteil der Region Rhein-Neckar wegen „widernatürlicher Unzucht" unter Verfolgung stehenden Personen

In Preußen war Homosexualität von Männern eine Straftat – ganz im Unterschied zu Bayern, weshalb auch in der Pfalz Straffreiheit herrschte. Gegen die in dieser

Hinsicht liberale bayerische Gesetzgebung zogen die Preußen zu Felde. Im Rahmen der Diskussion um ein einheitliches deutsches Strafrecht forderte der Bayerische Landtag in den 1850er Jahren, dass andere deutsche Staaten die Straffreiheit einführen sollten.[38] Durch die Reichseinigung unter preußischer Führung wurde ab 1872 Homosexualität reichsweit erneut eine Straftat. Nun wurden auch in der Pfalz wieder homosexuelle Männer wegen „widernatürlicher Unzucht" angeklagt und verurteilt.

SCHLUSSBETRACHTUNG

Bereits vor der Gründung des Kaiserreichs ist auch in der sich heute selbst gern als liberal bezeichnenden Rhein-Neckar-Region die Verfolgung Homosexueller nachzuweisen. Männer wurden verfolgt und zu teils harten Strafen verurteilt. Von der Umsetzung der Idee, die Johann Jakob Cella 1787 veröffentlichte, nämlich, dass einvernehmliche Sexualität Erwachsener keine Straftat sei oder etwas, in das sich der Staat nicht einmischen dürfe, kann erkennbar nicht die Rede sein. Es finden sich auch keine Hinweise darauf, dass die liberale Situation in Bayern und damit auch in der Pfalz als Vorbild für eine Reform in Baden diskutiert wurde. Die Zahlen der verfolgten Männer nahmen bereits vor der Reichsgründung zu. Diese Entwicklung setzte sich ab 1872 in erheblichem Maße fort.

Johann Jakob Cella
über
Verbrechen und Strafe
in
Unzuchtsfällen.

AUGUST WILHELM IFFLAND. LEBEN MIT „GANYMED“ UND GATTIN

7

CHRISTIAN KÖNNE

Den Namen Iffland haben in der Rhein-Neckar-Region viele schon einmal gehört. Doch wer war eigentlich Iffland?[39] August Wilhelm Iffland (1759 – 1814) – dieser Name ist untrennbar mit der Uraufführung von Friedrich Schillers „Die Räuber“ am Mannheimer Nationaltheater im Jahr 1782 verbunden. Kurfürst Karl Theodor hatte den in Hannover geborenen Schauspieler, Intendanten und Dramaturgen 1779 nach Mannheim geholt, wo er 1782 als Franz Moor in Schillers Stück brillierte und seinen Triumph als Charakterdarsteller feierte. *Teutschland wird in diesem jungen Mann noch einen Meister finden*, würdigte Schiller die Leistung Ifflands.[40] Der Ruhm Ifflands war so groß, dass er an allen deutschen Bühnen gastierte und der Iffland-Ring, der sein Porträt trägt, bis heute an die *jeweils bedeutendsten und würdigsten Bühnenkünstler des deutschsprachigen Theaters auf Lebenszeit* vergeben wird.[41] Dass sowohl in Mannheim wie in Ludwigshafen eine Iffland-straße existiert, versteht sich eigentlich von selbst.

August Wilhelm Iffland, Stich von A. Karcher, Mannheim, nach einer Zeichnung von M. Klotz, 1795. Werbeblatt des Neuen Kunstverlags Mannheim für veröffentlichte Bühnenstücke Ifflands. MARCHIVUM

So sehr Iffland als Schauspieler ein Star war, so sehr war er aber auch Ziel von Gerüchten und Anschuldigungen hinsichtlich seiner angeblichen Homosexualität. Dass Iffland seit 1796 mit der aus Oggersheim stammenden Louise Margarethe Greuhm verheiratet war, bewahrte ihn keinesfalls vor diesen Mutmaßungen.[42] Tatsächliche oder vermeintliche Homosexualität war in Deutschland bis in die 2000er Jahre hinein ein Mittel, um einer Person zu schaden, indem man dies öffentlich machte. Politische Denunziationen im Kontext von Homosexualität sind mit u. a. „Krupp auf Capri“, der Harden-Eulenburg-Affäre, dem österreichischen Oberst Redl, dem Röhm-Putsch und der Affäre um den Bundeswehrgeneral Kießling entsprechend erforscht.[43] Im Falle Ifflands blieb es jedoch nicht nur beim Vorwurf, dem eigenen Geschlecht zugeneigt zu sein, sondern auch, dass er Verbindungen zu den Freimaurern/Geheimbünden gehabt haben soll.

Bereits 1781 soll sich Iffland in einen Leutnant von Schwaben verliebt haben. Nachdem er 1790 zusammen mit Wilhelm von Humboldt und Georg Forster eine Rheinreise unternommen hatte, äußerte sich Forster gegenüber seiner Frau über Ifflands *Sonderbarkeit*. Zusammen mit seinen Kollegen Heinrich Beck und Johann David Beil lebte Iffland in Mannheim-Käfertal in einer gemeinsamen Wohnung.[44] Heinrich Beck schrieb am 17. April 1791 an Friedrich Wilhelm Gotter: *Iffland ist noch immer* [...] *sehr glücklich im Besitz seines Ganymed!* Dies war Georg Schreiber, Ifflands Diener in Mannheim. Ifflands Frau wollte Schreiber entlassen, doch Iffland lehnte ab.

Als Iffland 1808 im Gespräch für den Direktoren-Posten der drei Wiener Haupttheater war, wurde die österreichische Polizei tätig, um potentielle Schattenseiten der Vita des Kandidaten zu untersuchen. Man setzte einen geheimen Ermittler ein, dessen Bericht am 26. März 1809 festhielt: *Da nun Sr. M.* [seiner Majestät, dem Kaiser von Österreich] *einige auffallende Gerüchte, die über diesen übrigens gut gesinnten Mann zirkulieren, zu Ohren gekommen sind, so haben mir Allerhöchst dieselben aufgetragen, hierüber nähere Auskunft einzuholen. Man sagt nämlich, Iffland sei ein Anhänger geheimer Gesellschaften und hege eine unmoralische Neigung gegen sein Geschlecht. S. M. wollen daher, daß man nachforschen lasse, in welchem Ruf er in Ansehung dieser Eigenschaften stehe und das Erhobene vorlege.*

Am 31. März 1809 wurde der Auftrag genauer gefasst: *Vor allem haben Sie nähere Auskünfte darüber einzuholen, ob Iffland wirklich ein Anhänger der geheimen Gesellschaften sei und die gerügte Neigung gegen sein Geschlecht hege, sowie auch in welchem Rufe er in Ansehung dieser beiden Eigenschaften in Berlin stehe, und mir hierüber Bericht zu erstatten. Als ich anno 1805, in Geschäften, durch 45 Tage mich in Berlin aufhalten mußte, hatte ich Gelegenheit auch den dortigen Schauspieldirektor Iffland persönlich kennen zu lernen. Ich speiste zweimal an der Table d'hôte mit ihm; schon damals ärgerten sich die wenigen, besser denkenden Menschen über Ifflands scheuslichen Lebenswandel, man versicherte mich, er sei der Sodomie ergeben, es sei sehr zu verwundern, daß ein Mensch, welcher diesem Laster ergeben sei, solche moralischen Stücke, als seine Theaterarbeiten sind, verfertigen könne. Viel Aufsehen machte damals, als er einem jungen Menschen, dessen Namen ich nachtragen werde, der nur ein Schauspieler zweiten Ranges war, ein Benefice zu seiner Einnahme gab, das sagte man allgemein in Berlin, es käme daher, weil dieser Mensch sich zu seinem Laster gebrauchen ließe. Es ist auch in Berlin allgemein bekannt, daß Iffland einer der stärksten Anhänger der alldort so sehr herrschenden Maurerey ist.*

Iffland erhielt die Stelle nicht. Dies alles waren jedoch interne Äußerungen, die nur einem kleinen Kreis von Personen, wenngleich in relevanten Positionen, zugänglich waren. Viel größere Aufmerksamkeit erregte ein Brief von Heinrich von Kleist. Kleist hatte sich wegen seines Stücks „Das Käthchen von Heilbronn" bei Iffland gemeldet und dieser hatte das Stück abgelehnt. Von Kleist konterte dies auf seine Weise. Er veröffentlichte am 12. August 1810 einen Brief, in dem er Ifflands vermutete Homosexualität ansprach: *Wohlgeborener Herr, Hochzuverehrender Direktor! Ew. Wohlgeboren haben mir [...] das Käthchen von Heilbronn, mit der Äußerung zurückgeben lassen: Es gefiele Ihnen nicht. Es tut mir leid, die Wahrheit zu sagen, daß es ein Mädchen ist; wenn es ein Junge gewesen wäre, so würde es Ew. Wohlgeboren wahrscheinlich besser gefallen haben. Ich bin mit der vorzüglichsten Hochachtung, Ew. Wohlgeboren, ergebenster Heinrich von Kleist.*[45]

August Wilhelm Iffland in seiner Rolle als Schauspieler, Zeichnung um 1795. Reiss-Engelhorn-Museen

Dieser Brief wurde von Kleist herumgereicht und kam beispielsweise zwischen den Schriftstellern Friedrich de la Motte Fouqué und Karl August Varnhagen von Ense am 11. Oktober 1810 als Gesprächsthema auf. Darüber hinaus informierten auch die Nordischen Miszellen am 21. Oktober 1810 über ein *Billet an Iffland, welches nachher im Publikum zirkulierte, und worin er sich eben nicht auf die delikateste Weise zu rächen gesucht* habe.[46]

Die Diskussion war so wirkungsmächtig, dass Iffland seither in den Übersichten berühmter Homosexueller auftaucht. Der Arzt Albert Moll schrieb in einem Werk zur Homosexualität 1893, von Iffland sei *bei seinen Lebzeiten behauptet worden*, dass er *der Männerliebe huldigte*. Selbst wenn dies möglicherweise unberechtigt gewesen sei, so habe *sich doch durch Tradition der Glaube hieran erhalten.*[47] Auch der Sexualforscher Magnus Hirschfeld führte Iffland neben Alexander von Humboldt in seiner Publikation „Berlins drittes Geschlecht“ als berühmten Homosexuellen an. Auch in Hirschfelds Standardwerk „Die Homosexualität des Mannes und des Weibes“ werden Iffland und die Diskussionen um seine Person an verschiedenen Stellen erwähnt.[48]

Neben den medizinischen Publikationen wurde Iffland auch in den Zeitschriften der Homosexuellenbewegung der Weimarer Republik abgebildet. Entsprechende Hinweise finden sich in der Zeitschrift Die Freundschaft.[49] Die Blätter für Menschenrecht führten 1928 aus: *Die Neigung Ifflands zum gleichen Geschlecht ist trotz seiner freilich kinderlos gebliebenen Ehe unbestreitbar. Während aber anderen Schauspielern, wie Wilhelm Kunst, die gleiche Veranlagung vorgeworfen und nachgetragen wurde, bei diesem auch die Ursache seines Niedergangs ward, verstand es Iffland, sich zu behaupten und sogar die höchsten Stufen als Schauspieler, Bühnenleiter und Bühnenschriftsteller mit seinen 66 Theaterstücken zu erklimmen.*[50] Damit hat die Rhein-Neckar-Region neben der seit 1862 anhaltenden Diskussion um Johann Baptist von Schweitzer (Kap. 10) mit August Wilhelm Iffland eine zweite Debatte um die Sexualität eines berühmten Mannes, die seit über 200 Jahren geführt wird.

8 DOROTHEA SCHLEGEL UND KAROLINE PAULUS. SCHWÄRMERISCHE FRAUENFREUNDSCHAFT DER ROMANTIK

CHRISTIAN KÖNNE

Die literarische Epoche der Romantik ist eng mit Heidelberg verbunden. Caroline Schlegel (1764 – 1839), Tochter von Moses Mendelssohn, Frau von Friedrich Schlegel und Autorin der Romantik, unterhielt mit Karoline Paulus in Heidelberg einen Briefwechsel, der ihre schwärmerische Freundschaft ausdrückt.

Brief an Karoline Paulus vom 16. Oktober 1804:
Wie danke ich Dir, geliebte, liebende Seele, daß du mir Deine Empfindung für mich mittheilest! Ja, ich fühle es und wiederhole es mit Freuden: – Du bis meine erwählte, gefundene Schwester, und so, wie Du, so fühl' auch ich, daß wir im Geiste unzertrennlich sind [...] *Außer Friedrich's* [Friedrich Schlegel] *Schwester, Charlotte Ernst, habe ich nie eine Frau geliebt, wie Dich. Sie ist eine vortreffliche Frau, aber freilich so verliebt in Dich wie ich bin, würde sie vielleicht nicht sein; ja, recht eigentlich verliebt, ich kann mich oft nach Deinen Augen sehnen, nach dem Ton Deiner Rede, wie ein Verliebter*

Dorothea Schlegel, Gemälde von Anton Graff, um 1790. bpk / Nationalgalerie, SMB

Brief an Karoline Paulus vom 10. April 1813:
Mein liebes, gutes, herziges Weib, sei mir recht von Grund der Seele gegrüßt! [...] *Was sprichst du von vergessen und dergleichen? Kannst Du mich denn vergessen? Nun, siehst du, eben so wenig kann ich Dich vergessen! So wie ich Dich liebte, so habe ich seitdem keine andere Frau gefunden, mit keiner andern in solch wahrhaft kindlicher Vertraulichkeit gelebt.* [...] *Was uns trennt, liegt ja nicht in uns, sondern außer uns, und wann und wo einmal diese äußere Trennung aufhört, und wir uns wieder finden, da geht die alte Zeit wieder für uns an, wenn auch erst in einem andern Leben. Die Zeiten der Wunder werden jetzt wieder wach. Wer weiß, was noch mit uns kommen kann, und wie bald wir uns vielleicht wieder umarmen?* [...] *Uebringens, liebe Elisabeth, sind die Zeiten überall jetzt trübe, und, wenn Du dich vielleicht aus dem schönen, aber engherzigen Heidelberg oft fortsehnst, so ist es uns hier in der weiten, aber dickköpfigen Hauptstadt* [Wien] *oft nicht besser ergangen.*[51]

Aus Sicht des Germanisten Franz Deibel ging Caroline Schlegel *eine Zeit lang in der Sphäre verstiegener Gefühlsschwärmerei auf* und fand *in dem übertriebenen Kultus zärtlicher Empfindungen die Befriedigung der Gefühlsbedürfnisse, die sie in der nüchternen Ehe vergebens suchte.*[52] Dass ihr späterer Ehemann Friedrich Schlegel in Berlin zwei Jahre lang mit Friedrich Schleiermacher in dessen Wohnung zusammenlebte und dieser *gemeinsame Haushalt* von Raymond Immerwahr als *zugleich Zimmergenossenschaft und eine Art ‚Ehe' auf geistiger Ebene* dargestellt wurde, zeigt, dass Friedrich und Dorothea Schlegel verschiedene Freundschaftsmodelle lebten.[53] Ihre Romane „Lucinde" (Friedrich) und „Florentin" (Dorothea) werden von der Germanistik auch im Hinblick auf die darin abgebildeten Geschlechterrollen der Charaktere hin diskutiert.[54]

Daneben werden die beiden Schlegel aber auch im Kontext von Homosexualität besprochen. Die beiden hier angeführten Briefe von Dorothea Schlegel galten Ludwig Frey (Pseudonym) 1898 als ein Nachweis dafür, dass man im 19. Jahrhundert in *Sexualangelegenheiten* über Frauen *milder und nachsichtsvoller* als über Männer urteilte. Die Gesellschaft würde in der *Urnigin* [...] *lediglich das Weib* erblicken, ohne *daran ein Aergernis zu nehmen*. Mehr noch: Es sei *für jedermann so gut wie selbstverständlich, daß sich auf einmal eine Frau in das schöne Geschlecht* verlieben könne. Aus Sicht von Frey hätten sich zeitgenössisch *Liebesbriefe an Frauen* daher auch *unter allen Umständen zur Veröffentlichung geeignet, und bei Männern wäre ihr Bekanntwerden auch willkommener gewesen als bei Frauen.*[55] Die Briefe von Dorothea Schlegel dienten ihm also als Nachweis der Ungleichbehandlung von männlicher und weiblicher Homosexualität. Für Bernd-Ulrich Hergemöller waren die Briefe von Dorothea Schlegel der Nachweis für ihre *homoerotische, ungestillte Sehnsucht nach Freundschaft zum eigenen Geschlecht.*[56]

Heidelberg, kolorierter Stahlstich von Eduard Willmann, 1845. akg-images
Die Adressatin der Briefe war die Schriftstellerin Karoline Paulus (1767–1844), Gattin des ev. Theologen Heinrich Eberhard Gottlob Paulus. Mit ihrem Mann wohnte sie seit 1811 in Heidelberg.

9 INTERGESCHLECHTLICHKEIT. DIE SICHT AUF MENSCHEN ALS MEDIZINISCHER PROBLEMFALL ODER KURIOSUM

CHRISTIAN KÖNNE

Statistisch gesehen, ist unter 2.000 geborenen Kindern eines, das uneindeutige Geschlechtsmerkmale aufweist. Hierbei sind verschiedene Varianten möglich. Manche sind äußerlich erkennbar, andere nicht. Beschrieben ist dieses Phänomen, das heute Intergeschlechtlichkeit genannt wird, schon in der Antike.[57] Eine Gestalt der griechischen Mythologie, die sowohl männliche als auch weibliche körperliche Merkmale aufweist, prägte den früher gebräuchlichen Begriff Hermaphroditismus. In der Medizin sprach man von „Hermaphroditen", im Volksmund oft von „Zwittern".

Es hat bis ins Jahr 2018 gedauert, dass der Gesetzgeber in Deutschland juristisch anerkannte, was medizinisch längst bewiesen war: Es gibt mehr als nur zwei eindeutige Geschlechter. Der sogenannte „Zwitterparagraf" im Preußischen Landrecht von 1794 – also nicht in der Rhein-Neckar-Region geltend – ermöglichte, dass Menschen, die bei Geburt ein uneindeutiges Geschlecht aufwiesen, in dem Geschlecht aufgezogen wurden, das die Eltern – nicht die Ärzte – festlegten. Mit 18 Jahren sollten diese Menschen dann selbst entscheiden, welchem Geschlecht sie sich zugehörig fühlten. Hier war aber nur die Zuordnung zu einem der beiden rechtsverbindlichen Geschlechter – weiblich oder männlich – möglich.

Nach der Reichsgründung 1871 wurde in Deutschland durch Juristen und Verwaltungsbeamte festgelegt, dass Menschen bei Geburt ein eindeutiges Geschlecht zugewiesen werden müsse. Die Entscheidung darüber sollte nunmehr das medizinische Fachpersonal haben. In der Ärzteschaft stieß dies nicht auf einhellige Zustimmung. 1908 zum Beispiel schrieb der Gynäkologe und anerkannte Spezialist auf dem Gebiet des Hermaphroditismus Franz Ludwig Neugebauer: *Man kann sich dabei anstellen, wie man will, so wird man eben doch nicht mit Sicherheit sagen können: Es ist eine Frau oder es ist ein Mann! Steht nun die Tatsache fest, daß es Homines neutris generis* [etwa: Menschen mit uneindeutigem Geschlecht] *gibt und daß wir in vielen Fällen trotz Mikroskop ganz außer Stande sind, das Geschlecht zu entscheiden, so würde sich als logische Konsequenz ergeben, im Standesamte in der Metrik eine Rubrik einzuführen: Geschlecht zweifelhaft, sexe douteux.*[58]

„Schlafender Hermaphrodit", Skulptur aus Paros, Italien, 3. Jahrhundert. Paris, Musée du Louvre. Bpk | RMN – Grand Palais | Hervé Lewandowski

Symbolische Darstellung eines menschlichen Zwitterwesens im Codex Pal. lat. 1885 der Biblioteca Apostolica Vaticana, Illustrationen zum Buch der Heiligen Dreifaltigkeit, süddeutsch, Faksimile der Ausgabe von 1570 – 1580. Digitale Bibliothek der Universitätsbibliothek Heidelberg / https://digi.ub.uni-heidelberg.de/diglit/bav_pal_lat_1885

Die bis 2018 rechtlich postulierte Bipolarität der Geschlechter führte dazu, dass alle, die nicht in dieses Schema passten, als „nicht richtig" angesehen wurden, dass man glaubte, sie „korrigieren" zu müssen, dass man ihnen Rechte vorenthielt, dass Intergeschlechtlichkeit ein Thema war, über das in der Öffentlichkeit meist geschwiegen wurde.[59] Sucht man nach Spuren dieser Menschen in der Geschichte der Rhein-Neckar-Region, wird man neben künstlerischen Darstellungen vor allem in zwei Bereichen fündig. Das sind zum einen medizinische Fachaufsätze über (Pseudo-)Hermaphroditismus, bei denen allerdings die körperlichen „Abnormitäten" im Vordergrund der Darstellung standen – und weniger die Frage, wie es diesen Menschen im Leben und in der sie umgebenden Gesellschaft ging oder wie sie sich selbst sahen. Zum anderen finden sich Hinweise in Presseberichten, in denen die wenigen bekannt gewordenen „Fälle" von „Hermaphroditen" meist als Kuriosum dargestellt wurden.[60]

ÜBERLIEFERUNGEN AUS DER RHEIN-NECKAR-REGION

Für die Rhein-Neckar-Region sind bis Ende des 19. Jahrhunderts vier Fälle von Hermaphroditismus in der medizinischen Überlieferung beschrieben. 1786 wurden in Rohrbach siamesische Zwillinge geboren, die am Rücken und Steiß verwachsen waren. Beide Kinder besaßen *männliche und weibliche äußere Geschlechtsorgane*.[61] Die Darstellung dieser Zwillinge fand sich später in verschiedenen medizinischen Lehrbüchern. 1830 wurde in Heidelberg ein 30-jähriges *Mädchen* untersucht, bei dem man ebenfalls kein eindeutiges Geschlecht feststellte.[62] 1877 stellte Bezirksarzt Dr. Mörschell aus Miltenberg im Odenwald einen Fall von Hermaphroditismus beim Kreisverein unterfränkischer Ärzte vor.[63]

Aus dem Mannheimer Krankenhaus ist ein „Fall" von 1893 überliefert: *Marie M., 28-jähriges Dienstmädchen aus Nipperg* wurde dort wegen eines anderen medizinischen Leidens behandelt und wies die Ärzte auf starke Schmerzen hin, die sie *seit ihrer Jugend* in der Leistengegend hatte. Der Tastbefund ergab, dass Marie M. auf beiden Seiten einen Leistenbruch hatte, in dem sich *Körper* befanden. Bei der nachfolgenden Operation und anschließenden Untersuchung erwies es sich, dass es sich um Hoden handelte. Bei der Beschreibung des Befunds stellte der Arzt H. Braun heraus, dass Marie M. *aus einer gesunden Familie* stamme und drei Geschwister habe. Ihre beiden Schwestern waren zu dieser Zeit bereits verheiratet und hatten, wie der Arzt festhielt, *normale Kinder geboren*. Die Befragung ergab, dass Marie M. nie eine Periode, aber auch keine Pollutionen gehabt hatte. Marie M. sei *von mittlerer Größe und schlankem weiblichen Körperbau* und habe eine *weibliche Gesichtsbildung*. Auch ihre *Extremitäten* seien *normal* ausgebildet. Doch ergebe der Tastbefund, dass von den *inneren Genitalien* [...] *mit Gewissheit nichts vorhanden* sei. Wie Braun hervorhebt, sei *interessant*, dass *ohne die Klagen der Patientin über Schmerzen in den Leistenbrüchen und die daraufhin vorgenommene Operation die Abnormität wohl zeitlebens unentdeckt geblieben wäre*.[64]

DER PROZESS GEGEN EINEN WEINHEIMER „ZWITTER" WEGEN § 175 RSTGB

Im Jahr 1907 durchzog die Berichterstattung über die angeblich homosexuellen Kontakte des Weinheimer *Privatmanns* Ludwig Eberle die Presse.[65] Im Mai 1907 wurden Eberle und der Hoteldiener Hofstetter (andere Schreibweise: Hofstätter), der offenbar aus Nittenau in der Oberpfalz stammte, wegen *homosexueller Verfehlungen* verhaftet. Hofstetter hatte Eberle zu dieser Zeit bereits zweimal um 300 Mark erpresst und Eberle daraufhin seine Haushälterin gebeten, zur Polizei zu gehen und Anzeige zu erstatten. Obwohl Eberle diese Entscheidung rückgängig machen wollte, gelangte das Ganze zur Anzeige, woraufhin die Polizei beide Personen festnahm. Gegen eine Kaution von 25.000 Mark (durchschnittliches Jahreseinkommen brutto 1907: 987 Mark) kam der offenbar vermögende Eberle auf freien Fuß.

Im Juni 1907 kam es in Mannheim zum Prozess. Hier wurde festgestellt, dass Ludwig Eberle nach dem ärztlichen Gutachten als *durchaus abnorm* anzusehen sei, da er *ein Zwitter* sei, *der vielleicht mehr nach der weiblichen Geschlechtslage neigt, als nach der männlichen*. Aufgrund des Gutachtens wurde Eberle in eine Klinik zur Untersuchung überwiesen. Hofstetter wurde zu einer Gefängnisstrafe von 2 Jahren und zu 5 Jahren Ehrverlust verurteilt. Dieser Bericht wurde vom Wissenschaftlich-humanitären Komitee in Berlin (Kap. 17) zur Kenntnis genommen und weiter verbreitet.

Nach einer eingehenden ärztlichen Untersuchung auf den körperlichen und geistigen Zustand stand Ludwig Eberle Ende Juli 1907 abermals in Mannheim vor Gericht und galt nun aufgrund des Gutachtens der Ärzte *für körperlich und geistig minderwertig*. Das Gericht verurteilte ihn zu einer Gefängnisstrafe von 3 Tagen. Für Eberle war nach diesem Prozess offenbar kein Bleiben in Weinheim mehr. Jedenfalls lebte er 1908 in Wiesbaden. Im selben Jahr stand er im Kontext von Homosexualität und Erpressung abermals in einem Prozess vor dem Mannheimer Gericht. Der Presse galt Eberle, der erneut Opfer einer Erpressung war, nun als *Sklave homosexueller Anwandlungen*.

Der Fall Eberle zeigt, dass auch Menschen, die intergeschlechtliche Menschen waren, dann wegen homosexueller Handlungen vor Gericht gestellt wurden, wenn sie in der Geschlechtsrolle eines Mannes lebten. Es war für die Verfolgung also die gesellschaftliche, nach außen erkennbare und für das Leben gewählte „Geschlechtsrolle" maßgeblich.[66]

DARSTELLUNG VON INTERGESCHLECHTLICHKEIT IN DER PRESSE

Im Hinblick auf die Darstellung von „Hermaphroditen" in den Tages- und Wochenzeitungen der Rhein-Neckar-Region fällt für das 19. und frühe 20. Jahrhundert auf, dass – abgesehen vom Fall des Weinheimers Ludwig Eberle – die aufgefundenen Berichte ausschließlich Personen betreffen, die aus anderen Gegenden stammten.

1832 zum Beispiel schrieb die Karlsruher Zeitung über einen „Hermaphroditen" aus Neapel. 1837 informierte sie, dass die Stadt Wien einem dortigen „Hermaphroditen" die von ihm eingeforderten Rechte eines Mannes vorenthalten hatte – und diese Person sogar mit einem Verweis abgewiesen worden war. 1840 machte in Wien *ein Hermaphrodit aus Sachsen gebürtig* beim ärztlichen Publikum *viele Sensation*. 1856 berichtete der Ortenauer Bote, dass sich die englische Polizei mit Gewalt Zutritt zur Wohnung einer Familie verschaffte, die eines ihrer Kinder einsperrte. Wie sich herausstellte, war dieses Kind ein „Hermaphrodit". 1870 beschrieb der Badische Beobachter ein Kind in Wien, das in einer von der Mutter veranlassten ärztlichen Untersuchung als „Hermaphrodit" erkannt worden war. Das Durlacher Wochenblatt schilderte 1861, dass *die Schwester* einer gewissen Elisabeth Schwenke aus Hamburg als „Hermaphrodit" erkannt worden sei und *die beiden unglücklichen Geschöpfe* nun *übers Meer wandern* müssten, ohne dass klar wird, warum dies notwendig war. 1930 war von einer *Neuvermählten* aus Konstantinopel die Rede, die als „Hermaphrodit" erkannt worden war.[67]

1935 verbreitete die von den Nazis gleichgeschaltete Karlsruher Zeitung eine *sensationelle Meldung* über die Tschechin Zdena Koubkova, *die 1934 einen Weltrekord im Achthundert-Meter-Lauf aufgestellt hatte und ihren Titel nun verlor, weil die Ärzte festgestellt hatten, dass die Sportlerin* überwiegend männliche Geschlechtsmerkmale aufwies und deshalb nicht als Frau gelten könne. Davon profitierte die Deutsche Lina Radke. Mit ihrer Zeit aus dem Jahr 1928 blieb sie Weltrekordinhaberin.[68] Dass die Deutsche Dora Ratjen, die 1938 im Hochsprung Europameisterin geworden war, nur so lange in der NS-Presse positiv dargestellt wurde, wie sie als Frau Erfolge vorweisen konnte, dass sie aber nach ihrer „Entdeckung als Mann" totgeschwiegen wurde, fügt der Thematik eine weitere Biografie hinzu. 1939 wurde Ratjen als Mann anerkannt und erhielt den Namen Heinrich Ratjen.[69]

Es ging in den Presseberichten also nahezu ausschließlich darum, einen Menschen vorzustellen, der nicht ins zweigliedrige Geschlechterschema passte und aus diesem Grund in unterschiedlicher Weise Aufsehen erregte und über Herkunftsort und Beschreibung konsequent als „fremd" dargestellt wurde. Der Bericht von 1837 aus Wien zeigt abermals, dass die Frage der Geschlechtszuordnung maßgeblich über das Leben bestimmte, da sich die gesellschaftlichen Rollen und Möglichkeiten für Männer und Frauen deutlich unterschieden.[70]

BLICKE AUF INTERGESCHLECHTLICHKEIT IN DER RHEIN-NECKAR-REGION IM 20. JAHRHUNDERT

Flagge auf dem CSD 2020 in Mannheim. Stadt Mannheim / Alexander Kästel

Eine erste Untersuchung der Überlieferung des Heidelberger Universitätsarchivs hat keine Hinweise auf Patientenakten im 20. Jahrhundert für Intergeschlechtlichkeit ergeben.[71] Mit Christiane Völling hat eine intergeschlechtliche Person 2010 ihr Leben im autobiografischen Text „Ich war Mann und Frau" abgebildet, in dem Völling sowohl über ihre Behandlung am Klinikum Ludwigshafen Ende der 1970er Jahre als auch über das Leben und Arbeiten in der Gegend von Worms berichtet.[72] Es hat sich für das vorliegende Buch keine intergeschlechtliche Person bereit erklärt, über ihr Leben in der Rhein-Neckar-Region zu berichten. Eine hierfür in Speyer angefragte Person verwies darauf, dass nur sehr wenige Menschen in ihrem Umfeld wüssten, dass sie intergeschlechtlich sei. Dies solle so bleiben. Es bleibt zu hoffen, dass Intergeschlechtlichkeit künftig als geschlechtliche Realität breite Akzeptanz finden wird.

JOHANN BAPTIST VON SCHWEITZER UND „DER FALL" IM MANNHEIMER SCHLOSSPARK – SEXUALITÄTEN UND POLITIK

Christian Könne

EINLEITUNG UND DARSTELLUNG DES FALLS SCHWEITZER

Johann Baptist von Schweitzer (1833 – 1875) war als späterer Vorsitzender des ADAV (Allgemeiner Deutscher Arbeiterverein), einer Vorgängerorganisation der SPD, eine der führenden Persönlichkeiten in der Arbeiterbewegung des 19. Jahrhunderts. 1855 promovierte er in Heidelberg in Jura.[73] Er trat zunächst jedoch als Schriftsteller hervor und veröffentlichte 1858 das Drama „Friedrich Barbarossa", dem die Komödie „Alkibiades" folgte. Sich zunehmend politisch engagierend, wandte er sich der Arbeiterbewegung zu und wurde 1861 in Frankfurt a. M. zum Präsidenten eines neu gegründeten Arbeitervereins gewählt.

Am 7. August 1862 wurde er im Mannheimer Schlosspark unter *dem Verdacht eines Vergehens gegen die Sittlichkeit* festgenommen. Das Mannheimer Hofgericht verurteilte ihn am 5. September 1862 *wegen Erregung öffentlichen Ärgernisses durch öffentliche Verübung einer unzüchtigen Handlung zu vierzehn Tagen bürgerlicher Gefängnisstrafe.*[74] Danach setzte eine kontroverse Diskussion über seinen Fall ein, bei der die Begründungen für die Inhaftierung und Verurteilung – mal absichtlich, mal unabsichtlich – vertauscht oder vermischt wurden. Ein Vergehen gegen die Sittlichkeit wäre jedenfalls gravierender gewesen als die Erregung öffentlichen Ärgernisses, wegen der Schweitzer tatsächlich verurteilt worden war.

Johann Baptist von Schweitzer, 1863. Friedrich-Ebert-Stiftung e. V.; Gemeinfrei/AdsD; 6/FOTA074519

Aus der Arbeiterbewegung waren neben Karl Marx und Friedrich Engels auch Ferdinand Lasalle, August Bebel und Franz Mehring an der Kontroverse beteiligt. Auch Stimmen aus der beginnenden Emanzipationsbewegung Homosexueller schalteten sich ein.[75] Der Jurist Karl Heinrich Ulrichs, der erste Mann, der 1864 öffentlich seine Homosexualität erklärte und eine eigene Theorie von Homosexualität entwarf, verfasste für Schweitzer *eine Art von Vertheidigung*. Einer der Briefe gelangte zu Schweitzer, der andere zum Untersuchungsrichter.[76] Damit erhielt der „Fall Schweitzer" eine Bedeutung für die frühe Phase der Emanzipation Homosexueller. Dies wiederum führte dazu, dass das mögliche Sexualdelikt aus der Mannheimer Lokalgeschichte auch international in der Forschung Beachtung fand.[77]

Der Mannheimer Schlosspark mit Blick auf das Schloss, Aquarell von J. P. Karg, 1819. Reiss-Engelhorn-Museen

Doch was war eigentlich der „Fall Schweitzer"? Die Akten des Prozesses gegen Schweitzer sind nach heutigem Stand nicht erhalten. Zwar wurde in einem anderen Verfahren – als Schweitzer 1867 wegen der Verbreitung der Broschüre *Kapitalgewinn über den Arbeitslohn* in Elberfeld vor Gericht stand – aus der Mannheimer Akte von 1862 zitiert. Die ausführlichste Darstellung findet sich jedoch nach Schweitzers Biograf Gustav Mayer in der Rheinischen Zeitung vom 13. Juli 1867:[78]

J. B. v. Schweitzer, Rechtsanwalt zu Frankfurt, wurde in Mannheim verhaftet wegen der Beschuldigung, am 4. August 1862, Morgens zwischen 9 und 10 Uhr, im dortigen Schloßgarten einen Knaben unter 14 Jahren zur Vornahme einer unsittlichen Handlung verleitet zu haben. Er war von zwei Zeugen beobachtet worden: Der Eine hat ihn mit dem Knaben ins Gebüsch gehen sehen, der Andere war ihm dahin gefolgt und hatte nun wahrgenommen, daß Schweitzer sich entblößte, und sich von dem Knaben in unzüchtiger Weise berühren ließ. Die Zeugen ergriffen den v. Schweitzer, derselbe entsprang ihnen jedoch und wurde erst später wieder eingebracht. Um den Knaben, der gleichfalls entlaufen war, zu ermitteln, wurden verschiedene Knaben vernommen; von diesen bekundeten Einige, daß Schweitzer sie an demselben Morgen zur Vornahme der gleichen Handlung habe überreden wollen; sie hätten sich jedoch geweigert. Der betreffende Knabe wurde indessen nicht ermittelt und es konnte daher auch nicht constatirt werden, ob derselbe unter 14 Jahren alt war. Wäre es der Anklage gelungen, dies nachzuweisen, so wäre v. Schweitzer wegen eines Verbrechens gegen die Sittlichkeit zu Zuchthausstrafe verurtheilt worden. Da dieser Beweis aber nicht gebracht werden konnte, wurde derselbe am 5. September 1862 nur zu 14 Tagen Amtsgefängniß verurtheilt, und zwar ‚wegen Erregung öffentlichen Aergernisses durch öffentliche Verübung einer unzüchtigen Handlung'. Eine Verurtheilung wegen der an den übrigen Knaben während der Untersuchung ausgesagten Verleitungsversuche Schweitzers konnte nicht erfolgen, da kein desfalliger Antrag der Polizeibehörde vorlag.[79]

DISKUSSION UND DISKUSSIONSTEILNEHMER DES FALLS SCHWEITZER

Nach der Urteilsverkündung gab es in der Presse unterschiedliche Informationen, die jeweils entweder auf das „Sittlichkeitsverbrechen" oder auf die „Erregung öffentlichen Ärgernisses" rekurrierten. Der Volksbote für den Bürger und Landmann und die Heidelberger Zeitung informierten korrekt. Die Allgemeine Zeitung, veröffentlicht im Verlag der Cotta'schen Buchhandlung, gab ein erheblich über der tatsächlichen Strafe liegendes Maß an. In der Freiburger Zeitung wurde berichtet, dass Schweitzer wegen eines Sittlichkeitsvergehens verurteilt worden sei.[80] Dies war aber nur der Grund der Verhaftung.

Innerhalb des Führungskreises des späteren ADAV führte der „Fall Schweitzer" zu ganz unterschiedlichen Reaktionen. Bernhard Becker, nach dem Tod Lasalles Vorsitzender des ADAV und zuvor ein Mitstreiter Schweitzers, war einer derjenigen, der, wie Gustav Mayer festhielt, die *Arbeiter noch mehr aufgehetzt und jenen moralischen Entrüstungsrummel inszeniert* hatte, um Schweitzer innerhalb der Arbeiterbewegung unmöglich zu machen.[81] Offenbar nutzte Becker den Skandal, um sich auf Kosten Schweitzers politisch zu profilieren. Am 8. Dezember 1863 informierte er Lasalle über angebliche weitere Skandale: *Schon früher soll in Sachsenhausen* [in Frankfurt a. M.] *eine ähnliche Geschichte mit ihm* [Schweitzer] *vorgefallen, aber vertuscht worden sein. Sodann wirft man Schweitzer Umgang mit kleinen Mädchen, Blutschande mit seiner Mutter, Depeschenunterschlagung und einen Unterschleif von 1600 Gulden vor. Mögen nun diese Vorwürfe begründet sein oder nicht, so steht doch fest, daß sie allverbreitet sind und allgemein geglaubt werden.*[82]

Ferdinand Lasalle bewertete die Sache anders: *Die Tat Schweitzers ist ja nicht schön, ich erblicke aber darin keineswegs ein Verbrechen. Jedenfalls kann uns das Vorkommnis nicht dazu veranlassen, einer so tüchtigen Kraft, ja eines so phänomenalen Menschen zu entraten. Die geschlechtliche Betätigung ist schließlich Geschmacksache und sollte jedem Menschen, sofern er nicht fremde Interessen verletzt, überlassen werden. Ich würde allerdings einem solchen Manne meine Tochter nicht zur Frau geben.*[83] Gegenüber Schweitzer äußerte Lasalle: *Angenommen, daß das wahr gewesen sei, was damals die Zeitungen über den Grund Ihrer Verurteilung brachten, so weiß ich das Eine, daß jene bedauerliche und meinem Geschmack nicht begreifliche Liebhaberei, die man Ihnen imputiert, zu jenen Vergehen gehört, die nicht im geringsten etwas mit dem politischen Charakter eines Mannes zu tun haben. Ein solches Auftreten einem Manne von ihrem Charakter und Ihrer Intelligenz gegenüber beweist nur, wie verwirrt und philiströs die politischen Begriffe unseres Volkes noch sind.* In einem Brief vom 11. Dezember 1863 gab Schweitzer Lasalle sein *Ehrenwort, daß ich mit Unrecht in den Geruch der fraglichen Liebhaberei geraten bin.*[84]

Nach dem Tod Lasalles 1864 bildete allerdings die Satirezeitschrift Kladderadatsch Lasalle als Gegner Schweitzers ab.[85] Der „Fall Schweitzer" wurde auch in der politischen Auseinandersetzung im Rahmen seiner Kandidatur für den norddeutschen Reichstag genutzt. Die Zeitungen der Liberalen wie der Konservativen wiesen im Zusammenhang mit der Bewerbung Schweitzers um ein Reichstagsmandat speziell auf den Fall in Mannheim hin. Am 1. Februar [wohl 1867] berichtete die Westfälische Provinz Zeitung, dass *durch die Frankfurter Blätter die Nachricht* lief, Schweitzer *sei in Mannheim wegen eines Vergehens gegen die Sittlichkeit gefänglich eingezogen worden. Und so war es; später wurde auch seine Bestrafung gemeldet.*[86]

Hier wurde erneut auf die bei der Verhaftung 1862 gemachte Anschuldigung rekurriert, die aber nicht mit der Urteilsbegründung identisch war. Innerhalb der Arbeiterbewegung griff auch Friedrich Engels in einem Brief vom 22. Juni 1869 an Karl Marx den „Fall Schweitzer" auf.[87] Engels vertrat innerhalb der Arbeiterbewegung andere Standpunkte als Schweitzer. Ob dies eine Rolle spielte, lässt sich nicht beweisen. Aber er sprach sich mit deutlichen Worten gegen eine angeblich in Gründung stehende Bewegung Homosexueller aus und nannte in diesem Zusammenhang in entschieden und drastisch abwertenden Worten Schweitzer.[88] Dass Engels Schweitzer in eine *mannweibliche* [...] *Linie der Lassaleaner* stellte, zeigt zugleich seine Geringschätzung von Homosexuellen.

Schweitzers Biograf Gustav Mayer schrieb 1909, dass *die Gegner Schweitzers diese Verirrung einer traurigen Stunde in geschmackloser Weise im politischen Kampfe gegen ihn ausgebeutet haben.* Schweitzer habe das Urteil selbst und erst recht das, was man anschließend daraus machte, für unbegründet erklärt. Mayer hatte für die Biografie Personen befragt, die Schweitzer kannten. Diese äußerten *niemals Anzeichen von unnormalen Neigungen bei ihm wahrgenommen* zu haben. Schweitzers Großmutter allerdings *soll nicht an die Normalität seiner Sexualveranlagung geglaubt haben.*[89]

Inhaltlich die einzige Neuerung erfuhr der Fall 1932, als der Mitarbeiter am Berliner Institut für Sexualwissenschaft Richard Linsert 1932 davon sprach, dass Schweitzer verurteilt worden sei, weil er *beim Verkehr mit einem jungen Burschen durch Unachtsamkeit öffentliches Ärgernis erregt haben sollte; er war nämlich dabei von zwei nicht mehr jungen Damen belauscht worden.*[90] Die Diskussion um den „Fall Schweitzer" zog sich durch die politische, sexualwissenschaftliche und historische Diskussion. In der politischen Bewertung war der „Fall" geeignet, sowohl für oder gegen Schweitzer Position zu beziehen. Bemerkenswert ist, dass es bis in die Gegenwart historische Darstellungen gibt, die nicht korrekt zwischen der Begründung der Verhaftung und der Urteilsbegründung unterscheiden.[91]

Einen völlig neuen Aspekt brachte 2004 der Journalist Axel Schock. Aufgrund der Geschichte um den „Fall Schweitzer" nahm Schock den Mannheimer Schlosspark in seiner Übersicht „schwuler Orte" auf.[92] Durch den Vorgang von 1862 ist der Mannheimer Schlosspark jedenfalls einer der ältesten, historisch belegten Cruising-Plätze. Offen bleibt freilich, ob es sich beim „Fall Schweitzer" um eine einvernehmlich homosexuelle, eine prostitutive oder um eine pädophile Handlung handelte, oder ob es überhaupt eine sexuelle Handlung gab. Unabhängig davon ist der „Fall Schweitzer" zweifellos einer der meist und prominent diskutierten möglichen Sexualfälle der Mannheimer Geschichte.

MELCHIOR GROHE – SCHRIFTSTELLER, REISENDER UND AKTIVIST

11

CHRISTIAN KÖNNE

VORBEMERKUNG

In der Überlieferung zu Melchior Grohe (1829 – 1906) finden sich lückenhafte, teils sich widersprechende Informationen, die Fragen aufwerfen, ohne sie abschließend zu beantworten oder verschiedene Interpretationen zulassen. War Grohe ein homosexueller Mann, ein Schwuler, ein homosexueller „Transvestit" oder gar eine transidente Frau? War Grohe ein erfolgreicher Schriftsteller oder ein literarischer Dilettant? War Grohe Christ oder vielleicht Muslim? Und wo starb er eigentlich?

ÜBERBLICK

Johann Melchior Grohe wurde am 30. Mai 1829 in Mannheim geboren. Seine Mutter war Philippina von Gerichten, sein Vater Johann Jacob Grohe. Dieser war *Bierbrauer zur roten Rose von Mannheim* und 1850 Abgeordneter der *Constitutionelle*[n].[93] Die Familie Grohe lebte im Gebäude des Wirtshauses *Zur rothen Rose* in R 1, 7 am Marktplatz in Mannheim. Die Familie Grohe hatte neun Kinder, von denen zwei im Kindesalter verstarben.[94]

Melchior Grohe legte 1847 am Lyzeum Mannheim seine Hochschulreife ab. In Heidelberg studierte er 1847/48 Philologie. Dann wechselte er an die Universität Göttingen, wo er vom 26. Oktober 1848 bis 15. August 1849 Rechtswissenschaften studierte. Vom 21. Januar 1850 im Wintersemester 1849/50 bis Ende des Wintersemesters 1850/51 war er abermals in Heidelberg, nun aber für Jura, immatrikuliert.[95] In diesen Ablauf passt der von Grohe selbst angegebene Studienaufenthalt in Berlin zeitlich nicht hinein, außer er wäre zu Beginn des Wintersemesters 1849/50 auch in Berlin eingeschrieben gewesen, wofür es dort keinen Nachweis gibt. Wo er den später geführten Doktortitel erwarb, ist unbekannt.

In den 1850er Jahren hielt sich Melchior Grohe in Italien auf und schiffte sich von Venedig aus nach Ägypten ein, wo er von 1859 bis 1861 lebte und angeblich zum Islam übergetreten sein soll.[96] Nach einem kürzeren Aufenthalt in Deutschland lebte er 1863 bis 1865 in Neapel. Anschließend war er als freier Autor und Publizist an verschiedenen Orten vor allem in Süddeutschland wie München,

Ausschnitt aus dem Familienbogen von Johann Jacob Grohe mit der Nennung seines 1829 geborenen Sohnes Melchior Grohe, „Litterat". Mit Zeitungsnotiz von 1873 mit der Aufforderung an die als vermisst geltenden Brüder Melchior und Conrad Grohe, sich wegen einer Erbangelegenheit zu melden. MARCHIVUM

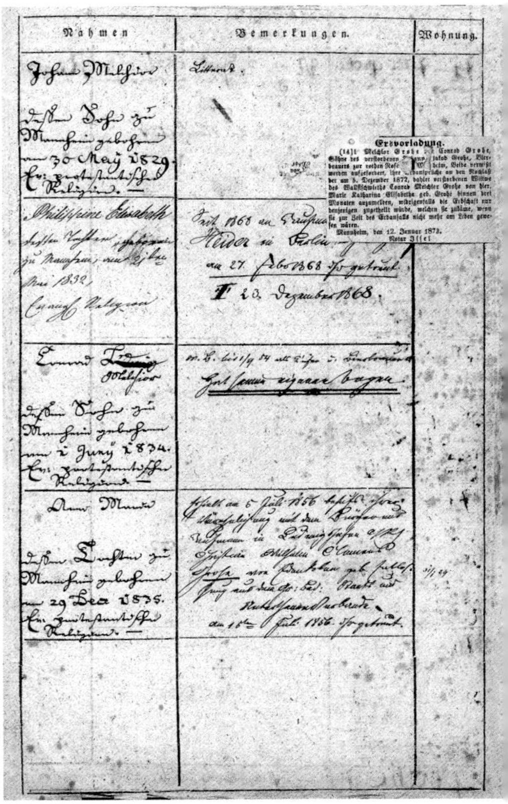

Baden-Baden, Karlsruhe, Stuttgart und Italien wie Rom, Padua oder Neapel unterwegs.[97] Zwischen 1861 und 1869 war er dabei mehrmals in Mannheim und Heidelberg, wie seine dort verfassten Briefe ausweisen.[98] Weitere Reisen führten Grohe 1889 nach Heidelberg, in den 1890er Jahren wiederholt nach Bad Ems und 1898 nach Karlsruhe. Aber auch Leipzig, Bonn oder Lindau sind als Aufenthaltsorte belegt.[99] Offenbar bezog Grohe in den 1880er Jahren eine Rente von etwa 1.200 bis 1.280 Mark im Jahr.[100]

Folgt man einer Aufzeichnung des Karlsruher Dichters Heinrich Vierordt, der Grohe längere Zeit kannte, ihn offenbar wenig schätzte und ihn zu seinem Missfallen in Heidelberg, Karlsruhe und Salerno verschiedentlich getroffen hatte, sei Grohe diese Rente von seiner Familie bezahlt worden mit der Bedingung, nie wieder nach Mannheim zurückzukehren, da sie *Schande von ihm* befürchteten.[101] Ob Grohe, als er in den 1860er Jahren mehrmals in Mannheim war, dort seine Familie traf, ist nicht bekannt. 1875 kam er in Ludwigshafen bei einem Clemens Grohe unter, so dass der Kontakt zur Familie offenbar nicht völlig abgerissen war, auch wenn unklar ist, in welchem Verhältnis die beiden Grohes zueinander standen.[102] Dass Grohe bei zahlreichen Verlagen in Baden veröffentlichte, dürfte auch seiner Familie nicht entgangen sein. Laut Heinrich Vierordt starb Grohe im *Sommer 1906*, also im Alter von 77 Jahren.[103]

DER SCHRIFTSTELLER

Grohe war zu seiner Zeit ein bekannter Autor. 1853 veröffentlichte er mit „Bernhard von Weimar. Ein Trauerspiel" sein erstes Werk bei Unger in Berlin. Verschiedene seiner Texte wie „Reime und Reisen" bei Schneider in Mannheim 1861, „Neuestes Kunterbunt" bei Katz in Bruchsal 1892, „Deutscher Dichterspiegel" bei Dörr in Heidelberg 1896 oder „Herz, was begehrst? Neue Gedichte" bei Hahn & Erdel in Durlach 1898 wurden in badischen Verlagen publiziert. Bis heute sehr bekannt ist die Vertonung von Grohes Gedicht: „O komm, holde Sommernacht" durch den Komponisten Johannes Brahms, den er offenbar persönlich kannte.[104] Auch mit Veröffentlichungen in Zeitungen war er präsent. So veröffentlichte Grohe einen Vortrag über Salvatore Rosa, den er im deutschen Casino in Neapel gehalten hatte, 1864 in der Allgemeinen Zeitung in München. Auch im Regensburger Conversations-Blatt war er mit einem Text vertreten.

Der Literaturwissenschaftler Rudolf von Gottschall stellte Grohe anlässlich einer Lesereise zu „Hochzeit zwischen Geist und Herz. Ein Frühlingsmärchen" (1869) als *Schüler Platen's* vor und verwies in seiner Literaturgeschichte darauf, Grohe trübe durch seine Überschwänglichkeit die Form.[105] Der Dichter Julius Grosse, damals Generalsekretär der Deutschen Schillerstiftung, schätzte Grohe als Literat mit *höchst mäßigem Talent* ein. Allerdings erfolgte dieses Urteil im Kontext einer Geldforderung und mit Hinweis auf eine Inhaftierung Grohes, dessen Name *keine Zierde* für die Schillerstiftung sei.[106] Es ist also fraglich, ob es bei dieser Einschätzung allein um die

Handschriftliche Notiz auf der Titelseite des Buches von Melchior Grohe „Bernhard von Weimar. Ein Trauerspiel", 1853. Es könnte die Unterschrift von Grohe sein. Digitale Bibliothek der Universitätsbibliothek Mannheim, https://digi.bib.uni-mannheim.de/altedrucke/

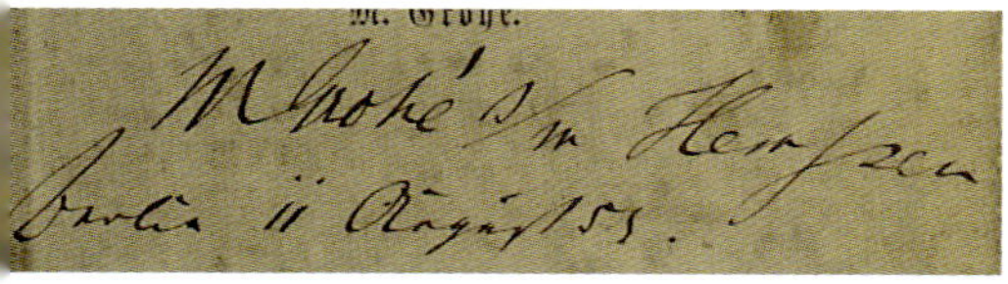

literarischen Qualitäten ging. In Lindau wurde Grohe dem entgegen als ein Dichter vorgestellt, der sich *in der literarischen und gebildeten Welt einen geachteten Namen* [...] *erwarb*.[107] In verschiedenen Schriften Grohes finden sich allerdings *antisemitische Einsprengsel, die aber nie weiter vertieft werden*.[108]

DER KRITIKER DER MONARCHIE

Melchior Grohe wurde wegen seiner der Monarchie gegenüber kritischen Gesinnung, die im Gegensatz zu seinem monarchistisch eingestellten Vater stand, verfolgt. Wegen Majestätsbeleidigung wurde er am 3. September 1886 in Limburg zu vier Monaten Gefängnis verurteilt. Außerdem verurteilte ihn das Landgericht in Mannheim am 14. Januar 1887 wegen Majestätsbeleidigung zu zwei Monaten und einer Woche Gefängnis. Anlass für die letztgenannte Strafe war eine Äußerung in der Hofapotheke Heidelberg, dass es in Baden *keine Freiheit* gebe.[109]

DER QUEERE

Auch im Hinblick auf heute diskutierte Fragen im Kontext von sexueller und geschlechtlicher Vielfalt bieten Melchior Grohes Biografie und die lückenhafte Überlieferung viel Platz für Spekulationen. In der Forschungsliteratur wird – sofern man die Figur des Friedrich im „Urning vor Gericht" mit dem Autoren gleichsetzt – festgehalten, dass Grohe der dritte überhaupt bislang bekannte Mensch ist, der sich freiwillig öffentlich als „Urning" zu erkennen gab.[110]

Grohe brach in verschiedenen Schriften *eine Lanze* für das *Urningstum*, doch auch für die sogenannte *Knabenliebe*.[111] In seinem 1863 im Heidelberger Verlag von Adolph Emmerling veröffentlichten „Orient-Buch" berichtete Grohe verschiedentlich von homosexuellen Kontakten der Männer in Ägypten.[112] Im „Urning vor Gericht" erfährt man, dass Grohe, sofern er als identisch mit der Figur Ferdinand angesehen wird, nicht nur über verschiedene berühmte Homosexuelle der Geschichte informiert war, sondern auch über entsprechende Treffpunkte und spezielle Viertel in verschiedenen Städten Europas, wie beispielsweise in Neapel oder Paris.[113] Doch wie sah sich Grohe selbst? In einer Zeit, in der verschiedene Begriffe und damit verbundene Konzepte von sexueller und geschlechtlicher Vielfalt im Entstehen und in der Diskussion zwischen Juristen, Medizinern und Betroffenen waren, äußerte sich auch Grohe.

Am 1. Mai 1880 wurde Grohe zu dem ebenfalls aus Mannheim stammenden Psychiater Richard von Krafft-Ebing (Kap. 12) in die psychiatrische Klinik in Graz eingeliefert, nachdem er von einem Soldaten in Italien, *der sich ihm gegen Bezahlung hingegeben* hatte, denunziert worden war. Er selbst bezeichnete sich im Vokabular und den Konzepten, die seine Zeit parat hatte, als Mensch mit *conträrer Sexualempfindung*, also einem psychiatrischen Begriff aus den 1860er Jahren. Grohe habe sich, wie Krafft-Ebing in seinem Gutachten festhält, schon von Kindesbeinen an für männliche Genitale interessiert. Mit 26 Jahren habe er den ers-

> Urning: Begriff für gleichgeschlechtlich liebende Männer, den Karl Heinrich Ulrichs 1864 einführte. Er leitete den Begriff vom Namen des altgriechischen Gottes Uranos bzw. dem seiner eingeschlechtlich gezeugten Tochter Urania ab.
> Sie ***„ist die mutterlose Tochter des Uranos, welche wir auch Urania nennen*** [...] ***sie hat nicht Teil an weiblich, sondern an männlich allein. Darum ist Uranias' Eros die Liebe zu Jünglingen. Wer von diesem Gott berauscht ist, wird hingezogen zu dem, was männlich ist*** [...]."

ten Sexualverkehr gehabt, und dies mit einem Mann. Den Männern gegenüber habe sich Grohe *als Weib* gefühlt. Bereits als Knabe sei es *seine grösste Lust* gewesen, *sich als Weib zu kleiden*. Weil er *zur Befriedigung seines Dranges die Kleider seiner Schwester anzog*, wurde Grohe von seinem Vater verprügelt.[114] Die Lust, Kleider des weiblichen Geschlechts zu tragen, scheint nicht auf den häuslichen Bereich begrenzt gewesen zu sein, und dies hatte offenbar Konsequenzen. Jedenfalls wurde Grohe am 14. Oktober 1878 wegen „groben Unfugs" in Mannheim zu 14 Tagen Haft verurteilt.[115] Da die Prozessunterlagen nicht erhalten sind, bleibt zwar offen, was Melchior Grohe konkret zur Last gelegt wurde. Doch wurde mit dem Straftatbestand des „groben Unfugs" auch das Tragen von Kleidung des anderen Geschlechts in der Öffentlichkeit geahndet.

Grohe selbst wies bei Krafft-Ebing darauf hin, dass er *den Podex verabscheue*, er also offenbar Analverkehr ablehnte. Aus Sicht von Grohe sei der *Verkehr der Urninge* [...] *stets von vorn und eine combinirte Onanie*.[116] Grohe rekurrierte 1880 vor allem auf die Urnings-Theorie von Karl Heinrich Ulrichs, der 1864 die Urninge als *Männer mit weiblicher Seele* geschildert hatte, die andere Männer, aber keine Knaben liebten. Als Person mit *conträrer Sexualempfindung* wies Grohe gegenüber Krafft-Ebing auch auf *Leute seines Schlages* wie Voltaire, Eugen von Savoyen, Platen und Friedrich den Großen hin.[117] Damit bieten die vorhandenen Äußerungen Anlass zu vielerlei Spekulationen einer Zuordnung zu heute vorhandenen Konzepten.

War Grohe ein Homosexueller, gar ein Schwuler, weil er so selbstbewusst auftrat? War er ein Homosexueller mit transvestitischen Neigungen, weil er dafür verurteilt worden zu sein scheint? War er gar eine transidente Frau, wogegen aber seine präferierten Sexualpraktiken sprechen, da trans Frauen sich nicht mit ihrem Penis identifizieren können und Grohe offenbar Sexualität „von vorn" praktizierte? War er ein „Knabenliebhaber" oder doch ein „Urning", was nach der Idee Ulrichs sexuelle Kontakte zu Kindern und Jugendlichen explizit ausschloss? Wir wissen dies nicht. Er selbst jedenfalls stellte sich als Mensch mit *conträrer Sexualempfindung* dar – dass er dies just in einem Gespräch mit einem Psychiater machte, lässt die Frage entstehen, ob dieses Vokabular allein der Situation geschuldet war und Grohe sich andernorts anders bezeichnet hätte. Doch auch dies bleibt Spekulation. Krafft-Ebing schätzte Grohe jedenfalls als einen *originär verrückten Menschen* mit einer *perversen Geschlechtsempfindung* ein und stellte ihn in seiner *Psychopathia Sexualis* in der Rubrik *Effeminatio und Viraginität* dar.[118]

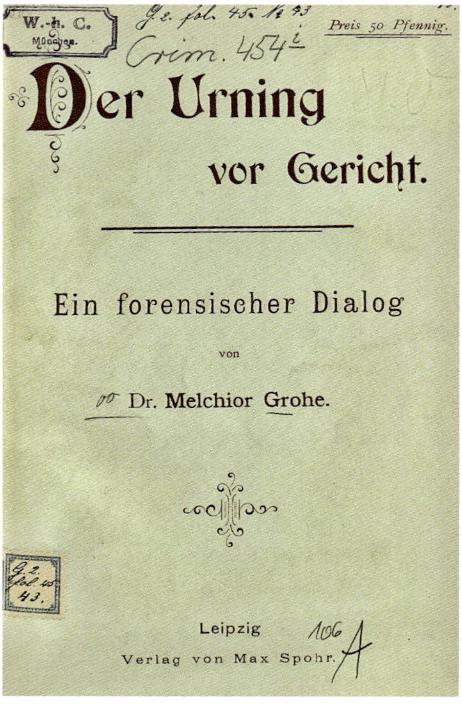
Preis 50 Pfennig.

Der Urning vor Gericht.

Ein forensischer Dialog

von

Dr. Melchior Grohe.

Leipzig
Verlag von Max Spohr.

Titelseite des Buches „Der Urning vor Gericht. Ein forensischer Dialog" von Dr. Melchior Grohe, Leipzig 1893. MDZ Münchener Digitalisierungszentrum, Digitale Bibliothek / BSB Bayerische Staatsbibliothek, https://daten.digitale-sammlungen.de/bsb00107568/image_5

DER URNING VOR GERICHT

Melchior Grohes Text „Der Urning vor Gericht", 1893 im Verlag Max Spohr in Leipzig veröffentlicht, basierte auf den Informationen des Orientreisenden Heinrich von Maltzan.[119] In den

Anmerkungen zum „Urning vor Gericht" bezeichnet Grohe Maltzan als *meinen Jugendfreund*.[120] Ob sich Grohe und Maltzan aus ihrer Zeit an der Universität Heidelberg kannten, ist nicht klar. Jedenfalls studierten sie dort 1847/48 zeitgleich. Dies weist auf einen Zusammenhang zwischen der Erzählung im „Urning" und der Biografie von Grohe hin. In der Literatur wird daher angenommen, dass die literarische Figur Ferdinand des „Urning" mit der Person Melchior Grohe gleichgesetzt werden könnte. Ferdinand verfasste diesen Text *in Gedanken im badischen Kerker*.[121] Auch Grohe selbst war in Baden mehrfach inhaftiert.

Grohe beklagt, dass die Familie und die Presse über den Tod Maltzans sehr schnell hinweggegangen seien. Der „Urning" kritisiert dies und stellt über die Situation Homosexueller fest, dass *wir* [die Urninge] *eben rechtlos sind!* Diese Aussage stellt klar, dass aufgrund eines gesellschaftlichen Tabus Homosexuelle sich im Falle von Erpressung oder Verfolgung oft nicht zur Wehr setzten bzw. nicht zur Wehr setzen konnten, ohne gleichzeitig den sozialen Tod zu riskieren und durch die Anzeige auch eine Untersuchung gegen sich selbst anzustoßen. Grohe begrüßte im „Urning vor Gericht", dass sich inzwischen *die Stimmen gegen unsere jahrhundert alte, himmelschreiende Vergewaltigung* mehrten. Da Grohe offensichtlich nicht die Ansichten von Krafft-Ebing teilte, stellte er hier klar, dass die Zukunft Professor Krafft-Ebing *die wohlverdienten Disteln* reichen werde. Grohe machte in diesem Zusammenhang sogar öffentlich, dass Krafft-Ebing ihn in der „Psychopathia sexualis" für verrückt erklärt habe.

Im „Urning vor Gericht" verwies Grohe auf das Zusammenleben von Männern und akzeptierte mann-männliche Kontakte in der Antike und anderen Kulturen. Außerdem ging er auf Friedrich den Großen und Heinrich August Winkelmann ein. Zudem widmete er das Buch keinen geringeren als König Ludwig II. von Bayern und Prinz Georg von Preußen. Dies konnte als eine Anspielung auf die schon zeitgenössisch vorhandenen Gerüchte um die Homosexualität beider gelten. Im „Urning vor Gericht" stellt Grohe die Situation homosexueller Männer in Form eines Dialogs zwischen einem Juristen (Eduard) und einem Dichter (Ferdinand) vor; er verweist aber auch auf *unser weibliches pendant, die Tribadie*.

Eduard: Du wolltest von Deinen ‚Urningen' reden – was ist es also damit? Ferdinand: In den großen Topf ‚Verbrechen gegen die Sittlichkeit' werft Ihr Alles, was Eurer ‚Moral' zuwider! Ich aber datiere eine neue Epoche meines Lebens, ja mein Leben selbst, von dem Tage, da mir in Neapel die ‚Urning-Schriften' in die Hand fielen, die mich über mich selbst aufklärten, mit den Höllenschmerz, mich in der Schöpfung allein und ausgestoßen zu wissen, benahmen, mich über meine unverdiente Verachtung trösteten, mir die Zentnerlast meiner Gedanken an die Ewigkeit vom Herzen wälzten… Du weißt wohl, daß der Hannöver'sche Assessor [Karl Heinrich] *Ulrichs – Gott lohn es ihm in alle Ewigkeit! – den Mut hatte, mit seiner Namens-Unterschrift zu behaupten und unumstößlich psychologisch und physiologisch zu beweisen, daß es unter uns Wesen giebt, weibliche Seelen in männlichem Leibe* […]. *Ihr könnt den Urning einsperren, quälen, töten – ändern könnt ihr ihn nicht!*[122]

12 RICHARD VON KRAFFT-EBING. HOMOSEXUALITÄT ALS KRANKHEITSKONZEPT

CHRISTIAN KÖNNE

Bis 2019 stand Transidentität, bis 1990 Homosexualität als Krankheit in der Liste der Weltgesundheitsorganisation. Erst 2020 wurden in Deutschland die sogenannten „Konversionstherapien“ verboten, die fälschlich behaupten, man könne Homosexuelle zu Heterosexuellen „umpolen“. Die Einstufung der nicht heteronormativen sexuellen oder geschlechtlichen Identitäten als Krankheit brachte für homosexuelle und transidente Menschen viel Leid mit sich. Kastrationen, das Einsetzen von künstlichen Hormondrüsen, Elektroschocks, Operationen am Gehirn oder Psychotherapien sind einige der Maßnahmen, die man erdachte, um Homosexuelle und Transidente angeblich zu „heilen“. Trotz aller Aufklärung in der Bundesrepublik seit inzwischen fast 50 Jahren hält sich bis heute bei manchen die Idee von Homosexualität und Transidentität als Krankheit.

Derjenige, der im 19. Jahrhundert dieses derart wirkungsmächtige Krankheitskonzept mitentwickelte und verbreitete, war der aus Mannheim stammende Psychiater Richard von Krafft-Ebing (1840 – 1902).[123] Er wurde am 14. August 1840 in Mannheim geboren und studierte in Heidelberg Medizin. Krafft-Ebing arbeitete später in der badischen Heilanstalt Illenau bei Achern, war zeitweilig als niedergelassener Arzt in Baden-Baden tätig und hatte kurze Zeit eine Professur an der Kaiser-Wilhelm-Universität in Straßburg inne. 1873 wurde er nach Graz und 1889 nach Wien berufen. Längst war er durch seine Forschungen und Veröffentlichungen in der Fachwelt als Koryphäe auf dem Gebiet der Psychiatrie anerkannt. Im Hinblick auf Homosexualität und Transidentität war er einer der einflussreichsten Psychiater seiner Zeit.

1886 veröffentlichte er das für die Geschichte von Homosexualität und Transidentität wegweisende Werk „Psychopathia Sexualis. Mit besonderer Berücksichtigung der konträren Sexualempfindung“. Transidentität wurde erstmals von Magnus Hirschfeld 1910 als „Transvestitismus“ eigens bezeichnet. Die Beschreibung transidenter Menschen nahm auch Krafft-Ebing vor, dem sie aber noch als Homosexuelle galten. Eines seiner Ziele war es, mit dieser Publikation dazu beizutragen, dass die in Deutschland in § 175 und in Österreich in § 129 Ib[124] festgeschriebene Strafbarkeit von Homosexualität abgeschafft werden solle, denn – so seine These –

Richard von Krafft-Ebing, um 1910. Foto: J. Löwy, veröffentlicht im Verlag V. A. Heck in Wien. Wienbibliothek im Rathaus, Tagblattarchiv: Fotosammlung, TF-005510

für eine angeborene, also unverschuldete Krankheit dürfe man die Menschen nicht vor Gericht verurteilen. Gleichzeitig ging Krafft-Ebing aber auch davon aus, dass es neben der *angeborenen* eine sogenannte *erworbene* Homosexualität bzw. Transidentität gebe. Diese entstehe u. a. durch *Übersättigung*, also zu viel heterosexuellen Sexualverkehr, oder man könne durch verschiedene Arten des Kontakts zu Homosexuellen oder Transidenten zur Homosexualität *verführt* werden. Er lieferte also auch Begründungen für die später sogenannte „Verführungsthese". *Angeborene* Homosexualität sollte ärztlich behandelt werden, die Übrigen vom *Erwerb* der Homosexualität abgehalten werden.

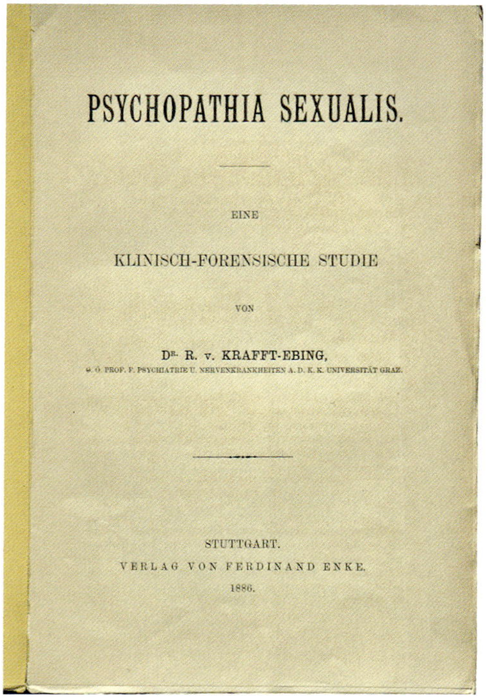

Titelseite des Erstdrucks von „Psychopathia sexualis. Eine klinisch-forensische Studie" von Dr. R. von Krafft-Ebing, Stuttgart 1886. © Foto H.-P. Haack – Antiquariat Dr. Haack Leipzig / Wikimedia Commons

Das Buch „Psychopathia sexualis" avancierte in kürzester Zeit zum Standardwerk der Sexualpathologie. Bereits 1902 erschien es in der 12. erweiterten Auflage, in der Krafft-Ebing in seinem Vorwort die Motivation seiner Forschungen zum Ausdruck bringt: *Die ausnahmslos günstige Kritik, welche das Buch bisher in juridischen Kreisen gefunden hat, ist dem Verfasser Gewähr dafür, dass es nicht ohne Einfluss auf Rechtsprechung und Gesetzgebung bleiben und zur Beseitigung von vielhundertjährigen Härten und Irrtümern beitragen wird. Der unerwartet grosse buchhändlerische Erfolg ist wohl der beste Beweis dafür, dass es auch unzählige Unglückliche gibt, die* [...] *Aufklärung und Trost hinsichtlich rätselhafter Erscheinungen ihrer eigenen Vita sexualis suchen und finden. Zahllose Zuschriften solcher Stiefkinder der Natur* [...] *sind Belege dafür, dass diese Annahme begründet ist. Die Lektüre dieser Briefe* [...] *erweckt das tiefste Mitleid. Sind es doch seelische Leiden, die da geoffenbart werden, gegen die alles andere, was das Schicksal verhängen kann, in nichts verschwindet! Möge das Buch solchen Unglücklichen auch ferner Trost und sittliche Rehabilitation bieten!* [...] *Möge das Buch im Dienste der Wissenschaft, des Rechts und der Humanität sich nützlich erweisen!*

Trotz dieses Appells blieb es in Deutschland und Österreich noch Jahrzehnte beim Verbot und bei der Strafbarkeit von Homosexualität. Die gesellschaftliche und rechtliche Entwicklung war in Österreich und Deutschland noch nicht soweit, als Krafft-Ebing seine Thesen publizierte, und sie war es auch nicht in den späteren Jahren.[125]

In Erinnerung an diesen Mannheimer wurde 1927 nahe dem städtischen Klinikum eine Straße nach Richard von Krafft-Ebing benannt. Auch an seinen späteren Wirkungsorten in Graz und Wien finden sich Straßen, die seinen Namen tragen. Heute darf man kritisch fragen, ob Krafft-Ebing durch das von ihm entwickelte Konzept von angeborener oder erworbener Krankheit nicht maßgeblich dazu beitrug, dass Homosexuelle und Transidente bis heute teilweise nicht als gleichwertig, sondern als angeblich krank angesehen werden.

13 VON SELBSTMORD UND SOZIALEM TOD. HOMOSEXUALITÄT IM KAISERREICH

Christian Könne

KARL FEIGEL: SELBSTMORD EINES MANNHEIMER KAUFMANNS – URSACHEN UND FOLGEN

Der soziale Druck auf Homosexuelle im Kaiserreich, nicht erkannt zu werden, war groß. Man ging davon aus, dass von 10.000 Homosexuellen ein Viertel schon *mehr oder weniger ernsthafte Selbstmordversuche* unternommen hatte. Die eigentliche Selbstmordrate lag wohl bei 3 %. 51 % der Selbstmordversuche und Suizide wurde wegen eines eingeleiteten oder drohenden Strafverfahrens unternommen, 14 % wegen Erpressung, 8 % wegen Konflikten mit der Familie und 2 % wegen *Impotenz dem Weibe gegenüber*. Nahezu jeder fünfte Suizid war ein Doppelmord. Es schieden also in 18 % der Fälle zwei Freunde miteinander aus dem Leben.[126]

Bei einem Urlaub in Berlin wurde der Mannheimer Karl Feigel (* 28.5.1865 in Landau) 1911 verhaftet. Kurz danach nahm er sich in der Haft das Leben. Karl Feigel lebte in Mannheim in G 5, 17b und war kaufmännischer Angestellter in der Wohlfahrtsabteilung der BASF.[127] Wie die Presse nach seinem Selbstmord berichtete, hatte er *homosexuellen Verkehr* zu Soldaten der Artillerie aus Bamberg, Germersheim, Landau, Mannheim und Metz gehabt, diese als *seine Brüder, Kollegen, Freunde oder Landsleute* ausgegeben und angeblich *fast sein ganzes Geld* an sie *vergeudet*.[128] Als Feigel nach Berlin reiste, veranlasste die Staatsanwaltschaft Mannheim wegen Fluchtverdachts seine Verhaftung. Bemerkenswert ist, dass ihm die BASF, an die er sich offenbar ebenso wie an seine Familie gewandt hatte, versicherte, ihn wieder einzustellen, und auch seine Familie *ihm liebevoll und tröstend gehaltene* Worte sandte.[129] Vom Untersuchungsgefängnis aus schrieb Feigel offenbar an Magnus Hirschfeld und bat um dessen Unterstützung. Bis der Brief bei Hirschfeld ankam, hatte Feigel sich am 30. Juni 1911 erhängt. Er wurde am 3. Juli 1911 bestattet.

Durch die Berichterstattung wurde öffentlich, dass es auch in Süddeutschland Soldaten gab, die sich prostituierten.[130] Homosexuelle nutzten den Berliner Soldatenstrich, weil sie bei Soldaten weitgehend von den ansonsten weit verbreiteten Erpressungen als Homosexueller geschützt waren. Denn Soldaten konnten eine homosexuelle Handlung nicht zu erpresserischen Zwecken öffentlich machen. Von Hirschfeld schätzte 1914, dass von 10.000 Homosexuellen zirka 3.000, also 30 %, erpresst wurden.[131] Abgesehen davon, dass Uniformliebhaber beim Soldatenstrich auf ihre Kosten kamen, gab es also pragmatische Überlegungen, wieso zum Beispiel der Berliner Soldatenstrich offenbar gut besucht wurde.[132]

Im Rahmen der weiteren Ermittlungen bemühte sich die Mannheimer Polizei, *eine Zivilperson ausfindig zu machen, die sich des gleichen Vergehens schuldig gemacht* hatte.[133] So kam es zur Hausdurchsuchung bei Carl Friedrich Müller-Palleske in Landau, da Feigel ihn in einem Brief *als Leidensgenossen* bezeichnet hatte.[134]

CARL FRIEDRICH MÜLLER-PALLESKE: EIN WELTGEWANDTER MANN

Carl Friedrich Müller wurde am 14. Mai 1850 in Rügenwalde in Pommern (heute: Darłowo) geboren.[135] In Berlin studierte er klassische Philologie und Pädagogik. Seit 1879 arbeitete er für mehrere Jahre als Privatlehrer in Paris. 1885 gründete er eine Privatschule in London. 1891 wurde Müller zum Direktor der Anglo-German School in Brixton gewählt, die mit seiner eigenen Schule zusammengeführt wurde. Er ist also einer der Gründer der heutigen deutschen Schule in London. 1892 legte er in Münster Examen in Pädagogik, Englisch und Französisch ab. Müller heiratete die Tochter des damals bekannten Schriftstellers und Schiller-Rezitators Emil Palleske, Johanna.[136] Seither nannte er sich Müller-Palleske. In London referierte er über den Schriftsteller und Lehrer Friedrich Spielhagen und stiftete das hierbei zusammengekommene Geld in eine Spende des Lord Mayors of London zugunsten der Deutschen, die durch eine große Flut in Norddeutschland betroffen waren.[137]

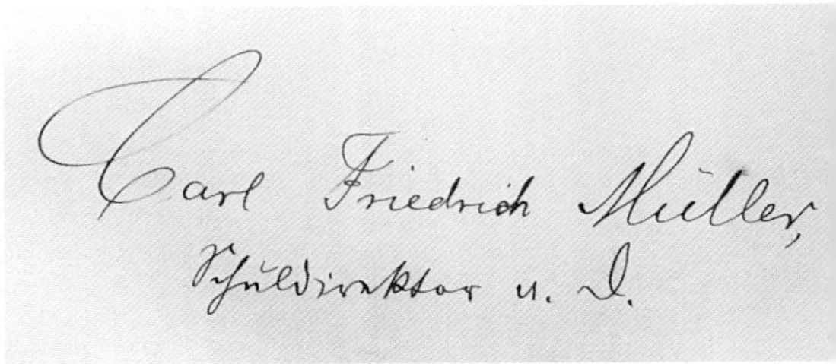

Unterschrift von Carl Friedrich Müller(-Palleske), nach 1911. Landesarchiv Speyer

Müller-Palleske war ein Mann mit internationaler Erfahrung, großem Namen und Verbindungen in die Literaturszene. 1893 wurde er von Stadtrat wie Schulausschuss einstimmig zum Leiter der höheren Töchterschule Landaus gewählt. Warum er von London nach Landau wechselte, ist unbekannt. Neben seinen Direktorenaufgaben unterrichtete er dort die Fächer Deutsch, Geschichte, Französisch und Englisch. Die Familie lebte zunächst in der Straße An 44, Nr. 9, später in der Waffenstr. 28 in Landau.[138]

SCHRIFTSTELLER, SCHULLEITER UND ANGESEHENES MITGLIED DER STADTGESELLSCHAFT

Die in Landau mutmaßlich mit seiner Person verbundenen Hoffnungen erfüllte Müller-Palleske. In seiner Zeit als Direktor wurde der Neubau der Töchterschule (heute: Max Slevogt-Gymnasium) realisiert. Seine Schülerinnen waren bei den Willkommensfeiern des bayerischen Prinzen Ludwig und des Prinzregenten Luitpold 1895 beteiligt und durften zum Beispiel Prinz Ludwig mit einem literarischen Vortrag begrüßen.[139] Zum 25. Jubiläum der Töchterschule fand dort im Mai 1900 die Hauptversammlung des Badischen, Elsass-Lothringischen und Pfälzischen Zweigvereins für das höhere Mädchenschulwesen statt. Auch Vertreter der königlichen Regierung und der Stadt Landau waren anwesend.[140] Die Aufführung seines Stücks „Frau Rath" im Jahr 1900 durch seine Schülerinnen wurde in Zusammenarbeit mit der Schauspielerin Katharina Jacobi vom Nationaltheater Mannheim umgesetzt.[141] Müller-Palleske erreichte auch, dass bei den Schillerfeiern in Marbach am Neckar seit 1897 *ein Mädchen eine von der höheren Töchterschule in Landau gewidmete Blumenspende* niederlegte und dafür Werke Schillers erhielt.[142] Dies zeigt, wie prominent Müller-Palleske seine Schule positionierte und welche öffentliche Wahrnehmung er der Bildung von Frauen verschaffte.[143]

Auch als Autor war er seit 1894 im pfälzischen Schriftstellerverband aktiv. Nach Stationen als Schriftführer und Beisitzer war Müller-Palleske von 1902 bis 1906 zweiter Vorsitzender des literarischen Vereins der Pfalz. In Landau verfasste er verschiedene Stücke oft zu historischen Anlässen, von denen manche dazu führten, dass das Theater mehrtägig ausverkauft war. Zum Geburtstag Bismarcks, zum 25. Jahrestag des Kriegsendes 1871, zum Schiller-Jubiläum oder zum Geburtstag des Prinzregenten erschienen von ihm verfasste Stücke.[144] 1897 wurde zum 100. Geburtstag Kaiser Wilhelms I. das Stück „Aus Nacht zum Licht" aufgeführt. Die bei den Vorführungen eingenommenen Gelder wurden zum Teil gestiftet. So erhielten das Lehrerwaisenstift 300 Mark, der Turnverein für den Bau der Turnhalle 400 Mark, das Pfälzische Lehrerinnenheim 300 Mark und der Schillerverein Marbach 200 Mark. Auch das Denkmal für Goethes Mutter in

Höhere Mädchenschule in Landau, heute Max-Slevogt-Gymnasium, Postkarte um 1900. Wolfgang Knapp – Büro für Kulturwissenschaft, Mannheim

Frankfurt und die Bismarck-Säule in Landau wurden finanziell unterstützt, ebenso der Verein für Fraueninteressen Landau.[145] Wie hoch diese Beträge waren, wird am durchschnittlichen Brutto-Jahreseinkommen deutlich, das 1897 bei 741 und 1905 bei 910 Mark lag.[146] Dass zur Einweihung des August-Becker-Denkmals in Klingenmünster ein Gedicht Müller-Palleskes vorgetragen wurde, zeigt abermals den Stellenwert, den er als Autor in der Pfalz erreicht hatte.[147]

DAS ENGAGEMENT IN DER SEXUALREFORMBEWEGUNG

In Landau war wohl unbekannt, dass Müller-Palleske innerhalb des Wissenschaftlich-humanitären Komitees (WhK) engagiert war, das in Berlin 1897 vom Arzt Magnus Hirschfeld und anderen, wie dem Verleger Max Spohr, mit dem Ziel gegründet worden war, Sexualitäten zu erforschen, hierüber in Veröffentlichungen und Vorträgen aufzuklären und den § 175 RStGB aus dem Strafgesetzbuch zu streichen. Müller-Palleske war im Führungsgremium des WhK als sogenannter Obmann engagiert und reichsweit vernetzt. 1908 gab es 28 Obmänner, die jährlich um sieben weitere ergänzt werden sollten, bis insgesamt 70 erreicht waren.[148] Auch Eugen Wilhelm, ein Richter und homosexueller Aktivist aus Straßburg, war in diesem Gremium und arbeitete mit Müller-Palleske offenbar regional im Süden des Reiches zusammen.[149] Dass Landau 1904 als einzige Stadt im heutigen Rheinland-Pfalz in einer Untersuchung Magnus Hirschfelds zum Anteil der Verbreitung von Homosexuellen an der Bevölkerung auftaucht, könnte also mit dem Engagement Müller-Palleskes im WhK zusammenhängen.[150]

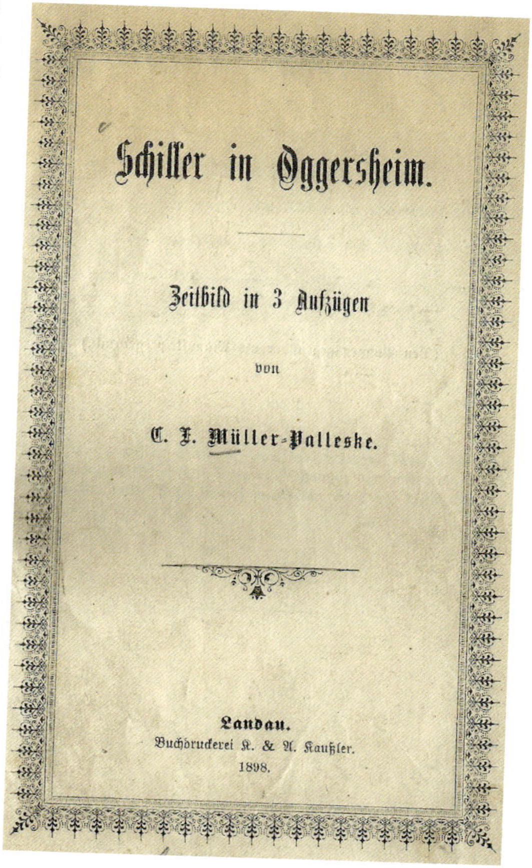

Schiller in Oggersheim.

Zeitbild in 3 Aufzügen

von

C. F. Müller-Palleske.

Landau.
Buchdruckerei K. & A. Kaußler.
1898.

Titelblatt des Buches „Schiller in Oggersheim. Zeitbild in 3 Aufzügen“ von C. F. Müller-Palleske, Landau 1898. Landesarchiv Speyer

Ganz unbekannt blieb in Landau aber Müller-Palleskes Homosexualität nicht. Denn etwa 1905 wurde er Opfer einer Erpressung, auf die Müller-Palleske mit einer Anzeige reagierte, so dass die Öffentlichkeit davon über die Presse erfuhr. In der Zeitung war zunächst noch allgemein davon die Rede, dass *ein höherer Beamter in der Pfalz* wegen angeblicher Homosexualität erpresst worden sei. Der

*Womit hab ich verschuldet
der bösen Geister Hohn?
Was ich an Pein erduldet,
wes Dämons ist's der Lohn?
Nicht größre Qual empfindet
der arme Tantalus,
der sich verschmachtend windet
umlocket von Genuss.*

3. Strophe aus dem Gedicht „Warum?“, 1869 von Carl Friedrich Müller(-Palleske). Landesarchiv Speyer

Erpresser wurde am 16. Mai 1905 in Landau verhaftet. Es war der 1883 in Amberg geborene Diener Engelbert Zimmermann. Dieser habe dem Beamten gedroht, ihn wegen eines *mit ihm stattgehabten Verkehrs nach § 175 anzeigen oder unmöglich* machen zu wollen, wenn er *nicht sofort eine größere Summe Geldes* erhalte. Danach habe der Beamte die Verhaftung Zimmermanns veranlasst.[151] Beim Prozess wurde öffentlich, dass es der Direktor der höheren Töchterschule in Landau, Müller-Palleske war, der um 100 Mark erpresst werden sollte. Zimmermann wurde zu 2 Jahren und 1 Woche Gefängnis verurteilt.[152]

Bei seiner Befragung erklärte Müller-Palleske, dass er mit anderen Personen in Verbindung stand, *die durch den Bezug aufklärerischer Schriften aus dem Spohr'schen Verlage oder als Mitglieder des ‚wissenschaftlich-humanitären Komitees' in Berlin ihr Interesse an einer Umgestaltung des § 175 Strafgesetzbuches bekundeten.*[153] Ein Vergehen gegen § 175 wurde Müller-Palleske offenbar nicht nachgewiesen, aber er scheint fortan unter Beobachtung gestanden zu haben. Dass er im Dezember 1906 im literarischen Verein der Pfalz auf seine Wiederwahl als zweiter Vorsitzender verzichtete, ist ein Indiz für den sozialen Druck, unter dem er stand.[154]

Missfallen erregte Müller-Palleske offenbar schon im Frühjahr 1906, als er in Landau öffentlich für die Abschaffung des § 175 RStGB eintrat. Als möglicher Kontext ist der Vortrag von Adele Schreiber, Vizepräsidentin des Weltbundes für Frauenstimmrecht und Mitglied im Vorstand des Berliner Ortsvereins des Bundes für Mutterschutz, am 23. Januar 1906 in Landau vor zahlreichem Publikum im Verein für Fraueninteressen zum Thema „Die neue Frau und ihre neue Sittlichkeit“ zu nennen.[155] In der Tagespresse Landaus wurde vermerkt, dass auch einige Männer bei diesem Vortrag anwesend waren. Es gibt verschiedene Aspekte, die dafür sprechen, dass Müller-Palleske sich in diesem Kontext äußerte: Der Bund für Mutterschutz gilt wie das WhK als eine der Organisationen der Sexualreformbewegung. Seine Vorsitzende Helene Stöcker war auch im WhK Mitglied.[156] Stöcker trat zusammen mit Vertretern des WhK öffentlich bei Vortragsveranstaltungen auf, in denen sowohl über die Rolle der Frau als auch über Homosexualität gesprochen wurde. In der Zeitschrift des Bundes für Mutterschutz „Die neue Generation“ trat der Verein wiederholt für die Abschaffung des § 175 RStGB ein.[157] 1907 wurde ein Zweigverein des Bundes für Mutterschutz in Mannheim gegründet.[158] Dass Müller-Palleske den Bund für Mutterschutz durch sein Engagement im WhK und seine Tätigkeit in der Frauenbildung kannte, darf angenommen werden. Dass er den Verein für Fraueninteressen Landaus unterstützte, ist belegt.

Anfang Februar 1906 wurde Müller-Palleske einbestellt und musste *die ernste Missbilligung der k. Regierung* entgegennehmen, da er sich durch eine *unverhohlene Begünstigung der Bewegung zur Aufhebung des § 175 R.Str.G.B. auf ein Gebiet begeben* hatte, *das er als Leiter einer öffentlichen Erziehungsanstalt mit peinlicher Sorgfalt in der Oeffentlichkeit zu meiden verpflichtet gewesen wäre*. Er hatte deshalb am 3. Februar 1906 eine Erklärung abzugeben, dass er *in fraglichen Dingen künftighin ‚vollständigste Zurückhaltung' wahren* würde.[159] Dass er diese Erklärung elf Tage nach dem Vortrag von Adele Schreiber abgeben musste, weist ebenfalls darauf hin, dass seine Äußerungen im Kontext des Vortrags des Bundes für Mutterschutz gefallen sein könnten.[160] 1906 waren in Landau Forderungen nach einer Besserstellung der Frauen und Homosexuellen öffentlich geworden. Seit 1906 war vonseiten der Behörden der Pfalz unmissverständlich zum Ausdruck gebracht, dass öffentliches sexualaufklärerisches Engagement bei Homosexualität für einen höheren Beamten in Landau nicht möglich war. Die Petition zur Abschaffung des § 175 RStGB mit Unterschrift zu unterstützen, was auch viele Lehrer und Juristen der Region taten, hatte offenbar keine solche Konsequenzen. Müller-Palleske äußerte sich fortan möglicherweise nicht mehr öffentlich, stellte sein Engagement für das WhK jedoch nicht ein, wie 1911 im Kontext der Verhaftung von Feigel bekannt wurde.

EIN HOMOSEXUELLER SCHULLEITER ALS SKANDAL FÜR EINE STADT

Als Müller-Palleske 1911 von einer Ferienreise zurückkehrte, wurde aufgrund des Brieffunds bei Karl Feigel *eine körperliche Untersuchung sowie eine Haussuchung* bei ihm vorgenommen, bei der *schamlose Photographien* gefunden wurden. In *seinem Geständnis* räumte Müller-Palleske *Liebesverhältnisse* ein.[161] Auch gegenüber dem Bürgermeister Friedrich Mahla erklärte Müller-Palleske, *er müsse sich schuldig bekennen.*[162] Da offenbar die körperliche Untersuchung (manche Mediziner gingen davon aus, dass man an der Ausformung des Penis oder des Faltenwurfs des Anus erkennen könne, ob jemand homosexuell sei) ungeeignet war, seine homosexuelle Kontakte nachzuweisen, und auch die bei der Haussuchung gefundenen *Beweise für seine Schuld jedoch nicht genügend waren, wurde er vorläufig auf freiem Fuß belassen, wodurch es ihm möglich war,* [...] *Landau zu verlassen.*[163] Am 14. September 1911 floh Müller-Palleske in die Schweiz.[164]

Er ging zunächst nach Basel, später zusammen mit Frau und Sohn nach Zürich. Dort lebte die Familie sieben Jahre an verschiedenen Adressen.[165] Neben pfälzischen berichteten auch badische, bayerische und Berliner Zeitungen – und auch die Presse der Emanzipationsbewegung informierte.[166]

WIE SICH EINE GEMEINDE EINES HOMOSEXUELLEN HONORATIOREN ENTLEDIGT

In der Sitzung vom 15. September 1911 informierte der Landauer Bürgermeister die Stadträte. In Anbetracht der Situation sei es für die Stadtverwaltung ausgeschlossen, während der Dauer der Untersuchung Müller im Amte zu belassen. Daher beantragte Bürgermeister Mahla, die vorläufige Amtsenthebung auszusprechen. Dieser Antrag wurde einstimmig angenommen und bildete nur das Vorspiel zur weiteren Demontage Müller-Palleskes.[167] Denn bereits am 22. September teilte Bürgermeister Mahla den Stadträten mit, dass Müller-Palleske durch seine Flucht *seine Stelle aufgegeben und das Verhältnis zur Stadt gelöst* habe, *was nunmehr beschlussmäßig festzulegen sei*. Daraufhin beschloss der Stadtrat einstimmig, *dass durch die Flucht des Direktors dessen Dienstverhältnis zur Stadt Landau seine* [sic!] *Ende erreicht habe.*[168] Die Zahlungen an Müller-Palleske wurden eingestellt.

Müller-Palleske stellte der Kammer des Inneren gegenüber wiederholt heraus, er habe sich auf Anraten des Bürgermeisters Mahla der Untersuchung in Landau durch Flucht ins Ausland entzogen. Mahla bestritt dies.[169] Müller-Palleske versuchte mit mehreren Schreiben die Auszahlung seiner Pension zu erreichen, was den Bürgermeister von Landau zu einer geradezu akrobatischen Begründung, wieso man nicht auszahlen könne, veranlasste: *Würde Müller nicht geflohen sein, so ist sicher, dass er auf Grund seines Geständnisses verurteilt worden wäre. Ebenso sicher ist aber, dass mit oder ohne Verurteilung, wenn er nicht freiwillig seine Stelle aufgegeben hätte, seine Entfernung im Disziplinarwege hätte erfolgen müssen.*[170]

Mit diesen und weiteren juristischen Spitzfindigkeiten wurde der Pensionsanspruch Müller-Palleskes von der Kammer des Innern 1913 abgewiesen, wobei ihm letztlich selbst die Schuld dafür zugewiesen wurde, dass er keine Zahlung erhielt. Auch ein Gutachten von Magnus Hirschfeld, das Müller-Palleske eine *angeborene konträre Sexualempfindung* attestierte, half nicht.[171]

MÜLLER-PALLESKE UND DAS WHK

Die Familie Müller-Palleske lebte bis 1918 mit einer *Toleranzbewilligung des Polizeivorstandes* in Zürich.[172] Waren für diese behördliche Langmut die Freundschaft von Emil Palleske mit Gottfried Keller oder die weiteren Kontakte in den literarischen Kreisen in Zürich bedeutsam? Offenbar bürgte eine Familie für Müller-Palleske und seine Familie. Ende 1916 erhielt er einen Heimatschein. Im Oktober 1918 zog die Familie nach Frankfurt a. M. Müller-Palleske hatte dort offenbar zum Freien Deutschen Hochstift Kontakt, dessen Bibliothek das Manuskript von „Dreibund aus Elysium" sowie seine übrigen Werke fast vollständig besitzt.[173] In Frankfurt lebte er mindestens bis 1922. Dort war Müller-Palleske offenbar Mitglied der Frankfurter Gruppe des WhK und publizierte 1921 im Jahrbuch für sexuelle Zwischenstufen die Rezension einer Novelle von Friedrich Fromm.[174]

Anlässlich des 25. Jubiläums des WhK wurde im Mai 1922 in der Emanzipationszeitschrift Die Freundschaft ein „Carl Friedrich" mit dem Stück „Aus Nacht zum Licht" angekündigt.[175] Dieser „Carl Friedrich" war offenbar kein anderer als Müller-Palleske. Hirschfeld erwähnte später, dass bei der Jubiläumsveranstaltung des WhK *unser alter lieber Freund, Dichter und Direktor Carl Friedrich Müller aus Frankfurt a. M.* anwesend war und bei dieser Gelegenheit den Briefwechsel überreichte, den Müller-Palleske zwischen dem 26. Dezember 1872 und dem

10. März 1888 mit Georg Prinz von Preußen geführt hatte.[176] Am 15. Mai 1922 wurde Müller-Palleske vom WhK zu einem seiner Ehrenmitglieder ernannt.[177] Mit ihm wurden zum 25. Jubiläum des WhK u. a. auch der Richter Eugen Wilhelm aus Straßburg sowie die bekannten Sexualforscher Havelock Ellis aus London und Iwan Bloch aus Berlin ernannt.[178] Dass Müller-Palleske im WhK als eine der zehn wichtigsten Personen galt, zeigt, wie bedeutsam das WhK sein Engagement einschätzte. Zum Abschluss der Jubiläumssitzung des WhK las Müller-Palleske aus dem Festspiel „Aus Nacht zum Licht" vor. War dies ein Auszug aus demselben Stück, das Müller-Palleske 1897 für den 100. Geburtstag Kaiser Wilhelms I. verfasst hatte? Es war zumindest dem Namen nach der gleiche Titel, wobei der Anlass in Berlin für einen anderen Inhalt spricht.

Neben dem Deutschen Freundschaftsverband als der reichsweit größten Emanzipationsgruppe von Homosexuellen und trans Personen der Weimarer Republik und der Gemeinschaft der Eigenen als der neben dem WhK ältesten Emanzipationsgruppe gehörte auch der Bund für Mutterschutz von Helene Stöcker 1922 zu den Gratulanten des WhK. Am Abend wurde den 100 anwesenden Gästen der 1919 veröffentlichte, weltweit erste Aufklärungsfilm über Homosexualität: „Anders als die Andern" gezeigt.[179] Carl Friedrich Müller-Palleske verstarb 1930.[180] Dass sich in der Zeitschrift Die Freundschaft kein Nachruf oder eine Würdigung findet, verwundert angesichts der Bedeutung, die ihm Jahre zuvor beigemessen wurde.[181]

FAZIT

Mit Karl Feigel und Carl Friedrich Müller-Palleske wurden zwei homosexuelle Männer Opfer der Intoleranz, Diskriminierung und Verfolgung. Einer wurde in den Selbstmord getrieben, der andere zusammen mit seiner Familie in den sozialen Tod. Müller-Palleske, der bis zum Bekanntwerden seiner Homosexualität hohes gesellschaftliches Ansehen in Landau genoss, wurde danach von seiner Stadt geächtet. Dass es im Stadtarchiv Landau keine Personalakte, kein Schriftgut zum Jubiläum der Mädchenschule, keine Berichte der städtischen Polizei, keine Meldenachweise der Familie Müller-Palleske und auch keinen der eigens für Landau verfassten literarischen Texte gibt, zeigt, was sozialer Tod infolge von Homosexualität bedeutete. Selbst die Überlieferung zur Familie Müller-Palleske ist „verschwunden". Dass die Informationen über das Engagement von Müller-Palleske im WhK nur durch Dritte oder anlässlich von Ermittlungen erst im Nachhinein bekannt wurden, weist darauf hin, wie schwierig die Arbeit für das WhK für eine hochstehende Person im Staatsdienst war. Der Richter Eugen Wilhelm nutzte zum Selbstschutz das Pseudonym „Numa Praetorius" für seine Arbeit im WhK. Erst 2018 wurde klar, wer sich hinter diesem Pseudonym verbarg. Müller-Palleske scheint unter der Angabe seiner beiden Vornamen als angeblichem Vor- und Nachnamen „Carl Friedrich" und unter seinem tatsächlichen Nachnamen

„Müller" in den Schriften des WhK genannt worden zu sein. Es bleibt abzuwarten, in welchen Kontexten künftig weitere Informationen zu diesem wohl wichtigsten Vertreter der ersten Emanzipationsbewegung Homosexueller und einem Förderer der Bildung und Gleichstellung von Frauen in der Region Rhein-Neckar auftauchen.[182]

BIBLIOGRAFIE DER BISHER BEKANNT GEWORDENEN WERKE VON CARL FRIEDRICH MÜLLER-PALLESKE, IN CHRONOLOGISCHER REIHENFOLGE

Bilder aus zwei Jahrhunderten deutschen Lebens. Festspiel zum 25-jährigen Jubiläum der Erhebung Deutschlands in den Jahren 1870/71, Landau 1895.

Festspiel zum 80. Geburtstage des Fürsten Bismark. Aufgeführt in Landau, Rheinpfalz, am 31. März, 1. und 3. April, Landau 1895.

Übersetzung aus dem Französischen von „Socrate et Xantippe" (Autor und Ort unbekannt, 1885 in Paris aufgeführt, dort von Müller-Palleske gesehen), 1895. Wohl verschollen, Nachweis in: Pfälzisches Museum. Monatsschrift für heimatliche Literatur und Kunst, Geschichte und Volkskunde XII. Jg., Nr. 6, 1895, S. 43.

Bei Frau Rat. Plauderei in einem Akt. Jubiläums-Festspiel zur Friedensfeier 1871 – 1896, Landau 1896.

Aus Nacht zum Licht. Zeitbilder in 4 Abteilungen. Festspiel zum 100. Geburtstag Kaiser Wilhelms I. entworfen für den Turnverein zu Landau i. d. Pfalz, Landau, 1897.

Schiller in Oggersheim. Zeitbild in 3 Aufzügen, Landau 1898.

Der Dreibund aus Elysium, Frankfurt a. M. (Freies Deutsches Hochstift), 1900. Unveröffentlichtes Manuskript.

Bayern und Pfalz! Gott erhalt's! Volksfestspiel zur Feier des 80. Geburtstages Sr. Kgl. Hoheit des Prinzregenten Luitpold, entworfen für den Turnverein zu Landau, Landau 1901.

Zur Schillerfeier 1905. Neujahr 1805 in Schillers Familie. Dramatische Skizze, Landau 1905.

Gedicht, [Titel unbekannt] anlässlich der Einweihung des August-Becker-Denkmals in Klingenmünster am 16.6.1907. Nachweis: „Huldigungspoem an den Dichter [August Becker] von Müller-Palleske, Landau, vorgetragen von Frl. Emma Keyser", 1907. Verschollen, Nachweis in: Programm der Einweihungsfeier, Pfälzischen Landesbibliothek Speyer, Sign.: G 33.887/1.

Fest-Prolog zur Feier des 90. Geburtsfestes Sr. Kgl. Hoheit des Prinzregenten, Landau 1911.

Buchrezension der Novelle „Die Exzellenz und ihr Sohn" von Friedrich Fromm. In: Jahrbuch für sexuelle Zwischenstufen, Stuttgart 1921, S. 72 – 87.

Emil Palleske (1823 – 1890). Ein Lebensbild des Menschen, Künstlers und Schriftstellers nach seinen Werken und Briefen von ihm und an ihn, Berlin 1922. Unveröffentlichtes Typoskript in: Staatsbibliothek Berlin Preußischer Kulturbesitz, Sign.: Ms. germ. Fol. 1375.

Emil Palleske [Gedicht]. In: Aus der Heimat. Ernstes und Heiteres aus Vergangenheit und Gegenwart. Beilage zur Neuen Hinterpommerschen Zeitung Rügenwalder Zeitung 19. Jg., Nr. 3, 1927, o.p.

THEODOR WANGEMANN: PFARRER UND „PSYCHOPATH", KOMMUNIST, SCHWULENAKTIVIST UND STRAFTÄTER

14

Christian Könne

Theodor Wangemann (1865 – 1943) war einer der ersten Homosexuellenaktivisten der Region Rhein-Neckar. Sein Leben war geprägt von Gegensätzen. Als junger Mann deckte er Missstände im deutschen Wohlfahrtswesen auf, was ihm früh reichsweite Aufmerksamkeit auch bei der SPD brachte, aber zum Bruch mit Teilen der Kirche führte. Er gründete Waisenhäuser und sammelte sehr erfolgreich Spenden, wurde aber mehrfach wegen Vorwürfen des finanziellen Betrugs und des sexuellen Missbrauchs von Schutzbefohlenen verfolgt und hatte nachweislich sexuellen Kontakt zu einem ehemaligen „Zögling". Er war verheiratet, erforschte aber zugleich mit seiner Frau die Ursachen seiner Homosexualität, zu der er sich öffentlich bekannte. Als Mitglied einer bekannten protestantischen Familie mit Verbindungen zum Kaiserhaus wurde Wangemann zunächst Vorsitzender des Verbandes deutscher Studenten und 1919 zum Mitbegründer der KPD Heidelbergs. Aufgrund seiner offensiv vertretenen Homosexualität brach seine Familie mit ihm und versuchte ihn zu entmündigen. In der NS-Zeit galt er als „asozialer Psychopath" und wurde in die Psychiatrie nach Wiesloch verbracht, wo er 1943 starb.

HERKUNFT UND FAMILIE

Theodor Wangemann wurde am 17. April 1865 in Cammin (Pommern) geboren.[183] Sein Vater war Dr. Theodor Wangemann, senior (1818 – 1894), Seminardirektor, Archidiakon, ein Freund Wilhelm von Bodelschwinghs und seit 1865 Direktor der Berliner Missionsgesellschaft in Afrika.[184] Theodor Wangemann hatte sieben Geschwister.[185] Einer der Brüder war offenbar im sogenannten Kronwalzer-Skandal Teil der Ermittlungen über die Verstrickungen der Firma Krupp mit dem kaiserlichen Militär, was von Karl Liebknecht im Reichstag kritisiert wurde.[186] 1897 heiratete Theodor Wangemann eine Nichte des antisemitischen Hofpredigers von Wilhelm II., Adolf Stoecker.[187] Als es 1905 in Russland zu Ausschreitungen gegen die jüdische Bevölkerung kam, sprach sich Theodor Wangemann in Berlin bei einer Veranstaltung vor 5.000 Menschen für ein aktives Eintreten der evangelischen Kirche zugunsten der Juden aus.[188] Zusammen hatte das Paar drei Kinder, wovon eines verstarb.[189] Seine Familie verstieß ihn *wegen seiner Verfehlungen gegen den § 175.*[190]

WANGEMANNS ENGAGEMENT IM VEREIN DEUTSCHER STUDENTEN UND IN DER WANDERERFÜRSORGE

Theodor Wangemann, der u. a. im „Grauen Kloster“ in Berlin zur Schule gegangen war, studierte anschließend in Leipzig, Berlin und Greifswald Theologie. Er war zunächst Mitglied, später laut eigener Aussage der Vorsitzende des Vereins deutscher Studenten.[191] Den Verband deutscher Studenten kennzeichneten in den 1890er Jahren, also den Jahren, in denen sich Wangemann dort mutmaßlich engagierte, eine verstärkte Beschäftigung mit Fragen der deutschen Sozialpolitik sowie ein *radikaler Nationalismus*, der mit imperialistischen Ideen einherging und in dem ein *krudes rassistisches und völkisches Denken Einzug* hielt.[192] Angeblich sei dies aber nicht in allen Vereinen der Fall gewesen und auch nie unwidersprochen geblieben, wie die Verbandsgeschichte festhält.

Seine theologischen Examina legte Wangemann 1891 und 1893 ab.[193] 1891 ging er nach Bethel, arbeitete bei Friedrich von Bodelschwingh in der Pflege von Epileptikern und unternahm eine Inspektionsreise zu den „Wandererheimen“, die für die aus den östlichen Provinzen in die Industriegebiete des Westens strebenden Menschen errichtet worden waren. Nach dieser Reise setzte sich Wangemann öffentlich dafür ein, den beobachteten Teufelskreis aus Arbeits- und Obdachlosigkeit, aus Vagabundieren und Betteln, aus Gefängnis und Arbeitshaus zu durchbrechen und das System der Wandererfürsorge mit einer Arbeitsvermittlung zu verbinden.[194] Der Bericht über die Zustände der Wandererfürsorge war ein Skandal im Reich und wurde über die Reichsgrenzen hinaus bis Siebenbürgen in der Presse abgebildet.[195]

Wangemann trat in diesem Kontext auch in Versammlungen der SPD auf. Hier wies er darauf hin, dass er ein Gegner der Sozialdemokratie sei, da *auf dem von der Sozialdemokratie betretenen Wege das Ziel nicht erreicht würde.*[196] Bei einer Versammlung von zirka 3.000 Studenten am 26. Februar 1894, zu der neben der SPD auch der Verein deutscher Studenten aufgerufen hatte, kritisierte Wangemann in Berlin abermals die SPD, stellte jedoch heraus, dass die Studenten deswegen *nicht Feinde der Arbeiter* seien. Am 1. März 1894 sprach er abermals und forderte die anwesende akademische Jugend auf, zu prüfen, *ob ihre Motive für die Ablehnung des Sozialismus, reine seien.*[197]

Da Wangemann durch seine Darstellung der Wandererfürsorge auch die evangelische Kirche kritisierte, wurde er 1894 vom Vizepräsidenten der evangelischen Kirche der Altpreußischen Union, Hermann von der Golz, förmlich gerügt. Damit wurde er in der Kirche „zur persona non grata“. Das von Wangemann vorgeschlagene Konzept der Verbindung von Wandererfürsorge und Arbeitsvermittlung fand erst 1927 mit der Gründung der Arbeitsämter seine Umsetzung.[198]

WANGEMANNS LEBEN UND WIRKEN IN DER DIASPORA IN BULGARIEN UND RUMÄNIEN

Aus unbekannten Motiven entschloss sich Wangemann nach Bulgarien zu gehen. Am 7. Juni 1896 wurde Wangemann in Rustschuk (heute: Russe) in sein Amt als Pfarrer der dortigen Gemeinde eingeführt.[199] Offenbar war Wangemann aufgrund der finanziellen Probleme der Gemeinde bereit, dort ganz oder teilweiswe auf sein Gehalt zu verzichten.[200] Da ihm manche Gemeindemitglieder mit Misstrauen begegneten, gründete Wangemann bereits am 22. August 1896 eine eigene Gemeinde in Rustschuk. Außerdem gründete er im rumänischen Giurgiu, Rustschuk am anderen Ufer der Donau gegenüberliegend, eine weitere evangelische Gemeinde. Zudem unterhielt er Kontakte zu den evangelischen Christen in Ploieşti, Azuga, Buzău, Varna, Plewna und Otanza.[201] Ziel war es offenbar, diese zu einer Parochie zusammenzufassen.[202]

Als nach den Pogromen im Osmanischen Reich zwischen 1894 und 1896 viele Armenier nach Bulgarien flohen, nahmen Wangemann und seine Frau mit finanzieller Unterstützung der Gemeinde fünf Kinder bei sich auf.[203] 1898 gründete

Gruppenbild vor dem Waisenhaus in Rutstschuk (Russe), Bulgarien. Mittig in der vorletzten Reihe mutmaßlich Theodor Wangemann (mit Mütze) und links neben ihm seine Gattin. H. Meyer (1901), S. 459

Roustchouk (Rustschuk/Russe), Postkarte um 1910. Privat

Deutsche Schule in Rustschuk (Russe), kurz vor der 1901 erfolgten Fertigstellung des Neubaus. H. Meyer (1901), S. 463

er ein *Armenisches Waisenhaus*, das er *zu ziemlicher Blüte* brachte und das später auch anderen Kindern zugänglich war.[204] Über seine Arbeit berichtete Wangemann 1899 auf der Deutschen Diasporakonferenz in Dresden. 1899 plante er ein zweites Waisenhaus mit 100 Plätzen. Über seine Arbeit sprach er 1901 mehrfach in Leipzig und Dresden, u. a. bei der Deutschen Kolonialgesellschaft und beim Alldeutschen Verband. Hier erhielt er für sein Engagement für das evangelische *Deutschthum* durchweg positive Presse, auch als es 1902 um *Anfeindungen* vonseiten der orthodoxen Presse ging.[205] Auch der Gustav-Adolf-Verein mit Sitz in Leipzig engagierte sich im Kontext der Armenierpogrome.[206] Sein Waisenhausprojekt stellte Wangemann 1906 in einer Privataudienz sogar dem badischen Großherzog in Karlsruhe vor.[207] Die Deutsche Kolonialgesellschaft und der Alldeutsche Verband als einladende Organisationen machen deutlich, in welch nationalistischem Umfeld Wangemann und seine Arbeit goutiert wurden. Die Heimkinder in Rustschuk erzogen Wangemann und seine Frau evangelisch. Die mit dem Heim betriebene Schule trug den Namen Germanski Pension und zählte bis zu 250 Schüler. Einmal besuchte die bulgarische Zarin Eleonora die Schule.[208]

Auf zwei Reisen durch Deutschland sammelte Wangemann Spenden, wobei hohe Summen zusammenkamen. Zum größten Teil nutzte er das Geld für das Waisenhaus, einen Teil aber offenbar auch für seinen Lebensunterhalt. Dies führte zu Anschuldigungen, er habe sich an den Spenden bereichert.[209] Schwerwiegender war aber die 1906 erhobene *Beschuldigung unzüchtigen Verhaltens, insbesondere im Verkehr mit dem ihm anvertrauten Zöglingen*.[210] Manche Gemeindemitglieder in Rustschuk wandten sich von Wangemann ab, der in dieser Zeit bereits die Rückkehr nach Deutschland vorbereitete. War dies eine Flucht? Jedenfalls hielt sich Wangemann die Möglichkeit offen, nach Bulgarien zurückzukehren, denn er blieb Eigentümer des Gebäudes der Schule und hielt sich auch später in Rustschuk auf.[211]

WANGEMANN IN NECKARGEMÜND

In der amtlichen Fremdenliste der Stadt Heidelberg taucht der Name Wangemanns schon 1905 auf.[212] Am 25. Juni 1906 kaufte Wangemann in der Wiesenbacher Straße 7 in Neckargemünd das heute nicht mehr erhaltene Haus „Sieben Tannen“, in das er und seine Frau ein Jahr später neun bulgarische Waisenkinder holten.[213] In der Erinnerung des Zeugen Dimitroff aus dem Jahr 1915 lebten dort etwa 25 Knaben und 15 Mädchen. Das Ehepaar erzog die Kinder, vermittelte sie nach der Schulentlassung an Handwerksbetriebe in der Umgebung, aber auch nach Godesberg oder Kronberg zur Ausbildung. Offenbar betrieb seine Frau dort auch eine Zeit lang eine nicht angemeldete „Fremdenpension“.[214] 1908 wurde die Leiche von Wangemanns 17-jähriger Pflegetochter Berdjuhi Takworian im Neckar gefunden. Die Zeitung meldete, dass es sich um *Selbstmord infolge unglücklicher Liebe* gehandelt habe.[215]

BESCHULDIGTER, ANGEKLAGTER, KLAGENDER UND VERURTEILTER: WANGEMANN VOR GERICHT

Zwischen 1907 und 1909 gab es in Deutschland die ersten Gerüchte, Wangemann habe sich der *Unterschlagung von Waisengeldern schuldig gemacht*. Dies führte zu einem gerichtlichen Verfahren in Düsseldorf (Datum unbekannt), das jedoch aus Mangel an Beweisen eingestellt wurde.[216] Am 25. November 1908 wurde Wangemann in Heidelberg verhaftet, als er mit einem ihm fremden *jungen Burschen* verkehrte. Die näheren Umstände sind nicht bekannt. Einen Tag später ging eine Anzeige gegen Wangemann ein, in der er beschuldigt wurde, *mit Knaben, welche ihm zur Erziehung anvertraut sind bezw. waren, unzüchtige Handlungen vorgenommen zu haben*. Es kam wohl nicht zu einer Anklage. Offenbar wurde das Verfahren 1909 wegen mangelnden Beweises eingestellt.[217] Die Gerüchte blieben, weswegen Wangemann 1914 Moritz Koch, Oberkonstistorialrat in Berlin verklagte, der behauptet hatte, Wangemann sei *in sexueller Hinsicht ein Lump und bei der Verwaltung der gesammelten Gelder ein Hochstapler*. Im Mai 1914 kam es zum Prozess vor dem Landgericht Berlin. Das Gericht kam zu der Einschätzung, dass Wangemann *weder ehrlos noch betrügerisch* gehandelt habe, doch sei *sein Verhalten* [...] *dazu angetan, in weiten Kreisen so aufgefaßt zu werden*. Der Oberkonstistorialrat Koch wurde in diesem Prozess nicht verurteilt.[218]

Noch im selben Jahr kam es in Frankfurt a. M. zu einem weiteren Verfahren, dieses Mal gegen Wangemann selbst. 1914 machte er in Frankfurt und Mannheim Geldsammlungen in Uniform. Wegen Verdacht auf Betrug und „widernatürliche Unzucht" wurde er im September 1914 in Frankfurt verhaftet, sechs Monate in Untersuchungshaft gehalten und in der Zeit auch in der *Irrenanstalt auf seinen Geisteszustand beobachtet*.[219] In dem Verfahren 1914 in Frankfurt sagte ein ehemaliger bulgarischer Waisenjunge aus, dass Wangemann keine *Betastungen der Geschlechtsteile* der Waisenkinder vorgenommen habe. Doch habe er am Genital der Zöglinge kontrolliert, ob diese onanierten, und habe diejenigen, die das taten, bestraft.[220] Masturbationskontrollen bei Kindern und Jugendlichen waren ein Mittel, die damalige Ächtung der Masturbation umzusetzen, die als krankhaft und sehr schädigend galt.[221] Dass ein 16-jähriger Pflegesohn, der von Wangemann nach Kronberg in die Schlossgärtnerei vermittelt worden war, aussagte, dass er Wangemann in Neckargemünd mehrfach besucht habe und es dabei zur *mutuellen Onanie* gekommen sei, zeigt aber, dass die Vorwürfe gegen Wangemann nicht unberechtigt waren.[222] Mangels Beweis wurde Wangemann am 3. März 1915 in beiden Punkten freigesprochen, da gegenseitige Onanie in der damals gültigen Version des § 175 RStGB nicht strafbar war.[223] Doch bereits während der Untersuchung im September 1914 in Frankfurt führte dies zur Distanzierung derjenigen Teile der Kirche, bei denen Wangemann und seine Arbeit zuvor eine gute Reputation hatten. Nunmehr wurden die Leser im Rheinland, in Bayern, Hamburg, Hessen, Lothringen, Sachsen und Württemberg aufgefordert, sich bei der Kriminalpolizei zu melden, sofern Wangemann sich auch bei ihnen im Rahmen seiner Sammlung gemeldet habe.[224]

Victor-Lenel-Stift in Neckargemünd, etwa 1914. MARCHIVUM

Wangemann stand schon im Mai 1915 in Frankfurt abermals vor Gericht und wurde nun wegen unberechtigten Tragens einer Uniform zu vier Wochen Gefängnis und am 9. Juni 1915 wegen „widernatürlicher Unzucht“ zu neun Monaten Gefängnis verurteilt. Am 25. Februar 1916 wurde er aus der Haft entlassen. Umgehend wurde erneut in Hamburg, in der Provinz Hannover, in Hessen, im Rheinland und in Sachsen vor ihm gewarnt.[225] 1916 wurde Wangemann vom Amtsgericht Heidelberg wegen *Verkehrs mit Gefangenen* zu 40 Mark Geldstrafe verurteilt. 1916 wurde noch ein weiteres Verfahren wegen „widernatürlicher Unzucht“ gegen ihn geführt. Er habe sich an junge Leute des Lenel-Stifts in Neckargemünd *herangemacht*. Dieses Verfahren wurde mangels Beweis eingestellt. 1918 wurde Wangemann beschuldigt, im Juni desselben Jahres mit einem 17-Jährigen am Karlstorbahnhof in Heidelberg geschlechtlich verkehrt zu haben. Am 21. August 1918 wurde Wangemann in der Psychiatrischen Klinik Heidelberg aufgenommen.[226] In Heidelberg wurde er außerdem am 14. Februar 1919 wegen „widernatürlicher Unzucht“ zu sechs Monaten Gefängnis verurteilt.[227] Am 9. oder 10. Juni 1921 stand Wangemann zusammen mit dem Laufburschen Gustav Röser (* 21.3.1902 Worms) und dem Arbeiter Georg Rasch (* 30.7.1887) wegen § 175 RStGB erneut in Heidelberg vor Gericht.[228] Er wurde zu einem Jahr Gefängnis verurteilt. Die beiden *jungen Männer* erhielten eine Gefängnisstrafe von drei bzw. vier Monaten.[229]

WANGEMANN UND HOMOSEXUALITÄT

Wangemann und sein Verhalten als homosexueller Mann veränderten sich im Lauf der Zeit. Seit der ersten Untersuchung in Heidelberg 1908 ging er offensiv mit seiner Homosexualität um, wie die Gutachten bei verschiedenen Prozessen wegen „widernatürlicher Unzucht“ zeigen, bei denen er den Psychiatern als offen und selbstbewusst homosexuell lebender Mann entgegentrat. Ob die Prozesse selbst eine Folge seines offensiven Umgangs mit Homosexualität oder seiner engen polizeilichen Überwachung sind, bleibt offen.

Seine Frau informierte er nach seiner ersten Verhaftung 1908 in Heidelberg über seine Homosexualität und las anschließend mit ihr zusammen die einschlägige Forschungsliteratur.[230] Die Beziehung zu seiner Frau schilderte Wangemann 1918 als *sehr glücklich*.[231] Seine Frau schickte Wangemann nach Mannheim, um sich dort mit Männern zu treffen. Sie wusste auch, dass er Männer in Neckargemünd zum Übernachten empfing. Seine Schwester setzte er zirka 1912 offiziell über seine Homosexualität in Kenntnis.

Wangemann stand wegen seiner Homosexualität im Kontakt mit den zeitgenössischen deutschsprachigen Kapazitäten, die in der Medizin zur Homosexualität forschten: Krafft-Ebing, Schrenck-Notzing, Iwan Bloch, Albert Moll und Magnus Hirschfeld.[232] Der Psychiater Richard von Krafft-Ebing habe ihm gesagt, dass er homosexuell und *offenbar stark erblich belastet sei*.[233] Bei den psychiatrischen Begutachtungen war ihm wichtig, auf seine *erbliche Vorbelastung* anhand verschiedener Mitglieder seiner Familie hinzuweisen, die nach seiner Auffassung ebenfalls homosexuell waren oder Verhaltensmerkmale von Homosexuellen aufwiesen. Eine Verwandte charakterisierte er wie einen transidenten Mann, ohne die zeitgenössische Bezeichnung „Transvestit“ zu nutzen.

Mit seinem über Homosexualität erworbenen Wissen schätzte er in der Betrachtung der eigenen Vita retrospektiv ein, dass er bei sich mit fünf Jahren erste Anzeichen für Homosexualität sah. Mit etwa 17 Jahren hätten sich diese Hinweise auf Homosexualität deutlicher gezeigt. Mit 19 Jahren verliebte er sich erstmals in einen anderen Jugendlichen. Doch all dies erfolgte, wie er dem Psychiater gegenüber ausführte, ohne dass er sich *des Wesentlichen* seines Zustands bewusst geworden sei.[234] Zwar hatte Wangemann vor seiner Hochzeit Sex mit Frauen, doch tat er dies *mit steigendem Widerwillen*. Seine Heirat ging er *aus idealen Vorstellungen* ein.[235] Seiner Aussage nach kam die Ehe zustande, weil er seinem *falsch erzogenen Gewissen mehr glaubte als der Wissenschaft*, deren Hauptwerke ihm aber zum Zeitpunkt der Eheschließung schon bekannt gewesen seien. Er sei *religiös überaus streng* erzogen worden. *Wie so viele andere Homosexuelle hoffte ich* [Wangemann] *durch die Heirat mit einem wahrhaft geliebten Mädchen meine Naturanlage verändern zu können. Wie sie alle täuschte ich mich darin.*[236]

Im Gespräch mit dem Psychiater Ernst Kürz in Heidelberg äußerte Wangemann 1909, er habe *nie normales geschlechtliches Empfinden für Mädchen gehabt*. Wangemann schildert seine Homosexualität als *abnorme Veranlagung*, die *ihn zeitlebens verfolgt* und *ihm seine eigentliche Carriere unmöglich gemacht* habe. Sie sei ihm *die Quelle schwerster Kämpfe* gewesen. Er habe, da zeitgenössisch u. a. von Prof. Eugen Steinach die These vertreten wurde, eine Entfernung der Hoden oder die Verpflanzung von Hoden eines Heterosexuellen könnte Homosexualität „heilen“, auch *ernstlich an Castration gedacht, was ihm aber als zwecklos dargestellt worden sei.*[237] 1914 hielt Wangemann gegenüber dem Psychiater Jahnel in Frankfurt fest: *Durch die Wissenschaft von Fesseln befreit, von denen* [sich] *die Religion, wenigstens in ihrem heutigen Entwicklungsstadium nicht lösen konnte, habe ich in sexueller Beziehung ein gutes Gewissen vor Gott und meinem Weib.*[238]

Aus Sicht des ihn begutachtenden Psychiaters Gruhle war Wangemann *allmählich, wie viele seinesgleichen, zu der Überzeugung gekommen, dass seine persönliche Artung eigentlich nichts Krankhaftes* sei, *sondern nur eine Spielart, welche zum Leben und zur adäquaten Betätigung ebenso berechtigt ist, wie die übrigen Menschen.* Doch lag aus Sicht des Arztes kein Anlass vor, auf die von Wangemann diskutierten Theorien über Homosexualität, in seinem Gutachten, näher einzugehen. Es seien *die bei Homosexuellen üblichen.*[239]

WANGEMANNS WIDERSTAND: GEGEN KIRCHE, MONARCHIE UND § 175 RSTGB

Seit 1914 warnten Teile der evangelischen Kirche offensiv vor dem ehemaligen Pfarrer.[240] Theodor Wangemann engagierte sich nun in Bereichen, die das protestantische Kaiserreich mitsamt seiner Sexualreglementierungen ablehnten. Er nahm an Vortrags- und Diskussionsveranstaltungen mit namhaften linken Aktivist*innen oder solchen der Sexualreformbewegung teil. Zu diesen zählten beispielsweise die Frauenrechtlerin Helene Stöcker vom Bund für Mutterschutz, der Sexualforscher Magnus Hirschfeld, der Politiker Karl Liebknecht, die spätere Chefredakteurin der SPD-Frauenzeitung Die Gleichheit Klara Bohm-Schuch, die Reichstagsabgeordnete, Schriftstellerin und spätere Vertreterin der „radikalen" Frauenbewegung Regina Ruben und die Journalistin Lilli Jannasch, Gründerin des Bundes neues Vaterland als wichtigster pazifistischer Vereinigung des Deutschen Reichs im Ersten Weltkrieg. Auf verschiedenen Veranstaltungen warb Wangemann sogar für Kirchenaustritte. Dies zeigt, wie weit er sich von seinem Herkommen entfernt hatte.[241]

Am 1. Juli 1914 veröffentlichte Theodor Wangemann in der Tribüne den Artikel *Die Infamie*, in dem er die *inneren Qualen* von Homosexuellen schildert, die *von allen anständigen Menschen verachtet und verworfen* würden und daher *in den Tod gingen*. Dazu würden sie durch *die Dummheit und Bosheit der Menschen* gebracht, die sie *zum Minderwertigsten der Minderwertigen* machten. Anders als andere zeitgenössische homosexuelle Aktivisten sprach Wangemann öffentlich aus, selbst homosexuell zu sein. In der Tribüne schrieb er, dass *Unglückliche, die Mut und Trost* bräuchten, sich an ihn in Neckargemünd wenden sollten und gab hierzu seine Postanschrift an.[242] Wangemann war zum Aktivisten der Homosexuellenbewegung geworden und ging in Heidelberg mit Vorträgen zum Thema Homosexualität an die Öffentlichkeit. So hielt er 1919 in der Freien Christlichen Gemeinde im Lokal Rheingold in der Bergheimerstr. 61 einen Vortrag über „Homosexualität und Genie". Die Ankündigung wies eigens darauf hin, dass der Redner *selbst homosexuell* und *deshalb wiederholt im Gefängnis* gewesen sei.

Auch parteipolitisch engagierte sich Wangemann. Wenige Monate nach Gründung der Weimarer Republik sprach er 1919 in Heidelberg in einem Vortrag über die Novemberrevolution in Mannheim. Am 15. März 1919 spaltete sich aus der USPD (Unabhängige Sozialdemokratische Partei Deutschlands) in Heidelberg bei einer Versammlung im Rheingold eine Gruppe von etwa 20 Personen ab und gründete den Spartakusbund mit. Diese Ausgründung erfolgte unter Federführung Theodor Wangemanns und eines Herrn Leutner. Dem Spartakusbund sollen angeblich 50 Mitglieder angehört haben. Wangemann galt nachfolgend in der Heidelberger Zeitung als *Führer der neuen kommunistischen Partei* Heidelbergs. Auch die SPD-Zeitung Volksfreund stellte Wangemann als Homosexuellen vor, *der sich bekanntlich als Kommunist betätigt hat*. Der Landbote aus Sinsheim verwies 1919 anlässlich von Wangemanns Verurteilung wegen „widernatürlicher Unzucht" ebenfalls darauf, dass dieser *bei den letzten Wahlen* [...] *wiederholt für die Unabhängigen Sozialdemokraten aufgetreten* sei.[243] Die Diskreditierung politischer Gegner mithilfe von Homosexualitätsvorwürfen war auch in der Weimarer Republik und auch bei der Linken eine politische Taktik.[244] Wangemann war in Heidelberg so bekannt, dass sich die evangelische Kirche dort per Zeitungsannonce von ihm distanzierte.[245]

Im Sommer 1919 plante er den ebenfalls in Heidelberg lebenden homosexuellen Bürgermeister von Schifferstadt, Walther Braun, bei der Gründung eines Verlags finanziell zu unterstützen. Das Projekt kam jedoch nicht zustande.[246] 1920 rief Wangemann in der Emanzipationszeitung der Homosexuellenbewegung, Die Freundschaft, die *Gleichgesinnten von Heidelberg, Mannheim und Karlsruhe* dazu auf, *zwecks Gründung von Freundschaftsbünden ihre Adressen einzusenden an Pfarrer a. D. Wangemann in Neckargemünd, Wiesenbacher Landstraße 7.*[247]

Zwischen 1909 und 1919 war Wangemann zu einem Aktivisten geworden, der sich gegen all das einsetzte, wofür seine Familie, die evangelische Kirche und das kaiserliche Deutschland standen. Seine Familie hatte ihn bereits *wegen seiner Verfehlungen gegen den § 175* verstoßen.[248] Nun aber ging sie noch einen Schritt weiter. So erstellte ein praktischer Arzt und *ein Verwandter* Theodor Wangemanns ein Attest mit dem *Zwecke der Einleitung der Entmündigung*, das festhielt, dass Wangemann *geisteskrank sei.*[249] Dass Wangemann aber auch weiterhin Kontakte zu einzelnen Personen aus gesellschaftlichen Kreisen unterhielt, die Antisemitismus und völkische Ideen vertraten, zeigt seine Korrespondenz mit dem Schriftsteller Börries von Münchhausen.[250]

VERFOLGUNG IN DER NS-ZEIT

In der NS-Zeit wurde Wangemann erneut verhaftet und beschuldigt, in der Bedürfnisanstalt bei der Friedrichsbrücke in Heidelberg am 12. Juni 1935 einen *etwa 13-jährigen Jungen veranlasst* zu haben, *seinen Geschlechtsteil anzusehen* und diesem dafür *5 Pf.* [Pfennig], *wie schon öfters bei der gleichen Gelegenheit* gegeben zu haben[251] Angeblich habe Wangemann den Jungen auch aufgefordert, an seinen Penis *zu langen.*[252] Dass er dem Jungen auf der Straße anschließend eine Zigarette schenkte, sah man als belastend für Wangemann an.[253] Der offenbar 14 Jahre alte Junge widerrief seine Aussage zwei Mal und gab an, er habe die Aussage auf Druck der vor der Toilette befindlichen Gruppe von HJ-Mitgliedern gemacht.[254] Der Sachverständige zur Begutachtung Wangemanns war Medizinalrat Dr. Georg Schiffmann vom Staatlichen Gesundheitsamt in Heidelberg, ein offenbar aktives Mitglied der NSDAP und beispielsweise in einem Vortrag über „Rassenhygiene" in Heidelberg präsent.[255] Hatten die bisherigen Psychiater Wangemanns Bildung und Auffassungsgabe ebenso wie sein Redegewandtheit als beeindruckend geschildert, so kritisierte Schiffmann Wangemanns angeblich *stark übersteigertes Selbstbewußtsein.*[256] Auch störte sich Schiffmann an der *arroganten, anmaßenden Haltung* Wangemanns, die aus Sicht des Psychiaters aus der *Hirschfeld-Ära* bzw. der *Magnus-Hirschfeld-Schule* stamme.[257] Er hielt in seinem Gutachten fest, dass Wangemann *lebhafte Beziehungen zu den Kreisen Magnus Hirschfelds* unterhalten habe.[258] Dies versuchte Wangemann bei der Befragung zu entkräften.[259]

In seiner Haft verfasste Wangemann einen 10-strophiges Gedicht, das er „Typus inversus“ (invertiert = homosexuell) nannte, in dem er die Situation Homosexueller beschrieb. Hier werden die ersten beiden Strophen zitiert:

Sie zerbrechen Alle!
Einer nach dem Andern
Gramgebückt zum Grab sie wandern;
Ich will widerstehen,
Ich will nicht zerbrechen,
Will, die schuldlos litten, rächen!
Gott Du seist Meinem Geist
Gute Wehr und Waffen,
Lass mich nicht erschlaffen!

All die armen Menschen,
Die ihr leblang litten,
Hoffnungslos sich selbst bestritten,
All' die Selbstentleiber
Mit zerschoss'nem Hirne
Furchtgefurcht die blut'ge Stirne
Kehren sich gegen mich;
„Niemals sollst du weichen,
Denk an unsre Leichen!“

Wangemann widmete dieses Gedicht *4 jungen Menschen*, die sich angeblich alle innerhalb von zwei Tagen im Dezember 1913 das Leben genommen hatten. Am Ende des Gedichts erwähnt Wangemann speziell Stefan Winter (*1889), der aus Nußloch aus einer Arbeiterfamilie mit 10 Söhnen stammte. Winter vergiftete sich laut Wangemann mit dem ihm im akademischen Krankenhaus Heidelberg zugänglichen Zyankalie im Dezember 1913. Folgt man Wangemanns Darstellung, stand der Suizid im Zusammenhang mit dem des *cand. med. Wetzel* aus Kulmbach, der sich zusammen mit einer jungen Frau, *wegen seiner innerlichen Natur Anlage ebenfalls mit Zyankalie vergiftet* hatte. Waren Wetzel und Winter ein Paar? Außerdem informierte er: *Am selben Tag vergiftete s. in Berlin ein homosex. Primaner.*[260]

Nach seiner Haftverbüßung wurde Wangemann in die Psychiatrie eingewiesen. Er sollte nicht mehr in Freiheit gelangen. In Bethel, wo die Familie angefragt hatte, war man nicht bereit, ihn aufzunehmen. Er war vom 20. Juni 1936 bis zum 6. Mai 1940 in der Psychiatrie in Wiesloch, in die er am 25. November 1942 erneut eingewiesen wurde.[261] Als Wangemann dort am 24. Mai 1943 starb, informierte die Anstalt: *Bei Theodor Wangemann handelte es sich um einen asozialen Psychopathen. W. ist an allgemeiner Arteriosklerose gestorben.*[262]

KAISERREICH – AUFBRÜCHE IN DER REGION RHEIN-NECKAR UND WAHRNEHMUNGEN QUEERER MENSCHEN

Christian Könne

Mit der Gründung des Kaiserreichs 1871 wurde Homosexualität von Männern reichsweit nach § 175 RStGB eine Straftat. Das galt auch in den deutschen Staaten, in denen sie im 19. Jahrhundert aufgrund des französischen Einflusses straffrei gewesen war, wie beispielsweise in Bayern, zu dem zeitgenössisch auch die Pfalz gehörte.[263] Homosexualität von Frauen blieb straffrei. Der Begriff „Homosexualität" war durchaus noch nicht gebräuchlich. Im 19. Jahrhundert waren 1864 „Uranismus" von Karl Heinrich Ulrichs, 1869 „Konträrsexualität" von Carl Westphal und 1869 „Homosexualität" von Karl Maria Kertbeny als Begriffe geschöpft worden.[264] Im Bereich des Rechts existierte die Bezeichnung „widernatürliche Unzucht".

Menschen, die eine von in ihrem Ausweis festgestellten Geschlecht abweichende Kleidung trugen, konnten deshalb verhaftet werden. Transidentes Verhalten konnte mit den §§ 183 („Erregung öffentlichen Ärgernisses") und 360 („Grober Unfug") verfolgt werden. Der Begriff „Transvestitismus" wurde 1910 vom Sexualforscher Magnus Hirschfeld gebildet.[265] Dass es Menschen gab, die uneindeutige Geschlechtsmerkmale hatten, war bekannt. In der Medizin wurden sie als „Hermaphroditen", im Volksmund wohl eher als „Zwitter" bezeichnet. Dass sich Mediziner dagegen ausgesprochen hatten, allen Menschen gleich bei Geburt ein eindeutiges Geschlecht zuzuweisen, weil es Menschen gab, bei denen man das Geschlecht entweder gar nicht oder nicht schon bei Geburt eindeutig nach weiblich/männlich bestimmen konnte, wurde gesetzgeberisch nicht relevant zur Kenntnis genommen. Vielmehr wurde festgelegt, allen Menschen gleich nach der Geburt ein Geschlecht – weiblich oder männlich – zuzuweisen, wofür das medizinische Personal verantwortlich war.[266]

Bedingt durch die männerdominierte politische und gesellschaftliche Öffentlichkeit und die Existenz des § 175 RStGB führte speziell Homosexualität bei Männern zu zahlreichen Verhaftungen und Verurteilungen. Männer waren potentiell durch den § 175 RStGB von Erpressung bedroht. Alleine der Verdacht, homosexuell zu sein, konnte den sozialen Tod bedeuten. Selbstmorde bei Ermittlungen im Kontext von Homosexualität weisen auf diesen gesellschaftlichen Druck hin. Zu Beginn des 20. Jahrhunderts erschütterten und empörten, aber faszinierten zugleich medial weltweit kolportierte Skandale um angeblich homosexuelle Kontakte von Männern der deutschen Elite in Wirtschaft und Politik. Dazu zählten 1902 der Skandal um „Krupp auf Capri", 1907 – 1909 die Harden-Eulenburg-Affäre oder 1907 der Prozess des Reichskanzlers von Bülow gegen Adolf Brand.[267] Bereits vor der Abbildung dieser homoerotischen Verstrickungen wurde 1891 auch eine – nach heutigem Sprachgebrauch – „Swingerparty“ im Jagdschloss Grunewald öffentlich. Dies zeigt, dass auch Personen im Kontext des deutschen Herrscherhauses im erotischen Bereich aus dem gegebenen gesellschaftlichen Rahmen fielen.[268]

Homosexualität von Frauen, erst recht von solchen der Frauenbewegung, wurde meist verschwiegen. Die Frauenbewegung selbst galt teilweise als derart anstößig, dass es offenbar als inopportun erschien, über manche ihrer Vertreterinnen als frauenliebende Personen in der Öffentlichkeit zu sprechen.[269] Die pseudonymen Ludwig Frey und Anna Rühling als Personen der Homosexuellenbewegung verwiesen aber schon 1898 und 1904 darauf, dass eine nennenswerte Zahl der Vertreterinnen der Frauenbewegung homosexuell sei.[270]

Im Kaiserreich bildete sich Ende des 19. Jahrhunderts die erste Homosexuellenbewegung der Welt mit dem Wissenschaftlich-humanitären Komitee (WhK), das 1897 in Charlottenburg bei Berlin u. a. von dem Arzt Magnus Hirschfeld und dem Verleger Max Spohr gegründet wurde, sowie der Gemeinschaft der Eigenen (GdE) des Berliner Lehrers Adolf Brand, der 1896 die Zeitschrift Der Eigene als weltweit erste Zeitschrift für Homosexuelle veröffentlichte. Das WhK informierte insbesondere mit Flugschriften und dem Jahrbuch für sexuelle Zwischenstufen.[271] Die in Bad Neuenahr lebende Lehrerin Emma (Külz-)Trosse veröffentlichte 1895 im Verlag Max Spohr mit der Abhandlung „Der Konträrsexualismus inbezug auf die Ehe und Frauenfrage“ die weltweit erste Monografie zur Situation lesbischer Frauen.[272]

GESELLSCHAFT IN VERÄNDERUNG – DIE REGION RHEIN-NECKAR INFORMIERT SICH UND DISKUTIERT ÜBER GESCHLECHTERROLLEN SOWIE SEXUELLE UND GESCHLECHTLICHE VIELFALT

VEREINE DER FRAUENBEWEGUNG. DISKUSSION DER GESCHLECHTERVERHÄLTNISSE

Die Frauenbewegung in ihren verschiedenen Strömungen trat auch in der Region Rhein-Neckar für eine Veränderung der gesellschaftlichen Verhältnisse und der Geschlechterverhältnisse an.[273] So hielt beispielsweise Adele Schreiber, aus Berlin kommend, im Januar 1906 in Landau im Verein für Fraueninteressen einen Vortrag zum Thema „Die neue Frau und ihre neue Sittlichkeit“.[274] Im Frühjahr 1898 sprach Anita Augspurg im Mannheimer Verein „Frauenbildung – Frauenstudium“ anlässlich der Debatten um das Bürgerliche Gesetzbuch über die „Stellung der Frau im bürgerlichen Gesetzbuch“.[275] Der Verein war unter seiner Mannheimer Vorsitzenden Julie Bassermann in der reichsweiten Frauenbewegung einflussreich.[276] Vor einer *außerordentlich großen* Gruppe von Frauen wie Männern wies Augspurg 1898 darauf hin, dass das Bürgerliche Gesetzbuch *nicht durchweg dem Grundsatz ausgleichender Gerechtigkeit* folgte, sondern *traditionelle Herrschafts-*

verhältnisse, wie *im Familienrecht die soziale Uebermacht des Mannes über die Frau*, konservierte. 1903 war Augspurg beim Demokratischen Verein in Mannheim zu Gast und referierte über die Geschichte der Frauenrechte und deren Situation in der Gegenwart. Im selben Jahr referierte Elsbeth Krukenberg als eine der bekannten Stimmen der Frauenbewegung im Mannheimer Verein „Frauenbildung – Frauenstudium" über das Thema „Die Frau als Erzieherin". Als vom 24. bis 26. September 1907 in Mannheim und Frankfurt die zweite Generalversammlung des Deutschen Verbandes für Frauenstimmrecht stattfand, waren im Mannheimer Kasinosaal in R 1 Minna Cauer mit „Frauenstimmrecht und Familie", Anita Augspurg mit „Frauenstimmrecht und Politik", Käthe Schirmacher mit „Frauenstimmrecht und Wehrpflicht" sowie Dr. Ohr mit „Freunde und Gegner des Frauenstimmrechts" zu hören.[277]

Dr. jur. Anita Augspurg.

Anita Augspurg, Foto aus der Leipziger Illustrierten Zeitung, 1902. bpk / Deutsches Historisches Museum / Sebastian Ahlers

1910 fand die Generalversammlung des Bundes deutscher Frauenvereine vom 6. bis 9. Oktober in Heidelberg statt.[278] An dieser Tagung, die für die deutsche Frauenbewegung *das Hauptereignis des Jahres* bildete, nahm auch Elsbeth Krukenberg als Rednerin teil.[279] Mit Augspurg und Krukenberg waren in der Region Rhein-Neckar bedeutende Frauen der Frauenbewegung zu Gast, von denen inzwischen bekannt ist, dass sie mit ihren Lebenspartnerinnen zusammenlebten.[280] Ob und welche Vernetzungen sie zu frauenliebenden Frauen in der Region Rhein-Neckar hatten, ist bislang unbekannt. Offen bleiben muss auch, ob es innerhalb der frühen Frauenbewegung in Mannheim frauenliebende Frauen gab.[281] Christiane Pfanz-Sponagel spricht davon, dass Marianne Weber und Marie Baum *befreundet* gewesen seien und Alice Bensheimer und Elisabeth Altmann-Gottheiner *ein sehr enges Verhältnis hatten*,[282] hält dies in beiden Fällen aber für kein ausreichendes Indiz.

Im Hinblick auf die queere Geschichte der Region Rhein-Neckar ist darüber hinaus die Erfahrung von Anita Augspurg mit der Heidelberger Polizei relevant. Denn Augspurg wurde 1892 in Heidelberg verhaftet und musste auf dem Polizeirevier *Signalelement und Photographie einer steckbrieflich unter männlicher Verkleidung gesuchten ‚Frauenperson'* durchsehen. Auch wenn es Augspurg gelang, den Polizisten klar zu machen, dass sie nicht die gesuchte Person war, kann man festhalten, dass Augspurgs Aussehen der Heidelberger Polizei offenbar so auffällig erschien, dass man sie verdächtigte, in *männlicher Verkleidung* zu gehen, und sie deshalb festsetzte. An diesem Vorfall zeigt sich, wie sehr ein Abweichen von der üblichen Kleidung von Frauen auffiel, was sogar zu einer polizeilichen Verhaftung führen konnte. Dass Augspurg in ihrem Bericht über das Ereignis in Heidelberg auch eine Verbindung zum § 361, 6, der Prostitution kriminalisierte, herstellte, weist auf weitere Möglichkeiten der Kriminalisierung von Frauen mit abweichendem Rollenverhalten hin. Homosexualität, „Transvestitismus" und Prostitution bei Frauen waren offenbar in der zeitgenössischen Polizeiarbeit nahe beieinander liegende Themen, die auch Frauen der Frauenbewegung bedrohen konnten.[283]

1903 referierte der Karlsruher Dr. Karl Wollff [s c!] 1903 in Mannheim beim Verein „Frauenbildung-Frauenstudium" über „Wandlungen des Frauenideals". Dass er dabei auf die Entstehung der Idee des *Mannweibs* einging und die *Schärfe*, die dieser Ausdruck heutzutage habe, kr tisch überprüfte, zeigt, wie man sich gegen die Frauen der Frauenbewegung zur Wehr setzte.[284] Als eine übliche Methode ist bekannt, dass Frauen, die sich für ihre Rechte einsetzten, von ihren Gegnern mit verschiedenen Mitteln „ent-weiblicht" und beispielsweise als „Mannweiber" dargestellt wurden. Auch die Sexualwissenschaft und ihre Vertreter nutzten und verbreiteten diese Bilder.[285] Seit 1907 war der von der Frauenrechtlerin Helene Stöcker gegründete Bund für Mutterschutz (BfM) als Mannheimer Mutterschutz auch in der Quadratestadt aktiv.[286] Der BfM engagierte sich neben der Emanzipation von Frauen auch für die Emanzipation Homosexueller.[287] Stöcker war als eine von wenigen Frauen Mitglied im WhK. Die Verbandszeitschrift des Bundes für Mutterschutz, Die Gleichheit, informierte bei sexualwissenschaftlicher Forschung auch über Homo- und Bisexualität. In verschiedenen Beiträgen wurde die Abschaffung des § 175 RStGB gefordert.[288] Die Beratungsstelle in R 5, 1 war stark nachgefragt. Dass in der Weimarer Republik eine Sexualberatungsstelle geschaffen wurde, die *Aufklärung und Beratung in weitestem Umfange auf dem Gebiet des Geschlechtslebens beider Geschlechter* betrieb[289] und in der auch Homosexuelle beraten wurden, zeigt, dass *Ideenpropaganda für sexuelle Reformen* weiter verfolgt wurde und es einen entsprechenden Bedarf auch in Mannheim gab.[290]

SPRECHEN ÜBER SEXUELLE UND GESCHLECHTLICHE VIELFALT. VORURTEILE UND AUFKLÄRUNGEN

Das Sprechen über sexuelle und geschlechtliche Vielfalt erfolgte in unterschiedlichen Kontexten, wobei bestehende Vorurteile verhandelt und gegebenenfalls bestärkt oder aufklärerisch besprochen wurden. 1904 wurde Mannheims Erster Bürgermeister und späterer Oberbürgermeister Dr. Paul Martin wegen Beleidigung verklagt, weil er einem Musikstipendiaten Mannheims und dessen Vater mehrfach geraten hatte, sich von einem *Virtuosen* namens Lachmund fernzuhalten, weil dieser homosexuell sei. Lachmund verteidigte gegenüber Martin *seine Neigung* und verklagte diesen, weil er ihm unterstellt habe, nicht nur seelisch eine homosexuelle Neigung zu haben, sondern auch physisch die homosexuelle Liebe anzustreben, also etwas Unsittliches zu tun. Dies sei eine Beleidigung. Martin wurde jedoch freigesprochen.[291]

Welche Reaktionen die vorurteilsbeladene Sicht auf Homosexualität ebenfalls haben konnte, zeigt sich beispielsweise daran, dass in Ludwigshafen an Fasching 1908 der „Wagen der Homosexuellen" des Karnevalsvereins Rheinschanze kurzfristig von der Polizei verboten wurde. Auch wenn keine Information zum Motiv des Wagens vorliegt, lässt sich der zeitliche Bezug zur Harden-Eulenburg-Affäre als möglicher thematischer Zusammenhang vermuten.[292] Als 1912 der Reichstagsabgeordnete Gothein der Nationalliberalen Partei bei einer Wahlkampfveranstaltung in Mannheim-Neckarau darüber berichtete, dass sich *die Vertreter der Homosexualität* an ihn gewandt hätten, *um ihre Stimmabgabe von der Aufhebung des bekannten Paragraphen* [175] *abhängig zu machen*, sorgte dies in Neckarau für *Große Heiterkeit*.[293]

Der Mannheimer SPD-Abgeordnete Gustav Adolf Lehmann sprach sich 1906 in einer Landtagsdebatte für die Abschaffung des § 175 RStGB aus.[294] Diese Position unterstützte auch die in Heidelberg verfasste Dissertation von Franz Arthur Müller zum Thema „Die sogenannte widernatürliche Unzucht, ein Beitrag zur Kritik des Vorentwurfs zu einem deutschen Strafgesetzbuch von 1909".[295] Es finden sich auch Nachweise für öffentliche Vorträge über sexuelle und geschlechtliche Vielfalt. Unklar bleibt allerdings die Intention. Dienten die Vorträge der Aufklärung im Sinne einer positiven Sicht auf sexuelle und geschlechtliche Vielfalt und deren Akzeptanz oder waren es Beiträge, die bestehende Regelungen und Moralvorstellungen bestärkten? 1875 sprach ein Dr. Stark aus Stephansfeld im Elsass in Heppenheim in einem Vortrag über die *konträre Sexualempfindung*.[296] Der Naturheilverein in Mannheim bot am 17. November 1902 im Restaurant Zum wilden Mann einen Vortrag für Herren zum Thema *Paragr. 175 R.St.G., widernatürliche Unzucht*, zu dem *Jedermann freien Zutritt* hatte.[297]

Im Casinosaal in Mannheim fand am 5. November 1907 ein psychologischer *Experimental-Vortrag* für Damen und Herren statt, bei dem Carl Kotthans aus Frankfurt a. M. über *Homosexuelle Menschen, ihre Natur und äussere (physiognomischen) Merkmale* sprach. Kotthans ging also davon aus, dass man Homosexuelle an speziellen körperlichen Merkmalen erkennen könne. Als besonderes Highlight dürften die sich dem Vortrag anschließenden *Demonstrationen und Charakter-Beurteilungen an Damen und Herren aus dem Auditorium* wahrgenommen worden sein. Wie viele der für zwischen 2,00 und 0,50 Mark dort anwesenden Damen und Herren sich hierzu bereit fanden und wie die Reaktionen des Publikums waren, ist nicht überliefert.[298]

Innerhalb der medizinischen Diskussion beteiligte sich 1907 der Mannheimer Kinderarzt Dr. Eugen Neter im Heft Nr. 25 des Broschürenzyklus „Der Arzt als Erzieher" an den Diskussionen um Homosexualität. Ihm sei aufgefallen, dass homosexuelle Menschen vielfach als Einzelkinder aufgewachsen seien. Er empfahl daher gründlich zu prüfen, ob der Prozentsatz Homosexueller unter den Einzelkindern höher sei als unter Kindern, die Geschwister hatten.[299] Neter sprach sich bei einer Veranstaltung der Ortsgruppe Mannheim der Deutschen Gesellschaft zur Bekämpfung der Geschlechtskrankheiten für eine Sexualaufklärung innerhalb der Familie und gegen eine Aufklärung durch die Schule aus.[300] Beim Diesterwegverein Mannheim leitete er auch einen Kurs für Kinderpflege und -erziehung.[301]

In der Rubrik „Briefkasten" beantwortete der General-Anzeiger 1912 die Anfrage einer Person W. B., die sich nach der Geschichte von Oscar Wilde erkundigt hatte, und informierte, dass Wilde 1895 wegen eines *Sittlichkeitsdeliktes auf homosexuellem Gebiet* verurteilt worden war.[302] Eine aufklärerische Position wurde am 25. und 26. Mai 1907 in Mannheim beim Kongress der Deutschen Gesellschaft zur Bekämpfung der Geschlechtskrankheiten vertreten, der eine *gründliche Reform der Sexualpädagogik* für unerlässlich hielt und sowohl die Eltern wie die Schule speziell im Geschichts-, Religions- und Literaturunterricht an der Aufklärung über Sexualität beteiligt wissen wollte.[303] Die Frauenrechtlerin Elsbeth Krukenberg sprach hier über die Aufgaben der Mütter auf dem Gebiet der sexuellen Aufklärung.[304]

Eine weitere Möglichkeit andere aufzuklären war es, über sich selbst als homosexuelle Person zu sprechen. Angesichts des gesellschaftlichen Stigmas sowie der durch den § 175 RStGB gegebene Möglichkeit, erpresst zu werden, verwundert es wenig, dass über diese Form der Aufklärung fast keine Zeugnisse zu finden sind. Für Heidelberg ist ein homosexueller Mann bekannt, der sich einem offenbar heterosexuellen Freund anvertraute und diesen dazu bewegte, ihm anschließend in einem Brief seine Gedanken über Homosexualität bei Männern mitzuteilen. Nachdem noch ein zweiter Freund diesem Mann mitgeteilt hatte, dass er ebenfalls homosexuell sei, hielt der heterosexuelle Mann im besagten Brief über seine durch diese Gespräche veränderte Sicht fest, dass Homosexualität für ihn nicht mehr *gleichbedeutend* [...] *mit Perversität* sei, *sondern eine allerdings bedauerliche Veranlagung*.[305] Dass dieser Brief im Monatsbericht des WhK veröffentlicht wurde, weist auf Verbindungen von Personen aus der Region Rhein-Neckar zur Sexualreformbewegung sowie zur Emanzipationsbewegung Homosexueller und deren Vereinigungen in Berlin hin. Dies wird auch an anderer Stelle deutlich.

Titelblatt des Jahrbuchs für sexuelle Zwischenstufen, Jg. XIV, H. 3, Juli 1914. Public Domain, https://commons.wikimedia.org/w/index.php?curid=680962

Jahrgang XIV — Juli 1914 — Heft 3

Jahrbuch für sexuelle Zwischenstufen

mit besonderer Berücksichtigung der Homosexualität
herausgegeben in Vierteljahrsheften
unter Mitwirkung namhafter Autoren
im Namen des Wissenschaftlich-humanitären Komitees
von
Dr. med. Magnus Hirschfeld,
Berlin.

Leipzig
Verlag von Max Spohr.

DAS WISSENSCHAFTLICH-HUMANITÄRE KOMITEE (WHK) UND SEINE UNTERSTÜTZER

Das 1897 gegründete WhK hatte auch in der Region Rhein-Neckar Unterstützer. Aus den im Jahrbuch für sexuelle Zwischenstufen vermerkten Mitgliedsbeiträgen gehen beispielsweise K. L. Seitz aus Ludwigshafen und „B. R." aus Mannheim hervor.[306] Bis 1911 weitgehend unbekannt war, dass der Schulleiter der Landauer Töchterschule und Autor Carl Friedrich Müller-Palleske ebenfalls im WhK engagiert war.[307] (Kap. 13) Dabei war Müller-Palleske nicht nur einfaches Mitglied, sondern als einer der „Obleute" an der Organisation beteiligt, wofür er 1922 die Ehrenmitgliedschaft erhielt.[308]

Außerdem fand das WhK in der Region Rhein-Neckar Personen, die mit ihrer Unterschrift die Petition an den Reichstag zur Abschaffung des § 175 RStGB unterstützten (Kap. 18). Nach Orten ergibt sich bis in die Weimarer Republik hinein folgende Anzahl an bislang bekannten Unterschriften: Edenkoben: 3, Heidelberg: 21, Mannheim: 6, Schwetzingen: 3, Speyer: 5, Weinheim: 2 und Worms: 5. Aus Bensheim, Boxberg, Frankenthal, Grünstadt, Heppenheim, Kirchheimbolanden, Ludwigshafen, Mosbach und Haus Rockenau bei

Eberbach unterzeichnete je eine Person.[309] Reichsweit waren es vom Beginn der Unterschriftenaktion im Jahr 1897 bis 1932 zirka 6.000 Personen, die die Petition des WhK unterstützten. Die Forschung hat herausgestellt, dass aufgrund des gesellschaftlichen Nachteils, mit Homosexualität überhaupt in Verbindung gebracht zu werden, davon ausgegangen werden kann, dass die Unterzeichner der Petition in der Regel selbst nicht homosexuell waren.[310]

MANNHEIM ALS ZENTRUM HOMOSEXUELLER UND TRANS PERSONEN. WAHRNEHMUNGEN UND EINSCHÄTZUNGEN DER SZENE IM KAISERREICH

Der Sexualforscher Magnus Hirschfeld veröffentlichte 1904 eine statistische Untersuchung zum Anteil Homosexueller an der Bevölkerung. Zur Begründung seiner wissenschaftlichen Untersuchung verwies er darauf, dass bis zu dieser Zeit alleine gerüchtehalber kolportierte Zahlen oder solche aus Einzelbeobachtungen vorlägen, die aber keine wissenschaftliche Grundlage hätten. Daher sei eine Untersuchung zum tatsächlichen Anteil von Homosexuellen an der Bevölkerung angezeigt. Wollte man den überlieferten Zahlen Glauben schenken, dann hätte es in Berlin 300–400, in Köln *einige Hundert*, in Hamburg 200, in Stuttgart 130 und in Landau drei bekannte Homosexuelle gegeben. Mannheim allerdings hätte innerhalb dieser Liste mit angeblich 1.000 Personen den Spitzenplatz eingenommen. Damit wäre die Quadratestadt 1904 also reichsweit die mit den meisten bekannten Homosexuellen gewesen. Dass diese Zahl mehr als doppelt so hoch wie die für Berlin war und dass sehr viele größere Städte in dieser Liste überhaupt nicht auftauchten, die Region Rhein-Neckar aber gleich mit zwei sehr ungleich großen Städten, bestärkte Hirschfelds Zweifel an der Aussagekraft dieser Zahlen, die er 1904 nur öffentlich machte, um sie zugleich kritisch zu hinterfragen. Die Zahl 1.000 markierte er dabei mit einem Fragezeichen.[311]

Auch wenn diese Zahlen schon zeitgenössisch als nicht glaubhaft galten, zeigen sie doch, dass es aus Landau und Mannheim heraus Verbindungen zu Magnus Hirschfeld und seiner Arbeit in Berlin gab und dass diese Werte auch als Motivation seiner Arbeit dienten. Hierbei ermittelte Hirschfeld in seiner statistischen Untersuchung einen Anteil von 2,2 % Homosexueller an der Bevölkerung. Dass Homosexuelle und „Transvestiten“ mit ihren Lokalitäten und Treffpunkten auch in Mannheim bekannt waren, wird nachfolgend gezeigt.

CROSS-DRESSER. ZWISCHEN KLINIK UND CABARET

Männer in Frauenkleidern oder Frauen in Männerkleidern, also Cross-Dresser, waren auch in der Region Rhein-Neckar bekannt. In Ludwigshafen wurde 1912 der aus der Zwangserziehungsanstalt Wasserburg entwichene 13-jährige Karl Moer in Frauenkleidern aufgegriffen.[312] Über den aus Jugenheim an der Bergstraße stammenden 31-jährigen Ludwig Rühl las man, er führe Taschendiebstähle *besonders gern in Frauenkleidern* aus. Dass er *schon wiederholt auf seinen Geisteszustand untersucht, zuletzt aber für gesund erklärt und auch zu längerer Freiheitsstrafe verurteilt* worden war, weist möglicherweise darauf hin, dass das Tragen der Frauenkleider nicht alleine als eine Tarnung zur besseren Umsetzung der Diebstähle angesehen wurde. Aufgrund mangelnder weiterer Informationen zu den Gründen der Untersuchung des Geisteszustandes bleibt dies aber Spekulation.[313]

1906 wurde am Mannheimer Hauptbahnhof ein aus Hamburg angereister 15-jähriger *Hausbursche* in Frauenkleidern von der Polizei aufgegriffen, der einen größeren Geldbetrag unterschlagen hatte. Auch er wurde im Untersuchungsgefängnis auf seinen Geisteszustand hin untersucht, wobei festgestellt wurde, dass er strafrechtlich nicht zur Verantwortung gezogen werden könne.[314] Dass 1914 in Mannheim ein verwitweter Sodawasserhändler aufgegriffen und ins Krankenhaus gebracht wurde, weil er sich *in einem Anfall von Geistesgestörtheit in Frauenkleidern* auf der Rheinhäuserstraße *herumgetrieben* hatte, weist abermals auf einen Zusammenhang zwischen dem Tragen von Kleidern des Gegengeschlechts und der Verbringung zur Begutachtung des Geisteszustandes dieser Personen hin.[315] Entsprechend wurden sie in der Presse als „Kranke" dargestellt.

Der 41- oder 42-jährige ledige Kellner Franz Fleischmann von Kipfenberg in Oberbayern wurde in Mannheim in der Nähe des damals schon so bezeichneten Suezkanals verhaftet, weil er sich in mehreren Nächten im Schlosspark in Frauenkleidern *umhertrieb und Mannspersonen bestahl*. Dabei hatte Franz Fleischmann *Herren, die abends im Schloßgarten spazieren gingen, durch unsittliche Griffe* belästigt. [316] Dass die Presse auch umfassend über Fleischmanns vorangegangene Inhaftierungen wegen Diebstahls informierte, ist im Hinblick auf die Frage von Geschlechtsidentitäten oder Cross-Dressing weniger von Belang. Dass die Presse aber auch meldete, Franz Fleischmann hätte seine letzte Haftstrafe in Mannheim im Februar desselben Jahres verbüßt gehabt und sei dann aber erst am 29. April aus dem Krankenhaus entlassen worden, wirft die Frage auf, weshalb dieser Krankenhausaufenthalt nach seiner Gefängnisstrafe notwendig war und warum die Presse hierüber informierte. Offenbar war er nicht in der Haft erkrankt. Galt dieser Hinweis in der Presse seiner abweichenden Kleidung?

Schließlich bietet auch die Werbeanzeige der Gaststätte Zum Ratskeller in P 1, 7 im Hinblick auf die Geschlechtsidentität des Wirts Anlass zu Spekulationen: *Zu zahlreichem Besuch ladet freundlich ein Joseph Volkert, (früher Frau Wacker in der Neuen Schlange.)*[317] Die in der Anzeige genannte Gaststätte Zur neuen Schlange in P 3, 12 war um 1910 als Treffpunkt Homosexueller bekannt (s. u.).

Auch wenn nicht gezeigt werden kann, dass die Cross-Dresser als „Männer in Frauenkleidern" deswegen psychiatrisch untersucht wurden, so geht aus der Presseüberlieferung immerhin hervor, dass sie in Mannheim wiederholt auffielen und sie meist in einem Kontext von Kriminalität oder Krankheit der Allgemeinheit vorgestellt wurden. In ganz anderer Weise informierte die Presse zur selben Zeit jedoch über Cross-Dresser, die in Mannheim als Damenimitatoren regelmäßig und offenbar mit gutem Erfolg auftraten. In eher volkstümlicher Weise sind solche Auftritte wiederholt zu Fasching belegt. In der Karnevalsgesellschaft Feurio sind solche Auftritte mehrmals nachzuweisen. Auch die Karnevalsgesellschaft

Neckarstadt hatte mit Herrn Reicher 1912 einen Damenimitator im Faschingsprogramm.

Abseits des Vereinsprogramms zu Fasching traten professionelle Damenimitatoren aber auch im Programm verschiedener Gaststätten Mannheims auf. So war Leo Zeno in der *Concetsoire Pinder* 1891 in der Eichbaumbrauerei in P 5, 9 zu Gast. Im Deutschen Michel trat 1895 die Gruppe Cignac aus Paris auf und bot in ihrem Programm ebenfalls einen Damenimitator. Im Saalbau-Theater trat mehrmals der angeblich *beste Damenimitator seiner Zeit Man de Wirth* auf, der auch im Sommertheater im Rheinpark Ludwigshafen zu Gast war.[318] Wie der Presse zu entnehmen ist, wurde Man de Wirth 1894 in Augsburg wegen § 175 RStGB verhaftet.[319] Auch Alexander Tacianu, der mehrmals im Apollotheater gastierte, galt als der angeblich *unübertroffenste aller Damenimitatoren*. 1907 betonte die Presse, dass man in Mannheim *schon alle Vertreter dieser eigenartigen Spezie der artenreichen Varientékunst* habe auftreten sehen, aber keiner reiche an Tacianu heran. Für Uneingeweihte sei es unmöglich festzustellen, dass man es *mit einem verkleideten Manne zu tun* habe. Als weitere Damenimitatoren waren beispielsweise 1907 [Vorname vermutlich Willi] Walde im Saalbau-Theater und 1914 [Vorname unbekannt] Arp im Rosengarten zu Gast.[320]

Damenimitator Alexander Tacianu, Autogrammkarte. Veröffentlicht in A. Moll (1921). Wikipedia Commons / Stefano Bolognini

Ob Cross-Dresser homo- oder heterosexuelle Männer, ob sie „Transvestiten" waren oder wie sie in Fragen der Geschlechtsidentität anzusehen seien, wurde zeitgenössisch in der Sexualwissenschaft diskutiert.[321] Die Damenimitatoren Man de Wirth und Alexander Tacianu wurden mit Bild vorgestellt.[322] Solche Fragen wurden in der Zeitung aber öffentlich nicht verhandelt. Cross-Dresser waren als Kunstfiguren erlaubt, wurden als solche begafft oder bewundert. Ein ihnen gemäßes Alltagsleben war ihnen nicht erlaubt. Sie wurden polizeilich überwacht und als „Kranke" in Gefängnis oder Psychiatrie inhaftiert.

FRAUENBEZIEHUNGEN IN DER PRESSE

Abseits der Frauenbewegung stand das Leben von Frauen sehr viel weniger in der öffentlichen Aufmerksamkeit als das von Männern. Außerdem gerieten Beziehungen zwischen Frauen nicht notwendigerweise in den Verdacht, dass es sich hierbei um homosexuelle Beziehungen handelte. Die Nicht-Verfolgung mithilfe eines eigenen Strafrechtsparagrafen sowie die in vielfacher Weise dem Manne untergeordnete Rolle und die familiär wie gesellschaftlich schlechter gestellte Position von Frauen führte auch zu weniger öffentlichen Zeugnissen von Frauen und erst recht von solchen für Frauenbeziehungen. Aufgrund eines tragischen

Endes findet sich der Nachweis einer vermutlich lesbischen Frauenbeziehung in Speyer. Dort beging die 42-jährige Rosa Metzger (es handelt sich hierbei nicht um die in Speyer bekannte jüdische Frau desselben Namens) 1908 Selbstmord. Angeblich veranlasste sie hierzu der *Schmerz der Trennung von der ihr durch den Tod entrissenen Freundin*.[323] Dieser Todesfall fand Eingang in Publikationen der Sozialreformbewegung, was darauf hindeutet, dass man sie als Frauenpaar ansah.

DIE MANNHEIMER SZENE IM KAISERREICH

Aus Polizeiakten und Presse gehen Informationen über Lokale und Treffpunkte von Homosexuellen und „Transvestiten" in Mannheim hervor.[324] Bekannte Treffpunkte homosexueller Männer und möglicherweise auch von „Transvestiten" waren die Gaststätten Zu den Drei Königen in L 4, 13 (Wirt: Georg Germann), Karl Theodor in O 2, 6 (Wirt: unbekannt), Spanische Weinhalle, später Zum Sühneprinz, in M 4, 6 (Wirt: Juan Catasus), Zur neuen Schlange in P 3, 12 (Wirt 1911: Gustav Wacker) sowie eine nicht mit Namen genannte Gaststätte an der Neckarbrücke. Auch die Herberge Zum weißen Elephanten in H 6, 2 wird genannt. Hier ist aber nicht sicher, ob dieses Lokal als Treffpunkt im Kaiserreich oder in der Weimarer Republik fungierte. 1914 hatte Mannheim mit 226.700 Einwohnern also fünf oder sechs bei der Polizei bekannte Gaststätten, die von Homosexuellen und mutmaßlich „Transvestiten" genutzt wurden. Zum Vergleich: Berlin wies vor dem Ersten Weltkrieg bei 1.945.684 Einwohnern 40 solcher Lokale auf.[325]

Postkarte von Mannheim mit einem Gedicht von Peter Schnellbach, einem der Mannheimer Petenten zur Abschaffung des § 175, 1899. Sammlung Wolfgang Knapp – Büro für Kulturwissenschaft, Mannheim

Die Mannheimer Lokale für Homosexuelle und „Transvestiten“ wurden jahrelang von der Polizei überwacht, so dass auch Informationen zu den Gästen, deren Herkunft und ihrem Verhalten vorliegen – immer aus Sicht der Polizei unter dem Blickwinkel der Kriminalität. Aus den Überwachungsprotokollen der Polizei geht hervor, dass eines der am frühesten als Treffpunkt der Homosexuellen nachgewiesenen Lokale für Homosexuelle die Spanische Weinhalle von Juan Catasus in M 4, 6 war.[326] Catasus wurde 1906 der Betrieb einer Schankwirtschaft genehmigt.[327] Als der Polizei Ende 1912 bekannt wurde, dass die Homosexuellen planten, sich in *der neuen spanischen Weinstube in Q 4* [Q 4, 1] in einem Nebenzimmer zu treffen, wurde auch vermerkt, dass homosexuelle Gäste bei Juan Catasus *schon früher, als er noch die spanische Weinstube in N betrieb, verkehrt* hatten.[328] Catasus betrieb auch den Sühneprinz, in dem Homosexuelle 1913 *ihren Stammtisch im Nebenzimmer* hatten. Dies weist ihn als einen Wirt aus, der Homosexuellen jahrelang eine offene Türe bot. Dass 1913 noch eine Wirtschaft von Juan Catasus von der Polizei erwähnt wird, in der sich Homosexuelle *nur vereinzelt*, zu zweit oder zu dritt Samstag- und Sonntagabends trafen, deutet in die gleiche Richtung.[329] Einen *Stammtisch der Homosexuellen*, der zuvor in den Drei Königen zusammengekommen war, gab es 1912 auch im Karl Theodor. Dort trafen sich die Mannheimer Homosexuellen *auch mit den auswärtigen Gleichgesinnten*.[330]

Gasthaus Neue Schlange in Mannheim, P 3, 12 (das rechte der beiden Gebäude), Foto um 1906. MARCHIVUM

Das Lokal, über das die umfangreichsten Polizeiinformationen vorliegen, ist das Zu den drei Königen des Wirts Georg Germann in L 4, 13, das sogar *außerhalb Mannheims als eine Zusammenkunftsstelle von homosexuellen Personen bekannt* war. Von 8 bis 10 Personen wusste die Polizei, dass sie sich dort regelmäßig trafen. Die Polizei hatte auch Kenntnis davon, dass sich *männliche Gäste* dort *verküsst* und *miteinander getanzt* hatten. Ein Gast imitierte *beim Singen, Tanzen u. Ausgelassensein* auch *eine Weiberfrisur* [...] *so grell u. bunt, daß schon unzählige Male die Nachbarschaft nachts gestört wurde.*

Dass die Polizei darlegte, diese *Weiberfrisur* sei in der Art *wie es die Päderasten – die sog. Weiber – zu tun pflegen*, und dass sie in den Protokollen homosexuelle Männer von diesen *sog. Weibern* unterschied, weist darauf hin, dass es sich bei den Letztgenannten um transidente Frauen gehandelt haben könnte.[331] Magnus Hirschfeld hatte 1910 den Begriff „Transvestitismus“ geschöpft. Da diese Beobachtungen in Mannheim 1912 niedergeschrieben wurden, war der Mannheimer Polizei dieser Fachausdruck möglicherweise noch nicht bekannt oder sie wollte sich bewusst abwertend über ein nicht den Geschlechterrollen konformes Auftreten äußern. Bis Ostern 1912 bestand laut der Aussage des

Wirts der Drei Könige, Georg Germann, in seiner Gaststätte ein Stammtisch homosexueller Männer.[332] Angeblich sei dieser Stammtisch dann in die Gaststätte Karl Theodor umgezogen. Doch auch 1913 wusste die Polizei von einem Gast, dass er *öfters in d. Wirtschaft von Germann* verkehre und dort *lauter ‚Eulenburger'* (Umschreibung Homosexueller seit der Harden-Eulenburg-Affäre von 1907) seien.[333] Noch 1914 hielt die Polizei fest, dass aktenmäßig bekannt sei, dass in der Gaststätte Zu den drei Königen *fast ausschließlich solche Personen, die im Verdacht stehen, in Bezug auf § 175 R.St.G.B. nicht einwandfrei zu sein,* verkehrten.[334]

Aus einer Zeugenaussage bei der Polizei geht auch hervor, wie das Kennenlernen in den Drei Königen verlief: *Es verkehren dort mehrere Männer in den 20er und anfangs 30er Jahren. Diese sitzen in der Regel an einem runden und gedeckten Tische beisammen. Betritt nun ein junger Mann das Lokal, in dem diese Leute, sog. ‚Schmuler'*[335] [sic!] *sich befinden, so wird er von ihnen an ihren Tisch gelockt, ihm mitunter ein Bier bezahlt und an ihm herumhantiert, bis ihm sozusagen der Reiz kommt. Der Betreffende von den sog. ‚Schwuler'* [sic!], *der mit dem Gereizten die widernatürliche Unzucht auszuüben beabsichtigt, geht mit ihm in den Hof. Ist der Mann nun damit einverstanden, so gehen sie miteinander in den Abort oder Pissoir, wo die widernatürliche Unzucht ausgeübt wird. Ist der Mann aber nicht damit einverstanden, so bekommt er seine Hiebe.*[336]

KLAPPEN UND CRUISING AREA

Neben den Gaststätten gab es im Mannheim der Kaiserzeit auch anonyme Treffpunkte für sexuelle Kontakte, die freilich auch in der Stadtgesellschaft und bei der Polizei in gewissem Maße bekannt waren. Die Presseberichte zur Verhaftung von Homosexuellen und Transidenten verweisen auf heute so bezeichnete Klappen und Cruising-Plätze, also Orte, an denen sich Männer für anonyme sexuelle Kontakte ebenso trafen wie teilweise auch zum kommunikativen Austausch. Außerhalb dieser Treffpunkte war dies aufgrund der gesellschaftlichen Ächtung und der Kriminalisierung von Homosexualität schwer möglich.[337] Auch diese Orte wurden in Mannheim von der Polizei überwacht. Männer, die sich dort aufhielten, um andere Männer zu treffen, mussten außerdem damit rechnen, von anderen angezeigt zu werden. So wurde der aus Weinheim stammende Ludwig Eberle (Kap. 9) 1907 von Staatsanwalt Hoffarth dabei beobachtet, wie er sich *an einer Bedürfnisanstalt in der Nähe des Wasserturms herumtrieb.*[338]

Auch der Bahnhofsabort am Mannheimer Hauptbahnhof, der von den Homosexuellen 1912 der Polizei gegenüber als ihr *Teehaus* geschildert wurde, war offenbar ein regelmäßiger Treffpunkt, der nachweislich auch noch im Folgejahr und vermutlich weit darüber hinaus polizeilich überwacht wurde.[339] An der Verhaftung eines Mannes in Frauenkleidern, Franz Fleischmann, der 1914 *Herren, die abends im Schloßgarten spazieren gingen, durch unsittliche Griffe* belästigte,[340] zeigt sich, wie im Falle von Johann Baptist von Schweitzer (Kap. 10), dass der Mannheimer Schlosspark offenbar als Cruising Area genutzt wurde.

ERMITTLUNGEN GEGEN HOMOSEXUELLE UND TRANSIDENTE IN MANNHEIM 1911 BIS 1914

In den Akten des MARCHIVUM lässt sich die Überwachung verschiedener Mannheimer Gaststätten für Homosexuelle und „Transvestiten" durch die Polizei in einem Zeitraum von 1911 bis 1914 nachweisen. Dafür waren mindestens zwei Beamte eingesetzt. Sie ermittelten incognito in den Gaststätten, horchten die Gäste aus und observierten die Gaststätten und deren Gäste von der Straße aus. Diese Art der Überwachung ist auch aus Hamburg und Berlin bekannt. Von der für beide Städte ebenfalls geschilderten teilweisen Zusammenarbeit der Polizei mit Homosexuellen ist für Mannheim nichts bekannt.[341]

1913 war die Gaststätte Zu den drei Königen in L 4, 13 bei der Polizei *schon längst als Niederlage* [sic!] *der Homosexuellen bekannt* und waren darüber *auch besondere Akten* vorhanden. Die Gaststätte wurde also längere Zeit observiert. Auch prostitutives Verhalten mancher Homosexueller wurde vermutet. Ein im Gasthaus incognito ermittelnder Polizist hielt fest, dass sich die Homosexuellen *darüber lustig machten, daß sie von der Polizei beobachtet* würden und von *Verhaftungen* [...] *am Bahnhofsabort* erzählten. Der Polizist vermutete, dass es nicht gelingen würde, *das Nest auszuheben*, da die Homosexuellen nach seiner Einschätzung *miteinander auf ihre Zimmer* gingen, so dass sie unbeobachtet seien. Auch die *Namen der Beteiligten* kannte er nicht, da sich die Gäste gegenseitig *meistens mit Vornamen* und *teilweise* sogar mit weiblichen Vornamen anredeten, was im Falle einer Verhaftung effektiv verhinderte, dass man andere verraten konnte.[342] Schließlich war es aber auch eine Verballhornung der gängigen Vorurteile über Homosexuelle.[343] Auch bei Verhören Homosexueller sei *immer nur so viel aus ihnen herauszubringen* [...], *daß sie sich gegenseitig mit der Hand geschlechtlich befriedigen.*[344] Vermutlich nicht von ungefähr, da der Tatbestand der sogenannten *wechselseitigen Onanie* unter der im Kaiserreich geltenden Version des § 175 RStGB nicht strafbar war. Oral-, Anal- oder der sogenannte Schenkelverkehr galten als „beischlafähnliche Handlungen" und mussten von der Polizei entsprechend nachgewiesen werden. Als die Gaststätte Zu den drei Königen vom 9. auf den 10. April 1914 von der Polizei mit mindestens zwei Beamten *durch die Fenster* beobachtet wurde, schloss der Wirt Georg Germann um kurz nach zwei Uhr in der Nacht Türe und Fensterläden, so dass die Polizei nur *durch einen kleinen Spalt* ins Lokal hineinsehen konnte und einer der Beamten beobachtete, dass *sich 2 dieser Männer gegenseitig umarmten*. Für die Polizei stand fest, dass die Wirtschaftstür nur geschlossen worden sei, damit sich die Gäste *ungestört gegenseitig ‚unterhalten', wenn nicht sogar gegenseitig geschlechtlich befriedigen konnten.* Ein Nachweis dafür sei aber *leider nicht zu erbringen, da die Betreffenden ihre Schweinereien nur begehen, wenn sie vollständig unter sich sind, d. h. niemand dabei ist, der der Behörde Auskunft geben würde.*[345]

Diese im Hinblick auf den Ermittlungserfolg pessimistische Einschätzung der Polizei weist darauf hin, dass es innerhalb der Gruppe der regelmäßig in dem Lokal verkehrenden Gäste einen Zusammenhalt gegeben haben muss und dass es keinem Erpresser gelungen war, sich in diese Szene einzuschleusen. In der Wirtschaft von Juan Catasus sei *ein auffälliges Benehmen der Päderasten* vom Polizisten *noch nicht wahrgenommen auch derartige Klagen noch nicht laut geworden.*[346] Wie umfangreich die Polizei ermittelte, zeigt sich an einer Rosa Liste des Jahres 1912, in der alleine im Februar 1912 insgesamt 14 Männer in Mannheim als der Homosexualität Verdächtige geführt wurden. Einer der Männer wohnte in Ludwigshafen, die übrigen in Mannheim, einer stammte aus New York.

Die Liste gibt auch Auskunft über den sozialen Status der Männer. Es waren je ein Maler, Kellner, Maschinenschlosser, Chorsänger, Tapezierer, Eisendreher, Schlosser, Schneider, Bäcker, Reisender, Elektrotechniker sowie drei Kaufmänner. Damit gehörten zehn von 14 der Unterschicht und vier der Mittelschicht an. Die Polizeiprotokolle über die Gaststätte Zu den drei Königen wiesen auch einen „Civil-Ingenieur" mit Namen und Adresse aus. Andere wohlhabende Männer wurden an der Kleidung als solche erkannt. Sie tauchen aber nicht in der Rosa Liste auf. Konnte oder wollte man gegen diese nicht ermitteln?[347] Der Berliner Polizei hielt der SPD-Vorsitzende August Bebel bereits 1898 im Reichstag vor, dass allein Männer aus sozial niederen Schichten polizeilich wegen § 175 RStGB verfolgt würden, nicht aber die Männer der „besseren Gesellschaft".[348] Bemerkenswert ist auch, dass die Polizei die observierten Gaststätten offenbar jahrelang nicht schloss – für Berlin ist überliefert, dass die Polizei sich küssende Männer oder solche, die sich über die Schenkel streichelten, beobachtete und dies dann zur Schließung des Lokals wegen Erregung öffentlichen Ärgernisses führte.[349]

HOMOSEXUELLENVERFOLGUNG IN DER REGION RHEIN-NECKAR: DIE BREITER DISKUTIERTEN „FÄLLE"

ERPRESSUNG WEGEN HOMOSEXUALITÄT

„Fälle" von Homosexualität, „Transvestitismus" und auch Intergeschlechtlichkeit tauchten wiederholt in der Zeitung auf. Dies erfolgte oft im Zusammenhang mit Berichten über Prozesse gegen Homosexuelle. Dabei ging es auch um die Erpressung Homosexueller. Magnus Hirschfeld ging 1914 davon aus, dass von 10.000 Homosexuellen über 3.000 einem Erpresser zum Opfer fielen.[350] Erpressungen Homosexueller sind auch in der Rhein-Neckar-Region belegt. So wurde 1891 in Mannheim ein Mann namens Scholler verhaftet, der von seinem ehemaligen Lehrer Gsell in Emmendingen offenbar über mehrere Jahre hinweg sexuell missbraucht worden war und diesen später um 5.000 Mark erpresst hatte.[351] Der Fall war auch deshalb brisant, weil Gsell inzwischen im Badischen Landtag saß. Der Wormser Otto Schwörer, der wohl 1901 mit Heinrich Schreckenberger aus Neckarhausen und Ludwig Hertel aus Mannheim einen *angesehenen Geschäftsmann* in Mannheim wegen *einem Vergehen* nach § 175 RStGB um 2.000 Mark erpresste hatte, wurde zu 3 Jahren, 9 Monaten, Schre-

Landesgefängnis in Mannheim, 1911. MARCHIVUM

ckenberger zu 2 Jahren, 6 Monaten und Hertel zu 1 Jahr, 9 Monaten Gefängnis und dem Verlust der Ehrenrechte für 3 Jahre verurteilt.[352] Zum Vergleich: 1901 lag das durchschnittliche Jahreseinkommen brutto bei 814 Mark.[353] 1905 stand Valentin Christ aus Großkarlbach in der Pfalz in Mannheim vor Gericht, weil er einen Mannheimer Kaufmann, mit dem er angeblich sexuell verkehrt hatte, um 500 Mark zur Auswanderung nach Amerika erpresste. Christ wurde zu einem Jahr Gefängnis verurteilt. Nach seiner Freilassung setzte er die Erpressung fort, wurde von einem *Rentner* angezeigt und 1905 in einem weiteren Prozess zu eineinhalb Jahren Gefängnis sowie fünf Jahren Verlust der Ehrenrechte verurteilt.[354] 1908 wurden in Viernheim der 20-jährige Fabrikarbeiter Johann Haas und der 21-jährige Fr. Kühlewein festgenommen, die einem Lehrer per Brief mitgeteilt hatten, dass er 50 Mark an ein Postfach senden solle, andernfalls würde er wegen eines Homosexualitätsdelikts angezeigt. Die Erpresser wurden festgenommen und zu 1 bzw. 1,5 Jahren Gefängnis verurteilt.[355] 1909 standen in Mosbach 13 Männer wegen § 175 RStGB und Erpressung von 5.000 Mark, also etwa fünf Jahresgehältern, vor Gericht. Ebenfalls 1909 musste sich der Maler Karl Oberlies in Mannheim vor Gericht verantworten, weil er einen *angesehen Kaufmann* mit dem Vorwurf, homosexuelle Kontakte gehabt zu haben, per Brief zu erpressen suchte. Dafür wurde er zu 1 Jahr und 6 Monaten Gefängnis verurteilt.[356]

In Frankenthal beging der Direktor der Volksbank, Ferdinand Heintz, der in der westlichen Ringstraße 27 gelebt hatte, infolge einer Erpressung 1911 Suizid durch Vergiftung. Die Staatsanwaltschaft schrieb den 21-jährigen Bankangestellten Friedrich Wilhelm Weyland zur Fahndung aus. Der „Fall Heintz“ wurde in

Frankenthal *lebhaft erörtert* und wirbelte auch deshalb *viel Staub* auf, weil deutlich wurde, dass die mutmaßliche Erpressung des Bankdirektors wegen Homosexualität erfolgt war. Als Friedrich Wilhelm Weyland schließlich in Frankenthal vor Gericht stand, wurde ihm vorgeworfen, vom Bankdirektor 7.000 Mark (Jahresdurchschnittseinkommen brutto 1911: 1.119 Mark[357]) erpresst und von dem Geld in Berlin und Frankfurt a. M. *in Saus und Braus* gelebt zu haben. Weyland bestritt den homosexuellen Verkehr mit Heintz ebenso wie dessen Erpressung. Er habe das Geld von Heintz geschenkt bekommen. 50 Zeugen aus Frankfurt, Frankenthal, Mannheim und Berlin wurden gehört. Weyland wurde wegen fortgesetzter Erpressung zu 4 Jahren Gefängnis verurteilt.[358]

Auch Heinrich Moser, ein Gelegenheitsarbeiter aus Ludwigshafen, stand 1912 in Frankenthal wegen Erpressung vor Gericht. Er hatte einem Flaschenhändler namens Sonnenberger brieflich mitgeteilt, dass dessen Sohn sich *homosexueller Verbrechen schuldig gemacht* habe, und Moser würde dies nur für den Betrag von 20 Mark für sich behalten.[359] Dass es um den aus Rheinzabern stammenden Reichstagsabgeordneten der Zentrumspartei des Wahlkreises Bamberg Maximilian Pfeiffer wiederholt Gerüchte gab, er sei selbst homosexuell, und man dies politisch gegen ihn verwendete, zeigt das erpresserische Bedrohungspotential auch auf politischer Ebene.[360]

VERFOLGUNGEN UND PROZESSE BEKANNTER MÄNNER

Prozesse oder Untersuchungen, die wegen „widernatürlicher Unzucht“ gegen Männer geführt wurden, waren dann von Interesse in der Presse, wenn die unter Verfolgung stehenden Männer einen hohen gesellschaftlichen Status hatten. Im Jahr 1900 erregte beispielsweise der Fall des stellvertretenden Präses des katholischen Gesellenvereins Frankenthal, Karl Weckesser, Aufsehen, da gegen Weckesser wegen angeblicher *Sittlichkeitsvergehen* an *jungen Gesellen* ermittelt und er deswegen verhaftet worden war. Das Verfahren gegen Weckesser wurde bereits am Folgetag eingestellt und der Verdächtige aus der Untersuchungshaft entlassen.[361] In der Vorderpfalz dürfte 1904 auch der Prozess gegen den 48 Jahre alten Mühlen- und Weingutbesitzer und ehemaligen Adjunkt Peter Ferkel aus Gimmeldingen und seinen bei ihm beschäftigten 38-jährigen Partner, den Winzer Jakob Schwarzhauber, für einiges Aufsehen gesorgt haben.[362] Auch der Prozess gegen den Bürgermeister Wilhelm Steinbrunn von Neckargemünd im Jahr 1910 ist hier zu nennen (Kap. 16).[363]

1912 wurde der Heidelberger Professor für Medizin Dr. Franz Fischler wegen homosexueller Vergehen und einem sexuellen Kontakt zu einem Patienten in die Heil- und Pflegeanstalt Illenau verbracht und wegen §§ 175, 174 angeklagt. Das Landgericht Heidelberg verurteilte Fischler zu 10 Monaten Haft. Infolge dessen wurde Fischler vom militärischen Ehrengericht aus dem Offizierskorps entfernt. Fischler ließ später seine Habilitation ruhen und arbeitete fortan in der Lebensmittelchemie.[364] Ebenfalls 1912 wurde der Soldat Franz Zeiler, Angehöriger des 118. Infanterie-Regiments, in Worms festgenommen. Er hatte sich mehrmals mit einem Franzosen im Hotel Zum Dominikaner in Mainz getroffen. Ein Hoteldiener denunzierte die beiden, weil er Spionage annahm. Bei der Befragung stellte Zeiler aber heraus, dass er sich *aus Liebe* getroffen habe, woraufhin die Polizei von einem Delikt nach § 175 RStGB ausging und begann, in seinem Umfeld nach weiteren Homosexuellen zu ermitteln.[365]

Zusammen mit den Berichten über den Selbstmord des Mannheimer Kaufmanns Karl Feigel, der wegen Homosexualität verhaftet worden war, und den Berichten über die Flucht des Landauer Schulleiters Carl Friedrich Müller-Palleske im Jahr 1911 (Kap. 13) zeigen diese Berichte, dass Homosexualität dann eine größere mediale Öffentlichkeit erfuhr, wenn sie dazu geeignet war, einen Skandal abzubilden.[366] Seit der Wende vom 19. zum 20. Jahrhundert waren größere Prozesse in der Region Rhein-Neckar ein wiederkehrender Bestandteil der Berichterstattung.

DER PROZESS GEGEN DEN HEIDELBERGER GARNISONSBAUMEISTER WEYRACH 1883

Karl Weyrach stammte aus Frankfurt an der Oder und war königlich preußischer Baumeister. 1881 war er Regierungsbaurat in Heidelberg und wohnte zunächst in der Seminarstraße 2, 1883 in die Gaisbergstraße 41.[367] Weyrach war als Baumeister einer Heidelberger Kaserne und des Hotels Philosophenhöhe bekannt. 1883 wurden er und mit ihm fünf weitere Männer wegen „widernatürlicher Unzucht" verhaftet und in Mannheim vor Gericht gebracht. Wie es zu dieser Verhaftung kam, ist unbekannt. Die Zahl der Angeklagten, Weyrachs Position, der deutlich niedrigere soziale Stand der übrigen Männer und der Umstand, dass es um homosexuelle Kontakte über mehrere Jahre ging, führten zu einem *großen Aufsehen*. Das Medienecho ist bis nach Sachsen nachweisbar.[368]

Aus dem Gerichtsurteil geht hervor, dass alle Männer bei Weyrach beschäftigt waren, als er mit ihnen sexuelle Kontakte hatte. Zweifellos hatte Weyrach das zwischen ihm und seinen Angestellten bestehende Machtgefüge ausgenutzt, denn die sexuellen Kontakte scheinen alle von ihm ausgegangen zu sein. Dies wog im Falle eines zum Tatzeitpunkt 14-Jährigen besonders schwer.[369] Bemerkenswert ist Weyrachs Verhalten bei Gericht. Er informierte das Gericht über Männer seiner Art und deren Lebensweise ebenso wie darüber, welche berühmten Männer der Geschichte ebenfalls Homosexuelle gewesen waren. In den Dresdner Nachrichten las man darüber, dass in einer *jener ekelhaften Verhandlungen* um Homosexualität Weyrach *einen großen Vortrag über diese Art Liebe* gehalten habe, bei dem er *Geistesheroen der alten und neuen Zeit Revue passieren* ließ.[370]

Weyrach ist der erste Mann der Region Rhein-Neckar, für den eine solch selbstbewusste und aufklärerische Verteidigungsrede bezeugt ist. Das Wissen um „die eigene Geschichte" und das Wissen um „positive" Vorbilder taucht hier als Kristallisationspunkt einer Identität als Homosexueller auf.[371] Weyrach und zwei weitere Männer wurden zu Gefängnisstrafen verurteilt. Drei Männer wurden freigesprochen. Das Urteil 1883 hatte den wirtschaftlichen Ruin Weyrachs zur Folge. Seine Firma musste Konkurs anmelden. Am 13. Juli 1886 war der offizielle Schlusstermin. Er scheint auch als Privatperson vollkommen mittellos geworden zu sein. Sein privater Hausstand wurde jedenfalls versteigert, darunter selbst *Kleidungsstücke und etwas Weißzeug*.[372]

PFARRER STEFAN BILGER VON NUSSLOCH – HOMOSEXUALITÄT UND DIE KATHOLISCHE KIRCHE

1905 kam es zur Verhaftung des katholischen Pfarrers Stefan Bilger aus Nußloch, der angeblich *wegen Sittlichkeitsverbrechen, begangen an Kindern unter 14 Jahren*, in Stuttgart festgenommen wurde.[373] Bilger wurde dann aber am 22. Dezember 1905 in Stuttgart wegen § 175 RStGB für „widernatürliche Unzucht" mit einem 17-Jährigen und nicht wegen § 176 RStGB, also nicht für pädophile Handlungen mit Kindern unter 14 Jahren, verurteilt.[374] Neben Baden war der „Fall Bilger" auch in Sachsen, dem Rheinland und in Berlin ein Thema in der Presse.[375] Nicht von ungefähr. Bilger war im vorangegangenen Wahlkampf um den Badischen Landtag für den 55. Wahlkreis *Wahlfeldmarschall des Zentrums*, also in der Partei des politischen Katholizismus engagiert.[376]

Zeitungen der verschiedenen politischen Richtungen und die Emanzipationsbewegung bildeten den „Fall Bilger" sehr unterschiedlich ab – und griffen die jeweils andere Seite für deren angeblich unseriöse Berichterstattung an.[377] Der sozialdemokratische Volksfreund nutzte die Verurteilung Bilgers zur Darstellung seiner Sicht auf den Umgang der katholischen Kirche mit Sexualität und Zölibat: *Nicht den einzelnen trifft die Schuld, wenn er entgleist, sondern den Fanatismus und religiösen Hochmut derjenigen, welche den Cölibat allein für vereinbar mit dem Priestertum halten unter Degradierung der Ehe; denn sie dulden lieber die scheußlichsten Verbrechen im Verborgenen, die sie so gut kennen, wie der Verfasser, als daß sie die sonst so hochgepriesene christliche Ehe den Geistlichen gestatten.*[378]

Die beim Reichsgericht im Oktober 1906 geführte Revision wurde zu Ungunsten Bilgers entschieden.[379] Im Oktober 1906 galt Bilger, der trotz Verurteilung wegen eines „Sittlichkeitsdelikts" durch ein weltliches Gericht als Priester im Amt bleiben durfte und in Nußloch Gottesdienste abhielt, daher als „Präzendenzfall".[380] 1908 informierte die Presse, dass der Anwalt Bilgers über den Beschwerdeweg eine neue Ansetzung der Hauptverhandlung erreicht hatte, nachdem der am vorherigen Prozess nicht beteiligte 17-Jährige gefunden worden sei. Dieser Prozess, bei dem die katholische Presse keine inhaltlichen Angaben zu den Aussagen des jungen Mannes machte, führte schließlich zum Freispruch Bilgers.[381]

DER „HARDHEIMER EULENBURGPROZESS" VON 1909

Ende 1908 wurden im Amtsbezirk Buchen fünf Männer wegen homosexueller Kontakte festgenommen, deren Verhältnis durch eine Erpressung in Höhe von 5.000 Mark (Jahreseinkommen brutto 1908: 1.019 Mark[382]) bekannt geworden war. Aufgrund der Festnahme immer weiterer Männer wegen § 175 RStGB und weil einer der Männer als *Gemeinderechner* von Hardheim bekannt geworden war, nahmen immer mehr Zeitungen Notiz von der *Hardheimer Sittlichkeitsaffäre*. Am 4. März 1909 standen schlussendlich insgesamt 13 Männer mit einer Anklage wegen „widernatürlicher Unzucht" sowie Erpressung vor dem Landgericht in Mosbach. Auch wenn Zeitungen aus allen badischen Regionen berichteten, so waren die Informationen dürftig.[383] Nur Zeitungen aus Mosbach bildeten die Urteilsbegründungen ab.[384] Auffällig ist, dass alle Männer zwar wegen „widernatürlicher Unzucht" sowie Erpressung vor Gericht standen, aber fast ausschließlich die Männer aus Hardheim wegen „widernatürlicher Unzucht" und die Männer aus anderen Orten fast ausnahmslos wegen Erpressung verurteilt wurden. Drei Angeklagte wurden freigesprochen.

Der *Hardheimer Eulenburgprozess*, wie der Volksfreund in Anspielung auf die Harden-Eulenburg-Affäre titelte, war mit 13 Angeklagten einer der größten bis heute bekannt gewordenen Gruppenprozesse wegen „widernatürlicher Unzucht" in Baden zwischen 1871 und 1994. 1901 hatte es einen Prozess mit 13 Angeklagten in Karlsruhe gegeben, bei dem ebenfalls Erpressung mitverhandelt wurde.[385] Im Hinblick auf die queere Geschichte zeigt sich, dass es in Hardheim und der näheren Umgebung einen größeren Freundschaftskreis von Männern gab. Dass keiner der ortsansässigen Männer wegen Erpressung verurteilt wurde, weist darauf hin, dass diese Verhältnisse einvernehmlich verliefen.

VERFOLGUNG VON „WIDERNATÜRLICHER UNZUCHT" – EINE STATISTISCHE ANNÄHERUNG

Im Vergleich der im Statistischen Jahrbuch abgebildeten Verurteilungen wegen „widernatürlicher Unzucht" mit den in den digitalisierten Zeitungsbeständen nachgewiesenen Prozessen bilden die Zeitungen weniger als die Hälfte der Verurteilten ab.[386] Die Auswertung der Zeitungsdigitalisate ergibt für das Kaiserreich 102 „Fälle", von denen offenbar nur zu vermutlich drei Personen Unterlagen in den Archiven in Speyer und Karlsruhe erhalten sind.[387] Zum Vergleich: Die Untersuchung der etwa um das Zehnfache angestiegenen Homosexuellenverfolgung in der NS-Zeit in der Pfalz von Burkhard Jellonnek basiert auf der Auswertung von 186 Akten. Die statistische Annäherung an die Verfolgung von „widernatürlicher Unzucht" zeigt ein deutlich anderes als das oben beschriebene Bild. Hier wurden in der Mehrzahl weder „große Fälle" verhandelt, noch „bedeutende" Männer angeklagt. Die Verfolgung von „widernatürlicher Unzucht" traf überwiegend junge und gering qualifizierte Männer, wie nachfolgend gezeigt wird.

ZAHL DER ANGEKLAGTEN JE PROZESS

Von 48 Prozessen wurden 38 (79,1 %) gegen 1 Person, 6 (12,5 %) gegen 2 Personen, 2 (4,1 %) gegen 6 Personen und jeweils 1 (2,0 %) Prozess gegen 3 und 13 Personen geführt. Die übergroße Mehrzahl von 79,1 % aller wegen „widernatürlicher Unzucht“ verhandelten Prozesse fand also jeweils gegen eine Person statt – bemerkenswert bei einem „Verbrechen“, zu dem es mindestens zwei Beteiligte brauchte.[388]

DAS ALTER DER WEGEN „WIDERNATÜRLICHER UNZUCHT“ IM KAISERREICH VERFOLGTEN MÄNNER

Alter	Anzahl	%-Satz an der Zahl der 53 Personen, deren Alter bekannt ist (in Klammern: %-Satz an der Gesamtzahl aller 99 Personen)	%-Satz der in der Pfalz in der NS-Zeit Verfolgten[I]
15–19	24	45,2 % (24,2 %)	35,68%
20–29	10	18,8 %(10,1 %)	30,81 %
30–39	9	16,9 % (9,0 %)	18,92 %
40–49	4	7,5 % (4,0 %)	8,11 %
50–59	4	7,5 % (4,0 %)	3,78 %
60–69	2	3,7 % (2,0 %)	2,70 %
unbekannt	46	(46,4 %)	
Gesamt	99		

Der jüngste Verfolgte war 15, der älteste „fast 70“ Jahre alt. 45,2 % aller Männer mit bekannter Altersangabe waren erst 15 bis 19 Jahre alt. Nahezu die Hälfte aller in der Region Rhein-Neckar wegen „widernatürlicher Unzucht“ Verfolgten war also gemäß damaligem Recht noch nicht volljährig. Seine Sexualität in der Jugendzeit zu erkunden, beinhaltete das Risiko der Bestrafung. Jellonnek verweist daneben auf die geringere Kenntnis von Techniken der Kaschierung sowie eine größere sexuelle Aktivität von Männern dieser Alterskohorten, um die bei jüngeren Männern nachweislich höheren Verfolgungszahlen zu erklären.[389]

DIE SOZIALE SCHICHTUNG DER WEGEN „WIDERNATÜRLICHER UNZUCHT“ VERFOLGTEN

Nach dem von Jellonnek verwendeten Modell, das hier aus Gründen der Vergleichbarkeit der Ergebnisse verwendet wird, lassen sich der Unterschicht folgende Berufsgruppen zuordnen: ungelernte Arbeiter, landwirtschaftliche Hilfskräfte, Hilfsarbeiter, Facharbeiter/Handwerker. Der unteren Mittelschicht werden ausführende Angestellte, untere und mittlere Beamte, kleine Selbständige wie Kaufleute, Gastwirte, Händler, Landwirte zugeteilt. Der oberen Mittelschicht/Oberschicht gehören qualifizierte Angestellte, höhere Beamte, Geistliche, mittlere und größere Selbständige an.[390] Innerhalb der Personengruppe mit bekannter Berufsangabe hatten die Männer der Unterschicht der Region Rhein-Neckar einen Anteil von 78,8 %, die der Mittelschicht von 12,2 % und die der Oberschicht von 8,8 %. Konkret an Berufsgruppen festgemacht, zeigt sich, dass 13 Tagelöhner, 10 Knechte, 4 Landwirte, 12 Männer mit einem Beruf in der Industrie wie Eisendreher, Schlosser, Gießer oder Fabrikarbeiter sowie 22 Männer mit einer handwerklichen Ausbildung wie Schneider, Schreiner, Zimmermänner, Bäcker, aber nur zwei Ärzte und je ein Bürgermeister und Baumeister verfolgt wurden.

In Mannheim und seinen eingemeindeten Vororten lebten 11, in Heidelberg lebten 10 und in Ludwigshafen 2 der Männer mit einem bekannten Wohn- oder Herkunftsort. Damit stammten 23 (24,2 %) von 95 mit Wohn- oder Herkunftsort bekannten Personen aus den größeren Städten der Region Rhein-Neckar. 72 (75,7 %) stammten aus kleineren Gemeinden.[391] Wie sich aus den Polizeiaufzeichnungen für Mannheim ergibt, wurde die dortige Szene bereits im Kaiserreich von Personen auch von außerhalb besucht, so dass sich eine gewisse Mobilität der Homosexuellen in der Region zeigt.[392]

Soziale Schichtzugehörigkeit	Rhein-Neckar-Region im Kaiserreich: Anzahl	Rhein-Neckar-Region im Kaiserreich: %-Satz an den Personen, deren Beruf bekannt ist (in Klammern: %-Satz an allen 99 Personen)	Stadt Pforzheim im Kaiserreich: %-Satz an allen Personen, deren Beruf bekannt ist	Pfalz in der NS-Zeit: %-Satz an allen Personen, deren Beruf bekannt ist[II]
Gesamtzahl Verfolgte	99			
keine Angabe zum Beruf	9	(9,0 %)		
Angabe zum Beruf	90	(90,9 %)		
Unterschicht	71	78,8 % (71,7%)	85,7 %	61,0 %
Mittelschicht	11	12,2 % (11,1 %)	9,5 %	18,1 %
Oberschicht	8	8,8 % (8,0 %)	4,7 %	20,9 %

PROZESSERGEBNISSE – VERURTEILUNGEN UND FREISPRÜCHE

Weil der Gerichtsort Mannheim der bislang in der Region Rhein-Neckar am besten digital erschlossene Bestand an Tageszeitungen ist, werden nachfolgend die Ergebnisse für das Gericht in Mannheim vorgestellt. In Mannheim standen insgesamt 53 Personen wegen „widernatürlicher Unzucht“ oder in Verbindung mit weiteren Straftaten vor Gericht. Von diesen 53 wurden 12 (22,6 %) freigesprochen. Mit 41 aller vor Gericht stehenden Männer wurden 77,3 % verurteilt. 45,2 % aller Verurteilten erhielten eine Strafe unter 3 Monaten Gefängnishaft, weitere 22,6 % eine Gefängnishaft von 3 – 6 Monaten. Gefängnisstrafen von 6 – 36 Monaten machten in Mannheim 9,2 % aller Urteile aus. Zuchthausstrafen sind nicht belegt. Die geringste für Mannheim belegte Strafe lag bei 1 Woche, die höchste bei 2 Jahren und 9 Monaten. Die Männer waren auch bei einer vergleichsweise kurzen Gefängnisstrafe vorbestrafte Kriminelle mit allen Nachteilen, die hieraus beruflich wie privat entstehen konnten.

Von den 53 in Mannheim wegen „widernatürlicher Unzucht“ vor Gericht stehenden Männern waren 8 (15,0 %) noch wegen anderer Delikte angeklagt. 4 (7,5 %) hatten als weitere Anklage „Diebstahl“, 4 (7,5 %) „Pädophilie“ (§ 176). Von den 53 in Mannheim Angeklagten standen 45 (84,9 %) ausschließlich wegen „widernatürlicher Unzucht“ vor Gericht. Nach heutigem Rechtsverständnis waren diese Männer unschuldig.

I Nach B. Jellonnek (1990), S. 186f.
II Nach B. Jellonnek (1990), S. 187, 233.

Gefängnisstrafen von[393]	Gerichtsort Mannheim	Gerichtsort Heidelberg	Gerichtsort Mosbach	Gerichtsort Karlsruhe	Gerichtsort Frankenthal
Bis 1 Woche	3 (5,6 %)	0	1	0	0
1 – 4 Wochen	6 (11,3 %)	0	2	0	0
1 – 3 Monate	15 (28,3 %)	0	1	0	1
3 – 6 Monate	12 (22,6 %)	0	0	2	1
6 – 12 Monate	3 (5,6 %)	1	0	0	0
12 – 24 Monate	1 (1,8 %)	0	2	0	0
24 – 36 Monate	1 (1,8 %)	0	1	0	0
Freisprüche	12 (22,6 %)	1	3	0	0
Gesamt	**53 (100 %)**	**2**	**10**	**2**	**2**

ÜBERSICHT DER IN DER PRESSE BEKANNT GEWORDENEN MÄNNER, DIE WEGEN „WIDERNATÜRLICHER UNZUCHT“ VERFOLGT WURDEN[394]

Jahr	Ort	Name / Alter / Beruf / sonstiges (sofern bekannt)	Vorwurf / Gerichtsort/ Strafe (sofern bekannt)	Quelle
1876	von Obergimpern	Franz Dühringer / 67 / Viehtreiber	„widernatürliche Unzucht“ und „unzüchtige Handlung mit Person unter 14 Jahren“ / Fahndungsaufruf Mosbach / 30.8.1876 zurückgenommen.	Karlsruher Zeitung 15.9.1876, 30.8.1876
1883	von Frankfurt (Oder) / Heidelberg	Karl Weyrach / 35 / Garnisonsbaumeister	Verstoß gegen § 175 / Gericht Mannheim / 2 Jahre u. 9 Monate Haft, 3 Jahre Ehrverlust	Heidelberger General-anzeiger, 13.11.1883
1883	Dumbach	Heinrich Schmitt / 18 / Maurer	Verstoß gegen § 175 / Gericht Mannheim / Prozess Weyrach / 6 Wochen Haft	Heidelberger General-anzeiger, 13.11.1883
1883	Neckargattern	Karl Kling / 25 / Tagelöhner	Verstoß gegen § 175 / Gericht Mannheim / Prozess Weyrach / 6 Monate Haft	Heidelberger General-anzeiger, 13.11.1883
1883	Bettringen	Bernhard Heilig / 25 / Schreiner	Verstoß gegen § 175 / Gericht Mannheim / Prozess Weyrach / Freispruch	Heidelberger General-anzeiger, 13.11.1883
1883	Eppelheim	Jakob Stephan / 17 / Tagelöhner	Verstoß gegen § 175 / Gericht Mannheim / Prozess Weyrach / Freispruch	Heidelberger General-anzeiger, 13.11.1883
1883	Handschuhsheim	Heinrich Siegmann / 22 / Tagelöhner	Verstoß gegen § 175 / Gericht Mannheim / Prozess Weyrach / Freispruch	Heidelberger General-anzeiger, 13.11.1883
1892	Rohrbach	[Philipp?] Schüle / 18 / Dienstknecht	Verstoß gegen § 175 “widernatürliche Unzucht“ / Gericht Mannheim / Freispruch	Generalanzeiger Mann-heim 24.12.1892, 1.Bl., S. 4

Jahr	Ort	Name / Alter / Beruf / sonstiges (sofern bekannt)	Vorwurf / Gerichtsort/ Strafe (sofern bekannt)	Quelle
1893	von Neuenheim	Johann Hiru / 24 / Zimmermann	„widernatürliche Unzucht" / Gericht Mannheim / 6 Monate Haft, 2 Jahre Ehrverlust	General Anzeiger Heidelberg 12.8.1893
1893	von Roding / Heidelberg	Franz Kirmeier / 17 / Dienstknecht	„widernatürliche Unzucht" (§ 175) / Gericht Mannheim / 2 Wochen Haft	Bürger Zeitung für Stadt und Land, Lokalteil Heidelberg 28.3.1893, Neuer General-Anzeiger Mannheim 28.3.1893
1894	Weyer / Tatort: Heidelberg	Anton Staudacher / 19 / Tagelöhner	„widernatürliche Unzucht" (§ 175) Gericht Mannheim / Freispruch	Neuer Generalanzeiger Heidelberg 12.11.1894, General-Anzeiger Mannheim 10.11.1894, S. 4
1894	Mühlhausen	Karl Ahl / Dienstknecht	„widernatürliche Unzucht" / Gericht Mannheim / Freispruch	General-Anzeiger Mannheim 28.6.1894, S. 3
1895	von Haßloch	Ph. Hantz / 32 / Tagelöhner	„widernatürliche Unzucht" / Tatort: Schlachthof / Gericht Mannheim / 4 Monate Haft	General-Anzeiger Mannheim 13.8.1895, S. 4
1895	von Heidelberg	Karl Arnold / 18 / Tagelöhner	„widernatürliche Unzucht" / Gericht Mannheim / 6 Wochen Haft	General-Anzeiger Mannheim 23.9.1895, S. 4
1895	von Kirchheim bei Heidelberg	Adam Puttler	„widernatürliche Unzucht" / Gericht Mannheim / 3 Monate Haft	General-Anzeiger Mannheim 5.10.1895, S. 3
1895	von Altenbach / Schriesheim (Tatort)	Nikolaus Wolf / 18 / Maurer	„widernatürliche Unzucht" (2x) und Diebstähle / Gericht Mannheim / 5 Monate Haft	General-Anzeiger Mannheim 24.10.1895, S. 3
1896	von Niedernhall / Rheinau	Friedrich Bolpp / 19 / Dienstknecht	„widernatürliche Unzucht" / Gericht Mannheim / 1 Monat Haft	General-Anzeiger Mannheim 18.3.1896, S. 3
1896	von Oberlaudenbach	Johannes Silber / 18 / Maurerlehrling	„widernatürliche Unzucht" / Gericht Mannheim / 1 Monat Haft	General-Anzeiger Mannheim 3.9.1896, S. 3
1896	von Ludwigshafen	August Bucher / 21 / Kellner im Liederkranz / mehrmals vorbestraft	„widernatürliche Unzucht (Pädastrie)" / Gericht Mannheim / 1 Jahr u. 6 Monate Haft / 5 Jahre Ehrverlust	General-Anzeiger Mannheim 11.12.1896, S. 3
1897	von Butzbach	Peter Adam Sparwasser / 26 / Gerber	„widernatürliche Unzucht" / Gericht Mannheim / Freispruch	General-Anzeiger Mannheim 8.2.1897, S. 3
1897	von Mannheim	Alb. Steinhart / 16 / Eisendreher	„widernatürliche Unzucht" mit Karl Friedrich / Gericht Mannheim / 2 Monate Haft	General-Anzeiger Mannheim 4.6.1897, S. 3
1897	von Mannheim	Karl Friedrich / 17	„widernatürliche Unzucht" mit Alb. Steinert / Gericht Mannheim / Freispruch	Ebd.
1897	von Krausen	August Sagmann / 25 / Schlosser	„widernatürliche Unzucht" / Gericht Mannheim / 3 Monate Haft	General-Anzeiger Mannheim 24.12.1897, S. 4

Jahr	Ort	Name / Alter / Beruf / sonstiges (sofern bekannt)	Vorwurf / Gerichtsort/ Strafe (sofern bekannt)	Quelle
1897	von Mannheim	Karl Friedrich Horsch / 16 / Tagelöhner	„widernatürliche Unzucht" mit Johann Theodor Welti / Gericht Mannheim / 4 Monate Haft	General-Anzeiger Mannheim 30.12.1897, S. 3
1897	von Mannheim	Johann Theodor Welti / 16 / Bäckerlehrling	„widernatürliche Unzucht" mit Karl Friedrich Horsch / Gericht Mannheim / 2 Monate Haft	ebd.
1898	von Kaiserslautern	Karl Seel / 40 / Schlosser	„widernatürliche Unzucht" mit Joseph Leißner / Gericht Mannheim / 8 Monate Haft	General-Anzeiger Mannheim 3.3.1898, S. 3
1898	von Michelfeld	Joseph Leißner / 19 / Messinggießer	„widernatürliche Unzucht" mit Karl Seel / Gericht Mannheim / 3 Wochen Haft	ebd.
1898	von Neckarau	Georg Lycker / 28 / Schlosser	„widernatürliche Unzucht" / Gericht Mannheim / Freispruch	General-Anzeiger Mannheim 24.3.1898, S. 1
1898	von Seckenheim	Martin Karl / 18 / Landwirt	„widernatürliche Unzucht" / Gericht Mannheim / 4 Wochen Haft	General-Anzeiger Mannheim 14.4.1898, S. 3
1898	von Gönnheim / Plankstadt	Georg Walther / 21 / Dienstknecht / ledig	„widernatürliche Unzucht" / Gericht Mannheim / Freispruch	General-Anzeiger Mannheim 18.5.1898, Erstes Blatt, S. 4
1899	von Rücklingen / Heddesbach	Heinrich Ruth / 52 / Fabrikarbeiter	Gericht Mannheim / „widernatürliche Unzucht" und unzüchtige Handlungen an Personen unter 14 Jahren (§176) / 9 Monate Haft / 5 Jahre Verlust Ehrenrechte	General-Anzeiger Mannheim 12.2.1899, S. 2
1899	von Mannheim	Julius Josef Bauer / 17 / Dienstknecht	„widernatürliche Unzucht" und Diebstahl 2 Paar Hosen / Gericht Mannheim / Freispruch von „widernatürlichen Unzucht" / Verurteilung wegen Diebstahl 2 1/2 Monate Haft	General-Anzeiger Mannheim 17.2.1899, 2. Blatt, S. 4
1899	Heidelberg	Ant. Baumstark / Lehramtpraktikant am Gymnasium Leopoldstr. 38 und Privatdozent (Adressbuch Uni Heidelberg / 1898 / S. 102).	Wird angehalten, als er mit einem Bäckerjungen eine Droschkenfahrt antreten will / Entlassung aus dem Schuldienst / geht nach Italien	General-Anzeiger Mannheim 3.10.1899, Mittagsblatt, S. 2
1900	Brühl bei Schwetzingen	18	„widernatürliche Unzucht" / Anklage	Badische Presse, 28.11.1900, S. 2
1900	von Ilvesheim	Leonhard Hennesthal / 50 / Landwirt	„widernatürliche Unzucht" / Gericht Mannheim / 7 Wochen Haft	General-Anzeiger Mannheim 3.5.1900, Mittagsblatt, S. 3

Jahr	Ort	Name / Alter / Beruf / sonstiges (sofern bekannt)	Vorwurf / Gerichtsort/ Strafe (sofern bekannt)	Quelle
1900	von Wieblingen	Georg Wacker / Tagelöhner	„widernatürliche Unzucht" / Gericht Mannheim / 3 Monate Haft / Verlust Ehrenrechte für 3 Jahre	General-Anzeiger Mannheim 9.11.1900, Abendblatt, S. 2
1901	von Brück	Franz Holz / Tagelöhner	„widernatürliche Unzucht" / Verhaftung in Mannheim / von Staatsanwaltschaft Essen zur Fahndung ausgeschrieben	General-Anzeiger Mannheim 6.4.1901, Mittagsblatt, S. 3
1901	unbekannt	Spenglergeselle	„widernatürliche Unzucht" / Verhaftung in Mannheim / von Staatsanwaltschaft Gießen zur Fahndung ausgeschrieben	General-Anzeiger Mannheim 29.4.1901, Mittagsblatt, S. 3
1901	von Oppau	Valentin Bittermann / Fabrikarbeiter	„widernatürliche Unzucht" und Diebstahl / Verhaftung in Mannheim	General-Anzeiger Mannheim 20.8.1901, Mittagsblatt, S. 2
1901	Ludwigshafen	Friedrich Michel / Zapfbursche	„widernatürliche Unzucht" / Gericht Karlsruhe / 4 Monate Haft	Karlsruher Tagblatt, 29.3.1901, 2.4.1901; Badische Presse, Mittagsausgabe, S. 2
1902	von Haßmersheim	Andreas Koncher / 25 / Schiffsführer	„widernatürliche Unzucht" / Gericht Mannheim / 3 Monate Haft	General-Anzeiger Mannheim 2.5.1902, Mittagsblatt, S. 4
1902	Heidelberg	Gipser	Verstoß gegen § 175 / Anklage	Heidelberger Zeitung, 1.9.1902, 1. Blatt
1902	unbekannt	15-Jähriger	Verstoß gegen § 175 / Anklage	Heidelberger Zeitung, 13.08.1902, 2. Blatt
1902	von Neulußheim in Hockenheim	[Vorname?] Wein / 17 / Bäckerlehrling	„widernatürliche Unzucht" / Verhaftung in Hockenheim / Anklage	Badische Presse, 15.8.1902, Mittagsausgabe, S. 3
1903	von Wiesenthal in Hockenheim	Josef Mahl / Zigarrenmacher / ledig	„widernatürliche Unzucht" Anklage	13.2.1903, Badische Presse, Mittagsausgabe, S. 2
1903	unbekannt	Arbeiter	Verstoß gegen § 175 / Anklage	Heidelberger Zeitung, 14.8.1903, 1. Blatt.
1903	Mannheim	Wilhelm Nerpel / 31 / Eisenbahner	„homosexuelle Handlungen" mit Jungen von 11–16 Jahren (§§ 175, 176) / Gericht Mannheim / 8 Monate Haft, 3 Jahre Ehrverlust	General-Anzeiger Mannheim 10.7.1903, Abendblatt, S. 3
1904	Rheinau	„Bursche"	„widernatürliche Unzucht"	General-Anzeiger Mannheim 20.1.1904, Abendblatt, S. 3
1904	Gimmeldingen	Peter Ferkel / 43 / Adjunkt / Mühlen- und Weingutbesitzer	„widernatürliche Unzucht" mit Jak. Schwarzhauber / Gericht Frankenthal / 5 Monate Haft	General-Anzeiger Mannheim 29.2.1904, Abendblatt, S. 4

Jahr	Ort	Name / Alter / Beruf / sonstiges (sofern bekannt)	Vorwurf / Gerichtsort/ Strafe (sofern bekannt)	Quelle
1904	Gimmeldingen	Jak. Schwarzhauber / 33 / Winzer	„widernatürliche Unzucht" mit Peter Ferkel / Gericht Frankenthal / 1 Monat Haft	Ebd.
1904	aus Neckarelz	Karl Friedrich Fath / 46 / Fabrikaufseher / 3x wegen „widernatürlicher Unzucht" vorbestraft	„widernatürliche Unzucht" mit Adolf Sitter und Karl Schneider / Gericht Mannheim / 6 Monate Haft	General-Anzeiger Mannheim 25.3.1904, Mittagsblatt, S. 3
1904	aus Neckarelz	Adolf Sitter / Arbeiter	„widernatürliche Unzucht" mit Karl Friedrich Fath und Karl Schneider / Gericht Mannheim / 1 Woche Haft	Ebd.
1904	aus Neckarelz	Karl Schneider	„widernatürliche Unzucht" mit Karl Friedrich Fath / und Adolf Sitter / Gericht Mannheim / 1 Woche Haft	Ebd.
1904	Rheinau	Johann Günther / Schneidermeister	„homosexueller Verkehr" mit Johann Frei / Gericht Mannheim / 4 Wochen Haft	General-Anzeiger Mannheim 4.3.1904, Abendblatt, S. 4
1904	Rheinau	Jakob Frei / Schneidergeselle	„homosexueller Verkehr" mit Johann Günter und „sich an Kinder vergessen" / 8 Monate Haft;	Ebd.
1904	Alsbach	Kaufmann / ledig	„widernatürliche Unzucht"	General-Anzeiger Mannheim 22.7.1904, Mittagsblatt, S. 3
1905	Elzthal	Fuhrknecht	„widernatürliche Unzucht" und Diebstahl	General-Anzeiger Mannheim 26.1.1905, Mittagsblatt, S. 3
1904	unbekannt	[Vorname?] Reiselmeier / 17 / Tagelöhner / bereits wegen „widernatürlicher Unzucht" in Haft	zwei „Bagatelldiebereien" / 2 Monate Haft	General-Anzeiger Mannheim 30.8.1905, Abendblatt, S. 3
1906	Nußloch	Stefan Bilger / 35 / Pfarrer	Verstoß gegen §§ 175, 176 / Gericht Stuttgart / Urteil wegen § 175: 3 Wochen Haft	Volksfreund, 29.1.1906; General-Anzeiger Mannheim 6.1.1906, Mittagsblatt, S. 2
1906	Oberotterbach	Karl Ebersoldt / 19 / Schreinergeselle	„widernatürliche Unzucht" / 2 Monate Haft	Landauer Anzeiger 10.10.1906. In: Monatsbericht des Wissenschaftlich-humanitären Komitees 6. Jg., Nr. 1, 1.1.1907, S. 15

Jahr	Ort	Name / Alter / Beruf / sonstiges (sofern bekannt)	Vorwurf / Gerichtsort/ Strafe (sofern bekannt)	Quelle
1906	Reilingen	Knecht	Verstoß gegen § 175 / nach Anzeige Einlieferung ins Amtsgefängnis Schwetzingen	General-Anzeiger Mannheim 2.10.1906. In: Monatsbericht des Wissenschaftlich-humanitären Komitees 6. Jg., Nr. 1, 1.1.1907, S. 15
1906	Wieblingen	Heinrich Wacker / 36 / Dienstknecht	„widernatürliche Unzucht" mit anderem Knecht auf dem Wersauer Hof / Gericht Mannheim / 6 Monate Haft	General-Anzeiger Mannheim, 10.11.1906. In: Monatsbericht des Wissenschaftlich-humanitären Komitees 6. Jg., Nr. 1, 1.1.1907, S. 14f.
1907	von Deidesheim	Friedrich Schäffer / 19	„widernatürliche Unzucht" mit „jungen Burschen" / Verhaftung in Mannheim	General-Anzeiger Mannheim 18.11.1907, 25.1.1907, Abendblatt, S. 3
1907	Weinheim	Georg Rutz / Tagelöhner / mehrfach vorbestraft	„widernatürliche Unzucht"	General-Anzeiger Mannheim 18.11.1907, 2. Mittagsblatt, S. 1
1908	aus Mannheim	Tagelöhner	„widernatürlicher Unzucht" mit einem namentlich nicht genannten Zimmermann	General-Anzeiger Mannheim 18.8.1908, Abendblatt, S. 3
1908	Mannheim	Zimmermann	„widernatürlicher Unzucht" mit einem namentlich nicht genannten Tagelöhner	Ebd.
1908	Gossersweiler	Georg Sell / 19 / Schirmflicker	„widernatürliche Unzucht" / Gericht Mannheim / 1 Monat Haft	General-Anzeiger Mannheim 7.9.1908 / Mittagsblatt, S. 9
1908	unbekannt	August Etzkorn / Hotelportier	Anklage: nicht überliefert (Presse: „ist homosexuell geworden") / Gericht Mannheim / 4 Wochen Haft	General-Anzeiger Mannheim 4.11.1908, Abendblatt, S. 5
1909	von Hardheim	August Bundschuh / 42 / Ratsschreiber od. Gemeinderechner / kath. / ledig	Verstoß gegen § 175 und Erpressung / Gericht Mosbach / Urteil wegen § 175: 1 Jahr u. 2 Monate Haft, 3 Jahre Ehrverlust	Badische Neckarzeitung. Odenwälder Bote 6.3.1909, S. 1
1909	von Langenzenn	Georg Karl Salomon / Mechaniker od. Monteur / ledig	Verstoß gegen § 175 und Erpressung. Gericht Mosbach / Prozess Bundschuh / 2 Jahre, 3 Monate u. 2 Wochen Haft, 5 Jahre Ehrverlust	Badische Neckarzeitung. Odenwälder Bote 6.3.1909, S. 1
1909	von Hohengüßbach	Johann Schramm / Ausläufer / ledig	Verstoß gegen § 175 und Erpressung. Urteil wegen Erpressung: 10 Monate Haft, 3 Jahre Ehrverlust	Badische Neckarzeitung. Odenwälder Bote 6.3.1909, S. 1

Jahr	Ort	Name / Alter / Beruf / sonstiges (sofern bekannt)	Vorwurf / Gerichtsort/ Strafe (sofern bekannt)	Quelle
1909	von Wohnsgehaig	Georg Tauth (oder Fauth/ Tausch) / Packer / verheiratet	Verstoß gegen § 175 und Erpressung / Gericht Mosbach / Prozess Bundschuh / Urteil wegen Erpressung: 4 Monate Haft, 2 Jahre Ehrverlust	Badische Neckarzeitung. Odenwälder Bote 6.3.1909, S. 1
1909	von Wiedemar	Karl Friedrich Penöter / Buchbinder	Verstoß gegen § 175 und Erpressung / Gericht Mosbach / Prozess Bundschuh / Urteil wegen versuchter Erpressung: 2 Monate Haft	Badische Neckarzeitung. Odenwälder Bote 6.3.1909, S. 1
1909	von Hardheim	Friedrich August Henn / Färbermeister / verheiratet	Verstoß gegen § 175 und Erpressung / Gericht Mosbach / Prozess Bundschuh / Urteil wegen § 175: 2 Monate u. 2 Wochen Haft	Badische Neckarzeitung. Odenwälder Bote 6.3.1909, S. 1
1909	von Hardheim	Josef Kaiser / Landwirt	Verstoß gegen § 175 und Erpressung / Gericht Mosbach / Prozess Bundschuh / Urteil wegen § 175: 1 Woche Haft	Badische Neckarzeitung. Odenwälder Bote 6.3.1909, S. 1
1909	von Hardheim	Friedrich Ballweg / Dienstknecht	Verstoß gegen § 175 und Erpressung / Gericht Mosbach / Prozess Bundschuh / Urteil wegen § 175: 10 Tage Haft	Badische Neckarzeitung. Odenwälder Bote 6.3.1909, S. 1
1909	von Dumbach	August Stock / Postkutscher	Verstoß gegen § 175 und Erpressung / Gericht Mosbach / Prozess Bundschuh / Urteil wegen § 175: 10 Tage Haft	Badische Neckarzeitung. Odenwälder Bote 6.3.1909, S. 1
1909	von Hardheim	Franz Josef Herold / Fuhrmann / ledig	Verstoß gegen § 175 und Erpressung / Gericht Mosbach / Prozess Bundschuh / Urteil wegen § 175: 3 Wochen Haft	Badische Neckarzeitung. Odenwälder Bote 6.3.1909, S. 1
1909	von Diespack	Johann Beigel / Schlosser	Verstoß gegen § 175 und Erpressung / Gericht Mosbach / Prozess Bundschuh / Freispruch	Badische Neckarzeitung. Odenwälder Bote 6.3.1909, S. 1
1909	von Hardheim	Karl Adam Schmitt / Obergefreiter	Verstoß gegen § 175 und Erpressung / Gericht Mosbach / Prozess Bundschuh / Freispruch	Badische Neckarzeitung. Odenwälder Bote 6.3.1909, S. 1
1909	von Hardheim	Josef Eugen Leiblein / Küfer / ledig	Verstoß gegen § 175 und Erpressung / Gericht Mosbach / Prozess Bundschuh / Freispruch	Badische Neckarzeitung. Odenwälder Bote 6.3.1909, S. 1

Jahr	Ort	Name / Alter / Beruf / sonstiges (sofern bekannt)	Vorwurf / Gerichtsort/ Strafe (sofern bekannt)	Quelle
1909	Steinfeld	Karl Philipp Baumgarten / Kaufmann	Verstoß gegen § 175 und versuchte Erpressung / Anklage zusammen mit Schlosser Josef Schwange (Karlsruhe), Schlosser Ignaz Köhler (Malsch), Taglöhner Gustav Friedrich Hirnle (Karlsruhe), Sekretär Valentin Wehner (Fulda), Metalldreher Adolf Friedrich Wilhelm Siebler (Karlsruhe) / Gericht Karlsruhe / Anklage	10.1.1909, Karlsruher Tagblatt, S. 1 Badische Presse 11.1.1909, Mittagsausgabe, S. 4
1910	von Durlach / Neckargemünd	Wilhelm Steinbrunn / 34 / Bürgermeister / ledig	Verstoß gegen § 175 / Gericht Heidelberg / Freispruch mangels Beweisen	Karlsruher Tagblatt 18.4.1910, S. 3050; 25.5.1910, S. 4037
1910	Heidelberg	P. R. / Schneidermeister / verheiratet	Erpressung (eines Reisenden, der mit der Frau des Schneidermeisters „vertrauliche Beziehungen" unterhielt) und „homosexuelle Vergehen"	Badische Presse 15.11.1910, S. 1
1910	Hohensachsen	Ernst Sonn / 17 / Lackierer	„widernatürliche Unzucht" und Verstoß gegen § 176 / Gericht Mannheim / 6 Monate Haft	General-Anzeiger Mannheim 9.7.1910, S. 4
1911	von Rügenwalde / Landau	Carl Friedrich Müller-Palleske / Schulleiter	Flucht in die Schweiz	
1911	von Landau / Mannheim	Karl Feigel / Angestellter	Suizid	
1911	Wiesental	Friedrich Baumann / Zigarrenmacher	Verstoß gegen § 175 / Gericht Karlsruhe	Karlsruher Tagblatt 20.6.1911, 3. Blatt
1911	Mannheim	Michael Kir(s)chner / 52 / Händler	„widernatürliche Unzucht" und Mordversuch an seiner Ehefrau, die sich von ihm trennen will	Badische Presse, 29.11.1911, S. 4; General-Anzeiger Mannheim 29.11.1911, Abendblatt, S. 3
1911	von Aigenstadt / Neckarau	Konrad Raab / 38 / Tagelöhner	„widernatürliche Unzucht" / Gericht Mannheim / 3 Monate Haft	General-Anzeiger Mannheim S. 5.
1911	Sachsenflur	„fast 70"-Jähriger / „Leichenschauer"	„widernatürliche Unzucht" / Einlieferung ins Gerichtsgefängnis Boxberg	General-Anzeiger Mannheim 6.11.1911, Mittagsblatt, S. 5.
1912	von Berlin / Worms	Franz Zeiler / Soldat im 118. Infanterie Regiment	Verhältnis mit einem Franzosen	Karlsruher Tagblatt, 28.7.1912, p.p.
1912	Heidelberg	Franz Fischler / Arzt	Verstoß gegen §§ 174, 175 / Gericht Heidelberg / 10 Monate Haft	Badische Presse 14.8.1912, Mittagsausgabe; Durlacher Wochenblatt/Tageblatt 4.4.1914, S. 1.; Der Landbote. Sinsheimer Zeitung 7.4.1914

Jahr	Ort	Name / Alter / Beruf / sonstiges (sofern bekannt)	Vorwurf / Gerichtsort/ Strafe (sofern bekannt)	Quelle
1912	von St. Johann / Tauberbischofheim	Dr. Fourmann / 37 / Arzt	„widernatürliche Unzucht" nach §§ 175, 176) / Gericht Mosbach / Urteil nach § 175: 1 Jahr 5 Monate Haft, 3 Jahre Ehrverlust	Volksfreund 8.10.1912, S. 5; Durlacher Wochenblatt 7.10.1912, S. 1
1913	Heidelberg	Jakob Knobel / Schreiner	„widernatürliche Unzucht" mit Hermann Förster / Gericht Karlsruhe / 5 Monate Haft	Karlsruher Tagblatt 12.8.1913, 1.–3. Blatt, S. 3; Badische Presse 18.8.1913, S. 6; Karlsruher Tagblatt 19.8.1913, 1.–3. Blatt, S. 3; Volksfreund 27.8.1913, S. 4
1913	Karlsruhe	Hermann Förster / Hausbursche	„widernatürliche Unzucht" mit Jakob Knobel / Gericht Karlsruhe / 1 Monat Haft	Ebd.
1914	Eppingen	Adam Röther / Möbelpacker	„widernatürliche Unzucht" und Diebstahl / Gericht Karlsruhe / 6 Monate Haft	Badische Presse 6.6.1914, Abendausgabe, S. 10; 7.6.1914, 2. Blatt, S. 1; Volksfreund 10.6.1914, 2. Blatt
1914	von Oedheim	Karl Messer	„widernatürlicher Unzucht" mit Wilhelm Schwinn / Gericht Mannheim / Freispruch	General-Anzeiger Mannheim 2.7.1914, Mittagsblatt, S. 3
1914	unbekannt	Wilhelm Schwinn	„widernatürliche Unzucht" mit Karl Messer / Gericht Mannheim / Freispruch	Ebd.
1916	unbekannt	Alois Bertsch / Tagelöhner	„widernatürliche Unzucht", Gericht Mannheim / 3 Monate Haft	General-Anzeiger Mannheim 6.3.1916, Abendblatt, S. 4

AUS AMT UND WÜRDE. WIE DIE BÜRGERMEISTER VON NECKARGEMÜND UND SCHIFFERSTADT WEGEN HOMOSEXUALITÄTSVERDACHTS IHR AMT VERLOREN

Christian Könne

Heute findet man Menschen in verschiedenen politischen Positionen und Ämtern, die nicht nur homosexuell oder transident sind, sondern dies auch öffentlich machen (können). Bis vor wenigen Jahrzehnten bedeutete offen bekannte Homosexualität im politischen Leben wie im öffentlichen Dienst das politische Aus und den sozialen Tod. Der erste Mann, der vor dem Bundestag öffentlich erklärte, homosexuell zu sein, war 1985 Herbert Rusche, zuvor Mitglied der Emanzipationsgruppe Homo Heidelbergensis (Kap. 25).[395] Als 2001 Klaus Wowereit, später der Regierende Bürgermeister Berlins, im Rahmen seiner Kandidatur um dieses Amt mit seinem berühmt gewordenen Satz: *Ich bin schwul und das ist auch gut so!* in die Öffentlichkeit trat, tat er dies noch immer, um eine *verlogene Schmutzkampagne* zu vermeiden.[396]

Lange Zeit reichte allein der Verdacht, homosexuell zu sein, aus, um seine Position zu verlieren.[397] Zu Beginn des 20. Jahrhunderts gingen in Deutschland und Europa die vermuteten homosexuellen Kontakte von Friedrich Alfred Krupp, damals Besitzer des größten Industrie- und Rüstungsbetriebs Deutschlands, ebenso durch die Presse wie die als sogenannte Harden-Eulenburg-Affäre bekannt gewordenen angeblichen oder tatsächlichen homosexuellen Verstrickungen des Beraterkreises von Kaiser Wilhelm II. Die jeweils kolportierten Vorurteile trugen zum gesellschaftlichen Anstieg der Homophobie bei.[398] 1905 verlor der Bürgermeister der thüringischen Stadt Bleicherode wegen Homosexualität sein Amt.[399] Doch gab es auch in der Rhein-Neckar-Region öffentliche Amts- und Würdenträger, die wegen Homosexualitätsvorwürfen in den Augen ihrer Zeitgenossen genau dies nicht mehr bleiben konnten: in Amt und Würde.

DER AMTSVERLUST DES BÜRGERMEISTERS VON NECKARGEMÜND WILHELM STEINBRUNN

Wilhelm Steinbrunn wurde 1877 in Durlach geboren und schlug nach seinem Schulabschluss die Laufbahn eines städtischen Beamten ein.[400] In Konstanz arbeitete er sich *in die Geschäfte der Gemeindeverwaltung* ein und wurde *zu einem tüchtigen Gemeindebeamten* [...] *mit den besten Kenntnissen*, der sich 1909 erfolgreich auf das Amt des Bürgermeisters in Neckargemünd bewarb.[401] Anlässlich seiner Wahl charakterisierte das Durlacher Wochenblatt die Person Steinbrunns mit einer Schilderung, die zeigt, wie eng die Grenzen eines sogenannten „guten“ Privatlebens

Altes Rathaus in Neckargemünd, Hauptstr. 25, 1909 bis 1910 Amtssitz von Wilhelm Steinbrunn als Bürgermeister von Neckargemünd. Foto von 2022, privat

waren: *Zu jeder Zeit lebte Steinbrunn als junger, lediger Mann eingezogen, sparsam und solid nach jeder Richtung;* [...] *und obwohl er immer einen heiteren Sinn und ein offenes, freundliches Wesen gegen jedermann zeigte, vermochten ihn doch lustige Gesellschaften und weltliche Vergnügungen* [...] *ebensowenig zur Teilnahme anzuziehen, als das vielgestaltige Sport- und Spielwesen der heutigen Zeit, bei dem so manche jungen Leute sich eine Oberflächlichkeit der Lebensanschauung und der Berufsauffassung angewöhnen, die nur schwer eine richtige Konzentration des Denkens und Arbeitens aufkommen läßt.*[402] Das gezeichnete Idealbild schloss die Lokalzeitung mit den Worten: *Wer sollte nicht wünschen, daß recht viele jüngere Leute seinem Beispiel folgen möchten?*[403] Dies sollte sich ändern.

Am 16. April 1910 wurde Steinbrunn, öffentlichkeitswirksam in Szene gesetzt, am Mittag auf dem Rathaus verhaftet, weil gegen ihn eine Anzeige wegen eines *Sittlichkeitsvergehens* nach § 175 RStGB erfolgt war.[404] Er wurde *unter polizeilicher Aufsicht* [...] *mit einer Droschke in das Untersuchungsgefängnis nach Heidelberg verbracht*, wie die offenbar bestens informierte Presse berichtete.[405] Der Gemeinderat von Neckargemünd überlegte, *gegen die Art und Weise der Verhaftung* Beschwerde zu erheben.[406] Der Vorfall erregte auch außerhalb von Neckargemünd bis nach Frankfurt a. M. und Freiburg ein großes Aufsehen. Die zum Prozess erschienene *große Anzahl* an Neugierigen wurde ausgeschlossen und alleine die Presse zugelassen.[407]

Beim Prozess am 24. Mai 1910, wohl in Heidelberg, wurden 12 Zeugen vernommen. Neben den Zeugen waren die beiden Bezirksärzte Dr. Holl aus Heidelberg und Dr. Diesbach aus Neckargemünd anwesend, die sich als Gutachter äußerten.[408] Man erfuhr über den Tathergang nur, dass die *scheinbar belastenden Aussagen des Wirtes Heberlein sowie die kopflosen Angaben des Verhafteten direkt nach seiner Festnahme vor der Staatsanwaltschaft und die Sachverständigen-Gutachten* [...] *eine Inhaftierung des Angeklagten als gerechtfertigt erscheinen* ließen. Aus der *Beweisaufnahme, die mehrere Stunden dauerte*, ging jedoch *nicht hervor, daß der Angeklagte sich des Vergehens der widernatürlichen Unzucht schuldig gemacht habe.*[409] Da es am Ende *nicht erwiesen* war, dass *der Angeklagte Handlungen vorgenommen habe, welche nach § 175 R.-Str.-G.-B. strafbar seien*, wurde Steinbrunn nach 7-stündiger Verhandlung freigesprochen. Dass dieses Urteil vom *noch immer im Vorraum harrenden Publikum mit Beifall entgegengenommen* wurde, ist bemerkenswert. Offenbar gab es Menschen, die hinter Steinbrunn standen.[410]

Im Gemeinderat von Neckargemünd war die Stimmung gegen Steinbrunn jedoch eine andere. Man wollte den Bürgermeister, der in Verdacht geraten war, homosexuell zu sein, loswerden. Da außerdem nach § 175 RStGB nur „beischlafähnliche" Handlungen strafbar waren, ist aus der oben genannten Presseüberlieferung nicht klar ersichtlich, ob es andere Handlungen gegeben hatte, die zwar nicht strafbar waren, aber eben homosexuelle Handlungen waren. In der Sitzung vom 2. Juni 1910 gab der Gemeinderat Folgendes bekannt: *Der Gemeinderat von Neckargemünd spricht mit einstimmigem Beschluß vom heutigen* [Tag] *Herrn Bürgermeister Steinbrunn die vollste persönliche Sympathie und Anerkennung für die im Dienste der Gemeinde geleistete Arbeit aus. Der Gemeinderat bedauert,* [...] *die Ueberzeugung gewonnen zu haben, daß infolge des Strafverfahrens und der Verhaftung ein ersprießliches Weiterarbeiten im Dienste der Gemeinde eine absolute Unmöglichkeit geworden ist und spricht Herrn Steinbrunn die besten Wünsche für sein ferneres Wohlergehen aus!*[411] Der vom Vorwurf strafbarer homosexueller Handlungen freigesprochene Bürgermeister verlor also sein Amt. Steinbrunn wanderte im Oktober 1910 in die USA aus. Dort ließ er sich 1918 einbürgern und lebte in Montezuma in Kalifornien, wo er offenbar *modern languages* unterrichtete.[412]

DER AMTSVERLUST DES BÜRGERMEISTERS VON SCHIFFERSTADT WALTHER BRAUN

Walther Braun stammte aus Selz (heute: Seltz) im Elsass. Er studierte in Straßburg Jura und war bis 1917 Mitglied in der Studentenverbindung Corps Palaio Alsatia.[413] Braun war zeitweise in der kaiserlichen Direktion der Zölle in Straßburg und als kommissarischer Leiter der Zollämter Schlettstadt (Sélestat) und Colmar tätig.[414] Nach dem Übergang von Elsass-Lothringen an Frankreich lebte Braun in Heidelberg und gewann 1920 die Wahl des Ersten Bürgermeisters von Schifferstadt.[415] Offenbar erledigte er seine Dienstgeschäfte zur Zufriedenheit, denn seine Probezeit wurde auf die Hälfte reduziert.[416] Der Gemeinderat stimmte auch dem Bau einer neuen Wohnung für Braun zu.

Bereits 1921 geriet der neue Bürgermeister in die Mühlen von Polizei und Justiz. Denn 1921 wurde er als Zeuge in einem Prozess in Speyer vernommen, in dem es um den Verstoß gegen § 175 RStGB ging. Der Angeklagte war Theodor Wangemann (Kap. 14) aus Neckargemünd. Wangemann soll der Polizei gegenüber erklärt haben, dass auch Braun homosexuell sei und ein eheähnliches Verhältnis mit dem Studenten Heinrich Landes (Kap. 21) habe.

Am 1. Januar 1922 morgens um 7 Uhr wurde der Bürgermeister von Schifferstadt zusammen mit seinem Freund Heinrich Landes im Heidelberger Zimmer Brauns in der Uferstraße 8a verhaftet. Im Zuge der Verhaftung wurde die Wohnung nach Verdächtigem untersucht. Der Polizei schien bemerkenswert, dass man mehrere Anzüge *aus auffallenden und farbig gemusterten Stoffen* fand. Glaubte man, dass man Homosexuelle an ihrer Kleidung erkennen könnte? Auch aufgefundene Weidenruten wurden im Protokoll vermerkt. Die Polizei vermutete durch diesen Fund einen Zusammenhang von Homosexualität und Sadomasochismus, ohne dass sie dafür konkrete Gründe angeben konnte.

Altes Rathaus in Schifferstadt, 1920 bis 1922 Amtssitz von Walther Braun als Bürgermeister von Schifferstadt. Foto von 2022, privat

Braun stimmte einer Durchsuchung seiner Wohnung in der Eisenbahnstr. 74 in Schifferstadt zu, bei der die Polizei zwar Hinweise fand, dass Braun und Landes ein homosexuelles Paar waren. Doch dies war nicht strafbar. Es mussten Beweise für eine strafbare sexuelle Handlung, also eine mit „beischlafähnlichem" Charakter, gefunden werden. Während Landes aus der Untersuchungshaft entlassen wurde, blieb Braun im Heidelberger Gefängnis inhaftiert. Am 9. und 18. Januar 1922 legte er Haftbeschwerde ein und verwies darauf, dass er *auch jetzt noch nicht daran* denke, seinen *Bürgermeisterposten aufzugeben.* Hatte man ihm nahegelegt, sein Amt niederzulegen? Ging er aufgrund seiner länger andauernden Haft davon aus, man wolle ihn so aus dem Amt drängen? Am 21. Januar 1922 wurde Braun aus der Haft entlassen.[417] Am 22. März 1922 wurden er und Landes *ausser Verfolgung gesetzt, da für ein Vergehen nach § 175 St.G.B. kein hinreichender Beweis erbracht werden* konnte. Andererseits wurde beiden eine *Entschädigung für die erlittene Untersuchungshaft nicht zugebilligt, da ihre Unschuld nicht dargetan* wurde.[418] Heinrich Landes informierte nach seiner Haftentlassung in einem Brief in der Emanzipationszeitung Die Freundschaft darüber, dass die Verhaftung aus seiner Sicht aufgrund von böswilligem Klatsch von ihm und seiner Familie *feindlich* gesinnten Leuten erfolgt und Braun *aus politischen Gründen der hiesigen Behörde verhaßt* sei. Der Verdacht, dass Landes homosexuell sei, und sein *Verkehr mit einem politisch mißliebigen Menschen* genügte aus Landes' Sicht den badischen Behörden, um *alle ihre Machtmittel anzuwenden.*[419]

Selbstverständlich hatte man auch in Schifferstadt und in der Aufsicht führenden Behörde in Speyer in der bayerischen Pfalz über die Verhaftung und deren Gründe erfahren. Die Kammer des Inneren in Speyer stand in Kontakt zu den Ermittlungsbehörden in Heidelberg und wusste früh, dass es zu wenig Beweise gegen Braun gab.[420] Doch ein Homosexueller sollte offenbar nicht Bürgermeister bleiben. Der zuständige Beamte in Speyer nahm Kontakt mit ehemaligen Mitgliedern des Corps Palaio Alsatia auf, um zu ermitteln, ob Braun 1917 im Elsass wegen Homosexualitätsvorwürfen aus dem Dienst ausgeschieden war.[421] Die Befragung brachte kein eindeutiges Ergebnis. Manche wussten von einem Gerücht um eine mögliche Homosexualität Brauns, anderen war dies nicht bekannt. Das Corps selbst wusste nur, *daß Herr Dr. Braun im Frühjahr 1917 durch einige ältere Corpsbrüder dringend nahegelegt wurde, sein Band niederzulegen, woraus er die Konsequenzen zog.*[422] Die Gründe dafür waren aber nicht bekannt.

Auch im Rathaus von Schifferstadt suchte man nach Verfehlungen des Bürgermeisters, um eine Amtsenthebung zu begründen. 14 Punkte wurden zusammengetragen, die beweisen sollten, dass sich der Bürgermeister falsch verhalten habe.[423] Mit einem Mehrheitsbeschluss im Gemeinderat kam es zu einer vorläufigen Amtsenthebung und Einstellung der Gehaltszahlungen. Braun ging dagegen juristisch vor. Er tat dies auch mithilfe der Interalliierten Rheinlandkommission.[424] Das Verfahren durchlief verschiedene Instanzen und führte schließlich zu einem vom Gericht in Frankenthal vorgeschlagenen Vergleich zwischen beiden Parteien. Braun schied *freiwillig* aus dem Amt und erhielt dafür eine Entschädigungszahlung für das entgangene Gehalt.[425]

Die Presse berichtete ausführlich über den Fall, dies freilich nicht in ausgewogener Form, sondern zu Lasten Brauns, der nicht nur in Misskredit geraten war, weil er offensichtlich homosexuell war, sondern dem man in Zeiten der Rheinlandbesetzung auch Kontakte zur französischen Besatzungsmacht verübelte. Dass ihm weder strafbare homosexuelle Handlungen noch relevante Verfehlungen im Amt nachzuweisen waren, spielte keine Rolle. So schoss sich zum Beispiel der Schifferstadter Rehbachbote auf Braun ein. Als Brauns Verhaftung und der Grund hierfür im Januar bekannt wurden, berichtete das Blatt, dass in *der Bürgermeister-Affäre* [...] *jetzt einwandfrei festgestellt worden* sei, *daß gegen Braun bereits im Jahre 1917* [...] *eine Untersuchung wegen Vergehens nach § 175 schwebte.* Die Kampagne gegen Braun gipfelte in den Feststellung: *Kein anständiger Mensch wird mit diesem Manne noch etwas zu tun haben wollen.*[426] Der Ausgang des Verfahrens wurde verfälschend dargestellt.[427]

Auch andere Zeitungen zogen gegen Braun zu Felde. Die Frankfurter Zeitung zum Beispiel nutzte für ihre Angriffe auch antifranzösische Ressentiments, indem sie Braun als einen der *Schützlinge der Franzosen* bezeichnete.[428] In diese Richtung zielte auch die Meldungen im Rehbachboten und im Durlacher Tagblatt, dass Braun der Unabhängigkeitsbewegung Freie Pfalz angehöre, die für die Pfalz als autonomer, von Bayern oder sogar vom Deutschen Reich unabhängiger Staat mit Orientierung an Frankreich eintrat.[429] War Braun tatsächlich ein Mitglied der Freien Pfalz? Für diese Behauptungen haben sich bisher keine Belege gefunden.[430]

Wohnhaus Uferstr. 8a in Heidelberg. Foto von 2022, Kathrin Schwab, MARCHIVUM In diesem Wohnhaus, in dem Walther Braun ein Zimmer hatte, wurde er am Neujahrstag 1922 gemeinsam mit seinem Freund Heinrich Landes verhaftet.

Gegen den Rehbachboten ging Braun juristisch vor und gewann den Prozess. Die Zeitung wurde zu einer Geldstrafe von 100 Mark verurteilt.[431] Braun ging auch gegen den Beamten des Bezirksamtes Speyer juristisch vor, der seine Amtsenthebung früh betrieben hatte. Obwohl Braun nicht erreichte, dass dieser den Fall niederlegen musste, tat er dies anschließend dennoch.[432] Braun ging es hier, wie offenbar auch bei seiner Klage gegen den Rehbachboten darum, ein Exempel zu statuieren. Er ließ sich nicht unterkriegen, sondern kämpfte für seine Rechte.

In Schifferstadt führte die politische Skandalisierung um einen homosexuellen Bürgermeister, der aus dem Elsass stammte und sich mithilfe der Interalliierten Rheinlandkommission sein Recht verschaffte, zu großen politischen Veränderungen. Ein Volksbegehren für Neuwahlen wurde durchgesetzt. Der Rücktritt eines weiteren Bürgermeisters sowie vorgezogene Neuwahlen des Gemeinderats waren die Folge. Hier verlor die politische Linke ihre Mehrheit an die Konservativen, die die Linke zuvor wiederholt als Unterstützerin von Braun dargestellt hatte – ob zu Recht, war umstritten.[433] Braun wurde zu Beginn des Jahres 1923 in Mannheim abermals wegen des Verdachts einer Straftat nach § 175 RStGB festgenommen, was die Presse entsprechend aufgriff. Interessanterweise informierte der Mannheimer Generalanzeiger wenige Tage vor der Verhaftung, dass Braun innerhalb der Separatistenbewegung der Pfalz, wenn diese sich vom Reich lossage, einen Beamtenposten übernehmen würde.[434] Drei Tage nach dieser Behauptung, für die sich keinerlei Beweis finden lässt, wurde Braun verhaftet, aber nicht wegen Kollaboration mit den Franzosen, sondern wegen Vergehens gegen § 175 RStGB. Es liegt die Vermutung nahe, dass die Mannheimer Kriminalpolizei Braun als angeblichen Separatisten und Franzosenfreund, aber auch als bekannten Homosexuellen überwachte, was schließlich zur Verhaftung führte. Danach verliert sich die Spur Brauns.

17 HIRSCHFELD UND HEIDELBERG. ZUM STUDENTENLEBEN DES SEXUALWISSENSCHAFTLERS UND SEINER WIRKUNG IN DER REGION

CHRISTIAN KÖNNE

Heute trägt eine Bundesstiftung seinen Namen und 2018 wurde ihm zu Ehren eine Briefmarke herausgegeben: Magnus Hirschfeld. Leben und Wirken des Sexualforschers Magnus Hirschfeld (1868 – 1935) sind vergleichsweise gut erforscht.[435] Magnus Hirschfeld stammte aus Kolberg in Pommern. Als Sohn eines Arztes studierte er in Breslau Geisteswissenschaften, bevor er sich dazu entschloss, ebenfalls Arzt zu werden. In Straßburg, München, Heidelberg und Berlin studierte er Medizin und arbeitete als Arzt zunächst in Magdeburg, dann im damals noch selbständigen Charlottenburg (heute ein Stadtteil Berlins). Dort gründete er 1897 zusammen mit anderen das Wissenschaftlich-humanitäre Komitee (WhK). Das WhK forderte einvernehmliche sexuelle Handlungen zwischen Männern zu entkriminalisieren und reichte mehrfach eine entsprechende Petition im Reichstag ein, die schlussendlich von mehreren tausend, oftmals sehr prominenten Männern unterschrieben wurde. Außerdem gab das WhK wissenschaftliche Untersuchungen zur Homosexualität wie zu Sexualitäten allgemein heraus, beispielsweise das Jahrbuch für sexuelle Zwischenstufen. Auch kurz gefasste, gezielt volksaufklärerische Schriften für einen breiten Personenkreis wie *Was muss das Volk vom dritten Geschlecht wissen* wurden zur Homosexualität publiziert.

Magnus Hirschfeld, Postkarte mit Widmung Hirschfelds von 1927 an seine Schwester Jenny. © Magnus-Hirschfeld-Gesellschaft e. V., Berlin / Becker & Maass, Berlin

Magnus Hirschfeld prägte 1910 den Begriff „Transvestitismus". 1919 war er an der Entstehung des weltweit ersten Aufklärungsfilms über Homosexualität „Anders als die Andern" beteiligt. Im selben Jahr gründete er in Berlin das Institut für Sexualwissenschaft und wirkte später an der Gründung der Weltliga für Sexualreform mit. Er war damit eine der führenden Forschungspersönlichkeiten im Bereich der Sexualwissenschaft – und dies nicht alleine im Bereich der Homosexualität. Das Institut für Sexualwissenschaft bot neben Beratungen von Homosexuellen und „Transvestiten" – die in diesem Band vorgestellten Karl Feigel, Theodor Wangemann und Hertha Wind suchten bei Hirschfeld Rat – auch Schwanger-

Wohnhaus Sandgasse 10 in Heidelberg. Hier wohnte Hirschfeld während seines Heidelberger Aufenthalts. Foto von 2022, Kathrin Schwab, MARCHIVUM

schaftsberatungen sowie nach heutiger Diktion Ehe-Beratungen an. Dass Hirschfeld homosexuell war, wurde nicht breiter kommuniziert. Hirschfeld war in Deutschland die prägende Figur der Sexualreformbewegung und der ersten Emanzipationsbewegung Homosexueller und Transidenter. Welche Spuren hat er in seiner Zeit als Student in Heidelberg hinterlassen?

DAS STUDIUM IN HEIDELBERG

Hirschfeld schrieb sich für das Sommersemester 1890 an der Ruprecht-Karls-Universität Heidelberg für das Fach Medizin ein.[436] War dies, weil dort auch Richard von Krafft-Ebing (Kap. 12), der zu dieser Zeit wohl bekannteste Psychiater, der zur Homosexualität forschte, studiert hatte?[437] Aus den Kursen, die Hirschfeld in Heidelberg besuchte, ist kein direkter Zusammenhang zur Arbeit von Krafft-Ebing ersichtlich.[438] Vielleicht war es der gute Ruf der Universität oder die möglicherweise weniger antisemitische Umgebung, die Hirschfeld dazu bewog, Heidelberg als Studienort zu wählen.[439] Vielleicht war es auch die zeitgleiche Planung seiner Militärzeit in Heidelberg.

Hirschfelds Studium wurde von einer Tante und zwei seiner Onkel finanziert.[440] Er wohnte mit anderen Studenten in der Sandgasse 10 im Stadtzentrum unweit der (Alten) Universität zur Miete.[441] Zur Klinik, die damals in Bergheim lag, waren es zirka 30 Minuten Fußweg. Die von ihm besuchten Vorlesungen und Seminare lassen sein späteres Interesse für die Erforschung von Homosexualität, Sexualitäten oder Geschlechtsidentitäten noch nicht erkennen.[442]

DER MILITÄRDIENST

Zu Beginn des insgesamt eineinhalb Jahre dauernden Studiums an der Heidelberger Universität leistete Hirschfeld seinen Wehrdienst als „Einjährig-Freiwilliger" ab. Eigentlich dauerte der Wehrdienst im Kaiserreich zwei oder drei Jahre. Männer mit höherem Bildungsabschluss, die eine Universität besuchten, konnten diese Zeit auf ein Jahr reduzieren, sofern sie in der Lage waren, Ausrüstung und Verpflegung aus eigener Tasche zu finanzieren. Dafür hatten „Einjährig-

Freiwillige" das Recht, den Ort der Garnison und den Truppenteil zu wählen.[443] Hirschfeld entschied sich für Heidelberg und diente bei der 8. Kompanie des „2. Badischen Grenadier-Regiments Kaiser Wilhelm I. Nr. 110". Als „Einjährig-Freiwilliger" durfte er außerhalb der Kaserne wohnen und *nach Maßgabe des Dienstes weiter seinen Studien* nachgehen. Die Kaserne in der Seminarstraße 2 war keine 300 Meter von seiner zivilen Unterkunft in der Sandgasse 10 entfernt. Das „Einjährig-Freiwilligen"-System galt für das Bürgertum als Eintrittskarte in die gute Gesellschaft und gehobenen Stände, die ursprünglich dem Adel vorbehalten waren, und bildete damit eine Klammer zwischen Bürgertum und Adel.[444] Am 1. April 1890 trat Hirschfeld seinen Dienst an und verließ die Armee ungewöhnlicherweise bereits ein halbes Jahr später zum 1. Oktober 1890.[445] Wieso er nur die Hälfte der ohnehin verkürzten Dienstzeit ableisten musste, ist nicht bekannt.

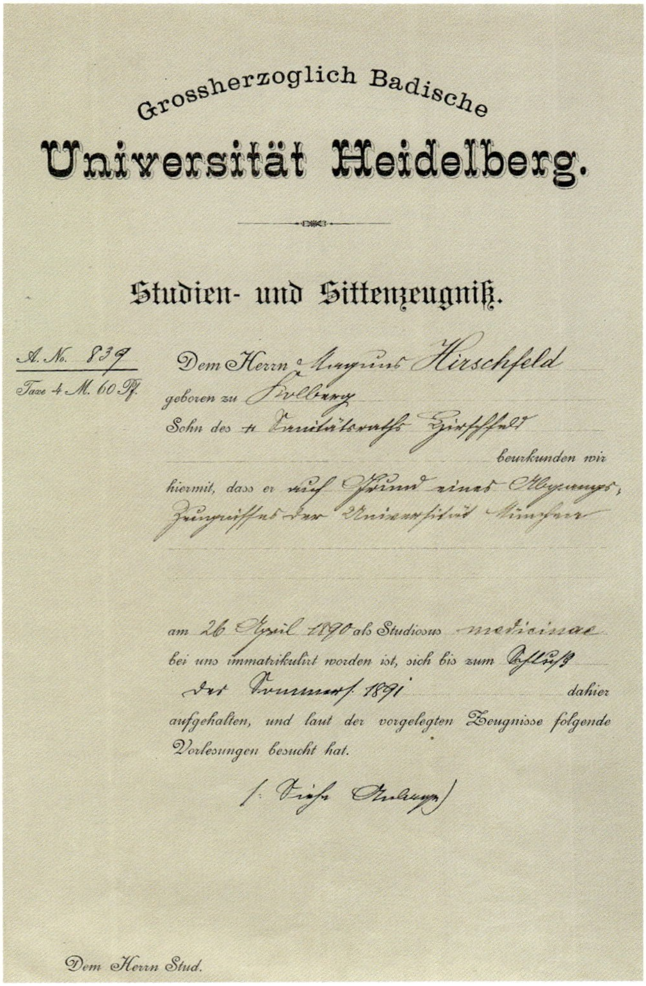

Grossherzoglich Badische

Universität Heidelberg.

Studien- und Sittenzeugniß.

A. N. 839
Taxe 4 M. 60 Pf.

Dem Herrn Magnus Hirschfeld
geboren zu Kolberg
Sohn des † Sanitätsraths Hirschfeld
beurkunden wir hiermit, dass er auf Grund eines Abgangs-Zeugnisses der Universität München

am 26. April 1890 als Studiosus medicinae bei uns immatrikulirt worden ist, sich bis zum Schluß des Sommers. 1891 dahier aufgehalten, und laut der vorgelegten Zeugnisse folgende Vorlesungen besucht hat.

(siehe Anlage)

Dem Herrn Stud.

Studien- und Sittenzeugnis der Universität Heidelberg für Magnus Hirschfeld, 1891. Universitätsarchiv Heidelberg

HIRSCHFELD UND DIE STUDENTENVERBINDUNG BADENIA

Nach dem Ende der Militärzeit wirkte Hirschfeld an der Gründung der Studentenverbindung Badenia mit. Es war eine jüdische Studentenverbindung, die als Reaktion auf den zunehmenden Antisemitismus im Deutschen Reich entstand.[446] Jüdische Studenten wurden zeitgenössisch vermehrt aus den Studentenvereinigungen ausgeschlossen und gründeten deshalb eigene Verbindungen. Diese sollten einerseits zur *Neubelebung des jüdischen Selbstbewußtseins* beitragen, andererseits den Beweis antreten, dass man *Jude und zugleich Deutscher im wahren Sinn des Wortes* sein konnte.[447]

Am 26. Oktober 1890 fand die konstituierende Sitzung der Badenia im Goldenen Roß am Heumarkt statt. Eines der Gründungmitglieder war Magnus Hirschfeld. Die Badenia wurde am 11. November 1890 vom Akademischen Disziplinaramt genehmigt. Die Badenia-Mitglieder entschieden, nur Juden aufzunehmen. In ihren Statuten bekannte sich die Badenia zum Deutschtum und wandte sich entschiedenen gegen den Antisemitismus.

Hotel Goldenes Roß am Heumarkt in Heidelberg, Gründungsort der Studentenverbindung Badenia, Foto um 1910. Stadtarchiv Heidelberg

Hirschfeld war offenbar kein regelmäßiger Teilnehmer der Badenia-Veranstaltungen. Dennoch war er in der Badenia gern gesehen und scheint in der Wahrnehmung der Übrigen von Bedeutung gewesen zu sein. Über seine Absenz bei einer *Philisterkneipe*, also einem Treffen derer, die ihr Studium bereits abgeschlossen hatten, wird berichtet, dass man Hirschfeld dort *sehr vermißt* habe. Hirschfeld war nach seinem Weggang aus Heidelberg 1891 noch vier oder fünf Jahre Mitglied der Badenia. Der Badenia-Bericht über das Sommersemester 1895 verzeichnet ihn als *Alten Herrn*.[448]

Im Wintersemester 1896/97 trat die Badenia erstmals mit Waffen zur Verteidigung der studentischen Ehre auf. Im Zusammenhang mit dieser Entscheidung schied Hirschfeld aus.[449] Offenbar hatte er sich vom konservativ-nationalen Gedankengut der Badenia und des Kaiserreichs entfernt. In den folgenden Jahren wandte er sich mehr und mehr der SPD zu, die eine grundsätzlich andere Gesellschaftsvorstellung propagierte.[450] Ob dies auch damit zusammenhing, dass sich die SPD für die Abschaffung des § 175 aussprach? Mit Friedrich Ebert korrespondierte Hirschfeld im Hinblick auf mögliche Veränderungen der Gesellschaft in der Demokratie.[451]

HIRSCHFELD UND HEIDELBERG – WAS NAHM HIRSCHFELD AUS SEINER HEIDELBERGER ZEIT MIT?

Hirschfeld verließ Heidelberg 1891, um in Berlin weiterzustudieren. Neben seinen Fachkenntnissen aus dem Medizinstudium dürfte er verschiedene Erfahrungen aus Heidelberg mitgenommen haben, die bei seinem späteren Engagement für die Entkriminalisierung von Homosexualität relevant waren. Ein bedeutsamer Aspekt war die Erfahrung mit dem Antisemitismus. Einmal bewies sie, in welcher Situation sich Minderheiten im Deutschen Reich befanden. Gleichzeitig zeigte sie auch, welche Konsequenzen ein Engagement für die Rechte der Minderheiten mit sich bringen konnte. Denn die jüdische Studentenverbindung Badenia wurde von anderen Studentenverbindungen angefeindet.[452] Die Badenia stieß aber nicht nur von außen auf Widerstand, sie war auch in jüdischen Kreisen umstritten.[453] Nicht aufzufallen, war der Ratschlag, den die Badenia aus der jüdischen Gemeinde Heidelberg erhalten hatte. Dies zeigte, dass emanzipatorisch-selbstbewusstes Engagement auch gegen Bedenken und Vorbehalte in der eigenen Gruppe zu kämpfen hatte.

Sicherlich dürfte an Hirschfeld der gerade in medizinischen Kreisen geführte antisemitische Diskurs über die „jüdische Sexualität" nicht vorübergegangen sein.[454] Als homosexueller Jude gehörte Hirschfeld zwei Minderheiten an. In der jüdischen Moralliteratur fand sich kein positiver Anknüpfungspunkt für Homosexualität.[455] Dennoch scheint die Verbindung von Judentum und Homosexualität gerade bei der Frage der Diskriminierung von Minderheiten im Denken Hirschfelds immer wieder auf. Beide Aspekte, homosexuell und jüdisch zu sein, hatten für Hirschfeld offenbar einen ähnlichen Charakter, denn er stellte die Juden und die Homosexuellen als die *beiden Weltsündenböcke* dar, die *seit Einführung des Christentums für alles Leid und Unglück dieser Welt verantwortlich gemacht zu werden pflegen*.[456]

Seinen Text „Sappho und Sokrates", in dem er zuerst seine Theorie der Homosexualität ausführte, veröffentlichte Hirschfeld 1896, also im Jahr nach seinem Ausscheiden aus der Studentenverbindung Badenia. 1897 folgte unter seiner maßgeblichen Initiative die Gründung des Wissenschaftlich-humanitären Komitees. Dieses brachte im selben Jahr die Petition zur Abschaffung des § 175 RStGB in den Reichstag ein. Hirschfeld war also zwischen 1895 und 1897 von einem Engagement für das Judentum zu einem Engagement für die Homosexuellen gekommen. Was bei der Badenia schon angelegt war, wurde nun zum Prinzip: Sichtbarmachung einer Gruppe und Aufklärung über diese – auch wenn dies auf Widerstand innerhalb wie außerhalb der Gruppe stieß, statt möglichst unauffällig auf Toleranz der Mehrheit zu hoffen. Dieses in Heidelberg mit der Badenia zuerst angewandte Vorgehen prägte Hirschfelds Arbeiten auch später unter widrigsten Umständen.

HIRSCHFELDS UNTERSTÜTZER IN DER SEXUALREFORMBEWEGUNG IN DER REGION

Hirschfelds Petition an den Reichstag fand auch in Heidelberg und der Region Rhein-Neckar zahlreiche Unterstützer (Kap. 18). Zwischen 1897 und 1925 unterzeichneten etwa 21 Personen aus Heidelberg, sechs aus Mannheim und ein Mann aus Ludwigshafen die Petition. In Worms und Speyer waren es fünf. In Edenkoben und Schwetzingen finden sich drei Unterzeichner. Aus Rheinzabern stammte ein weiterer Unterzeichner.[457] Zu den Unterstützern zählten oft Lehrer, Ärzte und Juristen.[458] Die vermutlich bekanntesten waren die Maler Max Slevogt und Hans Purrmann.[459] Der zeitgenössisch prominenteste Heidelberger aus dem Bereich der Politik unter den Unterzeichnern dürfte der Oberbürgermeister Ernst Walz gewesen sein.

1930 stimmte der Strafrechtsausschuss des Reichstags zwar der Abschaffung des § 175 RStGB zu, doch kam es in der untergehenden Weimarer Republik bis 1933 nicht mehr zu einer Abstimmung im Reichstag. Zu denjenigen Männern, die im Ausschuss für eine Abschaffung votierten, gehörte der SPD-Abgeordnete Ludwig Marum, der wie Magnus Hirschfeld Mitglied in der jüdischen Studentenverbindung Badenia gewesen war, zeitlich jedoch nach Hirschfeld.[460] Ob sich die beiden Männer über die Badenia kennengelernt hatten, ist unbekannt.

Den nach heutigem Wissen wohl engsten Kontakt in die Region unterhielt Hirschfeld zu Carl Friedrich Müller-Palleske, Schulleiter der höheren Töchterschule in Landau in der Pfalz, der innerhalb des reichsweit bestehenden Netzes von Obleuten des WhK engagiert war, wegen seiner Homosexualität sein Amt verlor und für den Hirschfeld im Kontext der Auseinandersetzung um seine Pension ein medizinisches Gutachten erstellte (Kap. 13). Neben Müller-Palleske war noch ein K. L. Seitz aus Ludwigshafen Mitglied des WhK. Auch ein nicht näher bezeichneter „B. R." aus Mannheim scheint im Jahr 1900 Mitglied des WhK gewesen zu sein.[461] 1922 war auch ein Mann aus Pirmasens im WhK organisiert.[462] Der Ludwigshafener Anwalt und SPD-Abgeordnete Friedrich Wilhelm Wagner besuchte Hirschfeld später in dessen Exil in Nizza. Warum Hirschfeld auf einer Reise den aus Edenkoben stammenden Arzt Georg Franz Straub auf Hawaii besuchte und mit Harold Picton korrespondierte, der *seinen Freund* Werner Sommer, Sohn der pfälzischen Mundartdichterin Lina Sommer aus Jockgrim, adoptiert hatte, ist bislang unbekannt.[463] Festzuhalten bleibt, dass Hirschfeld offenbar Kontakte zu ganz unterschiedlichen Menschen aus der Rhein-Neckar-Region hatte und einzelne dieser Kontakte auch zu der Zeit bestanden, als er wegen des Nationalsozialismus im Exil lebte.

ERINNERUNG AN HIRSCHFELD IN HEIDELBERG?

Erst zu Beginn der 1990er Jahre erinnerte man sich in Heidelberg wieder an Magnus Hirschfeld.[464] Die Jahrhundertwende-Gesellschaft Heidelberg präsentierte einen Vortrag zu Hirschfeld und stellte ihn in ihrer Zeitschrift Kairos vor. Auch ein Artikel in der Rhein-Neckar-Zeitung findet sich.[465] In die 1990er Jahre fällt ebenfalls die Forschung zur Geschichte der Heidelberger jüdischen Studenten, in deren Rahmen Norbert Giovannini auf Hirschfeld einging. Auch Monika Pohl erwähnt Hirschfeld in ihrer Arbeit zu Ludwig Marum. 2018 brachte Sara Weß mit einem Zeitungsartikel in der Rhein-Neckar-Zeitung Hirschfeld in Heidelberg erneut in die Öffentlichkeit. Ein Blog-Eintrag „Erinnerung an Magnus Hirschfeld in Heidelberg" verfolgt das gleiche Ziel. 2018 fand auf dem Queer-Festival ein Podiumsgespräch zu „Hirschfeld und Heidelberg" statt.[466] Anlässlich des Queer-Festivals 2019 gab es einen Stadtspaziergang zu den Spuren von Magnus Hirschfeld in Heidelberg, der im selben Jahr für Studierende des Historischen Seminars der Universität Heidelberg im Rahmen der Lehrveranstaltung „Das deutsche Volk ist frei, bleibt frei und regiert in aller Zukunft sich selbst" erneut durchgeführt wurde.[467]

NIEDER MIT DEM § 175! PROTEST AUS DER RHEIN-NECKAR-REGION

18

Wolfgang Knapp

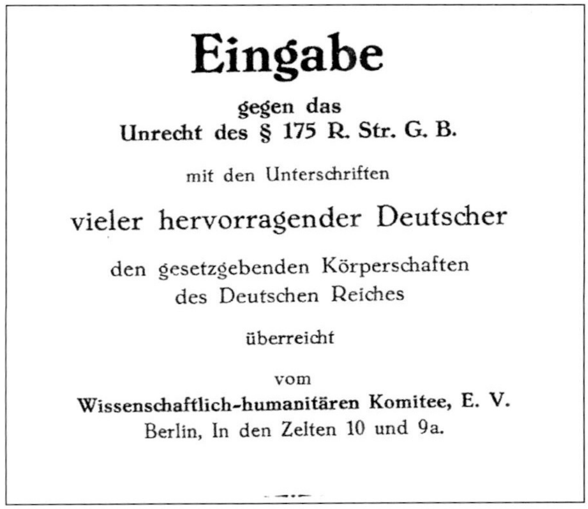

Eingabe

gegen das
Unrecht des § 175 R. Str. G. B.

mit den Unterschriften

vieler hervorragender Deutscher

den gesetzgebenden Körperschaften
des Deutschen Reiches

überreicht

vom
Wissenschaftlich-humanitären Komitee, E. V.
Berlin, In den Zelten 10 und 9a.

„Eingabe gegen das Unrecht des § 175 R. Str. G .B.", Berlin 1926. Wikipedia Commons

Als 1872 im deutschen Kaiserreich der § 175 RStGB eingeführt wurde, der die männliche Homosexualität kriminalisierte, entstand bald eine Bewegung, die sich für die Abschaffung des Paragrafen einsetzte. Ein Meilenstein in der Emanzipationsgeschichte gleichgeschlechtlich liebender Männer markierte 1897 die Gründung des Wissenschaftlich-humanitären Komitees (WhK), die weltweit erste Vereinigung überwiegend homosexueller Männer unter der Führung des Arztes und Sexualwissenschaftlers Magnus Hirschfeld.

Ziel war die Sammlung von Unterschriften berühmter und respektabler Bürger für eine Petition, die bei den gesetzgebenden Körperschaften die Streichung des § 175 aus dem Strafgesetzbuch erwirken sollte. Solidarität mit dem Widerstand des WhK zeigten bis 1932 rund 6.000 Personen, darunter auch zahlreiche Persönlichkeiten aus der Metropolregion Rhein-Neckar. Auch wenn die Aktion seinerzeit ohne Erfolg blieb, setzte sie dennoch ein Zeichen.[468]

Die Forderung nach Straffreiheit der gleichgeschlechtlichen Liebe unter Männern wurde in einer wiederholten Eingabe des WhK an den Deutschen Reichstag in den Jahren 1898, 1922 und 1925 erhoben und von vielen tausenden Ärzten, Juristen und anderen bedeutenden Persönlichkeiten des geistigen Lebens unterzeichnet. Unter ihnen befand sich kein Geringerer als der gebürtige Mannheimer Hermann Müller, der 1920 und 1928 bis 1930 Reichskanzler des Deutschen Reichs war. Diese Forderung wurde in der Eingabe u. a. damit begründet:

> *daß die Aufhebung ähnlicher Strafbestimmungen in [...] anderen Ländern durchaus keine entsittlichenden oder sonst ungünstigen Folgen gezeitigt hat [...];*
>
> *daß die wissenschaftliche Forschung [...] ausnahmslos [...] bestätigt hat, daß es sich bei dieser zeitlich und örtlich allgemein ausgebreiteten Erscheinung ihrem Wesen nach um den Ausfluß einer tief innerlichen konstitutionellen Anlage handeln muss;*
>
> *daß unter denjenigen, die von derartigen Gefühlen erfüllt waren [...] bis in unsere Zeit Männer und Frauen von höchster geistiger Bedeutung gewesen sind;*

> *daß das bestehende Gesetz noch keinen Konträrsexuellen von seinem Triebe befreit, wohl aber viele brave, nützliche Menschen [...] ungerecht in Schande und Verzweiflung, ja Irrsinn und Tod getrieben hat.*[469]

Ab 1920 wurden den wissenschaftlichen und ethischen Begründungen von juristischer Seite noch weitere hinzugefügt, vor allem die, dass der § 175 im Widerspruch zu den Grundsätzen des Rechtsstaats stehe. Der Strafrechtsausschuss des Deutschen Reichstags befürwortete daraufhin am 16.10.1929 mit Stimmenmehrheit die Abschaffung des § 175.

Die Weltwirtschaftskrise 1929 hinderte die Vollversammlung des Reichstags jedoch daran, sich mit dem Beschluss seines Ausschusses oder mit einer Strafgesetzvorlage zu befassen – und damit durch eine Aufhebung des § 175 dem Beispiel anderer Länder zu folgen, wie etwa Frankreich, Italien, Spanien, Niederlande, Belgien. Die Machtergreifung der Nationalsozialisten 1933 führte dann im Gegenteil zu einer Verschärfung der bestehenden Bestimmungen.

Heinrich Diehl, Worms, um 1900. Stadtarchiv Worms

Wilhelm Höhn, Heppenheim, um 1900. Stadtarchiv Heppenheim

Prof. Dr. Wilhelm Erb, Heidelberg, 1910. Sammlung Wolfgang Knapp – Büro für Kulturwissenschaft, Mannheim

Prof. Dr. Karl Jaspers, Heidelberg, 1910. Wikipedia Commons

Prof. Dr. Hermann Klaatsch, Heidelberg, 1913. Photographisches Atelier Lilly Breslau / Sammlung Wolfgang Knapp – Büro für Kulturwissenschaft, Mannheim

Ansichtskarte mit dem Porträt von Karl August Krauss, Speyer, 1913.
Atelier Arthur Barth / Stadtarchiv Speyer

Prof. Dr. Ernst Walz, Heidelberg, 1914. Stadtarchiv Heidelberg

Hans Purrmann, 1920er Jahre. Hans Purrmann Archiv München

Max Slevogt: Selbstbildnis, Leinsweiler, um 1915.
Pommersches Landesmuseum Greifswald, Wikipedia Commons

Reichskanzler Hermann Müller, Mannheim, 1928. MARCHIVUM

Dr. Richard Mann, Frankenthal, 1920er Jahre. Förderverein für jüdisches Gedenken Frankenthal und Stadtarchiv Frankenthal (Pfalz)

Dr. Alfred Mombert, Heidelberg, 1909. Atelier Gottmann Heidelberg, Wikipedia Commons

> *Dann geloben wir uns, solange die gesetzliche und gesellschaftliche Ächtung Homosexueller währt, gegen diese Kulturschmach mit allen geistigen Kräften zu kämpfen.*[470]
>
> Magnus Hirschfeld, Mitbegründer und viele Jahre Leiter des WhK, 1897

FOLGENDE PERSÖNLICHKEITEN AUS DER REGION RHEIN-NECKAR HABEN DIE PETITION DES WHK UNTERSCHRIEBEN:

Mannheim

Prof. Dr. Hermann Buchegger
Prof. Otto Dornheim, Gymnasiallehrer
Prof. Dr. August Herzog, Gymnasiallehrer
Hermann Müller, Reichskanzler
Leopold Reinmuth, Reallehrer, Mannheim
Dr. Peter Schnellbach, Volkswirt und Heimatdichter

Heidelberg

Prof. Dr. Jur. Gerhard Anschütz, Geh. Justizrat
Prof. Dr. med. Moritz Eduard Cramer, Prof. der Hygiene
Dr. med. et phil. Ernst Gerhard Dresel, Uni Heidelberg
Prof. Dr. Eugen Enderlen, Uni Heidelberg
Prof. Dr. Wilhelm Erb, Mediziner
Geh. Regierungsrat a. D. Hielscher (Vorname nicht überliefert)
Heinrich Hoffmann, Direktor der Heidelberger Straßen- und Bergbaugesellschaft
Prof. Dr. Wilhelm Ihne, Historiker
Prof. Dr. med. et. phil. Karl Jaspers, Psychiater und Philosoph
Prof. Dr. med. Max Jordan, Mediziner/Chirurgie
Prof. Dr. med. Juracz (vermutlich Antoni Stanislaw), Mediziner/Laryngologie
Prof. Dr. Hermann Klaatsch, Mediziner/Anatom
Dr. Clemens Friedrich Meyer, Uni Heidelberg, Kaiserl. Russ. Kollegiumsrat
Dr. jur. Wolfgang Mittermaier, Privatdozent Heidelberg
Dr. Alfred Mombert, Schriftsteller/Dichter/Jurist
Dr. med. u. phil. Karl Heinrich Schaible, Arzt/Lehrer/Schriftsteller/Übersetzer/Linguist
Dr. theol. M. Schwalb, Pastor
Prof. Dr. Ludwig Sütterlin, Germanist
Prof. Dr. jur. Richard Thoma, Heidelberg
Prof. Dr. jur. Ernst Walz, Oberbürgermeister und Jurist
Prof. Dr. Karl Wilmanns, Mediziner/Psychiater

Schwetzingen

Herr Eittel (Vorname nicht überliefert), Referendar
Ludwig Engelmann, Pharmazeut
Dr. Ferdinand Wildersinn, praktischer Arzt

Rhein-Neckar-Region/Bergstraße

Prof. Dr. Max Daitzsch, Weinheim

Herr Dr. Heckmann (vermutlich Hermann), Rechtsanwalt, Weinheim

Wilhelm Höhn, Großherzoglicher Bürgermeister, Heppenheim

Dr. Friedrich Kieser, Gymnasialdirektor, Bensheim

Neckar-Odenwald-Kreis

Dr. R. Focken, praktischer Arzt, Haus Rockenau bei Eberbach

Franz Alfred Beutel, Reallehrer, Mosbach

Pfalz (diverse Orte)

Benjamin Freudenthal, Lehrer und Kantor der jüdischen Gemeinde, Grünstadt

Amandus Korn, Schriftsteller und Bahnbeamter, Ludwigshafen am Rhein

Hermann Laux, Lehrer, Grünstadt

Dr. Richard Mann, Rechtsanwalt, Frankenthal

J. Müller, Inhaber der Firma Gebrüder Müller, Bad Dürkheim

Maximilian Pfeiffer, Bibliothekar und Reichstagsabgeordneter, Rheinzabern

Max Slevogt, Maler, Leinsweiler

Edenkoben

Gustav Rüster, Gymnasiallehrer

Dr. jur. Hermann Schneider, Rechtspraktikant

Karl Schneider, Lehrer

Speyer

Jakob Budenbender, Lehrer und Organist

H. Eid, Präparandenlehrer

Max Forthuber, Notar

Karl August Krauss, Musiklehrer und Komponist

Hans Purrmann, Künstler

Heinrich Stelzenmüller, Lehrer

Worms

Heinrich Diehl, Gymnasiallehrer

Dr. phil. Friedrich Henkel, Oberlehrer

Prof. Dr. Jakob Keil, Oberlehrer

Friedrich Karl Kraft, Oberlehrer

Franz Martin Vogt, Lehrer

19 WEIMARER REPUBLIK – ÖFFENTLICHKEITEN UND EMANZIPATIONSBEWEGUNGEN VON HOMOSEXUELLEN UND TRANS PERSONEN

Christian Könne

Titelblatt der Zeitschrift Der Eigene Nr. 4, Jg. X, 1924. Humbold-Universität Berlin / https://commons.wikimedia.org/w/index.php?curid=8271351

1918 wurde Deutschland eine Republik. Das Frauenwahlrecht wurde eingeführt. Die Zensur wurde abgeschafft. Der weltweit erste Aufklärungsfilm über Homosexualität „Anders als die Andern" kam 1919 in die Kinos. Zu den schon seit der Kaiserzeit bestehenden Emanzipationsvereinigungen Homosexueller, wie dem Wissenschaftlich-humanitären Komitee (WhK) und der Gemeinschaft der Eigenen, kam mit dem Freundschaftsbund, der 1923 in Bund für Menschenrecht umbenannt wurde, eine weitere Gruppe hinzu. Er wurde schließlich die reichsweit größte Emanzipationsgruppe mit angeblich 48.000 Mitgliedern.

Berlin wurde zu einem wichtigen Zentrum, in dem sich die Zentralen der Emanzipationsvereinigungen, Verlage und das Institut für Sexualwissenschaft des Sexualwissenschaftlers Magnus Hirschfeld befanden. Eine große Szene kam hinzu. All dies zog Menschen an – auch international. So lebte der Brite Christopher Isherwood in Berlin und schuf mit dem Roman „Goodbye to Berlin" ein literarisches Zeugnis jener Jahre, das später durch den Film „Cabaret" in breite Kreise getragen wurde. Mit Henry Gerber war ein Amerikaner in Koblenz im Rahmen der Rheinlandbesetzung stationiert, der aufgrund seiner Erfahrungen in Deutschland später die erste US-amerikanische Emanzipationsgruppe Homosexueller gründete.

Die Zeitschriften der Freundschaftsbewegung wie Die Freundschaft, Die Freundin, Die Insel, Das 3. Geschlecht – Die Transvestiten und später die Blätter für Menschenrecht erreichten Auflagen von 20.000 bis 60.000 Stück.[471] Die Emanzipationszeitschriften enthielten Berichte zur Situation homosexueller Frauen wie Männer ebenso wie von „Transvestiten". Es gab Informationen zur Arbeit und zum Stand der Emanzipation in Gesellschaft und Politik. Hinzu kamen Berichte über Erpresser, vertrauenswürdige Anwälte, Gerichtsprozesse oder berühmte Homosexuelle aus der Geschichte und Gegenwart. Neben Literaturbesprechungen wurde in diesen Zeitschriften Fortsetzungsromane oder Gedichte veröffentlicht. Auch Kontaktanzeigen und ein Pressespiegel, der zusammentrug, was andere über Homosexualität oder „Transvestitis-

Logo der Zeitschrift Die Freundin. https://de.wikipedia.org/w/index.php?curid=7765797

mus“ schrieben, waren enthalten. Nicht zuletzt finden sich in den Zeitschriften auch Werbeanzeigen für Vereine oder Lokale. Diese Zeitschriften schufen eine nationale und internationale Vernetzung zwischen den Menschen und verbreiteten Themen und Konzepte der Emanzipationsbewegung. Sie zeigten gemeinsame oder ähnliche Erfahrungen auf, trugen so zum Verständnis von Homosexualität und „Transvestitismus“ als Identitätskonzepte und zur Ausbildung eines Gemeinschaftsgefühls als soziale Gruppe bei.

Magnus Hirschfeld in der Bibliothek des Wissenschaftlichen-humanitären Komitees in Berlin, gegen 1930. © Magnus-Hirschfeld-Gesellschaft e. V., Berlin

Während der Weimarer Republik bestand der Paragraf 175 RStGB fort, ebenso die Diskussion um seine Abschaffung. Die Regelungen der §§ 183, 360 RStGB, die „Erregung öffentlichen Ärgernisses“ und „Groben Unfug“ straften, konnten genutzt werden, um transidentes Verhalten zu kriminalisieren. Die Verfolgungszahlen wegen Homosexualität bei Männern stiegen. Die Jahre 1925 und 1926 bildeten reichsweit die Zeit der größten Verfolgung. Auch in Baden ist die Zunahme der Verfolgungszahlen nachweisbar. Seit Mitte der 1920er Jahre wurden die Schriften der Emanzipationsbewegung zeitweilig mithilfe des „Gesetzes zum Verbot von Schmutz- und Schundschriften“ verboten.[472]

Deviante Bilder von Homosexualität und „Transvestitismus“ blieben in der Tagespresse dominant. So stellte 1920 die Volkszeitung Heidelberg die Nürnberger Diele in Berlin als *Klub der Homosexuellen* sowie einen *Klub der lesbischen Liebe* vor. An diesen Orten seien die Männer *geschminkt* und die Frauen *fast nackt*. Auch über den Versuch Eugen Steinachs, Homosexualität mithilfe der Entfernung der Hoden zu *heilen*, wurde informiert.[473] Im Rahmen der Kampagne

Fest im Institut des Wissenschaftlichen-humanitären Komitees in Berlin, vermutlich um 1920. © Magnus-Hirschfeld-Gesellschaft e. V., Berlin

der *Schwarzen Schmach* gegen französische Besatzungssoldaten links des Rheins wurde verschiedentlich über Sexualverbrechen an männlichen Kindern und Jugendlichen berichtet.[474] Neben Ludwigswinkel waren auch Fälle in Heiligenstein, Speyer, Eppenbrunn und Ludwigshafen Thema. In ihrer Darstellung wurden Bilder von Rassismus, Nationalismus, Sexismus, Homosexualität und Pädophilie facettenreich und Angst einflößend verknüpft.[475] Die Blätter der Arbeiterpresse nutzten die Homosexualität bei Völkischen und Nationalsozialisten, um diese pauschalisierend als Homosexuelle darzustellen.[476] Dass diese Verwendung homophober Bilder speziell in der Presse der Arbeiterbewegung aufgrund mangelnder Kenntnis der Emanzipationsbewegung geschah, kann indes ausgeschlossen werden.

Um mit den Themen der Emanzipationsbewegung eine breitere Öffentlichkeit zu erreichen, wurde die Dezember-Ausgabe 1926 der Blätter für Menschenrecht an verschiedene, offenbar politisch links stehende Tageszeitungen versandt. Darunter fanden sich u. a. die Volkszeitung aus Heidelberg, die Pfälzische Post aus Ludwigshafen, die Volkswacht aus Worms sowie die Arbeiter-Zeitung aus Mannheim.[477] Es ist daher davon auszugehen, dass die Emanzipationsbewegungen in der Region Rhein-Neckar nicht unbeobachtet, wenngleich vermutlich ungeachtet blieben. Nachfolgend werden die Öffentlichkeiten für und Emanzipationen von homosexuellen Frauen und Männern sowie von „Transvestiten" in der Region Rhein-Neckar vorgestellt.

KINO ZUR AUFKLÄRUNG

Das neue Medium Kino wurde in der Weimarer Republik auch zur Aufklärung genutzt. Im Mai 1919 kam mit „Anders als die Andern", der weltweit erste Film, der über Homosexualität aufklärte, ins Kino und erfreute sich eines regen Publikumsinteresses. Magnus Hirschfeld spielte in diesem Film selbst mit.[478] Ende 1919 wurde „Anders als die Andern" dann auch in den Colosseum Lichtspielen Mannheim für die erste Woche des Jahres 1920 angekündigt.[479] Insgesamt löste der Film in Baden größere Diskussionen aus. Seit Juli 1919 kam es nicht nur zu Diskussionen um den Film, sondern reichsweit auch zu verschiedenen Gegenmaßnahmen. Nicht zuletzt ob dieser Debatten wurde der Film in einigen, auch süddeutschen, Ländern und preußischen Provinzen verboten.[480]

Logo des Films „Anders als die Andern", Richard Oswald Film GmbH Berlin, 1919. https://de.wikipedia.org/w/index.php?curid=6810810

Die Mannheimer Lokalpresse informierte Ende 1919 über die *gegen diesen Film in Szene gesetzte Protestbewegung* jedoch dahingehend, dass diese *keine innere Berechtigung habe*, wie verschiedene Reichstagsabgeordnete nach einer Aufführung im Institut für Sexualwissenschaft Berlin angegeben hatten.[481] 1928 lief im Scala

Werbeanzeige des Kinos Alhambra in Mannheim für den Film „Mädchen in Uniform". Neue Mannheimer Zeitung 12.2.1932, Mittagsausgabe. MARCHIVUM

Kino Mannheim als Nachtvorstellung auch „Gesetz der Liebe", der abermals unter Mitarbeit von Magnus Hirschfeld entstanden war. Auch in diesem Film waren Passagen zur Homosexualität enthalten. 1927 trat Magnus Hirschfeld mit einem Vortrag mit dem Titel „Das Recht auf Liebe" im Mannheimer Apollo-Theater auf. Hierbei beantwortete Hirschfeld auch schriftlich aus dem Publikum eingereichte Fragen. 1930 lief in Mannheim dann der Film „Das Recht auf Liebe", der sich unter Mitarbeit von Magnus Hirschfeld mit unglücklichen Ehen befasste.[482]

Die in der Tagespresse am meisten besprochene Kinoproduktion war „Mädchen in Uniform", bei dem sich eine Internatsschülerin in ihre Lehrerin verliebt, zurückgewiesen wird und Suizid begeht.[483] 1932 lief der Film im Alhambra in Mannheim. Zur Aufführung kamen elf Darstellerinnen auf ihrer Deutschlandtournee nach Mannheim. Sie gaben Autogramme und sprachen mit dem Publikum. „Mädchen in Uniform" galt der Mannheimer Rezension als *ein Meisterstück*. Auch das nationalsozialistische Hakenkreuzbanner bescheinigte dem Film *seelisches Erleben in bisher kaum gesehener Kraft*. Der Film lief über mehrere Monate auch in anderen Kinos der Stadt. Das Nationaltheater brachte die literarische Vorlage mit dem Titel „Gestern und heute" zur Aufführung. Die Theateradaption stellte nach dem Urteil der Mannheimer Tagespresse den Film angeblich in den Schatten. Das Stück war offenbar so erfolgreich, dass es 1933 wieder in den Spielplan aufgenommen wurde.[484]

Helene Stöcker, Porträtzeichnung von Emil Stumpp, 1932. Bpk / Deutsches Historisches Museum / Sebastian Ahlers

BERATUNG IN MANNHEIM

Information und Beratung über Liebe und Sexualität(en) waren seit Mitte der 1920er Jahre in Mannheim auch bei einer Beratungsstelle des Bundes für Mutterschutz zu erhalten. Der seit 1907 in Mannheim vertretene Bund für Mutterschutz gehörte zu den Gruppen, die ein sexualemanzipatorisches Programm verfolgten und unterstützte die Forderung nach Abschaffung des § 175 RStGB.[485]

Seine Gründerin Helene Stöcker war als eine von wenigen Frauen ebenfalls Mitglied im Wissenschaftlich-humanitären Komitee von Magnus Hirschfeld. Die Verbandszeitschrift des Bundes für Mutterschutz, Die Gleichheit, informierte auch über sexualwissenschaftliche Forschung im Bereich Homo- oder Bisexualität und veröffentlichte Artikel, die sich für die Abschaffung des § 175 RStGB aussprachen.[486] Der Mannheimer Mutterschutz organisierte zur Aufklärung auch Vorträge wie beispielsweise „Die Erziehung der Frau zur Mutter" oder „Erlebnisse unter Strafgefangenen".

Mitte der 1920er Jahre wurde in Mannheim eine Ehe- und Sexualberatungsstelle eingerichtet. Sie bot unter Aufsicht der Gesellschaft der Ärzte und unter Mitarbeit der Deutschen Gesellschaft zur Bekämpfung der Geschlechtskrankheiten wöchentlich freitags von 17.30 bis 18.30 Uhr Beratungen in der Geschäftsstelle des Mannheimer Mutterschutzes in R 5, 1 an. 1925 gab es solche Ehe- und Sexualberatungsstellen reichsweit angeblich nur noch in Hamburg, Erfurt und Frankfurt. Warum bei diesen Berichten das 1919 in Berlin gegründete und renommierte Institut für Sexualwissenschaft nirgendwo auftaucht, bleibt unklar.[487]

1929 bestanden in Baden Ehe- und Sexualberatungsstellen nur in Mannheim und in Karlsruhe, wobei innerhalb der Ärzteschaft offenbar umstritten war, ob dort gleichzeitig mit der Eheberatung auch Sexualaufklärung stattfinden solle.[488] Die Mannheimer Sexualberatungsstelle beriet auch bei Fragen zur Homosexualität von Männern und Frauen, die zeitgenössisch – auch vom Bund für Mutterschutz – als *sexuelle Perversionen* bezeichnet wurden. Die durch Homosexualität *häufig* entstehenden Konflikte seien durch *sachverständige Beratung* lösbar. In welche Richtung hierbei beraten wurde, ist nicht überliefert. Dr. B. Lion berichtete in verschiedenen Generalversammlungen des Mannheimer Mutterschutzes über die Arbeit der Sexualberatungsstelle.[489]

1928 informierten sich bei der Sexualberatungsstelle 158 Menschen, 1929 waren es 172, 1930 bereits 245 und 1931 sogar 259 Personen. Darunter waren Menschen unterschiedlichen Alters (16 bis 75 Jahre) und verschiedener sozialer Schichten vertreten. 1930 suchten neben 158 Frauen auch 87 Männer die Beratungsstelle auf. Da es keinen Zwang gab, sich dort registrieren zu lassen, dürfte die Zahl der Ratsuchenden noch höher gewesen sein. Bis 1931 bot auch die Arbeiterwohlfahrt in Mannheim eine Sexualberatung an, die ebenfalls stark nachgefragt war. Dass die Vorsitzende des Mannheimer Mutterschutzes Prof. Dr. Elisabeth Blaustein 1927 in ihrer Rede zum 20. Jubiläum des Vereins hervorhob, dass die Arbeit der Ehe- und Sexualberatungsstelle künftig im Kontext von *Rassenhygiene* und *Eugenik* sowohl von *volkswirtschaftlicher* als auch *sozial erzieherischer* Relevanz sei, zeigt, wie verbreitet diese Konzepte waren.

In Zusammenarbeit mit dem Verein „Frauenbildung–Frauenstudium" organisierte der Mannheimer Mutterschutz 1927 einen Vortrag, der die Frage eines neuen Ehescheidungsrechts diskutierte, da sich der Rechtsausschuss des Reichstags mit der Frage befasste, ob Ehen künftig nicht mehr „schuldhaft", sondern wegen „Zerrüttung" geschieden werden sollten. 1927 bot der Verein „Frauenbildung-Frauenstudium" auch einen Vortrag zum Thema „Von Geist und Seele der Frau" an.[490] Der Verein war unter seiner Mannheimer Vorsitzenden Julie Bassermann in der reichsweiten Frauenbewegung einflussreich.[491]

Die von der Frauenbewegung getragenen Vereine und deren Beratungsstellen trugen mit ihren Angeboten also zur Information und Aufklärung in verschiedener Hinsicht bei, wobei allem Anschein nach auch das Thema Homosexualität eine Rolle spielte. Da die Homosexualität eines Ehepartners zu Schwierigkeiten führen konnte und sich Homosexuelle teils erst nach der Hochzeit „ihrer selbst bewusst" wurden, konnten auch die hier genannten Eheberatungsangebote notwendig sein.

Preis 20 Pfg. Die Preis 20 Pfg.

„Freundschaft"

Wochenschrift für Aufklärung und geistige Hebung der idealen Freundschaft.

Nr. 1.	Erscheint jeden Mittwoch Bezugspreis vierteljährlich Mk. 2,20 monatlich 75 Pfg.	Exped. u. Geschäftsstelle Berlin, Alexandrinenstr. 8 Verlag „Die Freundschaft".	Anzeigenpreis: Die 6 gespaltene Petitzeile oder deren Raum Mk. 1,20, Reklamezeile Mk. 2.50	1. Jahrg.

Aufhebung des § 175?

Titelzeile der ersten Ausgabe der Zeitschrift Die Freundschaft, Berlin 1919. Wikimedia Commons / https://www.queer.de

ABONNENTEN DER ZEITSCHRIFT DIE FREUNDSCHAFT UND DER INTERNATIONALE REISEFÜHRER

Wie schnell Menschen in der Region Rhein-Neckar mit der reichsweiten Emanzipationsbewegung und ihren neu erscheinenden Zeitschriften vernetzt waren, zeigt sich auch an einer Liste von Abonnenten der Freundschaft, die 1920/1921 als Beilage im Internationalen Reiseführer mit Adressen von Treffpunkten für Homosexuelle veröffentlicht wurde. Hiernach waren Personen aus Bensheim, Frankenthal, Heidelberg, Landau, Ludwigshafen und Mannheim unter den Abonnenten.[492] Wie wenig selbstverständlich es war und wieviel Mut es brauchte, angesichts der vorhandenen Straftatbestände seinen Namen und Adresse bei einem Verlag anzugeben, der Erzeugnisse im Kontext von Homosexualität vertrieb, wird daran deutlich, dass der Mannheimer Autor, Verleger und Aktivist August Fleischmann 1920 darauf verwies, dass er alle zwecks Bestellung bei ihm eingegangenen Briefe sofort nach Erledigung vernichtete.

August Fleischmann in einer Fotografie, die er 1902 in seinem Buch „Die Überbevölkerungsfrage und das 3. Geschlecht. Neueste sexual-psychologische Enthüllungen" veröffentlicht hat.

Seit 1920 bat die Freundschaft um Zusendung von Material für einen illustrierten Reiseführer. Dieser erschien 1920/21 als Internationaler Reiseführer, in dem Mannheim als einziger Ort der Region Rhein-Neckar als Reiseziel vertreten war. Zwar wurden später keine aktualisierten Neuauflagen angeboten. Wer Interesse hatte, konnte aber weitere Auskünfte bei der Redaktion der Freundschaft erhalten, die sich offenbar über die Orte auf dem Laufenden hielt und die Emanzipationsbewegung also auch auf diese Weise unterstützte. 1926 konnte man von einem Abonnenten mit der Nr. 81 Informationen über Heidelberg und von einem anderen mit der Nr. 204 Informationen über Worms erhalten. Die vergleichsweise niedrigen Nummern beider Abonnenten weisen darauf hin, dass sie sich früh mit dem Verlag verbunden hatten. Eine weit höhere Nummer – 6.189 – hatte zum Beispiel der Abonnent, der über Straßburg informierte. 1933 waren es dann Ludwigshafen und Mannheim, über die man vonseiten der Redaktion der Freundschaft im Internationalen Reiseführer Informationen erhalten konnte.[493]

FINANZIELLE UNTERSTÜTZUNG FÜR DIE EMANZIPATIONSBEWEGUNG

Die Verbundenheit der Menschen in der Region mit der reichsweiten Emanzipationsbewegung zeigte sich auch in der finanziellen Unterstützung. Zu verschiedenen Anlässen baten die Emanzipationsgruppen um Spenden, so zum Beispiel für den Aktionsausschuss, der im Kontext der Beratungen der neuen Reichsverfassung dafür eintrat, den Paragrafen 175 RStGB abzuschaffen. Wie den in der Freundschaft veröffentlichten Listen der „Unterzeichner" zu entnehmen ist, spendeten 1920 aus Mannheim ein Paar mit dem offensichtlichen Decknamen „Tristan und Isolde" 100, ein gewisser Rikenhofer 40, ein Emil Zetsche (oder Zosche) 10, zwei „Mannheimer Freunde" 40 und ein „F. R." 10 Reichsmark. Aus Heidelberg überwies ein „B" 100 Reichsmark. Die beiden höchsten Beträge – 100 Reichsmark – entsprachen etwa einem Drittel des damaligen durchschnittlichen Brutto-Monatseinkommen dieses Jahres, das bei 310 Mark lag. Diese Spender waren offenbar entsprechend vermögend.

Zur Unterstützung des Aktionsausschusses lag 1921 im Mannheimer Buchladen von Jakobine Grohe in Q 4, 7 *eine Zeichnungsliste* aus. Auch Spenden nahm man dort *gerne entgegen*. Als 1923 die Zeitschrift Die Freundschaft zu Spenden für ihren eigenen Erhalt aufrief, überwies ein „F" aus Mannheim 20.000 Mark, die aber aufgrund der Hyperinflation nur einem geringen Wert entsprachen.[494] So kostete am 9. Juni 1923 ein Kilo Kartoffeln bereits 5.000 Mark.[495] Die finanzielle Unterstützung der Emanzipationsbewegung aus der Rhein-Neckar-Region zeigt sich auch 1931, als ein „*G*" aus Worms 2 Mark für den Kampffonds zur Abschaffung des § 175 RStGB spendete.[496] In einem Leserbrief in den Blättern für Menschenrecht äußerte sich ein Kurt Schröder aus Mannheim 1928 zur Relevanz von

Spenden an den Kampffonds des Bundes für Menschenrecht, der seiner Meinung nach *nie groß genug* werden könne. Schröder verwies in diesem Zusammenhang auf die gesellschaftliche Situation Homosexueller, die *einem beständigen Krieg mit ihren Gegnern* gleiche. *Zum Kriegführen* benötigten die Homosexuellen daher drei Dinge, *erstens: Geld, zweitens: Geld, und drittens: Geld.*[497]

DIE REGION RHEIN-NECKAR IN DER EMANZIPATIONSPRESSE

Die Verbindung der Region Rhein-Neckar mit der reichsweiten Emanzipationsbewegung zeigte sich auch darin, dass die Region selbst in unterschiedlicher Weise in den Zeitschriften der Emanzipationspresse präsent war. So wurde in der Freundschaft 1921 über Fritz Bender aus Neustadt/Haardt informiert, der wegen § 175 RStGB zu sechs Monaten Haft verurteilt worden war.[498] Heinrich Landes informierte hier ausführlich über die Verhaftung seines Freundes, des Bürgermeisters Dr. Walther Braun von Schifferstadt in Heidelberg (Kap. 16).[499] 1931 berichteten die Blätter für Menschenrecht über den 16-jährigen *Hausburschen* Julius Müller aus Neustadt, der in Frankenthal vor Gericht wegen § 175 RStGB *mit einem Verweis* davon kam.[500] Dass Homosexuelle nicht nur Opfer waren, sondern auch Täter sein konnten, wurde nicht verschwiegen. 1929 war nachzulesen, dass der 49-jährige Studienrat an der Gewerbeschule, Dr. Alexander H., in Mannheim in fünf Fällen wegen sexuellen Kontakten zu Schülern wegen § 175 RStGB zu einem Jahr und drei Monaten Gefängnis verurteilt wurde.[501] Interessanterweise finden sich über diesen Prozess keine Hinweise in der Mannheimer Lokalpresse. Neben den Prozessnotizen über jeweils aktuelle Gerichtsverfahren und Urteile gegen Personen aus der Region Rhein-Neckar veröffentlichten die Zeitschriften der Emanzipationsbewegung auch andere Themen, die zur Region Bezug hatten.

In der Freundschaft und in den Blättern für Menschenrecht wurden verschiedene, in der Geschichte bekannt gewordene Personen mit Verbindung zur Region Rhein-Neckar als berühmte tatsächliche oder mutmaßliche Homosexuelle oder „Transvestiten" vorgestellt.[502] Neben dem Mannheimer Theaterintendanten August Wilhelm Iffland (Kap. 7) war auch Philippe von Orléans (Kap. 5), der Ehemann der Liselotte von der Pfalz, wiederholt ein Thema. Ebenfalls im historischen Rückblick wurde über Johann Baptist von Schweitzer (Kap. 10) und seine Verhaftung 1862 im Mannheimer Schlosspark berichtet. Die Urnische Chronik stellte auch die Verurteilung von Prof. Dr. Franz Fischler (Kap. 15) 1914 in Heidelberg wegen §§ 174, 175 zu zehn Monaten Gefängnis vor.[503] Gleich mehrere Artikel galten Carl Friedrich Müller-Palleske aus Landau (Kap. 13), der 1906 öffentlich für die Abschaffung des § 175 RStGB eintrat und 1911 wegen seiner Homosexualität aus der Stadt floh und vom Schuldienst suspendiert wurde.[504] Schließlich war die Region auch literarisch präsent. 1924 veröffentlichte „O. W." aus Ludwigshafen in der Freundschaft eine eigene literarische Skizze mit dem Titel „Schicksalsfügungen". 1928 erschien in der Zeitschrift Frauenliebe der Fortsetzungsroman von Inger Lundgaard „Berlin-Heidelberg, ein seltsames Abenteuer".[505]

SELBSTBILDER UND WUNSCHBILDER IN KONTAKTANZEIGEN

Die Emanzipationszeitschriften stellten von Beginn an ein relevantes Mittel dar, um *Artgenossen* mittels Kontaktanzeigen kennenzulernen. Insbesondere Männer und nach damaligem Sprachgebrauch „Transvestiten" mussten diese Anzeigen aufgrund des § 175 RStGB und der Gefahr, ausspioniert und angeklagt zu werden, vorsichtig formulieren. Doch auch in den Zeitschriften frauenliebender Frauen wurde eigens und mutmaßlich aufgrund entsprechender Erfahrungen vor *Spitzeltum* gewarnt, das dazu geeignet sein konnte, Anklage nach § 184 RStGB (Anbahnung von unzüchtigen Handlungen) zu erheben. Zur rechtlichen Situation, die es beim Aufgeben solcher Inserate zu beachten galt, kam die finanzielle Lage. Anzeigen in den Zeitschriften für frauenliebende Frauen waren relativ teuer. In der Freundin kosteten sie bis 1930 pro Wort 10 Pfennige; danach das Doppelte. Die Zahl der Inserate nahm seit der Weltwirtschaftskrise ab. In der anderen Zeitschrift Frauenliebe/Garçonne zu inserieren, war mit 15 Pfennigen günstiger, aber auch weniger attraktiv, da diese nicht so weit verbreitet war wie Die Freundin. Trotz aller Einschränkungen wurden Inserate geschaltet. Die oft verwendete Begrifflichkeit der idealen Freundschaft diente als Schutz, kann aber auch so gelesen werden, öffentlich zu zeigen, dass sich mit Homosexualität oder „Transvestitismus" nichts Abscheuliches verband.[506]

Wertet man die Anzeigen aus, so lassen sich Selbst- und Wunschbilder queerer Menschen jener Jahre nachzeichnen. Die untersuchten Zeitschriften enthalten zehn Anzeigen von Frauen aus der Region Rhein-Neckar.[507] Sie suchten ausschließlich mit den lokalen Ankerbegriffen Mannheim (9) und Heidelberg (3). Gesucht wurden *idealgesinnte Damen*, die gern *erster Kreise* entstammen konnten. Nahezu die Hälfte der *Damen* der Region war am gesellschaftlichen Anschluss interessiert und suchte *Geselligkeit*. In zwei Anzeigen weisen die Frauen in der Selbstbeschreibung darauf hin, dass sie ein *gebildetes Mädel*, *feinsinnig* und *berufstätig* seien. Da der Anteil erwerbstätiger Frauen gerade aus den niedrigeren sozialen Schichten erheblich war, ist dies auffällig. Zwei Anzeigen wurden von jeweils zwei Frauen gemeinsam aufgegeben, die auch die einzigen waren, die ihr Alter (35 Jahre) angaben. Ob es feste Freundinnenpaare waren, wird nicht ersichtlich. Beide suchten die Geselligkeit mit *freigeistigen Menschen* und schränkten ihre Suche somit nicht nur auf Frauen ein.[508]

Anzeigen von „Transvestiten" aus der Region Rhein-Neckar finden sich in den Emanzipationszeitschriften erst in der zweiten Hälfte der 1920er Jahre, was in etwa der Entwicklung in Berlin entspricht, wo sie ebenfalls zunehmend sichtbar wurden und sich eine eigene Subkultur entwickelte.[509] In den sechs vorhandenen Annoncen wurden Mannheim (6) und Heidelberg (1) als Bezugsorte genannt. In fünf von sechs Anzeigen galt die Suche dem gesellschaftlichen Anschluss, was den Wunsch widerspiegelt, gesellschaftlicher Isolation zu entkommen. Zwei Inserent*innen suchten speziell den Anschluss an andere „Transvestiten". In einer Anzeige wurde ein *Weiblicher Transvestit, Anfang 20* für einen kleinen Haushalt in Mannheim *als Haustochter* gesucht.[510] Keiner der „Transvestiten" inserierte mit einer Altersangabe.

In Die Freundschaft erschienen von 1919 bis 1922 insgesamt 63 Anzeigen von Männern aus der Region Rhein-Neckar.[511] Als lokale bzw. regionale Ankerpunkte dienten Mannheim (44), Heidelberg (17), Ludwigshafen (7), Worms (3), Speyer (1) und Neustadt/Weinstr. (1) sowie Pfalz/Rheinpfalz (7).[512] Das Altersspektrum der Inserenten, das von 18 bis 45 Jahren reichte, verteilte sich wie folgt.

Alter	10–19	20–29	30–39	40–49	50–59	unbekannt
Anzahl	1	20	16	11	0	15

Elf Männer wiesen auf ihren Beruf als Kaufmann hin, sieben auf ihren Status als Beamter und einer gab sich als Akademiker zu erkennen. Dementgegen findet sich nur ein Handwerker. Die berufliche Markierung scheint also der sozialen Aussage im positiven Sinne gedient zu haben. Dass aus Heidelberg ein *Couleurstudent* inserierte und auch ein *Wandervogel* einen *Lebenskameraden* suchte, weist auf das breite gesellschaftliches Spektrum hin, das sich auch in der Region Rhein-Neckar über die Zeitschrift vernetzte. Die meisten Männer suchten nach einer Freundschaft. Wiederholt wurde herausgestellt, dass nur *feingesinnte* oder *hochstehende* Herren und solche *ohne finanzielle Interessen* gesucht würden. Nur ein *Rheinpfälzer* informierte darüber, dass er auch Kontakt zu kriegsbeschädigten Männern aufnehmen würde. Es gibt auch Anzeigen, bei denen ein gemeinsamer Urlaub als Ziel angegeben wurde. Die Pfalz als Reiseziel und die Idee eines Urlaubsbekannten für die Südpfalz tauchen ebenso auf wie der Wunsch zweier Männer, für den Sängertag in Heidelberg eine Unterkunft zu finden. Auch Anzeigen im beruflichen Kontext wie Weiterbildungen oder eine Fahrt zur Leipziger Messe wurden geschaltet.[513]

Schließlich findet sich auch die Anzeige von einem W. Vöhringer und zwei anderen Mannheimer Männern, die auf der Suche nach drei Frauen waren. Offenbar wünschten sie eine „Kameradschaftsehe", bei der das sexuelle Verhältnis der Verheirateten nicht im Zentrum stand. Anzeigen für „Kameradschaftsehen" waren in kleineren Städten nicht häufiger zu finden als in Großstädten wie Berlin und weisen den gesellschaftlich bestehenden heteronormativen Druck aus.[514] Junggesellen in einer Gesellschaft, die kriegsbedingt einen „Frauenüberschuss" hatte, waren offenbar auffällig. Im Unterschied zu den Frauen und „Transvestiten" ging es den inserierenden Männern weniger um den gesellschaftlichem Anschluss, sondern vor allem um Suche nach Freundschaft zu einem einzelnen Mann, wobei der Charakter dieser Freundschaft offen bleiben musste.

Gebäude in H 4, 10 in Mannheim, um 1911. Hier richtete August Fleischmann 1922 ein Antiquariat ein. MARCHIVUM

ORTE DER VERNETZUNG UND INFORMATION IN MANNHEIM

Verschiedene Orte in Mannheim dienten der Vernetzung und Information. Der Buch-, Papier- und Schreibwarenladen von Jakobine Grohe in Q 4, 7 war Anfang der 1920er Jahre eine der zentralen Adressen Mannheims mit einer Relevanz für die gesamte Region.[515] So hatte die Buchhandlung Grohe 1920 für Mannheim und Umgebung den Alleinvertrieb der Zeitschrift Die Freundschaft. Darüber hinaus war dort die als einschlägig bezeichnete Literatur *stets vorrätig*, wie in der Freundschaft 1920 berichtet und 1921 mit dem Hinweis auf den Internationalen Reiseführer sowie angeblich sämtliche *homoerot. Literatur* konkretisiert wurde. Im deutschen Südwesten gab es zeitgenössisch nur noch in Frankfurt a. M., Stuttgart und München Buchhandlungen, in denen man die Freundschaft erhalten konnte. Bei Grohe konnte man auch für den Aktionsausschuss zur Abschaffung des § 175 RStGB unterzeichnen und Geldspenden für die Emanzipationsbewegung aufgeben. Die Buchhandlung übte diese zentrale Informations-, Vernetzungs- und Unterstützungsfunktion etwa bis 1922 aus. Spätestens 1924 bestand sie nicht mehr.[516]

Eine der wichtigsten Figuren der Homosexuellenemanzipation in Mannheim war August Fleischmann. Er hatte sich bereits in München in der Emanzipationsbewegung engagiert und die Zeitschrift Der Seelenforscher veröffentlicht.[517] In Mannheim war er seit 1915 als Buchhalter und Handelslehrer tätig und vertrieb 1919 von seiner Wohnung in T 4, 3 aus die Zeitschrift Erosophische Probleme als *Kampfschriften gegen den § 175*.[518] Die Druckerei Bertsche-Besting in Q 3, 17 verlegte diese erste in der Region Rhein-Neckar veröffentlichte Zeitschrift für Homosexuelle.[519] Fleischmann vertrieb auch Aktaufnahmen. In einer mit *Erklärung!*

überschriebenen Information stellte Fleischmann allerdings klar, dass er die *von vielen* bei ihm angeforderten *pikante*[n] Bilder nicht herstelle. Er grenzte sich und sein Engagement für die Befreiung der Homosexuellen und sein Werben für die von ihm sogenannten „Freundlinge" und deren Beziehungen von Männern zu Männern früh und deutlich gegen Bestrebungen ab, homosexuelle und pädophile Neigungen gleichzusetzen. Um seine Arbeit, die er als Kampf gegen Vorurteil, Unwissenheit und Böswilligkeit bezeichnete, fortzusetzen, versende er aufklärerisches Material. Später gründete Fleischmann ein Antiquariat in H 4, 10, das erstmals 1922 in der Freundschaft angekündigt wurde. Hier konnte man die Freundschaft, später die Blätter für Menschenrecht erwerben. Wie zuvor die Buchhandlung Grohe wurde das Antiquariat von August Fleischmann 1923 als Verkaufsstelle für Mannheim, Ludwigshafen und Heidelberg genannt und versorgte so die gesamte Region.[520] Im Mannheimer Adressbuch ist der Laden als Briefmarkenhandlung bezeichnet.[521]

Fleischmann übergab die Buchhandlung Mitte der 1920er Jahre einem gewissen Gregor Doll, der zeitweise in Fleischmanns privater Adresse in T 4, 3 wohnte. Doll heiratete 1926 und wurde 1928 Vater einer Tochter. Fleischmann starb 1929. Dies war auch das letzte Jahr, in dem die Buchhandlung in H 4, 10 als Kontaktadresse des Bundes für Menschenrecht genannt wurde.[522]

GASTSTÄTTEN

1921 berichtete die Freundschaft, es sei *endlich* auch im *bürokratischen* Mannheim gelungen, ein Lokal für *Gleichgesinnte* zu finden. Gemeint war das Restaurant Zum Rheintor in E 7, 4, das nun ein offizieller Treffpunkt der *Freundinnen und Freunde* war. Die *anständigen Invertierten* wurden zum Besuch aufgefordert. Gesellschaftsabende fanden gleich an vier Tagen in der Woche statt: dienstags, donnerstags, samstags und sonntags. Nachdem damit die Lokalfrage gelöst war, wurde die Hoffnung ausgesprochen, dass in Mannheim nun auch endlich ein Freundschaftsverband, wie es ihn in anderen Städten angeblich schon längst gab, gegründet werde.

Das Rheintor erfreute sich nach Auskunft der Freundschaft *regen Besuchs*. Die Zeitschrift kündigte einen großen Fastnachtsrummel an und machte speziell die *auswärtigen Freunde* auf dieses Ereignis aufmerksam. Auch an Silvester und Neujahr herrsche Hochbetrieb im Rheintor. Im Lokal konnte die Zeitschrift Die Freundschaft bezogen werden. Vielleicht lag sie dort auch mit anderen Blättern der Emanzipationsbewegung zur Einsicht aus, weil die Abonnements relativ teuer waren, so dass sie auch von Menschen gelesen werden konnten, die sich diese Zeitschriften nicht leisten

Hotel Central am Tattersall in Mannheim, um 1925. MARCHIVUM

Schlosshotel in Mannheim, M 5, 9, Postkarte um 1900. MARCHIVUM

konnten. Das Rheintor blieb nicht die einzige Gaststätte für Homosexuelle und mutmaßlich „Transvestiten" in Mannheim. Noch 1921 informierte Franz Waworka in der Freundschaft (dort mit falscher Schreibweise „Wawarka") über die Eröffnung eines Lokals in der Dalbergstraße 10, in dem man sich allabendlich für ein gemütliches Beisammensein treffen könne. Zuvor sei das Lokal in R 4, 11 gewesen. Einen Namen nannte er nicht.[523] Ausweislich der Mannheimer Adressbücher hatte Waworka die Lokale Weißer Adler in F 5, 14 (1920) und den Platanengarten in der Dalbergstr. 10 (1922).[524] Das in der Freundschaft erwähnte Lokal in R 4, 11 war die Edinger Aktienbrauerei, doch bei dieser wird Waworka in den Mannheimer Adressbüchern für 1919 und 1920 nicht als Wirt genannt.[525]

Im Jahr 1932 war das Schloßhotel in M 5, 8/9 das Vereinslokal des Bundes für Menschenrecht. 1933 fungierte dann das Hotel Central am Tattersall als Treffpunkt des Bundes für Menschenrecht.[526] Offenbar war auch der Frankfurter Hof in S 2, 15a des Wirts Willy Kimmer *Treffpunkt d. Freundinnen und Freunde*. In der Mannheimer Lokalpresse ist das Lokal 1931 nachgewiesen. Willy Kimmer betrieb in der NS-Zeit das Lokal Weißer Elephant.[527] Ausweislich der untersuchten Quellen hatte Mannheim in der Weimarer Republik also mit dem Rheintor, dem Schloßhotel, dem Hotel Central, der Gaststätte von Franz Waworka und dem Frankfurter Hof fünf Lokale, die für ein homosexuelles und mutmaßlich transidentes Publikum offen waren. Ob und inwiefern diese Lokale polizeilich überwacht wurden, lässt sich aus den für die vorliegende Darstellung herangezogenen Quellen nicht erschließen. Hierzu müssten die Verfolgungsakten des Generallandesarchivs Karlsruhe sowie des Landesarchivs der Pfalz in Speyer ausgewertet werden, was für diese Publikation leider nicht möglich war. Vermutlich würden diese Akten auch Auskunft über weitere, bereits im Kaiserreich existierende Treffpunkte wie die Klappen im Bahnhof und am Wasserturm oder den Schlosspark geben, die jedenfalls später wieder in den Verfolgungsakten auftauchen und bis in die 2000er Jahre in Zeitzeugenberichten als Treffpunkte bezeugt sind.

TRANS ÖFFENTLICHKEITEN

Das Leben von Cross-Dressern oder Transidenten, die zeitgenössisch als „Transvestiten" bezeichnet wurden, war unter dieser Terminologie in den Tageszeitungen der Region Rhein-Neckar äußerst selten ein Thema. Da der Begriff „Transvestitismus" erst 1910 von Magnus Hirschfeld gebildet worden war, scheint er zeitgenössisch noch nicht überall bekannt gewesen zu sein.[528] Denn Menschen, die sich nicht mit dem ihnen bei Geburt zugewiesenen Geschlecht identifizierten oder nicht in der vorgegebenen Geschlechtsrolle lebten, weil sie als Cross-Dresser beispielsweise die Kleidung des anderen Geschlechts trugen, wurden von der Tagespresse zwar zur Kenntnis genommen, aber nicht als „Transvestiten" bezeichnet. Man sprach stattdessen von „Geschlechtswechsel" oder wählte beschreibende Formulierungen wie „Die Frau als Mann". Der „Mann in Frauenkleidern" ist offenbar das am häufigsten genutzte Bild.

Die Geschichte von Lili Elbe, die als Einar Wegener geboren wurde, war in der Tagespresse nur eine Randnotiz. Mehr Beachtung fand der Fall von Maria Einsmann. Einsmann stammte aus Bruchsal, hatte im Ersten Weltkrieg in Pforzheim gearbeitet und dort Helene Müller kennengelernt, mit der sie eine Beziehung einging. In der Weimarer Republik trennten sich beide Frauen von ihren Ehemännern und zogen zusammen nach Mainz, wo Maria Einsmann als Joseph Einsmann jahrelang mit Helene Müller zusammenlebte und deren Kinder adoptierte. Als dies öffentlich wurde, führte der anschließende Prozess zu größerem medialen Aufsehen – auch in der Mannheimer Lokalpresse.[529] Selbstverständlich berichtete auch die Emanzipationspresse über Maria Einsmann und Lili Elbe, aber offensichtlich mit der Intention, andere zu informieren, dass sie mit ihrem Empfinden nicht alleine seien.

Menschen, die mit der ihnen bei Geburt zugewiesenen Geschlechtlichkeit haderten und sich mit dem anderen Geschlecht identifizierten, gab es auch in der Region Rhein-Neckar. Einer dieser Menschen, „W. B.", wandte sich 1921 ratsuchend an die Zeitschrift Die Freundschaft und erhielt folgende Antwort: Wenn *Sie die Neigung haben, Damenkleider anzuziehen, so sind Sie ein sogenannten Transvestit.* [...] *Auf der Straße dürfen Sie diese nur mit besonderer polizeilicher Genehmigung anlegen, sonst laufen Sie Gefahr wegen Verübung groben Unfugs oder aus einem anderen Grunde sistiert und bestraft zu werden.*[530] Es ist bislang in der Forschung nicht bekannt, ob die beispielsweise aus Berlin bekannten „Transvestitenscheine", die bei einer Polizeikontrolle in vom biologischen Geschlecht abweichender Kleidung vor Verhaftung schützten, auch in Baden oder Bayern (Pfalz) galten oder ob sie überhaupt vorhanden waren.[531] Die Kontaktanzeigen von „Transvestiten" zeigen jedenfalls, dass es in Mannheim nicht ohne weiteres möglich war, gemäß der empfundenen Geschlechtsidentität zu leben. So verweist eine Person, sie sei als Dame eine *unauffällige Person* und eine andere (?) betont, dass sie nur während des Karnevals *als Dame* lebe.[532] Transidentität scheint im Verborgenen gelebt worden zu sein.

Eine Ausnahme davon bildeten die sogenannten Damenimitatoren bei Revues und anderen öffentlichen Veranstaltungen.[533] In Mannheim trat zur Eröffnung des Apollo-Theaters 1919 der Damenimitator Sylacara auf. Weitere Auftritte dieser Art sind im Kabarett Rumpelmayer (La Falena), beim Künstler-Ball (Vernon) und in der Libelle (Calvaro) belegt. Auch am Mannheimer Strandbad-Wettbewerb traten 1931 zwei Damenimitatoren auf, die *Heiterkeitsstürme* hervorriefen.[534]

Hertha Wind, in Ludwigshafen als Adolf Wind geboren, begriff in den 1920er Jahren, dass sie eine Frau war (Kap. 20). Sie suchte den Kontakt zu Magnus Hirschfeld in Berlin und ließ sich von ihm beraten, dass sie sich einer Operation unterziehen solle, um ihr körperliches Erscheinen ihrer *seelischen* Verfassung anzugleichen. 1931 unterzog sie sich einer entsprechenden Operation bei Professor Weinsheimer in Frankfurt a. M., der ihr als angeblich weltweit erstem Menschen Ovarien transplantierte.[535]

DIE EMANZIPATIONSGRUPPEN

Das Wissenschaftlich-humanitäre Komitee (WhK) hatte bereits im Kaiserreich mit Carl Friedrich Müller-Palleske aus Landau (Kap. 13) ein prominentes Mitglied, doch auch Else Drumm, Emil Tremmel (beide Heidelberg), Josef Loerbroks (Bensheim) sowie K. L. Seitz (Ludwigshafen) und „B. R." (Mannheim) gehörten dem WhK an. 1921 gab es in Mannheim-Ludwigshafen dann auch eine eigene Ortsgruppe des WhK.[536] Eine weitere Emanzipationsgruppe war der Erosophische Klub Okulta in Mannheim. Dessen Initiator war August Fleischmann, der einem solchen Klub offenbar schon in München in leitender Funktion angehört hatte. 1919 rief er die *Freunde und Freundinnen* auf, sich wegen der *Vorbesprechung* zur Gründung des Mannheimer Klubs mit Vorschlägen an ihn zu wenden. Als Kontakt gab er seinen Namen und seine Privatadresse an. Noch im selben Jahr wurde der Erosophische Klub Okulta mit Fleischmann als *provisorischem Präsidenten* gegründet. Doch scheint der Klub nicht den gewünschten Zulauf gehabt zu haben, da Fleischmann 1921 abermals zum Zusammenschluss in Okkulta aufrief und sich die Spur des Klubs danach verl ert.[537]

Die Gründung von Freundschaftsverbänden machte sich auch Theodor Wangemann aus Neckargemünd (Kap. 14) zur Aufgabe. 1920 rief er die *Gleichgesinnten* aus der Rhein-Neckar-Region und bis nach Karlsruhe dazu auf, ihm seine Adressen zuzusenden, um in den Großstädten jeweils Freundschaftsverbände zu gründen. Auch er gab als Kontakt seine Adresse und seinen Namen an. Eine namentlich nicht genannte Person rief 1920 ebenfalls zur Gründung eines Freundschaftsklubs auf. Einmal wöchentlich sollte sich die Gruppe in Mannheim zu Aussprachen, Vorträgen, gemeinsamen Besuchen von Konzert oder Theater sowie Ausflügen treffen. Ausdrücklich wurde darauf hingewiesen, dass Einkommen oder Standesfragen in der Gruppe keine Rolle spielen sollten, *leere Schwätzer* und *Vergnügungssüchtige* aber ausgeschlossen würden. Grundvoraussetzung für die Aufnahme in den Freundschaftsklub waren aber schriftliche Bewerbungen, in denen die Interessenten ihren Standpunkt darlegen sollten. Die Schreiben mussten Interessierte an die Berliner Redaktion der Freundschaft unter dem Stichwort *Klub Mannheim* senden.[538]

Wer hinter dieser Initiative steckte, ist nicht bekannt. Es könnte auch die Redaktion der Freundschaft selbst gewesen sein, da sie auch sonst gezielt zur Gründung von Klubs aufrief. In Mannheim schien dies aber nicht so einfach. 1921 berichtete die Freundschaft, dass die Gründung eines Freundschaftsbundes, wie er andernorts *schon längst* bestand, in Mannheim noch ausstehe. In einer 1922 veröffentlichten Liste von Städten, in denen Freundschaftsverbände bestanden, war Mannheim immer noch nicht zu finden. Dass die Bemühungen um die Gründung eines Freundschaftsverbands zunächst nicht von Erfolg gekrönt waren, dürfte im proletarisch geprägten Mannheim auch daran gelegen haben, dass die Mitgliedsbeiträge der Freundschaftsverbände relativ teuer waren.[539] Andererseits gab es in Mannheim auch eine gut verdienende Schicht von Angestellten, Beamten, Kaufleuten und Unternehmern. Ob Personen aus dieser Schicht befürchteten, über die Mitgliedschaft in einem Freundschaftsbund namentlich bekannt und ein

Opfer von Spitzeln, Erpressern sowie polizeilichen Ermittlungen zu werden? August Fleischmann indes verfolgte das Ziel der Gründung eines Verbands weiter.

Im März 1924 erschien in den Blättern für Menschenrecht die Ankündigung, dass für Mannheim, Ludwigshafen und Heidelberg die *Vorarbeiten* für die Gründung einer Gruppe erst *im Gange*, aber noch nicht abgeschlossen seien. *Einwandfreie* Damen und Herren sollten sich zwecks Vereinsgründung schriftlich an August Fleischmann in H 4, 10 wenden. Allerdings würden *anonyme Zuschriften* nicht beantwortet werden, was abermals die Vermutung bestätigt, dass auch in der Weimarer Republik viele Menschen noch Angst hatten (und aufgrund der Gesetzeslage noch Angst haben mussten), ihren Namen und ihre Adresse preiszugeben. Der Aufruf scheint erfolgreich gewesen zu sein. Im Mai 1924 teilten die Blätter für Menschenrecht mit, dass Informationen über *Zusammenkünfte* in Mannheim bei August Fleischmann erhalten werden könnten. 1925 traf sich die Gruppe in Mannheim mittwochs und samstags. 1925/26 wurde das Antiquariat Fleischmann in H 4, 10 unter der Rubrik „Adressen und Zusammenkünfte" der Übersicht der verschiedenen Gruppen des Bundes für Menschenrecht angegeben.[540]

Erstmals im Juli 1924 wurden auch speziell *interessierte Damen* in der Rhein-Neckar-Region in den Blättern für Menschenrecht angesprochen. Sie wurden gebeten, sich an *Fräulein Franziska Berg*, in Mannheim K 3, 30, wegen der Gründung einer *Damengruppe* zu wenden. Mannheim hatte mit Franziska Berg also ein weiteres Gesicht an der Spitze der Emanzipationsbewegung. Auch sie gab ihre Privatadresse an. Die Gründung der *Damengruppe* scheint ebenfalls erfolgreich gewesen zu sein, denn 1927 findet sie sich in einer Übersicht der Damengruppen des Bundes für Menschenrecht mit der Kontaktadresse von Gregor Doll in H 4, 10.[541]

Aus all diesen Hinweisen in den Emanzipationszeitschriften der Weimarer Jahre lässt sich schlussfolgern, dass es in Mannheim seit Mitte der 1920er Jahre eine Ortsgruppe des Bundes für Menschenrecht gegeben hat. Dass der Kontakt zum Bund für Menschenrecht über August Fleischmann auch in Die Freundin publiziert wurde, deutet in die gleiche Richtung.[542] 1927 war weiterhin Gregor Doll in H 4, 10 nicht nur unter den *Adressen und Ortsgruppen*, sondern unter denen *mit direkter Anschrift* als Ansprechperson des Bundes für Menschenrecht in Mannheim genannt. Dies zeigt, wie öffentlich die Gruppe im Gegensatz zu anderen war. Die Gruppe in Mannheim scheint bis Herbst 1930, also etwa sechs Jahre, bestanden zu haben. Ab Oktober 1930 wurde sie nicht mehr genannt.[543] Ob die Auflösung der Gruppe mit dem Tod von August Fleischmann 1929 zusammenhing, ist nicht bekannt. Zumindest gibt es einen gewissen zeitlichen Zusammenhang.

Ein Jahr später, im Oktober/November 1931, war abermals eine Gruppe des Bundes für Menschenrecht in Mannheim in Gründung begriffen. Zu Beginn des Jahres 1932 hatte die Gruppe noch kein festes Vereinslokal und auch keine namentlich genannte Ansprechperson. Stattdessen wurde eine Postlager-Adresse in der Mannheimer Hauptpost angegeben. In den Blättern für Menschenrecht erschienen weiterhin Berichte über eine Mitgliederversammlung und schließlich über das neue *Bundeslokal*, bei dem es sich um das Hotel Central am Tattersall handelte. Zu Beginn des Jahres 1933 beriet die Mannheimer Gruppe des Bundes für Menschenrecht über ihren ersten Jahresbericht.[544] Was aber aus der Gruppe oder ihren Mitgliedern in der NS-Zeit wurde, ist nicht bekannt.

PROGRAMM DER GRUPPEN

Welche Aktivitäten entfalteten die Mannheimer Emanzipationsgruppen? Für die erste Mannheimer Gruppe des Bundes für Menschenrecht, 1924 – 1930, finden sich dafür in den untersuchten Zeitschriften noch keine Hinweise. Ebenso rar sind die Informationen zur Mannheimer Damengruppe.[545] Möglicherweise war sie den Berliner Frauengruppen vergleichbar, die neben Bälen auch *Bildungszirkel, Vortragsabende* und *Sportpflege* veranstalteten.[546] Ihre Mitglieder stammten zumeist aus *einfacheren Kreisen*. Frauen, die *vornehmen* und *geselligen* Anschluss suchten, waren fast nicht zu finden. Manche Frauen zeigten sich bei den Treffen in männlicher Kleidung, was ausgerechnet in der Emanzipationspresse selbst kritisiert wurde. Frauen würden allein schon durch die Hinneigung zum weiblichen Geschlecht *als Mann genug* erscheinen. Frauen in männlicher Kleidung wurden sogar als *lächerlich* diffamiert.[547] So gab es also auch zwischen den einzelnen Gruppen der Emanzipationsbewegung nicht nur Einigkeit, sondern auch Vorurteile und Unverständnis gegenüber den jeweils anderen, die bis zu ihrer Abwertung führten.

Dezidierte Hinweise zu den Aktivitäten der Mannheimer Emanzipationgruppen finden sich erst nach der 1931 erfolgten Neugründung der Ortsgruppe des Bundes für Menschenrecht. Es war eine von Männern geprägte Gruppe, die regional und überregional Beachtung fand. Am 12. Dezember 1931 feierte sie ein Weihnachtsfest im *eigenen Kreise*, zu dem nicht nur die *Freunde Mannheims*, sondern auch die aus *der Umgebung* kamen. Die Mannheimer Gruppe hatte zweifellos Geltung für die Region insgesamt. Auch der Vorsitzende der Ortsgruppe Frankfurt war zu Gast. Nach einem Prolog und der Festrede des 1. Vorsitzenden E. Vogelmann, die von Herrn K. Pfau vorgetragen wurde, zeigten zwei Mitglieder einen *modernen Stepptanz* sowie einen *eleganten Tango.* Ein anderes Mitglied trug ein *Violinsolo* vor. Als *spannendster Teil* des Abends wurde eine Verlosung durchgeführt, deren nicht näher bezeichnete *Herrlichkeiten* durch die Mitglieder gestiftet worden waren. Die Feier ging bis zum frühen Morgen. Auch die Silvesterfeier 1931/32 war *außerordentlich gut* besucht und hatte eine *fabelhafte Stimmung*.[548]

1932 traf sich die Ortsgruppe wöchentlich samstags *im Bundeslokal* zum *gemütlichen Beisammensein*. An jedem ersten Samstag im Monat gab es ein spezielles Programm in Form einer *größeren Veranstaltung*. Im April 1932 war dies beispielsweise ein Fest unter dem Motto *Frühling am Rhein*, für die der Raum dekoriert wurde. Zum Fest gab es zwei Stunden Kabarett, die Darbietung eines Herrn „A. L." mit dem Titel *Einzug des Frühlings* sowie den *Schönbrunner Walzer*, der von der eigenen Hauskapelle aufgeführt wurde, was für beste Stimmung sorgte. Am 7. Mai 1932 veranstaltete die Gruppe unter dem Titel *Großer Maimarkt-Rummel* ihr nächstes Fest, bei der eine Tanzpantomime mit dem Titel *Tempelfest auf Bali* von drei Männern getanzt wurde. Zwei andere Herren sangen im Duett die bekannte Bacarole aus der Oper „Hoffmanns Erzählungen" von Jaques Offenbach. Beide Programmpunkte erhielten so viel Beifall, dass sie wiederholt wurden. Schon am 2. Juli 1932 fand die nächste *große Veranstaltung* des Jahres statt. Derweil gab es Überlegungen für einen *geräumigen Saal*, weil die Veranstaltungen teilweise so gut besucht waren, dass das bisherige Lokal zu klein wurde.

Der Jahreswechsel 1932/33 wurde in Mannheim-Ludwigshafen mit großer Kapelle, Saalpost und Bar im Kunstsaal des städtischen Gesellschaftshauses in Ludwigshafen, Bismarckstr. 46, gefeiert. War dies der gesuchte geräumigere Ort? Dort war für Februar 1933 auch ein großer Maskenball angekündigt.[549] Neben den Vergnügungen und dem geselligen Beisammensein blieb der Kampf für gesellschaftliche Anerkennung und Abschaffung des § 175 RStGB eine weiterhin wichtige Aufgabe.

Im Juni 1932 erschien in den Blättern für Menschenrecht folgender Aufruf: *Liebe Freunde Mannheims und Umgebung! Die hiesige Ortsgruppenleitung gibt sich alle Mühe, Ihnen frohe und angenehme Stunden zu bereiten. Darüber hinaus ist sie sich bewußt, stets für den Kampf einzustehen und wird nichts unversucht lassen, was zum Ziele führt. Ihre Pflicht ist es nun, dem Bund für Menschenrecht beizutreten und Mitglied unserer Ortsgruppe zu werden.*[550] Mehr über die *ernste Arbeit* der Gruppe wie vermutlich der gesamten Emanzipationsbewegung konnten *alle Artgenossen in einer folgenden Vortragsreihe erfahren*, wie im Februar 1933 in einem Tätigkeitsbericht der Gruppe verkündet wurde. [551] Am 14. Januar 1933 fand die *erste General-Versammlung* der Ortsgruppe statt. Der Geschäfts- und Kassenbericht wurde angenommen und der Vorstand entlastet. Der Vorsitzende machte *auf die Notwendigkeit des Bestehens der hiesigen Ortsgruppe aufmerksam und vergaß nicht, all denen den Kampf anzusagen, die durch Verleumdung und übler Nachrede den Bund zu schädigen* versuchten. Leider schweigen die Quellen dazu, welche Art der Verleumdung und Nachrede dies war, ob es interne Auseinandersetzungen gab oder Angriffe durch die Nationalsozialisten erfolgt waren. Ungeachtet vor allem der politischen Veränderung 1933 hielt man fest: *Man darf sagen, daß jetzt die hiesige Ortsgruppe eine aufwärtsgehende Konjunktur zeigt.*[552]

Inzwischen traf sich die Gruppe samstags und sonntags. Neben der Berliner Zentrale des Bundes für Menschenrecht war die Mannheimer Gruppe nachweislich mit der in Frankfurt a. M. vernetzt. Ebenso sind Besuche von Personen aus Mannheim und der Pfalz beim Freundschaftsbund in Stuttgart nachgewiesen, was auch eine regionale Vernetzung nach Württemberg belegt.[553] Aus dem Vorstand sind namentlich die Herren Vogelmann als 1. Vorsitzender, Mitteldorf als Kassierer und Schreck als Schriftführer bekannt. Friedrich Radszuweit muss ebenfalls eine wichtige Funktion erfüllt haben. Nach seinem Tod wurde er in einer der Versammlungen vom 1. Vorsitzenden in einer *schlichten Rede* gewürdigt. Auch der aus Heiligenstein in der Pfalz stammende Friedrich Lehr, der in der NS-Zeit wegen Prostitution verurteilt werden sollte, hatte in der Weimarer Republik Kontakt zu *dem Klub der Homosexuellen – Bund für Menschenrechte* [sic!] *Mannheim*.[554]

SCHLUSSBETRACHTUNG

In der Weimarer Republik gab es in Mannheim verschiedene Öffentlichkeiten für Homosexualität, Cross-Dressing und „Transvestitismus“. Jakobine Grohes Buchhandlung war eine erste und vermutlich also eine der zentralen Adressen in Südwestdeutschland. In den Kinos wurden Filme zu diesem Thema gezeigt, das auch in der Ehe- und Sexualberatungsstelle des Bundes für Mutterschutz angesprochen wurde. In verschiedenen Gaststätten, Hotels in Mannheim und im städtischen Gesellschaftshaus in Ludwigshafen fanden Versammlungen oder Bälle von Homosexuellen und mutmaßlich „Transvestiten“ statt. Homosexuelle Männer und Frauen organisierten sich in unterschiedlichen Gruppen in der Region Rhein-Neckar. Mit August Fleischmann, Theodor Wangemann und Franziska Berg sind früh drei Personen bekannt, die mit der Angabe von Namen und Privatadresse mutig an die Öffentlichkeit gingen und zur Gründung von Emanzipationsgruppen aufriefen. In Heidelberg lebte die später bekannte Schriftstellerin Gertrud Schloß.[555]

1919 wurde in Mannheim auch die Emanzipationszeitschrift Erosophische Probleme publiziert. Die Buchhandlung von Jakobine Grohe stellte für mehrere Jahre ein kommunikatives und informatives Zentrum der Emanzipationen für die gesamte Region dar. Hier war angeblich die gesamte Literatur zur Homosexualität erhältlich, hier wurde mit den Männern solidar sch für den Kampfausschuss zur Abschaffung des § 175 RStGB Geld gesammelt. Dass späterhin das Antiquariat von August Fleischmann und Gregor Doll über Jahre als Anlaufstelle der Damengruppe des Bundes für Menschenrecht genannt wurde und dieser Laden sich auch in den Zeitschriften der Emanzipation frauenliebender Frauen fand, weist ebenfalls darauf hin, dass es personale und lokale Überschneidungen der Emanzipationsbewegungen, vielleicht bis 1930 auch eine gemeinsame Emanzipationsbewegung von Frauen und Männern gab. Ob an diesen Emanzipationsgruppen auch trans Personen Anteil hatten, ist nicht belegt. Jedenfalls nutzten sie dieselben Medien der Emanzipation zur Information und Vernetzung. Mit Hertha Wind gab es eine trans Frau, die früh und konsequent ihren Weg suchte und ging.

TRANSIDENTE MENSCHEN GESTERN. ZWEI BIOGRAFIEN AUS DER RHEIN-NECKAR-REGION

Wolfgang Knapp

WAS IST TRANSIDENTITÄT?

Transidente Menschen können sich nicht mit ihrem angeborenen, biologischen Geschlecht und der daraus resultierenden Geschlechtsrolle identifizieren. Sie wissen sich als dem Gegengeschlecht zugehörig, fühlen sich meist als „im falschen Körper" lebend und streben eine Angleichung an ihr wahres Geschlecht an. Transmenschen wechseln ihr Geschlecht nicht. Sie möchten ihren Körper dem empfundenen Geschlecht anpassen. Daher spricht man nicht mehr von Geschlechtsumwandlung, sondern von Geschlechtsangleichung. Dieses Phänomen ist unabhängig von der sexuellen Orientierung.

Seit dem frühen 20. Jahrhundert wird an dem wissenschaftlich nicht erklärbaren Phänomen geforscht. In Deutschland wurden diese Personen, die man als „Transsexuelle" bezeichnete, erst 1980 offiziell anerkannt. Das sogenannte Transsexuellengesetz (TSG) ermöglichte es nunmehr den Betroffenen, nach psychologischer oder psychiatrischer Begutachtung den Vornamen und die Geschlechtszugehörigkeit dem wirklichen Geschlecht anpassen zu lassen. Durch Urteile des Bundesverfassungsgerichts wurde dieses Gesetz immer wieder dem aktuellen Stand der Wissenschaft angepasst. Heute ist der veraltete Begriff „Transsexualität" durch die Begriffe „Geschlechtsinkongruenz" und „Geschlechtsdysphorie" ersetzt.[556]

Oben: Adolf Wind als Matrose, 1917. Landesarchiv Speyer H 74, Nr. 2415

Unten: Hertha Elisabeth Wind, 1953. Landesarchiv Speyer H 74, Nr. 2415

HERTHA ELISABETH WIND (1897 – 1972)

Geboren wurde sie 1897 als Adolf Wind in Ludwigshafen.[557] Der zierliche Adolf erlebte eine behütete Kindheit in einem toleranten Elternhaus. Er liebte Mädchenspielzeug, fertigte Handarbeiten und engagierte sich im mütterlichen Haushalt. Bis zum 6. Lebensjahr trug er Mädchenkleider und äußerte bereits mit acht Jahren den Wunsch, ein Mädchen zu sein. Mit 14 Jahren begann Adolf, konsequent daran zu arbeiten, „ein richtiger Mann" zu werden. Er trieb viel Sport, erlangte ein athletisches Aussehen und ging 1915 freiwillig zur Marine. Ab 1920 arbeitete er als Kaufmann in Ludwigshafen, 1924 heiratete er und wurde Vater von zwei Söhnen.

Doch tief im Inneren empfand er weiterhin wie eine Frau und lehnte seinen männlichen Körper vehement ab. Der Verdrängungsprozess führte Ende der 1920er Jahre zu psychosomatischen Beschwerden und schweren Depressionen. Die Erlangung einer weiblichen Identität wurde lebensbestimmend. Auf eigenen Wunsch erfolgte 1931 in Frankfurt a. M. eine der ersten geschlechtsangleichenden Operationen in Deutschland, gefolgt 1939/1940 von zwei weiteren Eingriffen. *Toni*, dann *Hertha Elisabeth Wind* lebte fortan als Frau und fühlte sich endlich innerlich und äußerlich ausgeglichen. [558]

ZWISCHEN ÄCHTUNG UND ANERKENNUNG

1933, zu Beginn der NS-Herrschaft, wurde Hertha Elisabeth Wind aufgrund *gemeingefährlicher Geisteskrankheit* zwangsweise für drei Monate in die Kreis-, Kranken- und Pflegeanstalt Frankenthal eingewiesen. Der Kampf gegen dieses Unrecht, die Ehescheidung, das Ringen um die behördliche Anerkennung als Frau und um Rehabilitation sowie existentielle Nöte prägten ihr Leben bis in die 1950er Jahre. Ihren Lebensabend verbrachte Frau Wind in bescheidenen Verhältnissen als Hausfrau in Mannheim.

EIN FALL MACHT SCHLAGZEILEN

Obwohl Hertha Elisabeth Wind kein extrovertierter Mensch war, ging sie in den 1950er Jahren mit ihrer Lebensgeschichte an die Öffentlichkeit. Mehrere Presseartikel berichteten lokal und bundesweit zunächst wohlwollend und verständnisvoll, dann zunehmend reißerisch über den „Fall Wind“. Eine Buchveröffentlichung und die Verfilmung des ungewöhnlichen Schicksals standen im Raum, wurden aber nicht realisiert.[559]

Stolperstein für Heinrich Habitz/ Liddy Bacroff, verlegt 2019 in der Simon-von-Utrecht-Straße 79, Hamburg-Mitte/St. Pauli. https://commons.wikimedia.org/wiki/User:Jdsteakley

LIDDY BACROFF (1908 – 1943)

Geboren wurde sie 1908 als Heinrich Eugen Habitz in Ludwigshafen. Schon früh fiel Heinrich mit seiner mädchenhaften Art aus der Rolle. Der kaufmännische Lehrling wurde erstmals 1924 aufgrund eines Vergehens *wider die Sittlichkeit* vom Amtsgericht Ludwigshafen zu sechs Wochen Haft verurteilt. 1925 kam er als Zögling in die Erziehungsanstalt Schwarzacher Hof im Odenwald. Anschließend war er als Bürodiener tätig, dann als „Tänzerin“ bei einem Zirkus. Als das Amtsgericht Mannheim 1929 eine zweimonatige Gefängnisstrafe wegen „widernatürlicher Unzucht“ nach § 175 StGB verhängte, zog Heinrich nach Hamburg, verwandelte sich in „Liddy Bacroff“ und lebte von der Prostitution. Das weitere Leben war geprägt von der Suche nach einer eigenen Identität, Liebe, Geborgenheit und Möglichkeiten, den Lebensunterhalt zu bestreiten. Verurteilungen und Inhaftierungen aufgrund von Homosexualität, Prostitution und weiterer Delikte bestimmten die Jahre von 1930 bis 1937.

Nach der Haftentlassung 1938 versuchte Liddy Bacroff, sich mit gefälschten Papieren der polizeilichen Überwachung zu entziehen, wurde jedoch verraten und erneut verhaftet. Bei den Verhören stieß sie mit ihren ehrlichen Aussagen auf keinerlei Verständnis. Vom Landgericht Hamburg wurde sie wegen *gewerbsmäßiger widernatürlicher Unzucht* als *gefährlicher Gewohnheitsverbrecher* zu drei Jahren Zuchthaus mit anschließender Sicherungsverwahrung verurteilt. 1942 wurde Liddy Bacroff in das KZ Mauthausen verbracht, wo sie 1943 ermordet wurde.[560]

Als Heinrich Habitz schreibt Liddy Bacroff 1925 in einem Brief aus der Fürsorgeanstalt Schwarzacher Hof an eine ihr nahe stehende Lehrerin, dass sie oft an das Lied „Es hat die Rose sich beklagt“ denken müsse.[561]

Es hat die Rose sich beklagt,
dass gar zu schnell der Duft vergehe,
den ihr der Lenz gegeben habe.
Da hab' ich ihr zum Trost gesagt,
dass er durch meine Lieder wehe,
und dort ein ew'ges Leben habe.

Friedrich von Bodenstedt (1819–1892),
Vertonung: Robert Franz (1815–1892).

Liddy Bacroff, 1933. Staatsarchiv Hamburg StAHH 242-4 Kriminalbiologische Sammelstelle, 339
Die Aufnahme entstammt einer Fotoserie, die von der Kriminalbiologischen Sammelstelle Hamburg zu dokumentarischen Zwecken angefertigt wurde. Liddy Bacroff präsentierte sich unbefangen in unterschiedlichen Rollen, Posen und Kleidern.

21 VERFOLGUNGEN IN DER NS-ZEIT

CHRISTIAN KÖNNE

Die Übernahme der Macht durch die Nationalsozialisten 1933 verschärfte die Repression queerer Menschen. 1935 wurde der § 175 RStGB erheblich verschärft. Hatte er bisher „beischlafähnliche Handlungen" zwischen Männern als „widernatürliche Unzucht" unter Strafe gestellt, so wurde jetzt der allgemein gefasste Begriff der „Unzucht" eingeführt. Nun konnte bereits ein Blick als Beweis für Homosexualität bei Männern gelten und zur Verurteilung führen.[562] Mithilfe des „Gesetzes zur Verhütung erbkranken Nachwuchses" (GzVeN) wurden Homosexuelle ebenfalls verfolgt. Dazu gehörte beispielsweise die Einweisung in eine Heil- und Pflegeanstalt oder ein Arbeitshaus. Dazu gehörte auch die Kastration von „gefährlichen Sittlichkeitsverbrechern".[563] Sowohl politische wie eugenische Ideen lagen der Verfolgung zugrunde und wurden mit Mitteln der Strafverfolgung und der Medizin umgesetzt.[564] Die Verfolgungszahlen wegen Homosexualität bei Männern nahmen etwa um das Zehnfache zu. Die Forschung geht von etwa 50.000 Inhaftierten und zwischen 5.000 und 15.000 zu Tode gekommenen Männern aus. Als „Wiederholungstäter" klassifizierte Männer konnten nach Haftverbüßung zur sogenannten „Schutzhaft" in ein KZ verbracht werden. Häftlinge, die im Konzentrationslager wegen Homosexualität inhaftiert und mit dem Rosa Winkel gekennzeichnet waren, standen zuunterst in der Lagerhierarchie. Sie hatten dort zusammen mit den Juden die höchsten Sterberaten.[565]

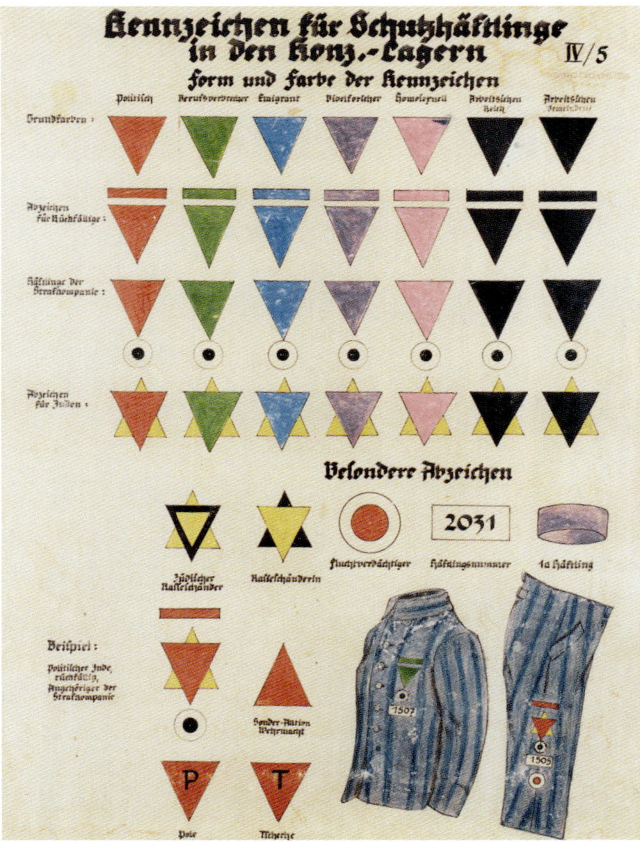

Tafel mit farbigen Kennzeichen (Winkeln) für Häftlinge in Konzentrationslagern der NS-Zeit, um 1940. In der 5. Spalte von links: Rosa Winkel für homosexuelle Häftlinge. Bundesarchiv, Bild 146 – 1993-051-07

Homosexualität bei Frauen blieb nach einer Diskussion über die Einführung einer Bestrafung schließlich straffrei. Maßgeblich hierfür war die aus Sicht der Nationalsozialisten dem Mann untergeordnete Rolle von Frauen in Familie und Staat.[566] Auch homosexuelle Frauen waren in Konzentrationslagern inhaftiert, jedoch mit anderen Haftgründen.[567]

Zur Situation von trans Personen in der NS-Zeit fehlen bislang übergreifende Forschungen insbesondere für deren Situation außerhalb der Metropolen.[568] Nachfolgend soll die Verfolgungssituation in der Region Rhein-Neckar auf der Basis bisher vorliegender Forschungsergebnisse skizziert werden.[569] Diese werden um weitere Aspekte ergänzt. Hieraus ergibt sich kein abgeschlossenes Forschungsergebnis, aber ein Einblick, der dazu dienen kann, vertieft erforscht und systematisiert zu werden.

TREFFPUNKTE UND KONTAKTMÖGLICHKEITEN

Zu Beginn des Jahres 1933 bestanden die Vereine für Homosexuelle weiterhin, wie ein Treffen des Bundes für Menschenrecht zeigt.[570] Im Februar 1933 wurden für Mannheim-Ludwigshafen noch Maskenbälle oder Faschingsbälle angekündigt, wobei offen bleibt, ob diese noch stattfinden konnten.[571] Auch Anzeigen frauenliebender Frauen wurden noch für das Sommersemester 1933 geschaltet.[572] Die Zeitschriften der Freundschaftsverbände sowie der Bund für Menschenrecht bestanden bis März 1933.[573] Das Verbot von sogenannten „Schmutz und Schund-Schriften" gehörte zu den Maßnahmen, mit denen der NS-Staat gegen Homosexuelle, trans Personen und die Sexualreformbewegung vorging.[574] Das Ende der Zeitschriften und Verbände bedeutete den Verlust von für Homosexuelle und trans Personen wichtigen Netzwerken. Über spätere Treffpunkte oder Vernetzungsmöglichkeiten frauenliebender Frauen wurde in den untersuchten Quellen nichts bekannt. Über die Quellen der Verfolgung von Homosexualität bei Männern ergeben sich Informationen zu deren Treffpunkten.

So wurde das Mannheimer Gasthaus Zum Kurfürsten 1943 als *Verkehrslokal der Gleichgeschlechtlichen* genannt. Ob diese Aussage aber für die NS-Zeit oder für die Weimarer Republik galt, ist nicht sicher. Folgt man den Angaben der Untersuchungsbehörden, befand sich die Gaststätte Zum Kurfürsten in der Neckarstadt.[575] Einer Werbeannonce zufolge gab es ein Gasthaus gleichen Namens im Jungbusch.[576] Das Gasthaus Zur Alpenrose scheint 1936 irrig als eines angesehen worden zu sein, in dem zwei Männer gemeinsam in einem Zimmer absteigen konnten, ohne denunziert zu werden.[577]

Später wurden wiederholt öffentliche Toiletten als anonym nutzbare Treffpunkte bekannt.[578] In Heidelberg war es 1935 der Abort an der Friedrichsbrücke.[579] 1937 waren das Bedürfnishäuschen am Marktplatz in Mannheim und das Rheinvorland unter den Rheinbrücken in Ludwigshafen entsprechend genutzte Orte.[580] Daneben wurde der Weinheimer Bahnhof in der Mannheimer Neckarstadt 1937 zur Kontaktanbahnung genutzt.[581] Offenbar diente auch der Abort am Hauptbahnhof Mannheim 1942 weiterhin als Treffpunkt.[582] Diese allesamt durch die Überlieferung der Verfolgungsbehörden bekannt gewordenen Orte sagen freilich nichts darüber aus, ob sich Homosexuelle und trans Personen an anderen Orten weiterhin, aber von den Strafverfolgungsbehörden unerkannt, trafen.

Plünderung im Institut für Sexualwissenschaften von Magnus Hirschfeld in Berlin, 1933: Mitglieder der Hitlerjugend sortieren Material für die Bücherverbrennung aus. bpk

PRESSEBILDER SOGENANNTER „VOLKSSCHÄDLINGE“

Dass der NS-Staat gegen Homosexuelle und trans Personen vorging, war auch medial ein Thema. In der gleichgeschalteten NS-Presse wurde insbesondere Homosexualität von Männern in der Propaganda überzeichnet. Homosexuelle Männer wurden als angebliche „Volksfeinde“ diffamiert, Homosexualität dabei wiederholt mit anderen Straftaten und insbesondere mit Pädophilie in einen Zusammenhang gebracht. In der Badischen Presse las man im März 1933, dass der Berliner Polizeipräsident die Schließung von Nachtlokalen angeordnet hatte, die *in sittlicher Beziehung* angeblich schon *seit langem zu Beanstandungen* Anlass gegeben hätten.[583] Das Hakenkreuzbanner aus Mannheim informierte über Berliner Lokale, in denen *Männer in Frauenkleidern* anzutreffen gewesen seien. Der neue Polizeipräsident habe diese *geschmacklose Maskerade* beendet, indem solche *Brutstätten menschlichen Ungeziefers* geschlossen worden seien.[584]

Am 6. Mai 1933 wurde das Berliner Institut für Sexualwissenschaft von Magnus Hirschfeld geplündert.[585] Auch in Heidelberg las man darüber, dass die *Bücher und Schriften* [...] *auf dem Opernplatz verbrannt* werden sollten, was am 10. Mai 1933 geschah.[586] In Mannheim hinter der Feuerwache am Alten Messplatz und in Heidelberg auf dem Universitätsplatz kam es ebenfalls zu Bücherverbrennungen. In Mannheim wurde eigens auf die Verbrennung der Schriften von Magnus Hirschfeld hingewiesen.[587] Der Kampf gegen Homosexualität wurde auch in den Reihen der NS-Organisationen geführt. Die Ermordung des bekanntermaßen homosexuellen SA-Stabschefs Ernst Röhm war 1934 auch in Heidelberg unter der Überschrift *Der Führer greift rücksichtslos durch* in der Presse abgebildet.[588] Dies konnte auch in der Region Rhein-Neckar als warnendes Beispiel gelesen werden.

Historisch sind die sogenannten Klosterprozesse untersucht worden, bei denen 1936/37 katholische Geistliche und Laienbrüder wegen Homosexualität, aber auch wegen Missbrauch von Menschen in ihren Einrichtungen vor Gericht standen und dies in einer reichsweiten Pressekampagne propagandistisch genutzt wurde mit dem Ziel, die katholische Bevölkerung von der Kirche abzubringen.[589] In der Region Rhein-Neckar sind Prozesse gegen Geistliche bzw. Laienbrüder aus Queichheim bei Landau, Frankenthal oder Ludwigshafen bekannt.[590] Über zwölf Mitglieder der Queichheimer Paulusgemeinschaft, die in Landau vor Gericht standen, wurde auch in Mannheim berichtet.[591]

Die hiesige NS-Presse ereiferte sich auch über andere Fälle männlicher Homosexualität in der Region. Verheiratete Männer, die miteinander Sexualverkehr mit vermuteter Prostitution hatten, dienten ebenso als Zielscheibe homophober Skandalisierung wie ein Mann in Schwetzingen, der angeblich neunzigfachen einvernehmlichen und prostitutiven Sexualverkehr hatte und dem Kontakte dieser Art mit Jugendlichen nachgesagt wurden.[592] Über die Presse erfuhr die Öffentlichkeit auch über homosexuelle Kontakte von „heterosexuellen" Männern mit Jugendlichen.[593] Außerdem wurde über einen sogenannten *Volljuden* berichtet, der wiederholt wegen *widernatürlicher Unzucht* vor Gericht gestanden und sich dort angeblich *unmanierlich* benommen hatte.[594] Über den Prozess gegen einen anderen jüdischen Homosexuellen wurde unter der Schlagzeile *Ein jüdischer Unhold wird unschädlich gemacht* diffamierend berichtet.[595] Ein gefundenes Fressen für die Presse waren auch bekannt gewordene Fälle von Erpressung zwischen Homosexuellen.[596]

Über den wegen *widernatürlicher Unzucht* und anderer Delikte vorbestraften Friedrich Wilhelm Meßmer (*1882 in Freiburg) informierte die Zeitung ausführlich. Der Berichterstattung war zu entnehmen, dass Meßmer schon mehrmals in psychiatrische Krankenhäuser eingewiesen worden sei, wo man festgestellt habe, *daß er an sich geistig vollkommen normal* sei. In die Öffentlichkeit wurde auch getragen, dass Meßmer sich während seiner Inhaftierungen angeblich *jedes Mal in eine Haftpsychose* hineinsteigere, was *auch diesesmal* der Fall sei. Doch anstatt sich adäquat medizinisch um ihn zu kümmern, wurde Meßmer 1937 zu einer nicht näher bekannten Zuchthausstrafe mit anschließender Sicherungsverwahrung verurteilt. Selbst mit den Inhalten eines während seiner Psychose in der Haft verfassten Briefes ging die NS-Presse an die Öffentlichkeit, um ihn als „homosexuell" und „krank" weiter zu diskreditieren.[597]

Auch über den 27-jährigen Mannheimer Wilhelm Meffert, der 1939 wegen zwei Sexualkontakten mit Jugendlichen unter 21 Jahren vor Gericht stand, wurde berichtet. Der *Gerichtsarzt* halte ihn für *einen geistig minderwertigen Menschen, der aber für seine Taten voll verantwortlich zu machen* sei.[598] Als 1941 mit

Octav von Andlaw, Graf von Bellingen, ein Mann aus einem *der ältesten deutschen Adelsgeschlechter* vor dem Mannheimer Sondergericht stand, wurde er in der Presse als *ganz aus der Art geschlagen* und als *verweichlicht, unmännlich* und *degeneriert* vorgeführt.[599] Dass sich der wegen Homosexualität in Untersuchungshaft sitzende [Vorname unbekannt] Grübel erhängte, wurde zynisch damit kommentiert, dass ihm *das Ekelhafte seines Tuns schließlich zum Bewußtsein gekommen* sei.[600]

Dass manche Homosexuelle nach ihrer Haftverbüßung in Konzentrationslager eingewiesen wurden, war in der NS-Presse ebenso zu lesen wie die Information, dass Männer, die wegen mehrfacher homosexueller oder pädophiler Handlungen angeklagt waren, vom Mannheimer Sondergericht zum Tode verurteilt wurden.[601] Die NS-Presse hielt über die Todesurteile gegen drei Männer 1943 fest, dass damit *dem gesunden sittlichen Empfinden des deutschen Volkes* [...] *in einer allseits gerecht empfundenen Weise Genüge getan* sei.[602] Wie diese Beispiele zeigen, rückte die NS-Presse auch in der Region Rhein-Neckar Homosexualität konsequent und sprachlich abwertend in einen Zusammenhang mit Kriminalität, Krankheit oder Pädophilie. Angesichts des staatlichen Antisemitismus wurden homosexuelle Juden ebenfalls in der Presse vorgeführt.

Über Männer, die beruflich, intellektuell und von ihrer geistigen Gesundheit her unauffällig waren, mit dem Gesetz bisher nicht in Konflikt geraten waren, aber einvernehmliche homosexuelle Sexualkontakte mit Erwachsenen hatten und dafür verurteilt wurden, las man in den NS-Presse eigentlich nichts – trotz der drastisch steigenden Verurteilungszahlen. Damit erschuf die NS-Presse das vom NS-Staat propagierte Zerrbild über Homosexuelle als angebliche Gefährder der Jugend, als Mehrfachkriminelle oder als Kranke.[603] Dass Homosexualität von Frauen kein Thema der NS-Presse war, gehört zu den vielsagenden Leerstellen.

Die lokale NS-Presse forderte die Leser auch eigens dazu auf, *im Kampf gegen diese Seuche allen amtlichen Stellen hilfreich zur Hand zu gehen*, denn es ergreife einen *ein Ekel, wenn man solche Menschen* vor sich stehen sehe, wie das Hakenkreuzbanner dies formulierte.[604] Dieser Aufruf zur Denunziation wurde umgesetzt – auch Nachbarn und Familienangehörige beteiligten sich. Für die Pfalz ist ein hoher Anteil an Denunziationen belegt.[605]

VERFOLGUNGEN IN DER REGION RHEIN-NECKAR

Homosexuelle und trans Personen wurden polizeilich mit den 1935 erheblich verschärften §§ 175, 175a RStGB verfolgt, da „Transvestiten", auch wenn sie sich selbst als Frauen verstanden, rechtlich Männer blieben.[606] Für die Verfolgung in der Pfalz waren zunächst verschiedene Stellen zuständig, bevor die Gestapo in Neustadt an der Weinstraße ansässig wurde und hier verschiedene Zuständigkeiten bündelte.[607] Für die verschiedenen Bezirksämter der Vorderpfalz sind im Landesarchiv Speyer Akten vorhanden, die die Anzahl der Ermittlungsfälle dort ausweisen:[608]

Bezirksamt	Anzahl	Bezirksamt	Anzahl
Neustadt/Wstr.	16	Speyer	35
Kirchheimbolanden	6	Landau	12
Frankenthal	4	Bergzabern	5
Ludwigshafen/Rh.	15	Germersheim	3
Gesamtanzahl: 96			

Der Mannheimer Polizeipräsident benannte Ende 1936 in einem Schreiben an den badischen Innenminister die Bekämpfung der Homosexualität als *augenblicklich eine der wichtigsten Aufgaben der Kriminalpolizei* Mannheims. Allein im November 1936 liefen am Polizeipräsidium Mannheim 24 Verfahren gegen Homosexuelle, bei denen sich weitere 20 Personen als Tatverdächtige ergeben hatten. Mit Hinweis auf die Einrichtung der „Reichszentrale zur Bekämpfung der Homosexualität und Abtreibung", die aus Sicht des Polizeipräsidenten eine *große Bedeutung aus allgemeinen staatlichen Interessen unter politischen Gesichtspunkten* bei der Homosexuellenverfolgung hatte, forderte er zu den bisherigen beiden Kommissaren zwei weitere Beamte. Auch der Oberstaatsanwalt Mannheims schätzte in einem Lagebericht im Januar 1937 ein, dass die Fälle von Homosexualität *unverhältnismäßig zahlreich* seien.[609] Da die Überlieferung der Polizei Mannheims kurz vor Kriegsende 1945 verbrannt wurde, sind hier keine weiteren Informationen zu erhalten.

Über die Verhörmethoden sind nur wenige Informationen überliefert. Für die Pfalz sind stundenlange Verhöre in der Nacht sowie sogenannte „Aufmunterungen" durch die Beamten als Verhörmethoden bekannt, bei denen der Betroffene anschließend *grün und blau* war, also offenbar geschlagen wurde. Ein von der Gestapo verhörter HJ-Führer unterschrieb sein Geständnis nur, weil er am Ende des Verhörs *seelisch völlig zusammengebrochen* war. Anschließend widerrief er dieses Geständnis.[610] Wie belastend die Situation im Gefängnis sein konnte, wird daran deutlich, dass Meßmer in der Haft in Mannheim eine Psychose entwickelte, Grübel sich in der Untersuchungshaft in Mannheim das Leben nahm und auch Friedrich Lehr (*1902) während seiner Haft einen Suizidversuch beging.[611]

Im Hinblick auf das Strafmaß liegen Ergebnisse für die Pfalz vor. Dass sich allein Verdächtigungen auswirken konnten, wird bei einem Wirt in Bad Bergzabern deutlich, von dem ein Gast behauptete, jener habe versucht, sich ihm homosexuell zu nähern. Danach verfügte der Landrat die Schließung der Gaststätte, so dass dem Wirt seine Existenzgrundlage entzogen war.[612] Ein Schüler der Gauoberschule Kirchheimbolanden, der zusammen mit Klassenkameraden onanierte, wurde von der Schule verwiesen. Verschiedene Beamte, bei denen homosexuelle Kontakte bekannt wurden, wurden aus dem Dienst entfernt.[613]

Das durchschnittliche Strafmaß bei Verurteilungen wegen § 175 RStGB lag in der Pfalz bei sechs Monaten Gefängnis. Bei Handlungen mit Jugendlichen lag das durchschnittliche Strafmaß bei zwei Jahren.[614] Bei Straftaten gegen Kinder (§ 176) oder solchen mit Abhängigen (§ 174) lag das Strafmaß in der Pfalz durchschnittlich bei 33 Monaten.[615] Dass eine Verurteilung und Inhaftierung auch nach dem Ende der Haft Konsequenzen haben konnte, wird an einem Kaufmann aus Bad Dürkheim deutlich, der nach seiner neunmonatigen Haftstrafe wegen § 175 RStGB die Stadt verließ, weil er *von der Bevölkerung gemieden wurde*.[616]

Otto Scheuerbrand, Foto des Polizeipräsidiums Mannheim, 1937. Generallandesarchiv Karlsruhe Akte 521 Nr. 6104

Im Bestand zum Sondergericht Mannheim des Generallandesarchivs Karlsruhe sind die Akten zu acht Fällen überliefert, in denen Männer wegen Homosexualität und weiterer Delikte vor dem Mannheimer Sondergericht angeklagt waren. Diese wurden für die vorliegende Untersuchung übersichtsartig eingesehen. In einem Fall beging ein Beschuldigter, dem homosexuelle Kontakte zu bei ihm beschäftigten Zwangsarbeitern zur Last gelegt wurden, während der Untersuchungen Suizid.[617] In fünf Fällen wurden die Untersuchungen nicht wegen „widernatürlicher Unzucht" begonnen, auch nicht im o.g. Fall des mutmaßlichen sexuellen Missbrauchs von Zwangsarbeitern, sondern wegen Straftaten, für die das Sondergericht typischerweise zuständig war, wie „Schwarzschlachtung", „Heimtücke" oder das „Hören von Feindsendern". Bei diesen Männern wirkte sich die weitere Anschuldigung wegen „widernatürlicher Unzucht" offenbar aber strafverschärfend aus.

Ein weiterer Mann wurde 1942 wegen §§ 175a, 176 sowie wegen unberechtigten Tragens von Ehrenabzeichen und NSDAP-Uniform zum Tode verurteilt. Drei weitere Männer wurden 1943 wegen mehrfacher Straftaten nach §§ 175, 176 zum Tode verurteilt, ohne dass bei ihnen für die Zuständigkeit des NS-Sondergerichts „typische" andere Vergehen nachgewiesen sind.[618] Die Todesstrafe wegen pädophiler Handlungen (§ 176) war 1941 eingeführt worden.[619] Diese vier Männer galten beim NS-Sondergericht als „gefährliche Gewohnheitsverbrecher".

Einer der Hingerichteten war bereits 1936 *wegen angeborenem Schwachsinn* durch Beschluss des Erbgesundheitsgerichts unfruchtbar gemacht worden.[620] Der Leichnam eines zweiten Hingerichteten, eines früh überzeugten Nationalsozialisten, wurde nach Heidelberg verbracht, um ihn zu obduzieren. Da dieser Mann zuvor *entmannt* worden war, aber sein Trieb nicht abgestorben sei, wollte man prüfen, ob sich noch Reste von Hodengewebe bei ihm fänden.[621]

Die Verfolgungen wurden auch durch das „Gesetz zur Verhütung erbkranken Nachwuchses" (GzVeN) rechtlich abgesichert.[622] So wurde beispielsweise Otto Scheuerbrand aus Ludwigshafen zwangsweise sterilisiert, bevor er später im Konzentrationslager verstarb.[623] Dass Homosexuelle in Heil- und Pflegeanstalten eingewiesen wurden und dort der sogenannten „Euthanasie" zum Opfer fielen, ist bekannt.[624] In Klingenmünster starb mit Oskar Knecht beispielsweise ein aus Kaiserslautern stammender Mann. Auch in die psychiatrischen Einrichtungen in Frankenthal und Wiesloch wurden Homosexuelle und „Transvestiten" zwangsweise eingewiesen, wie beispielsweise Theodor Wangemann (Kap. 14) und Hertha Wind (Kap. 20).[625]

Über die Ergebnisse des GzVeN in der Psychiatrie in Frankenthal wurde 1938 von Otto Striehn eine psychiatrische Dissertation verfasst, in der er behauptete, dass *nach den bisherigen Erfahrungen gerade ein sehr großer Teil von den die freiwillige Entmannung Beantragenden die Homosexuellen* seien.[626] Striehn stellte in seiner Dissertation 13 Personen aus Frankenthal vor, bei denen *die Kastration durchgeführt bzw. beantragt* worden war.[627] *Entmannungen*, also die Entfernung der Hoden, wurden offenbar zwangsweise bei Männern durchgeführt, die Straftaten gegen Kinder nach § 176 RStGB begangen hatten, nicht aber bei Männern, die wegen Verstoßes gegen § 175 RStGB verurteilt wurden.[628]

EINZELSCHICKSALE

Für verschiedene Personen, die im Nationalsozialismus wegen Homosexualität verfolgt wurden, gibt es inzwischen biografische Informationen. Mit Stolpersteinen wird beispielsweise in Heidelberg an Richard Broosch, in Ludwigshafen an Fritz Bunz, Viktor Hugo Forstmann und Otto Scheuerbrand, in Mannheim an Herbert Klingmann und in Worms an Adolf Tschirner erinnert. An Walter (Nachname unbekannt) aus Kirchheimbolanden, Jerry Rosenstein aus Bensheim, Fritz Lamm aus Frankenthal und Elisabeth Zimmermann und ihre Zeit in Heidelberg erinnern Texte, die über ihr Leben informieren.[629] Dass der berühmte Arzt und Sexualforscher Magnus Hirschfeld in seinem Exil in Paris den Ludwigshafener Anwalt Friedrich Wilhelm Wagner empfing, er sich auf einer Vortragsreise auf Hawaii mit dem aus Edenkoben stammenden Arzt Georg Franz Straub in dessen Klinik traf und Hirschfeld auch mit Harold Picton korrespondierte, der später *sei-*

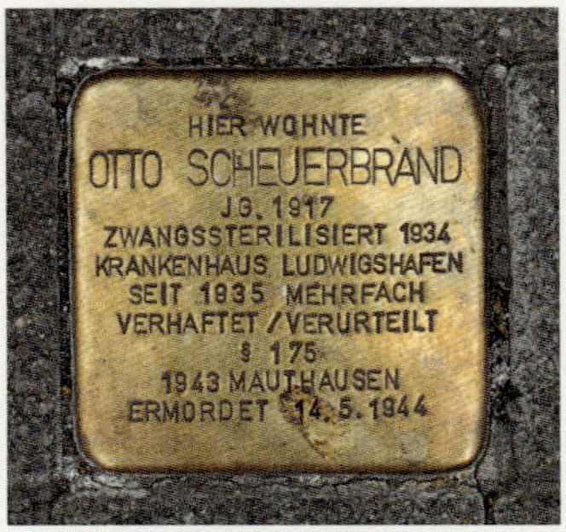

Stolperstein für Otto Scheuerbrand (1917 – 1944) in Ludwigshafen a. Rh., Maxstr. 52.
Foto von 2022, Kathrin Schwab, MARCHIVUM

Stolperstein für Herbert Klingmann (1904 – 1940) in Mannheim, F 4, 17.
Foto von 2022, Kathrin Schwab, MARCHIVUM

Stolperstein für Viktor Hugo Forstmann (1908 – 1943) in Ludwigshafen a. Rh., Ludwigstr. 6.
Foto von 2022, Kathrin Schwab, MARCHIVUM

Stolperstein für Richard Max Broosch (1912 – 1943) in Heidelberg, Bergheimer Str. 81.
Foto von 2022, Kathrin Schwab, MARCHIVUM

Stolperstein für Fritz Bunz (1883 – 1943) in Ludwigshafen a. Rh., Ludwigstr. 46.
Foto von 2022, Kathrin Schwab, MARCHIVUM

Stolperstein für Adolf Tschirner (1894 – 1940) in Worms, Römerstr. 44.
Foto von 2022, Kathrin Schwab, MARCHIVUM

nen Freund und Adoptivsohn Werner Sommer als Erben einsetzen würde, den Sohn der berühmten pfälzischen Mundartdichterin Lina Sommer aus Jockgrim, gehört zur Geschichte der Menschen aus der Region Rhein-Neckar im Exil, die Magnus Hirschfeld kannten und ihn offenbar schätzten.[630] Nachfolgend werden weitere biografische Skizzen vorgestellt.

HEINRICH LANDES – HEIDELBERG

Harry Landes (*1897 in Heidelberg) nahm als Freiwilliger am Ersten Weltkrieg teil. Anfang der 1920er Jahre war er der Partner von Walther Braun, dem Bürgermeister von Schifferstadt (Kap. 16). Über diesen Fall äußerte sich Landes in der Emanzipationspresse.[631] Seit dem Wintersemester 1919/20 besuchte Landes Kurse an der Universität Heidelberg, wozu 1920 u. a. die „Psychologie des abnormen

Seelenlebens“ oder „Ethik und Moralpsychologie“ gehörten.[632] An der Universität Würzburg promovierte Heinrich Landes 1929 zum Thema „Das Tänzerische als zentrales Formprinzip des Barock“. Danach lebte er in Berlin, wo er unter den Künstlernamen Henri Michel de Landes und Dr. Heinz v. Landes-Larass als Tänzer und Choreograph, Dramaturg und Filmschauspieler tätig war.

Vom 22. Mai bis zum 2. September 1936 nahm die Gestapo den damals 39-Jährigen in sogenannte „Schutzhaft“, die er sowohl im KZ Columbiahaus in Berlin als auch im KZ Lichtenburg in Prettin in Sachsen-Anhalt verbrachte. 1936 wurde Landes in Berlin wegen Vergehens nach § 175 RStGB zu einem Jahr Gefängnis verurteilt. Am 20. Februar 1937 wurde er aus der Haft entlassen. Da die Gestapo offenbar weitere homosexuelle Kontakte von Landes ermittelte, flüchtete er nach Großbritannien. Als Angehöriger eines feindlichen Staates war Landes auf der Isle of Man interniert. Während dieser Zeit lernte er *seinen kanadischen Freund, den Pianisten und Musiklehrer Gordon McLean kennen. Sie gingen in den 1950er Jahren nach Kanada, wo Heinz Landes Ende 1958 im Alter von 61 Jahren an einem Krebsleiden verstarb.*[633] McLean war von 1958 bis 1975 Leiter des Piano Departments des Konservatoriums von Regina in Kanada.[634]

OTTMAR SCHÖNITH – MANNHEIM

Ottmar Schönith (*1905 in Schellbronn) war kaufmännischer Angestellter, ledig, katholisch und lebte in Mannheim in der Langstraße 97. Im Mai 1943 wurde er vom Landgericht Mannheim wegen „widernatürlicher Unzucht“ zu zwei Jahren Zuchthaus und drei Jahren Ehrverlust verurteilt, weil er bereits mehrfach vorbestraft war, auch wegen „widernatürlicher Unzucht“. Da er 1943 wegen sexuellem Kontakt mit einem Mann unter 21 Jahren vor Gericht stand, sah das Gericht eine *empfindliche* Strafe und eine *abschreckende* Wirkung für notwendig an.[635] Später war er im Zuchthaus Ensisheim im besetzten Elsass inhaftiert. Er wurde in Offenburg in einem als „Himmelfahrtskommando“ zu bezeichnenden Arbeitseinsatz zum Sammeln von Blindgängern eingesetzt.[636]

Am 21. April 1944 informierte die Kriminalpolizei Karlsruhe den Vorstand des Zuchthauses darüber, dass Schönith nach seiner Haftverbüßung in Vorbeugehaft zu nehmen sei.[637] Um einer weiteren Haft nach dem regulären Ende seiner Haftzeit zu entkommen, ließ sich Schönith im Oktober 1944 „freiwillig“ in Freiburg „entmannen“. Aus einem Schreiben von Schönith geht hervor, dass er erfahren hatte, dass homosexuelle Männer, die dies nicht vornehmen ließen, in ein KZ eingewiesen würden.[638] Auch seine Familie setzte sich mit dem Ziel der Haftentlassung für die Entmannung bei den Behörden ein, wobei darauf verwiesen wurde, dass Straftaten wegen *widernatürlicher Unzucht* früher *wesentlich milder als heute* beurteilt worden seien.[639] Dass sein Bruder, ein bei der Stadtverwaltung Mannheim tätiger Beamter, 1943 eine vergleichsweise deutliche Kritik am NS-Staat und seinen Gesetzen speziell im Hinblick auf Homosexualität formulierte, ist durchaus bemerkenswert. Doch offenbar sollte es nicht zu einer Entlassung aus der Haft kommen, denn wie der interne Schriftverkehr der NS-Behörden zeigt, wurde die Haftanstalt Ensisheim darüber informiert, dass Schönith nach seinem Strafende am 4. Januar 1945 nicht aus der Haft entlassen, sondern nach Karlsruhe ins Gefängnis überstellt werden sollte.[640] Eine Notiz weist die Absicht nach, Ottmar Schönith im Februar 1945 ins KZ Dachau zu überstellen. Sein weiteres Schicksal ist unbekannt.[641]

HERTHA WIND – LUDWIGSHAFEN

Hertha Wind (*1897 in Ludwigshafen) stammte aus Ludwigshafen, wo sie als Adolf Wind geboren wurde (Kap. 20). Zu Beginn der 1930 Jahre ließ sie eine geschlechtsangleichende Operation in Frankfurt a. M. vornehmen. Fortan lebte sie als Hertha Wind. Die Änderung des Eintrags im Personenstandsregister in *weiblich* wurde in der NS-Zeit vorgenommen, als klar wurde, dass sie nicht als Soldat eingezogen werden konnte.[642]

Im August 1933 wurde Wind als *gemeingefährlich geisteskrank* in die Psychiatrie nach Frankenthal eingeliefert.[643] Im psychiatrischen Bericht wird vermerkt, dass Wind *vollkommen wie eine Frau gekleidet* und mit langem Haar in der Psychiatrie erschienen war und erklärt hatte, *seine* [sic!] *seelische Einstellung verlange* dies, da sie *kein Mann sein wolle*. Im November 1933 wurde Wind wieder aus der Psychiatrie entlassen, nachdem sie sich *ins männliche* [sic!] umgestellt und versprochen habe, *ein anderer Mensch* werden zu wollen.[644] Angeblich wurde Wind vonseiten der Behörden gestattet, sich *Frau* zu nennen.[645] Hertha Wind überlebte die NS-Zeit und lebte anschließend bis zu ihrem Tod in Mannheim.[646]

WILHELMINE EDINGER UND MARIA SEEMUTH – LUDWIGSHAFEN

1934 wurden in Ludwigshafen Wilhelmine Edinger (*1902 in Ludwigshafen) und Maria Seemuth (*1894 in Altlußheim) wegen der Beschuldigung eines „Heimtücke"-Vergehens von einem ihrem Nachbarn, einem SS-Mann, angezeigt, da Wilhelmine Edinger angeblich gegenüber Dritten geäußert hatte, dass Hitler und Stabschef Röhm *intime Beziehungen miteinander* hätten. Die im Zuge der Anzeige erstellte Akte ist von Bedeutung für die Verfolgung von frauenliebenden Frauen in der NS-Zeit, weil sie nachweist, wie umfangreich und über Verwaltungsgrenzen hinweg sich die Gestapo nach dem privaten Leben der beiden Frauen erkundigte, obwohl lesbische Beziehungen nicht eigens unter Strafe standen. Offenbar war die lesbische Beziehung dieser beiden Frauen aber bei der Ermittlung sehr wohl von Belang.

Der sie anzeigende Nachbar, der mit ihnen *Hausstreitigkeiten* hatte, teilte mit, es werde im Haus erzählt, *dass die beiden miteinander leben wie Mann und Frau*. Die Ehefrau des Nachbarn ergänzte dies noch um die Aussage, dass sich Frau Seemuth laut Information ihrer Mitbewohnerin in Fragen von Homosexualität *in diesen Sachen gut* auskenne. Die angezeigten Nachbarinnen bestritten die Aussagen zu Hitler und Röhm ebenso wie zu ihrem Verhältnis. Seemuth hob ihre nationale Gesinnung hervor. Dass sich die Polizei Ludwigshafen speziell über die lesbischen Beziehungen von Frau Seemuth auch bei der Polizei in Mannheim erkundigt und von dort erfahren hatte, dass sie dort *mit einem jungen Mädchen in lesbischer Liebe zusammenlebte*, zeigt wiederum, dass die homosexuellen Beziehungen bei den Ermittlungen von größerer Relevanz waren – und dass sie dies schon zuvor auch in Mannheim bei der dortigen Polizei selbst gewesen waren. Auch die Schwester von Wilhelmine Edinger wurde eigens zum Verhältnis der beiden Frauen befragt.[647] Das Verfahren wurde am 3. November 1934 wegen des Amnestiegesetzes eingestellt.[648]

Maria Seemuth hatte Ende 1922 in Mannheim die Firma Scheuber und Seemuth in der Heinrich-Lanz-Str. 22 gegründet, bei der sie im April 1923 als Geschäftsführerin ausschied. Zu Beginn des Jahres 1934 wurde sie von der Staatsanwaltschaft Mannheim wegen fortgesetzten Betrugs und Unterschlagung mit Haftbefehl gesucht.[649] Ihr Nachbar in Ludwigshafen war seiner Position in der NSDAP aus unbekannten Gründen verlustig gegangen. Auch dies könnte einer der Gründe dafür gewesen sein, wieso er die beiden Frauen denunzierte. Möglicherweise wollte er sich gegenüber der NS-Führung profilieren, was zugleich den Effekt hatte, ein mutmaßlich lesbisches Paar aus dem Haus heraus zu bekommen.

OPFER MIT BEZUG ZUR RHEIN-NECKAR-REGION

Nachfolgend findet sich eine Übersicht der veröffentlichten Namen von Männern, die in NS-Konzentrationslagern umkamen.[650] Viele Männer aus Baden, die wegen angeblicher Homosexualität verfolgt wurden, wurden in die Emslandlager, nach Rodgau oder nach Natzweiler deportiert.[651]

Aus den hierzu herangezogenen Übersichten ist in der Regel der Geburts- und der Sterbeort ersichtlich. Hieraus geht nicht hervor, wo diese Männer bei ihrer Verhaftung wohnten, ob sie also formal auch tatsächlich als Opfer aus der Rhein-Neckar-Region gelten können. Umgekehrt sind alle Männer, die nicht in der Rhein-Neckar-Region geboren wurden, aber bei ihrer Verhaftung dort wohnten, nicht auf der Liste zu finden. Die veröffentlichten Namen sollen dazu anregen, sich mit der Biografie dieser Männer zu befassen. Darunter finden sich solche, die überzeugte Nationalsozialisten waren, ebenso wie solche, die Kommunisten oder unpolitische Männer waren. Außerdem finden sich die Namen von homosexuellen wie pädophilen Männern, da die Nationalsozialisten Homosexualität und Pädophilie oft nicht differenzierten. Mit Liddy Bacroff wurde auch eine aus Ludwigshafen stammende trans Frau als homosexueller Mann verfolgt und umgebracht.[652]

IN KONZENTRATIONSLAGERN VERSTORBENE MENSCHEN MIT BEZUG ZUR RHEIN-NECKAR REGION

Name	Geburtsdatum / -ort	Sterbedatum / -ort
Bacroff, Liddy alias Heinrich Habitz	* 1908 Ludwigshafen, später wohnhaft in Hamburg	† 6.1.1943 KZ Mauthausen
Baumgart, Kurt	* 30.6.1913 Mannheim	† 24.9.1942 KZ Ravensbrück
Bertold, Georg	* 25.4.1897 Klein-Zimmern bei Darmstadt, Koch in Landau	† 25.5.1942 Ravensbrück
Bolz, Wilhelm	* 8.7.1907 Neustadt/Wstr.	† 28.2.1945 KZ Außenlager Ohrdruf des KZ Buchenwald
Broosch, Richard	* 10.11.1912 Heidelberg	† 22.1.1943 KZ Mauthausen

Name	Geburtsdatum / -ort	Sterbedatum / -ort
Deutsch, Wilhelm	* 1.7.1918 Oggersheim	† 10.5.1941 KZ Dachau
Dreisigacker, Alfred auch: Dreißigacker	* 8.5.1906 Neustadt/Wstr.	† 1.7.1942 KZ Sachsenhausen
Fischer, Adolf	* 21.2.1916 Mannheim	† 20.11.1942 Tötungsanstalt Schloss Hartheim (offiziell KZ Dachau)
Flösser, Georg	* 21.1.1901 Weinheim	† 19.3.1944 KZ Buchenwald
Forstmann, Viktor	* 28.2.1908 Haßloch, wohnhaft in Ludwigshafen	† 16.1.1943 KZ Natzweiler
Großmann, Johann	* 3.12.1896 (andere Angabe 12.3.1896) in Limbach	† 9.3.1945 KZ Theresienstadt
Haab, Emil alias Emil von der Kolchenbach	Birkweiler, später wohnhaft in Neustadt/Wstr.	Tötungsanstalt Bernburg lt. Günter Grau hat Haab unter anderer Identität überlebt
Habermaier, Friedrich	* 2.3.1887 Heidelberg	† 20.3.1945 KZ Mauthausen
Hägele, Karl	* 23.8.1921 Landau	† 4.12.1944 KZ Dachau
Hartmann, Gustav	* 16.1.1892 Dielheim	– 4.10.1941 Sachsenhausen
Hauck, August	* 24.8.1906 Böhl	† 5.3.1942 KZ Sachsenhausen
Hess, Jakob	* 20.2.1895 Heidelberg	† 7.8.1943 KZ Natzweiler
Hofmann, Wilhelm	* 13.1.1874 Obersülzen (bei Grünstadt)	† 22.12.1940 KZ Dachau
Holl, Gustav	* 10.11.1892 Ladenburg	† 10.6.1940 KZ Sachsenhausen
Keiner, Lothar	* 18.8.1908 Mannheim	† 27.11.1942 KZ Neuengamme
Klimas, Georg	* 24.6.1903 Königshütte, in Mannheim am 17.8.1940 verurteilt	† 13.1.1945 KZ Sachsenhausen
Klingmann, Herbert	* 2.3.1904 Mannheim	† 11.8.1940 KZ Dachau
Pfaff, Rudolf	* 10.3.1907 Neckargemünd	† 25.4.1942 KZ Flossenbürg
Roth, Hugo	* 15.3.1895 Lodz	Dezember 1940 Gefängnis Heidelberg, 8.6.1942 KZ Flossenbürg, † 9.10.1942 KZ Flossenbürg[653]
Rothacker, Philipp Joseph	* 1.10.1905 Schwetzingen	† 17.7.1942 KZ Sachsenhausen
Sauder, Jakob	* 7.6.1902 Klingenmünster	† 28.6.1942 KZ Sachsenhausen
Scheuerbrand, Otto	* 8.6.1917 Ludwigshafen	† 14.5.1944 KZ Mauthausen
Schmid, Hellmut	* 7.7.1905 Worms, zuletzt wohnhaft in Mannheim T 3, 24	† 21.8.1941 KZ Flossenbürg
Spengler, Friedrich	* 11.7.1914 Ludwigshafen	KZ Natzweiler 1943, KZ Ravensbrück 1943, † 31.5.1944, Neue Mannheimer Zeitung 9.10.1942 (Stadtseite: „Gewohnheitsverbrecher unschädlich gemacht“)
Thiele, Wilhelm	* 27.1.1902 Mannheim	† 6.2.1943 KZ Natzweiler
Thieme, Alois	* 30.1.1911 Mannheim	† 15.11.1941 KZ Buchenwald
Thomas, Johann	* 14.8.1892 Ludwigshafen	† 10.3.1944 KZ Majdanek
Tschirner, Adolf	* 24.9.1894 Calbe, Wohnort: Worms	† 29.3.1940 KZ Sachsenhausen
Vogel, Heinz	* 1.10.1920 Mannheim	† 15.7.1942 KZ Sachsenhausen

VERFOLGTE, DEREN SCHICKSAL UNBEKANNT IST

Als weitere Männer, die in der NS-Zeit verfolgt wurden, sind bislang namentlich bekannt:[654]

Name Geburtsort / Wohnort	Haft / weiterer Lebensweg
A., Gustav Emil, ledig, 37 Jahre, wohnhaft in Mannheim	2 Jahre, 3 Monate Gefängnis Quelle: Karlsruher Tageblatt 12.8.1936, S. 10
Baumgart, Walter Medizinstudent * 29.9.1903 in Mannheim, wohnhaft in Mannheim	1 Jahr, 6 Monate, Unterbringung in Psychiatrie, 2.10.1939 Lager Rodgau, 28.2.1941 Heil- und Pflegeanstalt Wiesloch
Bunz, Fritz * Ludwigshafen, wohnhaft in Ludwigshafen	Überlebt, Stolperstein 2020 in Ludwigshafen
Dawison, Walter Heidelberg	„Widernatürliche Unzucht“ mit einem 18-Jährigen aus Weinheim, 5 Monate Gefängnis. Quelle: Heidelberger Beobachter 28.3.1936
Esswein, Friedrich, Hilfsarbeiter * 13.11.1913 Pfalzburg, später wohnhaft in Mannheim-Waldhof	15.10.1943 Verurteilung in Metz vor einem Kriegsgericht 3 Jahre Zuchthaus, Emslandlager Neusustrum dann 16.2.1944 Lager Esterwegen, weiterer Lebensweg unbekannt
G., Wilhelm, Grünstadt	Wohl August 1940 in Karlsruhe Verurteilung auch wegen Diebstahl und Urkundenfälschung, 2 Jahre Haft Quelle: Der Führer 10.8.1940, S. 4
Grübel, [Vorname unbekannt] * unbekannt	Verhaftung wegen „widernatürlicher Unzucht“ mit Ludwig Willersinn, Suizid in der U-Haft Quelle: Hakenkreuzbanner 17.1.1937, Sonntag-Ausgabe
Hammer, Lothar Walter, mit A. R. Wunder * 1916 in Mannheim	1 Jahr Gefängnis Quelle: Hakenkreuzbanner 21.6.1938, Früh-Ausgabe
Hartmann, Heinrich geschieden, Fabrikarbeiter * 1.2.1882 Pirmasens, wohnhaft in Ludwigshafen-Mundenheim	11.5.1937 Verurteilung Gericht Zweibrücken 4 Jahre Gefängnis, zunächst Haftanstalt Bruchsal, 27.10.1939 Lager Rodgau Hessen, nach offiziellem Haftende Überführung Haftanstalt Dieburg, weiterer Lebensweg unbekannt
Hochstädter, Herbert Israel („Volljude“) * unbekannt, 1940: 36 Jahre, Mannheim	1 Jahr, 2 Monate Gefängnis, wegen „fast derselben Verfehlung“ am 16.10.1936 zu 6 Monaten Gefängnis verurteilt Quelle: Neue Mannheimer Zeitung 9.1.1940, S. 3.
Hoonicke/Hoenicke, Wilhelm 28 Jahre, wohnhaft in Leimen	„Widernatürliche Unzucht“, Urkundenfälschung, Erpressung, 1 Jahr, 2 Monate Gefängnis Quelle: Badische Presse 8.1.1937, S. 10; Neue Mannheimer Zeitung 7.1.1937, Mittags-Ausgabe, Südwestdeutsche Umschau; Hakenkreuzbanner 8.1.1937,
Höschler, Paul Maschinenbau Oberingenieur, ledig * 19.4.1902 Solingen, später wohnhaft in Mannheim	24.10.1938 Verhaftung, 1.6.1940 KZ Dachau, 25.8.1940 KZ Neuengamme, weiterer Lebensweg unbekannt

Name Geburtsort / Wohnort	Haft / weiterer Lebensweg
Joseph, Friedrich * 6.9.1900 Landau	Mai 1939 Gefängnishaft in Heidelberg und Freiburg, 14.12.1939 KZ Sachsenhausen, 22.10.1940 Deportation nach Gurs, 1945 wird Federico Joseph aus Landau als ein Flüchtling in Rom wohnend, genannt
K., Kasimir Zwangsarbeiter * 1924 in Groß Kroschin im Wathegau, später wohnhaft in Leutershausen	4.5.1943 Verurteilung Gericht Mannheim 6 Monate Straflager, 20.3.1944 Straflager Rodgau, 1946 Lager für Displaced Persons und Rückkehr nach Polen
Kodeweiss, Paul Schuhmacher * 19.2.1918 Berlin-Weißensee, wohnhaft in Mannheim	14.3.1941 Verurteilung in Mannheim, 6 Monate Gefängnis, 3.4.1941 Straflager Rodgau, 14.8.1941 aus Haft entlassen, 30.7.1943 als Gefreiter bei der Wehrmacht in Petrowitschtschewo (UdSSR) gefallen
Kriechbaum, Friedrich 33 Jahre, wohnhaft in Heidelberg	„Widernatürliche Unzucht" mit mehreren Erwachsenen, 10 Monate Gefängnis Quelle: Badische Presse 8.1.1937, S. 10; Hakenkreuzbanner 8.1.1937, Abend-Ausgabe
Krieger, Artur, ledig, Fotograf/Maurer * 16.9.1914 Mannheim, wohnhaft in Mannheim	7.7.1944 KZ Natzweiler, von dort in KZ Außenlager Spaichingen und Neckarelz, 29. April 1945 in Dachau befreit
Kunstmann, Viktor Universitätslektor, geschieden * 31.1.1904 in Passau, später wohnhaft in Heidelberg	25.11.1938 Verurteilung in Heidelberg, 2 Jahre 3 Monate Gefängnis, 12.7.1939 Straflager Rodgau, 25.12.1940 Entlassung aus der Haft, weiterer Lebensweg unbekannt
Litz, Ludwig von Essen, in Mannheim wohnhaft	Eheschwindler, vorher Scheidung offenbar wegen Homosexualität, Mannheimer Schöffengericht 1 Jahr, 6 Monate Zuchthaus Quelle: Durlacher Tageblatt 10.10.1938, 2. Blatt.
Markmann, Friedrich 29 Jahre, wohnhaft in Mannheim	1 Jahr Gefängnis Quelle: Badische Presse 11.2.1938, S. 10; Hakenkreuzbanner 10.2.1938, Früh-Ausgabe.
Meffert, Wilhelm * unbekannt, 1939: 27 Jahre, Mannheim	1 Jahr, 3 Monate Gefängnis Quelle: Hakenkreuzbanner 17.2.1939, Früh-Ausgabe
Münch, Artur 18 Jahre, wohnhaft in Mannheim	„Widernatürliche Unzucht" und Passvergehen, Schöffengericht Landau, 1 Jahr, 1 Monat Gefängnis Quelle: Durlacher Tageblatt 6.1.1937, 2. Blatt
Pantle, Friedrich, Facharbeiter * 18.7.1910 Heidelberg	19.11.1942 KZ Buchenwald, 15.3.1944 KZ Mittelbau-Dora
Rehhäuser, Karl * unbekannt, lebt 1937 in Mannheim, 27 Jahre, verheiratet	4 Monate, 1 Woche Gefängnis Quelle: Hakenkreuzbanner 17.1.1937, Sonntag-Ausgabe

Name Geburtsort / Wohnort	Haft / weiterer Lebensweg
Ries, Theodor Maschinist, geschieden, * 14.12.1911 Ludwigshafen, später wohnhaft Mannheim-Waldhof	10.11.1939 Verurteilung in Mannheim, auch wegen Erpressung, 30.11.1939 Lager Rodgau, 10.7.1941 Entlassung aus dem Lager Rodgau, weiterer Lebensweg unbekannt
Rostkothen, Theodor, Verkäufer, * 14.8.1901 Duisburg, später wohnhaft in Mannheim	20.2.1941 Verurteilung in Innsbruck, 12.3.1941 Lager Rodgau, dort als „Abgang" verzeichnet, weiterer Lebensweg unbekannt
Rothacker, Karl Schlosser, geschieden, 2 Kinder, SA Mitglied, * 21.11.1902 in Heidelberg, wohnhaft in Schwetzingen	9.8.1940 Verhaftung in Mannheim, 19.1.1944 Einweisung ins KZ Natzweiler, 2.3.1944 KZ Dachau, 29.4.1945 Befreiung in Dachau, weiterer Lebensweg unbekannt
Schönholz, Willi, Laborant * 22.10.1912 Mannheim, später wohnhaft in Mannheim	8.12.1939 in Aachen verurteilt, 2 Jahre Zuchthaus, 6.1.1940 Lager Esterwegen, 7.11.1940 Gefängnis Saarbrücken, dann Wehrmachtsgefängnis Germersheim, † 1990 in Mannheim
Schuler, Peter, verheiratet, Monteur * 24.4.1909 Münster, wohnhaft in Mannheim	28.6.1939 in Mannheim verurteilt, 1 Jahr, 2 Monate, zunächst Haft in Bruchsal, ab 2.10.1939 Lager Rodgau, 4.8.1940 entlassen, weiterer Lebensweg unbekannt
Schweiker, Friedrich Karl * 15.1.1914 Unterallemühl, später u. a. Mannheim	11.3.1943 Feldkriegsgericht wegen erschwerter Unzucht unter Männern, 6.5.1943 Lager Esterwegen, 1946 zusammen mit seiner Frau Flucht in SBZ, später Rückkehr nach Mannheim, † 2001 in Mannheim
Thele, Otto ledig, technischer Kaufmann * 25.3.1911 Mannheim, lebte später in Mannheim	28.4.1943 Urteil von Kriegsgericht zu 5 Jahren Zuchthaus, Lager Neusustrum 15.7.1944 Esterwegen, 31.8.1944 Zuchthaus Kassel, weiteres Schicksal unbekannt
Vöglein, Hans * 14.8.1909 in Heidelberg, wohnhaft möglicherweise in Buchen	29.6.1935 KZ Dachau, 1.7.1938 KZ Flossenbürg, 1945 Befreiung im KZ Flossenbürg, weiterer Lebensweg unbekannt
Weinacht, Wilhelm ledig, kaufm. Angestellter, * 29.9.1897 in Heidelberg, wohnhaft in Ludwigshafen	19.10.1936 Verhaftung in München, 5.5.1939 Verhaftung in Ludwigshafen, 30.9.1941 Gefängnis Heidelberg, 6.10.1941 KZ Flossenbürg, 3.9.1942 KZ Groß Rosen, dann KZ Mauthausen, 22.5.1943 Außenlager Gusen, Haft überlebt, † 21.3.1961 in Ludwigshafen
Werner, Willi, Schauspieler * 30.7.1906 in Montygni Kreis Metz, wohnhaft in Mannheim	10.8.1938 Verurteilung in Mannheim, 9 Monate Gefängnis, zunächst Freiburg, 8.12.1938 Strafgefangenenlager Rodgau, April 1939 Entlassung aus der Haft, weiterer Lebensweg unbekannt
Wieser, Karl 26 Jahre, Wohnhaft in Herxheim	10 Monate Gefängnis, 11.4.1945 Befreiung in Buchenwald, weiterer Lebensweg unbekannt Quelle: Karlsruher Tagblatt, 08.04.1937, Nr. 96, S. 5

Name Geburtsort / Wohnort	Haft / weiterer Lebensweg
Willersinn, Ludwig * unbekannt, lebt 1937 in Oppau, verheiratet	5 Monate, 2 Wochen Gefängnis Quelle: Hakenkreuzbanner 17.1.1937, Sonntag-Ausgabe
Wunder, August Rolf zusammen mit L.W. Hammer * 1910 in Erfurt, wohnhaft in Mannheim	Selbstanzeige, da ihn Hammer erpresste 1 Jahr, 3 Monate Gefängnis. Quelle: Hakenkreuzbanner 21.6.1938, Früh-Ausgabe
Namentlich nicht genannte Person, Mosbach	Festnahme wegen „widernatürlicher Unzucht" Quelle: Badische Presse 4.4.1937, S. 10

TÄTER

Verschiedene Personen, die in unterschiedlicher Weise in die Verfolgung Homosexueller und offenbar auch Transidenter involviert waren, haben einen biografischen Zusammenhang zur Rhein-Neckar-Region. So stammte Reichsinnenminister Wilhelm Frick aus Alsenz in der Pfalz. Frick war formal der oberste Verantwortliche für die „Reichszentrale zur Bekämpfung von Homosexualität und Abtreibung". Auch das „Gesetz zur Verhütung erbkranken Nachwuchses" entstammte seinem Haus.[655] Der Heidelberger Psychiater Prof. Carl Schneider war als Gutachter für homosexuelle Delikte vorgeschlagen, bei denen es darum ging, „einmalige Handlungen" von Handlungen aus „Anlagebedingtheit" zu unterscheiden.[656] Welche Konsequenzen dies hatte, ist bislang offenbar nicht näher untersucht.[657]

JOHANN HERZOG – SANDHAUSEN

Johann Herzog (* 1.3.1902 in Sandhausen, † 14.3.1958 in Heidelberg), Fremdenlegionär, war 1941 – 42 als Häftling Kapo im KZ Buchenwald. Er ist für seine Misshandlungen der Häftlinge im Steinbruch bekannt, in dem vielfach die Homosexuellen arbeiten mussten. Von 1945 – 47 arbeitete Herzog als Wachtmeister in Baden-Baden.[658] Über Herzog liegt ein Bericht aus dem ehemaligen Konzentrationslager Buchenwald von 1945 vor, der Herzog als *äußerst brutal, anscheinend homosexuell sadistisch* und mit einer *Neigung zu Blutrausch* schildert.[659] Der politische Gefangene Konrad Finkelmeier schrieb über den Kapo *Herzog aus Heidelberg*, er sei *die größte sadistische Blutbestie, die ich in Buchenwald kennengelernt habe*. Er sei ein Mann, der *während seiner Mißhandlungen und Quälereien an seinen schutzlosen Opfern in sexuelle Extase geriet* und *das Leben des anderen nicht achtete und gefühllos* zertrat.[660]

Johann Herzogs Darstellung in den Erinnerungstexten anderer Häftlinge wird schon länger in der Forschung diskutiert. Nach Alexander Zinn diente die Darstellung eines sadistischen und angeblich homosexuellen Kapos dazu, einen Gegner zu diskreditieren, indem man rohe Gewalt, Sadismus und Homosexualität miteinander verband. Zusammen mit Herzog wurde noch ein weiterer Kapo aus dem Steinbruch als Homosexueller denunziert. Folgt man den Ausführungen Zinns, war sexuelle Denunziation in der Lagergesellschaft *ein alltägliches Kampfmittel zur Erprobung und Verteidigung von Machtpositionen der Häftlingsselbstverwaltung*.[661] Die Verbindung von Homosexualität und Sadismus in Erinnerungstexten der „Politischen" stammte demnach von den Propagandabildern, die in der Weimarer Republik von Nazis durch die politische Linke gezeichnet wurden.[662] Auch Angelika Niere bestätigt, dass die Verbindung von Homosexualität und Sadismus als Topos in den Erinnerungstexten wiederholt auftaucht. Homosexualität sei oft in jenen Häftlingskategorien dargestellt, denen der Autor des Textes nicht selbst angehöre.[663] Dass Herzog ein brutaler Kapo war, ist in der Forschung unstrittig. Dass er selbst homosexuell gewesen sein soll, wird aber in der Forschung eher bezweifelt.

HUGO OTTO KLEINE – LUDWIGSHAFEN, HEIDELBERG

Der spätere Chefarzt der Frauenklinik Ludwigshafen Hugo Otto Kleine profilierte sich seit den 1930er Jahren mit Vorträgen und Schriften zur Eugenik, die darauf abzielten, dass *der Anteil der Minderwertigen in unsrem Volke* [...] *keinesfalls zunehmen* dürfe. Er vertrat u. a. die These, dass die *Rassenvermischung* zu einer gehäuften Anzahl von Geburten von *Intersexen* führen würde.[664] *Intersexe* waren für Kleine *Menschen, deren Geschlechtsorgane zwar männlich oder weiblich ausgebildet sind, deren Geschlechtsgefühl jedoch neutral oder gar konträr gerichtet* war. Speziell der Typus der *intersexen* Frau habe aufgrund *seiner vielen körperlichen und seelischen krankhaften Erscheinungen geradezu volksgesundheitliche Bedeutung*.[665] Kleine erklärte lesbische Frauen also als Problem für das Volk. *Um die Fortpflanzung Erbuntüchtiger einzudämmen*, verlangte er, dass man überlegen sollte, den bisher gesetzlich festgelegten Bereich auszuweiten, so dass auch die *intersexuellen* [...] *Frauen als erbuntüchtig anzusehen* waren.[666] Kleine forderte also, das „Gesetz zur Verhütung erbkranken Nachwuchses" auch auf lesbische Frauen auszudehnen.[667]

1940 wurde Kleine mit Unterstützung der NS-Studenten- und NS-Dozentenbewegung zum außerplanmäßigen Professor der Universität Heidelberg ernannt.[668] Sein Doktor-Sohn, der NS-Reichsstudentenführer Gustav Adolf Scheel, informierte, dass Kleine, der SS-Unterscharführer war, *für alle Fragen der* [nationalsozialistischen] *Bewegung immer ein besonderes Interesse hatte*.[669] Nach dem Ende der NS-Zeit wurde Kleine im November 1945 vom Kultus- und Unterrichtsministerium Baden zwar aus dem Dienst an der Universität Heidelberg entfernt.[670] In Ludwigshafen aber war er am städtischen Frauenklinikum – offenbar ohne dass ihm seine Verstrickungen ins NS-System schadeten – bis in die 1960er Jahre als Chefarzt tätig. Die Akten über die Behandlung seiner Patientinnen in der NS-Zeit ebenso wie seine Personalakte fehlen in den zuständigen Archiven. Ob und gegebenenfalls welche Konsequenzen die von ihm formulierten Thesen für seine Arbeit als Frauenarzt in Ludwigshafen gegenüber seinen Patientinnen hatte, ist nicht bekannt. In der Bundesrepublik wurde Kleine im Hinblick auf seine literarische Produktion einem breiten Publikum vorgestellt.[671] Kleine wird in der Wissenschaft inzwischen als ein radikaler Vertreter der NS-Medizin diskutiert.[672]

GUSTAV ADOLF SCHEEL – MANNHEIM, HEIDELBERG

Scheel stammte aus Rosenberg in Baden und legte am Mannheimer Karl-Friedrich-Gymnasium sein Abitur ab. Er studierte u. a. in Heidelberg. Hugo Otto Kleine war sein Doktorvater. In den Semesterferien arbeitete er am Diakonissenkrankenhaus in Mannheim als Famulus. 1935 wurde Scheel Ehrensenator der Universität Heidelberg. Von 1936 bis 1945 war er Reichsstudentenführer.[673] In seiner Funktion als Befehlshaber der Sicherheitspolizei Straßburg forderte Scheel 1940 *schärfstes Vorgehen gegen das berufs- und gewohnheitsmäßige Verbrechertum*, zu dem er *auch die Asozialen, Arbeitsscheuen, Landstreicher, Trinker, Bettler Zuhälter, Homosexuelle, Zigeuner* rechnete. Mit dem Ziel, diese *unerwünschten Elemente aus dem Elsaß zu entfernen*, forderte er die Landkommissare auf, diese Menschen *listenmäßig zu erfassen* und bis Dezember 1940 an seine Behörde zu übersenden.[674] 27 Homosexuelle aus Straßburg und neun aus dem Unterelsass wurden daraufhin aus dem Elsass verschleppt.[675] Inwiefern Scheel ansonsten an der Verfolgung Homosexueller beteiligt war, ist bislang unbekannt.[676]

CARL-HEINZ RODENBERG – WALD-MICHELBACH

1936 wurde die „Reichszentrale zur Bekämpfung der Homosexualität und Abtreibung" geschaffen. „Wissenschaftlicher Leiter" der Reichszentrale wurde im Sommer 1943 der Arzt Carl-Heinz Rodenberg, der seit 1932 Mitglied der NSDAP und SA war und seit 1940 als Obersturmbannführer auch der SS angehörte.[677] Rodenberg war seit 1937 Abteilungsleiter im Ausschuss für Erb- und Rassenpflege im Reichsausschuss für Volksgesundheitsdienst im Innenministerium. Seit 1940 war er auch als Gutachter für „Euthanasiefälle" im Rahmen der Ermordung behinderter Menschen in der sog „Aktion T 4" tätig. Im Hinblick auf die Verfolgung Homosexueller war er ein *konsequenter Verfechter der Ausweitung von Indikationen zur Zwangskastration*.[678]

In der „Reichszentrale zur Bekämpfung der Homosexualität und Abtreibung" erstellte er u. a. medizinische Gutachten und beriet bei der *Schaffung der erforderlichen Maßnahmen gesetzgeberischer und verwaltungstechnischer Art* wie *Entmannung Homosexueller o. ä.*. Zu seinen Aufgaben zählte auch, Informationen für die *Nachbehandlung Entmannter* zu erstellen. Darüber hinaus war er bei der *sicherheitspolizeilichen Behandlung sexuell Entarteter (Transvestiten, Fetischisten u. ä.)* eingebunden. Schließlich galt seine Arbeit auch der Forschung *zur Lösung des Problems der weiblichen Homosexualität*.[679] Rodenberg war im umfassenden Sinne an der Verfolgung von Homosexuellen und trans

Personen beteiligt.[680] Im Hinblick auf die Kastration homosexueller Männer gilt er als maßgeblich Beteiligter für den Entwurf eines Gesetzesvorhabens zur *Behandlung Gemeinschaftsfremder*, mit dem sogenannte *Ballastexistenzen* wie *Arbeitsscheue*, *Querulanten*, Bettler, Menschen mit geistiger Behinderung und auch Homosexuelle verfolgt werden sollten. In diesem Entwurf waren die gesetzlichen Regelungen der zwangsweisen Kastration bei Delikten nach § 175 RStGB *fix und fertig ausgearbeitet*.[681] Das Gesetz trat aufgrund des „totalen Krieges" nicht mehr in Kraft.

Da man über die Folgen der Entmannung nur ungefähre Erkenntnisse hatte, setzte sich Rodenberg in der Zeitschrift Deutsche Justiz dafür ein, in Freiheit befindliche homosexuelle Entmannte zwangsweise einer Nachuntersuchung zuzuführen. Seine Forderung wurde umgesetzt, so dass der Zugriff des NS-Staats also auch nach einer Kastration nicht endete. Darüber hinaus sprach Rodenberg sich für die Einrichtung einer Zentralstelle für Kastrationsuntersuchungen aus. Dass 1942 noch immer ein solcher Informationsbedarf im Hinblick auf die Folgen von Entmannungen formuliert wurde, wie dies bereits 1934 geäußert worden war, zeigt, dass die NS-Medizin half, die Verfolgungsziele gegen Minderheiten aufrechtzuerhalten.[682]

1944 wurde Rodenberg eine *hervorragende weltanschauliche Arbeit* attestiert.[683] Nach Kriegsende lebte er bis 1995 in Wald-Michelbach im Odenwald und arbeitete dort als Arzt. In den 1960er Jahren wurde in einem Verfahren wegen der Teilnahme an einer Konferenz zur „Endlösung der Judenfrage" gegen ihn ermittelt. Hier behauptete Rodenberg, seine Arbeit bei der Reichszentrale habe sich allein auf homosexuelle Sittlichkeitsverbrecher bezogen. Dies ist falsch. Das Verfahren jedoch wurde eingestellt. Auf Nachfragen bestritt er seine Tätigkeit in der NS-Zeit. Ein Gespräch mit dem Historiker Burkhard Jellonnek schlug er aus.[684]

HOMOSEXUELLE IN DEN KONZENTRATIONSLAGERN DER REGION RHEIN-NECKAR

Für die bereits 1933 geschaffenen Konzentrationslager in der Region Rhein-Neckar, also die Lager in Osthofen und in Neustadt an der Weinstraße, ist Homosexualität als spezifischer Haftgrund bislang nicht nachgewiesen. Damit ist freilich nicht gesagt, dass sich unter den Festgenommenen keine Homosexuellen befanden.[685]

In den 1940er Jahren wurden bis zum Ende der NS-Zeit in der Region Rhein-Neckar abermals Konzentrationslager errichtet.[686] Dieses Mal waren es sogenannte „Außenlager", in denen Häftlinge aus den „Stammlagern" untergebracht waren, um dort zur Arbeit eingesetzt zu werden. Für das Lager Mannheim-Sandhofen ist nicht bekannt, dass dort auch Männer inhaftiert waren, die wegen Homosexualität in ein Konzentrationslager verbracht worden waren.

In den im Neckartal als Außenlager des Stammlagers Natzweiler errichteten Konzentrationslagern Neckarelz und Neckargerach waren nach bisherigem Kenntnisstand 18 Homosexuelle inhaftiert. Darunter befanden sich sogenannte Rosa-Winkel-Häftlinge, also wegen Homosexualität Verfolgte, und Häftlinge, die mit dem Grünen Winkel als BVer („Berufsverbrecher", „befristeter Vorbeugehäftling") gekennzeichnet waren. Bekannt ist, dass der „Lagerälteste" des Lagers Neckarelz II, der aus Kiel stammende Wilhelm Haufe, in Natzweiler noch als Rosa-Winkel-Häftling war, dann aber vor seinem Transport nach Neckarelz einen Grünen Winkel erhielt und nicht mehr mit dem Rosa Winkel als homosexuell gekennzeichnet wurde.

22,2 % aller homosexuellen Häftlinge und damit vergleichsweise viele hatten in den Neckarlagern Funktionen und waren in der Hierarchie der Lagergesellschaft besser gestellt. Dies ist ungewöhnlich, weil Homosexuelle in den „Stammlagern" eine etwa acht Mal geringere Chance hatten, eine privilegierte Position wie beispielsweise eine Tätigkeit in der „Schreibstube" erreichen zu können.[687] Folgt man Arno Huth, einem der besten Kenner der Neckarlager, so war die Bedeutung der Winkel in den Neckarlagern für die Binnenstruktur der Lagerhierarchie weniger bedeutsam als in den Stammlagern. Dass vergleichsweise viele Homosexuelle in „Funktionen" waren, führt Huth darauf zurück, dass diese Männer anders als viele der ausländischen Mitgefangenen Deutsch sprechen und schreiben konnten, also für Verwaltungstätigkeiten genutzt werden konnten. Eine These, die von Heinz Hegers Zeitzeugendarstellung gestützt wird.[688] Außerdem kamen die Rosa-Winkel-Häftlinge der Neckarlager aus anderen Lagern, sie kannten sich also im Lagersystem bereits aus. Auch dies war bei den übrigen Gefangenen in Neckarelz nicht immer in vergleichbarer Weise der Fall und könnte ein möglicher Grund für die größere Zahl von „Funktionshäftlingen" unter den Homosexuellen der Neckarlager gewesen sein.[689]

Ob Homosexuelle in den Neckarlagern für schwerere oder gefährlichere Arbeiten eingesetzt wurden, ist bislang unbekannt. Dass von den 18 in den Neckarlagern inhaftierten Homosexuellen aber 11 (61,1 %) handwerkliche Berufe oder solche aus der Landwirtschaft hatten, spricht für die in der Forschung diskutierte These, dass Männer ohne eine entsprechende Ausbildung, die eine Arbeit als „Funktionshäftling" nahelegte, für körperliche Arbeiten bestimmt waren.

Von den in den Neckarlagern inhaftierten Homosexuellen sind keine Selbstzeugnisse bekannt. Belegt ist, dass andere Häftlinge in Neckarelz von den Homosexuellen im Lager und speziell dem Lagerältesten als Homosexuellen wussten. Dabei wurde Homosexualität nicht nur negativ assoziiert, sondern auch als Fremdbild „in Szene gesetzt" und auf Anweisung der SS wiederholt zur Aufführung gebracht. Obwohl diese „Inszenierung" von dem anwesenden SS-Soldaten erzwungen wurde, assoziierte der Zeitzeuge sie in seinem Erinnerungstext mit dem homosexuellen Lagerältesten.[690] Diese Wahrnehmung wird durch weitere Zeitzeugenaussagen unterstützt. Auch von diesen Männern wird über den Lagerältesten als Homosexuellen gesprochen. Wilhelm Haufe wird als gewalttätiger Mann geschildert, der die Häftlinge streng bestrafte, auch körperlich misshandelte und sie mit seinen Strafen teilweise der Lächerlichkeit preisgab.[691] Mit seinen Gewalttätigkeiten und Misshandlungen anderer Häftlinge ist Haufe als homosexueller Häftling kein Einzelfall. Auch für das Konzentrationslager Auschwitz ist ein homosexueller Häftling bekannt, der andere Häftlinge misshandelte und sogar umbrachte.[692]

Fünf der 18 Homosexuellen, die in den Neckarlagern inhaftiert waren, überlebten die Haft nicht. Sie verstarben in den Stammlagern Mauthausen, Dachau und Natzweiler. In der KZ Gedenkstätte Neckarelz wird mit der Vorstellung der Biografie von Heinrich Keil exemplarisch an die dort inhaftierten Homosexuellen erinnert.[693]

ÜBERSICHT DER IN DEN NECKARLAGERN WEGEN HOMOSEXUALITÄT INHAFTIERTEN MÄNNER

Name, Herkunft	Beruf, Familienstand	In den Neckarlagern registriert als (BV = „Berufsverbrecher“, PSV = „Sicherheitsverwahrte“, § 175 = Homosexuelle)	Weiteres Schicksal
Artmeier, Franz * 1.8.1905/1908 Recklinghausen	Anstreicher	Deutscher, BV, angeblich im Zusammenhang mit § 175 verhaftet	Befreit
Bauer, Eduard, * 31.8.1907 Haslach, Wohnort: Hohenpeißenberg	Bergmann, geschieden, 1 Kind	Reichsdeutscher, § 175	Wahrscheinlich befreit auf Dachauer Todesmarsch bei Bad Tölz/Tegernsee
Haufe, Walter, * 15./16.7.1915 Neumünster, Wohnort: Kiel	Schneider/Kaufmann	Deutscher, BV / §175	Befreit Osterburken, 1948 beim Rastatter Prozess in Abwesenheit zum Tode verurteilt
Keil, Heinrich, *2.7.1910 Katzlin (Österreich), Wohnort: Judenburg	Landarbeiter	Reichsdeutscher, BV / § 175 / PSV	† 17.2.1945 Dachau (Herz- Kreislaufversagen bei Herzmuskelentzündung)
Kerndl, Josef, * 11.3./11.4.1919 Nürnberg	Arbeiter/Hilfsarbeiter	Deutscher, § 175	Wahrscheinlich auf Dachauer Todesmarsch in Bad Tölz befreit
Klauer/Klaner, Walter, * 23.8.1903 Gansingen/Ganzingen	Bäcker	Reichsdeutscher, BV / § 175	† 1.5.1945 Mauthausen/Ebensee
Korth, Helmut, * 22.5.1910 Löbau, Wohnort: Berlin	Kaufm. Angestellter	Deutscher, BV / § 175	Befreit Dachau
Kostecky, Wolfgang, * 31.7.1888 Kocialko	Kaufmann	Deutscher, BV / § 175	Wahrscheinlich befreit Osterburken
Krieger, Arthur, * 16.9.1914 Mannheim	Maurer/Fotograf	Deutscher, § 175	Befreit Dachau

Name, Herkunft	Beruf, Familienstand	In den Neckarlagern registriert als (BV = „Berufsverbrecher", PSV = „Sicherheitsverwahrte", § 175 = Homosexuelle)	Weiteres Schicksal
Kunich, Karl, * 14.10.1917 Karlsruhe	Installateur Reichsdeutscher	PSV / verurteilt § 175	† 11.4.1945 Dachau
Liebing, Friedrich, * 15.9.1890 Leipzig	Bankangestellter, verheiratet, keine Kinder	Reichsdeutscher, § 175	Wahrscheinlich befreit Osterburken
Maier, Friedrich, * 9./5.5.1915 Hauenstein	Arbeiter, geschieden, 2 Kinder	Deutscher, § 175	Wahrscheinlich befreit auf Dachauer Todesmarsch bei Bad Tölz/Tegernsee
Maier, Julius, * 8.10.1909 Mauchen Amt Müllheim	Landwirt	F-Els / BV / PSV	† 2.1.1945 Dachau (Herz- und Kreislaufversagen)
Reiner/Reimer/Rainar, Karl, * 29.5.1913, Gnoien/Guvien, Wohnort: Stoppandorf/Mulchin	Landarbeiter	Reichsdeutscher, § 175	† 21.6.1944 Natzweiler (Herzschwäche, Lugenentzündung)
Roiger/Roger, Franz, * 19.9.1897 Amberg, Wohnort: Nürnberg	Kaufmann	Deutscher, § 175	Unbekannt
Schmitz/Smitz, Hermann, * 24.8.1891 Hiesfeld, Wohnort: Oberhausen	Bergmann, verwitwet	Reichsdeutscher, BV / § 175	Befreit Dachau
Vonderbank, Josef, * 6.7.1908 Möchengladbach, Wohnort Hamburg	Schneider	Deutscher, BV / § 175	Befreit Eching
Weber, Kurt, * 9.11.1916 Pforzheim, Wohnort: Pforzheim	Installateur/Arbeiter	Deutscher, BV / § 175	† 1973 Eschbach

SCHLUSSBETRACHTUNG

Die Repressionen gegen die Einrichtungen der Sexualreformbewegung, die Freundschaftsverbände wie den Bund für Menschenrecht begannen auch in der Region Rhein-Neckar im Frühjahr 1933. Die gleichgeschaltete NS-Presse informierte über die reichsweit unternommenen Maßnahmen ebenso, wie sie in besonders drastischer und verzerrender Weise über einzelne Fälle berichtete, die aus NS-Sicht zur gewünschten Pervertierung des Bildes von Homosexuellen und trans Personen besonders geeignet erschienen. Auch zur Denunziation wurde aufgerufen. All dies konnte auch als Warnung an die Betroffenen gelesen werden. Der Aufruf zur Denunziation wurde verschiedentlich in die Tat umgesetzt.

Mithilfe der Strafverfolgungsbehörden ebenso wie mithilfe der Medizin wurden Homosexuelle und „Transvestiten" verfolgt. Exemplarisch kann gezeigt werden, dass sich offenbar alle bekannten Varianten der Verfolgung auch bei Menschen in der Region Rhein-Neckar nachweisen lassen. In der NS-Zeit wandte sich der Staat in dieser massiven Weise gegen queere Lebenswelten und zerstörte sie. Queere Menschen wurden auf verschiedene Arten und Weisen verfolgt – bis hin zu deren Tötung. Die Mehrheitsbevölkerung bekam durch die Medien ein gezielt falsch konstruiertes Zerrbild vermittelt. Homosexuelle Männer wurden als Staats- und Volksfeinde gebrandmarkt und „Transvestiten" als „sexuell Perverse" verunglimpft. Über Homosexualität von Frauen wurde öffentlich geschwiegen. Personen der Bevölkerung, der Strafverfolgungsbehörden sowie der NS-Medizin boten auch frauenliebende Frauen Anlass oder zusätzliche Motivation für Denunziation und Verfolgungen bisher nicht genauer bekannter Art. All dies war eine der historischen Bürden der NS-Zeit, die die Gesellschaft und Gesellschaftspolitik nachfolgend in der Bundesrepublik für Jahrzehnte prägen sollte. Der Rosa Winkel der NS-Konzentrationslager wurde nicht von ungefähr eines der Symbole, auf die sich die Schwulenbewegung – auch international – seit den 1970er Jahren in ihrem Kampf um die Beendigung der staatlichen Verfolgung von Homosexualität bezog.

Teilnehmer*innen einer Kranzniederlegung für homosexuelle Opfer des NS-Regimes am 23. Juni 2013 im Konzentrationslager Buchenwald. picture alliance / dpa | Marc Tirl

Gedenkstein für die sogenannten Rosa-Winkel-Häftlinge des Konzentrationslagers Buchenwald, 2020. picture alliance/dpa/dpa-Zentralbild | Michael Reichel

22 FRÜHE BUNDESREPUBLIK – DISKUSSIONEN, LEBENSZEICHEN UND LEBENSWELTEN

CHRISTIAN KÖNNE

DAS GESELLSCHAFTSBILD DER FRÜHEN BUNDESREPUBLIK UND DIE FOLGEN

Die frühe Bundesrepublik hatte gesellschaftspolitisch ein konservatives, an christlichen Ideen von Sittlichkeit orientiertes Gesellschaftsbild, das hinter den in der Weimarer Republik erreichten Öffnungen von Gesellschaft und Familie zurückblieb. Ehe und Familie mit traditionell verteilten Rollen als einzig erstrebenswertes Lebensziel, die Tabuisierung von Sexualität und die Ablehnung von Homosexualität gehörten in den 1950er Jahren hierzu.[694] Masturbation oder vorehelicher Sex wurden abgelehnt. Bei Ehescheidungen wurde das „Schuldprinzip" wieder eingeführt. Frauen wurde die Rolle einer abhängigen Hausfrau und Mutter zugeschrieben.[695] Der mit der CDU eng verbundene katholische Volkswartbund aus Köln zeigte ihm als „unsittlich" geltende Schriften, Filme oder Schallplatten bei den zuständigen Ministerien an.[696] Grundlage dafür war das Gesetz über die Verbreitung jugendgefährdender Schriften.[697] Bis 1968 ging die Hälfte aller in der Bundesrepublik verbotenen Publikationen auf diese Anzeigen zurück. Der Volkswartbund ging auch gegen Bestrebungen vor, die zu einer Enttabuisierung und Entkriminalisierung von Homosexualität führen sollten.[698]

In Zeiten des Kalten Krieges wurden in Ost wie West sogenannte Verräter mit Homosexualität in Verbindung gebracht bzw. galten als homosexuell verdächtige Personen in staatswichtigen Ämtern als erpressbar und damit als Sicherheitsrisiko. Der Vorwurf der Homosexualität konnte also auch dazu genutzt werden, missliebige Personen aus ihren Positionen zu entfernen.[699] Als der Präsident des Bundesamts für Verfassungsschutz, Otto John, 1954 augenscheinlich in die DDR floh – er selbst sprach später von einer Entführung –, führte dies nicht nur zu einem Skandal, sondern auch zu Mutmaßungen über seine sexuelle Orientierung.[700] Die Flucht des stellvertretenden Leiters der DDR-Spionage Siegfried Dombrowski 1958 in den Westen führte im Osten zu seiner medialen Darstellung als ein *krimineller und homosexueller Gestapo-Spitzel*.[701] Auch das angebliche Verhältnis des rheinland-pfälzischen Oberstaatsanwalts Hans-Georg Manteuffel in Koblenz zu seinem Fahrer und ein Prozess, in dem Manteuffel freigesprochen wurde, waren 1962 ein Skandal, in dessen Kontext Manteuffel aus dem Amt schied.[702]

Die Gerüchte um die Homosexualität des aus Bensheim stammenden deutschen Außenministers Heinrich von Brentano veranlassten Bundeskanzler

Adenauer angeblich zur vielfach und in verschiedenen Varianten überlieferten Aussage: *So lange der misch nit anpackt, isset mir ejal.*[703] Die „Frankfurter Homosexuellen-Prozesse“ von 1950/51 bildeten einen Höhepunkt in der Verfolgung.[704] Durch die Aussagen eines Prostituierten kam es 1951 zu zirka 100 Verhaftungen und anschließend zu 75 Prozessen gegen homosexuelle Männer. Etwa fünf Selbstmorde wurden in diesem Kontext bekannt.[705]

Die restriktive Sexualmoral konservativer Kreise und die Gesetze der Zeit versuchten eine Realität zu unterdrücken, die sich zwar nicht offen zeigen durfte, sich unter der Oberfläche aber Raum verschaffte. Schätzungen von Zeitzeugen zufolge hatten mindestens 80 Prozent der Bundesdeutschen vorehelichen Sexualverkehr. Wie Dagmar Herzog in ihrer Untersuchung über die 1960er Jahre darlegt, zeigte sich die Kluft zwischen Anspruch und Wirklichkeit auch an den Abtreibungszahlen: *An der Wende von den fünfziger zu den sechziger Jahren gingen Mediziner und andere Experten davon aus, dass es pro Jahr in der Bundesrepublik eine Million illegale Abtreibungen gab – das wäre ein Abort pro Geburt.*[706] Im Hinblick auf die abgelehnte und bei Männern strafbewehrte Homosexualität hatte 1949 eine Umfrage in der Bundesrepublik ergeben, dass 6% der Männer und 5 % der Frauen ihr erstes sexuelles Erlebnis mit demselben Geschlecht hatten. 23 % der Männer waren auch später noch einmal *in Berührung mit homosexuellen Erlebnissen* gekommen. Dass dies bei Frauen nicht einmal gefragt wurde, weist auf die Nicht-Wahrnehmung weiblicher Sexualität hin.[707] Doch konnte eine bekannte lesbische Beziehung bei Frauen im Scheidungsfall den Verlust des Sorgerechts nach sich ziehen.[708]

In der Forschung gelten die Frankfurter Prozesse als Auftakt weiterer Verfolgungswellen gegen homosexuelle Männer. Zwischen 1952 und 1969 wurden in Baden-Württemberg 9.700 und zwischen 1948 und 1969 in Rheinland-Pfalz 2.880 Männer verurteilt. In Baden und Württemberg wurden in der frühen Bundesrepublik sogar mehr Männer wegen Homosexualität verurteilt als in der NS-Zeit.[709] Oskar Tischer wurde in der Bundesrepublik wegen Homosexualität verfolgt. Aus der Region Rhein-Neckar ist biografisch auch Klaus Schirdewahn mit seiner Geschichte jener Jahre genauer bekannt.[710] Transidentität war, abseits von teils voyeuristisch verfassten Zeitungsberichten, bei trans Frauen, die mit ihrer Geschichte in die Öffentlichkeit gingen, kein Thema.[711]

IN DISKUSSIONEN UM EIN NEUES STRAFRECHT – DEBATTENBEITRÄGE BIS ZUR STRAFRECHTSÄNDERUNG 1969/73

Die Bundesrepublik hatte die von den Nationalsozialisten erheblich verschärfte Version des § 175 StGB, der Homosexualität von Männern strafte, übernommen. Klagen vor dem Bundesgerichtshof und dem Bundesverfassungsgericht hiergegen wurden in den 1950er Jahren abgewiesen.[712] In der frühen Bundesrepublik sollte das Strafrecht insgesamt reformiert werden. Hierbei ging es auch um die Frage der Strafbarkeit von Homosexualität. Hierzu und zum strafrechtlichen Umgang mit

„Sittlichkeitsdelikten" gab es auch in juristischen Kreisen unterschiedliche Ansichten.[713] Bereits 1951 sprach sich der 39. Deutsche Juristentag für die Straffreimachung von Homosexualität aus – und tat dies auch später immer wieder.[714] Auch in der Strafrechtskommission des Bundestages gab es für die Entkriminalisierung einvernehmlicher Homosexualität Erwachsener eine *stabile Mehrheit.*[715]

Im Bundesjustizministerium hielten Juristen an der Strafbarkeit für Homosexualität fest. An der Erarbeitung des Strafrechtsentwurfs „E 1962" war dort neben anderen auch der aus Maikammer stammende Karl Lackner, später Professor in Heidelberg, beteiligt.[716] Der „E 1962" plante, die Anzahl von „Sittlichkeitsdelikten" von 17 auf 31 Tatbestände zu erhöhen.[717] Seine Ausführungen zur Homosexualität waren wissenschaftlich überholt und erinnerten teilweise an in der NS-Zeit formulierte Thesen. Solche in den 1960er Jahren weiterhin vorhandene Thesen kritisierte der Religionshistoriker Hans Joachim Schoeps 1962 mit der Aussage: *Für die Homosexuellen ist das Dritte Reich noch nicht zu Ende.*[718]

Der „E 1962" wurde von verschiedenen Seiten vehement angegangen. Von 16 Jura-Professoren wurde ein sogenannter Alternativentwurf vorgelegt. Auch der aus Ludwigshafen stammende und für den Wahlkreis Kaiserslautern-Kusel als Abgeordneter der SPD im Bundestag sitzende Jurist und frühere Staatsanwalt Adolf Müller-Emmert (Kap. 3) trat im Parlament und öffentlich für die Straffreimachung von einvernehmlicher Homosexualität unter Erwachsenen ein und sprach sich gegen ein Strafrecht aus, das sich an „Sittlichkeit" orientierte. Auch er hielt aber an der Idee einer rechtlich grundsätzlich anderen Behandlung von Homosexualität im Vergleich zur Heterosexualität fest. Müller-Emmert war zunächst stellvertretender Vorsitzender, dann Vorsitzender des Strafrechtsausschusses des Bundestags.[719] 1968 forderte der 47. deutsche Juristentag abermals die Straffreimachung von Homosexualität. Dort sprach auch die Mannheimer Staatsanwältin Barbara Just-Dahlmann (Kap. 3). Auch sie forderte nicht nur die Aufhebung der Strafbarkeit von Homosexualität, sondern *einen ganzen Katalog von ersatzlos zu streichenden Bestimmungen* des „E 1962".[720]

Diskutiert wurde aber nicht nur in juristischen Fachkreisen oder im Parlament. So findet sich bereits 1949 ein Debattenbeitrag eines H. Döring aus Speyer, der sich in einem Schreiben an das Bundesjustizministerium für die Abschaffung der Strafbarkeit von Homosexualität aussprach, da die NS-Version des § 175 StGB in der Demokratie keine Geltung mehr haben dürfe.[721] Dem entgegen sprach sich ein „K. L." aus Speyer 1953 in einem Leserbrief für die Einführung einer Bestrafung von Homosexualität auch bei Frauen aus.[722]

Die Zeitschrift Quick veröffentlichte 1965/66 in 18 Ausgaben eine Serie zur Homosexualität. Neben den Berichten fanden sich Äußerungen homosexueller Männer zu ihrer Situation und Äußerungen von Menschen, die kontroverse Positionen zur Homosexualität und deren Strafbarkeit abbilden. Auch Stimmen aus der Rhein-Neckar-Region sind erhalten: Elsbeth R. aus Mannheim wollte an der Strafbarkeit von Homosexualität grundsätzlich festhalten. Im Falle der Straffreimachung würden *die Anormalen* versuchen, die Normalen *umzuerziehen*. Konstanze P. aus Heidelberg, die Homosexualität für eine Krankheit hielt, sprach sich für eine Bestrafung nur im Falle der Verführung Minderjähriger aus. Frau „L. P." aus Heidelberg kannte viele Homosexuelle, die sie als *anständig* bzw. *zuverlässig* charakterisierte. „W. S." aus Mannheim sprach sich der Quick-Redaktion gegenüber dafür aus, dass diese absolute Gleichstellung der Homosexuellen in allen Bereichen des Lebens fordern sollte, da es in dieser Diskussion um Emanzipation gehe. „C. L." aus Frankreich, in Heidelberg lebend, meinte, dass diese Diskussion um Strafbarkeit von Homosexualität dem staatlichen Ansehen der Bundesrepublik schade. Für „A. P." aus Zwingenberg erinnerte die Situation zwischen Mehrheitsgesellschaft und Homosexuellen an einen *Bürgerkrieg*, bei dem die Homosexuellen ständig attackiert würden. Ein Wissenschaftler aus Heidelberg schilderte seine Situation als Homosexueller. In seinem Beitrag äußerte er, dass sich kaum jemand vorstellen könne, was die *erzwungene Selbstisolierung* aufgrund der Strafgesetzgebung bedeute. Er verglich sein Leben mit dem eines Juden, der unerkannt unter Antisemiten lebe. Er sei *verloren*, sobald er erkannt werde.[723]

Im Kontext der Diskussionen um die Strafbarkeit von Homosexualität wurden auch verschiedene Publikationen aufgelegt, die hohe Auflagen erreichten, in denen sich bekannte Personen des öffentlichen Lebens in die Diskussionen einmischten. Hier war beispielsweise auch der Generalstaatsanwalt Hessens und Initiator der Auschwitz-Prozesse in Frankfurt a. M. Fritz Bauer beteiligt.[724] 1962 wurde vom Hamburger Kunsthistoriker Christian Adolf Isermeyer eine Petition aufgelegt, die die Straffreimachung von Homosexualität durch das Parlament forderte. Aus der Rhein-Neckar-Region unterzeichneten: Prof. Dr. med. Bauer, Prof. Dr. Uvo Hölscher und Prof. Dr. Alexander Mitscherlich, alle aus Heidelberg, sowie Dr. Julius Overhoff aus Ludwigshafen.[725] In der Publikation „Weder Krankheit noch Verbrechen" sprachen sich für eine Straffreimachung von Homosexualität ebenfalls verschiedene Personen der Rhein-Neckar-Region öffentlich aus. Dies tat die Schriftstellerin Genoveva Hartlaub aus Mannheim, die ihre Unterstützung mit einem Bericht über ihren Onkel Max unterstützte, der als Homosexueller Suizid begangen hatte. Auch der Heidelberger Schriftsteller Willi Heinrich sowie der damals ebenfalls in Heidelberg lebende Psychoanalytiker Alexander Mitscherlich unterstützten die Forderung nach Abschaffung der Strafbarkeit für Homosexualität öffentlich.[726]

Eine Umfrage im März 1969 ergab, dass 45 % der Männer und 47 % der Frauen sich für die Beibehaltung der Strafbarkeit von Homosexualität bei Männern aussprachen. 41 % der Männer und 33 % der Frauen in der Befragung waren für die Straffreiheit.[727] Die Homosexualität von Frauen war auch hier eigentlich kein Thema. 1969 wurde die Diskussion durch die Homosexualität dreier Schwerverbrecher aus Landau aufgeheizt, die im April verhaftet wurden. Zwei von ihnen hatten bei einem Raubüberfall auf ein Munitionslager vier Soldaten getötet. Der sogenannte Soldatenmord von Lebach fand in der Öffentlichkeit große Aufmerksamkeit. Die nach der Verhaftung bekannt gewordenen homosexuellen Beziehungen der Täter spielten nicht zuletzt durch die Berichterstattung der Medien eine große Rolle.[728]

Im Mai 1969 debattierte der Bundestag im Rahmen der Strafrechtsreform die Straffreimachung von Homosexualität.[729] Am 25. Juni 1969 wurde mit der Neufassung des Paragrafen 175 die sogenannte „einfache Homosexualität", also die nicht-öffentliche, einvernehmliche Homosexualität Erwachsener straffrei. Im selben Jahr erschien der erste Sexualkunde-Atlas der Bundeszentrale für gesundheitliche Aufklärung zur Sexualaufklärung der Bevölkerung.[730] Homosexualität oder Transidentität kamen darin nicht vor.

Unter dem Vorsitz von Müller-Emmert wurden bis 1973 durch den Strafrechtsausschuss des Bundestages weitere Änderungen vorbereitet. So wurden das Schutzalter bei homosexuellen Kontakten von 21 auf 18 Jahre reduziert (zum Vergleich: bei heterosexuellen Kontakten lag das Schutzalter bei 16 Jahren) und homosexuelle Prostitution entkriminalisiert. Auch Begriffe wie „Unzucht" wurden aus dem deutschen Strafgesetz herausgenommen.[731] Das Strafrecht sollte sich in der neuen Sicht nicht an der „Sittlichkeit", sondern an der Sozialschädlichkeit einer Handlung orientieren.[732]

AUFBRÜCHE UND EMANZIPATIONEN

Bereits vor der Reform des § 175 StGB begannen sich Homosexuelle in den sexualfeindlichen und homophoben 1950er Jahren zusammenzuschließen und Gemeinschaften zu bilden, in denen sie sich kennenlernen konnten und mit denen sie versuchten, ihre rechtliche Situation zu verbessern. Sie nannten sich selbst „Homophile".[733] Anders als die spätere „Schwulen- und Lesbenbewegung", die bewusst provokant auftrat und gerade das „Anderssein" nach außen trug, zeichnete sich die Homophilenbewegung infolge der restriktiven Gesetzeslage durch ein Nicht-Auffallen-Wollen in der Öffentlichkeit aus.[734] Der Aufbruch in die zweite Republik verlief verhaltener als der 1919. Es gab an verschiedenen Orten Clubs und seit 1949 auch verschiedene Zeitschriften dieser Bewegung, die jedoch mithilfe der von Adenauerstaat und Kirche propagierten sogenannten „Sittlichkeit" wiederholt verboten wurden. Der katholische Volkswartbund war hier besonders aktiv – und beispielsweise in Rheinland-Pfalz bestens in die Regierungsparteien hinein vernetzt.

Titelblatt der Zeitschrift Die Insel. Monatsblätter für Freundschaft und Toleranz, 1. Jg., Nr. 1, November 1951, http://queerexhibition.org/before/freundschaft-und-toleranz / Schwules Museum Berlin

Die im süddeutschen Raum größte Gruppe der Homophilenbewegung war der Verein für humanitäre Lebensgestaltung (VhL), der in Frankfurt a. M. u. a. durch Hans Meidinger vertreten wurde. Hier fand man auch die meisten Gaststätten, in denen sich homosexuelle Männer treffen konnten. Im südlichen Baden-Württemberg war die Internationale Freundschaftsloge (IFLO) vertreten. Der VhL bildete in Stuttgart einen Club und mehrere Gaststätten. Auch in Karlsruhe war offenbar ein entsprechender Club des VhL bekannt oder in Gründung.[735] Zwar wurden mithilfe des Gesetzes über die Verbreitung jugendgefährdender Schriften die Zeitschriften Homophiler vielfach verboten.[736] Dennoch finden sich bereits in den ersten Jahren Nachweise, dass auch die Homophilenbewegung als zweite Homosexuellenbewegung Deutschlands einen Widerhall in der Rhein-Neckar-Region und in den ländlichen Gebieten in der Nähe erfuhr. So inserierte schon 1951 in Herbolzheim an der Jagst ein Hotel speziell für homosexuelle Gäste.[737] 1953 konnte man bei W. Brockmann in der Hauptstraße 57 in Heidelberg die VhL-Zeitschrift Die Gefährten erwerben, aber auch Auskünfte für die Region Mannheim-Heidelberg erhalten. Im Folgejahr war das Lokal Hirschgasse in Heidelberg die Kontaktadresse, was auch auf männerbündische Zusammenhänge verweist.[738] Aus Polizeiunterlagen geht hervor, dass es in Mannheim 1959 offenbar drei Lokale für Homosexuelle gab.[739]

Titelblatt der Zeitschrift Wir Freundinnen. Monatsschrift für Frauenfreundschaft, 2. Jg., Nr. 1, Januar 1952, http://queerexhibition.org/before/freundschaft-und-toleranz / Schwules Museum Berlin.

Auch den lesbischen Frauen bot die Zeitschrift Die Freunde unter der Rubrik „Das Inserat für die Dame" eine Möglichkeit zum Austausch, die auch genutzt wurde.[740] Anders als schwule fand lesbische Liebe in der Öffentlichkeit nach wie vor kaum Beachtung. Anders war dies wiederum bei Transidenten, die medial teilweise große Beachtung fanden, wenn bekannt wurde, dass sie geschlechtsangleichende Operationen erhalten hatten. Die Geschichte des „Geschlechtswechsels" wurden von den Medien bereitwillig aufgegriffen. Bei der US-Amerikanerin Christine Jorgensen und der Britin Roberta Cowell wurde Anfang der 1950er Jahre jeweils kontrastierend zu ihrer Weiblichkeit über ihre bisherigen militärischen Leistungen in der Armee „als Mann" berichtet. Beide veröffentlichten Biografien.

Wichtig für die frühe Emanzipationsbewegung in der Bundesrepublik war auch die wissenschaftlich-aufklärerische Arbeit verschiedener Institutionen. Anfang der 1950er Jahre wurde in Frankfurt a. M. ein Kongress des ISCE (International Commitee for Sexual Equality) zu Fragen von Sexualaufklärung und Sittlichkeit ausgerichtet. Daneben gab es den Versuch, das Wissenschaftlich-humanitäre Komitee neu zu begründen. In Hamburg wurde 1969 die Internationale Homophile Weltorganisation (IHWO) gegründet. In Frankfurt erfolgte 1972 die Gründung des Instituts für Sexualwissenschaft.[741]

LEBENSWEGE – LEBENSWELTEN

Wie bereits deutlich wurde, sind auch die Zeitschriften der sogenannten Homophilenbewegung ein wichtiger Teil der Emanzipationsbewegung in der frühen Bundesrepublik. In diesen Zeitschriften konnten homosexuelle Männer Kontaktanzeigen aufgeben, bei denen sie allerdings mit größter Vorsicht formulieren mussten, um nicht in Verdacht zu geraten, sexuellen Kontakt zu anderen Männern zu suchen. Durch das Verbot von Homosexualität mussten sowohl die Inserienden als auch diejenigen, die ihnen antworteten, äußerst vorsichtig formulieren. Zugleich mussten die Zeitschriften darauf achten, nicht in den Verdacht der Kuppelei zu geraten. Bei größeren Lücken in der Überlieferung zwischen 1952 und 1954 finden sich insgesamt 24 Inserate, die mit den Nennungen von Aschaffenburg-Miltenberg (1), Heidelberg (8), Ludwigshafen (4), Mannheim (10), Michelstadt-Erbach (1), Odenwald (1), Pfalz (2), Rheinpfalz (2) und Südhessen (1) in die Region Rhein-Neckar verweisen.[742] Dass die Inserate auch Bereiche wie Heidelberg-Frankfurt oder Mannheim-Stuttgart oder Ludwigshafen-Karlsruhe nannten, zeigt, wie weiträumig diese Männer auf der Suche nach Kontakten sein mussten. In zwölf der 24 Anzeigen informierten die Männer über ihr Alter, das sich wie folgt verteilte:

Alter	20 – 30	30 – 40	40 – 50	50 – 60
Anzahl	3	5	2	2

Neun Anzeigen verwiesen mit Angaben wie *Angestellter* (1), *Akademiker* (1), *gute Position* (2), *junger Schriftsteller* (1), *Kaufmann* (3) oder *wirtschaftlich unabhängig* (1) auf ihre berufliche und wirtschaftliche Situation. Zwei Männer sprechen im Hinblick auf ihre soziale Situation in ihren Inseraten über ihre Einsamkeit.[743] Ein 26-Jähriger gab an, dass er verheiratet war und einen *charaktervollen Brieffreund* suchte, der in *gleicher Lage* war.[744] 14 Männer waren allgemein auf der Suche nach einem *Kameraden*, *Freund* oder nach *Gedankenaustausch*. Drei legten Wert auf einen *ehrlichen*, drei auf einen *männlichen* und fünf auf einen *gebildeten* oder *intelligenten* Mann.[745] Ein 30-jähriger *selbständiger Kaufmann* suchte einen Kameraden für ein *allmonatliches Zusammensein*. Nur ein Mann suchte auch nach Austausch mit einem kleinen Kreis anderer.[746]

Die Suche nach einem einzelnen Mann stand für diese Inserenten im Vordergrund. Wenige Männer spezifizierten ihre Suche. So suchte ein 31-Jähriger einen Mann für eine *Wohngemeinschaft*. Ein 43-Jähriger suchte einen Mann, der *keine Alltagsbekanntschaft* war. Ein *Vierziger* schließlich inserierte für einen *charakterfesten Partner*, für den ein gemeinsames *Heim* ebenfalls Ziel *seiner Wünsche* war. Insgesamt drei Anzeigen waren auf der Suche nach *Wanderkameraden* bzw. Urlaubsbegleitungen geschaltet.[747] In der Zeitschrift für frauenliebende Frauen, Wir Freundinnen, fand sich kein Nachweis eines Beitrags oder Inserats einer Frau aus der Region Rhein-Neckar.

Das Haus Sonnenschein in Herbolzheim an der Jagst warb als eines der ersten Hotels im deutschen Südwesten in den 1950er Jahren gezielt in Zeitschriften der Homophilenbewegung damit, dass man *Freunden* bei sich *stets fünf Fremdenzimmer zur Verfügung* stellte.[748] Seit den 1960er Jahren gab es in Ludwigshafen verschiedene Lokale. Zur Fröhlichen Einkehr war Mitte der 1960er Jahre ein Lokal in Ludwigshafen, in das Männer aus Heidelberg, Mannheim, Speyer bis hin ins Elsass kamen, weil da *immer Tanz* und *immer was los* war, wie dies ein Zeitzeuge formulierte.[749] Die Kommode war das erste einschlägig bekannt gewordene Lokal in Mannheim, es befand sich in der

Innentitel der Zeitschrift Der Kreis vom Mai 1949. Sammlung Wolfgang Knapp – Büro für Kulturwissenschaft, Mannheim
Der Kreis war eine dreisprachige Zeitschrift (deutsch, französisch und englisch), die alle zwei Monate von 1943 bis 1967 in Zürich erschien. Die international beachtete Zeitschrift richtete sich an schwule Männer.

Hauptstr. 3 im Stadtteil Feudenheim. Auch gemeinsame Ausflüge in die Pfalz gehörten zum Freizeitprogramm Homosexueller in der Region Rhein-Neckar. Als Orte anonymer Sexualität und Möglichkeit des Kennenlernen dienten wie schon in früheren Jahren sogenannte Klappen, also öffentliche Toiletten.[750]

Im zeitlichen Kontext der medial spektakulär dargebotenen „Geschlechtswechsel" von Christine Jorgensen und Roberta Cowell in der ersten Hälfte der 1950er Jahre hatte auch die aus Ludwigshafen stammende und in der Nachkriegszeit in Mannheim lebende Hertha Wind (Kap. 20) die Absicht, mit ihrer Geschichte an die Öffentlichkeit zu gehen.[751] Wind hatte sich in den 1930er Jahren nach Anraten von Magnus Hirschfeld einer geschlechtsangleichenden Operation in Frankfurt a. M. unterzogen. In der NS-Zeit erfolgte im Personenstandsregister der Wechsel des Eintrags von männlich zu weiblich. Dennoch wurde Wind als *homosexueller Mann* in die Psychiatrie in Frankenthal eingewiesen.[752] In der Nachkriegszeit trat Wind mit ihrer Lebensgeschichte an die Öffentlichkeit. 1954 und 1955 wurde u. a. in der Zeitschrift Wochenend oder im Magazin Stern über sie berichtet.[753] Außerdem plante Wind die Veröffentlichung ihrer Autobiografie unter dem Titel Metamorphosen. Dies allerdings verhinderte ihre geschiedene Ehefrau 1955 mit einem Gerichtsurteil. Der Mannheimer Morgen berichtete verschiedentlich über Hertha Wind und den Prozess um ihre Autobiografie.[754]

Für das unsichtbare Leben lesbischer Frauen in der frühen Bundesrepublik kann beispielhaft Elisabeth Schmidt stehen. Sie lebte seit den 1960er Jahren an verschiedenen Orten in der Region Rhein-Neckar und arbeitete in Mannheim bei einer Versicherung. Ihre Partnerin Annemie lebte in Heidelberg. Beide hielten ihre Beziehung geheim. Nach dem Tod ihrer Partnerin 1984 sprach Elisabeth Schmidt erstmals gegenüber einer Vertrauten über ihre Liebe.[755]

SCHLUSSBETRACHTUNG

In der Bundesrepublik herrschte bis in die 1960er Jahre hinein ein repressives Klima, das tradierte Geschlechterrollen und Sexualitäten propagierte und Abweichungen negierte, diskriminierte und verfolgte. Die ersten Nachkriegsjahre bedeuteten einen Rückschritt in der Sicht auf Homosexualität und Transidentität. Seit Mitte der 1960er Jahre wurde zunehmend auch öffentlich kontrovers über „Sittlichkeit" und Homosexualität – symptomatischer Weise nur die von Männern – diskutiert. Bisexualität wurde nicht eigens thematisiert. Frauen und Transidente kamen in diesen Diskursen nicht vor. Trotz des repressiven Klimas zeigt sich, dass homosexuelle und transidente Menschen aus der Region bereits in den 1950er Jahren öffentlich wurden und es mit Gaststätten, Hotels und Orten für anonyme Sexualkontakte verschiedene Treffpunkte und Vernetzungen gab. Mit Klaus Schirdewahn und Wolfgang Karle wurden nur wenige Männer mit ihrer Geschichte jener Jahre bislang öffentlich.[756] Zu Elisabeth Schmidt und Hertha Wind liegen inzwischen auch Informationen zu lesbischen und trans Frauen für die frühe Bundesrepublik vor.

23 RUDI BAERWIND: MALER UND MÄZEN, SCHWUL UND VERFOLGT

Wolfgang Knapp, Christian Könne

RUDI BAERWIND (1910–1982): MALER UND MÄZEN ZWISCHEN VERFOLGUNG UND VEREHRUNG

Wolfgang Knapp

Rudi (eigentlich Ernst Rudolf) Baerwind wurde 1910 in Mannheim geboren und wuchs in gutbürgerlichen, gebildeten Verhältnissen auf.[757] Im Anschluss an das humanistische Abitur 1929 absolvierte er ein Studium an den Kunstakademien in Berlin, München und Paris. Nach der Diffamierung einer Auftragsarbeit durch das NS-Regime im Jahr 1936[758] wurde die französische Hauptstadt zum Exil und zweiten Wohnsitz. Es folgten Jahre, die den Künstler entscheidend prägten, und sein Leben bewegte sich fortan zwischen seiner Heimatstadt Mannheim und der französischen Kunstmetropole. Zu Beginn des Zweiten Weltkriegs erlebte er in Frankreich zunächst die Internierung als Ausländer, in Deutschland geriet er als Soldat an die Ostfront und in russische Kriegsgefangenschaft, der er 1945 entfliehen konnte.

Zurückgekehrt in die deutsche Heimat, setzte sich Baerwind intensiv für die deutsch-französische Verständigung und für das Zusammenwachsen Europas mit künstlerischen Mitteln ein. In Mannheim begründete er in L 7 das Symposion der Künste (1968), später in L 8 den Mannheimer Salon als Ausstellungs- und Begegnungsort für Kunstschaffende und Kunstinteressierte. Bedeutende Auszeichnungen, so zum Beispiel der Grand Prix Internationale de France (1972), die Schillerplakette der Stadt Mannheim (1975) und das Bundesverdienstkreuz am Bande (1976), ehrten ihn für sein künstlerisches und politisches Engagement. Die 1977 gegründete Rudi-Baerwind-Stiftung widmet sich bis heute dem künstlerischen Nachwuchs und vergibt einen Kunstpreis.[759]

Baerwinds künstlerisches Schaffen war so vielschichtig wie seine Persönlichkeit und ebenso aufgeschlossen für alles Neue. Nach ersten gegenständlichen Arbeiten im Stil des Expressionismus, Kubismus und Surrealismus wandte sich der Künstler zunehmend nichtfigurativen Strömungen wie dem Tachismus und Informel zu, die seinem ausgeprägten Verlangen nach einem spontanen und gestischen Gestalten besonders entgegenkamen. Baerwind war außerdem als Bildhauer aktiv, schuf Kunst am Bau, Theaterkunst, Buchillustrationen und begeisterte sich für angewandte Kunst.

Rudi Baerwind in seinem Atelier, um 1970. Baerwind-Stiftung, Foto: Bohnert + Neusch

Mit dem 2010 erschienenen Band „Rudi Baerwind. Leben und Werk 1910 – 1980“ wurde Baerwinds Wirken als Künstler, Kunstvermittler und Kunstmäzen erstmals explizit gewürdigt.[760] Die Homosexualität des Protagonisten und die sich daraus ergebenden Konsequenzen wurden dort angedeutet, doch nicht näher untersucht. Die folgenden Ausführungen nähern sich diesem Aspekt in Baerwinds Leben und Werk.

Rudi Baerwind, Selbstporträt, 1952. Kunsthalle Mannheim, Foto: Thomas Henne / © Rudi-Baerwind-Stiftung

Die Hexenjagd hört bei uns nicht auf[762]

Rudi Baerwind machte nie einen Hehl aus seiner Homosexualität, doch trug er sie auch nicht zur Schau. Obgleich als Mensch und Künstler sehr impulsiv, temperamentvoll und gerne provozierend, stand dieses Thema für ihn nicht im Vordergrund und ist auch in seiner Kunst nur indirekt und reflexhaft spürbar.[763]

Der „Zwiemann“ von 1947/1948 zeigt zwei männliche Figuren. Vereint in inniger Umarmung – und doch getrennt. Die Geste der linken Figur lässt sich als Zeichen der Zuwendung und Abwehr interpretieren. Innere Zerrissenheit und eine Art Doppelidentität kommen in weiteren frühen Arbeiten

„Zwiemann“, Gemälde von Rudi Baerwind, 1947/1948. Privatbesitz

Links: Hans Laubner, Gemälde von Rudi Baerwind, um 1970. M. Tapié de Celeyran / W. Sauré (1974)

Rechts: Männerpaar / Zwei Männer, Gemälde von Rudi Baerwind, 1971. Foto: Rudi-Baerwind-Stiftung

Baerwinds zum Ausdruck. In einem 1948 entstandenen Selbstbildnis präsentiert sich der Künstler quasi gedoppelt mit zwei sich überlagernden Köpfen. Ein weiteres, in der Kunsthalle Mannheim befindliches Selbstporträt von 1952 zeigt den Künstler unnahbar und starr. Das Gesicht gleicht einer Maske, der Rumpf wie von Schwertern gespalten. Der Mensch hinter der Fassade bleibt ein Rätsel.

Rund 20 Jahre später sollte Baerwind einen jungen Mann (seinen letzten Lebenspartner) deutlich unbefangener porträtieren – mit zielsicherem Blick für dessen Attraktivität. Der Porträtierte posiert in der eigenwilligen Männermode der frühen 1970er Jahre, die „männliche" und „weibliche" Elemente verband: enge Hose mit Schlag, Rüschenhemd, halblanges Haar und Schnurrbart. Die Verschlüsselung der mann-männlichen Verbundenheit des „Zwiemann" ist in der Darstellung eines Männerpaars von 1971 aufgehoben und wird zur eindeutig erotischen Begegnung zweier Männer – der eine nackt, der andere diesem zärtlich zugewandt.

Der bis 1969 geltende und erst 1994 in Deutschland endgültig gestrichene § 175 StGB, der männliche Homosexualität kriminalisierte und gleichsam stigmatisierte, wurde für viele Männer von Rudi Baerwinds Generation zum Alptraum. Der Künstler geriet in den 1950er Jahren mit dem Unrechtsparagrafen in Konflikt.

Wenige Künstler erleben so bewusst wie Rudi Baerwind in schöpferischer Nachgestaltung unsere bewegte Zeit.

Walter Scheel, Bundespräsident, 1974

RUDI BAERWIND: DER SCHWULE

CHRISTIAN KÖNNE

Rudi Baerwind war schwul – und dies verblüffend selbstverständlich zu Zeiten, in denen Homosexualität in Deutschland per se eine Straftat war. So wurde Baerwind wegen Homosexualität unter Männern gleich drei Mal verurteilt und kam deshalb in Mannheim ins Gefängnis. Das erste Mal war er 1955 ***mehrere Tage*** inhaftiert. 1959 wurde er das zweite Mal Opfer des § 175 StGB und musste erneut wegen Homosexualität ins Gefängnis.[764] Am 11./12. April 1959 schrieb er aus der Haft einen Brief, in dem er die ***Hexenjagd*** der Bundesrepublik gegen Homosexuelle anprangerte.[765] Es ist nicht zu sagen, wie er darüber dachte, dass er einerseits als gefeierter Künstler mit internationalem Ruhm in seiner Heimatstadt galt und er andererseits von den Strafverfolgungsbehörden dieser Stadt als Homosexueller verfolgt wurde.[766]

In seinem privaten Umfeld sprach Baerwind freimütig und offen über die Beziehungen zu seinen Männern. Er machte keinen Hehl daraus, wenn ihm ein Mann gefiel und scheute bei Feiern nicht, mit Männern zu tanzen. Dass er zu einzelnen Männern längere Beziehungen unterhielt, diese zum Teil bei ihm wohnten, er mit ihnen in den Urlaub ging, ist ein Aspekt in seinem Leben, der als ein wesentlicher Teil seiner Biografie gelten muss. Sein Schwulsein hatte bei den hier vorgestellten Werken zweifellos Einfluss auf seine Kunst. Dies gilt in ganz anderer Weise auch für die von ihm so bezeichneten „Knastbilder", die er aufgrund seiner Inhaftierung wegen Homosexualität schuf. Es sind Kunstwerke, die durch ihren düsteren Stil auch als bedrückende Dokumente der Verfolgung Baerwinds als schwuler Mann zu lesen sind.

„Knastbild", Gemälde von Rudi Baerwind, 1960. Sammlung Fritz Gärtner. Foto: Katrin Schwab, MARCHIVUM

24 ZUR DRITTEN EMANZIPATIONSBEWEGUNG IN DER REGION RHEIN-NECKAR. MEDIEN, ORTE UND ÖFFENTLICHKEITEN

CHRISTIAN KÖNNE

Die dritte Emanzipationsbewegung nahm ihren Ausgang am Ende der 1960er Jahre. In den Kontexten der 1968er-Bewegung, der Strafreduktion des § 175 StGB, den Stonewall Unruhen in der New Yorker Christopher Street, den später folgenden Gay Pride-Märschen in den USA sowie dem Film von Rosa von Praunheim „Nicht der Homosexuelle ist pervers, sondern die Situation, in der er lebt" formierten sich zunehmend Gruppen der FrauenLesben-, Schwulen- und Trans*-Bewegungen, später solche von Bisexuellen und Intergeschlechtlichen.[767] Dies war auch in der Region Rhein-Neckar der Fall. Bis zum Jahr 2000 wurden verschiedene gesellschaftliche und rechtliche Veränderungen erreicht, von denen hier nur zentrale exemplarisch genannt werden. Frauen konnten erst nach der Abschaffung der sogenannten „Hausfrauenehe" ein eigenes Bankkonto einrichten und selbständig entscheiden, ob und was sie arbeiten wollten. Das Sonderstrafrecht für Homosexualität bei Männern wurde 1994 ganz gestrichen. Die Urteile nach § 175 StGB wurden bis 2017 alle aufgehoben und die Männer rehabilitiert. Transidente erhielten mit dem „Transsexuellengesetz" (TSG) 1981 erstmals eine verbindliche Rechtsgrundlage für die Angleichung des Geschlechts und eine rechtliche Anerkennung ihrer Existenz durch den Gesetzgeber, auch wenn verschiedene seiner Passagen später für nicht-verfassungsgemäß erkannt wurden. 2006 wurde das Antidiskriminierungsgesetz eingeführt. Im Jahr 2000 entschuldigte sich der Bundestag für die Verfolgung Homosexueller. 2001 wurde die sogenannte „eingetragene Lebenspartnerschaft" eingeführt, 2017 die sogenannte „Ehe für alle" beschlossen und das Recht für einen dritten Geschlechtseintrag vor Gericht erstritten. Seit 2021 ist es verboten, Menschen mit Varianten der Geschlechtsentwicklung ohne medizinisch notwendige Indikation im Kindesalter einer geschlechtsangleichenden Operation zu unterziehen.[768] Welchen der rechtlich möglichen drei Geschlechtseinträge diese Personen wählen, soll ihrer eigenen Entscheidung und nicht der ihrer Ärzte oder Eltern vorbehalten sein. 2022 ist die Änderung des TSG durch die Politik angekündigt.

MEDIEN DER DRITTEN EMANZIPATIONSBEWEGUNG UND IHRE VERBINDUNG ZUR REGION RHEIN-NECKAR

Die queeren Emanzipationsbewegungen brachten Medien hervor und schufen sich eigene Vertriebswege. Diese stellten Gegenöffentlichkeiten dar, da Themen im LSBTI-Spektrum in den etablierten Medien wenig und oft in verzerrter Weise vorkamen. So wurde ein bezahltes Inserat der SchAM (Kap. 26), mit dem die Gruppe neue Mitglieder werben wollte, 1982 allein beim Mannheimer Morgen, nicht aber in der der Rheinpfalz und der Rhein-Neckar-Zeitung veröffentlicht.[769] Später waren Informationen zu den LSBTI-Bewegungen der Region auch in anderen Medien zu finden.[770] Verschiedene Medien der Emanzipationsbewegung hatten Bezüge zur Region Rhein-Neckar. So erschien zwischen 1972 und 1987 als kommerzielles Blatt das Gay Journal, später G. J., im Heidelberger Pan-Verlag.[771] Sein Chefredakteur hatte diese Position auch in der Zeitschrift DON inne und wurde später für die pädophilen Angebote und Lesarten seiner Publikationen zu Recht kritisiert.[772]

1975 bis 1977 erschien die Schwuchtel in Berlin, die bis zur siebten Ausgabe aber presserechtlich in Heidelberg verantwortet wurde und dort auch Autoren hatte. Männer der Heidelberger Emanzipationsbewegung waren als Autoren auch an der Zeitschrift Emanzipation beteiligt. Eine der Gründerinnen der Zeitschrift Lesbenpresse, die von 1975 bis 1982 in Berlin erschien, stammte aus Heidelberg. Schließlich war das Blatt Rosa Provinz der HAG (Homosexuelle Aktion Göttingen) für einige Ausgaben von der SchAM mitpubliziert.[773] Daneben gab es Emanzipationsmedien speziell für die Region Rhein-Neckar.

Titelseite der Zeitschrift Schwuchtel Nr. 2 – 3, März 1976. MARCHIVUM

Zwischen 1980 und 1990 erschien „Rosamunde. Zeitschrift im schwulen Heidelberg“. Die Rosamunde hatte eine Auflage von zunächst 350, später 400 Exemplaren. Die Zeitschrift Gayszene Mannheim ist 1995 und 1996 als monatliches kostenloses Magazin mit Veranstaltungskalender, Nachrichten und Terminen für die Mannheimer Szene sowie für Ludwigshafen, Worms und Neustadt/Weinstraße belegt. Mit der Pfundspost hatte die Gruppe Pfundskerle in den 1990er Jahren eine eigene Zeitschrift.[774] Neben schwulen und lesbischen Themen waren in den Emanzipationszeitschriften z. T. auch solche aus dem Bereich Trans* vorhanden.

Die Emanzipationsgruppen waren auch in den elektronischen Medien aktiv. Seit Juli 1988 gab es in Mannheim/Ludwigshafen ein schwules Disco-Radio, das den Rückgang der Absatzzahlen in der Emanzipationspresse ausgleichen sollte, was bei einer Sendezeit von Sonntag auf Montag zwischen 0.40 und 1.00 Uhr wenig wahrscheinlich erscheint.[775] Auch im Fernsehen war man präsent. Ende 1995 übertrug Gaynial seine erste Sendung im Offenen Kanal Ludwigshafen. 1996 gründete sich der Freundeskreis zur Förderung schwuler Medien, der als

Verein zehn Mitglieder hatte. Informationen und Unterhaltung von Schwulen für Schwule aus der Region oder Typisches zur Jahreszeit waren etwa Aspekte, über die man berichten wollte. Die Sendung wurde jeden ersten Samstag im Monat mit Wiederholung in der Folgewoche am Freitag ausgestrahlt. Als großen Erfolg wertete man, dass die erste Sendung des Jahres 1996 von Gaynial in allen Offenen Kanälen in Rheinland-Pfalz übertragen wurde. Gaynial ist bis zum Ende des Untersuchungszeitraums 1999 nachweisbar.[776]

ÖFFENTLICHKEITEN IN ANDEREN MEDIEN

Für die Emanzipationsbewegungen waren auch die Stadtmagazine KiK, Ketchup und Meier bedeutsam.[777] Sie boten seit den 1980er Jahren verschiedenen sozialen Bewegungen eine Plattform. Hier las man beispielsweise über die Frauenbewegung, über Sinti und Roma, über die Friedens- und Umweltbewegung, aber auch über Gruppen von deutschen und türkischen Rechtsradikalen.[778] Hier wurden seit den 1980er Jahren in der Terminübersicht auch lesbische, schwule oder bisexuelle Veranstaltungen angekündigt. Die Stadtmagazine publizierten kostenlos Kontaktanzeigen oder andere Anzeigen mit lesbischem, schwulem, bisexuellem oder transidentem Inhalt. Hier fand man in der Rubrik „Adressen" seit den 1980er Jahren Hinweise auf Schwule und Frauen, später unter „Rat & Tat" oder „Gays'n'Girls" auch Hinweise auf lesbische, schwule und bisexuelle Gruppen. Die Stadtmagazine stellten in eigenen Artikeln Orte der Emanzipationsbewegung oder einzelne Gruppen und ihre Arbeit vor. Auch zu Trans* wurde informiert. Seit Mitte der 1990er Jahre gab es im Meier mit der Rubrik „Gays'n'Girls" eine monatliche Übersicht, in der Termine und Berichte ebenso wie die Adressen gebündelt vorgestellt wurden, die – anders als der Name vermuten lässt – aber das LSBT(I)Q+-Spektrum insgesamt abbildete. Die Stadtmagazine stellten damit ein kontinuierlich gemeinsam genutztes Medium von LSBTI-Bewegungen und Mehrheitsgesellschaft mit Auflagen zwischen 30.000 und 40.000 Exemplaren dar.

Die Zeitungen der Frauenbewegung informierten zum Teil auch über speziell lesbische Themen oder zu Trans*. Im Lila Klatschmohn wurden zwischen 1979 und 1984 insgesamt 348 Artikel veröffentlicht, wovon 14 (4 %) zu explizit lesbischen Themen waren. In zwei von 20 Ausgaben (10 %) des Lila Klatschmohn finden sich diese Beiträge. Dies umreißt den Umfang der Teilöffentlichkeit für lesbische Themen dort. Eine kursorische Durchsicht der Heidelberger Frauenzeitung und der Abschminke weist in die gleiche Richtung. Auch in den Zeitungen der Studierenden der Universitäten Heidelberg (Schlagloch/Ruprecht), Koblenz-Landau (PuniKA) und Mannheim (Astarix/bAstA) finden sich Artikel, die sich mit Themen im LSBTIQ+-Spektrum befassen. Schließlich soll auch darauf verwiesen werden, dass alleine die Untersuchung von Schülerzeitungen Landauer Schulen gezeigt hat, dass man auch dort verschiedene Artikel findet, die das Themenfeld LSBTIQ+ zum Thema haben.

BUCHLÄDEN IN MANNHEIM UND HEIDELBERG

In Mannheim und Heidelberg bestanden seit den 1970er Jahren Buchläden, die speziell Medien der FrauenLesbenbewegung oder solche der Schwulenbewegung vertrieben und Raum für Lesungen, Kunstausstellungen oder Diskussionsrunden boten. Diese Buchläden waren im umfassenden Sinne Orte für Information, Vernetzung und Austausch. Der erste war wohl der Buchladen von Jörg Burkhard in der Marstallstr. 11a in Heidelberg. Burkhard rief im Carlo Sponti auch zur Gründung eines Komitees für die Mitarbeit an der Russell-Peace-Foundation (Kap. 25) auf.[779] In den 1980er Jahren gab es in Heidelberg in der Plöck 93 einen Anderen Buchladen. Dort war am 16. Januar 1987 der seit 1985 erste offen schwule Bundestagsabgeordnete Herbert Rusche, ein ehemaliges Mitglied von Homo Heidelbergensis, zu Gast.[780] Der Heidelberger Frauenbuchladen eröffnete am 28. Oktober 1976 in der Friedrich-Ebert-Anlage 51b und befand sich später in der Plöck 52, dann in der Theaterstraße 16. Bis 1990 sind dort Vorträge und Lesungen auch zu lesbischen Themen nachzuweisen, wie am 6. Juli 1989 von Ulrike Hänsch: „Wir müssen es ja nicht gleich jedem auf die Nase binden".[781]

In Mannheim bestand seit 1977 der Andere Buchladen in M 2, 1. Dass er nicht als schwuler Buchladen benannt wird, liegt daran, dass er nicht alleine schwule Medien im Sortiment hatte.[782] Er hatte aber von Anfang an sämtliche deutschsprachigen Titel zum Thema Homosexualität im Sortiment. Neben dem Comic-Zeichner Ralf König waren beispielsweise der Historiker Lutz van Dijk oder die aus Saarbrücken stammende Germanistin und trans Aktivistin Waltraud Schiffels zu Gast. 1995 las Gad Beck aus „Und Gad ging zu David" über sein Leben als schwuler Jude in der NS-Zeit. Zusammen mit MS Connexion und SchAM bot man dort auch die „Safer Sex Spielshow" mit Ades Zabel an.[783]

Tasse des Anderen Buchladens in Mannheim mit Zeichnung „Thommi der Buchhändler" von Ralf König (1989). Privatbesitz. Foto 2022 von Kathrin Schwab, MARCHIVUM

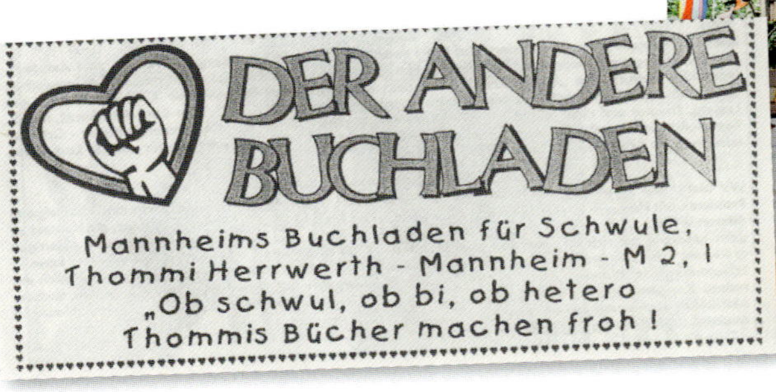

Links: Werbeanzeige des Anderen Buchladens im Programmheft zum Südwest CSD, 1997. MARCHIVUM

Rechts: Der Andere Buchladen in Mannheim. Innenaufnahme 2014 von Alexander Kästel

Plakat des Frauenbuchladens Xanthippe in Mannheim mit Zeichnung von Franziska Becker, 1982. MARCHIVUM

Der Mannheimer Frauenbuchladen Xanthippe ist der bis heute (2022) am längste durchgängig bestehende FrauenLesbenbuchladen Deutschlands. Die Xanthippe wurde 1978 in T 3, 4 gegründet. Sie veranstaltete u. a. Lesungen zu lesbischen Themen wie 1982 aus Charlotte Wolff „Augenblicke verändern uns mehr als die Zeit" oder 1993 über lesbische Mütter von Viola Roggenkamp „Von mir soll sie das haben?" Die Xanthippe organisierte Vorträge in Kombination mit dem Kulturamt, der Abendakademie oder der Frauenbeauftragten, hier gab es Gründungen von Initiativen und Selbsthilfegruppen, Seminare, zwei Lesekreise und den Frauensportverein „Xanthippe springt im Quadrat". Später kam mit „Xanthippe tanzt" eine Frauendisco im Lagerhaus Mannheim dazu. Der Umsatz mit „frauenbewegten" Büchern entfiel allmählich fast völlig, so dass der Laden sein Sortiment erweiterte.[784]

KINO

Das Kino als Ort der Emanzipation und der Film als Aufklärungsmedium blieben auch für die Emanzipationsbewegungen seit den 1970er Jahren bedeutsam. Zur Premiere des Films „Nicht der Homosexuelle ist pervers, sondern die Situation, in der er lebt" kamen in Mannheim ins Cinema Quadrat angeblich 500 Personen. Bei den zweiten Frauenfilmtagen in Heidelberg lief 1976 der Film „Anna und Edith" über zwei lesbische Frauen. 1981 zeigte das Film-Forum des Carl-Bosch-Gymnasiums Ludwigshafen „Was heißt'n hier Liebe?". Spätestens in den 1980er Jahren erreichten Filme zu LSBTI-Themen auch kleinere Orte. Im Weinheimer Kino lief 1981 „Der Tod in Venedig", in der Brennessel in Hemsbach 1983 und 1985 „Die 120 Tage von Sodom", „Ein Käfig voller Narren", „Querelle" oder „Der Tod in Venedig", 1984 „Tootsie" in den Regina-Lichtspielen Germersheim.[785]

In Heidelberg und Mannheim gab es seit den 1980er Jahren auch mehrtägige Angebote. 1982 boten die Kammerlichtspiele in Heidelberg ein Gay-Film-Festival an, bei dem u. a. „Taxi zum Klo" oder „Die Konsequenz" zu sehen waren. In Zusammenarbeit mit Männern der Heidelberger Schwulenbewegung wurden seit 1986 bei der Rosa Leinwand einmal monatlich schwule (auch lesbische?) Filme im Gloria & Gloriette gezeigt.[786] Vom Cinema Quadrat in Mannheim wurden in den 1990er Jahren Schwule Filmtage, Lesbische Filmtage sowie Schwulen- und Lesbenfilmtage angeboten. Die Schwulen Filmtage begingen 2020 ihr 25. Jubiläum.[787]

BÜHNE

Verschiedene Theater, Kabaretts und Kleinkunstbühnen präsentierten Programme zu LSBTI-Themen, die hier nur angerissen werden können. Am 19. Oktober 1979 veranstaltete die Emanzipationsgruppe Schwuler Frühling in Karlsruhe *ein* *riesiges Schwules Theater- und Filmfest* im dortigen Kino Schauburg. Hier trat Fletcher du Bois aus Heidelberg *mit seinen schwulen Liedern* auf.[788] 1981 galt die Aufführung „Edward II." im fast ausverkauften Heidelberger Stadttheater als einer *der erregendsten Theaterabende in der letzten Zeit.* Am Zimmertheater in Heidelberg lief 1983 Manuel Puigs „Der Kuss der Spinnenfrau". Auch die „Bitteren Tränen der Petra von Kant" wurden 1985 im Stadttheater Heidelberg zur Aufführung gebracht. In der Alten Krone in Heidelberg und der Klapsmühl in Mannheim liefen Shows von Travestiekünstler*innen. 1983 gastierte im Rosengarten in Mannheim das populäre, durch Fernsehauftritte bekannte Duo Mary & Gordy.[789]

GEGENREAKTION

Wie sehr Orte, an denen Frauenemanzipation und queeres Leben öffentlich wurden, Anstoß erregten, zeigte sich 1984, als der Andere Buchladen in Mannheim Ziel eines Anschlags von Neonazis wurde, die dort eindrangen, Bücher aus den Regalen warfen und Verwüstungen anrichteten. In Mannheim wurden auch die Klapsmühl am Rathaus, das Kabarett Dusche und die SchAM von den Neonazis in Briefen bedroht. Auch die Xanthippe erhielt aus der Neonazi-Szene Schreiben unter dem Titel *Tod allen Lesben* sowie *Xanthippe wird vernichtet*.[790]

ZUR INFRASTRUKTUR FÜR QUEERE MENSCHEN IN DER RHEIN-NECKAR-REGION SEIT DEN 1960ER JAHREN

Die Region Rhein-Neckar war seit den 1970er Jahren eines der westdeutschen Zentren queeren Lebens. Dazu gehörten Emanzipationsgruppen, Frauenzentren, Buchläden, Kinos und Theater. Dazu gehörten aber auch – und für viele Menschen war dies der für sie bedeutsamere Teil – Bars, Kneipen und Diskotheken oder Orte anonymer Lust, wie Saunen, Klappen oder Cruising-Plätze. Von den Mitgliedern der Emanzipationsbewegung wurden die Orte des subkulturellen Lebens und die Szene, die zeitgenössisch auch „Sub" bezeichnet wurde, als Teil des „Ghettos", in dem sich Homosexuelle verstecken wollten oder müssten, zunächst abgelehnt, später kam man zu einer differenzierteren Einstellung.[791]

In den 1960er Jahren war Ludwigshafen das Zentrum der queeren Subkultur. Im Lokal Zur fröhlichen Einkehr waren *Studenten aus Heidelberg*, aber auch *ganz Mannheim und ganz Ludwigshafen* sowie *die Franzosen aus dem Elsass* zu finden.[792] In Mannheim waren die Kommode und der Pferdestall in den 1960er Jahren als schwule Kneipen bekannt.[793] 1972 findet sich in einem Verzeichnis der Lokale für Homosexuelle kein Eintrag für Mannheim, für Ludwigshafen und Heidelberg je einer.[794] Dies änderte sich erst in den 1980er Jahren. Hatte man im September 1980 noch acht „Schwulenkneipen" (HD: 2, LU: 3, MA: 3) gezählt, so waren es im Februar 1981 bereits zwölf (HD: 2, LU: 3, MA: 7).[795] Zum Vergleich: Allein Mannheim hatte im Kaiserreich und der Weimarer Republik immer etwa vier oder fünf als einschlägig bekannte Lokale. Die Zahl der Cafés, Bars und Diskotheken entwickelte sich wie folgt:[796]

Jahr	Heidelberg	Ludwigshafen	Mannheim	Gesamt
1987/88	2	2	8	12
1994/95	1	3	9	13
2002/03	1	1	12	14

Nachfolgend sind in einer Übersicht die Szene-Angebote zwischen den 1960er Jahren und 2003 zusammengestellt.[797] Hierbei handelt es sich um Gaststätten, die überwiegend oder ausschließlich von einem queeren Publikum besucht waren und sich selbst als „schwule" oder „lesbische" Orte verstanden. Manche „Schwulenkneipen" galten auch als Treffpunkte lesbischer Frauen, wie in Heidelberg das Old Mill, das Whiskey a go go und in Ludwigshafen Mimis Garden. In Mannheim wurde das Ballerina von Lesben und Schwulen besucht.[798] Das Jails und das MS Connexion wurden auch als Lokale in der S/M- und Fetisch-Szene genutzt. Dass sich hier Hetero- und Homosexuelle trafen, trug nach Einschätzung des Betreibers des MS Connexion, Joachim Bulla, zur Steigerung der Akzeptanz von Schwulen in Mannheim bei.[799] Auch Lokale, in denen sich Stammtische trafen, sind in der Übersicht aufgenommen, da dies das Einverständnis der Wirte voraussetzte, auch wenn sie insgesamt keine „schwulen" oder „lesbischen" Gaststätten waren.[800]

HEIDELBERG: BARS/KNEIPEN/DISKOTHEKEN

Crystal Adresse unbekannt (1980er Jahre)	**Haspel** Haspelgasse	**Goldener Adler** Luthergasse 36 (1990/91)	**Old Mill/Alte Mühle** Alte Brücke 69
Rainbow (Disco), lesbisch (1988)	**Tränktor** Nähe alte Brücke (1987)	**Schwarzer Walfisch** Adresse unbekannt (1996)	**Whiskey a go go** (später: Mata Hari), Oberbadgasse 10 (1973, 1987)
Zum Kyffhäuser Ladenburger Str. 38 HD-Neuenheim (1973)	**Zum Ratsherrn** Am Römerkreis (1975)		

Cruising Plätze
Kurfürstenanlage (1990er Jahre)
Klappen
Horten (1973), Bismarckplatz (1973), Hauptbahnhof (1975), Karlsplatz (1975)

Sex Shop/Sex Kino

Sex Shop, Dreikönigstr. 3 (1971)

HIRSCHHORN

Hotel Zur Forelle, Langenthaler Str. 2 (1990)

MANNHEIM: BARS/KNEIPEN/DISKOTHEKEN[801]

Ballerina/Le Club/ Club Ballerino Friedrichsring 30 (1977, 2003)	**Beethoven's** Kleine Fressgasspassage Q7 (1996)	**Big Horn** Schwetzinger Str. 97 (1986, 1988, 1991)	**Butch / vorher: Theaterkeller** S 6, 21 (1993/1994, 1996)	**Casanova** U 5, 29 (1991)
Café Himbeer E 7, 9 (1991)	**Café Klatsch** Hebelstraße 3 (1993, 2022)	**Café Kußmann** T 6, 19 (2003)	**Café, Club Duo** G 2, 12 (1984, 1988)	**Café Nostalgie** U 4, 15 (1986)
Club Action U 5, 13 (2003)	**Club Café Empire** E 7, 9 (1988)	**Club Jardin** K 2, 31 (1986, 1991)	**Club Madame** U 1, 5 (1986)	**Café Nostalgie** U 4, 15 (1986; 1988)
Chez Nous L 14, 19 (1986; 1988)	**Cortés** Passage N6, Kunst-straße (2003)	**Destiny** Galileistr. 21 (1993/94)	**Dorfschänke** O 4, 10 (1988)	**Heidelbaer / Vorgänger: Fledermaus / Stehlampe** Amerikanerstr. 11 (1988, 1996)
Höpfer Stube S 4, 17 (1980)	**Jails** Angelstraße 5 – 9 (1996, 2003)	**Jimmys Kneipe (Harlekin)** S 3 (1986)	**Kommode** Hauptstr. 3 MA-Feudenheim (angeblich 1960er)	**Leierkasten** Hebelstr. 3 (1986, 1988)
MDL S 2, 7 (1993/94)	**MS Connexion** Angelstraße 5 – 9 (1986, 1996)	**Neuer Neckarpark** Waldhofstr. 76 (1990, 1996)	**Odeon Cafe** G7, 10 (1985, 1987)	**Petit Paris** T 3, 2-3 (1995/1996)
Pferdestall O 6 (1969, 1977/78)	**Pumuckl** Amerikanerstr. 11 (1981)	**Tolerant** Neckarauer Str. 85 (1996)	**Schmidt's** S 2, 16 (1996)	**Stars Garden** U 5, 29 (1993/94)
Subway/Temptation T 6, 14-15 (1991)	**Twilight** S 6, 21 (2003)	**XS Bar (bis 2019)/ Legendär** N 7, 9 (2003, 2022)	**Zum Geheimtip** L 15, 1a (Borelli-Grotte) (1991)	**Zelle** Schwetzinger Str. 96 (1997/98)

Saunen

Hot House Club Sauna, Ladenburger Str. 23 (1993/94)

Vital Sauna, Rheinhäuser Str. 50 (1996)

Galileo City Sauna, O 7, 20, (1990er Jahre, 2022)

Sex Kinos/Sex Shops

Beate Uhse Laden, L 14, 12 (1996)

Binokel Sex Shop, J 2, 18 (1986)

Cruising Point, Mittelstraße 15 (1996)
Studio 7, Heinrich Lanz Str. 32 (1986, 2022)
Cruising Plätze
Schlosspark (1986), Tattersall (1986), Friedrich Ebert Brücke (1986), Kurpfalzbrücke (1986), Lauergärten (1976)
Klappen
Horten (1980), Hauptbahnhof (1986), Wasserturm, (1981, 1986), Schloss (1996), Neuer Messplatz (1996)

LUDWIGSHAFEN: BARS/KNEIPEN/DISKOTHEKEN

Aquarelle Adresse unbekannt (1992)	**As Club Treffpunkt/ Zum Treffpunkt** Karlstr. 1, (1966, 1973)	**Come Back** Welser Str. 10 (1976, 1986)	**Club bei Willy** Rohrlacher Hof, Frankenthalerstr. 76 (1981)
Im Alten Treffpunkt Adresse unbekannt (1995/96)	**Mike's** Amtsstr. 1 (2003)	**Mimi's Garden** Prinzregentenstr. 47 (1976)	**Keller-Bar** Prinzregentenstr. 7 (1976)
Only You Seilerstraße, (1981)	**Pick up** Gräfenaustr. 51 (1976, bis 1994/95)	**Zur fröhlichen Einkehr** Adresse unbekannt (1960er)	

Cruising Area
Eingang Ebertpark
Klappen
Ludwigsplatz (1975), Hauptbahnhof (1990er Jahre)

ST. LEON-ROT
Highway Club (Hotel, Sauna), Friedhofstr. 39 (1986, 1990)

SCHWETZINGEN
Bier + Cafe-Bar Odeon, Rolf + Andy, Scheffelstr. (wohl Ende 1980er / Anfang 1990er Jahre)

DIE SZENEKNEIPEN – MEHR ALS GASTWIRTSCHAFTEN

Die Szenekneipen waren Safe Spaces, potentiell gegen das Alleinsein – oder man fühlte sich dort gerade besonders alleine, man konnte dort mehr sich selbst sein oder ungestört feiern, sich mit anderen vernetzen oder Kunst und Kultur im queeren Kontext entdecken. Sie waren auch Informationsbörsen durch einschlägige Zeitschriften, Werbe- und Informationsmaterial, die dort auslagen. Wie problematisch das Umfeld war, wie viel Angst queere Menschen vor dem ersten Betreten einer solchen Gay Bar hatten und wie viel Überwindung es sie kostete, die Schwelle einer Gay Bar innerlich wie faktisch zu überschreiten, zeigt sich beispielsweise daran, dass Gaststätten für Homosexuelle bis in die 1970er Jahre abgedunkelte Fenster und eine Klingel hatten. In den 1980er Jahren wird von der SchAM der Nebeneingang als Vorteil für den Besuch eines schwulen Stammtisches erwähnt. Bis in die jüngste Vergangenheit ist die „innere Hemmschwelle" vorhanden.[802]

Verschiedene Funktionen der Szenekneipen zeigen sich auch in der Region Rhein-Neckar. Hierzu gehörten beispielsweise die jahreszeitlich gestalteten Feiern. So bot das Pick up in Ludwigshafen in den 1980er Jahren einen Silvesterball und ein „Faschingstreiben" an. Das MS Connexion hatte zum 1. Mai 1987 einen „Maidampfer" auf dem Neckar gemietet. Das Petit Paris in Mannheim lud 1997 zu einer Nikolaus-Feier. Das Butch in Mannheim veranstaltete im selben Jahr zu Nikolaus eine dreistündige Straßenbahnfahrt. Speziell an den traditionell im Familienkreis begangenen Festen finden sich Angebote für queere Menschen gegen das Alleinsein. So bot die Diskothek T 6 in Mannheim 1997 ein Programm unter dem Motto *Weihnachten allein? Das muß nicht sein* an. Auch das MS Connexion lud am Heiligen Abend 1985 zum *Treffen aller Alleingelassenen* unter dem Motto *Weihnachten unter uns* ein.[803] Das Big Horn in Mannheim und das Aquarelle in Ludwigshafen boten Künstlern eine Plattform und präsentierten Gemäldeausstellungen.[804]

Weshalb das MS Connexion speziell für die schwule Szene mehr als eine Diskothek war, die angeblich schwule Männer aus einem Radius von bis zu 150 Kilometern regelmäßig zu Gast hatte, wird verschiedentlich deutlich. Hier wurde 1986 anlässlich des damals noch am 17. Juni stattfindenden Tages der deutschen Einheit ein *Tag der schwulen Einheit* gefeiert, an dem angeblich über 1.000 Schwule teilnahmen. Auf dem Gelände gab es Info-Stände der Aids-Hilfe, des Anderen Buchladens, der Zeitschrift „Nummer", des Bundesverbands Homosexualität (BVH) und verschiedene Flohmarktstände. Hier fand auch ein Vortrag über Hepatitis und der Vorentscheid für den Titel Mr. Gay Germany 1986 statt. In einem anderen Raum wurden gegen Entgelt schwule Filme gezeigt wie „Taxi zum Klo", „Leben mit Aids in San Francisco" oder „Ein Käfig voller Narren II". Ein dritter Raum war von Studio 7 als Kinoraum eingerichtet, in dem vermutlich schwule Pornofilme gezeigt wurden. Hier wurden gratis Kondome verteilt. Im Hof des MS Connexion trat der Circus Kramer auf. Außerdem bot man eine Stadtrundfahrt mit der Straßenbahn durch Mannheim an. In der Music Hall fand eine Podiumsdiskussion zu den Möglichkeiten schwuler Zusammenarbeit im Kontext der Debatten um den BVH statt. Später gab es hier Theateraufführungen, französische Chansons und ein Lederclub aus Frankfurt zeigte eine Travestieshow. An diesem Tag wurden also kulturelle, politische, karitative ebenso wie sexuelle und in Zeiten von Aids aufklärerische Aspekte schwulen Lebens vorgestellt. Zu dem am 17. Juni 1987 durchgeführten *Tag der deutschen Gay-Einheit* führte eine *Sternfahrt nach Mannheim*. Den Erlös dieses Tages spendete man dem BVH.[805]

Inserat der Bar Odeon in Schwetzingen, o. D. Stadtarchiv Schwetzingen

1990 sollte dem Connexion die verlängerte Konzession entzogen werden. Die Geschäftsführung des Hauses schätzte dies als eine *Schwerpunktaktion* der CDU Mannheim ein, denn es fiel auf, dass die *diskriminierenden Maßnahmen* alleine die Tage betrafen, an denen die Disco überwiegend für Schwule geöffnet war. Gegen die Einschränkung der Konzession wurde geklagt. Außerdem bildete sich der Verein der Freunde des MS Connexion. Das Connexion blieb geöffnet und weiterhin mehr als eine Diskothek. So war es beispielsweise ein Veranstaltungsort des Schwulen Kulturherbst der SchAM. Hier wurde wiederholt die Abschlussparty des CSD gefeiert. Beim sogenannten B-Day stellten sich dort verschiedene soziale Projekte vor. Auch als Ort für Live-Musik wurde es genutzt. Hier trat 1986 die Band Erasure auf. 1999 war auch Jimmy Sommerville hier zu hören. [806] Dass diese Künstler teils sehr engagierte Schwule waren, wurde in jenen Jahren in den Stadtmagazinen bei ihrer Vorstellung nicht erwähnt. In den 1990er Jahren veranstaltete PUSH UP im MS Connexion spezielle Lesbenpartys, was eine Öffnung auch für diese Szene zeigt.

Die hier vorgestellten Orte, Medien und Institutionen stellten das Umfeld dar, in dem queere Menschen seit den 1970er Jahren in verschiedenen Gruppen und auf unterschiedliche Weise öffentlich wurden, wie nachfolgend gezeigt wird.

Werbeplakat für das Gaywerk im MS Connexion, 1997. MARCHIVUM

HEIDELBERG SEIT DEN 1970ER JAHREN: SCHWULE UND LESBISCHE EMANZIPATIONSBEWEGUNGEN

Christian Könne

DIE SCHWULEN EMANZIPATIONSBEWEGUNGEN

ZUR GRÜNDUNG VON HOMO HEIDELBERGENSIS

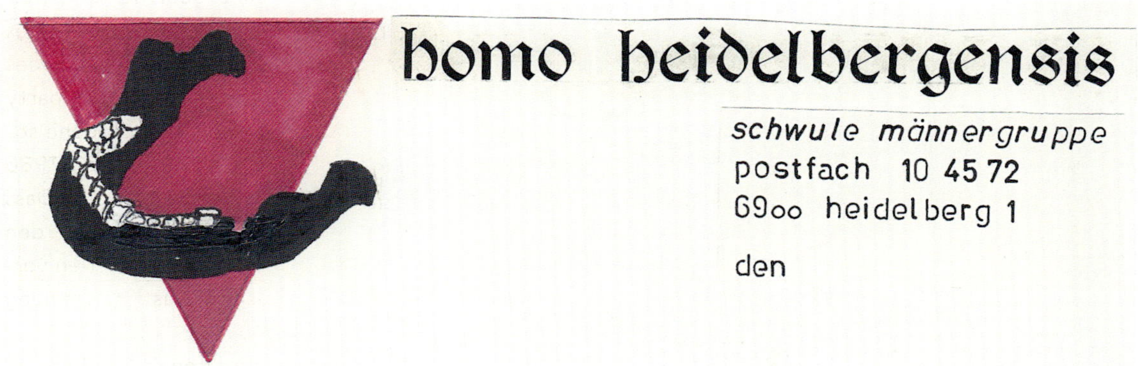

Logo von Homo Heidelbergenis, um 1972/73. MARCHIVUM

Homo Heidelbergensis wurde von zwei Schwulen gegründet, die sich von der Klappe kannten. Spätere Aufzeichnungen über die Anfänge der Gruppe zeigen, dass die Vorbilder von Homo Heidelbergensis Schwulengruppen in anderen deutschen Universitätsstädten und eine Gruppe an der Universität Löwen in Belgien waren. Als weiterer Impuls wirkte die erste Homosexuellen-Demonstration in Deutschland, die im April 1972 in Münster stattfand.[807] Der Aufbau von Homo Heidelbergensis verlief schleppend. Zwei Schwule, ein hetero Mann sowie eine bisexuelle Frau bildeten zunächst die Gruppe. Zwar wollte die Gruppe auch die Lesben mitorganisieren, doch beschlossen die Lesben *sich innerhalb der Frauenbewegung und nicht innerhalb der Schwulenbewegung zu organisieren.*[808] Namentlich überliefert ist, dass der spätere Bundestagsabgeordnete Herbert Rusche und der Theologiestudent Heiko Höhrle Mitglieder waren.[809]

In einem undatierten Aufruf trat die Gruppe als Heidelschwuls und Homosexuelle Aktion Heidelberg auf und stellte sich als Initiative dar, die *Schwulen, Homosexuellen, Homophilen und schwulen Frauen* helfen wolle, *ihre Schwierigkeiten zu überwinden.* Durch die Arbeit der Gruppe solle *Homosexualität als eine normale Form der menschlichen Sexualität anerkannt und akzeptiert* werden. Ausdrücklich wurden weitere Mitglieder gesucht. Um sich zu organisieren, hatte die Gruppe eine Postfachadresse und ein eigenes Konto. Darüber hinaus war montags von 19 bis 20

Uhr eine Telefonnummer als *Schwule Hilfe* eingerichtet: *Anrufen, egal, wo der Schuh drückt*. Die Gruppentreffen fanden mittwochs um 19 Uhr in der Evangelischen Studentengemeinde in der Ziegelhäuser Landstraße 17 statt.[810] Die Zeitschrift Rote Volksuniversität berichtete 1973, dass *seit Kurzem* [...] *in Heidelberg eine Organisation von ‚Homosexuellen'* bestand.[811] Dies sowie die Information, dass die Demonstration in Münster 1972 ein Impuls war, weisen auf die Gründung der Gruppe im Jahr 1972 hin. Am 17. Mai 1981 (17.5.: Analogie zu § 175 StGB) feierte Homo Heidelbergenis 1981 ihren 10. Geburtstag. War die Gruppe also doch schon 1971 ins Leben gerufen worden? Zu den Treffen von Homo Heidelbergensis, wie sich die Gruppe später nannte, kamen schließlich bis zu zehn Männer überwiegend aus dem studentischen Bereich.[812] Dass man ostentativ forderte *Schwulsein soll Spaß machen!* verweist auf ein damals erst zu erreichendes Ziel.[813]

UNIVERSITÄRE ÖFFENTLICHKEITEN

1973 gab es ein Tutorium „Homosexualität und Gesellschaft" an der Universität Heidelberg. Zunächst beteiligten sich sechs, später zehn bis 15 Studierende am Tutorium. Im Sommersemester 1974 fand eine Vorlesung zum Thema „Psychologie, Psychopathologie und Psychosomatik der Sexualität" statt, die sich auch mit der Homosexualität befasste.[814] Homo Heidelbergensis nutzte die linke Zeitung Carlo Sponti, um dort Berichte über Homosexualität und zur Geschichte Homosexueller zu veröffentlichen. Im Carlo Sponti konnten die Heidelberger Studierenden auch Informationen zur Emanzipationszeitschrift Schwuchtel sowie zum 1975 gegründeten Verlag Rosa Winkel finden, der Bücher für Homosexuelle publizierte. An der Mensa gab es offenbar wöchentlich einen „rosaroten Büchertisch". Dort fanden die Studierenden beispielsweise die Dokumentation von Heinz Heger über „Die Männer mit dem rosa Winkel", das Buch „Tuntenstreit. Theoriediskussion der Homosexuellen Aktion Westberlin", die Untersuchung „Strichjungengespräche", Romane mit queerer Thematik sowie *schwule infos und papers*.[815]

Die Evangelische Studentengemeinde (ESG) wurde als Treffpunkt genutzt. An der Katholischen Studentengemeinde (KSG) erfolgte 1975 die Gründung des Arbeitskreises „Tabu der Homosexualität". Allerdings war das Interesse gering, denn *bei den bisherigen sitzungen* war *weder ein KSGler noch sonst irgendjemand erschienen*.

Unter der Überschrift *Schwule Sau* machte Homo Heidelbergensis auf sich und seine Treffen in der Zeitschrift Carlo Sponti plakativ aufmerksam. 1976 traf sich die Gruppe regelmäßig freitags um 20.30 Uhr in der Teestube des AStA (Allgemeiner Studentenausschuss) in der Lauerstraße 1. Dieser Treffpunkt bestand mehrere Jahre. Homo Heidelbergensis plante offenbar auch, in Heidelberg ein Schwulenzentrum zu gründen, was aber nicht umgesetzt werden konnte. Das Postfach zur Kontaktaufnahme blieb notwendig, da es Leute gab, die sich nicht ohne weiteres persönlich zu den Treffen zu gehen trauten. Diese Postfachadresse wurde in der alternativen Szene Heidelbergs ebenso wie auch deutschlandweit verbreitet. 1979 war die Gruppe im Keller der AStA-Teestube in die Kettengasse 13 zu finden.[816] Die Schwulengruppe hatte also seit der zweiten Hälfte der 1970er Jahre verschiedene, teils regelmäßige Öffentlichkeiten an der Universität.

DIE ARBEIT AM EIGENEN SELBSTVERSTÄNDNIS

Ein Bestandteil der emanzipatorischen Arbeit der Schwulengruppen war die Auseinandersetzung mit dem eigenen Selbst und die Frage danach, was einen Schwulen ausmachte. Ziel des US-amerikanischen Konzepts von Selbsterfahrungsgruppen war es, in den Berichten verschiedener Personen Gemeinsamkeiten der individuellen Erfahrungen zu erkennen und diese für die politische Gruppenarbeit zu nutzen. Diese Methode wurde auch von verschiedenen Schwulengruppen verwendet. Auch in Heidelberg diskutierte die Gruppe laut Napoleon Seyfarth (Kap. 32) den von Rosa von Praunheim ausgegebenen Slogan: *Raus aus den Klappen und rein in die Straßen* und beriet, wie man diese Forderung umsetzen konnte oder warum man dies nicht wollte. Fragen wie die, ob man Zweierbeziehungen führen wollte, wer beim Sex der aktive und wer der passive Part sein sollte oder ob Schwule Lidschatten tragen sollten, wurden ebenso diskutiert. Auch über Feminismus und Soziales Lernen tauschte man sich aus. All dies waren Themen, die in der Schwulenbewegung insgesamt diskutiert wurden. Später galten Seyfarth die sogenannten Unischwulengruppen mit den angeblich von ihnen postulierten *Unfehlbarkeiten* als bedeutende Instanzen der schwulen Emanzipationsbewegung der 1970er Jahre, die festlegten, was *schwulenemanzipatorisch tragbar* war.[817]

ZUR KOOPERATION MIT ANDEREN BEWEGUNGSGRUPPEN

Die Gruppen der Schwulenbewegung waren auf unterschiedliche Weise miteinander verbunden, um sich und die Emanzipationsarbeit zu organisieren und koordinieren: Ein Postverteiler zum Austausch von Informationen gehörte dazu ebenso wie private Bekanntschaften und Freundschaften sowie Treffen von Gruppen in unterschiedlichen Konstellationen auf regionaler, deutschlandweiter oder europäischer Ebene. Auch in die DDR bestanden Kontakte. Man schrieb gemeinsam und auch gegeneinander in den Emanzipationszeitschriften.[818]

Im Februar 1973 fand in Heidelberg das zweite Treffen verschiedener homosexueller Emanzipationsgruppen statt, die sich zur Deutschen Aktionsgemeinschaft Homosexualität (DAH) zusammengeschlossen hatten. Homo Heidelbergensis erstellte einen Stadtplan von Heidelberg, in dem die relevanten Orte, wie Kneipen, Klappen und Cruising-Areas, eingezeichnet waren und die Gruppenmitglieder ihre Wohnungen wohl als Anlaufpunkt und Übernachtungsmöglichkeit angaben. Von der Katholischen Studentengemeinde erhielt man den von den Schwulen so bezeichneten *Halleluja-Bunker* in der Merianstraße 2 als Veranstaltungsort. Zur Tagung reisten *rund 100 Delegierte von 23 homosexuellen Emanzipationsgruppen* an. Als Ziel wurden *gemeinsame bundesweite Projekte wie Plakataktionen und Unterschriftensammlungen* formuliert. Auch eine *Selbstanzeigenkampagne* nach dem Vorbild des Protests der Frauenbewegung gegen § 218 StGB war in der Diskussion. Mit *Aufklärung über die*

Diskriminierung und Unterdrückung der Homosexuellen wollte man die Homosexuellen *bewußt und konfliktfähig* machen.[819] Das DAH-Treffen und Homo Heidelbergensis fanden Eingang in die Berichterstattung nicht nur der Heidelberger Lokalpresse, sondern auch der Zeitschrift Der Spiegel. Die Tagung in Heidelberg war auch ein Versuch, die Gegensätze innerhalb der Schwulenbewegung zu überdecken. Dies allerdings misslang. Nach dem Treffen traten die Heidelberger Gruppe und viele andere wieder aus der DAH aus und diese löste sich später auf.[820]

Vom 6. bis 8. Februar 1975 fand parallel zum Kleinstadt-Lesbentreffen in Heidelberg auch ein Treffen von schwulen Gruppen aus Baden-Baden, Heidelberg, Karlsruhe, Mannheim statt. Auch Gruppen aus Mainz, Freiburg und Straßburg waren eingeladen, nahmen aber nicht teil. Auf diesem Treffen erörterten auch die Schwulengruppen speziell die Situation der Emanzipationsarbeit in kleinen Städten. Ein weiteres DAH-Treffen verschiedener Gruppen fand vom 28. bis 30. November 1975 in Freiburg statt. 1977 reisten Mitglieder von Homo Heidelbergensis auf das dreitägige Pfingsttreffen von Schwulengruppen aus dem deutschsprachigen Raum in Wien, an dem 120 Personen teilnahmen. Doch grundsätzlich schätzte Homo Heidelbergensis ein, dass die Schwulenbewegung fünf Jahre nach Gründung der Gruppe in Heidelberg *ein Schattendasein* führte.[821]

1979 hatten sich verschiedene Schwulengruppen in der Schwulen Aktion Südwest (SAS) zusammengeschlossen, deren Treffen im Februar 1982 in Schlempen im Schwarzwald stattfand. 1983 fand ein SAS-Treffen in Heidelberg statt, das von Homo Heidelbergensis zusammen mit der ESG und der SchAM organisiert wurde. Zum Treffen erschienen 75 Personen aus Saarbrücken, Mainz, Frankfurt, Darmstadt, Konstanz, Freiburg, Karlsruhe, Lahr, Stuttgart, Aalen, Schorndorf, Schwäbisch-Gmünd, Tübingen, Reutlingen, Kirchheim-Teck. Hinzu kamen die Teilnehmer*innen aus Mannheim und Heidelberg. Noch 1983 gab es in der SAS *alte Spannungen* und *unterschiedliche Vorstellungen* über die Organisation.[822]

DISKURSÜBERSCHNEIDUNGEN: SCHWULE UND PÄDOPHILE IN HEIDELBERG

In den Diskussionen der Schwulenbewegung war auch die Auseinandersetzung mit der Frage einer allgemeinen Sexualunterdrückung oder einer speziellen Unterdrückung von schwuler Sexualität ein Thema. Dies markiert die Überschneidung der Diskussionen um den rechtlichen Umgang mit Homosexualität und Pädophilie.[823] 1972 wurde die sogenannte Indianerkommune in Heidelberg als Gruppe von Pädophilen gegründet. Die Indianerkommune galt innerhalb der Schwulenbewegung als *ein schrilles Störelement, dem man sich aufgrund der eigenen sexualrevolutionären Ausrichtung nicht zu entledigen wagte.* Die Gruppe ging später nach Nürnberg.[824] In Heidelberg taucht die Debatte um Pädophilie in den untersuchten Quellen verschiedentlich auf, so 1978 bei einem Vortrag mit anschließender Diskussion zum damals so bezeichneten Thema „Kindersexualität", 1979 im Kontext der Diskussionen um die §§ 175 und 176 StGB bei einer Anfrage an Politiker zur Bundestagswahl und 1981 bei einem Aktionsstand auf dem Adenauerplatz. Im Stadtmagazin Ketchup ist bis 1981 bei den „Adressen“ unter der Rubrik „Schwule“ in Heidelberg die damalige Deutsche Studien- und Arbeitsgemeinschaft Pädophilie (DASP) verzeichnet.[825]

AKTIONEN IN DER ÖFFENTLICHKEIT

Die auf der DAH-Konferenz 1973 in Heidelberg beschlossene Aktion *Weg mit dem Paragraphen 175* wurde im April 1973 bundesweit mit Plakaten sowie Info- und Unterschriftenständen durchgeführt. Die Plakate sollten die zeitgenössische Bundestagsdebatte zur weiteren *Reform* des § 175 StGB begleiten. In Heidelberg nahmen an der Aktion nur vier Personen der Emanzipationsgruppe teil. Die anderen Mitglieder *konnten oder getrauten sich nicht öffentlich aufzutreten*. Einer schlug vor, die Unterschriften und Adressen der Unterstützer durch eine Werbeagentur einsammeln zu lassen, um selbst nicht öffentlich werden zu müssen. Die Heidelberger Bevölkerung schenkte der Aktion offenbar zunächst wenig Beachtung. Dies änderte sich, als die Männer zur Unterstreichung ihres Anliegens ein *Kiss-in* am Stand veranstalteten, woraufhin sie von Passanten *angepöbelt* wurden.[826]

Es gab auch Aktionen zum 1. Mai, dem Tag der Arbeit. Nach einem Vorbild aus Bonn wählte die Heidelberger Schwulengruppe für den 1. Mai 1975 das Motto *Am 1. Mai sind Küsse frei*. Bei der Aktion – der Ort ist unbekannt – wurden an Passanten Flugblätter und Schokoküsse als Symbol für schwule Küsse verteilt. Erst mit dieser Aktion hatte sich Homo Heidelbergensis offenbar dazu entschieden, nicht *politisch militant* mit *Klassenkampfparolen*, sondern *wirklich schwul* zu agieren.[827] Das erprobte Mittel des schwulen Kusses wurde weiter verwendet, um Öffentlichkeit herzustellen.[828] Auch beim 1.-Mai-Fest 1976, das im Collegium Academicum stattfand, war die Gruppe präsent und bot provokant *1 Warmes Würstchen und 2 harte Eier (rosa) im Gesamtwert von 1,75 DM* an.[829] 1978 wurde Jürgen Runge als Kontaktperson angekündigt.[830]

1979 nahmen die Heidelberger beim ersten CSD in Stuttgart teil. Von Stefan Reiß und Eckard Prinz ist bekannt, dass sie sich auch an der Organisation des mehrtägigen Treffens Homolulu in Frankfurt a. M. beteiligten.[831] Nach dem Treffen schlussfolgerte der Bergsträßer Anzeiger: *‚Schwule‘ für viele kein Schimpfwort mehr*.[832] Schwule waren außerdem am 17. Mai 1980 oder 1981 zu einem *Wackel* (Begriff aus dem Bereich der Prostitution) im Fummel, also in Frauenkleidern, in der Heidelberger Innenstadt zu Fuß und in der Straßenbahn unterwegs, um so auf sich aufmerksam zu machen.

Zum Schwulen Aktionstag am 3. Oktober 1981 wollte Homo Heidelbergensis einen Infostand in der Heidelberger Innenstadt errichten. Dies wurde von der Stadtverwaltung nicht genehmigt mit der Begründung, es könne zu *Ausschreitungen* kommen. Homo Heidelbergensis ging dagegen vor und erreichte, dass für Anfang Dezember 1981 die Genehmigung erteilt wurde. Am Adenauerplatz machte man mit einem Stand auf *Schwule in Heidelberg* aufmerksam. Ziel war es, *Öffentlichkeit über die Vorurteile und die Diskriminierung gegenüber den Homosexuellen* herzustellen. Homo Heidelbergensis traten u. a. im Engelskostüm mit

Schriftzug *175* und *176* auf. Auf einer Tafel wurde die Sicht auf *normal* und *unnormal* gegenübergestellt:

NORMAL	*UNNORMAL*
normal ist, wenn zwei Männer sich im Suff umarmen	*unnormal ist, wenn zwei Männer das gleiche in nüchternem Zustand tun*
normal ist, wenn zwei Männer sich prügeln und versuchen, auf Kosten anderer Karriere zu machen	*unnormal ist, wenn zwei Männer zärtlich miteinander sind und sich lieben*
normal ist, über uns Schwule Witze zu reißen	*unnormal ist es, „solchen" Umgang zu haben*

Die Aufklärung auf dem Adenauerplatz fand unter *reger Beteiligung der Bevölkerung* mit *engagierten Diskussionen*, Stelltafeln, Cartoons, Flugblättern und einem Büchertisch statt. Die *beachtliche Zahl* von 100 gesammelten Unterschriften für die Abschaffung des § 175 StGB galt als Beweis dafür, *wie aufgeschlossen Heidelbergs Bürger* dem Thema Homosexualität gegenüber waren. Ihre Meinung zum Thema Abschaffung des § 175 StGB konnten die Passanten auf einer *Kritzelwand* kundtun. Am 6. März 1982 plante die Gruppe den nächsten Infotisch am Adenauerplatz.[833]

KINO ZUR AUFKLÄRUNG

Auch die dritte Schwulen- und Lesbenbewegung klärte via Film im Kino auf. Rosa von Praunheims Film „Nicht der Homosexuelle ist pervers, sondern die Situation, in der er lebt" kam 1972 in die Kinos und war 1973 in der ARD zu sehen.[834] Am 15. Mai 1975 wurde er im Gloria Kino gezeigt. Nach der Vorführung war eine Diskussionsrunde angesetzt, an der mit Martin Dannecker einer der führender Vertreter der dritten Homosexuellenbewegung teilnahm. Der spätere Professor für Sexualwissenschaft an der Universität Frankfurt a. M. hatte den Film beratend mitgestaltet. Doch das Ziel, öffentlich und mutig als Schwuler über sich und seine Rolle zu sprechen, wurde nach eigener Einschätzung auf dieser Veranstaltung nicht erreicht. Stattdessen wurde Martin Dannecker *zur zentralfigur der debatte*. Im Anschluss wurde die Zusammenarbeit der Schwulen- mit der Lesbenbewegung diskutiert. Das Problem seien die *separatistinnen* in der Frauenbewegung, die angeblich *eine reine frauengesellschaft* anstrebten.[835]

Im Anschluss an diese Vorführung gründete Napoleon Seyfarth (Kap. 32) abends im Weißen Lamm in Heidelberg

Informationskasten in Heidelberg vermutlich an der Universität oder am Kino Gloria mit Filmplakat „Rosa Winkel? Das ist doch schon lange vorbei..." und weiteren Informationen zu queeren Themen, wohl 1976. MARCHIVUM

die SchAM (Schwule Aktion Mannheim) (Kap. 26).[836] Die Aufklärung mit dem Medium Film wurde fortgesetzt. Am 8. und 9. Februar 1977 zeigte das Kino Gloria den Film „Ich liebe dich, ich töte dich", in dem es um eine Liebesbeziehung zwischen einem Lehrer und einem Förster geht. Am 10. Februar folgte der Film „Rosa Winkel? Das ist doch schon lange vorbei...", der die *gerade Linie der Schwulenunterdrückung vom Faschismus bis heute und was Schwule dagegen tun* zum Thema hatte. Der 1976 fertiggestellte Film war ein Gemeinschaftsprodukt von Detlef Stoffel, Gründer der Intiativgruppe Homosexualität Bielefeld, Christiane Schmerl, spätere Mitbegründerin des Bielefelder Frauenhauses und Professorin für Psychologie, sowie Peter Recht mit der Fakulät für Soziologie der Universität Bielefeld. Alle Vorführungen erfolgten mit anschließender Diskussion. Bei dieser Filmreihe arbeiteten die Zeitschrift Carlo Sponti und Homo Heidelbergensis eng zusammen, wobei teilweise auch Konkurrenzen aufschienen.[837] 1977 wurde der Film „Rosa Winkel? Das ist doch schon lange vorbei..." auch auf der Internationalen Filmwoche Mannheim gezeigt.

DIE AUFTRITTE DER HAMBURGER GRUPPE BRÜHWARM IN HEIDELBERG

Die Hamburger Gruppe Brühwarm trat im November 1976 in Heidelberg mit dem *ersten schwulen Agitationstheater in der BRD* unter dem Titel „Brühwarm – ein schwuler Jahrmarkt" auf.[838] Ein Interview von Brühwarm im SDR-Studio Heidelberg führte aufgrund der dort offenbar zu offen besprochenen schwulen Themen zur Versetzung des Redakteurs. Auch die Frankfurter Rundschau äußerte am 10. Januar 1976 Zweifel daran, ob das Programm der Gruppe geeignet sei, Vorurteile bei denjenigen, die sie hätten, abzubauen.[839] Damit stellten sich die Medien gegen das von den Schwulen als zentral erkannte Mittel der Emanzipation: die Menschen damit zu konfrontieren, dass Schwule in verschiedener Hinsicht anders waren.

Trotz oder wegen dieses Echos folgte in Heidelberg am 21. Juni 1977 ein weiterer Auftritt von Brühwarm mit dem Programm „Männercharme" und der Musik der Gruppe Ton Steine Scherben in der Aula der neuen Universität.[840] Die Gruppe spielte vor der fast ausverkauften Aula, die vermutlich nicht alleine von Homosexuellen besucht war. Im Anschluss traf man sich im Collegium Academicum, wo man bis in den frühen Morgen diskutierte und feierte.[841]

Werbeflyer der Gruppe Brühwarm für das Musikstück Männercharme in der Aula der neuen Universtät Heidelberg, 1977. MARCHIVUM

DAS RUSSELL-TRIBUNAL UND DIE NARGS-GRUPPEN

Mitte der 1970er Jahre wurde in Heidelberg zur Gründung eines Komitees für die Mitarbeit an der Russell-Peace-Foundation aufgerufen. Am 31. Mai 1977 gründete sich die Gruppe, die aus Mitgliedern von *SPD, FDP, ISZ, Gewerkschaften, GIM, Gemeinderäten von SPD und FDP, sowie einer nicht unerheblichen Anzahl organisatorisch unabhängiger Einzelpersonen* bestand und daher ein *erstaunlich breites politisches Spektrum* abbildete.[842] Doch welches Thema schaffte es, solch verschiedene Gruppen zusammen zu bringen?

1966 hatte sich in London das Russell-Tribunal gegründet. Es sollte die Kriegsverbrechen der USA in Vietnam untersuchen. Namensgeber war der Mathematiker Russell, dessen Peace-Foudation dies finanzierte. Ziel war es, die Themen ohne eine Beeinflussung durch den Staat aufzuarbeiten. 1967 tagte man in Stockholm. Beim Tribunal 1973 bis 1976 in Rom und Brüssel sprach man über Menschenrechtsverletzungen in Lateinamerika und Südafrika. Von 1977 bis 1978 tagte das Tribunal in Frankfurt a. M. und Köln. Dort sprach man über den Radikalenerlass in der Bundesrepublik.

Das Ziel der schwulen Emanzipationsgruppen war es, beim Tribunal in Deutschland mit dabei zu sein. Die mit dem Russell-Tribunal verbundene Öffentlichkeit wurde von den NARGS-Gruppen (Nationale Arbeitsgruppe Repression gegen Schwule) genutzt, um eine Dokumentation von Akten schwuler Unterdrückung zu erstellen und in die Öffentlichkeit zu bringen. Aktivisten aus Heidelberg waren 1977 bei der Gründung der NARGS dabei.[843] Zur Europawahl 1979 schrieb die überregionale Nargs Gruppe Politiker*innen im Hinblick auf Unterdrückung von Homosexuellen mit einem Fragen-Katalog an, auf den u. a. der Heidelberger FDP-Bundestagsabgeordnete Dr. Horst-Günter Krenzler antwortete. Er sprach sich bei der Diskussion um den § 176 StGB für ein Schutzalter für sexuelle Kontakte ab 16 Jahren aus und vertrat weiterhin die Position: *Im übrigen gelten die Menschenrechte auch für ‚sexuelle Minderheiten'. Infolgedessen muß auch die publizistische Behandlung vorurteilslos und aufklärend sein.* Die überregionale Schwulengruppe NARGS trat in die International Gay Association (IGA) mit dem Ziel ein, *die internationalen Aktivitäten koordiniert zu verstärken*.[844]

ZUM ENDE VON HOMO HEIDELBERGENSIS

Ende der 1970er Jahre wurde von Mitgliedern der, wie es hieß, *ehemaligen* Gruppe Homo Heidelbergensis ein Stammtisch in der Gaststätte Haspel ins Leben gerufen, der 1981 seit etwas mehr als zwei Jahren bestand und eine *beachtliche Frequentierung* hatte. Der Stammtisch hatte bis Mitte der 1980er Jahre Bestand.[845] Doch war Homo Heidelbergensis 1980 wirklich nicht mehr existent, wie die Illustrierte Ketchup dies verlautbarte? Ja und nein.

Homo Heidelbergensis galt Anfang der 1980er Jahre als eine der ältesten Schwulengruppen der Bundesrepublik. 1980 plante man eine Coming-Out-Gruppe und hierfür stellte das Lehrerzentrum am Bismarckplatz der Gruppe freitags ab 20 Uhr Räume zur Verfügung. Ziel für Ende 1980 war es, Homo Heidelbergensis zu seinem 10. Jubiläum *wieder aufleben* zu lassen.[846] 1981 wurden dann gleich an zwei Tagen (16./17.5.) die Feierlichkeiten zum Jubiläum begangen.

Noch 1983 war Homo Heidelbergensis über ein Postfach zu erreichen. Doch waren inzwischen bei der ESG auch eine Theatergruppe, eine politische Gruppe sowie eine Gesprächsgruppe angekündigt. Im Februar 1983 lud Homo Heidelbergensis zusammen mit der SchAM und der ESG die SAS nach Heidelberg ein. In vier Arbeitsgruppen diskutierte man das Verhältnis politischer Gruppen zur „Homosexuellenfrage", die Aktionen der SAS zur Bundestagswahl und zum 50. Jahrestag der Zerstörung des Instituts von Magnus Hirschfeld, die „Schwulendemo 83" in Konstanz, die Aktionsformen der regionalen und überregionalen Gruppen sowie die Sexualerziehung in Schule und Medien. Samstagabends fand eine Fete statt und war zur Unterhaltung die schwule Theatergruppe Die Maintöchter aus Frankfurt eingeladen. Nachfolgend endete die Ära von Homo Heidelbergensis. Mitte April 1983 wurde die Stabsübergabe mit einer Fete unter dem Motto *Homo Heidelbergensis meets ESG* in der Plöck 66 öffentlich zelebriert.[847] Seit den 1980er Jahren traten verschiedene andere Gruppen in Heidelberg in Erscheinung.

ROSA TELEFON

Vier Leute von Homo Heidelbergensis hatten das im Oktober 1981 gegründete Rosa Telefon initiiert. Es war ein Angebot von Schwulen für Schwule, vor allem für die Männer aus der Provinz und vor dem Coming Out, damit sie sich informieren konnten, wenn sie sich noch nicht in die Szene und/oder in eine Gruppe trauten. Das Rosa Telefon informierte nicht nur über Coming Out, Lokale, Treffpunkte und Veranstaltungen, sondern auch über Ärzte, Therapeuten und Rechtsanwälte. 1981 wurde das Rosa Telefon freitags von 19 bis 21 Uhr von zwei Männern betreut.[848] Trotz Werbung in verschiedenen lokalen Printmedien und an Orten der Szene, war die Resonanz zunächst *dürftig*, was sich wohl änderte, denn es war stets freitagabends zu nahezu unveränderter Uhrzeit zu erreichen.[849]

Irgendwann zwischen 1985 und 1989 verschwand das Projekt für einen unbekannten Zeitraum. Seit 1989 war das Rosa Telefon dann aber wieder *neu eingerichtet*. Die Gruppe bestand nun aus sechs Personen, wobei ein ausgebildeter Psychologe dabei war.[850] Das Rosa Telefon bestand dann offenbar durchgängig bis 1997 und war wie seit jeher freitags ab 19, nun aber bis 22 Uhr zu erreichen. Wie zuvor waren in unterschiedlichen Jahren verschiedene Telefonnummern angegeben.[851]

DIE GRUPPE HEIDELBERGER SCHLOSS

Zu Beginn der 1980er Jahre taucht die Gruppe Heidelberger Schloss (Schwul-Lesbische Organisation Solidarität Sofort) auf. Der Gruppe war die Zusammenarbeit mit den Lesben sehr wichtig. Als Kontaktperson war Harald angegeben. Das Heidelberger Schloss schrieb zur Bundestagswahl 1983 Parteien an und fragte zur Schwulenpolitik sowie zu einem Antidiskriminierungsgesetz.

Das Heidelberger Schloss war mit einem Infostand in der Triplexmensa sowie bei einer Veranstaltung des CDU-Politikers Matthias Wissmann in Heidelberg präsent. Hier sprachen die Gruppenmitglieder die Wiedergutmachung für homosexuelle NS-Opfer an, woraufhin sie vom Saalpublikum ausgelacht wurden, was ihre Geringschätzung zeigt.[852] Es sollte bis zum Jahr 2000 dauern, dass der deutsche Bundestag eine offizielle Entschuldigung für die fehlende Auseinandersetzung mit der NS-Verfolgung männlicher Homosexualität aussprach. 2002 schließlich hob die Bundesrepublik die NS-Urteile auf und rehabilitierte die Opfer. Eine materielle Entschädigung der NS-Opfer erfolgte bis heute allerdings nur in seltenen Fällen.

DIE ESG-GRUPPEN

Zu Beginn der 1980er Jahre bestand bei der ESG ein Arbeitskreis mit dem Namen AK Homosexualität. Mit Uhrzeit, Treffpunkt sowie Postfach wurden die Treffen des AK Homosexualität seit Anfang 1983 auch in den Stadtmagazinen regelmäßig angekündigt. Zu Beginn der 1980er Jahre waren bei einem Treffen nach einer Anzeige des AK Homosexualität bei der ESG so viele Leute gekommen, dass man sich je nach Interesse in drei Gruppen aufteilte: Es gab eine Theatergruppe mit Herbert als Ansprechperson, eine Gesprächsgruppe sowie eine politische Gruppe, die nach außen gehen wollte. Hier war Harald die Ansprechperson.

Der AK Homosexualität galt 1999 als eine *der beständigsten schwulen Einrichtungen in Heidelberg*. Gespräche, gemeinsame Freizeitunternehmungen, Kino- und Theaterbesuche zum Kennenlernen, die durch Vorurteile bedingten *Minderwertigkeitsgefühle* abzubauen und zu einer *positiven Identität* als Schwuler zu gelangen, waren und blieben die Ziele. Im Dezember 1999 kündigte der AK Homosexualität den Vortrag „Homosexuelle und Kirche“ in der Plöck 66 an.[867]

SCHWUP

Auch der Schwup (Schwulenpolitischer Arbeitskreis) ging aus dem AK Homosexualität der ESG hervor. In ihm waren später Akademiker und Nichtakademiker, Arbeitslose, Lehrlinge und Studenten organisiert. Treffen des Schwup fanden wegen der Atmosphäre nur privat statt und daher musste man sich telefonisch bei Harald nach den Treffen erkundigen. Schwup bestand aus einer Gesprächsgruppe und einer politischen Gruppe.[853]

Ziel des Schwup war es, sich *mit der Homosexualität in unserer Gesellschaft* auseinanderzusetzen und allen Anwesenden die Möglichkeit zu geben, *über eigene Probleme sprechen zu können*.[854] Schwup stellte fest, dass die Einmischung von Schwulen in die Politik immer noch *als Provokation* angesehen wurde und vielfach die Ansicht bestand, die Schwulen sollten *unter sich bleiben und den ‚braven Bürger‘ nicht belästigen*. Doch hatten auch Schwule als Bürger das *gleiche Recht sich einzumischen, wie alle anderen*, und dazu hatten sie aus Sicht von Schwup *nach wie vor viele Gründe!* Vorurteile in der Gesellschaft sowie die Folgen von Aids waren weitere Themen.[855] Aber auch Sexualerziehung in der Schule, die Streichung des § 175

StGB, die Streichung von Homosexualität als Krankheit aus der Liste der WHO, Wiedergutmachung für homosexuelle NS-Opfer, Schaffung eines Diskriminierungsverbots und ein Verbot der Rosa Listen bei den Strafverfolgungsbehörden bildeten weitere Aspekte, die Antrieb zum Engagement waren. Ziel war es, *für eine Gesellschaft zu kämpfen, in der wir Lesben und Schwule in Freiheit unsere Identität finden und ihr gemäß leben können, in der das Anderssein von Einzelnen und Gruppen nicht mehr als Bedrohung, sondern als Chance begriffen* wurde.[856]

Vom 18. Januar bis 9. Februar 1985 veranstalteten Schwup und die Evangelische Studentengemeinde in Heidelberg „Schwule Wochen" unter dem Motto „Rosa Zeiten". Im Mittelpunkt dieser Veranstaltung stand die Ausstellung „Homosexualität und Politik seit 1900", die in der Evangelischen Studentengemeinde gezeigt wurde und auf 40 Tafeln schwule Geschichte vorstellte. 80 geladene Gäste kamen zur Ausstellungseröffnung. Insgesamt 200 Besucher*innen sahen in den zirka drei Wochen die Ausstellung, die durch Vorträge, auch in der Volkshochschule Heidelberg, und Filmvorführungen im Kino Gloriette ergänzt wurde.

Im Gloriette liefen Filme wie „Stadt der verlorenen Seelen" oder „Taxi zum Klo". An der Volkshochschule referierten Egbert Schmidt zum Thema „Rosa Winkel im KZ", Michael Holy über „Homosexualität und Politik heute: AIDS und der Fall Kießling" sowie Gisela Bleibtreu-Ehrenberg über „Homosexualität und anderes abweichendes Sexualverhalten bei Naturvölkern". Im Theologischen Seminar der Universität fand mit Unterstützung des AStA ein Vortrag von Prof. Dr. Hungar statt, der anhand der Homosexualität die *Diskrepanz zwischen gesellschaftlicher Wirklichkeit und dogmatischem Anspruch* thematisierte. In Zusammenarbeit mit dem AStA wurde die Abschlussfete „Rosa Zeiten" im Haus Buhl organisiert.[857]

1985 schlug Schwup ein Tagescafé vor, das außerhalb der Szene-Kneipen einen Treffpunkt für Lesben, Schwule und offene Heteros bieten sollte, um dort Berührungsängste abbauen zu können. Zum anderen suchte man nach Räumen, um dort das Rosa Telefon, die Schwulengruppen sowie eine Aids-Beratungsstelle unterbringen zu können. Für beide Projekte wurden Mitarbeiter*innen und Spenden gesucht. Schon ein Jahr später gab es dienstags in der Lauerstraße 1 einen Treff für Schwule und Lesben mit Kaffee und einem nicht näher bezeichneten Programm.

1986 veranstaltete Schwup gemeinsames Bowling, eine Pink Party mit Auftritt des Heidelberger Duos Anale Grande oder eine Fahrt zum CSD Südwest nach Heilbronn.[858] Daneben plante man, da die Gründung des „Bundesverbands Homosexualität" (BVH) in der Diskussion war, die *Mitwirkung an einer bundesweiten Schwulen- und Lesbenorganisation*, die Unterstützung der Aids-Hilfe, das Projekt einer regelmäßigen Rosa Leinwand in Zusammenarbeit mit dem Kino Gloriette und anderen Schwulen, Infostände an den Mensen und in der Innenstadt, Kontakte zu Parteien und Institutionen auf kommunaler Ebene sowie organisatorische Maßnahmen zum Aufbau eines schwulen Cafés.[859] Eine Diskussionsveranstaltung zum Thema „Schwule befragen Politiker" ebenso wie ein Vortrag „Die Verfolgung von Schwulen im Dritten Reich" und die Pink Party gehörten auch 1986 zum Jahresprogramm. Mit offenbar elf Veranstaltungen hatte Schwup 1986 ein nahezu monatliches Angebot. 1986 bestand der Schwup in Heidelberg seit fast vier Jahren und seine regelmäßigen Feste, das „Gay Bowling", die Ausstellung „Homosexualität und Politik" sowie die frühzeitigen Diskussion zur Gründung einer Aids-Hilfe in Heidelberg gehörten zu den wichtigen Ergebnissen der Arbeit, auf die man zurückblickte.[860] Dass man mit den Infoständen sowie der Pink Party ebenfalls wiederholt Öffentlichkeit auf ganz unterschiedlicher Weise schuf, war vielleicht so selbstverständlich, dass es nicht eigens erwähnt wurde.

Bedeutsam war auch die über zwei Jahre gehende Vortragsreihe „Homosexualität und Wissenschaft", die in 15 Vorträgen die Geschichte Homosexueller beleuchtete, aber auch aktuelle Forschungsprojekte und Gegenwartsfragen aufgriff. [861] Vortragsreihen dieser Art gab es damals in Berlin, Frankfurt und Heidelberg. In Berlin und Frankfurt wurden sie von den „schwulen Asten" der Unis veranstaltet, von denen es in Heidelberg aber keinen gab. Hier organisierte Schwup die Vortragsreihe in Kooperation mit dem Kastra („Kastrierter Allgemeiner Studentenausschuß" – eine Verballhornung von AStA). Die Bandbreite der Themen erstreckte sich von „Homosexuelle in spätmittelalterlichen Städten" – einem Thema, über das Bernd-Ulrich Hergemöller, später einer der profiliertesten Mediävisten zur Geschichte der „Sodomie", refererierte – bis zu „Die Verfolgung im Dritten Reich", bei dem Burkhard Jellonnek vermutlich auch seine Ergebnisse zur Pfalz vorstellte. Auch über Aids wurde referiert. Sophinette Becker sprach über „Die psychosoziale Betreuung von Aids-Kranken: Erfahrungen und Probleme". Der offen schwule Bundesanwalt Manfred Bruns[862] referierte mit Blick auf den zeitgenössisch kontrovers diskutierten staatlichen Umgang mit der Krankheit zum Thema „Aids-Meldepflicht – Zwangstest – Repression". Ein weiterer prominenter Referent war Günter Dworek, ein Vorreiter für die Lesben- und Schwulenpolitik der Grünen. Er berichtete über Homosexuelle im 19. Jahrhundert. Außerdem gelang es Schwup ein weiteres Mal die renommierte Soziologin und Ethnologin Gisela Bleibtreu-Ehrenberg für einen Vortrag über „Homosexualität und anderes deviantes Verhalten bei Naturvölkern" zu gewinnen. Die Vorträge, die zum Teil in Räumen der Universität und der Volkshochschule stattfanden, richteten sich an ein breites Publikum. Zwischen 50 und 200 Interessierte erschienen.[863]

Offenbar war diese regelmäßige Präsenz der Uni ein Dorn im Auge. Die Räume wurden mal genehmigt, mal abgelehnt, mal erst am Tag vor dem Veranstaltungstermin genehmigt, so dass Werbung nicht mehr möglich war. Offenbar gab es zwischen Universität und Kastra/Schwup im Kontext der Vortragsreihe formale und juristische Auseinandersetzungen, die in der Rosamunde im Fazit mündeten, dass der freie Geist der Uni jedenfalls ein *Märchen* sei. [864]

1987 forderte Schwup in der Zeitschrift „Nummer", dass *schwule Forderungen in kommunalen Gremien vertreten* werden sollten, wofür man an eine *Zusammenarbeit mit Parteien, insbesondere der GAL* dachte. Dies war wenig verwunderlich, denn die Grünen hatten 1987 in ihrem Wahlprogramm für den Bundestag zentrale Forderungen der Schwulen- und Lesbenbewegung aufgenommen.[865]

Zusammen mit der SAS plante Schwup den ersten CSD der Region, der am 20. Juni 1987 durch die Straßen von Heidelberg zog (Kap. 33). 1988 setzte Schwup seine Vortrags- und Veranstaltungsreihen fort. Man informierte über die Geschichte von Johann Baptist von Schweitzer als ADAV-Vorsitzendem (Kap. 10) und Veranstaltete eine Pink Party im Haus Buhl. Daneben waren Infostände, Büchertische, Flugblätter und die Pink Party weiterhin Mittel, um Öffentlichkeit herzustellen. In den untersuchten Quellen taucht Schwup zuletzt 1993 auf. Zwar galt er als *längst totgesagt*, hatte aber noch immer zwischen sechs und acht Akteur*innen zwischen 20 und 34 Jahren. Wann Schwup sich auflöste, ist unbekannt.[866]

DIE LESBISCH-SCHWULE(N) JUGENDGRUPPE(N) IN HEIDELBERG

1983 findet sich ein Aufruf zur Gründung einer *Schwulengruppe für Jugendliche*. Im Januar 1984 gründete sich dann eine lesbisch-schwule Jugendgruppe.[868] Etwa 10 Personen, überwiegend Schüler*innen, Azubis und Studierende beiderlei Geschlechts ab 16 Jahren, trafen sich freitags um 19.30 Uhr im Café Malzahn in der Gaisbergstraße 74. Bei den Gruppenabenden wurden *allgemeine, aber auch ganz persönliche Probleme besprochen, wobei das Schwulsein die wichtigste Rolle* spielte. Darüber hinaus gab es Freizeitaktivitäten wie „Feten“ oder „Picknicks am Wochenende“, die dazu dienten, sich besser kennenzulernen.

Vor allem aber wollte die Gruppe eine Ansprechstelle für lesbische und schwule Jugendliche sein, die *im Coming out stecken und damit Schwierigkeiten* hatten, um *Selbstsicherheit in der Schule, bei Freunden und im Elternhaus zu bekommen*.[869] Die Gruppe wollte bei den Jugendlichen ein lesbisch-schwules Selbstbewusstsein aufbauen, um *Schwul- oder Lesbischsein zu akzeptieren*, es *auf normale Art und Weise zu leben* und um *für unsere Sache eintreten* [zu] *können*. Hiermit unterschied sich die Gruppe ihrer Meinung nach von einem *Großteil der älteren Homosexuellen*, die nie gelernt hätten, außerhalb des *Verborgenen oder in der Anonymität mit ihrem Schwulsein umzugehen*. Zur Begründung der Forderung nach Abschaffung des § 175 StGB, der einvernehmliche homosexuelle Kontakte ab 18 Jahren straffrei ließ, führte die Gruppe aus, dass *Schwulsein nicht erst mit 18* anfange.[870]

Bis Ende 1984 findet sich die Gruppe im Café Malzahn in der Gaisbergstraße angekündigt. Die Gruppe muss im Laufe des Jahres 1985 ihre Aktivitäten eingestellt haben, denn Anfang 1986 erfolgte ein Aufruf mit dem Ziel die schwul-lesbische Jugendgruppe *wiederaufzubauen*. Dies scheint gelungen zu sein, denn Ende 1987 traf sich eine Coming Out-Gruppe als Jugendgruppe im Café Malzahn. Bis Juni 1987 galt die Gruppe Grabsch mit ähnlichen Arbeitsschwerpunkten wie zuvor als etabliert.[871]

Als die Jugendgruppe nach vier Jahren Bestehen auf 30 Mitglieder angewachsen war, stellte sie den Antrag auf Aufnahme in den Stadtjugendring Heidelberg, was aber abgelehnt wurde. Der Vorsitzende des Stadtjugendrings und Lehrer für katholische Religion Gerhard Schäfer hatte auf den Antrag mit einem Papier homophober Thesen geantwortet, die schon zeitgenössisch als veraltet galten. Zwar sprachen sich die Vertreter der Jusos, Kirchen, Pfadfinder und des DGB für mehr

Toleranz und Offenheit aus, doch verwarf die Mehrheit den Aufnahmeantrag, was zeigt, wie anschlussfähig homophobe Thesen noch immer waren. Als Reaktion hierauf wollte die Vertreterin der Heidelberger Jüdischen Gemeinde ihrer Gemeinde den Vorschlag machen, den Stadtjugendring aus Gründen der Solidarität mit einer von Diskriminierung betroffenen Minderheit zu verlassen. Doch auch die Schwule Jugendgruppe wehrte sich. Sie klagte gegen ihren Ausschluss und gewann den Prozess vor dem Heidelberger Landgericht.[872]

Seit November 1989 war der Treffpunkt der Jugendgruppe die Aids-Hilfe Heidelberg. Zu Beginn der 1990er Jahre scheint es einige Zeit zwei Gruppen gegeben zu haben. Der Termin am Freitag blieb mit der Schwulen Jugendgruppe bis 1992 bestehen. Seit 1993 fand sich die nun als Rosa Prinzen auftretende Junge Schwulengruppe freitagabends in der Aids-Hilfe zusammen. Dienstags traf man sich zum Schwimmen im Darmstädter Hof. Zusammen mit der SchAM gab es 1993 eine Arbeitsgruppe „Schulprojekt". Die Freitagstermine wurden im Verlauf des Monats an jedem Freitag anders genutzt nach folgendem Schema: 1) schwuler Filmabend, 2) Referat mit Diskussion, 3) Spieleabend/sonstige Aktivität, 4) Informationsaustausch mit der Aids-Hilfe sowie Programmgestaltung des Folgemonats. 1996 trat die Gruppe dann als „Rosa Prinzen / Lila Prinzessinnen schwul-lesbische Jugendgruppe" in der Aids-Hilfe auf. Dies war bis 1999 der Fall.[873]

VEREIN ZUR FÖRDERUNG SCHWULER KULTUR, POLITIK UND GEMEINE, UNSERE KASSE E. V.

Seit Mai 1986 gab es nach zweijähriger Vorbereitungszeit den „Verein zur Förderung schwuler Kultur, Politik und Gemeine, Unsere Kasse e. V.". Der Verein bestand im Herbst 1986 aus sieben schwulen Männern, bis 1993 hatte er elf Mitglieder. Ansprechpersonen waren Michael Spielmann-Hilpert, Bernhard Moltmann und Christoph Hanckel. Die Gruppe hatte entschieden, neben dem inneren Coming Out ein ***being out*** zu betreiben, ein Forum, in dem und mit dem Gemeinschaft ermöglicht wurde, um sich selbst und die Gruppe weiterzuentwickeln. Einmal sammelte Unsere Kasse Geld für schwule Projekte. Auch Personen, die sich selbst nicht öffentlich als schwul vorstellen wollten, waren als Mitglieder oder Spender willkommen. Ziel war es, schwule Kultur in Heidelberg auf- und auszubauen. Ziel war es aber nicht, die Wege der schwulen Kultur zu bestimmen.

Durch die Zusammenarbeit, das gegenseitige Kennenlernen und die gemeinsame Meinungsbildung hatten die Mitglieder ein breites Spektrum öffentlichen schwulen Lebens entdeckt. Der Verein wurde auch gegründet, weil schwule Kultur andernorts keine Förderung erfuhr. Zum Beispiel wurden die Rosa Leinwand, das Rosa Telefon, die Aids-Hilfe und die Zeitschrift Rosamunde unterstützt. Unsere Kasse förderte auch ein von Schwup ausgerichtetes Treffen der SAS (Schwule Aktion Südwest) sowie für ein halbes Jahr die Miete der Schwulen Jugendgruppe. Auch die Vortragsreihe „Homosexualität und Wissenschaft" war mit einem Zuschuss finanziell gefördert worden. Der Verein hatte offenbar für zehn Jahre eine gewisse Öffentlichkeit.[874]

DAS SCHWULE KAFFEETRINKEN IN DER LAUERSTRASSE 1

Seit dem Wintersemester 1989/90 gab es ein Schwulenreferat. Zu seinen dauerhaften Angeboten gehörte das „schwule Kaffeetrinken", das seit 1993 alle 14 Tage in der Lauerstraße 1 stattfand. Erstmals hatte es dort bereits 1986 einen von einer anderen Gruppe organisierten Schwulen- und Lesbentreff gegeben. Zum Café waren 1993 Leute von in- und außerhalb der Uni *herzlich willkommen.* 1993 bot das Schwulenreferat einmal im Monat im Marstallcafé einen Film mit anschließender Diskussionsrunde an.[875] 1997 formierte sich mit Uni-SchwulLesBls eine neue Unigruppe, die den Termin für das Kaffeetrinken als alleinige Tätigkeit kritisch sah, aber fortführte. Darüber hinaus bot man mittwochs eine Informations- und Beratungsstelle in der Lauerstraße 1 an. Zweimal monatlich traf man sich zum LesBiSchwulen Keller im Psychologischen Institut. Daneben waren Videoabende, Partys, Ausflüge sowie ein Kontakt zur Aids-Hilfe als Ziele einer inhaltlichen Arbeit und Vernetzung angedacht.[876] Ob sich hieraus der schwul-lesbische Arbeitskreis der Uni Heidelberg entwickelte, der sich 1998 in der Lauerstraße 1 traf, ist nicht bekannt. Diskussionsthemen dieser Gruppe waren „Homosexualität im Alter", „Was uns bewegt: kollektive Identität und soziale Bewegung", „Stereotypen", „Neue soziale Identität schwuler Jugend" oder „Schwule und Lesben als Eltern". Ob der Arbeitskreis bis 1999 bestand, ist unklar. Das Angebot des „schwulen Kaffeetrinkens" findet sich bis 1999.[877]

RosaKehlchen

1992 wurden die RosaKehlchen als Heidelbergs schwuler Männerchor ins Leben gerufen, der bis heute (2022) besteht. Er traf sich Mitte der 1990er Jahre montags in den Räumen der Aids-Hilfe in der Unteren Neckarstr. 17.[878] Dass sich die RosaKehlchen zusammen mit dem schwulen Chor Die Schrillmänner aus Karlsruhe und dem gemischten Freiburger Chor QueerFlöten im Jahr 2000 die Aufnahme in den Badischen Sängerbund gerichtlich erstreiten mussten, zeigt, wie wenig selbstverständlich und gleichberechtigt der Umgang mit homosexuellen Gruppen und Verbänden in dieser Zeit noch war.[879]

ANDERE GRUPPEN

In den 1990er Jahren bestanden in Heidelberg noch verschiedene andere Gruppen, über die jedoch außer den Terminen für ihre Treffen keine weiteren Informationen erhalten sind: die Gruppe Schwaz (Schwule im Autonomen Zentrum), die sich dienstags ab 20 Uhr in der Bergheimer Straße traf und dort jeden 2. und 4. Freitag im Monat ein schwules Café anbot, die Gruppe Gaya, die sich „Schwules Bewußtsein und Spiritualität" auf die Fahnen schrieb, sowie der Schwulenverband Deutschland (SVD), Kreisverband Mannheim/Heidelberg, der einen Stammtisch im Goldenen Herz in der Hauptstraße 175 hatte, wobei auch die Gaststätte Zum Scharfen Eck in der Neugasse/Ecke Plöck als Treffpunkt belegt ist. Ein lesbisch-schwules Schulprojekt war über mehrere Jahre via Postfach oder im Selbsthilfebüro Heidelberg in der Alten Eppelheimer Straße 38 zu erreichen. Nicht zuletzt gehörten verschiedene schwule Stammtische an unterschiedlichen Orten, wie 1987 im Tränktor, 1990 im Goldenen Adler in der Lutherstraße 35 oder der offene Treff unter dem Titel „Lotus + Petersilie“ im Nebenraum der Griechischen Taverne an der Bergbahn in den 1990er Jahren zu den Angeboten.[880] Auffällig an den Stammtischen ist, dass keiner von ihnen in der einzig schwul-lesbischen Gaststätte Heidelbergs, dem Whiskey a go go, später Mata Hari, stattfand.

SCHWULE GESCHICHTE AUS HEIDELBERG

In Heidelberg war die Kenntnis der Geschichte Homosexueller und das Vorstellen dieser Geschichte früh ein Thema. Bereits in den 1970er Jahren hatte man in der Schwuchtel informiert, 1983 – im Jahr vor der im damaligen Berlin Museum gezeigten ersten Ausstellung „Eldorado“ zur Geschichte der Homosexualität in der Bundesrepublik – diskutierte man, wie man an den 50. Jahrestag der Vernichtung der Bibliothek von Magnus Hirschfeld durch die Nazis erinnern sollte. Man fragte in der Öffentlichkeit nach der Entschädigung für homosexuelle NS-Opfer. Als am 11. Januar 1987 die Schwulen der DDR in der KZ-Gedenkstätte Buchenwald einen Kranz für homosexuelle NS-Opfer niederlegten, reiste auch eine Gruppe (wie viele ist unklar) aus Heidelberg mit dem Auto dorthin, Hans Flory berichtete in der Rosamunde. Bis 1993 hatte sich in Heidelberg auch eine Gruppe gegründet, die die schwule Geschichte der Stadt aufarbeiten wollte. Vorbild waren entsprechende Beispiele aus Berlin und Köln. Offenbar war die Gruppe noch relativ jung, denn sie umfasste 1993 gerade einmal zwei Mitglieder, die Zeitzeugen und Materialien suchten. Das Projekt wurde aus unbekannten Gründen nicht fertig gestellt.[881]

DIE HUK – ÖKUMENISCHE ARBEITSGRUPPE HOMOSEXUELLE UND KIRCHE

Die Ökumenische Arbeitsgruppe Homosexuelle und Kirche (HuK) ist bundesweit eine Arbeitsgruppe von homosexuellen Menschen beider Konfessionen, die 1977 gegründet wurde. Bis 1978 hatte die HuK drei Regionalgruppen in Berlin, Frankfurt und Tübingen. 1979 gründete sich die Regionalgruppe HuK Nordbaden.[882] Die Bewegung christlicher Homosexueller, die die Kirche nicht verlassen wollte, wie dies beispielsweise die Schwulenbewegung forderte, fand also auch in der Region Rhein-Neckar vergleichsweise früh Unterstützung. ***Das Hauptziel war das Werben um die Anerkennung einer gleichberechtigten Teilhabe in Kirche und Gesellschaft.*** 1987 hatte die HuK insgesamt 600 Mitglieder, die sich in 24 Regionalgruppen organisierten.[883]

Bis 1986 fanden die Treffen der Regionalgruppe Nordbaden abwechselnd in Heidelberg und Karlsruhe statt, in Karlsruhe im Gemeindehaus der Lukaspfarrei in der Hagenstraße 7, in Heidelberg im Gemeindekeller der Uni-Klinikgemeinde in der Hospitalstraße. In den 1990er Jahren traf sich die HuK-Regionalgruppe Kurpfalz dann in Mannheim einmal im Monat im Arbeitslosencafé in M 1, 8. Dies blieb der Treffpunkt der HuK bis zum Ende des Untersuchungszeitraums 1999. Donnerstags wurde – mit Neustadter Vorwahl – eine telefonische Beratung angeboten.[884]

In den 1980er Jahren wurde die HuK Gruppe Kurpfalz von Bernhard aus Neustadt, in den 1990er Jahren von Rainer aus Edingen-Neckarhausen geleitet. Damals fanden am 1. Sonntag ein offener Treff und am 3. Sonntag Arbeitstreffen zu einem bestimmten Thema statt, wie beispielsweise „Mein Glaube und meine Homosexualität" oder „Warum ist die Kirche gegen Homosexualität? – Die Katholische Sexualethik". Aber auch das gesellige Zusammensein bei einer Wanderung zum Heidelberger Schloss, einer Salatparty, einer Pfälzer Weinprobe oder einem Spiele-Abend waren Teil des Gruppenlebens. Die Auseinandersetzungen mit der Amtskirche blieben. Dass sich die HuK neuen Themen im LSBTI-Spektrum öffnete, zeigte sich beispielsweise an ihrem Motto *Skalpell um Gottes Willen? – Moralische Fragen bei geschlechtsanpassenden und geschlechtsfestlegenden Operationen* zum Kirchentag 2012 in Mannheim. Später bildenden sich weitere queere Gruppen im kirchlichem Kontext. In Heidelberg war in der zweiten Hälfte der 1990er Jahre die Gruppe Johannes Minne als AK Schwule/Lesben/Christentum im Selbsthilfebüro in der Alten Eppelheimer Str. 38 zu finden.[885]

QUEERFESTIVAL

Beachtliches und beachtetes Zeugnis der vielgestaltigen Situation im LSBTI-Spektrum ist in Heidelberg das Queerfestival, das in seinen verschiedenen Bestandteilen wie Stadtführungen, Vorträgen, Podiumsdiskussionen, Filmen, Ausstellungen und Konzerten seit 2008 viele Formate nutzt, die seit den 1970er Jahren auch in Heidelberg zur Selbstdarstellung und -vergewisserung wie zur Aufklärung Dritter verwendet wurden.[886]

FAZIT

Aus Heidelberg kamen seit den 1970er Jahren viele Ansätze, hier wurden neue Ideen diskutiert und erprobt. Dass die Interessenvereinigung Deutscher Homophiler 1970 in Heidelberg Unterstützung fand, zeigt dies bereits.[887] Bedeutender aber waren nachfolgend gegründete Gruppen wie Homo Heidelbergensis oder Schwup, die sich im Kontext der Universität formierten, wobei sie zumindest im Falle von Schwup nicht alleine Studierende als Mitglieder hatten. Die verschiedenen Gruppen zeigen ein großes Themenspektrum. Die Heidelberger Schwulengruppen waren über die SAS im süddeutschen Raum und über die IGA auch international vernetzt. Auch in den bundesweiten Organisationen DAH und SVD waren Heidelberger Schwule vertreten. Ob es eine Mitgliedschaft im BVH gab, ist nicht bekannt. Eine Besonderheit ist die Vernetzung der Generationen. Insgesamt finden sich Strömungen der „radikalen" Vertreter der Schwulenbewegung ebenso wie solche der „Integrationisten".[888] Die Heidelberger Gruppen vertraten sexualemanzipatorische, juristische, politische, gesellschaftlich-integrative und seit der Aids-Krise auch gesundheitspolitische Themen und trugen diese in die Bevölkerung, sie informierten und politisierten aber auch ihre Mitglieder. Dabei bedienten sie sich unterschiedlicher Formate, wie Büchertische, Infostände, Vorträge, Ausstellungen, Diskussionsrunden, Anfragen an Parteien, Musikdarbietungen, Theater und Kabarett, Pink Party, Rosa Leinwand und Rosa Telefon.

Zur emanzipatorischen Arbeit gehörte die Erkenntnis, dass eine gemeinsame politisch-programmatische Linie ebenso schwer zu erreichen war wie das Ziel, die „Sub" zu politisieren. Doch wurde klar, dass politische Ziele nur erreicht werden konnten, wenn man sich mit dem politischen Betrieb in Verbindung setzte und darin arbeitete. Dieser Erkenntnisprozess setzte sich wie bei anderen Emanzipationsgruppen auch in Heidelberg erst allmählich durch. Man ging vonseiten der Schwulen auf die FDP, die SPD und die Grünen zu.

Im Gegensatz zur FrauenLesbenbewegung hatte die Schwulenbewegung nie eigene Räume, wie dies die Frauenzentren oder Frauencafés darstellten. Die schwulen Gruppen trafen sich im Collegium Academicum, dem AStA der Universität, den Gebäuden der Katholischen wie Evangelischen Studentengemeinde, im Selbsthilfebüro sowie dann vermehrt in den Räumen der Aids-Hilfe, zu deren Gründung es auch Unterstützung seitens der Schwulen gab. Die Idee eines Schwulenzentrums konnte nicht realisiert werden. Die große Zahl von Angehörigen der US-amerikanischen Armee in Heidelberg und der Region Rhein-Neckar spielte ausweislich der untersuchten Quellen in der zeitgenössischen Wahrnehmung keine bedeutsame Rolle. Inwieweit auf privater Ebene ein entsprechender Austausch bestand, ist nicht bekannt.

DIE LESBISCHEN EMANZIPATIONSBEWEGUNGEN IN HEIDELBERG

ZUR HERAUSBILDUNG DER LESBENBEWEGUNG IN HEIDELBERG

Die Gründung der Lesbenbewegung in Heidelberg hat zwei verschiedene Ursprungserzählungen. Folgt man der Überlieferung der späteren Schwulengruppe Homo Heidelbergensis, gab es 1972 in dieser Gruppe den ersten Versuch, eine Lesbengruppe zu gründen. Weil die Männer eine gemeinsame homosexuelle Emanzipationsgruppe von Männern und Frauen anstrebten, schrieben sie die ihnen bekannten fünf Lesben an. Diese folgten zwar der Einladung, entschieden aber bereits beim ersten Treffen, dass sie nicht zusammen mit den Schwulen eine gemeinsame Emanzipationsgruppe Homosexueller, sondern zusammen mit den heterosexuellen Frauen eine Emanzipationsgruppe für alle Frauen bilden wollten.[889]

Folgt man der Überlieferung der FrauenLesbenbewegung, dann gründeten – etwa ein Dreivierteljahr nach der oben beschriebenen Aktion – zwei Lesben, offenbar Studentinnen, die Heidelberger Gruppe. Sie hängten in der Universität, der *einzigen Schwulenkneipe* sowie einer weiteren Gaststätte Zettel mit folgendem Text auf: *Lesbierinnen treffen sich am Freitag, 23.11.73, 20 Uhr.*[890] Hieraus entstand eine Gruppe, in der neben den Studentinnen auch berufstätige Lesben waren, von denen einige auch vom *Land* und nicht aus Heidelberg kamen. Diese Frauen lebten oft schon seit Jahren in der Angst, *als Lesbierinnen vermutet oder erkannt zu werden*, was aus ihrer Sicht potentiell den Verlust von *Beruf* und *Wohnung* sowie der *emotionale*[n] *Zuwendung* von Kolleg*innen oder Bekannten bedeutete.[891]

Auch wenn unbekannt ist, ob es sich um die Gründung von zwei verschiedenen Gruppen handelte oder sich dieselben Lesben trafen, ist festzustellen, dass Heidelberg seit 1973 eine Gruppe organisierter Lesben hatte. Die Lesben kamen 1973 zur bereits bestehenden Frauengruppe dazu, die zu diesem Zeitpunkt *noch voll heterosexuell* war. Um sich über lesbisches Leben zu informieren und dies zu diskutieren, bestellte sich die Heidelberger Lesbengruppe beim WDR den 1974 erschienenen Film „... und wir nehmen uns unser Recht" über Lesben, jedoch nicht offiziell als Lesbengruppe, sondern aus Angst *unter dem Deckmäntelchen der Wissenschaftlichkeit*. Vom Lesbentreffen in Berlin hatten die Heidelbergerinnen ein Theaterstück mitgebracht, das sie in Heidelberg öffentlich vorspielen wollten, um auf sich aufmerksam zu machen. Obwohl sich die Lesben Kostüme nähten, die den ganzen Körper verbargen und sie Masken trugen, hatten viele dennoch Angst, an der Stimme erkannt zu werden und so wurde das Stück nicht in der Heidelberger Öffentlichkeit aufgeführt. Damit war *die Öffentlichkeitsarbeit für uns gestorben*.[892]

DIE SCHWIERIGKEITEN DER LESBEN IN DER FRAUENBEWEGUNG HEIDELBERGS

In Heidelberg gab es 1975 offenbar vier organisierte Lesben. Da *sich die Frage nach der Autonomie der Lesbenbewegung in so einer Situation* für die Heidelberger Lesben nicht stellte, arbeiteten diese im Frauenzentrum mit. Das taten sie auch deshalb, weil sie es wichtig fanden, *daß Lesben sich mit allen Frauen auseinandersetzen und ihre Homosexualität im Frauenzentrum einbringen*, auch wenn dies zu *einigen Konflikten* führte. So befand eine der Heidelberger Frauenzentrumslesben auch nach einem Jahr Arbeit in der FrauenLesben-Gruppe, dass die heterosexuellen Frauen ihre Situation als Lesbe nicht verstanden und angeblich auch nicht verstehen wollten. Umgekehrt wollte die lesbische Autorin sich zwar *mit allen Frauen solidarisch fühlen*, konnte aber *nicht alles nachvollziehen*, was die heterosexuellen Frauen beschäftigte. Sie fühlte sich *irgendwie anders*. Dennoch war sie *weit davon entfernt, an eine autonome Lesbenbewegung zu denken*. Dementsprechend tat diese Lesbe im Frauenzentrum *ziemlich oft Dienst* und führte dort *zum großen Teil Abtreibungsberatung* durch, weil sie sich von allen Frauen der Frauenbewegung damit angeblich am besten auskannte. Gleichzeitig fühlte sie sich von den heterosexuellen Frauen dadurch *ausgenutzt*, da sie als Lesbe speziell diese Probleme nicht hatte.[893]

Innere Konfliktlinien innerhalb der Heidelberger FrauenLesbenbewegung zeigen sich an unterschiedlichen Stellen. Als in Itzehoe 1974 der sogenannte „Hexenprozess" zu Ende ging, bei dem zwei lesbische Frauen wegen Mordes vor Gericht standen und die Presse vielfach auf das Verhältnis dieser Frauen einging, gab es hierzu sowohl von der Frauen- als auch von der Lesbenbewegung Flugblätter, die das Geschehen und die Berichterstattung darüber kritisch kommentierten. Die Schwerpunkte in der Wahrnehmung des Prozesses unterschieden sich bei den Flugblättern der Gruppen von heterosexuellen Frauen und der von Lesben.[894] Auch aus Heidelberg kam eine Reaktion zum Itzehoe-Prozess. Die Heidelberger Frauen unterstützten das Flugblatt der Frauen- und nicht das der Lesbenbewegung.[895] Als in Heidelberg vermutlich Anfang 1976 ein Frauenfest organisiert wurde, bei dem die Band Flying Lesbians auftrat, Kleider versteigert wurden, es eine Fotoausstellung und eine Taekwondo-Vorführung gab, wurde beim ebenfalls vorhandenen Kabarett seitens der Zeitschrift Lesbenpresse moniert, dass in dieser Darstellung größtenteils *die Lesbische Alternative* fehlte.[896] Möglicherweise zu diesem Anlass wurde ein Aufkleber mit folgendem Text produziert: *Hurra es gibt uns / Lesbische Frauen treffen sich jeden 2. Freitag im Monat im Frauenzentrum*.[897]

Auch die Auseinandersetzungen anlässlich des Heidelberger Frauenkongresses 1977 (s. u.) zeigen die Kommunikations- und Verständnisschwierigkeiten zwischen Heteras und Lesben in Heidelberg auf.[898] Umgekehrt wiesen in den 1980er Jahren Ute Straub und Angelika Andruchowitz auf die aus ihrer Sicht führende Position der Lesben im Frauenzentrum hin.[899] Auch in Heidelberg waren also Ansätze für den Lesben-Hetera-Konflikt vorhanden.[900] Vor allem zwischen 1976 und 1978 zeigten sich diese auf unterschiedliche Weise. Als eine von nur wenigen Städten war es in Heidelberg *zur Abspaltung der Lesbierinnen von den heterosexuellen Bewegungsfrauen gekommen*, wie 1978 bereits das Frauenzentrum München thematisierte.[901]

Bei allen Diskussionen im Inneren blieb es aber dabei, dass die feministische FrauenLesbenbewegung bis auf eine kurze Zeit bis in die 1990er Jahre gemeinsame Räume im Frauenzentrum, später Frauencafé nutzte. Inwieweit es sich hierbei um ein Miteinander oder ein Nebeneinander der FrauenLesbenbewegung an einem gemeinsam erkämpften Frauenort handelte, war in der Einzelwahrnehmung möglicherweise verschieden. Nach außen hin jedenfalls war die FrauenLesbenbewegung Heidelbergs – bis auf die schwul-lesbische Jugendgruppe – bis in die 1990er Jahre hinein gemeinsam und ohne schwule Männer organisiert. Während die Heteras offenbar mit ihrer Arbeit nach außen gingen, arbeiteten die Lesben innerhalb der (Lesben-)Gruppe. Das Kleinstadt-Lesbentreffen 1975 in Heidelberg war ein solches Unterfangen.

DAS KLEINSTADT-LESBENTREFFEN IN HEIDELBERG 1975

Über Weihnachten 1973 trafen sich verschiedene Lesben aus unterschiedlichen Städten zu einem „Weihnachtslager" im Odenwald und besprachen ihre Situation. Dabei stellten sie fest, *wie unbefriedigend* für sie *die Frauenarbeit* in ihren jeweiligen Städten war, da sie dort als *Lesben ziemlich isoliert* waren. Konflikte mit den anderen in der Frauenbewegung ergaben sich angeblich, weil sich die Lesben dort *ständig mit heterosexueller Problematik (Verhütung, Abtreibung, Beziehungen zu Männern) beschäftigten, sich aber als Lesben nicht einbringen* konnten. Die verschiedenen Problemlagen von hetero- und homosexuellen Frauen waren also ein zentrales Motiv für dieses „Weihnachtslager" und für das sich 1975 anschließende Kleinstadt-Lesbentreffen. Bis dato hatten sich die Heidelberger Lesben an der HAW-Frauengruppe (HAW: Homosexuelle Aktion Westberlin) in Berlin orientiert. Doch war klar geworden, dass die Lesben entsprechend ihrer *anderen Situation (kleinere Städte, d. h. Isolierung, wenig Subkultur etc.) auch anders vorgehen* mussten, wenn sie *Gruppen organisieren* wollten. Um spezielle Organisationsformen und Arbeitsweisen von Lesben außerhalb der Großstädte zu entwickeln und zu diskutieren, fand am 23. Februar 1975 ein programmatisch als solches bezeichnete Kleinstadt-Lesbentreffen in Heidelberg statt. Insgesamt waren zirka 30 Frauen aus 10 Städten angereist. Es wurden drei Arbeitsgruppen gebildet, die sich über *Beziehungs- und persönliche Probleme*, *Schwierigkeiten innerhalb unserer Gruppe* sowie *Öffentlichkeitsarbeit in kleinen Städten* austauschten. Über die Diskussionen wurden Tonbandmitschnitte angefertigt.[902]

Was die Diskussionen in Heidelberg vermutlich erschwerte, war, dass zum Kleinstadt-Lesbentreffen *überwiegend Großstadtlesben* erschienen waren, so dass über *die spezifische Situation von Kleinstadtlesben* schlussendlich *nicht viel gesagt* wurde.[903] Unabhängig von dieser Einschätzung hatte das Kleinstadt-Lesbentreffen aber gezeigt, dass die Heidelberger Lesben ein solches Treffen organisieren wollten und konnten. Außerdem scheint es eine gewisse Dynamik bei den Heidelberger Lesben ausgelöst zu haben, denn noch im selben Jahr meldeten sich verschiedene Heidelberger Lesben zu Wort. Die umfangreichste Äußerung stellte 1975 die *Liebeserklärung an alle Lesben* der Lesbengruppe des Frauenzentrums Heidelberg in der Zeitschrift Lesbenpresse dar.[904]

Der Vorschlag zur Gründung einer Initiativgruppe zu lesbischen Schriftstellerinnen erfolgte 1975 ebenso wie die Anregung, halbjährlich eine Straßenbefragung an einem Platz mit viel Publikumsverkehr zu machen, so dass *sich immer mehr Leute mit dem ‚Lesbischsein' beschäftigen müssen*. Die Frage des Öffentlich-Werdens beschäftigte die Lesben in Heidelberg 1975 also weiterhin.[905] Anlässlich des ersten Frauenfestes in Heidelberg – es war nach Berlin angeblich das zweite seiner Art in der Bundesrepublik – wurde am 31. Mai 1975 in der Neuen Universität über *aufklärerische und bewußtseinsfördernde* Themen informiert, wozu neben *Emanzipationstheorien* auch Informationen zum Leben der *homosexuellen Frau* gehörten. Hier konnte frau sich sowohl über die Schwierigkeiten als auch über das *erwachte Selbstbewußtsein* von Lesben informieren.[906]

Auch in den folgenden Jahren war dieser Konflikt an unterschiedlichen Stellen ein Thema, das vor Ort diskutiert wurde, das aber alleine in der Überlieferung der Lesben einen nennenswerten Niederschlag fand.

STIMMEN AUS DEM LESBENPLENUM HEIDELBERG 1976

Im Heidelberger Frauenzentrum in der Dreikönigstraße 10 fand im Juni 1976 ein sogenanntes Lesbenplenum statt.[907] Anlässlich dieses Plenums wurde ein bedeutsames Zeugnis Heidelberger Lesbenkultur veröffentlicht, das die Probleme des Miteinanders von Frauen- und Lesbenbewegung sowie der Emanzipation von Frauen in einer heteronormativen Umwelt am 11. Juni 1976 thematisierte. Es geht in dem

Beitrag, der Gewalt gegen Lesben thematisiert, grundsätzlich um *den Terror der heterosexuellen Norm* und um die Frage *der Gewalttätigkeit der Zwangsheterosexualität*, die in den Diskussionen der 1970er Jahren bereits ein Thema war. Dies zeigt, dass die Heidelberger Lesben früh diese Diskussionen führten und auch, dass sie durch die Veröffentlichung ihrer Ergebnisse einen relevanten Beitrag zur Diskussion für die gesamte deutsche Frauen- und Lesbenbewegung leisteten. In diesem Text wird eine wesentliche Erkenntnis der Homosexuellenbewegung abgebildet, dass nämlich die sogenannte liberale Haltung, dass jede in ihrem Schlafzimmer machen dürfe, was sie wolle, *ein wichtiges Bausteinchen* sei, *um die Mauer, die Lesben in der Isolation hält, schalldicht zu machen*. Dadurch werde verneint, dass es bei einer lesbischen Existenz um mehr als um Sexualität gehe. *Lesbisch-Sein* sei *eben nicht selbstverständlich. Auch in der Frauenbewegung nicht.* Offensiv wurde die Frage gestellt: *Warum schämt ihr euch für uns; warum schämen wir uns für uns?*[908]

DER HEIDELBERGER FRAUENKONGRESS 1977: „LESBISCHSEIN IST EINE IDENTITÄT – KEIN ARBEITSTHEMA"

Ende April 1977 fand ein zweitägiger Frauenkongress statt, damit die Frauengruppen Heidelbergs die Möglichkeit hatten, sich kennenzulernen. 300 Frauen erschienen.[909] Neben der *Hausgeburtengruppe* oder der Gruppe *Situation der Frau in Südafrika* waren auch das LAZ, das lesbische Aktionszentrum, und die Lesbengruppe vertreten. Der Heidelberger Frauenkongress bot *die erste größere Gelegenheit*, bei der die *Lesbengruppe mit Zentrum geschlossen und öffentlich* auftrat. 70 Frauen kamen zu einer Diskussion bei der Lesbengruppe, bei der *ständig altbekannte Fragen* auftauchten, die teilweise *recht aggressiv* vorgebracht wurden, wie: *Warum spaltet ihr euch ab von der Frauenbewegung? Ihr seid so sexistisch wie die Männer, weil ihr ausschließlich seid! Ihr seid männerfeindlich/frauenfeindlich. Ihr unterdrückt uns Heterofrauen.* Umgekehrt informierten die Lesben die anwesenden Heteras, dass diese an die Lesben zwar den Anspruch hatten, Aktionen zu unterstützen, die die Lesben *nicht unmittelbar betrafen*, wie *218-Aktivitäten, Beratung über Abtreibung und Verhütung* oder *Auseinandersetzung mit Männern*, dass es aber umgekehrt für die Heteras *nicht so selbstverständlich* war, die Lesben bei deren Aktionen zu unterstützen. *Es mußte also zwangsweise zu Zusammenstößen kommen*, wie frau als Fazit der bisherigen Zusammenarbeit in Heidelberg festhielt. Dass die anwesenden Hetero-Frauen des Frauenkongresses von *der Angst vor Entdecktwerden und den daraus resultierenden ständigen Vorsichtsmaßnahmen* bisher *noch nichts gehört* hatten, zeigt, wie wenig Kenntnis die Heteras von der Situation der Lesben hatten. Dass den Lesben von den Heteras vorgehalten wurde, dass diese männliche statt weibliche Kleidung trügen, verdeutlicht, dass auch die Performanz der Geschlechterrolle ein Thema war und sich die Lesben optisch von den Heteras der Emanzipationsbewegung unterschieden. Die Lesben wiesen darauf hin, sich damit auf die *lesbische Tradition* zu beziehen.[910]

Dass diese breiten und wichtigen Diskussionen zwischen den Heteras und den Lesben offenbar in keiner Publikation außer der hier vorgestellten lesbischen überhaupt einen Nachhall hatten, bestätigt abermals die heteronormative Wahrnehmung der Heidelberger Frauenbewegung.[911] Trotz aller Auseinandersetzungen im Inneren blieb die FrauenLesbenbewegung in Heidelberg in ihren verschiedenen Strömungen und Gruppen bis zur Gründung der ersten „schwul-lesbischen", „lesbisch-schwulen", „les-bi-schwulen", später „queeren" Gruppen Heidelbergs seit Mitte der 1980er und verstärkt seit den 1990er Jahren gemeinsam unter einem Dach, nämlich dem des Frauenzentrums und späteren Frauencafés.

DAS LAZ HEIDELBERG 1976–1978

1976, also etwa drei Jahre nach Gründung der Lesbengruppe, hatte Heidelberg ein eigenes Lesbenzentrum, das sich nach dem Vorbild in Berlin LAZ (Lesbisches Aktionszentrum) nannte. Das LAZ wurde gegründet, weil sich die Lesben *in dieser Zeit nicht ausreichend im Frauenzentrum repräsentiert* fühlten und sie sich daher *ihre eigenen Strukturen und Räume* schafften.[912] Das LAZ befand sich in einer Privatwohnung in der Gaisbergstraße 52. An zwei Tagen in der Woche kamen die Frauen zu Kaffeetrinken und Kartenspielen zusammen. Einmal monatlich fand das Plenum statt. Offenbar stieß das Lesbenzentrum auf Interesse. Wenige Monate später wurde in der UkZ (Unsere kleine Zeitung von und für Lesben) gebeten, Briefe dorthin nicht mit „Lesben-Zentrum", sondern offenbar aus Neutralitätsgründen und weil es sich um eine Privatwohnung handelte, mit „LAZ-Heidelberg" zu beschriften. Das Programm wurde um eine Theatergruppe und eine Theoriegruppe erweitert.[913] Mit ihrer Theatergruppe waren die Lesben in einer weiteren typischen Aktionsform der Bewegung aktiv.[914]

1977 hatte das LAZ ein Telefon, das jeden 1. Freitag im Monat ab 20 Uhr und jeden Sonntag ab 16 Uhr besetzt war. Vom 16. bis 26. Dezember 1977 plante das LAZ Heidelberg ein Lesbenlager in einem Skigebiet. Mit seinen Programmankündigungen in der UkZ, Courage und Lesbenpresse war das LAZ Heidelberg 1977 medial breit aufgestellt.[915] 1978 organisierten die Lesben einen *überregionalen Lesbenkongreß*. Doch wird nicht klar, ob dieser noch im LAZ in der Gaisbergstraße stattfand.[916] Denn schon im Frühjahr 1978 wurde den Lesben ihre Räume in der Gaisbergstraße 52 aus unbekannten Gründen gekündigt. Anfragen sollten daher ans Frauenzentrum in der Dreikönigstraße gerichtet werden. Die Frauen- und Lesbenbewegung kooperierten also wie schon seit 1973 auch weiterhin.

FRAUENZENTRUM UND FRAUENTREFF ALS LESBENORT

Mitte 1972 gründete sich eine Frauengruppe Heidelberg. 1974 kam es zu heftigen Auseinandersetzungen um das Haus in der Plöck 48. Etwa 50 Frauen hatten dort ein Frauenzentrum eröffnet, das aber noch keine Angebote für lesbische Frauen vorhielt. Bereits sechs Tage später wurde das besetzte Haus von 400 Polizisten geräumt. Verhaftungen, Prozesse und Verurteilungen zu Geldstrafen waren die eine Folge. Die andere Folge war eine Demonstration von 1.000 Menschen – Frauen wie Männern – die angeblich erstmals in der Heidelberger Stadtgeschichte für eine Sache allein für Frauen auf die Straße gingen. Nach einiger Zeit wurde das Frauenzentrum (FZ) in der Dreikönigstraße 10 eröffnet.[917] Unter den Kontaktadressen, die 1975 in der Lesbenpresse publiziert wurden, findet sich als Kontaktperson Marille Herrmann für das FZ Heidelberg. Bereits 1974 wurde die Dokumentation „Bagger, Bullen und Beamte" veröffentlicht. In der Ankündigung der Lesbenpresse stand, dass dem Redaktionskollektiv des Frauenzentrums Heidelberg Marianne, Marille, Marita, Sylvia und Friederike angehörten.[918]

Das FZ wurde seit 1975 zwar in der Lesbenpresse als Treffpunkt für Lesben bekannt gegeben, doch offenbar waren den Lesben die Möglichkeiten im Frauenzentrum nicht ausreichend, so dass sie 1976 ein LAZ eröffneten, das bis 1978 bestand. In ähnlicher Weise zeigt dies die Heidelberger Frauenzeitung. In den ersten Ausgaben der Heidelberger Frauenzeitung finden sich keine Artikel, die im Titel einen explizit lesbischen Themenbezug hatten. Mit einer Doppelaxt im Cover und einem Artikel zur Walpurgisnacht scheinen aber auch lesbische Anteile vorhanden zu sein.

Im Mai 1978 wurde der Frauentreff in der Hegenichstr. 12 in Heidelberg-Kirchheim als neuer Treffpunkt angegeben, der von acht FZ-Frauen und Lesben aus dem Lesbentreff gegründet worden war. Parallel existierte das Frauenzentrum in der Dreikönigstraße 10 bis Ende der 1970er Jahre weiter. In dessen Gruppenankündigungen finden sich 1979 keine Hinweise auf Lesben.[919] Die Heidelberger Lesbensgruppe war 1979 via Postanschrift über den Frauenbuchladen in der Friedrich-Ebert-Anlage 51b zu erreichen.[920] Ein Treffpunkt für Lesben ist zwischen 1978 und 1980 nicht speziell benannt. Mit dem neuen Frauenzentrum in der Lenaustraße 14 fanden die Heteras zusammen mit den Lesben vermutlich 1980 erneut eine Bleibe und einen Ort für ihr Programm. Hier wurde die Heidelberger Lesbengruppe mit zwei Kontaktfrauen namens Antje und Traude und der Kontaktadresse des Frauenzentrums in der Lenaustr. 14 seit 1980 wieder genannt. Die Lesben hatten freitags Plenum und samstags war dort offener Lesbenabend.[921]

Im August 1981 wurde in der Courage angekündigt, dass das Frauenzentrum, das LAZ und der Notruf für Frauen umgezogen und nunmehr in der Friedrich-Ebert-Straße zu finden seien. Einmal monatlich fand freitags um 20 Uhr das Lesbenplenum statt. Seit 1981 war auch in den Stadtmagazinen KiK und Ketchup eine Lesbengruppe im Frauenzentrum angekündigt. Die Treffen scheinen wöchentlich am Freitag stattgefunden zu haben. Acht Jahre nach der Gründung der Lesbengruppe 1973 war diese also im Frauenzentrum und in der allgemeinen Stadtöffentlichkeit angekommen. Der Nachweis der Lesben im Frauenzentrum in der Friedrich-Ebert-Anlage 9 findet sich bis 1983.[922] Die spätere Professorin für soziale Arbeit und GAL-Stadträtin in Heidelberg, Ute Straub, die in den 1970er Jahren in einer Lesben-WG gewohnt hatte, berichtete 1985, dass die Lesben *eine führende Position im Frauenzentrum* hatten. *Sie galten als Vorbilder und schienen vielen meilenweit voraus zu sein*, da die Ansicht bestand, dass die *wahren* Frauen lesbisch seien. Aus Sicht von Straub fühlten sich *einige* Frauen *im Frauenzentrum eher unwohl, empfanden verschiedene Verhaltensweisen als aufgesetzt*. Angelika Andruchowitz bezeichnete die dort herrschende Arbeitsweise *als fast ‚stalinistische Strukturen'*. Mitte der 1980er Jahre war auch von *einen eingeschränkten Wirkungskreis* des Frauenzentrums die Rede, worüber aber *nicht diskutiert* worden sei.[923]

Dennoch war das Frauenzentrum offenbar für mehr als 10 Jahre an verschiedenen Standpunkten der Ort, an dem sich Lesben und Heteras zur gemeinsamen emanzipatorischen Arbeit zusammenfanden. Welche der beiden Gruppen, ob Lesben oder Heteras, nun die dominantere Position innehatte, scheint aus der jeweiligen Perspektive verschieden wahrgenommen worden zu sein. Auffällig ist, dass die inhaltliche Arbeit im Frauenzentrum keine weiteren Spuren in den Ankündigungen hinterlassen hat, weder in der Emanzipationspresse noch in den Stadtmagazinen. Allein, dass sich einzelne, durchaus verschiedene Gruppen im Frauenzentrum trafen, ist bekannt. In den 1980er Jahren fanden die Frauen mit dem Frauencafé einen weiteren Treff- und Vernetzungspunkt. Hier wurden sie abermals öffentlich und die Heidelberger Lesben öffentlicher als je zuvor.

DAS FRAUENCAFÉ IN DER BLUMENSTRASSE 43

Seit 1982 bestand das Frauencafé in der Blumenstraße 43. In der Nachfolge des Frauenzentrums waren nun hier Möglichkeiten für Beratung, Information und Austausch sowie eine exklusive Frauenszene und -kultur vorhanden. Der Freitag als Abend für die Lesben im Frauencafé blieb als Konstante über viele Jahre erhalten. Zumindest in den Ankündigungen der Stadtmagazine ist dies nachzuweisen. In anderen Zeitschriften wurden für Lesbenabende oder Lesbengesprächskreise die Samstage genannt. Unabhängig vom konkreten Wochentag bleibt festzuhalten, dass das Angebot für lesbische Frauen im Frauencafé seit 1982 bis zum Ende des Untersuchungszeitraums 1999 bestand. Wie zuvor das Frauenzentrum wurde auch das Frauencafé in den Stadtmagazinen und den Emanzipationszeitschriften bekannt gemacht.[924]

Im Frauencafé sah frau 1986 Filme zu lesbischen Themen wie „Mädchen in Uniform“ und „Infam“. Es wurden im Frauencafé auch Vorträge zu Themen lesbischer Identität, Partnerinnenschaft und deren Lebenssituation in kleineren Städte und auf dem Land angeboten, wie 1985 „Frauenland? Was ist lesbische Radikalität und welche möglichen Perspektiven gibt es für uns auf dem Land oder in der Stadt“, 1992 „‚Wir‘ Lesben? Miteinander – gegeneinander – ohne einander?“ von Renate Niekant oder „Das Kichern der Lesben – Entscheiden und Handeln in der Unterdrückung“ von derselben Referentin. 1993 wurde von Anke Schäfer über „S.A.F.I.A. – Lesben organisieren ihr Alter“ referiert und die Informationsveranstaltung „LiebesLeben – LesbenLieben“ als offene Informationsveranstaltung für alle interessierten Frauen angeboten. 1999 diskutierte frau über „Homo Ehe oder traut Euch alles ohne Trauschein“ und „Zwischen Turnschuh und Stöckelschuh zur Identitätsentwicklung lesbischer Frauen“, letztere Veranstaltung mit der Referentin Dr. Brigitte Palzkill.[925]

Über mehrere Jahre hinweg bot das Frauencafé auch eine Coming Out-Gruppe für Lesben an, die aber zwischendurch offenbar immer wieder „einschlief“, was an ihrer Ankündigung 1992 deutlich wird: *Coming out? Come on in. Neue offene Gruppe für Frauen.*[926] Das Frauencafé war auch Treffpunkt der Regionalgruppe Heidelberg des Lesbenrings, die sich dort am 1. und 3. Freitag im Monat traf. Der Lesbenring e. V. war 1994 in Eberbach als bundesweite Vereinigung (Kap. 27) gegründet worden.[927] Als Freizeitprogramm bot das Frauencafé beispielsweise

1999 an: *Lesben wandern in den Frühling mit dem Frauencafé*. Am 12. Dezember 1992 feierte das Frauencafé zum 10-jährigen Bestehen sein großes Geburtstagsfest. Am 13. Januar 1996 wurde die Frauenbibliothek im Frauencafé mit einem Fest eröffnet. Sie hatte am 2. und 4. Freitag von 20 bis 22 Uhr geöffnet.[928]

Das Frauencafé in der Blumenstraße 43 war von seiner Eröffnung 1982 bis zum Ende des Untersuchungszeitraums 1999 also ein Ort der Information, Vernetzung und Beratung für Lesben ebenso wie ein Safe Space. Das Frauencafé blieb ein exklusiv feministischer Ort, zu dem Männer keinen Zutritt hatten. Dass das Frauencafé beispielsweise anlässlich des CSD 1987 in Heidelberg ebenfalls einen Programmbeitrag leistete, zeigt aber auch, dass sowohl die Frauen mit der Lesbenbewegung und die FrauenLesbenbewegung mit der Schwulenbewegung Heidelbergs anlassbezogen zusammenarbeiteten – bei allen kontroversen Diskussionen im Inneren.

Einen weiteren Treffpunkt für Frauen gab es seit Juli 1988 mit der Frauendisco Im Regenbogen in der Fahrtgasse 18 (Darmstädter-Hof-Zentrum). Sie war *die einzige Disco in Deutschland, die an keinem Tag der Woche für Männer geöffnet* war. Die Betreiberinnen waren Andy Vogt und Marianne Schrader.[929]

LESBENÖFFENTLICHKEITEN AN DER UNIVERSITÄT

An der Universität wurden 1973 die Aushänge veröffentlicht, mit denen zum ersten Treffen einer Lesbengruppe aufgerufen wurde. Vermutlich seit 1976 gab es *am Soziologischen Institut ein Tutorium, das sich mit frauenspezifischen Themen* befasste. In der *Form von Arbeitsgruppen, die auch zugleich Erfahrungsgruppen waren*, arbeiteten diese Frauen auch zur *Geschichte der Frau, Frauenbewegung* sowie zu *Weibliche Sexualität – Homosexualität*. Zu diesem Zeitpunkt hatte die Universität ein eigenes Frauenreferat. Von den Lesben war nicht die Rede. Von 1986 an ist ein Autonomes Frauen- und Lesbenreferat (AFLR) in der untersuchten Emanzipationspresse nachweisbar.[930]

Innerhalb des AFLR gab es einen Arbeitskreis für Lesben. Im Wintersemester 1986/87 fand ein Lesben-Plenum im großen Sitzungssaal des Kastra in der Lauerstraße 1 statt. Der AK Lesben im AFLR hatte es sich zur Aufgabe gemacht, *endlich einmal in Heidelberg das Leben von Lesben in seiner ganzen Spannbreite zur Sprache zu bringen.* Dies sollte mit einer Lesbenfilm- und Vortragsreihe im Sommersemester 1987 umgesetzt werden. Den Lesben war ein Hörsaal *telefonisch und persönlich* zugesagt worden. Am 19. Mai 1987 sollte das Programm beginnen. Doch zwei Tage vor dem anvisierten Datum informierte die Universität, dass den Anträgen auf Raumnutzung *nicht entsprochen* werden könne. Da bei der Veranstaltung *nicht unmittelbar universitätsbezogene Themen behandelt* würden und zur Veranstaltungsreihe außerdem *nur Frauen Zutritt* hätten, was man als *Widerspruch zu Artikel 3 Grundgesetz* wertete, wurde die Raumnutzung abgelehnt. Die AStA-Vorsitzende legte schriftlich Widerspruch ein, da es weder einen *'Mangel an Räumlichkeiten* gebe und der Bezug zur Universität dadurch gegeben sei, dass *es eine beträchtliche Anzahl von Lesben* gebe, *die an der Universität Heidelberg* studierten und *die Forschung und Lehre über die Lesbenproblematik/Homosexualität einen immer breiteren Raum* einnehme.

Der Widerspruch hatte keinen Erfolg. Die Lesben schafften es, einen Ersatzhörsaal in der theologischen Fakultät zu erhalten, der auch für die folgende Veranstaltung zur Verfügung stehen sollte. Drei Stunden vor Beginn der ersten Veranstaltung war dem Hausmeister angeblich vom Rektorat der Universität *klargemacht* worden, den Raum in der theologischen Fakultät abzuschließen. Die Frauen konnten offenbar einen weiteren Ersatzraum finden. Über Umwege erfuhr der AK Lesben, dass ihre Vortragsreihe *einem absoluten Hausverbot in allen Fakultäten* unterliegen würde. Um sich die Gründe dieses Verhaltens erklären zu lassen, *besuchten* 30 Frauen am 1. Juni 1987 das Rektorat, um den Rektor zu sprechen. Die Polizei wurde herbeigerufen und nahm von den anwesenden FrauenLesben die Personalien auf. Danach antworteten *Herr Putlitz und seine juristischen Berater*, dass es *allein im Ermessen des Rektors* liege, ob *Veranstaltungen universitätsbezogen seien oder nicht.* Außerdem sollten *Lesben auf Diskriminierung nicht mit Diskriminierung (der Männer) antworten.*[931]

So jedenfalls stellte sich der Vorfall aus Sicht der Emanzipationspresse dar. Da zu dieser Zeit an der Universität regelmäßige Vortragsreihen zum Thema Homosexualität, die vom Schwulenpolitischen Arbeitskreis (Schwup) organisiert wurden, stattfanden und im Juni 1987 die Universität die Durchführung von Veranstaltungen anlässlich des ersten Gay Pride erlaubt hatte, wäre es zu undifferenziert, grundsätzlich von einer homophoben Handlungsweise der Universitätsverwaltung zu sprechen. Doch auch der Schwup beklagte ein mindestens zögerliches Verhalten seitens der Universität. Im Januar 1988 sprach Ilse Kokula zu „Mythos und Realität lesbischer Subkultur“. Auch Sabine Hark war mit „Eine Frau ist eine Frau, ist eine Frau – lesbische Sexualität und Lebensweise“ an der Universität zugegen.[932] Im Sommersemester 1992 hatte das AFLR „ein autonomes Seminar“ zum Themenschwerpunkt „Frauen und Kolonialismus“ vorbereitet. Weiterhin plante das AFLR einen Kurs zur „Selbstverteidigung für Frauen“.[933] Offenbar waren zu Beginn der 1990er Jahre an der Universität vom AFLR auch Frauenvortragsreihen sowie eine FrauenLesbenfete organisiert worden.

1994 löste sich das AFLR an der Universität auf. Damit entfiel nicht nur *die Anlaufstelle für alle Studentinnen*, sondern auch der Umstand, dass die FrauenLesben von der Universität für ihre Arbeit *jedes Jahr Geld zur Verfügung gestellt bekommen* hatten, mit dem bislang die Frauenvortragsreihen oder die FrauenLesbenfete finanziert worden waren. An seinem Ziel der *Vernetzung der Frauenarbeit* an der Universität war das AFLR nach eigener Einschätzung *gescheitert*, da die Frauen offenbar *an unserer Arbeit nicht interessiert* waren, wie die Referentin des AFLR es einschätzte. Das AFLR war 1994 von fünf auf zwei Frauen zusammengeschmolzen und diese hatten daher beschlossen, das Referat aufzulösen. Zwar befand die Referentin des AFLR *eine solche Struktur an der Uni* [für] *wichtig*, doch stellte sie fest, dass sich diese *scheinbar* [...] *momentan jedenfalls – totgelaufen* hatte. Insgesamt herrschte an der Uni 1994 *Feminismusmüdigkeit*. *Frauenforschung und politische Frauenarbeit an der Uni und anderswo* war kein Thema mehr. Doch trotz dieser Überlegungen für die Auflösung gab es 1995 und später ein Autonomes Frauen- und Lesbenreferat an der Uni Heidelberg, erreichbar in der Lauerstr. 1, das 1997 aus den Ankündigungen verschwindet.[934] Bestand das sich angeblich in Auflösung befindliche Referat also doch weiter oder wurde ein neues begründet?

1998 gründete sich ein schwuler und lesbischer Arbeitskreis an der Universität, der sich ebenfalls in der Lauerstraße 1 traf. Diskussionspunkte waren: *Homosexualität im Alter*, *Was uns bewegt: kollektive Identität und soziale Bewegung*, *Sterotypen*, *Neue soziale Identität schwuler Jugend*, *Schwule und Lesben als Eltern*. Am Psychologischen Institut wurde eine Pink Party gefeiert. Dort gab es eine Veranstaltung namens LesBiSchwuler-Keller, was lesbische und schwule Aktivitäten der Studierenden und ihre Kooperation bis zum Ende des Untersuchungszeitraums zeigt. Seit 2014 gibt es an der Universität Heidelberg ein Queer-Referat.[935]

LESBENPFINGSTTREFFEN / LESBENFRÜHLINGSTREFFEN IN HEIDELBERG 1994

1994 fand in Heidelberg das deutschlandweite Pfingstreffen der Lesben statt. Es war 1972 als internationales Pfingstreffen gestartet. 1980 hatte in Spielberg bei Karlsruhe das letzte Lesbenfrühlingstreffen in der näheren Umgebung Heidelbergs stattgefunden. Damals waren etwa 500 Frauen anwesend.[936] Vom 21. bis 23. Mai 1994 nahmen in Heidelberg 3.500 Teilnehmerinnen am 20. Pfingstreffen der Lesben unter dem Motto *Eigensinnig – vielfältig – lesbisch* teil. An der Organisation des Treffens waren Lesben aus Heidelberg, Karlsruhe, Mannheim, Ludwigshafen sowie anderen Orten beteiligt. Im Frauencafé Heidelberg waren genauere Informationen zu erhalten.[937] Lesben mit Kindern sollten sich mindestens sechs Wochen vorher anmelden, wobei männliche Kinder nur dann zu den Veranstaltungen des Lesbentreffens zugelassen waren, wenn sie nicht älter als 10 Jahre waren. Jungs über 10 sollten *außerhalb* des Geländes untergebracht werden. Die Feministinnen mit einer exklusiven Veranstaltung für Frauen hatten sich durchgesetzt. Innerhalb der Frauen-Lesbenbewegung gab es um die Frage des Ausschlusses von lesbischen Müttern mit ihren männlichen Kindern seit Jahrzehnten interne Debatten. In Spielberg war 1980 dann die Gruppe lesbischer Mütter ins Leben gerufen worden.

Demonstration in Heidelberg anlässlich des Lesbenfrühlingstreffens, 22.5.1994. Welker Pressebild, Dagmar Welker

Auch der Lesbenfrühling in Heidelberg diente vor allem der Kommunikation und Diskussion unter- und miteinander. Das Programm zeigt, wie breit sich die Frauen hier aufstellten. So war auch die Geschichte der neueren Lesbenbewegung ein Thema. Als Workshops wurden u. a. thematisch ausgerichtete zu Rassismus, Trommeln, Alkohol, Safer Sex und schwarz-weißen Beziehungen angeboten. Daneben wurde auch die Situation alleinstehender Seniorinnen diskutiert. Als *nervig* wurde die offenbar bereits wiederholt geführte Debatte um S/M-Lesben bezeichnet. Hinzu kamen künstlerische Angebote wie Tanzworkshops oder Lesungen. Es gab aber auch eine japanische Fingerdruckmassage und *Tucking for Beginners*. Abends gab es verschiedene Frauenbands, Kabarett und anschließend Tanz. Als Freilufttheater trat das holländische Lesbian Love Theatre auf.

In Heidelberg gab es auch eine Demonstration, die eine anwesende Autorin der Emanzipationspresse jedoch weniger als politische Demonstration, sondern als Spaziergang, bei dem Frau gesehen wurde, empfand. Ob die Demonstration ein eigenes Motto hatte oder das allgemeine Motto übernahm, darüber gibt es widersprüchliche Informationen. Dass bei der Demonstration *frau auch angespuckt* wurde, zeigt, dass lesbische Sichtbarkeit in Heidelberg auch 1994 für heftige Gegenreaktionen sorgte.[938] Angeblich wurde an der Alten Brücke ein Transparent mit der Aufschrift *Lesbenfrühling* angebracht.[939]

AUSSTELLUNG ZUM LESBISCHEN LEBEN IM RATHAUS HEIDELBERG

1994 fand im Heidelberger Rathaus auch eine Literaturausstellung mit dem Titel „Lesbisches Leben im Spiegel deutschsprachiger Veröffentlichungen" statt. Auf drei Tischen wurden 150 Bücher und Broschüren der Bereiche Gesellschaft, Coming out, Geschichte, Wissenschaft und Kultur, Subkultur, Lebensweise, Psychologie und Therapie, Herkunft, Körper sowie Sexualität und Beziehung präsentiert. Zu den einzelnen Bereichen wurden Objekte gezeigt, die das Thema versinnbildlichen sollten.

Den Lesben sollte die Ausstellung dazu dienen, *über die eigene Lebensrealität* zu reflektieren. Der Öffentlichkeit gegenüber sollte die Ausstellung *zur Aufklärung über lesbische Lebensformen*, als *Diskussionsforum*, zum *Überdenken von Beziehungsformen* dienen und damit *zu einer toleranteren Haltung Homosexuellen gegenüber beitragen*. Zwei Plakate am Ende der Ausstellung sollten den Unterschied zwischen heterosexuellem und lesbischem Leben zeigen. Auf einem Plakat fanden sich *Fragen und Probleme, die sich für Heterosexuelle in der Gesellschaft nicht* stellten. Auf dem anderen Plakat wurden die Besucherinnen aufgefordert, zum Thema *Lesbischsein heißt für mich…* ihre Gedanken zu notieren.[940] Die Stadt Heidelberg verbot allerdings den Verkauf des Ausstellungskatalogs vor Ort. Er musste daher über LesbenLeben bei Gabriela Husmann in Heidelberg bezogen werden.[941]

Mit dem Lesbenfrühlingstreffen und der Ausstellung erreichten die Lesben Heidelbergs in der Stadtgesellschaft Mitte der 1990er Jahre ein großes Maß an Öffentlichkeit und öffentlicher Würdigung lesbischen Lebens. Seit den 1990er Jahren scheint sich die Lesbenszene in Heidelberg binnendifferenziert zu haben.

AUTONOMES ZENTRUM

In den 1990er Jahren fanden sich im Autonomen Zentrum in der Alten Bergheimer Straße 7a verschiedene Angebote. Das am längsten nachgewiesene Angebot war die einmal monatlich freitags veranstaltete Frauen- und Lesbendisco, die zwischen 1992 und 1999 belegt ist.[942] Montags war offenbar der Frauentag im Autonomen Zentrum. Mitte der 1990er Jahre findet sich die Ankündigung des Autonomen Frauen- und Lesbenzentrum Mafalda im Autonomen Zentrum.

Montags fand seit 1997 jedenfalls einmal monatlich eine FrauenLesbenkneipe, später MoMo genannt, statt. Offenbar ebenfalls seit 1997 gab es donnerstags ein sogenanntes Kneipentreiben für LesBiSchwule und FreundInnen in der UnheilBar im Keller des AZ in Heidelberg. Die letzten Ankündigungen der montäglichen FrauenLesbenkneipe MoMo, des Kneipentreibens für LesBiSchwule in der UnheilBar am Donnerstag und der FrauenLesbendisco am Freitag finden sich im Februar 1999.[943]

Die Angebote zeigen, dass sich zunächst Lesben, später lesbische, schwule und bisexuelle Menschen in den 1990er Jahren im Autonomen Zentrum regelmäßig trafen. Mit Mafalda gab es ein spezielles Frauen- und Lesbenzentrum. Im Autonomen Zentrum findet sich eine der Veranstaltungen, die in der Mitte der 1990er Jahre die Trennung von lesbischen, schwulen und bisexuellen Menschen durch die Veranstaltung aufhob und zusammenführte.

LESKO – LESBEN KONTAKT STAMMTISCH

Der LESKO – Lesben Kontakt Stammtisch – traf sich in Heidelberg seit Mitte 1997 alle 14 Tage. Frau konnte die notwendigen Informationen unter einer Heidelberger Telefonnummer erfragen. Wo sich der LESKO traf, ist ebenso unbekannt wie die Themen, die die Frauen miteinander besprachen oder die Unternehmungen, die sie miteinander machten. Es scheint aber ein für manche attraktives Angebot gewesen zu sein, denn die Ankündigung des LESKO findet sich noch 1999.[944]

DAS LILA TELEFON UND BELLESBICANTO

Ende der 1990er Jahre wurde in Heidelberg auch ein Lila Telefon als Informations- und Beratungstelefon eigens für Lesben in Heidelberg angeboten. In Mannheim gab es ein Rosa Telefon für Lesben und Schwule gemeinsam. In Heidelberg gab es auch Bestrebungen, einen lesbischen Chor namens Bellesbicanto zu gründen. Ob er tatsächlich zustande kam, ist nicht genauer belegt.[945]

HEIDELBERGER LESBENGESCHICHTE – SCHLUSSBETRACHTUNG

Heidelberger Lesben waren seit den 1970er Jahren in der FrauenLesbenbewegung Heidelbergs engagiert, bauten verschiedene Gruppen mit auf und waren in der Frauenarbeit auch für Heteras beteiligt. Sie waren deutschland- und europaweit vernetzt.[946] Die Heidelberger Lesben waren an Publikationen der

FrauenLesbenbewegung mit bedeutsamen Beiträgen beteiligt. Heidelberg war, wie die Ausrichtung des Kleinstadt-Lesbentreffens, das erste LAZ, das Lesbenfrühlingstreffen oder die Ausstellung im Rathaus zu Lesben zeigen, ein bedeutsamer Faktor in der Emanzipationsgeschichte. Heidelbergs Lesben hatten sich damit seit den 1970er Jahren *eine Semiöffentlichkeit in der Frauen und Homosexuellenbewegung, in der Linken und im Alternativsektor geschaffen*, aus der sie aber nur punktuell sichtbar hervortraten.[947] Dass sich Lesbengruppen oder eine Lesbenkultur erst als „Nachzügler“ nach den Frauen- und Schwulengruppen gebildet hatten, fiel schon zeitgenössisch auf. Und das Gay Journal fragte, warum dies so war.

Bisher wurde die These vertreten, Heidelbergs Lesben seien erstmals mit dem Lesbentreffen 1994 sichtbar geworden. Doch lesbisches Leben und lesbische Geschichte waren in Heidelberg spätestens seit 1976 in verschiedenen Stadtöffentlichkeiten sichtbar. Die in Heidelberg 1996 vorgelegte Frauengeschichte weist auch Aspekte von weib-weiblicher oder lesbischer Geschichte in der Stadtgeschichte nach. Keine andere Publikation in der Region Rhein-Neckar zur städtischen Frauengeschichte, die in den 1990er Jahren verschiedenenorts veröffentlicht wurden, hat frauenliebende Frauen abgebildet. Dass sich die Lesben innerhalb der Frauenbewegung oftmals nicht öffentlich zu erkennen gaben, lag jedenfalls bei einer Kölner Frauengruppe daran, dass sie davor Angst hatten, die Frauenbewegung dadurch insgesamt zu diskreditieren.[948] Ein Arbeitskreis zur Geschichte der Frauenbewegung ist in den ausgewerteten Quellen erstmals 1980 nachgewiesen. Das Thema war aber bereits in der Heidelberger Frauenzeitung im Februar 1979 präsent. 1987 traf sich dienstags im Frauencafé eine Frauen-Geschichtsgruppe.[949] Der Aspekt frauenliebender Frauen in der Geschichte wurde auch später thematisiert. 1997 wurde ein Stadtspaziergang zur Frauengeschichte in der Altstadt „Eigensinnig – Lesbisch – Vielfältig“ über Marie Baum, Caroline Rudolphi und Olympia Fulvia Morata angeboten. 1999 hörte frau einen Vortrag über Frauenpaare in kulturgeschichtlichen Zeugnissen in der Stadtbücherei.[950]

Die vorgenannten Öffentlichkeiten wurden von Lesben in Heidelberg zusammen mit den Heteras erstritten und über Jahrzehnte genutzt. Dass die Lesben mit den Schwulen anlassbezogen kooperierten, zeigt sich ebenfalls. Eine strukturelle Zusammenarbeit oder eine solche innerhalb gemischter Gruppen ist vereinzelt erst seit der zweiten Hälfte der 1980er Jahre nachweisbar. Heidelberg weist im Hinblick auf eine spezifisch feministische Geschichte von lesbischen Frauen, die ihren Weg überwiegend ohne Männer gingen und sich ihre Räume als Frauen gemeinsam mit den Heteras erstritten, die bedeutsamsten Zeugnisse der Rhein-Neckar-Region auf, wie der Vergleich mit den anderen Städten zeigt. Wie streitbar die Heidelberger FrauenLesben waren, zeigt sich nicht zuletzt auch im Umgang untereinander. Heidelberg war eine der wenigen Städte Deutschlands, in denen es – zumindest zeitweilig – zu einem (nur?) räumlichen Bruch zwischen Lesben- und Frauenbewegung kam.

26 MANNHEIM UND LUDWIGSHAFEN SEIT DEN 1970ER JAHREN: SCHWULE UND LESBISCHE EMANZIPATIONSBEWEGUNGEN

CHRISTIAN KÖNNE

SCHWULE GRUPPEN IN MANNHEIM UND LUDWIGSHAFEN

DIE SCHAM – EINE GRUPPE UND WOZU SIE DIENEN SOLLTE

Logo der SchAM, 1994.
MARCHIVUM

Die bekannteste Emanzipationsgruppe Mannheims war die SchAM (Schwule Aktion Mannheim).[951] Sie wurde im Mai 1975 u. a. von Napoleon Seyfarth (Kap. 32) im Anschluss an die Aufführung des Films von Rosa von Praunheim „Nicht der Homosexuelle ist pervers, sondern die Situation, in der er lebt“ mit zwei *Mannheimer Klappenbekanntschaften* im Weißen Lamm in Heidelberg gegründet.[952] In den ersten Jahren wuchs die Gruppe auf zwölf Mitglieder, wovon die einen mehr an gemeinsamer Freizeitgestaltung oder dem Kennenlernen von Freunden, die anderen mehr an politischer Emanzipation interessiert waren. Angeblich galt die SchAM innerhalb der Gruppen der Schwulenbewegung in Baden-Württemberg zunächst *als unpolitisch*.[953] 1980 bestand die SchAM aus zehn Personen, deren Interessen in Selbsterfahrungsgruppen, schwulem Theater, einer AG Sexualität, Diskussionen, einer Ledergruppe sowie der gemeinsamen Freizeitgestaltung bei Fahrten, Sport und Wanderungen bestanden.

Zwischen 1983 und 1986 hatte die SchAM *kleinere und größere Krisen*, war als Gruppe *schon einmal gespalten* und suchte 1986 daher *ideenreiche Leute* für den Neuaufbau der Gruppe, um mehr als ein *Stammtischkränzchen* zu sein.[954] Was war geschehen? Nach dem Misserfolg mit der zweiten Schwulen Woche (s. u.) und der dabei deutlich gewordenen Ablehnung von schwuler Emanzipation in verschiedenen Bereichen der Stadtgesellschaft, angesichts von Drohungen vonseiten Rechter und der Gründung des Rosa Telefons für die Selbsthilfe und im Angesicht von Aids hatte sich die SchAM 1984 offenbar erheblich *über die politische Arbeit der Gruppe* gestritten, so dass 1984 die Schwuleninitiative Rhein-Neckar

(Sirhene) gegründet wurde, mit dem Ziel *einen drohenden Bruch* [der SchAM] *zu vermeiden*. Während die Schwuleninitiative *aktive und kontinuierliche Schwulenpolitik* leisten wollte, galt die Arbeit der SchAM dem Schwulenstammtisch und dem Rosa Telefon.[955] Die Spaltung wurde vermieden. Auffällig ist aber, dass seither die öffentliche Wahrnehmung der SchAM auf ihrem Stammtisch und ihrem sozialen Engagement und nicht auf den politischen Aktionen lag. Dafür war vermutlich nicht zuletzt auch die durch Aids geänderte Situation verantwortlich, die viele Kräfte in diesem Bereich band und zahlreiche Männer das Leben kostete. Dass die SchAM das Politische aber auch in den 1980er Jahren nie aus den Augen verlor, zeigt sich an den Themen, über die intern diskutiert wurde. Die SchAM war bis in die 1990er Jahre die in Mannheim bekannteste Gruppe der Schwulenbewegung.

TREFFPUNKTE DER SCHAM

1975 traf sich die SchAM zunächst in der Wohnung von Napoleon Seyfarth.[956] Einen Raum in einem sozialen Zentrum oder einem nicht-kommerziellen Bereich zu finden, war schwierig. Noch Mitte der 1980er Jahre verweigerte der Leiter des Mannheimer Jugendamtes der SchAM einen Raum im Forum der Jugend, da Eltern befürchten könnten, dass die Jugendlichen durch eine Schwulengruppe *vom ‚richtigen' Weg abgebracht* würden.[957] Hier bestimmten offenbar weiterhin Vorurteile die Hauspolitik. Die SchAM blieb daher lange Zeit auf Gaststätten als Treffpunkte angewiesen. 1980 war dies im separaten Gastraum der Hoepfner Stube im Keller in S 4, 17, der durch den Nebeneingang betreten wurde. Dann zog man für mehrere Jahre in den Pumuckl in der Amerikanerstraße 11. Von dort siedelte die SchAM in den Neuen Neckarpark und später ins Harlekin über. Weil sie dort *ausgesperrt* wurde, traf sie sich 1985 bis 1987 im Odeon-Café in G 7, 10. 1988 fanden die Zusammenkünfte in der Dorfschänke in O 4, 10 statt. 1990 war dann abermals die Gaststätte Neuer Neckarpark in der Waldhofstraße 76 der Treffpunkt. Noch bis 1996 wurde der Neue Neckarpark als Treffpunkt und Veranstaltungsort genannt.[958] Dann wechselte die SchAM in den Paritätischen Wohlfahrtsverband in der Alphornstraße 2a, wo sie bis 1999 nachgewiesen werden kann.

VERNETZUNGEN

Die SchAM war innerhalb der Schwulenbewegung stets deutschlandweit, regional und lokal vernetzt. Dazu dienten private Kontakte, dies erfolgte seit den 1970er Jahren über die Publikationen der Emanzipationsbewegungen, seit den 1980er Jahren auch über die Stadtmagazine.[959] Hinzu kam das Wissen um die internationale Entwicklung, was vermutlich durch entsprechende Kontakte gefördert wurde. Im Sommer 1978 richtete die SchAM ein Treffen von schwulen Emanzipationsgruppen im Odenwald aus, zu dem Gruppen aus Baden-Württemberg, Rheinland-Pfalz, dem Saarland, Hessen und Franken eingeladen wurden. Daneben waren auch die *Heteromännergruppe und die Frauengruppe* Mannheims eingeladen. Über 150 Leute meldeten sich angeblich an. Die SchAM nahm, wie auch Homo Heidelbergensis, 1979 an einem der ersten CSD der Bundesrepublik in Stuttgart teil.[960]

Am 26. Oktober 1979 kamen beim Regionaltreffen der südwestdeutschen Gruppen in Stuttgart 70 Männer aus folgenden Gruppen zusammen: SchwuF (Karlsruhe), SSOS (Ravensburg), HIK (Konstanz), Rosa Funke (Stuttgart), IHS (Stuttgart), Freischwul (Freiburg), IHT (Tübingen), SchAM (Mannheim) und IHPF (Pforzheim) sowie Gruppen aus Nürnberg, Bamberg, Saarbrücken und München. Über zwei Tage hinweg wurde über folgende Themen diskutiert: schwuler Dachverband, schwule Wohngemeinschaft, Jugendwahn, schwule Aktionen, Verhältnis Schwule–Linke, Päderasten, Verhältnis Schwule–Lesben. Am Ende wurde die Schwule Aktion Südwest (SAS) gegründet. Die SAS diente als loser Zusammenschluss dazu, Aktionen besser vorzubereiten und sich gegenseitig auszutauschen. Hierzu wollte man sich mindestens alle zwei Monate treffen.

Beim von der HIOB (Homosexuelle Informationsgruppe Ortenau Baden) aus Lahr organisierten Treffen in Schlempen im Schwarzwald vom 18. bis 20. April 1980 war die SchAM ebenfalls anwesend. Dort wurden in fünf Arbeitsgemeinschaften unterschiedliche Themen diskutiert. Die SchAM führte ein Theaterstück auf.[961] Der 3. Oktober 1981 war von den Schwulengruppen zum gemeinsamen Aktions- und Protesttag ernannt worden, an dem sich die SchAM mit der Schwulen Woche beteiligte, an der auch Mitglieder der HIOB teilnahmen.[962] Die aufgrund der erheblichen Differenzen im Hinblick auf Fragen politischer Arbeit im Inneren der SchAM gegründete Schwuleninitiative Rhein-Neckar wollte sich ebenfalls gezielt mit anderen Gruppen und Verbänden vernetzten, *um eine breitere Basis zum Kampf gegen Vorurteile und Unterdrückung zu schaffen.*[963]

1986 diskutierte die SchAM auch über die Mitarbeit in einem schwulen Bundesverband, da sich in diesem Jahr der BVH (Bundesverband Homosexualität) in Köln gegründet hatte. Die SchAM beteiligte sich beispielsweise auch am 13. Juni 1992 am CSD in Konstanz. Zur Vernetzung innerhalb der Stadtgesellschaft bot die SchAM in den 1990er Jahren Plena im Bürgerhaus der Neckarstadt unter dem Motto: *Was läuft ohne die SchAM? – offen für alle Leute, alle Ideen, alle Interessierte* an. In der zweiten Hälfte der 1990er Jahre wurde dort und später in der Alphornstraße 2a, wo die SchAM eine Bleibe beim Paritätischen Wohlfahrtsverband gefunden hatte, regelmäßig über mehrere Jahre hinweg mehrmals im Jahr ein SchAM-Forum angeboten, das angesichts der Zunahme der Gruppen dann als Koordinierungstreffen der Mannheimer Schwulengruppen diente.[964]

POLITISCHE AKTIONEN DER SchAM

Als eine der ersten Aktionen – das Jahr ist unbekannt – gilt das Verteilen eines Flugblatts an der Uni Mannheim.[965] Später ging die SchAM wiederholt mit Infoständen in die Stadtöffentlichkeit oder organisierte Podien, auf denen Politiker verschiedener Parteien ihre Position zur Homosexualität und deren Gleichstellung bzw. Nicht-Gleichstellung vortrugen. Zur Landtagswahl 1984 veranstaltete die SchAM am 21. März 1984 ein Podium zum Thema „Abart der Liebe. Schwule befragen Politiker" in der Klapsmühl am Rathaus mit Politikern von SPD, FDP und Grünen. Ob die CDU nicht dabei sein sollte oder wollte, ist nicht bekannt. Das

Engagement der SchAM führte zu Drohungen vonseiten der rechten Szene in der Region Rhein-Neckar, von der seinerzeit u. a. auch die Xanthippe und der Andere Buchladen betroffen waren.[966]

1984 spaltete sich die SchAM aufgrund erheblicher Differenzen in der politischen Arbeit bis vermutlich 1986 auf in die Schwuleninitiative Rhein-Neckar, die politische Arbeit anstrebte, und die SchAM, die den Schwulenstammtisch im Pumuckl und das Rosa Telefon anbot. Ein Bruch der Gruppe wurde vermieden.[967] Auffällig ist, dass fortan wenig über politische Aktionen zu lesen war. Ob dies daran lag, dass der politische Flügel der SchAM diese Aktionen nicht machte, oder daran, dass die öffentliche Wahrnehmung von Schwulen zunehmend durch die Aids-Krise und die damit einhergehenden Fragen und Themen bestimmt war, lässt sich nicht beantworten. Intern diskutierte die SchAM auch weiterhin politische Themen. Dass öffentliches Schwulsein per se ein Politikum war und blieb, zeigte sich in Mannheim jedenfalls auch später. Sowohl die SchAM als auch die anderen Schwulengruppen, die sich später bildeten, und die Widerstände, auf die sie unterschiedlichen Orts stießen, zeigen dies.

Die politischen Aktivitäten blieben Teil der Arbeit. Dementsprechend war die SchAM am 23. Juni 1990 mit einem Infostand in der Mannheimer Fußgängerzone präsent.[968] Ob sie auch bei der „Aktion Standesamt" 1992 beteiligt war, ist unbekannt. Jedenfalls hatten sich in Mannheim im zeitlichen Kontext dieser Aktion zwei Männerpaare auf dem Standesamt gemeldet, um der Forderung des LSVD (Lesben- und Schwulenverband Deutschland) nach einer staatlich anerkannten Partnerschaft auch für Homosexuelle zu popularisieren. Im April 1999 diskutierten Politiker verschiedener Parteien, inzwischen auch die CDU, im Kongresszentrum Mannheim die Frage „Ehe für Schwule und Lesben".[969] Bis dahin hatten sich die politischen Verhältnisse jedoch deutlich geändert, wozu auch die SchAM und ihre Arbeiten in der Stadtgesellschaft und darüber hinaus ihren Beitrag geleistet hatte.

DIE AUFFÜHRUNG VON „BENT" AM MANNHEIMER NATIONALTHEATER UND DIE THEATERINSZENIERUNGEN DER SCHAM

Theater zu spielen, war eine Form der Arbeit der Emanzipationsbewegungen. Hier ging es zunächst um Selbsterfahrung der Schauspieler durch die Arbeit am Stück und die Darstellung der Figuren. Es ging aber auch um die Aufklärung des Publikums, vor dem das Stück aufgeführt wurde. Ihren im Nachhinein bedeutendsten Theater-Auftritt hatte die SchAM 1980, als im Mannheimer Nationaltheater das Stück „Bent" aufgeführt wurde.

1972 war Heinz Hegers „Die Männer mit dem rosa Winkel" als erster autobiografischer Text über die Situation Homosexueller in NS-Konzentrationslagern erschienen. Er wurde von Martin Sherman zum Theaterstück „Bent" umgearbeitet. Sherman, der selbst homosexuell und Jude war, nutzte laut Rezension den historischen Holocaust als „Metapher" für die Unterdrückung Homosexueller in der Gegenwart. „Bent" sei daher *ein wichtiges* Theaterstück, *das uns alle*

Plakat der deutschen Erstaufführung des Theaterstücks „Bent“ im Nationaltheater Mannheim, 1979/80. MARCHIVUM

angeht.[970] In Mannheim fand am 19. April 1980 die Deutschlandpremiere des „Bent“ statt. Zuvor war das Stück am Broadway in New York und im Royal Court Theater in London zu sehen.[971] In Mannheim unterschieden sich die Reaktionen des Publikums offenbar deutlich von denen des Publikums in New York und London und widersprachen auch den Einschätzungen der Redakteure von „Spiegel“ und „Zeit“. In der Quadratestadt galt die Darstellung von Homosexualität auf der Bühne offenbar manchen noch immer *als Sakrileg*. Mit „Bent“ trat das Nationaltheater manchen Kunstliebhabern mit geschlossenem Weltbild und Kunstverständnis entgegen.[972]

Dass sich das Nationaltheater tatsächlich positionieren wollte, zeigt sich darin, dass zur Deutschlandpremiere des „Bent“ auf der Studiobühne des Nationaltheaters ein Abend zum Thema Homosexualität gestaltet wurde. Dazu fragte man die SchAM an.[973] Napoleon Seyfarth verfasste daraufhin *ein kleines Theaterstück*, das er zusammen *mit Mitgliedern der Schwulengruppe* auf der Studiobühne inszenierte, wobei auch Martin Dannecker, Schwulenaktivist und Professor für Sexualwissenschaft an der Universität Frankfurt a. M., zu Gast war.[974] Dannecker hatte bereits für die 1974 publizierte sozialwissenschaftliche Untersuchung „Der gewöhnliche Homosexuelle“ homosexuelle Männer in Mannheim befragt und verfügte über entsprechende Kontakte.[975]

In der Folge dieser Inszenierungen von schwuler Geschichte und Gegenwart kam es zu Leserbriefreaktionen im Mannheimer Morgen. Sie bildeten ein kontroverses Echo ab. Während der Fraktionsvorsitzende der CDU-Stadtratsfraktion, Merkert, sich negativ äußerte, reagierte Seyfarth mit einer Gegenrede, die angeblich *einen Flächenbrand von solidarischen Stellungnahmen* hervorrief, der die Leserbriefspalte, folgt man Seyfarth, angeblich *für geraume Zeit am köcheln* hielt.[976] Auch das Stadtmagazin Ketchup besprach „Bent“ positiv und hielt dabei über die Situation von Schwulen 1980 fest, dass es noch immer *mannigfache, latente und offene, Formen von Unterdrückung in allen Lebensbereichen* gebe.[977] In der Folge veröffentlichte Ketchup einen sechsseitigen Artikel mit verschiedenen Fotos über Schwule in Mannheim und die SchAM. Die Ausgabe hatte ein schwules Paar als Cover.[978] Erst seither fand sich im Stadtmagazin Ketchup – und bei den später folgenden – im Verzeichnis der Adressen auch die Rubrik „Schwule“.

Die Debatte um den „Bent“ war so gesehen ein medialer Durchbruch der Mannheimer Schwulenbewegung in der Stadtgesellschaft, was freilich nichts darüber aussagt, von wie vielen Menschen dies zur Kenntnis genommen wurde. Im Juni 1980 hatte die SchAM im Heidelberger Schwimmbadrestaurant einen weiteren Auftritt mit einem *Schwulentheater*. Es galt als ein *realistisches Theaterstück mit Szenen aus der Szene*. Und im Oktober 1980 spielte die SchAM ein Theaterstück in Schlempen beim SAS-Treffen. Außerdem führte die SchAM anlässlich der Schwulen Woche 1981 ein Straßentheater auf.[979]

VON DER SCHWULEN WOCHE ZUM SCHWULEN KULTURHERBST

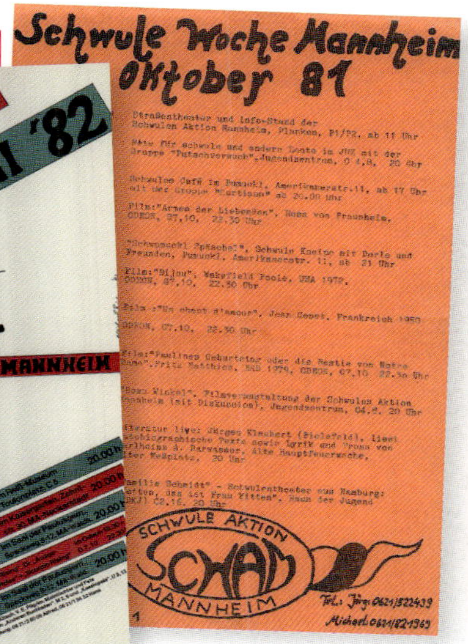

Links: Plakat der SchAM für die zweite Schwule Woche Mannheim, Juni 1982. Illustration von Michael Bidner. MARCHIVUM

Rechts: Flyer der SchAM mit dem Programm der Schwulen Woche Mannheim, Oktober 1981. Privatarchiv

Anlässlich des bundesweiten Aktionstags von Schwulengruppen am 3. Oktober 1981 fand in Mannheim vom 2. bis 12. Oktober die erste Schwule Woche statt. Die Schwule Woche war explizit als Programm für Schwule und Lesben, aber auch für *Normale* geplant. Das Hamburger Musikkabarett Brühwarm mit Corny Littmann und seine „Schmidt-Familie" waren eingeladen.[980] Für den Auftritt von Brühwarm hatte die SchAM beim Bund der Deutschen Katholischen Jugend den großen Saal des BDKJ-Hauses angefragt. Die Nutzung für ein schwules Theater untersagte der katholische Stadtdekan Franz Völker. Aus seiner Sicht sollten Heterosexuelle nicht mit dem *Problem* Homosexualität *konfrontiert werden.* Völker schürte die Angst vor einer *Ausbreitung* von Homosexualität und qualifizierte die Schwule Woche als *Propaganda für das Schwulsein* ab. Dass Michael und Jörg von der SchAM das Verbot der katholischen Kirche in Mannheim zur Nutzung des Raumes und Gesprächsnotizen mit Völker öffentlich machten, führte zum Gesprächsabbruch mit dem Dekan.[981] Die SchAM hatte ihren nächsten Skandal – und nutzte abermals die Gelegenheit, ihre Sicht und die der Gegner schwuler Emanzipation öffentlich zu machen.

Am 3. Oktober 1981 hatte die SchAM einen Infostand auf den Planken und sammelte dort Unterschriften zur Streichung des § 175 StGB. Parallel dazu führte sie ein Straßentheater auf. Im Jugendzentrum „Friedrich Dürr" im Herzogenried fand eine Fete mit der Band Putschversuch statt. Dort konnte man sich von Maskenbildnern des Nationaltheaters schminken lassen. Im Jugendzentrum in O 4, 8 wurde der Film „Rosa Winkel? Das ist doch schon lange vorbei…" gezeigt, außerdem gab es eine Diskussion zur Homosexuellenverfolgung im Nationalsozialismus und darüber, dass Homosexuelle nicht als Verfolgte des Nationalsozialismus anerkannt wurden. In der Alten Feuerwache fanden Lesungen von Jürgen Klaubert und Karlheinz Barwasser statt. Das Kino Odeon zeigte vier Filme zu schwulen Themen im Spätprogramm, und in der Gaststätte Pumuckl wurde an mehreren Tagen ein „schwules Café" und einmal ein „Schwumuckl Späschel" veranstaltet. Ob es zum Auftritt von Brühwarm kam, ist nicht bekannt. So oder so galt diese erste Schwule Woche als *in jeder Beziehung erfolgreich*. Diesen *großen Erfolg* wollte man im Folgejahr wiederholen.[982]

Die zweite Schwule Woche war vom 9. bis 19. Juni 1982 geplant. Im Reiß-Museum sollte Volker Elis Pilgrim zur sexuellen Emanzipation des Mannes sprechen. Im Kaisergarten in der Zehntstraße 30 war eine Fete angekündigt. Die Frankfurter Maintöcher und das Düsseldorfer Kabarett Rosa Kitsch sollten in der Paulusgemeinde auf dem Waldhof mit einem Theaterstück auftreten. Im Kino Odeon sollten schwule Filme gezeigt werden. Doch die Stadtverwaltung, das Jugendamt und das Kulturamt mit Bürgermeister Wolfgang Pföhler, die Neue Heimat, das Reiß-Museum und die evangelische Kirche verhinderten dies. Von welcher Seite die Initiative dazu ausging und wie man zu einer solch einheitlichen Reaktion gelangte, ist bisher unbekannt. Dem Pfarrer der evangelischen Paulusgemeinde Hans-Georg Sandmann wurde von der übergeordneten Kirchenbehörde verboten, seine Räume für ein schwules Programm zur Verfügung zu stellen. Die geplanten Veranstaltungen mussten offenbar ausfallen und die SchAM die Kosten tragen, da die Absagen der Räume erst zwei Tage vor Beginn der Veranstaltungsreihe bekannt gegeben wurden.[983]

Ob die Fete und das Kinoprogramm noch in der angekündigten Weise stattfanden, ist unbekannt. Jedenfalls scheint dies erheblichen Einfluss auf die SchAM gehabt zu haben, die in der Folge, wie es scheint, sogar in ihrer Existenz bedroht war. Auffällig ist auch, dass es fast zehn Jahre dauerte, bis die SchAM das Konzept der Schwulen Woche wieder aufgriff. Vom 8. Oktober bis 17. November 1991 ging die SchAM mit einem Schwulen Kulturherbst wieder in die Stadtöffentlichkeit. Im Anderen Buchladen gab es Lesungen von Napoleon Seyfarth und dem Historiker Lutz van Dijk. Der Karlsruher schwule Chor Die Schrillmänner trat in der Kunsthalle auf. Im Cinema Quadrat liefen zwei schwule Filme. Beim zweiten Schwulen Kulturherbst 1992 gab es abermals Lesungen, Filme, Kabarett – und wie schon 1981 eine Fete, die als Pink Party in den sogenannten Katakomben des Mannheimer Schlosses stattfand. Unverändert ging es darum, der Mannheimer Öffentlichkeit zu zeigen, dass *Homosexualität nichts Dämonisches* war. Ziel war und blieb, *ein breites Publikum, über die schwule Szene hinaus* anzusprechen.

Am Beispiel des Schwulen Kulturherbstes zeigt sich die in Mannheim hilfreiche Kooperation mit der in den 1970er Jahren von den Emanzipationsgruppen zunächst noch viel geschmähten „Sub".[984] Als 1993 der dritte Schwule Kulturherbst unter dem Titel „Übermannt" stattfand, traten im Theater TiG 7 Emmi & Berti auf und gab es im Anderen Buchladen eine Lesung mit Rosa von Praunheim. Dass das Cinema Quadrat den Schwulen Kulturherbst nutzte, um hier die Schwulen- und Lesbenfilmtage zu präsentieren und die Pink Party jetzt sogar als „Opener" des Schwulen Kulturherbstes im Forum der Jugend angekündigt werden konnte, zeigt, wie sehr sich die Stadtgesellschaft im zurückliegenden Jahrzehnt dem Thema Homosexualität geöffnet hatte.[985] Auch später fanden sich entsprechende Angebote, wie beispielsweise ein schwuler Liederabend des schwulen Chors RosaKehlchen, den die SchAM 1998 im Reiß-Museum veranstaltete.[986] Als wichtige Treffpunkte und Orte der Vernetzung dienten das Schwumuckl und später das Café SchAMlos.

VOM SCHWUMUCKL ÜBER GRUPPENTREFFEN ZUM STAMMTISCH UND DAS CAFÉ SCHAMLOS – EFFEKTE EINES GASTSTÄTTENPROGRAMMS FÜR HOMOSEXUELLE

Seit 1981 fand dienstags im Pumuckl in der Amerikanerstraße 11 das Schwumuckl statt. Das Schwumuckl war *ein Versuch von Schwulen eine Atmosphäre zu schaffen, in der man sich besser kennenlernen kann.* Vor der schwulen Kneipe fand eine Gruppensitzung statt, in der über Probleme von Schwulen diskutiert wurde, um *dem Einzelnen Rückhalt* zu geben und *die Angst vor dem eigenen Schwulsein zu überwinden*. Der Pumuckl zog 1985 in die Hafenstraße, dann nach L 14, 6. Offenbar zog die SchAM für einige Jahre aus, denn sie traf sich zum Gruppenabend ebenso wie zum direkt anschließenden Kneipenabend im Odeon-Café. Scheinbar separierte sich der Gruppenabend mit Stammtisch zunehmend vom Vernetzungstreffen im Café. Beides dürfte mit der in der Mitte der 1980er Jahre stattgefundenen Separierung der SchAM in einen politischen und einen sozial-integrativen Teil und mit den Aktivitäten im Kontext der Aids-Krise zusammenhängen. Ende der 1980er Jahre und also wenige Jahre nach dem erneuten Zusammengehen der SchAM nach 1986 fand dann abermals im Pumuckl das Café SchAMlos als schwules Sonntagscafé an jedem 1. Sonntag im Monat in der Hafenstraße 60 statt. Hier war nicht mehr die Rede vom Gruppentreff der SchAM. In den 1990er Jahren fand das Café SchAMlos im Bürgerhaus Neckarstadt in der Lutherstraße 15, dann in den Räumen der Aids-Hilfe und noch später in der Alphornstraße 2a statt, wo es in den Räumen des Paritätischen Wohlfahrtsverbands bis zum Jahr 2000 zu finden war.[987]

1998 galt das Café SchAMlos als Legende und Keimzelle der SchAM. Zwar war es wie zuvor das Schwumuckl für viele Jahre ein Ort der Vernetzung für Einzelpersonen, darüber hinaus seit der Ausdifferenzierung in verschiedene Gruppen auch für schwule Gruppen wie die Senioren oder die Quietschboys (s. u.). Doch zeigen die Gruppentreffen der SchAM im Odeon-Café oder im Neuen Neckarpark sowie die Tatsache, dass das Café SchAMlos teilweise für mehrere Jahre eingeschlafen war, dass man diese Funktion nicht überschätzen sollte. Dass der Pumuckl als offenbar im Kollektiv geführte Kneipe lange Zeit seine Bedeutung für die SchAM behielt, zeigt sich nicht zuletzt daran, dass er sowohl bei der Schwulen Woche 1981 als auch beim zweiten Schwulen Kulturherbst 1992 als Veranstaltungsort diente. Der Widerspruch, dass statt eines Kollektivs auch „Wilma" als Wirt des Pumuckl genannt wird, ließ sich nicht auflösen.

SCHAM: INTERNE GRUPPENARBEITEN

Neben den öffentlichkeitswirksamen Aktionen war die SchAM mit einem Programm für die Mitglieder und mit diesen aktiv. Ziel der SchAM als Gruppe war es, eine *Alternative zur Subkultur* zu bieten. Dazu gehörten Gespräche, wie beispielsweise solche *zur Bewältigung von Coming-Out-Problemen*, aber auch andere *schwulenpolitische Aktivitäten*.[988] Ein- bis zweimal im Monat fanden Diskussions- oder Gesprächsrunden statt, ergänzt von Programmen zur Unterhaltung oder Freizeitgestaltung. Diese Diskussionen waren darüber hinaus aber ein maßgebliches Kriterium, das die SchAM von den sich seit den 1990er Jahren zunehmend bildenden weiteren Schwulengruppen Mannheims unterschied, die sich meist einem speziellen Bereich des Schwulseins oder des Lebens als Schwuler verschrieben. In diesen Diskussionen zeigte sich das Postulat der SchAM, eine Emanzipationsgruppe mit einem umfassenden Anspruch zu sein – und diesen auch zu erfüllen, und nicht das als Angstbild vielbeschworene „Kaffeekränzchen".

Die zwischen 1988 und 1993 diskutierten Themen zeigen, dass hier viele Bereiche wie Gesellschaftliches, Soziales, Politisches, Religion und originär Schwules besprochen wurden. Es waren all die Themen und Seinsbereiche, die ein „schwules Leben" und in größeren Teilen auch ein Leben als weniger politbewusster Schwuler oder als vorgeblich unpolitischer Homosexueller von dem Leben Heterosexueller und seinen Bedingungen unterschieden. Es waren solche, die für ein *schwules Bewusstsein – auch Selbstbewusstsein* für notwendig erachtet wurden: *Schwule und Literatur*, *Schwule und Religion*, *Schwule und politisches Bewusstsein*, *schwule Sexualphantasien*, *Eltern und Schwule*, *Outing*, *Gewalt gegen Schwule*, *Sterbehilfe und Tod*, *Was geht Aids mich an?*, *Schwule oder lesbische Ehe – Wirklich ein erstrebenswertes Ziel?*, *Pädophilie und die Achtung vor der sexuellen Selbstbestimmung der Partner* oder *Schwule gegen Gewalt, ein Diskussionsabend mit zwei Vertrauensbeamten der Polizei.*[989]

Zu diesem Diskussionsprogramm kam ein gemeinsames Freizeitprogramm. Als Freizeitveranstaltungen finden sich beispielsweise verschiedene *Wanderausflüge in die Pfalz*, ein *Sommer-Zelt-Wochenende*, *Rheinradeln* oder ein *Grillen bei Luise* im Mannheimer Luisenpark sowie *Minigolfturniere, Kinobesuche, gemeinsames Badmintonspielen* und *Video-Abende*. Auch wenn dies weniger politisch daherkam, so war die Gemeinschaft in einer schwulen Gruppe und das öffentliche Auftreten als schwule Gruppe per se ebenfalls eine politische Aussage. Dass die SchAM am 17. Mai 1992 (Analogie 17.5. zu § 175) eine Wanderung unternahm, war ebensosehr Freizeitprogramm wie politisches Statement. An den zeitgenössisch noch existierenden Unrechtsparagrafen 175 StGB musste man nicht explizit erinnern – das war allen bewusst. Als offenbar unverzichtbarer und inzwischen auch anerkannter Bestandteil der Gruppenarbeit gab es einen *Schwulen offenen Stammtisch*, an dem man im Neuen Neckarpark Männer treffen konnte, *um zu quatschen*, aber auch, um *neue Leute kennenzulernen.*[990] Er war sicher auch als Eintrittsmöglichkeit für neue Leute zu verstehen.

DAS ROSA TELEFON

Das Rosa Telefon wurde 1984 von der SchAM eingerichtet. Man konnte bei Ralf zuerst in Mannheim und später in Heidelberg freitags zwischen 18 und 20 Uhr Informationen zur SchAM, Adressen von Beratungsstellen, Therapeuten und Rechtsanwälten erhalten. Wie man ausführte, war man telefonisch aber im Notfall *jederzeit* zu erreichen. Nachdem sich die SchAM 1984 in eine politische und eine sozialintegrative Richtung aufgeteilt hatte, scheint der letztgenannte Teil seine Arbeit intensiviert zu haben. Jedenfalls wurde das Beratungsangebot des Rosa Telefons bis Herbst 1984 auf zwei Abende am Freitag und Samstag ausgeweitet.

Später bot das Rosa Telefon, das dann mal donnerstags, meist aber dienstags unter wechselnden Telefonnummern, aber immer nur an einem Termin in der Woche zu erreichen war, auch andere Themen in der Beratung an, die die Entwicklung der Szene, ihrer Themen und ihre Binnendifferenzierung zeigen. So war das Rosa Telefon in der Liste der schwulen Notfall-Telefone bei Gewalt gegen Schwule zu finden. Beim Rosa Telefon konnte man Anfang der 1990er Jahre Informationen zur schwulen Seniorengruppe ebenso wie zur Elterngruppe schwuler Söhne und lesbischer Töchter erhalten. Später waren dies auch Informationen über eine Coming Out-Gruppe sowie über eine Gruppe für Selbstverteidigung für Schwule. Seit 1998 wurde über das Rosa Telefon dann auch neben der Beratung von Schwulen für Schwule auch Beratung von Lesben für Lesben angeboten – unter zwei verschiedenen Nummern. Das blieb bis zum Jahr 2000 so.[991]

Das Rosa Telefon wurde über mehr als ein Jahrzehnt genutzt, um den Menschen mit Rat und Unterstützung bei verschiedenen Fragen und Problemen im Kontext von Homosexualität zur Seite zu stehen. Zielgruppe waren zunächst Schwule, später auch Lesben. Das Rosa Telefon war aber auch für heterosexuelle Eltern von homosexuellen Kindern jahrelang eine Anlaufstelle. Schließlich diente das Rosa Telefon auch zur Information über verschiedene Gruppen. Neben den Print-Medien, den Gruppentreffen der SchAM und dem Café SchAMlos war das Rosa Telefon damit ein zentrales Kommunikationselement. Es bot Menschen den Vorteil, sich hier Hilfe oder Informationen holen zu können, ohne persönlich anwesend sein zu müssen, wenn sie dies nicht wollten oder konnten. Bis wann es angeboten wurde, ist unbekannt.

ROSA HILFE

Die Rosa Hilfe bestand seit 1988 als ein Ableger der SchAM. Dienstags konnte man dort von 19 bis 21 Uhr Beratung bei Problemen etwa beim Coming Out sowie Auskunft zu Gruppen in Mannheim und der Region Rhein-Neckar oder zu Kneipen erhalten. Die Rosa Hilfe bot eine eigene Coming Out-Gruppe an, beriet und begleitete bei „Gewalt gegen Schwule" oder die Eltern von homosexuellen Jugendlichen. Gemeinsam mit der Mannheimer Polizei führte die Rosa Hilfe im Juni 1995 auch eine Diskussionsveranstaltung zum Thema „Gewalt gegen Schwule" im Bürgerhaus in der Neckarstadt durch. Im Frühjahr 1997 suchte die Rosa Hilfe nach engagierten schwulen Männern, die sich beim Beratungstelefon einbringen wollten. Die Nummer der Rosa Hilfe und des Rosa Telefons sind erst 1997 identisch. Ob das Rosa Telefon immer als Angebot der Rosa Hilfe betrieben wurde, ist nicht sicher. Das Telefon gab es jedenfalls schon vier Jahre vor der Rosa Hilfe. Die Rosa Hilfe bestand bis 1999. Ihre Mitarbeiter trafen sich zu Information und gegenseitigem Austausch.[992]

SCHWULENGRUPPEN IN BEWEGUNG. DIE DIVERSIFIZIERUNG DER SZENE

Seit Mitte der 1980er, aber vor allem seit den 1990er Jahren kam es zur Gründung von verschiedenen schwulen oder schwul-lesbischen Gruppen in Mannheim. Manche dieser Gruppengründungen erfolgten unter dem Dach der SchAM, anderen Gruppen bot die SchAM offenbar die Möglichkeit, sich in den von ihr genutzten Räumlichkeiten zu treffen. Für alle Gruppen stellte das Rosa Telefon der SchAM bis zur Jahrtausendwende ein Medium der Information dar. Auch ihren Anspruch, die Arbeit der verschiedenen schwulen oder schwul-lesbischen Gruppen Mannheims zu vernetzen oder zu koordinieren, gab die SchAM bis zum Jahr 2000 nicht auf. Das regelmäßig durchgeführte SchAM Forum als Koordinierungstreffen der Mannheimer Schwulengruppen zeigt dies.[993] Ob die SchAM im Jahr 2000 hier eher als koordinierende und vermittelnde Instanz gesehen wurde oder als eine die Arbeit in der Szene zu unrecht dominierende Gruppe – eben als eine Gruppe von inzwischen vielen – , dürfte möglicherweise unterschiedlich gesehen worden sein. Öffentlich formulierter Protest gegen die von der SchAM initiierten Treffen ist nicht überliefert. Inwieweit die Gruppen an den SchAM-Foren teilnahmen, ist eine andere Frage.

Jedenfalls kam es seit Mitte der 1980er Jahre und verstärkt seit den 1990er Jahren zu verschiedenen Neugründungen von Gruppen im Kontext der Schwulenbewegung Mannheims. Anders als die SchAM hatten diese nicht den übergreifenden Anspruch, politische, soziale und kulturelle Beiträge zur Stadtgesellschaft und Schwulenbewegung zu leisten oder die Arbeit insgesamt zu koordinieren. Die verschiedenen Gruppen bildeten sich oft zu einem spezifischen Thema heraus. Das konnte ein berufliches oder soziales Anliegen sein, das waren auch Freizeitgestaltung oder Sport. Die Gruppen für Selbsthilfe und soziales Miteinander waren die ersten, die sich bildeten. Auch wenn manche der hier versammelten Personen für sich selbst formulierten, mit ihrer Arbeit explizit keine politischen Themen zu vertreten, so einte alle jedoch die spezifische soziale Situation als schwuler Mann. Gruppen, in denen sich schwule Männer organisierten, wurden per se politisch wahrgenommen. Das galt auch für die schwul-lesbischen Gruppen.

Auffällig ist, dass sich viele dieser Gruppen im Kontext der HIV/Aids-Krise und durch die dadurch erreichte größere Öffentlichkeit für (männliche) Homosexualität sowie im zeitlichen Kontext der Wiedervereinigung im Rahmen der Diskussionen um die Abschaffung des § 175 StGB auch in der Bundesrepublik West bildeten. Erst jetzt hatte sich der gesellschaftliche Druck offenbar so weit verringert, dass sich mehr Menschen dazu entschieden, sich in Gruppen zu engagieren, die neben Selbsthilfe und politischen Forderungen andere Gemeinsamkeiten in den Fokus des Interesses rückten. Dies weist auf den Effekt hin, den die Existenz bzw. Abschaffung des § 175 StGB offenbar hatte. Dass all diese Gruppen auf den inzwischen etablierten Großveranstaltungen wie dem Regenbogenfest und dem CSD Mannheim gemeinsam öffentlich auftraten, beweist, dass man sich bei aller Verschiedenheit oder unterschiedlichen Themen und Zielen im Inneren unverändert bewusst war, wie sehr sich die eigene Lebensweise von der heteronormativen Gesellschaft unterschied und diese weiterhin von Teilen der Gesellschaft diskriminiert wurde und rechtlich nicht gleichgestellt war.

ELTERNGRUPPE SCHWULER SÖHNE UND LESBISCHER TÖCHTER

Als offenbar erste Gruppe außerhalb des Kontextes HIV/Aids bildete sich 1987 die spätere Elterngruppe lesbischer Töchter und schwuler Söhne zunächst für Eltern schwuler Söhne. Dies verweist auf die Notwendigkeit, Austausch und Selbsthilfe für diese Gruppe anzubieten. Beinahe zehn Jahre zuvor war 1978 Hildegard Simon aus Weinheim als Mutter eines schwulen Sohnes, der mutmaßlich wegen des auf ihm lastenden Drucks Suizid begangen hatte, an die Öffentlichkeit gegangen, um für *Verständnis* sowie *Hilfe des Elternhauses* zu werben, da homosexuelle junge Männer *es unendlich schwer* hätten, *sich selbst* und ihre *Veranlagung anzuerkennen und die dadurch entstehenden Probleme zu bewältigen.* In diesem Kontext stellte Simon klar, dass es ihr *restlos unverständlich* sei, *wenn Eltern ihre Söhne plötzlich ablehnen, die sie großgezogen und geliebt haben, nur, weil sie plötzlich merken oder erfahren, daß sie homosexuell sind.*[994]

Dass es weiterhin Informations- und Gesprächsbedarf gab, zeigt die Bildung der späteren Gruppe lesbischer Töchter und schwuler Söhne 1987. Die Gruppe traf sich Mitte der 1990er Jahre zweimal monatlich. Als Treffpunkt war 1990 das Café Filsbach bekannt. 1995 bestand die Gruppe acht Jahre und war über die SchAM und eine eigene Telefonnummer in Mannheim zu erreichen. Später diente eine bereits viele Jahre als Kontakttelefon angegebene Nummer in Bad Dürkheim auch als Beratungstelefon. Offenbar stellte die Gruppe ihre Arbeit 1997/1998 ein.[995]

JUGEND- UND SCHÜLERGRUPPEN

Seit 1983 wurde für Mannheim-Heidelberg bzw. Mannheim-Ludwigshafen mehrfach zur Gründung einer schwulen Schülergruppe bzw. einer schwullesbischen Jugendgruppe aufgerufen, die als Selbsterfahrungsgruppe dem Austausch der Mitglieder, aber auch gemeinsamen Aktionen und Unternehmungen dienen sollte.[996] Erst 1993 gründete sich dann bei der SchAM die Jugendgruppe Die Quietschboys. Sie trafen sich im Café SchAMlos, in der Diskothek Subway, im Arbeitslosencafé in M1, 8 und schließlich in der Alphornstraße 2a beim Paritätischen Wohlfahrtsverband wie die SchAM. Ziel waren gemeinsame Unternehmungen oder Büchervorstellungen, aber auch *organisierte Diskussionen im kleineren Rahmen* zusammen mit der Elterngruppe schwuler Söhne und lesbischer Töchter. Bis 1996 hatten sich die Quietschboys um die Quietschgirls erweitert. Die Gruppe bestand dann offenbar auch als Verein. Die Bündelung der Interessen von Lesben und Schwulen in einer gemeinsamen Gruppe galt als ein Signal gegen die oftmals vorherrschende Trennung in lesbische und schwule Gruppen. Mit der Coming Out-Hilfe und der Aufklärung an Schulen schuf die Jugendgruppe wichtige Angebote und wurde als Institution wahrgenommen.[997]

1995/96 gab es auch die schwule Jugendgruppe The Opposites im Jugendzentrum JuZ in der Käthe-Kollwitz-Straße 2–4. Sie verstand sich als Ansprechpartner für Homo- ebenso wie Bisexuelle, die Schwierigkeiten beim Coming Out oder mit ihrer Sexualität hatten, und traf sich später im Uni Club in L 4. In der Gruppe waren Personen aller *sexuellen Neigungen* vorhanden. Dies verweist auf eine andere Personenzusammensetzung als die übrigen Jugendgruppen.[998] 1998 hatte der Lederclub Mannheim seine eigene Jugendgruppe Leonardo, die sich am 1. und 3. Sonntag im Monat in der Lagerbar in der Diskothek T 6 traf.[999] Die Jugendgruppen wiesen insgesamt eine bemerkenswert große Binnendifferenzierung und Vernetzung auf.

SENIORENGRUPPE

Offenbar Anfang der 1990er Jahre gründete sich eine schwule Seniorengruppe. Eine Gruppe älterer Schwuler traf sich bis ins Jahr 2000. Als Treffpunkte dienten im Wechsel das Petit Paris und das Café SchAMlos. Mitte der 1990er Jahre war auch das Café Leux in E 3 als Treffpunkt einer Gruppe älterer Schwuler bekannt.[1000] Ob ein Zusammenhang zur späteren Gruppe Gay & Grey besteht, ist unbekannt. Über die inhaltliche Arbeit der Gruppe wurde nichts bekannt gemacht.

PFUNDSKERLE

Die Gruppe der Pfundskerle gründete sich zirka 1994 in der Region Rhein-Neckar als Teil der internationalen Bewegung Girth & Mirth (rund und lebensfroh). Sie war ein Gegenmodell zu dem von vielen Schwulen adaptierten Bild hypermaskuliner und sportlicher Männlichkeit. Männer, die diesem Bild aufgrund ihrer Leibesfülle nicht entsprachen, wurden in der Szene vielfach geschnitten. Die Mannheimer Gruppe war also eine soziale Notwendigkeit innerhalb der Schwulenbewegung. Dabei bildete sie die *regionale Spitze* im deutschen Südwesten und formulierte für sich offensiv, dass man dick und gleichzeitig selbstbewusst schwul sein konnte. Die Gruppe hatte zirka 30 Mitglieder zwischen 25 und 40 Jahren, die sich 1996 monatlich einmal samstags im Butch in Mannheim trafen. Gemeinsam besuchte man auch andere Szenelokale oder die Sauna. Der gesamte deutsche Südwesten war der Einzugsbereich, aus dem die Männer für die Treffen nach Mannheim oder zu den Orten ihrer anderen Unternehmungen kamen. Die Mannheimer Pfundskerle hatten mit der Pfundspost eine eigene lokale Mitgliederzeitung. Sie waren über amerikanische und belgische Medien vernetzt und unterhielten europaweite Kontakte. Ansprechperson war Frank Lohöfer aus Ludwigshafen.[1001]

SPORTGRUPPEN

Mitte der 1990er Jahre bildeten sich bei der SchAM verschiedene Sportgruppen, für Badminton, Aerobic und Square Dance. Die Aerobic Gruppe war auch für lesbische Frauen angekündigt. Mitte der 1990er Jahre wurde mit den Mannheimer Volleydolls ein eigener Sportverein gegründet, der in der Maria-Montessori-Schule in U 2 trainierte. Andreas war Ansprechperson. Später kam eine schwul-lesbische Schwimmgruppe hinzu, die in Neckarau trainierte. 1999 wurden die Tritonen als schwul-lesbisches Schwimmtraining im Herschelbad benannt.[1002]

DIE GRUPPE HOMOSEXUELLER LEHRKRÄFTE: ROSA KREIDE

2002 gründete ein Lehrer aus Ludwigshafen die Gruppe Rosa Kreide als Freizeitgruppe für homosexuelle Lehrkräfte, der die Gruppe bis 2009 organisierte. Etwa zehn Personen bildeten den *harten Kern*, zu dem bis zu zehn weitere hinzukamen. Mehrheitlich gehörten der Gruppe Männer aus einem Einzugsgebiet an, das bis nach Frankfurt, Kaiserslautern und Mainz reichte. Mit gemeinschaftlichen Aktivitäten wie Wanderungen, Radtouren, dem Besuch von Weihnachtsmärkten, meist an Wochenenden, schuf sich die Gruppe einen gemeinsamen sozialen Raum. Treffen fanden auch in Stuttgart, Trier und Würzburg statt. Es gab auch gemeinsame Urlaube in Paris und Barcelona. Bis 2009 waren es etwa 90 Unternehmungen. Politische Aktionen oder Aufklärung nach außen strebte die Gruppe nicht an. Auch Vernetzungen beispielsweise zu einer Gruppe in der Gewerkschaft Erziehung und Wissenschaft (GEW) wurden nicht angestrebt. Die Mitglieder organisierten und vernetzten sich via Telefon und Internet.[1003]

DIE GRUPPE HOMOSEXUELLER POLIZISTINNEN UND POLIZISTEN

1996 gründete sich der Arbeitskreis Homosexualität und Polizei. Die Gruppe war für Nordbaden insgesamt zuständig. Offenbar diente sie vor allem der Vernetzung und Beratung nach innen. Ein schwuler Polizeibeamter konnte auch 1996 nur mit dem Pseudonym Florian P. über die Situation bei der Polizei im Rhein-Neckar-Raum im Bezug auf Homosexualität informieren. In Mannheim hatte die Polizei mit Peter Triebskorn und Karl Leuthner zwei Ansprechpersonen benannt.[1004]

DER VÖLKLINGER KREIS

Der Völklinger Kreis (VK) wurde als Gruppe lesbischer und schwuler Führungskräfte in der Wirtschaft 1991 gegründet, um deren Interessen in Politik und Gesellschaft zu vertreten und so mehr Akzeptanz zu schaffen. Im Völklinger Kreis waren auch Freiberufler, Selbständige aus Wirtschaft, Wissenschaft, öffentlichem Dienst und Kultur organisiert. Seit 1996 war mit Richard Meyer eine Ansprechperson in Mannheim benannt. Der Stammtisch des Völklinger Kreises traf sich mit einem kurzzeitigen Wechsel ins Hotel Holiday Inn bis 1999 zweimal im Monat im Binding Brauhaus. 1996/97 organisierte die Gruppe eine Vortragsreihe zur Wirtschaftsthemen im Holiday Inn.[1005]

SUCHTBERATUNG

1990 rief Stefan zum Aufbau einer Selbsthilfegruppe für Süchtige auf. Eine Gruppe schwuler Alkoholiker gründete sich offenbar erst Ende 1996. Als Ziele galten Selbsthilfe und gemeinsame Freizeitangebote. Die schwule Alkoholikergruppe Rhein-Neckar traf sich 1997 im Büro der SchAM in der Lutherstraße 17 in Mannheim, sie war über Lothar G. oder über ein Postfach in Ludwigshafen erreichbar. 1999 diente das Arbeitslosencafé in M 1, 8 als Treffpunkt der Gruppe Die Trocken-Männer.[1006]

WEITERE GRUPPEN

Neben den oben genannten Gruppen gründeten sich bis 1999 folgende andere Gruppen: Freunde des MS Connexion, Gay Line, Schwestern der Perpetuellen Indulgenz, Bären Treff, Verband lesbischer und schwuler Psychologen, Schlagseite Mannheim/Heidelberg, Schwule Motorradfahrer, Arbeitskreis Homosexualität bei Amnesty International Mannheim, Gay Boys Schwule Jugendgruppe, LC

Mannheim, Rubclub e. V., SOS Schwuler Offener Stammtisch, SVD-Pfalz-Rhein-Neckar.[1007] Seit 1986 gab es – offenbar mit Unterbrechungen – auch an der Universität organisierte Schwule und Lesben.

PLUS, PSYCHOLOGISCHE LESBEN- UND SCHWULENBERATUNG RHEIN-NECKAR

Viele der bis in die 1990er Jahre etablierten Angebote an Unterstützung und Beratung mit den entsprechenden Gruppen fanden sich später unter dem Dach von PLUS, der psychologischen Lesben- und Schwulenberatung, zusammen. Schon zu ihrer Eröffnung am 3. März 1999 führte Thomas Heinrich aus, dass sich PLUS *auch als politischer Verein* verstehe, der *Bestandteil der schwul-lesbischen Szene* sei. Mit Publikationen wie „Sicher out?" zur Lebenssituation von LSBTI in der Region Rhein-Neckar oder „Homosexualität und Islam" stammen von PLUS relevante Publikationen zu diesen Themen.[1008] PLUS und sein Angebot sind bis heute eine bedeutsame Größe in der Region Rhein-Neckar.

SCHLUSSBETRACHTUNG

Seit Mitte der 1970er Jahre wurden die Schwulen in Mannheim und Ludwigshafen zunehmend und in unterschiedlicher Weise emanzipatorisch aktiv und gingen in die Öffentlichkeit. Dabei war es aufgrund des gesellschaftlichen Umfelds bis weit in die 1980er Jahre hinein noch mit vielen Problemen verbunden, als Schwuler aufzutreten und Aufklärungen und Öffentlichkeiten für Schwule herzustellen. Erst in den 1990er Jahren nahm die Zahl der schwulen, dann auch schwullesbischen, schwul-lesbischen oder lesbisch-schwulen Gruppen zu. Auch die Zahl an Orten und Organisationen, die mit den Homosexuellen zusammenarbeiteten und diese unterstützten, stieg im Laufe der Jahre. Mit Klaus Schirdewahn und Wolfgang Karle sind bisher zwei Männer aus der Gruppe Gay & Grey mit ihrer Geschichte als Zeitzeugen in die Öffentlichkeit getreten.[1009] Paul Schröder hat den Weg seiner eingetragenen Lebenspartnerschaft in Form eines Buches veröffentlicht.[1010] Dass die Entwicklung in Mannheim an verschiedenen Stellen erst nach Heidelberg begann, die Akteure sowohl aus Mannheim als auch Ludwigshafen stammten und sich in der Doppelstadt vor allem auch die Szene als sehr unterstützend erwies, unterscheidet die Entwicklung deutlich von der Heidelbergs.

Grillfest am anderen Ufer, Benefiz-Veranstaltung auf der Mannheimer Neckarwiese unterhalb der Kurpfalzbrücke, organisiert und zugunsten von PLUS, 2010. Martina Siewert, PLUS e. V.

LESBISCHES LEBEN IN MANNHEIM UND LUDWIGSHAFEN: GRUPPEN, EMANZIPATIONEN UND ÖFFENTLICHKEITEN

DAS FRAUENLESBENZENTRUM IN DER MANNHEIMER RIEDFELDSTRASSE 24

Wann sich in Mannheim eine Gruppe der neuen Frauenbewegung gründete und wann diese Gruppe in die Riedfeldstraße zog, ist in der Forschung bislang nicht bekannt. Nachzuweisen ist jedoch, dass das Frauenzentrum in der Riedfeldstraße 24 spätestens ab 1975 auch ein Ort für Lesben war. Dies ist zwar nicht in den Publikationen der Frauenbewegung vermerkt,[1011] wohl aber ist das Frauenzentrum (FZ) seit 1975 in verschiedenen Publikationen der Homosexuellenbewegung wie der lesbischen Emanzipationspresse mit seinen Terminen angekündigt. In der Lesbenzeitschrift UkZ (Unsere kleine Zeitung) wurde Ruth Eisert als Kontaktfrau des FZ genannt.[1012] Dass die UkZ darüber informierte, dass die Frauen des Frauenzentrums am 30. April 1976, also in der Walpurgisnacht, in der Alten Feuerwache ein „Hexenfest" veranstalteten, bei dem die Ausstellung „Kunst von Frauen für Frauen" gezeigt wurde und eine Frauenband spielte, spricht ebenfalls dafür, dass es im Frauenzentrum engagierte Lesben gab, die diesen Termin auch in Mannheim entsprechend zelebrierten.[1013] Dass all dies nicht explizit erwähnt wurde, verdeutlicht die bereits in Heidelberg festzustellende Schwierigkeit für Lesben, sich innerhalb der Frauenbewegung zu zeigen. Ob diese überwiegende Unsichtbarkeit der eigenen Scheu geschuldet war, oder ob dies andere Gründe hatte, ist nicht nachvollziehbar. Dass sich die Lesben innerhalb der Frauenbewegung oftmals nicht öffentlich zu erkennen gaben, lag jedenfalls bei einer Kölner Frauengruppe daran, dass sie davor Angst hatten, die Frauenbewegung dadurch insgesamt zu diskreditieren.[1014] Die genannten Informationen sind Hinweise darauf, dass in Mannheim wie andernorts lesbische Frauen möglicherweise *wesentlich an dem Aufbau von Frauenzentren, an der Organisierung der neuen Frauenbewegung, beteiligt* waren.[1015] Zumindest waren sie im Frauenzentrum aktiv mit dabei.

1978 findet sich ein Aufruf einer namentlich nicht genannten 23-jährigen Frau zur Gründung einer Lesbengruppe für Mannheim/Ludwigshafen. Dieser Aufruf scheint positive Resonanz erfahren zu haben, wie die Tatsache zeigt, dass seit Ende 1978 eine Lesbengruppe im Frauenzentrum in der Riedfeldstraße 24 in verschiedenen Zeitschriften der Emanzipationspresse auftaucht. Wie lange die Lesbengruppe im Frauenzentrum bestand, ist nicht bekannt.[1016] Seit Beginn der 1980er Jahre wurde andernorts eine Mannheimer Lesbengruppe angekündigt. War dies eine neue Lesbengruppe? Waren die Lesben aus dem Frauenzentrum an einen anderen Ort umgezogen?

DAS FRAUENCAFÉ MANNHEIM ALS LESBENORT

Seit November 1981 bestand eine Lesbengruppe als Teil des Frauencafés, das ein offenes, selbstverwaltetes Projekt in T 3, 1 war. Offenbar hatte das Frauencafé zeitweise Probleme, genügend Frauen zur Mitarbeit zu motivieren. Doch

FRAU

Jung L. POLITLESBE Astro L. KV-L. (KESSE VÄTER) Mügli L. Alt LESBE Radikal L. Intellekt-LESBE Punk Lesbe

-INHALT-

SEITE	
3	EDITORIAL
4	THEMA: LESBENVARIATIONEN
	DIE LESBE ROSA
5	MANNHEIMER LESBENGRUPPE
6	COMING OUT
8	FRAUEN SEHEN FRAUEN
9	GEDICHT
10	SAPPHO
14	SUSAN ABOD
16	MEINE AUGEN SEHEN DIE WELT ANDERS
19	BEZIEHUNGSGESCHICHTE
20	LESBENLITERATUR
22	LESBEN IN DER ARMEE
23	CHARLOTTENBERG FÜR ♀♀
24	LILA KLATSCHMOHN - RÜCKBLICK

Oben: Inhaltsverzeichnis der Zeitschrift Lila Klatschmohn, Sommer 1982. MARCHIVUM

Unten: Titelblatt der Zeitschrift Lila Klatschmohn, Sommer 1982. MARCHIVUM
Diese Ausgabe der Zeitschrift wurde von *Frauen der Mannheimer Lesbengruppe* und den *Lilaklatschmohnfrauen* erstellt. Das Titelfoto entstand beim sonntäglichen *Frauencafe-Frühstück*.

scheint sich das Projekt gehalten zu haben und war seit 1987 in C 4, 6 zu finden. Im Frauencafé in T 3, 1 gab es zu Beginn der 1980er Jahre am 1. und 3. Mittwoch im Monat ein Lesbenplenum. Zu den Lesbentreffen im Gruppenraum des Frauencafés kamen *ungefähr 25 Frauen aller Alters- und Berufsklassen*. Ziele waren, die *persönlichen Probleme als Frauen und Lesben zu besprechen und versuchen zu lösen.* Die Gruppe sollte für die Lesben dazu dienen, *Solidarität* zu erleben und der offenbar bestehenden *Vereinzelung* wie *Vereinsamung* der Lesben entgegenwirken. Zu *aktuellen Anlässen* wurden *Arbeitszirkel* gebildet. Die Lesbengruppe organisierte Veranstaltungen und Feste. Am 19. Juni 1982 fand im Frauencafé beispielsweise eine Veranstaltung zu den Lila Nächten der 1920er Jahre statt, womit die Lesben sich auf die Damenclubs im Berlin der Weimarer Republik bezogen. Die Lesben brachten 1982 auch eine Ausgabe des Lila Klatschmohn heraus, an der Barbara. Hedel, Daniela Sippel und Annemarie als Autorinnen mitwirkten.

Der Treff für Lesben im Frauencafé, der seit Ende der 1980er Jahre freitags stattfand, war die am längsten kontinuierlich angekündigte Veranstaltung für Lesben in Mannheim. Er wurde mit unterschiedlichen Bezeichnungen wie *Lesbenkneipe*, *Frauen und Lesbenkneipe*, bzw. *FrauenLesben-Kneipe*, *FrauenLesbenKneipe* oder *Lesbenstammtisch* bis 1996 angekündigt.[1017] Offenbar bot das Frauencafé zwischenzeitlich an einem anderen Wochentag eine weitere Veranstaltung für Lesben an.[1018] Daneben hatte das Frauencafé auch verschiedene Veranstaltungen mit informativem Charakter im Programm, wie die Reihe „Frauen fallen aus der Rolle: Androgynietät". Es gab Veranstaltungen zum Thema „Frauen und Aids" oder „Über Frauen, die Frauen lieben, lesbische Leben in der BRD". Ein Vortrag für lesbische und nichtlesbische Frauen informierte über Pansexualität. Bei keinem dieser Vorträge wurde – anders als im Frauencafé Heidelberg – eine Referentin namentlich öffentlich angekündigt.

Filmeabende mit „Rights and Reaction" sowie „Silent Pioneers" oder „Juliana – Kindheit in Peru" gehörten ebenfalls zum Programm. Der „Spieleabend", die Disco und das FrauenLesben-Vollwertfrühstück waren weitere Bestandteile eines gemeinsamen Freizeit- und Unterhaltungsprogramms, das vom Frauencafé angeboten wurde. [1019] Mit diesem vielgestaltigen Aufklärungs-, Informations- und Freizeitprogramm war das Frauencafé für mehr als 15 Jahre eine Konstante im Angebot für Lesben. Es war auch Ort für Treffen und Vernetzung sowie Rückzugsort und Schutzraum. Die Lesbengruppe konnte in sozialer Hinsicht ein vieldimensionales Ganzes für die Lesben sein. Und sie konnte als Reflexionsraum bei der Suche auf die Antwort dienen, was lesbisch zu sein für jede einzelne hieß.[1020]

LESBEN UND SCHWULE AN DER UNIVERSITÄT MANNHEIM

Die Geschichte der Lesben und Schwulen an der Universität Mannheim und ihrer Organisationen ist vergleichsweise schwer zu fassen.[1021] Anfang der 1970er Jahre wurde dort der *letzte linke AStA* abgewählt, später die verfasste Studentenschaft *ganz abgeschafft*. Stattdessen hatte die Universität Mannheim einen *um seine politischen Rechte kastrierte[n] Senats-AStA*, zumindest ausweislich der Überlieferung vonseiten offenbar politisch links stehender Personen. 1985 entschieden sich die Studierenden in Mannheim *nach über 13 Jahren* für einen *links-liberalen AStA*.[1022] Ende 1986 bildete sich an der Uni Mannheim der AK Schwule und Lesben heraus.[1023] Verbanden sich in Mannheim die Homosexuellen an der Universität? Nein, denn das Mannheimer Schwulen- und Lesbenreferat des UStA, das in Personalunion mit dem gleichnamigen Referat des Senats-AStA bestand, setzte sich im Wintersemester 1986/87 aus nur drei schwulen Männern zusammen. Es gab keine Lesben im Referat.

Als Ziel war bei der Einrichtung des Referats aber formuliert worden, dass man *der Diskriminierung der Homosexuellen* insgesamt entgegenwirken und *über die Probleme und die Situation von Schwulen und Lesben aufklären* wollte. Außerdem wollte das Referat *homosexuellen Studentinnen und Studenten bei der Bewältigung ihrer Integrations- und Kontaktschwierigkeiten* helfen, wie man dies offenbar als Begründung bei den Gremien der Uni Mannheim eingereicht hatte. Vom Anspruch her war es also ein Schwulen- und Lesbenreferat, auch wenn keine Lesbe im Referat vertreten war.[1024] Darüber hinaus war Mannheim zeitweise Sitz des Schwulen Uni-Bundes (Sch. U.B.), über dessen Charakter und Arbeiten keine weiteren Informationen bekannt sind. Michael war die Kontaktperson.[1025]

Für Dezember 1987 wurde eine erste Informationsbroschüre des Schwulen- und Lesbenreferats über Mannheim und Ludwigshafen angekündigt. Die Veranstaltung mit der vermutlich größten Reichweite war die Pink Party. Am 23. Januar 1987 wurde die vermutlich erste Pink Party in den Katakomben im Mannheimer Schloss gefeiert. Die Pink Party war offensichtlich nicht nur bei den Schwulen und Lesben populär: Am 4. April 1991 feierte man sie unter dem Motto *Schwule im Weltall – Die Mannheimer Fete für Homos und Heteros* in den Katakomben. Auch beim zweiten Schwulen Kulturherbst 1992 fand eine Pink Party in den Katakomben des Schlosses statt. Die Studierenden kooperierten also offenbar mit der SchAM.

Daneben wurden vom Referat verschiedene Veranstaltungen mit Informationscharakter organisiert. Podiumsdiskussionen und Vorträge waren die Formate. So fand am 15. Januar 1987 in Kooperation mit der Aids-Hilfe Mannheim eine Informationsveranstaltung zum Thema Aids statt. Im Februar organisierte das Schwulen- und Lesbenreferat eine Podiumsdiskussion zum Thema: „Kirche und Homosexualität". Im Dezember 1987 fand an der Uni Mannheim die Podiumsdiskussion „Alternative Lebensformen" statt, bei der jedoch der Veranstalter nicht bekannt ist. Als Vorträge bot das Referat beispielsweise „Homosexualität und Datenschutz", „Homosexualität aus soziologischer Sicht", „Literatur und Homosexualität" sowie „Lesben in der Bundesrepublik Deutschland" an. Zum Programm des Schwulen- und Lesbenreferats gehörte auch ein gemeinsam verbrachtes Wochenende mit Fahrrad und Zelt.

Das Schwulen- und Lesbenreferat der AStA war 1987 mittwochs zwischen 11 und 12 Uhr im AStA zu erreichen. Neben diesen speziellen Ereignissen gab es im AStA-Gebäude in L 4, 12 jeden Donnerstag das Café Rosa, in dem sich die schwulen und lesbischen Studierenden treffen konnten.[1026] Über den Erfolg der Arbeit hielt Jürgen Munder fest, man müsse sich *abschminken*, dass durch die Veranstaltungen des Referats ein *schwules/lesbisches Bewußtsein* bei den Studierenden zunehmen würde. *Nicht-Homosexuelle* seien durch die Arbeit des Referats so gut wie gar nicht erreicht worden. Auch sei, weil keine Lesbe im Referat vertreten war, *dieser Bereich unseres Anspruchs praktisch* [...] *bis eben im Namen des Referats* weggefallen. Doch angesichts der aus Jürgens Sicht *mehrheitlich angepaßten Yuppie-Studenten* an der Universität Mannheim sah er allein das Bestehen des Referats an der *konservativ-verkrusteten Mannheimer Universität* als einen *Fortschritt* an.[1027] Wann und warum sich das Schwulen- und Lesbenreferat auflöste, ist unbekannt. Die Lesben an der Universität Mannheim organisierten sich jedenfalls später und bis ins Jahr 2000 auf andere Weise und nicht mit den Schwulen.

1989 gab es ein Frauenreferat an der Universität Mannheim. Hier ist in der Überlieferung anders als an der Universität Heidelberg keine Zusammenarbeit mit den Lesben abgebildet. Dass der AK Frauen der Uni Mannheim zusammen mit dem RCDS (Ring Christlich-Demokratischer Studenten) im Juli 1991 Familienministerin Rita Süssmuth zu einem Vortrag mit dem Thema „Perspektiven der Frauenpolitik" einlud, markiert Möglichkeiten und Grenzen dieses AK. Als im Oktober 1991 der neue AStA vorgestellt wurde, waren weder Lesben noch Schwule darin erkennbar vertreten.[1028] Erst im Mai 1993 taucht im AStA an der Universität Mannheim wieder ein Frauen- und Lesbenreferat auf, das zwischen 18. Mai und 16. Juni 1993 eine Veranstaltungsreihe zur Geschlechteridentität organisierte. Die akademische Rätin im Fachbereich Alte Geschichte, Dr. Rosemarie Günther, bot einen Vortrag über Geschlechterrollen in der Antike an. Im Sommersemester 1993 bot das Frauen- und Lesbenreferat einen regelmäßigen Frauentreff mittwochs an. Auch im Wintersemester 1993 war das Frauen- und Lesbenreferat aktiv, doch findet sich in den wöchentlich veröffentlichten Veranstaltungshinweisen kein spezifisch lesbischer Aspekt. Es gab aber einen Abend mit Frauengeschichten. Dies blieb mit einem Rhetorik-Kurs für Frauen und einem *Menstruationsabend* auch 1994 so.

In der wöchentlich erscheinenden Mannheimer Studierendenzeitung bAStA finden sich zwischen 1996 und 2000 insgesamt nur vier Hinweise auf ein Frauen- und Lesbenreferat oder auf die Gruppe Femmes fatales, ohne dass konkrete Veranstaltungen für Lesben benannt werden. Auch bei den seit 1996 bis zum Ende des Untersuchungszeitraums im Stadtmagazin Meier veröffentlichten regelmäßigen Treffen des Frauen- und Lesbenreferats, die wie zuvor donnerstags ab 19.30 Uhr in L 4, 12 stattfanden, ist außer dem Namen des Referats nichts zu erkennen, was ein spezifisch lesbisches Angebot sein sollte.[1029] Dennoch ist das Frauen- und Lesbenreferat in der Stadtillustrierten Meier über Jahre hinweg konsequenter nachgewiesen als in der Studierendenzeitung. Welchen Stellenwert hatte es an der Universität? Nach seiner Neubegründung im Jahr 1998 wurde vom Schwulenreferat zusammen mit dem Frauen- und Lesbenreferat zu Beginn des Jahres 2000 gemeinsam eine Pink Party veranstaltet, die als *großer Erfolg* angesehen wurde. Im Jahr 2000 hatte Schwung, die schwule Unigruppe, einen Emailverteiler von 60 Personen, 30 von diesen erschienen *mehr oder weniger regelmäßig* zu den Veranstaltungen.[1030]

Mit einer Mischung aus Informationsveranstaltungen im Themenbereich Homosexualität sowie Freizeit- und Unterhaltungsangeboten wurden an der Wende der 1980er zu den 1990er Jahren von der schwul-lesbischen Unigruppe Programme angeboten. Inwiefern es seit deren Auflösung und der Kooperation der Lesben mit den hetero-Frauen ein spezifisch lesbisches Programm neben dem gemeinsamen Café am Donnerstag gab, ist bis 1999 überwiegend nicht nachzuvollziehen. Da das Frauen- und Lesbenreferat im Stadtmagazin Meier über viele Jahre präsenter war als in der Studierendenzeitung bAStA, hatten die Frauen entweder grundsätzlich wenig Programm an der Universität oder wenig Interesse, dies öffentlich zu machen. Das Schwulenreferat wurde 1998 neu begründet. Vermutlich seit 2008 gibt es an der Universität Mannheim mit „Queer im Schloss" auch eine queere Hochschulgruppe.[1031]

LANDLESBENBEWEGUNG: IMPULSE AUS MANNHEIM

Ende der 1970er Jahre kam aus Mannheim auch die Initiative von Petra Junker, eine *alternative lesbische Existenz aufzubauen*, nämlich als gemeinsames Zusammenleben mit Lesben in einer Wohngemeinschaft auf dem Land. Als für ihr Projekt anvisierte Regionen, um dem *Großstadtmief* zu entkommen, nannte sie den Odenwald, die Pfalz und den Kraichgau. Es ist nicht bekannt, inwiefern dieses Projekt realisiert werden konnte. Petra Junker dürfte von der Landlesbenbewegung beeinflusst worden sein, die 1979 ihre erste Umsetzung in einem konkreten Projekt im niedersächsischen Altenbücken hatte. Die Idee von neuen Formen des Zusammenlebens von Lesben auf dem Land fand einen bundesweiten Widerhall, wie auch ein Landlesbenprojekt aus der Nähe von Pirmasens aus den 1980er Jahren zeigt.[1032]

DIE LESBEN IM FRAUENZENTRUM LUDWIGSHAFEN. WEIT-GEHEND, ABER UNSICHTBAR

In Ludwigshafen lässt sich eine erste Initiative zur Gründung einer Lesbengruppe 1977 nachweisen, als zwei Frauen über die lesbische Emanzipationszeitschrift UkZ dazu aufriefen, eine solche Gruppe zu gründen. Sie wandten sich – mit einer Telefonnummer aus Kaiserslautern – an Frauen zwischen Ludwigshafen und Saarbrücken. Ob im damals vorhandenen Frauenzentrum in der Wandererstraße 19 bereits Lesben organisiert waren, ist nicht bekannt. Dafür ist aber überliefert, dass nach dem Umzug des Frauenzentrums 1977/78 in die Prinzregentenstr. 17 dort spätestens seit Mai 1978, also ein Jahr vor der Mannheimer Gründung, eine Lesbengruppe bestand. Ob dieser Treffpunkt in den 1980er Jahren zwischenzeitlich aufgegeben und später wieder begründet wurde, ist unklar. In einer Liste „lesbischer", „lesbisch-feministischer" und „lesbisch-schwuler" Gruppen von 1986 findet sich für Ludwigshafen keine Lesbengruppe. Doch wurde der Ludwigshafener Lesbenstammtisch, der sich einmal monatlich im Frauenzentrum traf, im Jahr 1999 abermals angekündigt.[1033] Sollte es diesen Lesbenstammtisch durchgängig gegeben haben, wäre er die am längsten bestehende Einrichtung für lesbische Frauen in der Rhein-Neckar-Region.

DAS FRAUENCAFÉ LUDWIGSHAFEN

Seit 1983/84 existierte in Ludwigshafen neben dem Frauenzentrum auch ein Frauencafé, das seinen Standort in der Schützenstraße 26 hatte. Im Lesbenstich ist es 1986 in einer Liste mit Treffpunkten „lesbischer", „lesbisch-feministischer" und „lesbisch-schwuler" Gruppen erwähnt. Das heißt, das Frauencafé war ein Treffpunkt auch für Lesben. Als 1990 zu seinem siebten Jubiläum über das Frauencafé berichtet wurde, wurde auch der dort befindliche Lesbenstammtisch erwähnt. Die offene Lesbengruppe trat durch verschiedene Aktionen hervor und bot zum Beispiel 1993 im Frauencafé anlässlich der Walpurgisnacht ein „Hexenfrühstück" an. Das Frauencafé zog später in die Rottstraße 79. Dort wurde 1995 und 1996 am 2. und 4. Samstag im Monat ein Lesbentreffen angeboten.

Im Meier wurde unter der Rubrik „Gays'n'Girls" seit 1996 ein Bistroabend im Frauencafé Ludwigshafen, Westendstr. 27, angekündigt. Auch der „Offene Nachmittag" dort wurde bei den Angeboten für Lesben bekannt gemacht. Das Angebot für Lesben in der Westendstraße bestand bis zum Ende des Untersuchungszeitraums. 1998 wurde hier von Sonja ein Coming Out-Gesprächskreis für Lesben geleitet.[1034]

AUSBLICKE IN DIE 1990ER JAHRE – DIE DIVERSIFIKATION DER SZENE

In den 1990er Jahren begann sich die lesbische Szene zu diversifizieren. Nicht nur, dass es schwul-lesbisch oder les-bi-schwul gemischte Gruppen gab. Es bildeten sich nun verschiedene Lesbengruppen, die abseits von Frauenzentren und -cafés eigene Formate im Angebot für Lesben entwickelten und dabei verschiedene Kooperationen eingingen, die nicht notwendigerweise und ausschließlich solche mit Frauen waren. Jüngere Lesben konnten sich offenbar teilweise nicht mehr mit den Formaten und Formen der bisherigen Lesbenemanzipation im Kontext der Frauenbewegung seit den 1970er Jahren identifizieren. Dies ist nicht damit zu verwechseln, dass sie selbst nicht ebenfalls die Notwendigkeit eines spezifischen Engagements und Angebots für Lesben sahen. Dies bedeutet auch nicht, dass sie keine Kontakte zu den Frauen hatten, die in der Frauen-Lesbenbewegung weiterhin aktiv waren. Dennoch entwickelten diese Lesben in den 1990er Jahren neue Formate, die weniger auf die Ausprägung einer lesbischen Identität und gegenseitigen Unterstützung in Form von Gruppen und Gesprächskreisen (gemeinsam mit hetero-Frauen aus der FrauenLesbenbewegung) ausgelegt waren, sondern Freizeit, Sport und Kultur für Lesben boten – und dabei auch mit Vereinen oder Orten in nicht-feministischen Kontexten kooperierten. Selbstverständlich waren auch diese Angebote und Formate für die lesbische Identität und Lebensweise bedeutsam. Dies waren Angebote, die es in vergleichbarer Weise in Heidelberg nicht gab. Lesben in Mannheim gingen hier offenbar neue Wege.

SPORTGRUPPE TURNMUTTIS – LESBISCH, ATTRAKTIV, SPORTLICH, SCHLAU

Mitte der 1990er Jahre bestand in Mannheim die lesbische Sportgruppe Turnmuttis. Unter dem Motto *lesbisch, attraktiv, sportlich, schlau* gingen diese Frauen nach außen und zeichneten damit und mit ihrem Gruppen-Namen ein neues Bild von Lesben in der Öffentlichkeit, das sich in den von der Gruppe zur Selbstdarstellung gewählten Adjektiven offensichtlich nicht von ungefähr deutlich von dem misogyn verwendeten Stereotyp der „Kampflesbe" unterschied. Die Turnmuttis trafen sich beispielsweise im Sportzentrum Brühl, um dort Badminton zu spielen oder zur Radtour nach Speyer. Auch Schneewanderungen im Odenwald gehörten zum Programm.[1035] Wie lange die Gruppe bestand, ist unbekannt. Die Ankündigungen ihres Programms finden sich 1996 und 1997.

PUSH UP

Push Up war eine Initiative für lesbisches Kulturleben, die sich seit 1996 über eine Telefonnummer in Mannheim organisierte. Die Frauen von Push Up kooperierten in ihrer Arbeit mit der in den 1990er Jahren international bekanntesten Mannheimer Location für Homosexuelle, dem MS Connexion, das sich seit 1996 auch für Frauen öffnete. So fand am 27. Oktober 1996 im MS Connexion die *dämonische Party* „Bewitched" statt. Ob diese Party bereits von Push Up organisiert wurde, ist nicht bekannt. Überliefert ist dagegen, dass Push Up im Dezember 1996 die dritte „Ladies Night" organisierte und dass diese erstmals im MS Connexion stattfand. Ob die am 27. Oktober 1996 veranstaltete „Bewitched"-Party das erste Projekt von Push Up war, ist nicht bekannt. Rein zeitlich würde sich hieraus aber bei monatlicher Taktung eine dritte Party im Dezember 1996 ergeben. Jedenfalls wurde im Zusammenhang mit „Bewitched" im Oktober 1996 angekündigt, dass das MS Connexion ab sofort auch für Frauen geöffnet war. Gleichzeitig wurde klargestellt, dass diese Party *nur für gutgelaunte Frauen* war. Der Titel der Party ebenso wie dieser Hinweis lassen eine lesbische Lesart möglich erscheinen – und ebenfalls eine, die sich von den misogynen stereotypen „Kampflesben" ebenso wie von den politisch engagierten FrauenLesben der FrauenLesbenbewegung der Frauenzentren 1970er Jahre absetzte. Wie die Letztgenannten zu Push Up standen, die als Gruppe mit Schwulen für Partys in bislang schwulen Locations kooperierte und mit ihrem Namen offenbar auf sogenannte Push-up-Büstenhalter anspielte, wäre im Hinblick auf die Vielgestaltigkeit der FrauenLesbenbewegung Mannheims eine spannende Frage.

Push Up veranstaltete offenbar monatlich – und immer am Ende des Monats – regelmäßig Partys im MS Connexion, die ausschließlich für Frauen geöffnet waren. Bis März 1998 wurden diese Partys als Partys von Push Up angekündigt, danach als „Women only Party". Die Musik legten Djanes wie Miss Bellybutton, Miss Thunderpussy, Hildegard und Miss Deed auf. 1998 wurde neben den Partys im MS Connexion auch ein Push-up-Café im MS-Café in E 3, 11 angekündigt.[1036] Scheinbar wurde aber die „Women only Party" im MS Connexion im Lauf des Jahres immer seltener und Ende 1998 nicht mehr angeboten. Spezielle Partys für Lesben gab es dagegen in verschiedenen Diskotheken weiterhin.

In Ludwigshafen organisierte der Verein Namenlos als *Verein zur Selbsthilfe für Mädchen Frauen Lesben gegen sexuelle Gewalt, Ludwigshafen* 1994 eine Veranstaltungsreihe für lesbische Frauen, 1995 eine für lesbische Frauen, die von sexuellem Missbrauch durch ihre Mütter oder andere Frauen betroffen waren.[1037]

SCHLUSSBETRACHTUNG

Die neue FrauenLesbenbewegung hinterließ auch in Mannheim und Ludwigshafen ihre Spuren. Dass die Ludwigshafenerin Elisabeth Schmidt erstmals nach dem Tod ihrer Partnerin Annemie 1984 über ihre Beziehung mit einer Frau sprechen konnte, zeigt, wie groß das Tabu und der öffentliche Druck auch für frauenliebende Frauen bis weit in die 1980er Jahre war.[1038] Dies könnte teilweise auch erklären, warum die Lesben in den Frauenzentren und Frauencafés in Mannheim und Ludwigshafen weniger öffentlich auftraten. Dennoch ist festzuhalten, dass es auch in der Doppelstadt seit den 1970er Jahren für lange Zeit Lesben gab, die sich an den von der FrauenLesbenbewegung erkämpften Orten wie den Frauenzentren und den Frauencafés trafen. Hier gab es über Jahrzehnte entsprechende Gruppenangebote, Coming Out-Hilfen, Möglichkeiten zur Mitarbeit an der Vorbereitung von Feiern oder der Emanzipationszeitung Lila Klatschmohn für Mannheim-Ludwigshafen, die sich aber nicht als lesbische Zeitung, sondern als Zeitung der Frauenbewegung verstand und sich selbst als „Emanzenblatt" bezeichnete. In beiden Städten gab es auch verschiedene andere Kulturangebote für Lesben.

In den 1990er Jahren diversifizierte sich das Angebot. Mit den Gruppen Turnmuttis oder Push Up erschlossen sich vermutlich jüngere Lesben neue Themen, Organisations- und Ausdrucksformen. Aus ihren Selbstbeschreibungen geht eine gewisse Abgrenzung oder zumindest eine Absetzung und Unterscheidung von den Stereotypen über die bei manchen zum Schimpfwort gewordenen „Kampflesben" sowie über die speziell in misogynen Kreisen gering geschätzten FrauenLesben aus der FrauenLesbenbewegung seit 1970er Jahren hervor, die aber mit ihren Organisationsformen und Allianzen viel erreicht hatten – und damit bei den Jüngeren zu einer andere Lebenssituation beitrugen. Push Up arbeitete bei der Gestaltung seiner Frauenpartys mit dem bekanntesten Ort schwulen Lebens, dem MS Connexion, zusammen. Hier wurde am 23. Mai 1999 eine „Diversity Party" für Lesben und Schwule gefeiert.[1039] Manche Lesben kooperierten also mit den Schwulen und nutzten gemeinsam Räume. Hatte der feministische Zweig der FrauenLesbenbewegung für diese Frauen nicht mehr die für sie passenden Themen oder Formate parat? Oder waren diese Themen und Formate auch bei den jüngeren Lesben weiterhin präsent und wurden von einer neuen Generation nunmehr um weitere ergänzt? Denn dass sich diese Frauen von den feministischen Ideen und Ansätzen lösten, die spezielle Räume und Möglichkeiten für Frauen schaffen wollten, ist indes falsch. Auch die Partys, die Push Up organisierte, waren solche, die alleine einem weiblichen Publikum offenstanden und bei denen weibliche Djanes Musik auflegten. Die FrauenLesbenbewegung hatte jedenfalls auch in Mannheim-Ludwigshafen viele Gesichter und engagierte sich bei unterschiedlichen Themen. Ob sie sich dabei im Inneren einig war, ist weniger von Belang, als dass sie alle zu Angeboten für FrauenLesben beitrugen. Ob die hier engagierten FrauenLesben alle aus der Doppelstadt oder auch aus anderen Orten kamen, lässt sich aufgrund der Überlieferung nicht sagen.

Trotz des über Jahrzehnte währenden Engagements der Lesben in Mannheim und Ludwigshafen wurde es in der Publikation zur Geschichte der Frauen Mannheims mit dem programmatischen Titel „Stadt ohne Frauen?“ nicht abgebildet.[1040] Erstaunlicherweise fehlt in dieser Publikation die Geschichte der neuen Frauenbewegung in Mannheim und Ludwigshafen seit den 1970er Jahren insgesamt. Sie ist bis heute ein Desiderat. Aus der gesamten Region Rhein-Neckar ist für die Zeit der Bundesrepublik kein längerer autobiografischer Text einer lesbischen Frau bekannt.[1041]

CSD 2018 in Mannheim. Stadt Mannheim / Alexander Kästel

27 EMANZIPATIONEN IN DEN KLEINEREN STÄDTEN DER REGION RHEIN-NECKAR

CHRISTIAN KÖNNE

Nicht nur in Heidelberg, Mannheim und Ludwigshafen, sondern auch in verschiedenen anderen Städten der Rhein-Neckar-Region entwickelte sich seit den 1970er Jahren eine beachtliche queere Infrastruktur mit Beratungsstellen, Lokalen oder Orten für anonyme sexuelle Kontakte und Emanzipationsgruppen. Für manche dieser Städte sind nur wenige Informationen vorhanden, die hier zunächst gebündelt vorgestellt werden. Sie alle zeigen, dass Sichtbarkeit von queeren Menschen und queerem Leben auch außerhalb der Großstädte in der Region seit den 1970er Jahre zunehmend nachzuweisen ist. Hier wird daher exemplarisch z. T. auch über Gruppen informiert, die sich erst nach dem Jahr 2000 bildeten. Ob es bei den Frauengruppen, die 1977 in Edenkober und Worms nachgewiesen sind, auch lesbische Frauen gab, ist unbekannt.[1042] Andernorts waren Lesben an den entsprechenden Gruppen beteiligt.

Aus den kleineren Orten der Region stammten auch queere Menschen, die später durch ihre Arbeit bekannt wurden, auch wenn sie dann nicht mehr in der Region Rhein-Neckar lebten, wie der aus Worms stammende Schauspieler André Eisermann. Hierzu gehören beispielsweise die Autorin Karin Schupp aus Frankenthal und der Autor Axel Schock aus Neckarbischofsheim, der in Sinsheim aufwuchs. Beide publizierten verschiedentlich zu queeren Themen.[1043] Sie und ihre Arbeit wurden mutmaßlich auch in den kleineren Orten zur Kenntnis genommen.

BAD BERGZABERN, BAD DÜRKHEIM, BENSHEIM, GERMERSHEIM, KIRCHHEIMBOLANDEN, NEUHOFEN

1977 war in der lesbischen Emanzipationszeitung UkZ (Unsere kleine Zeitung) in Bad Bergzabern der Kontakt zu einer Frau zu erhalten, über die sich die lesbischen Frauen in der Südpfalz organisieren konnten. Eine Frau aus Germersheim stand Mitte der 1970er Jahre in Kontakt mit einer Gruppe von Lesben in Köln. In Neuhofen versuchte 1992 Harald eine schwule Gruppe im Raum Ludwigshafen aufzubauen. Für die Elterngruppe homosexueller Kinder, die sich über offenbar zehn Jahre hinweg in Mannheim traf, stammte über viele Jahre die Ansprechperson aus Bad Dürkheim. Hier hatte teilweise auch die Gruppe HuK (Homosexuelle und Kirche) mit Matthias eine Ansprechperson und mit Napoleon Seyfarth (Kap. 32) stammte einer der bekanntesten Aids-Aktivisten und Gründungsmitglied der SchAM aus Bad Dürkheim, der in seiner Autobiografie über verschiedene Aspekte des Lebens eines schwulen Jugendlichen dort informierte.[1044]

Wie lange es die nachfolgend genannten Gruppen gab und welches Programm sie hatten, ist unbekannt. 1993/94 findet sich der Nachweis für die Schwule Gruppe Germersheim. In Kirchheimbolanden gab es 1996 ebenfalls eine Gruppe, bei der man sich via Mobiltelefon melden konnte, um Informationen zu erhalten. Im selben Jahr rief der 29-jährige Alex Jugendliche und junge Männer im Bereich Bergstraße/Odenwald zwischen 16 und 25 Jahren dazu auf, sich wegen der Gründung einer Gruppe bei ihm zu melden. Eine Junge Schwulengruppe für Schwule im Alter von 16 bis 25 Jahren organisierte sich später über Florian in Bensheim für den Bereich Darmstadt, Bergstraße und Odenwald. Eine Junge Schwulengruppe, Schwubs, die sich montags um 19 Uhr in der Pro Familia- Beratungsstelle im Wambolter Hof 8 in Bensheim traf, bestand auch nach der Jahrtausendwende.[1045]

BAD KÖNIG/ERBACH

In den 1980er Jahren gab es in Bad König im Odenwald eine Emanzipationsgruppe. Die Odenwälder Schwulengruppe traf sich samstags um 16 Uhr im diakonischen Werk an der alten Schule in Bad König-Zell. Über mehrere Jahre hinweg fanden die Treffen der Gruppe am 2. und 4. Samstag im Monat statt. Frank Diehl war die Ansprechperson. Dies weist auf eine relativ stabile Gruppe hin. Der Zwei-Wochen-Rhythmus scheint eine entsprechende Nachfrage und Beteiligung abzubilden. Eine Odenwälder Schwulengruppe wurde 1987 dann mit der Ortsangabe „Erbach" angekündigt.[1046]

EBERBACH

Offenbar 1994 wurde der bereits zuvor bestehende Lesbenring in Eberbach gegründet. Der Lesbenring war eine bundesweite Vereinigung feministischer Lesben. Nach innen war der Verband als ein Kommunikations- und Netzwerk gedacht. Ziele waren: *die lesbische Lebensweise sichtbar machen, gegen Diskriminierungen von Lesben vorgehen und uns als Lesben und Feministinnen an den politischen und kulturellen Auseinandersetzungen um die Veränderung der Gesellschaft beteiligen.* Man konnte den Lesbenring in Eberbach telefonisch und über ein Postfach erreichen. Der Lesbenring trat auch öffentlich für die Abschaffung des § 175 StGB ein, der Homosexualität von Männern unter Strafe stellte. Der Lesbenring war beispielsweise auch bei den Christopher Street Days in der Region Rhein-Neckar und vermutlich beim Lesbenfrühlingstreffen in Heidelberg beteiligt. Die Regionalgruppe Heidelberg des Lebenrings traf sich regelmäßig im Frauencafé in der Blumenstraße. Mit Elke Heinicke informierte eine der langjährigen Vorständinnen, die zusammen mit ihrer Partnerin Jule Blum in Heidelberg lebte, über ihr Leben und Engagement in einem Interview. Dieses Interview stellt offenbar das quantitativ umfangreichste autobiografische Zeugnis einer lesbischen Frau aus der Region Rhein-Neckar dar.[1047]

LANDAU

Auch in Landau bildete sich in den 1970 Jahren ein Frauenzentrum, bei dem jedoch nicht bekannt ist, ob sich darin auch eine lesbische Gruppe traf. Im späteren Frauenzentrum Aradia wurde dann ein Lesbentreff und ein Beratungstelefon für Lesben eingerichtet. Beide Angebote bestanden mehrere Jahre.[1048] 1987 gründete sich die Schwulengruppe Andersrum in Landau, die sich zunächst in den Räumen des Diakonischen Werkes und dann in der Aids-Hilfe traf. Zur Sicherheit der Teilnehmenden waren Informationen zur Gruppe nur telefonisch zu erhalten.[1049] Die Gruppe umfasste etwa 30 bis 35 Personen aus einem Radius, der die südliche Weinstraße und Neustadt bis Karlsruhe/Germersheim einschloss, aber auch bis nach Pirmasens und ins Elsass reichte. Denn auch aus Frankreich nahmen Männer an der Gruppe teil. Es kamen auch verheiratete schwule Männer. In der Gruppe trafen sich auch Lesben. Ihr Anteil wird auf etwa 20 Prozent geschätzt. Vereinzelt waren vermutlich auch Menschen aus dem trans Spektrum anwesend.

Neben dem Gruppentreffen in der Aids-Hilfe in der Weißenburger Str. 2a gab es ein Rosa Telefon, das mittwochs von 20 bis 22 Uhr erreichbar war. Sonntags fand ein Café Regenbogen statt, das bei Lesben und Schwulen sehr populär war. Zu diesem kamen beispielsweise auch Lesben und Schwule aus Mannheim, Karlsruhe, Heidelberg oder Pirmasens.[1050] Die Gruppe war in Landau mit den Lesben, die sich bei Aradia trafen, und den schwulen Studenten an der Uni vernetzt. Auch nach Karlsruhe und Mannheim bestanden entsprechende Kontakte. In Landau selbst wurde ein Herbsttreffen der Schwulen Aktion Südwest (SAS) organisiert. Im Dezember 1990 fand in Landau die erste Pink Party, im Juni 1991 die zweite Schwulen- und Lesbenfete statt. Die Landauer Schwulengruppe Total Normal löste sich zu Beginn der 2000er Jahre auf. Das Regenbogencafé bestand länger.[1051] In Landau wurde seit 1997 auch regelmäßig eine trans Beratung von Kerstin Erlewein angeboten, bei der zunächst etwa zehn Personen im Jahr Rat suchten. Zwischen 2013 und 2019 waren es insgesamt 88, jährlich maximal 19 und minimal 6, im Durchschnitt dieser sieben Jahre zwischen 2013 und 2019 zwölf Personen aus der Südpfalz, die hier Rat und Unterstützung suchten.[1052]

Seit Mitte der 1980er Jahre hatte Landau ein Frauenreferat an der Universität. Zur Gründung eines Schwulenreferats scheint es nicht gekommen zu sein. Es gab aber Schwulengruppen an der Universität beim AStA, die sich offenbar jeweils nach kürzerer Zeit auflösten.[1053] Zu Beginn der 2000er Jahre findet sich der Hinweis auf ein FrauenLesbenreferat an der Universität in Landau. Es bot Seminare und Workshops, Vorträge und frauenpolitische Arbeit, eine Frauenbibliothek und ein Frauencafé an. Es wird nirgendwo ein eigener Programmpunkt für Lesben erwähnt. Das sogenannte Frauenfrühstück fand drei Wochen nach Semesterbeginn statt. Die Landauer Studierendenzeitung stellte Homosexualität in einer derben, Vorurteile reproduzierenden Weise dar. 2010 gründete sich in Landau eine queere Unigruppe aus dem offenbar zuvor bestehenden STUPA-Ausschuss für LSBTI.[1054] Der gesellschaftliche Umgang mit Homosexualität war auch Thema in einer Schülerzeitung.[1055] In Landau besteht mit Treffpunkt bei der Aids-Hilfe auch die Jugendgruppe JuBeJu (Jugend berät Jugend zu queeren Themen).[1056] Außerdem existiert eine eigene Regionalgruppe des schulischen Aufklärungsprojekts SCHLAU, deren Regionalkoordinator*innen Viola, Ayleen und Kaycee bei der Aids-Hilfe in der Weißenburger Str. 2b zu erreichen sind.[1057]

Verschiedene Auftritte der lesbischen und schwulen Chöre WEIBrations aus Karlsruhe und RosaKehlchen aus Heidelberg zeigen die Vernetzung in der Region in diesem Bereich an.[1058] In den 1990er Jahren gab es in der Diskothek Logo am 1. und 3. Sonntag im Monat eine Frauendisco und am 2. und 4. Sonntag im Monat eine Disco für „Gays and Friends". Im Haus am Westbahnhof wurde wiederholt eine Landauer Frauenfete gefeiert. Das Konzept einer speziellen Frauendisco an einem festen Termin im Monat wurde später jeden 2. Freitag bei Wienholt am Südring 12 beibehalten. Später findet sich ein spezielles Disco-Angebot für Schwule und deren Freunde im Logo in der Xylanderstaße.[1059]

In Landau waren auch zwei Klappen (Hauptbahnhof, Parkhaus Innenstadt) und eine Cruising Area (Schwanenweiher) bekannt.[1060] Speziell an den anonymen Orten konnte man in Landau Soldaten der französischen und amerikanischen Stationierungstruppen treffen.[1061] All dies zeigt, dass Landau unter den Mittelstädten der Region das breiteste Angebot und die ausdifferenziertesten Lebenswelten im Hinblick auf Selbsthilfe, Hilfe, Kultur, Unterhaltung und auch anonyme Sexualität für Homosexuelle und Transidente hatte.

NEUSTADT/WEINSTRASSE

Seit Anfang der 1990er Jahre wurde die Gruppe HuK (Homosexuelle und Kirche), die sich an verschiedenen Orten in Heidelberg und Mannheim traf, für mehrere Jahre über ein Postfach und eine Telefonnummer in Neustadt an der Weinstraße organisiert.[1062] Seit etwa 1993 gab es die Schwulen-Initiative Neustadt, die einen schwulen Club gründen und speziell für in Deutschland lebende Schwule aus Osteuropa da sein und Kontakt zu ihnen herstellen wollte. Neben Treffen, um sich miteinander auszutauschen, war auch die gegenseitige Hilfe als ein Ziel der Gruppe formuliert. Diese Gruppe ist die einzige in der Region Rhein-Neckar, die mit einer Anzeige auch in kyrillischer Schrift um Mitglieder warb. Bereits im Herbst traf sich die Schwulengruppe Andersrum immer mittwochs in der Altenstube in der Breslauer Straße 21. Die Gruppe der Schwulen aus Osteuropa, die sich ebenfalls gegründet hatte, traf sich dort freitags ab 20 Uhr. Offenbar kamen die Männer noch aus anderen Ländern, denn später sprach man Männer aus Polen, aus der gesamten ehemaligen UdSSR sowie aus Rumänen und Ungarn an. Die Aktivitäten kamen aber wohl zum Erliegen.

Jedenfalls wurde zwei Jahre später angekündigt, dass sich in Neustadt seit Mai 1995 eine schwul-lesbische Jugendclique treffen würde, in der sich Jugendliche bis 25 Jahren zusammenschlossen. Neben Pink Partys und Grillfesten standen

Aufklärung und Diskussion zu Coming Out und Aids auf dem Programm. Dass hier schwule und lesbische Interessen gebündelt wurden, galt als auffallend, da auch Mitte der 1990er Jahre gemeinsame schwul-lesbische Gruppen eher selten waren. Markus und Christine waren die Ansprechpersonen. Später wurden in Neustadt zwei Gruppen angekündigt. Die Schwulengruppe Andersrum, bei der 1996 Rolf Ansprechperson war, traf sich mittwochs von 20 bis 22 Uhr im Ökohof, Friedrichstr. 36. Im Wespennest fand dienstags ab 20 Uhr ein Stammtisch der schwul-lesbischen Jugendgruppe Neustadts statt.[1063]

DIE FRAUENLESBEN EMANZIPATIONSBEWEGUNG IN SPEYER

Die am frühesten datierte Kontaktanzeige einer lesbischen Frau der Region Rhein-Neckar stammt aus Speyer. Hier machte sich 1975 eine 29-jährige Frau öffentlich, die *seit 3 J. gott-sei-dank-geschieden* war. Diese Frau suchte *eine Freundin, die so einsam* wie sie selbst war und sich ebenfalls *nach Liebe und Geborgenheit* sehnte.[1064] Bis 1977 hatte sich ein Frauenzentrum namens Labyrinth in der Herdstraße 7 gegründet. Die Speyrer Frauen des Frauenzentrums waren 1977 mit einer Aktion gegen den § 218 in der Innenstadt aktiv, die erhebliche negative Reaktionen hervorrief. So wurden den Frauen an ihrem „§ 218-Stand" die *Transparente heruntergerissen und zerfetzt* und sie mussten sich Beschimpfungen anhören.[1065]

Ob es aufgrund dieser herben Reaktionen war, jedenfalls arbeitete das Frauenzentrum in den folgenden Jahren offenbar weitgehend ohne größere öffentliche Ankündigungen in den Medien der Emanzipation.[1066] Auch wenn unbekannt bleibt, was die Frauen im Labyrinth neun Jahre lang taten, muss diese Arbeit aber erfolgreich gewesen sein, denn am 2. Februar 1986 eröffnete das Labyrinth einen „Frauen-Kultur-BildungsstättenKreativladen", in dem es neben einer Tee- und Kaffee-Stube auch die Galerie Frauenzimmer gab. Dies war ein Angebot, das sich mit denen der Großstädte der Region Rhein-Neckar vergleichen konnte. Das Zentrum war täglich von 10 bis 18.30 Uhr geöffnet. Nun gingen die Frauen auch wieder breiter an die Öffentlichkeit und inserierten 1987 für das Offene Plenum und die Frauen-Video-Filmtage, wobei offen bleibt, inwiefern sich hieran die Lesben beteiligten.

Dass es im Labyrinth auch Lesben gab, wurde erstmals 1989 öffentlich bekannt gemacht. 1989 traf sich die Lesbengruppe im Labyrinth mittwochs, ob wöchentlich oder alle 14 Tage, ist nicht eindeutig festzustellen. Im Folgejahr fand regelmäßig ein Lesbenforum statt.[1067] Doch scheint sich das Interesse in Grenzen gehalten zu haben, wie folgende Aussage einer Frau zur Lesbengruppe zeigt: *Da frage ich mich, warum sind die anderen Lesben – es wird hier doch wohl etliche geben – so scheu?* [...] *Ich weiß nicht, was diese Damen so sehr fürchten. Sollen wir etwa warten, bis es uns wieder wie der vorigen Lesben-Generation ergeht, von der etliche im KZ starben und die anderen sich nur durch Totstellen retten konnten?*[1068] Dennoch gelang es den Lesben in Speyer, regional öffentlich aktiv zu sein – und hieran wird auch deutlich, welche Arbeiten in Speyer selbst geleistet wurden, ohne dass sich diese in den Ankündigungen fanden. So war bei den 5. Karlsruher Frauenkulturtagen am 4. November 1990 das „Lesbenkabarett/theater aus Speyer“ Teil des Programms. Lesbentheater waren ein seit den 1970er Jahren erprobtes und vielerorts verwendetes Konzept.[1069] Zu Beginn des Jahres 1992 wurde wöchentlich eine Gruppe mit dem Titel „Coming in – Coming out, Lesben-Treff“ angekündigt. Ob das Projekt tatsächlich zustande kam, ist nicht bekannt. Über mehr als ein Jahr hinweg wurde 1992 und 1993 regelmäßig sonntags ab 11 Uhr ein Frauen- und Lesbenfrühstück veranstaltet. Im kulturellen Bereich wurde beispielsweise ein Lesben-Lyrik-Abend angeboten, bei dem Sabine Bonowski las. Der Tanzabend zur Eröffnung der Walpurgisnacht 1993 dürfte zumindest als ein Angebot für Lesben gedacht gewesen sein.[1070]

Die Lesben aus Speyer waren seit den 1970er Jahren via den deutschlandweit erscheinenden Emanzipationszeitungen UkZ, Courage oder Lesbenstich vernetzt. Aber auch zur Emanzipationszeitung Abschminke in Heidelberg scheint es Kontakte gegeben zu haben. Jedenfalls befand sich in Speyer die einzige Verkaufsstelle der Abschminke in der Pfalz.[1071] Von den Speyerer Lesben, die sich über viele Jahre in dieser beachtlichen Weise engagiert hatten, war leider keine zu einem Zeitzeuginnengespräch bereit.[1072] 1990 veröffentlichte ein Autorinnenteam die Geschichte der Frauen in Speyer. Darin findet sich mit dem Gemälde einer älteren Frau in Dragoneruniform, gemalt von Johann Georg Dathan (1701–1749) und heute in der Staatlichen Kunsthalle Karlsruhe, ein wichtiges Zeugnis der queeren Geschichte. Hier wurde gemutmaßt, die Frau habe *wohl aus Gründen ihrer eigenen Sicherheit* als Mann gelebt und sich an den Kriegszügen beteiligt. Die Frage von Vielfalt bei sexueller und geschlechtlicher Identität von Frauen in der Speyerer Stadtgeschichte bildete auch hier keinen Betrachtungsgegenstand.[1073] Später gab es in Speyer die queere Gruppe Punktgleich im Kulturzentrum Eckpunkt in der Pistoreigasse 2 sowie einen Schwulen Stammtisch, der sich in der Weinstube Rabennest in der Korngasse 5 traf, zu dem auch Männer aus Ludwigshafen, Neustadt, Landau und Germersheim kamen. Neben den Treffen im Rabennest unternahm die Gruppe auch gemeinsame Ausflüge oder andere Unternehmungen wie Wanderungen oder Radtouren, Kino- oder Theaterbesuche als Gruppe.[1074]

VIERNHEIM

Seit 1995 wurde mit einer Telefonnummer in Viernheim für einen offenen Schwulenstammtisch geworben, der sich in Mannheim im Neuen Neckarpark in der Waldhofstraße 76 traf. Ob dies der Stammtisch der SchAM war, ist nicht belegt. 1999 traf sich ein „Männerstammtisch Kreis Bergstraße für Schwule und Bi-Männer“ im Stardust im Kinopolis in Viernheim.[1075] Es war eines der wenigen Angebote, das sich zeitgenössisch auch explizit an bisexuelle Männer richtete.

WIESLOCH

1982 wurde zur Gründung einer Schwulengruppe in Wiesloch aufgerufen. Ziel war es, eine Gruppe zu gründen, die in Form einer Selbsthilfegruppe über die sozialen und emotionalen Probleme von Schwulen sprach, in der man Gleichgesinnte treffen konnte und die darüber hinaus auch gemeinsame Freizeitangebote unternehmen sollte. Drei Jahre später formierte sich in Wiesloch eine *Schwulengruppe in Eigeninitiative*, deren Aktivitäten aber bereits u. a. *Gespräche, Öko-Gärtnern, Sport* und *Schwulenbetreuung im Knast* umfassten. Die Gruppe war via Telefon bei Walter zu erreichen und wies explizit darauf hin, dass dieses Angebot *nichts für Geilis* sei. 1996 wurden in Wiesloch in der ersten Jahreshälfte mehrmals im Monat Coming Out-Parties als „Gay & Lesbian Night" im Out beworben.[1076]

WORMS

Worms hatte in den 1990er Jahren eine ausdifferenzierte Landschaft von Emanzipationsgruppen, bei denen Gründungsdatum und Ende meist nicht bekannt sind. Sicher ist, dass diese Gruppen mehrere Jahre Bestand hatten. Für den Lesbenstammtisch im Frauencafé finden sich seit Beginn der 1990er Jahre entsprechende Anzeigen, die auf die Veranstaltung am Mittwoch hinwiesen. 1994 fand zweimal im Monat mittwochs ab 20 Uhr ein Lesbenstammtisch im Frauencafé in der Friedrich-Ebert-Straße 20 statt. Der Lesbenstammtisch im Frauenzentrum ist bis ins Jahr 2001 in unterschiedlichen Publikationen nachgewiesen. 2001 trafen sich die Lesben am 1. und 3. Freitag im Monat.[1077]

Im Januar 1993 gründete sich die Gruppe DiNoS (Die normalen Schwulen), die in kurzer Zeit angeblich *großen Zulauf* hatte, da es in Worms *keine Anlaufstelle* speziell für *junge Schwule* gab. Die Gruppe wollte mehr sein, als ein Ort für Klatsch und Tratsch oder eine reine Coming Out-Gruppe: Man wollte als Gruppe ein *soziales Umfeld* und eine *gute Atmosphäre* für Schwule schaffen. Ziel war es, neue Leute kennenlernen und in der Gruppe als Schwuler selbstbewusster werden zu können. Gemeinsame Besuche von Cafés am Ort, Gespräche über die Probleme Einzelner in der Gruppe gehörten ebenso zum Programm wie gemeinsame Freizeitangebote.[1078] Die DiNoS trafen sich montags um 19.30 Uhr im IKOS-Zentrum in der Ludwigstraße 31. 1994 war Holger Weber die Ansprechperson der DiNoS. Aus den DiNoS heraus wurden weitere Gruppen in Worms gegründet, wie Wusch (Wormser unabhängige Schwule) oder eine schwule Sportgruppe, die 1995 in Gründung war. Wusch wurde zu Wuschl erweitert, in der sich auch Lesben montags im IKOS-Zentrum trafen.

Eine Jugendgruppe für 16- bis 22-Jährige traf sich zweimal monatlich am 2. Sonntag ab 15 Uhr im Jugendtreff Kanal 70 in der Hochheimer Str. 4 und am 4. Sonntag im Oberlinhaus in der Benediktinerstraße 31. Bis 1996 hatte sich auch noch eine Gruppe schwuler Väter gegründet, die sich montags traf. 1996 war zu diesen Angeboten ein Beratungstelefon hinzugekommen. Man konnte die Gruppen DiNoS, Wuschl und Gay Jugend Rheinland über Kontakttelefone in Worms und Osthofen oder per Postfach erreichen, um sich zu informieren oder sich postalisch ein Programm zusenden lassen. Die Gruppe Wuschl war auch 2001 nachgewiesen. Die DiNoS bestanden bis 2008.[1079] Ob und wann sich die übrigen Gruppen auflösten, ist unbekannt. Damit hatte Worms von allen Mittelstädten der Region Rhein-Neckar das am weitesten ausdifferenzierte Angebot verschiedener Emanzipationsgruppen. Eine Gruppe schwuler Väter gab es offenbar nur hier und in Karlsruhe, nicht aber in Heidelberg, Ludwigshafen und Mannheim. Ein Foto, das die DiNoS 1995 in der Illustrierten Meier zeigt, ist nach der Abbildung der Mitglieder der SchAM im Ketchup das zweite Bild – und bis ins Jahr 2000 auch letzte – in einem der regionalen Stadtmagazine, das Mitglieder einer Homosexuellengruppe der allgemeinen Öffentlichkeit vorstellt. Dass sich für Worms im Gegensatz zu Landau keine Orte anonymer Lust wie Klappen und Cruising Areas in den Ankündigungen finden, fällt ebenfalls auf, was selbstverständlich nichts über die tatsächliche Existenz solcher Orte aussagt.

Innerhalb der Emanzipationsgeschichte Homosexueller verbindet sich mit dem Namen der Stadt Worms auch eine umstrittene Entscheidung des dortigen Amtsgerichts, die vom Mainzer Landgericht aufgehoben wurde. Der Fall reicht in das Jahr 1982 zurück, als das Amtsgericht Worms in einer Streitsache zwischen zwei schwulen Männern einen Vertrag mit der Begründung aufhob, dass das Vertragsverhältnis wegen der Homosexualität der Männer sittenwidrig sei. Dagegen wurde Berufung eingelegt. Im Oktober 1982 hob das Mainzer Landgericht das sogenannte Wormser Urteil auf, indem festgestellt wurde, dass die *homosexuellen Beziehungen zwischen den Parteien ein abgeschlossenes Rechtsgeschäft nicht sittenwidrig* machen konnte. Gleichzeitig wies das Landgericht Mainz darauf hin, dass sich in der Bevölkerung ein Wandel im Hinblick auf Homosexualität vollzogen habe.[1080] Dieses Wormser Urteil hatte für die Emanzipationsgeschichte Homosexueller in der Bundesrepublik auch später Bedeutung, da es im Bundestag beispielsweise 1990 bei einem Gesetzesvorschlag der Fraktion der Grünen zur Abschaffung der Diskriminierung von Homosexualität als ein Beispiel diente, weshalb diese Veränderung im Recht notwendig war.[1081]

INTERNATIONALE KONTAKTE – DIE LESBISCHEN UND SCHWULEN GIS IN DER RHEIN-NECKAR-REGION

Als Besonderheit lesbischen und schwulen Lebens in der Region zwischen Kaiserslautern und Heidelberg kann die Anwesenheit der amerikanischen Soldaten und Soldatinnen gelten. Die Region Rhein-Neckar beherbergte bis in die 1990er Jahre eine der größten US-amerikanischen Gemeinden außerhalb der Vereinigten Staaten. Natürlich waren unter den Armeeangehörigen auch Homosexuelle. Die Geschichte der in Deutschland stationierten homosexuellen und transidenten Soldat*innen ist bislang weitgehend ungeschrieben.[1082] In den 1950er Jahren wurden vor allem schwarze GIs in der Presse – auch der Presse der DDR – im Kontext von Homosexualität genannt und diese fälschlich mit Pädophilie verbunden.[1083] In den 1970er Jahren wurde eine Gruppe angekündigt, die speziell Englisch sprechende Männer aus der Region Karlsruhe, Mannheim und Stuttgart zum Treffen aufrief. Ob sich darunter auch Soldaten befanden, bleibt aber Spekulation.[1084] Gesichert ist, dass sich die US-amerikanischen Soldaten seit den 1970er Jahren im Ballerina in Mannheim trafen. In Heidelberg waren *viele weibliche GI's* in der Diskothek Regenbogen zu finden, zu der alleine Frauen Zutritt hatten. Auch später waren sie regelmäßige Gäste in der Szene zwischen Heidelberg und Kaiserslautern. Sie waren auch in unterschiedlichen Artikeln der Emanzipationspresse ein Thema.[1085]

Die Lesben aus Mannheim und Ludwigshafen informierten 1982 im Lila Klatschmohn über die als Soldatinnen in der Rhein-Neckar-Region in den amerikanischen Streitkräften dienenden US-Amerikanerinnen. Dies stellt den ersten Beitrag zur Homosexualität von Frauen in den US-Stationierungstruppen in Deutschland für die Region Rhein-Neckar dar. Die befragten Amerikanerinnen schätzten ein, dass etwa 65 % der Frauen in der US-Armee Lesben seien. Als Probleme von Lesben im US-Militär gaben sie an, dass sie beim Eintritt in die Armee ein Formular unterschreiben mussten, dass sie nicht homosexuell seien. Außerdem gab es in der Armee das Criminal Investigation Command (CID), *das Frauen und Männer daraufhin beobachtet*[e], ob sie homosexuell seien. Sofern zwei Frauen *im Bett* erwischt wurden, drohte ihnen die Entlassung aus der Armee. Die Soldatinnen berichteten, dass es schon schwule Männer in der Armee gegeben habe, *die mit einer hohen Abfindung abgeschoben worden* seien. Als vermutlich 1982 *zwei Lesben im Bett überrascht* wurden, seien *Spitzel verstärkt eingesetzt* worden. Die Amerikanerinnen wiesen vor allem auf Kontrollen im *Sub ‚Madame'* hin. Außerdem berichteten die lesbischen US-Soldatinnen, dass sie von heterosexuellen Militärangehörigen dadurch diskriminiert würden, dass diese ihre Zimmertüren beschmierten, *Gerüchte in die Welt* setzten und ihnen insgesamt *Schwierigkeiten* machten.

Die Amerikanerinnen führten als weitere Probleme in der Armee an, dass Frauen *angemacht* würden und dass sie, wenn sie darauf nicht reagierten, von den männlichen Soldaten *als Lesbe abgestempelt* würden. Offenbar verwendeten männlichen GIs seinerzeit Homophobie als Druckmittel, um Frauen zu sexuellen Kontakten zu bewegen. Manche lesbische US-Soldatinnen würden grundsätzlich keine Männer mehr treffen, um der Diskriminierung zu entgehen. Andere würden heiraten. Lesbische Pärchen schlössen sich angeblich völlig von der Umwelt ab. Von deutschen Lesben fühlten sich die Amerikanerinnen aber ebenfalls diskriminiert, da diese offenbar Schwierigkeiten damit hatten, dass sie Soldatinnen in der US-Armee waren.[1086] Die amerikanischen Lesben in der Region waren 1992 in der Abschminke ein weiteres Mal ein Thema. Nun wurde darüber berichtet, warum die Armee – trotz Sexismus oder Vergewaltigungen – für manche Frauen dennoch die Möglichkeit eines sozialen Aufstiegs oder einer sozialen Sicherheit bot. Hier erfuhr frau abermals, dass Homosexualität in der US-Armee als legaler Kündigungsgrund galt und wie viele Personen wegen Homosexualität aus dem US-Militär entlassen worden seien.[1087]

BISEXUELLE: ÖFFENTLICHKEITEN, VERNETZUNGEN UND EMANZIPATIONEN

28

Christian Könne

Zur Geschichte Bisexueller gibt es für die Region Rhein-Neckar bislang keine historischen Forschungen.[1088] Nachfolgend wird vorgestellt, wie Bisexuelle in den Stadtmagazinen öffentlich wurden und welchen Grad der Organisation und Vernetzung sie bis zum Ende des Untersuchungszeitraums 1999/2000 erreichten. Vorausgeschickt sei, dass Bisexuelle ausweislich der untersuchten Quellen erst mehr als 20 Jahre nach der Bildung der ersten Gruppen für Schwule und Lesben auch eine eigene Gruppe in der Region Rhein-Neckar gründeten, von der allerdings unbekannt ist, welchen Charakter sie hatte.[1089]

ANGEBOTE FÜR BISEXUELLE

Ein „Bisexueller Treff, International und ohne Altersbeschränkung" fand 1996 zweimal monatlich im Schwarzen Walfisch in Heidelberg statt. Anfang 1997 nannte sich vermutlich diese Gruppe B6Y. Es gab telefonische Ansprechpersonen für Männer und separat solche für Frauen sowie ein Postfach für alle. Die Gruppe B6Y veröffentlichte ihre Kontaktdaten bis zum Ende des Untersuchungszeitraums 1999, wobei zuletzt alleine die Telefonnummern als Kontaktmöglichkeiten und der Mittwoch als Tag der Treffen publik gemacht wurden. Eine Kontaktperson wurde namentlich nicht benannt. Ende der 1990er Jahre wurde in Mannheim auch ein spezielles Freizeitangebot für Bisexuelle etabliert. Hier konnten sich Bisexuelle zu einer Bi-Party im Heidelbaer in Mannheim treffen.[1090] Damit sind die Bisexuellen die vorletzte Gruppe aus dem gesamten LSBTI-Spektrum, die sich in der Rhein-Neckar-Region in einer speziellen Gruppe organisierten. Bisexuelle sind die einzige Gruppe, über die es – mit Ausnahme der Mikroinformationen aus den Kontaktanzeigen und dem expliziten Hinweis auf den Stammtisch von homo- und bisexuellen Männern in Viernheim – keine weiteren oder umfangreicheren Selbstzeugnisse in den untersuchten Quellen gibt. So wie über die Intergeschlechtlichen wurde auch über sie im gesamten Untersuchungszeitraum bis ins Jahr 2000 in keinem der hier ausgewerteten Medien je öffentlich geschrieben und auf diese Weise informiert.

Aus diesem Grund wurden für die vorliegende Veröffentlichung Kontaktanzeigen bisexeller Menschen in den Stadtillustrierten der Region ausgewertet. Die nachfolgend gemachten Aussagen zeigen aufgrund der sehr geringen Zahl der Anzeigen allenfalls Tendenzen. Doch sind diese wenigen Kontaktanzeigen die einzigen in den untersuchten Quellen überhaupt vorliegenden Zugänge.

ÖFFENTLICH WERDEN – KONTAKTANZEIGEN BISEXUELLER 1980 – 1985

Bisexuelle nutzten neben den Emanzipationszeitschriften Homosexueller oder der FrauenLesbenbewegung auch die seit den 1980er Jahren monatlich erscheinenden Stadtmagazine, um andere Bisexuelle kennenzulernen.[1091] Dabei spielte KiK im Vergleich zum populäreren Ketchup eine untergeordnete Rolle, wie die Zahl der Anzeigen sich insgesamt ohnehin in engen Grenzen hielt. Im gesamten Jahr 1980 erschienen gerade mal 2 Kontaktanzeigen Bisexueller. Danach stieg die Zahl kontinuierlich an und erreichte 1984 mit 23 Anzeigen ihren Höhepunkt. Über alle 6 Jahre gerechnet (also 72 Monate), wurde im Durchschnitt aber nur eine Anzeige im Monat veröffentlicht.

ENTWICKLUNG DER ANZAHL VON KONTAKTANZEIGEN BISEXUELLER IN DEN STADTMAGAZINEN

	1980	1981	1982	1983	1984	1985
Anzahl Monate, in denen inseriert wurde	2	4	7	8	10	8
Anzahl der Anzeigen, die geschaltet wurden	2	5	13	19, davon 2 von Frauen	23	14, davon 4 von Frauen

Auffällig ist auch, dass von allen 76 zwischen 1980 und 1985 geschalteten Anzeigen nur 6 (7,9 %) auf Frauen und die übrigen 70 (92,1 %) auf Männer entfielen. Die übergroße Mehrheit der in KiK oder Ketchup inserierenden bisexuellen Männer waren auf der Suche nach anderen Männern, die nicht näher als homo-, hetero- oder bisexuell gekennzeichnet wurden. Nur sehr wenige Inserate von bisexuellen Männern bezogen sich auf Suchen nach sowohl Männern wie Frauen, nach anderen bisexuellen Männern oder anderen bisexuellen Frauen bzw. Frauen.

Ob das heißt, dass diese Männer in einer Beziehung mit einer Frau lebten und via Annonce einen Mann für einen erotischen Kontakt suchten, ist daraus nicht zu erschließen. Ebenso wenig lässt sich aus der Tatsache, dass weniger als zehn Personen angaben, dass sie verheiratet waren, folgern, dass die anderen nicht verheiratet waren.[1092] Die insgesamt für Frauen, aber auch für Männer geringe Zahl an Kontaktanzeigen legt die Vermutung nahe, dass Bisexuelle andere Möglichkeiten des Kontakts suchten. Insbesondere für Männer boten sich Anzeigen in überregionalen schwulen Zeitschriften oder schwule Treffpunkte wie Bars oder Orte für anonyme sexuelle Kontakte wie Saunen und Cruising Areas als Möglichkeit der Kontaktaufnahmen an. Bisexuelle Frauen konnten die Infrastruktur der FrauenLesbenszene nutzen, die aber im Hinblick auf Orte für anonyme sexuelle Kontakte allenfalls gering ausgebildet war. Vorsicht ist auch bei der Interpretation des Sachverhalts geboten, dass die meisten Bisexuellen, die Inserate in den Stadtmagazinen schalteten, zwischen 20 und 30 Jahre alt waren. Der jüngste bisexuelle Mann, der eine Anzeige schaltete, war 17, der älteste 49 Jahre.[1093] Dies könnte damit zusammenhängen, dass ältere Bisexuelle Sexualität mit überwiegend nur noch Partnern eines Geschlechts lebten. Andererseits wäre dies auch damit erklärlich, dass sie ein soziales Netz an Kontakten aufgebaut hatten, das Kontaktanzeigen unnötig machte.

MOTIVATIONEN UND SELBSTAUSSAGEN IN DEN KONTAKTANZEIGEN BISEXUELLER MÄNNER

Aus wenigen Anzeigen gehen genauere Informationen zur Selbsteinschätzung der bisexuellen Männer hervor. Die meisten Wortmeldungen liegen von bisexuellen Männern vor, die in ihren Kontaktanzeigen darauf hinweisen, dass sie eine in ihnen liegende Seite ausprobieren wollen. Die Männer, die dies formulierten, waren fast ausnahmslos zwischen 20 und 30 Jahre alt. Sie scheinen zuvor alle heterosexuelle Kontakte gepflegt zu haben. Der Wunsch nach einem homosexuellen Kontakt war also etwas, das sie bereits einige Zeit beschäftigt hatte, bevor sie daran gingen, diesen Wunsch per Kontaktanzeige in die Tat umzusetzen.

Von einem 22-jährigen Mann wurde eigens darauf hingewiesen, dass er *wenig Erfahrung mit schwulen Beziehungen* hatte. Er suchte – weniger auf *Beziehung* abzielend – einen *lockeren Jungen* für *Spaß am Sex*. Die meisten inhaltlich formulierten Anzeigen bisexueller Männer wurden für feste Beziehungen mit anderen Männern geschaltet, die möglicherweise, aber nicht notwendigerweise, Partnerschaften waren. Die Männer selbst sprachen meist von einem *Freund*, was die Frage des Charakters der Beziehung offen lässt. Aus heterosexueller Sicht deutete der Begriff vermutlich wenig auf eine Partnerschaft, sondern auf eine Freundschaft allgemein hin. Aus homosexueller Sicht und Diktion war der *Freund* eher der feste Partner. So oder so, formulierten die bisexuellen Männer ihre Gesuche wie folgt:

Ein 23-Jähriger suchte einen *Freund mit Verstand & Feeling, um die schwule Seite meiner Existenz auszuloten & dem Alltag zurückzugeben.* Auch ein 20-Jähriger, der *noch ohne homosexuelle Erfahrungen* war, suchte ein *männliches Wesen bis 40* Jahren für eine *intensive Freundschaft* unter dem *Kennwort: coming out*. Ein weiterer *Bi-Mann* suchte *Kontakt zu schwuler Selbsterfahrung* und hierfür ein *tolerantes, zärtliches Paar* unter dem *Kennwort: Ganz vorsichtig.* Schließlich suchte ein 24-Jähriger einen Freund *für mehr als nur eine oberflächliche Beziehung*. Von zwei Männern liegen Selbstbilder vor, die neben dem Aspekt einer bisher unbekannten Seite, nämlich der Homosexualität, stärker und auch qualifizierend die bisher bekannte Heterosexualität bewerten. So inserierte ein 27-Jähriger *von Mann zu Mann*, da er mit seiner *bisherigen Heterosexualität unzufrieden* und daher auf der Suche nach einem *schwulen Freund* unter dem *Kennwort: Weiterkommen* sei. Auch ein 30-jähriger Bisexueller aus Heidelberg stellte in seinem Inserat klar, dass *Heterosexualität nicht alles ist* und machte sich daher auf die Suche nach einem anderen Mann *mit Herz und Humor*.[1094]

Wie der Prozess der Selbsterkenntnis, bisexuell zu sein, mit zugeschriebenen Bildern von Männlichkeit zusammenhängen konnte, zeigt die Aussage eines 30-Jährigen, der sich als *männlich* und *trotzdem lieber bi* bezeichnete und den Mann seiner Träume suchte. Sollten in seinen Augen Homosexuelle eigentlich „unmännliche" Männer sein, dann könnte es für diesen Mann schwierig gewesen sein, einen Partner zu finden – oder er hatte klare Rollenerwartungen an den anderen Mann, die sein Selbstbild wenig in Frage stellten. Der mit 49 Jahren älteste bisexuelle Mann, der im Untersuchungszeitraum inserierte, war verheiratet und bezeichnete sich selbst als *sportliches Mannsbild*. Wie sehr ihn sein entlang heteronormativer Erwartungen gelebtes Leben einzuschränken schien, wird daraus ersichtlich, dass er einen *Leidensgenossen zu gel. Treffs* im Bereich Heidelberg, Mannheim und Karlsruhe suchte und dies unter dem *Kennwort: Ausflippen!* tat. Im gesamten Untersuchungszeitraum findet sich nur eine Anzeige, in der ein Mann, der bisher homosexuelle Erfahrungen hatte, auf der Suche nach einer heterosexuellen Erfahrung inserierte. Dieser 18-Jährige hatte *trotz bisher nur homosexueller Erfahrungen die Hoffnung noch nicht ganz aufgegeben* und suchte daher *ein weibliches Wesen*, das ihm *helfen* mochte, *auch die andere Seite kennenzulernen.*[1095] Ob er sich selbst als bisexuell verstand oder ob er vielmehr auf der Suche nach „Heilung" seiner Homosexualität war, muss offen bleiben. Auch die Anzeige eines gemischtgeschlechtlichen Paares, das 1984 auf der Suche nach einem *Bi Paar* war und explizit *kein heterosexuelles* Paar wünschte, sondern einen *Transvestit oder Transsexuelle*, unterscheidet sich von den anderen Inseraten.

Für die meisten Männer war die Erkundung der homosexuellen Seite der eigenen Identität offenbar eine durchaus körperliche Angelegenheit. Eine deutliche untergeordnete Rolle spielten andere Motivationen. So inserierte 1983 ein 37-jähriger bisexueller Mann auf der Suche nach einer Reisebegleitung – *Ihn oder Sie* – für einen Urlaub in Skandinavien oder in Schottland. Daneben finden sich zwei Anzeigen mit der Suche nach anderen bisexuellen Männern für eine Wohngemeinschaft. In Heidelberg-Handschuhsheim suchte 1985 ein 44-jähriger bisexueller Mann einen weiteren bisexuellen Mann mit *Humor und Herz*, mit dem er *sprechen* können wollte. Auch die Anzeige eines 26-Jährigen, der sich als *schwul bis bi* bezeichnete, zielte 1985 auf die Gründung einer *Mehr als nur Zweck-Gemeinschaft* ab, indem er einen *lieben Mitbewohner* suchte.[1096] Die beiden letztgenannten Anzeigen zeigen, dass es bisexuelle Männer gab, die nach privaten sozialen Kontexten im Wohn- und Lebensumfeld für ihr Leben außerhalb des heteronormativen Spektrums suchten.

MOTIVATIONEN UND SELBSTAUSSAGEN IN DEN KONTAKTANZEIGEN BISEXUELLER FRAUEN

Im Gegensatz zu den Inseraten der meisten Männer zielten die Inserate der Frauen explizit auf einen Gesprächsaustausch über Bisexualität ab. So inserierte eine 20-Jährige konkret auf der Suche nach *Lesben und Bi-Frauen*, um mit diesen über Frauenliebe zu sprechen. Zwei 36-Jährige aus Karlsruhe wollten zusammen mit anderen bisexuellen Frauen *ihre Bisexualität in einer Gruppe mit Therapeutin (Gestalt) aufarbeiten*. Auch eine weitere Frau wollte unter dem *Kennwort: Kopf und Körper* durch die Anzeige *gerne Bi-Frauen kennenlernen*, da sie *evtl. selbst bi* war. Aufgrund desselben Kennwortes vermutlich auch dieselbe Frau inserierte als *Weiß-noch-nicht-Bi-Frau*, die auf der Suche nach *weibl. + männl. Bi's zum Kennenlernen und Ausgehen* war.[1097] Ob die Frauen Erfahrungen in heterosexuellen Beziehungen oder mit Heterosexualität hatten, wird in den Anzeigen nicht explizit gesagt. Die Frauen suchten sowohl andere Bi-Frauen als offenbar auch frauenliebende Frauen. Damit unterschied sich nicht nur das „Was", wonach gesucht wurde, sondern auch das „Wie" deutlich von den Anzeigen der bisexuellen Männer. Für diese Frauen war die Bisexualität eine theoretische Erkundung der eigenen Identität im Gespräch.

FAZIT

Bisexuelle wurden in der Region Rhein-Neckar seit den 1980er Jahren in den Stadtmagazinen öffentlich, indem sie dort Kontaktanzeigen aufgaben. Ansonsten waren sie in der Öffentlichkeit eher verborgen – ganz im Unterschied zu den Schwulen und Lesben, die schon in den 1970ern durch ihre Emanzipationsgruppen für gesellschaftliche Wahrnehmung sorgten. Bisexualität war ausweislich der untersuchten Quellen in den Emanzipationsgruppen Homosexueller kein großes Thema, was freilich nichts über Zahl und Anteil von Bisexuellen in diesen Gruppen aussagt.[1098] Teilweise wurden Bisexuelle in homosexuellen Kontexten nicht gern gesehen oder aktiv zurückgewiesen, was die Antwort auf die Frage, ob sich in den Gruppen Homosexueller auch Bisexuelle engagierten, noch schwieriger macht.

Mithin sind die hier untersuchten Kontaktanzeigen nahezu die einzigen bekannten Zeugnisse Bisexueller in der Region bis in die 1990er Jahre. In geringem Maße findet sich Bisexualität als Thema auch in den Emanzipationszeitschriften der Region Rhein-Neckar. Im Lila Klatschmohn wurde beispielsweise die Frage besprochen, ob frau bisexuell oder homosexuell war und wie der Weg zur Erkenntnis des eigenen Selbst verlief.[1099] Die Frage des Verhältnisses und des Anteils von hetero-, homo- und bisexuellen Frauen innerhalb der Frauenbewegung wurde in einem Artikel in der Abschminke diskutiert.[1100] Bisexualität wurde innerhalb der Frauen-Lesbenbewegung der Region Rhein-Neckar also offenbar eher zur Kenntnis genommen und öffentlich diskutiert als innerhalb der Schwulenbewegung. Auch hier wären Interviews mit Zeitzeug*innen als weitere Zugänge relevant, um diese Aussage zu überprüfen. Diese Berichte zusammen mit den Kontaktanzeigen in den Stadtmagazinen zeigen, dass Bisexualität seit den 1980er Jahren in der Region Rhein-Neckar verschiedenenorts zu einem Thema wurde, über das man sprach. Dass es bis zur Gründung einer Gruppe mit regelmäßigem Treffen in Heidelberg fast 10 Jahre dauerte, weist auf die oben beschriebenen Schwierigkeiten hin.

Die wenigen Informationen, die sich den Kontaktanzeigen der Stadtmagazine entnehmen lassen, zeigen, dass bisexuelle Männer und Frauen mit dieser Seite ihrer Identität verschieden umgingen. Während die Männer die Praxiserfahrung bei der Selbsterkenntnis und -erfahrung zu präferieren schienen und erotischen Kontakt zu anderen Männern suchten, unabhängig davon, ob die anderen Männer sich als homo- oder bisexuell definierten, waren die Frauen offenbar eher an einer theoretischen Erörterung und Erkundung dieser Seite ihrer Existenz und Identität interessiert und suchten gezielt nach anderen bisexuellen Frauen. Männer wie Frauen eint offenbar, dass die meisten die heterosexuelle Matrix kannten, in ihr gelebt hatten und erst im Laufe der Zeit zu der Erkenntnis kamen, dass sie nicht nur eine heterosexuelle Identität hatten.

In einzelnen Formulierungen der Kontaktanzeigen scheint der Druck der heteronormativen Gesellschaft auf. Dass Bisexuelle diesem Druck in anderer Weise begegnen konnten als Homosexuelle, führte möglicherweise mit dazu, dass sich Homosexuelle teilweise scharf von den Bisexuellen abgrenzten. Der Verdacht, dass Bisexuelle eigentlich Homosexuelle seien, die aber „zu feige" waren, dies zuzugeben und zu leben, stand als eine mögliche Reaktion im Raum.[1101] Von Dritten außerhalb des LSBTI-Spektrums wurden Bisexuelle lange Zeit mit Homosexuellen in Verbindung gebracht oder gleichgesetzt und nicht als eigene Gruppe gesehen.

Mit dem zunehmenden Verständnis über das breite Spektrum sexueller Orientierungen und geschlechtlicher Identitäten hat in Deutschland erst im Laufe der 1980er Jahre die Bisexualität zunehmend Bedeutung auch in der öffentlichen Wahrnehmung erhalten, wozu nicht zuletzt bisexuelle Emanzipationsgruppen beigetragen haben. Eine erste wurde 1986 in Köln gegründet.[1102] Die Gründung der Heidelberger Bi-Gruppe scheint erst in den 1990er Jahren erfolgt zu sein, also relativ spät, was zeigt, wie schwierig es für Bisexuelle war, sich – auch innerhalb der queeren Community – Gehör, Sichtbarkeit und Akzeptanz zu verschaffen.

Flagge der Bisexuellen bei einem Pride Event, 2018. Thilo Wetzel / BiBerlin e.V.

ÖFFENTLICHKEITEN FÜR TRANS* UND INTER* SEIT DEN 1970ER JAHREN IN DER RHEIN-NECKAR-REGION

CHRISTIAN KÖNNE

Die Geschichte von Trans* als einem breit verstandenen Fachbegriff, der auf die Geschichte von Menschen verweist, die sich nicht oder nicht ausschließlich mit dem ihnen bei Geburt zugewiesenen Geschlecht oder den damit verbundenen Rollenerwartungen identifizierten, ist in weiten Teilen noch unerforscht. Dies gilt in gleicher Weise für die Geschichte intergeschlechtlicher Menschen, also solchen, denen bei Geburt kein eindeutiges Geschlecht zugewiesen wurde. Im nachfolgenden Text sollen verschiedene Öffentlichkeiten vorgestellt werden, in denen Themen im Bereich von Trans* und Inter* seit den 1970er Jahren in der Region Rhein-Neckar erkennbar werden.

MEDIZINISCHE ÖFFENTLICHKEITEN

Dass sich in der Wahrnehmung und gegebenenfalls auch Selbstwahrnehmung von Transidenten etwas änderte und dies weitere Auswirkungen hatte, wurde zu Beginn der 1970er Jahre in der Region Rhein-Neckar deutlich.[1103] Der Arzt Wolf Eicher berichtete davon, dass er an der Frauenklinik der Universität Heidelberg seit 1971 *mit den ersten Fällen* [...] *konfrontiert* wurde. Eicher war in der Bundesrepublik einer der führenden Spezialisten für „Transsexualität", wie man dies zeitgenössisch bezeichnete. Aus Eichers Sicht kam es seit 1975 zu *einer lawinenartigen Nachfrage*, so dass er an der II. Frauenklinik München, wo er seinerzeit arbeitete, eine *spezielle sexualmedizinische Sprechstunde* einrichtete. Zwischen München und der Universitätsfrauenklinik Heidelberg bestand bei der Behandlung „Transsexueller" bis 1981 eine *fruchtbare Zusammenarbeit*.[1104] In Heidelberg wurden von 1975 bis Mai 1977 vier geschlechtsangleichende Operationen vorgenommen.[1105] Neben Heidelberg und München galt Hamburg als weiteres medizinisches Zentrum für geschlechtsangleichende Operationen bei trans Personen. Solche Behandlungen wurden in den 1970er Jahren auch in Kiel und Gießen durchgeführt.[1106] Eicher operierte bis 1984 insgesamt 103 Transidente, davon 58 Mann-zu-Frau- und 45 Frau-zu-Mann-„Transsexuelle". Zum Zeitpunkt der Veröffentlichung von „Transsexualismus" war Eicher als Arzt am Diakonissen-Krankenhaus in Mannheim tätig, das als Lehrkrankenhaus der Universität Heidelberg diente.[1107]

Aus den Erinnerungen von Christiane Völling geht hervor, dass sie sich Ende der 1970er Jahre als intergeschlechtlicher Mensch im Klinikum in Ludwigshafen einer der Operationen unterzog, die ihr ein eindeutiges Geschlecht zuwiesen.[1108] Später wurden auch in Mannheim geschlechtsangleichende Operationen bei transidenten Menschen vorgenommen.[1109] Damit sind seit inzwischen 47 Jahren geschlechtsangleichende Operationen an verschiedenen Kliniken in der Region Rhein-Neckar bei trans- und intergeschlechtlichen Menschen als medizinische Praxis bekannt. Hertha Wind (Kap. 20) ließ ihre geschlechtsangleichende Operation in den 1930er Jahren noch in Frankfurt a. M. durchführen. Die Menschen, die in den Kliniken der Region Rhein-Neckar entsprechend behandelt wurden, kamen offenbar aus ganz unterschiedlichen Teilen Deutschlands.

ÖFFENTLICHKEITEN IN STADTMAGAZINEN

Im Stadtmagazin KiK wurde 1984 unter der Überschrift *Ich bin … eine Frau* über Faisan berichtet, die als Omaira lebte und aus Venezuela stammte. Sie trat als Künstlerin auf. 1993 informierte das Stadtmagazin Meier über das *Tabuthema Transsexualität*. Hier fand man auch Werbung für spezielle trans Kleidung, um körperliche Merkmale zu kaschieren.[1110] In den Stadtmagazinen KiK und Ketchup wurden zwischen 1979 und 1987 auch Kontaktanzeigen im Bereich Trans* geschaltet, aber erheblich weniger als Inserate für Lesben, Schwule und Bisexuelle. Gänzlich fehlen Kontaktanzeigen im Bereich Intergeschlechtlichkeit, zeitgenössisch wohl oft als „Intersexualität“ oder „Zwitter“ bezeichnet. Die Anzeigen für den Bereich Trans* wurden alle ohne Angabe eines Ortes und viele ohne Angabe eines Geschlechts formuliert.

Die Motivationen und Selbstaussagen der Personen, die eine Kontaktanzeige aufgegeben hatten, waren unterschiedlicher Art: Eine trans Person war auf der Suche nach Informationen für geschlechtsangleichende Operationen und nach Menschen, die ebenfalls ein Interesse an solchen Operationen hatten. Fünf Anzeigen waren solche fürs Kennenlernen. In eine vermutlich erotische Richtung gingen zwei dieser Anzeigen. Ein gemischtgeschlechtliches Paar suchte offenbar für Sexualkontakte einen *Transvestit oder Transsexuelle*. Auch ein 33-jähriger Mann mit *fem.-passiver Sexualität*, Lust an erotischer Unterordnung und *transv. Neigung* inserierte auf der Suche nach einem Mann oder einem Paar *für erotische Spiele*. Bei drei weiteren Kontaktanzeigen stand ein Kennenlernen unter weniger erotischen und sexuellen Gesichtspunkten im Vordergrund. So suchte eine 25-jährige Frau *Transsexuelle oder Transvestiten* für alles, *was Spaß* machte. Ein Mann war auf der Suche nach *netten Transvestiten oder Transsexuellen* für eine *Freundschaft und mehr*. Er freute sich aber auch über Zuschriften von Frauen, *die Interesse an Transsexuellen haben*. Ob diese Aussage bedeutete, dass er selbst ein trans Mann war? Außerdem war *ein 18 -jähriger Junge, der die Frau in sich entdeckt* hatte, auf der Suche nach Gleichaltrigen, um sich mit diesen *endlos* zu unterhalten und eine Freundschaft zu *erleben, in der Mann / Frau allein Mensch* war.

In einen eher geschäftlichen Bereich fielen zwei weitere Anzeigen. Eine *Transsexuelle Frau (früher Mann)* verkaufte ihre Aktfotos und stand *für Film und Fotos zur Verfügung*.[1111] Diese Anzeige verweist auf die vielfach prekäre Lage von trans Personen, die sich beispielsweise im Nachtleben, erotischer Fotografie, Pornografie oder in der Prostitution verdingen mussten.[1112] Auch Travestie-Lokale boten Trans* eine Möglichkeit für ein Auskommen.[1113] Aus dem Rahmen fällt die zweite geschäftlich motivierte Anzeige, da sie von der KiK-Redaktion stammte, die für ein Spiel mit dem Titel „Drei Millionen Perverse" nach einem Transvestiten suchte.[1114]

Drei von fünf der hier vorgestellten Kontaktanzeigen differenzieren zwischen „Transvestiten", also Menschen, die Kleidung des anderen Geschlechts nutzten, aber nicht notwendigerweise Probleme mit dem ihnen bei Geburt zugewiesenen biologischen Geschlecht hatten, und „Transsexuellen", also Menschen, die sich mit dem ihnen bei Geburt zugewiesenen Geschlecht nicht identifizieren konnten. Für „Transvestiten" wie „Transsexuelle" galt und gilt, dass sie a-, bi-, hetero- oder homosexuell sein konnten. Die sprachliche Unterscheidung zwischen „Transvestiten" und „Transsexuellen" zeigt, dass zumindest die drei Personen, die diese Inserate verfasst hatten, Wissen über das trans* Spektrum und das zeitgenössisch verwendete Vokabular zur Differenzierung hatten.

BÜHNENPROGRAMME

Seit den 1960er Jahren war es verschiedenen trans Personen gelungen, Travestie-Lokale zu eröffnen wie beispielsweise das Le Caroussel de Paris in Hamburg, das Chez Nous oder das Chez Romy Haag in West-Berlin. Dort traten neben hetero- oder homosexuellen Künstlern auch transidente auf. Diese Orte waren für transidente Menschen Orte der Vernetzung und des Community-Buildings. Hier konnten Transidente aber auch Beschäftigung finden.[1115] Es gab verschiedene Gruppen, die deutschlandweit mit ihren Programmen auf Tournee waren. Travestie-Shows waren auch in der Region Rhein-Neckar zu finden.[1116] Einem größeren Publikum bekannte Stars wie Mary & Gordy waren im Mai 1983 in Mannheim und Heidelberg zu Gast, dann noch einmal 1992 im Mannheimer Rosengarten und in der Rhein-Neckar-Halle in Eppelheim. 1985 trat auch Romy Haag im Rosengarten Mannheim auf. In der Rhein-Neckar-Region gastierte auch das ebenfalls aus Berlin stammende Ensemble Chez Nous. 1998 trat es in Worms im Spiel- und Festhaus auf, 1999 beim Festival der Travestie im Rokokotheater in Schwetzingen und im selben Jahr auch im Mannheimer Luisenpark.

Das 1980 gegründete Duo Samy & Mario gastierte 1983 und 1985 in Mannheim in der Klapsmühl mit seiner Travestieshow. Im Mai 1983 waren Samy & Mario in Heidelberg in der Alten Krone zu Gast, in der 1983 auch die Preddy Show Company mit einer Travestieshow zu sehen war. In den Folgejahren trat die Gruppe noch mehrfach in der Alten Krone in Heidelberg und in der Mannheimer Klapsmühl auf. Die Alte Krone bot mit der „Lucky Elephants Show" 1984 ein weiteres Travestie-Musiktheater. In der Klapsmühl war 1986 mit Carte Blanche und 1992 mit den Evergreen Sisters erneut Travestie zu sehen. Die Klapsmühl und die Alte Krone scheinen damit diejenigen Orte in Mannheim und Heidelberg gewesen zu sein, an denen Travestiekunst und Travestiekünstler*innen über viele Jahre eine Bühne fanden. In beiden Häusern traten in den 1980er Jahren auch Georgette Dee & Terry Truck mehrfach auf. Hier war das Duo auch 1985 und 1986 zu Gast. Bereits 1982 präsentierten Dee und Truck in der Alten Krone mit „Incognito" eine Anti-Travestieshow mit Brecht-Liedern. Georgette Dee informierte über ihre Zeit in Mannheim in ihrem Buch „Gib mir Liebeslied", in dem sie auch über tätliche Auseinandersetzungen mit Rechtsradikalen in der Quadratestadt berichtet. Travestieshows wurden aber auch an anderen Orten der Region geboten. 1983 gastierte beispielsweise die „Vox Bon Bon – Travestie Show" vom Theater Mobile Bergstraße im Alten Amtsgericht in Zwingenberg. Sally, Sissy & das Trümmerduo traten mit einer Travestieshow im Schwimmbad Musikclub in Heidelberg auf. Im TiG 7 in Mannheim war 1989 „Strip" zu sehen, in Hildes Hellebäch'l in Heidelberg 1992 „Cocolores in Maskerade". Bis 1999 wurden in Mannheim „Evergreens der Travestie" in Gehrings Kommode präsentiert.[1117]

Ein Spezifikum waren Travestieshows für wohltätige Zwecke. So trat im April 1990 Pelle Pershing im Mannheimer TiG 7 mit einer Show auf, die von der Aids-Hilfe Mannheim-Ludwigshafen und dem Theater Trennt präsentiert wurde. Anlässlich des Geburtstags der Aids-Hilfe Heidelberg gastierte im Autonomen Zentrum 1992 das Travestie-Duo Viktor und Viktoria. 1995 veranstaltete die Diskothek Subway in Mannheim ein Benefiz zugunsten des Rosa-Lila-Sozialfonds, bei dem die Diamonds mit einer Travestieshow auftraten. Es wurde ein Erlös von 1.300 DM eingespielt. Auch beim Regenbogenfest waren Travestie-Shows 1996 Bestandteil des Programms.[1118] Die verschiedenen Bühnenprogramme im Bereich der Travestie zeigen, dass die Künstler aus den Großstädten ihre Programme auch in der Region Rhein-Neckar vorstellten, was sie nicht getan hätten, wenn das Publikum gefehlt hätte. Das Spiel mit den Geschlechtszuschreibungen auf der Bühne zog die Menschen auch der Region Rhein-Neckar offenbar an – auch außerhalb der Großstädte. Manche der Künstler*innen waren transidente Personen, andere hetero- oder homosexuelle Männer.

Als im Bundestag 1979 das Transsexuellengesetz diskutiert wurde, gaben zwei Künstlerinnen, Easha und Lova, anlässlich ihres Auftritts in Heidelberg dem Stadtmagazin Ketchup ein Interview, in dem sie über ihre Situation als transidente Frauen informierten und über ihre Motivation, auf die Bühne zu gehen, sprachen. Lova, die aus Trier stammte, stellte heraus, dass sie und Easha ihr Leben auf der Bühne fortführten. *Wir stehen dazu, was wir sind, wir sind transsexuell. Wir sind keine Schauspieler, die eine Marktlücke entdeckt haben.* Und Easha ergänzte *Transsexualität ist ein soziales Problem, das werden immer mehr Leute merken.*[1119] Dass Travestie-Shows wiederholt zugunsten von unterschiedlichen Projekten im Kontext von LSBTI veranstaltet wurden und sich die Künstler*innen ausweislich der untersuchten Quellen seit den 1980er Jahren innerhalb der queeren Community und der Stadtöffentlichkeiten engagierten und solidarisierten, gehört ebenfalls zur Geschichte der Travestie-Auftritte in der Region Rhein-Neckar.

FILM UND KINO

Neben den Travestie-Shows auf verschiedenen Bühnen waren auch die Kinos ein Ort, an dem Transgeschlechtlichkeit öffentlich gemacht wurde. Filme, die unterschiedliche Themen im Bereich Trans* vorstellten, liefen in der Region in verschiedenen Kinos.[1120] Die „Rocky Horror Picture Show" war sicher einer der prominentesten. Sie lief auch anlässlich des Gay Film Festivals in den Kammerlichtspielen in Heidelberg. Hierzu gehörte 1983/84 beispielsweise aber auch „Tootsie", der in Mannheim im Casablanca und zum Beispiel auch in Germersheim in den Regina Lichtspielen lief. Im Heidelberger Gloria sah man 1983 Rosa von Praunheims „Stadt der verlorenen Seelen". Im Mannheimer Capitol lief im selben Jahr „Dressed to kill". Auch der im KiK-Magazin 1984 besprochene Film „Yentl" stellte den Geschlechtswechsel einer Person vor, wenngleich zweifellos mit einem ganz anderen thematischen Ansatz. In der Dokumentation „Female Misbehavior" wurde 1993 im Cinema Quadrat in Mannheim ein Film präsentiert, der die Wandlung eines Transmannes vorstellte.[1121]

GEMEINSAME ÖFFENTLICHKEITEN – TRANSIDENTE MENSCHEN DER EMANZIPATIONSPRESSE

Transgeschlechtliche Menschen hatten auch in den Emanzipationszeitschriften homosexueller Männer sowie der FrauenLesbenbewegung eine (Teil-)Öffentlichkeit. In der Zeitschrift „Homosexuelle Emanzipation" wurde 1978 eine Gesprächsgruppe Transsexueller annonciert.[1122] Das in Heidelberg erscheinende Gay Journal berichtete verschiedentlich über trans Themen. Im Kontext der Diskussion um das Transsexuellengesetz in der Bundesrepublik berichtete es 1979 beispielsweise, dass „Transsexuelle" ihr Geschlecht und ihren Vornamen ändern durften und wählte dafür die Überschrift *Jetzt hat das Bundesverfassungsgericht den Gesetzgeber in Bonn überholt*. Im selben Jahr informierte das Blatt über Pater William aus Pubelo in Colorado, der sich als trans Frau einer Hormontherapie unterzog. 1984 widmete das Gay Journal einen ganzseitigen Artikel dem Thema „Transsexualität".[1123] Auch in den Publikationen der FrauenLesbenbewegung der Region Rhein-Neckar finden sich Informationen zum Bereich Trans*.

Ausgehend von der Hamburger Lesbengruppe LENE kam es 1977/78 innerhalb der FrauenLesbenbewegung zu einer kontroversen Diskussion darüber, ob eine transidente Frau als Lesbe in die dortige Gruppe aufgenommen werden konnte.[1124] Die Heidelberger Lesbengruppe bezog in dieser Kontroverse eine klare Position, indem sie die Hamburger Lesbengruppe aufforderte, die trans Frau *rauszuschmeißen*.[1125] 1994 wurde in der Heidelberger Frauenzeitung Abschminke über „Transsexualität" in der Region Rhein-Neckar berichtet. Die Heidelbergerinnen waren interessiert am Gespräch mit der trans Frau Michaela Eger über das Phänomen „Transsexualität" und ihre Situation.[1126] Dieses Interview ist das erste umfangreichere Zeugnis in der trans Geschichte der Rhein-Neckar-Region nach den Berichten über Hertha Wind (Kap. 20) in den 1950er Jahren. Es ist das erste bisher bekannte Interview einer trans Person aus der Region überhaupt. Offenbar gab es aber keine spezielle regionale Zeitschrift für Transidente.

Auch der Andere Buchladen in Mannheim bot dem Thema Trans* eine Öffentlichkeit. 1993 trat Charlotte von Mahlsdorf, die bekannteste trans Person der zu diesem Zeitpunkt untergegangenen DDR und Trägerin des Bundesverdienstkreuzes, im Rahmen einer Lesung mit ihrem Buch „Ich bin meine eigene Frau" im Mannheimer Kino Odeon auf. Zwar wurde in einem fast halbseitigen Artikel im Stadtmagazin Meier erläutert, dass sie sich *bereits in ihren Kindertagen als ein ‚Mädchen im Jungenkörper'* gefühlt habe. Dennoch wurde sie als *der prominenteste Homosexuelle der ehemaligen DDR* angekündigt. Thommi Herrwerth, der Eigentümer des Anderen Buchladens in Mannheim, stellte Buch und Autorin vor.[1127] Außerdem wurde hier 1997 eine Lesung mit der zeitgenössisch sehr bekannten Saarbrücker Germanistin und trans Frau Waltraud Schiffels angeboten.[1128] Dass auch die Xanthippe Literatur im Bereich Trans* anbot, ist anzunehmen.

TRANS* BERATUNG

In den 1990er Jahren tauchten Fragen der Beratung Transidenter in verschiedener Weise auf. So informierte Michaela Eger in der Heidelberger Frauenzeitung Abschminke darüber, dass sie seit Anfang der 1990er Jahre in Heidelberg eine ehrenamtlich geführte Informations- und Kontaktstelle für Transidente betrieb. Offenbar gab es Mitte der 1990er Jahre – Eger war inzwischen nach Karlsruhe umgezogen – Pläne, diese Kontaktstelle vonseiten des Landes Baden-Württemberg aus finanziell zu unterstützen.[1129] Offenbar sollte diese zentrale Stelle für das Land Baden-Württemberg 1994 dann in Tübingen eingerichtet werden – und hier war sie auch genannt.[1130] Das fehlende Beratungs- und Unterstützungsangebot in Heidelberg wurde 1993 auch zum Thema im Stadtmagazin Meier. Hier wurde als Kontaktperson die Sozialpädagogin Susanne Ritter angegeben, die über eine Telefonnummer im Selbsthilfebüro in Heidelberg zu erreichen war.[1131] In Ludwigshafen veranstalteten die Pro Familia Ludwigshafen und die Aids-Hilfe Mannheim-Ludwigshafen einen Infoabend zu den Themen „Transsexualität – Homosexualität – Bisexualität".[1132] 1993 war in Heidelberg auch eine „Selbsthilfegruppe Transsexueller Menschen" aktiv.[1133] Kerstin Erlewein beriet später für viele Jahre trans Menschen aus der gesamten Rhein-Neckar-Region.

AUTOBIOGRAFISCHE ÖFFENTLICHKEITEN

2017 veröffentlichte die Ausstellung „Vom anderen Ufer" verschiedene Fotografien und Selbstäußerungen von Simone und Kerstin als trans Frauen online.[1134] Im Jahr 2018 wurde der erste autobiografische Text einer trans Frau aus der Region

Rhein-Neckar von Valerie Schnitzer veröffentlicht. Ihre Geschichte, die unter dem Titel „Geheilte Seele, befreites Ich" erschien, wurde auch von verschiedenen Zeitungen in der Region Rhein-Neckar aufgegriffen.[1135]

FAZIT

Seit den 1970er Jahren sind verschiedene Öffentlichkeiten für den Bereich Trans* in der Region Rhein-Neckar nachweisbar. Trotz der hier vorgestellten verschiedenen kleineren (Teil-)Öffentlichkeiten speziell in den Bereichen Kino, Bühne, Emanzipationspresse und Stadtmagazinen seit den 1970er Jahren und der Verabschiedung des Transsexuellengesetztes (TSG) im Jahr 1980 und dessen Inkrafttreten im Folgejahr fällt auf, dass es bis Mitte der 1990er Jahre dauerte, bis in Heidelberg eine Selbsthilfegruppe auf regionaler Ebene ins Leben gerufen wurde.[1136] Das war mehr als 20 Jahre nach den ersten geschlechtsangleichenden Operationen in Heidelberg und 15 Jahre nach der Verabschiedung des TSG. Die Gruppe im Bereich Trans* ist damit nach den Gruppen für Schwulen, Lesben und offenbar auch nach den Bisexuellen die letzte Gruppe im LSBTI-Spektrum, die sich in der Region Rhein-Neckar gründete.

Das Erscheinen der ersten Autobiografie einer transidenten Person im Jahr 2018 erfolgte mehr als 40 Jahre nach dem Beginn der Operationen und 35 Jahre nach der Verabschiedung des TSG. Es ist nach dem gescheiterten Versuch von Hertha Wind in den 1950er Jahren, mit ihrer Lebensgeschichte öffentlich zu werden, der bis heute zweite autobiografische Text einer trans Frau aus der Region Rhein-Neckar. Dies zusammen mit der Tatsache, dass innerhalb von zehn Jahren in den Stadtmagazinen nur acht Anzeigen im weiteren Kontext von Trans* geschaltet wurden, ist Ausdruck des enormen gesellschaftlichen Drucks, der auf trans Menschen lastete und lastet. Allein auf der Bühne und im Kino finden sich kontinuierliche und vermutlich größere Öffentlichkeiten für den Bereich Trans*.

Dass sich bis auf die Autobiografie von Christiane Völling zwischen 1970 und 2000 keinerlei Selbstzeugnisse von intergeschlechtlichen Menschen in der Region Rhein-Neckar finden und auch hier nur sehr wenige Öffentlichkeiten für Themen im Kontext von Intergeschlechtlichkeit aufgezeigt werden konnten, verweist ebenfalls auf die Situation intergeschlechtlicher Menschen. Erst allmählich werden auch die Themen aus dem Bereich trans* und inter* in einer zunehmenden und breiter werdenden Öffentlichkeit besprochen. So beteiligen sich Heidelberg und Mannheim seit 2015 an den Trans*Aktionswochen Rhein-Neckar im Rahmen der Transgender Awareness Week.[1137] In Ludwigshafen wurde 2019 der erste Transgender Gay of Remembrance begangen.[1138] Dass es intergeschlechtliche Menschen auch in der Region Rhein-Neckar immer gegeben hat, wird erst seit der Einführung eines dritten Geschlechtseintrags 2017 allmählich in der Überlieferung der Standesämter sichtbar. So erhielten alleine im Standesamt Mannheim zwischen 2018 und 2021 16 Personen den Geschlechtseintrag „divers". Außerdem wurde in Mannheim zwischen 2009 und 2021 der Personenstand nach dem TSG für insgesamt 89 Personen verändert (die meisten Änderungen im Jahr 2009 mit 13 Änderungen).[1139] In Heidelberg wurden 2004 bis 2021 insgesamt 110 Änderungen nach dem TSG vorgenommen. Darunter bilden die Jahre 2007 mit 0 und 2019 mit 16 Änderungen die Extremwerte. Im Durchschnitt wurden in Heidelberg also 6,1 Änderungen nach dem TSG pro Jahr vorgenommen. Die Heidelberger Statistik für Änderungen nach dem Personenstandsgesetz § 45b bildet Änderungen „männlich zu weiblich", „weiblich zu männlich" und auch die völlige Streichung der Geschlechtsangabe ab. 2018 bis 2021 war dies in Heidelberg bei 16 Personen der Fall. Darunter bilden die Jahre 2018 mit 0 und 2020 mit 8 die Extremwerte. Im Durchschnitt wurden in Heidelberg also 4 Einträge im Jahr unter dieser Rubrik vorgenommen.[1140]. Dass sich geschlechtliche Vielfalt auch abseits der Großstädte nachweisen lässt, zeigt sich beispielsweise in Hockenheim, wo 2009, 2015 und 2018 jeweils ein Verfahren im Sinne des TSG erfolgte. Dort wurde 2018 bis 2021 kein Eintrag „divers" vorgenommen.[1141] Auch im Standesamt Landau wurde zwischen 2018 und 2020 für keine Person der Geschlechtseintrag „divers" beantragt, während 2013 bis 2020 18 Personen einen Wechsel des Eintrags im Personenstandsregister nach dem TSG vornehmen ließen.[1142] Mit diesen Angaben wird deutlich, dass geschlechtliche Vielfalt nicht nur längst gelebte Praxis ist, sondern diese Menschen auch bei den Behörden öffentlich werden. [1143] Angesichts der vorangegangenen staatlichen wie gesellschaftlichen Pathologisierungs-, Diskriminierungs- und Verfolgungspraxis ein nicht gering zu schätzender Vorgang.

CSD 2011 in Mannheim. Ausschnitt aus einem Foto von Alexander Kästel. Stadt Mannheim / Alexander Kästel

DIETMAR KRACHT (1941–1976). VOM HILFSARBEITER ZUM KULTSCHAUSPIELER

30

Wolfgang Knapp

Dietmar Kracht vor der Vitrine eines Kinos in Berlin, in dem „Die Bettwurst" gespielt wurde, um 1974. Sammlung Wolfgang Knapp – Büro für Kulturwissenschaft, Mannheim

Dietmar Kracht wurde 1941 in Mannheim als uneheliches Kind geboren und lebte dann in der Nachbarstadt Ludwigshafen. In jungen Jahren erlebte er nur wenig persönliche Zuwendung und Anerkennung. Diese Erfahrungen prägten ihn zeitlebens.[1144] Kindliche Naivität, Auffälligkeiten in Sprache, Ausdruck und Gestik, eine große Begeisterungsfähigkeit und ebenso große Melancholie mischten sich in seinem Verhalten als erwachsener Mensch und machten aus ihm eine unvergleichliche Persönlichkeit.

Im Alter von 12 Jahres verlor Dietmar Kracht seine Mutter, lebte anschließend vorübergehend bei seiner Großmutter und kam dann als Zögling in ein Erziehungsheim. Als junger Mann schlug er sich mit Gelegenheitsjobs durch, im Melderegister der Stadt Ludwigshafen wurde er als „Hilfsarbeiter" erfasst.

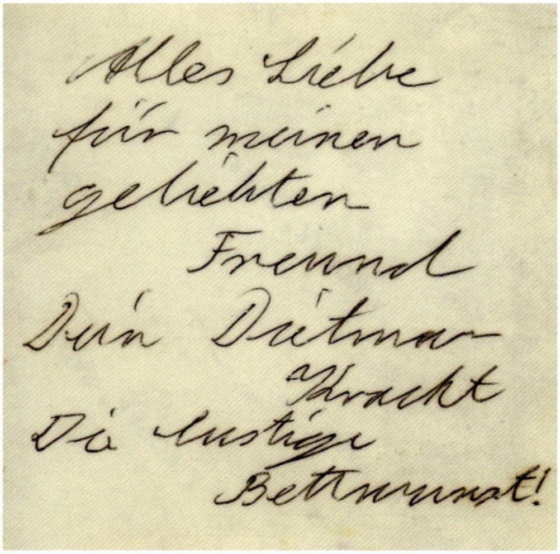
Alles Liebe
für meinen
geliebten
Freund
Dein Dietmar
Kracht
Di lustige
Bettwurst!

Handschriftliche Widmung von Dietmar Kracht für einen unbekannten Freund, auf der Rückseite des auf S. 269 wiedergegebenen Berliner Fotos, um 1974. Sammlung Wolfgang Knapp – Büro für Kulturwissenschaft, Mannheim

Anschließend lebte er in Frankfurt a. M. und Berlin zunächst als Strichjunge. In Berlin wurde Dietmar Kracht von dem deutschen Filmemacher Rosa von Praunheim entdeckt, der gerne schräge Persönlichkeiten und Geschichten für seine Filme engagierte. So spielte Kracht von 1969 bis 1973 in vier Praunheim-Filmen mit. Durch seine Hauptrolle in der Film-Groteske „Die Bettwurst" wurde er berühmt und ging in die Filmgeschichte ein. Doch er lebte weiterhin in unsicheren Verhältnissen, wurde von den Medien auf die Rolle des „Verrückten" festgelegt und als Mensch und Schauspieler nicht ernst genommen.

Eine enge Freundschaft verband Dietmar Kracht mit der Sängerin und Schauspielerin Evelyn Künneke, in deren Berliner Altbauwohnung er zuletzt auch wohnte. 1976, kurz vor den Dreharbeiten zu einem Fernsehfilm über das Leben der Freundin, starb Dietmar Kracht in Berlin im Alter von nur 35 Jahren. Er erlitt einen Herzschlag, als er nach einem Kneipenbesuch den Berliner Grunewaldsee schwimmend durchqueren wollte.[1145]

Das Leben ist wie ein Karussell –
man darf nicht aufgeben, das darf man nicht.[1146]

Dietmar Kracht

Dietmar konnte kaum lesen und schreiben (...).
Trotzdem behaupte ich, dass Dietmar Kracht intelligent war!
Er hatte Phantasie und viel Geschmack.[1147]

Evelyn Künneke

Filmografie

1969: Schwestern der Revolution (Regie: Rosa von Praunheim)

1970/71: Nicht der Homosexuelle ist pervers, sondern die Situation, in der er lebt (Regie: Rosa von Praunheim)

1971: Die Bettwurst / Die Kieler Bettwurst (Regie: Rosa von Praunheim)

1973: Die Bettwurst / Die Berliner Bettwurst (Regie: Rosa von Praunheim)

1974: 1 Berlin-Harlem (Regie: Lothar Lambert/Wolfram Zobus)

Rechte Seite: Der Filmregisseur Rosa von Praunheim (li.) und Dietmar Kracht, 1971 in Berlin. picture alliance / Sammlung Richter / Sammlung Richter/LB

66
JOE COCKER
MAD DOGS AND ENGLISHMEN
LEON RUSSEL

31 REAKTIONEN AUF DIE HIV- UND AIDS-KRISE

CHRISTIAN KÖNNE

DIE HIV/AIDS-KRISE UND DIE POLITIK

Aids war seit den 1980er Jahren ein großes Thema zunächst im Kontext von schwulen Männern, bevor klar wurde, dass Aids alle anging.[1148] Die HIV/Aids-Krise nahmen vor allem Konservative aus Politik und Kirche zum Anlass, alte Vorurteile gegenüber Homosexuellen abermals zu instrumentalisieren, um deren im vorangegangenen Jahrzehnt erreichte größere Offenheiten und Freiheiten wieder einzuschränken.[1149] Bundesgesundheitsministerin Rita Süssmuth nahm dies zum *Anlaß zu der besorgten Frage* darüber, ob die *humanen Errungenschaften und demokratischen Gepflogenheiten* der Bundesrepublik *in Gefahr geraten* waren und ob in der Diskussion um HIV/Aids *Mitmenschlichkeit und Toleranz vergessen werden* könnten. Angesichts der von konservativer Seite erhobenen Forderungen nach Zwangstests, Registrierung, Tätowierung oder sogar Kasernierung von Infizierten war HIV/Aids für die Bundesgesundheitsministerin *ein Prüfstein für unsere Demokratie.*

Für Süssmuth stellte sich in der Diskussion um Aids in der Politik die grundsätzliche Frage, *wieviel Eigenverantwortlichkeit und Mündigkeit wir den Mitbürgern zutrauen. Wie viel Toleranz, Humanität, Solidarität* in der Gesellschaft *abrufbar* waren. Für Süssmuth jedenfalls konnte es *kein politisches Ziel sein, die heute von AIDS Betroffenen aus der Gesellschaft auszugrenzen*. Nach ihrer Vorstellung hatten sich die Politiker vielmehr zu fragen, *wie sie dazu beitragen* konnten, *Ausgrenzungen zu vermeiden und größtmögliche Zusammenarbeit und wechselseitige Unterstützung zu gewährleisten*.[1150] Ausgehend von diesen Ideen startete Süssmuth eine ebenso umfangreiche wie offensive Aufklärungskampagne über potentiell gefährliche Sexualpraktiken einerseits sowie „safer Sex"-Praktiken andererseits.[1151] Aus Heidelberg beispielsweise wurde diese Politik ausdrücklich begrüßt.[1152] Nie zuvor wurde in der Bundesrepublik so öffentlich und aller Orten über die verschiedenen Sexualitäten und Sexualpraktiken gesprochen wie in der zweiten Hälfte der 1980er und Anfang der 90er Jahre. Mit großem Erfolg. Die Bundesrepublik verzeichnete eine der niedrigsten (Neu-)Infektionsraten weltweit.

JURISTISCHE POSITIONEN IN MANNHEIM

Die Diskussionen um die Maßnahmen zur Bekämpfung der neuen Krankheit sowie den Umgang mit HIV-Infizierten und Aids-Kranken spiegelt eine Tagung von Juristen wider, die sich im November 1987 in Mannheim trafen, um die *Rechtsprobleme von AIDS* zu besprechen. In Anbetracht der Forderungen aus Bayern nach einer „Kasernierung" und „Absonderung" der HIV-Positiven, wie dies u. a. von Horst Seehofer und Peter Gauweiler gefordert wurde, verwies der Strafrechtler Bernd Schünemann von der Universität Freiburg darauf, dass die Bundesrepublik *ihre Demokratie nicht wegen AIDS opfern* dürfe. Wie groß die Angst war, zeigt, dass bei der Konferenz die *Frage einer Tätowierung von Infizierten* gleich mehrfach thematisiert wurde. Der Mannheimer Verfassungsrechtler Schenke musste an das Grundgesetz erinnern, um den versammelten 500 Juristen und Interessierten klarzumachen, dass *eine Kennzeichnung der Menschenwürde* widersprach. Auch erinnerte er die Anwesenden in deutlicher Weise warnend an Verfahren aus der NS-Zeit.

Dass in Nürnberg ein Urteil ergangen war, das zwei Jahre Haft für ungeschützten Geschlechtsverkehr eines HIV-Positiven verhängt hatte, *fand bei den Juristen überwiegend Zustimmung.* Schünemann bezeichnete HIV-Positive, die weiterhin promisk lebten, als *fast eine Mordmaschine*. In der Diskussion wurde geäußert, dass *alle Krankenhausverwaltungen* verpflichtet werden sollten, *bei allen Patienten – notfalls zwanghaft – AIDS-Tests vorzunehmen, um das medizinische Personal vor Ansteckung zu schützen.* Auch die These, dass *Arbeitgeber von einem Bewerber einen AIDS-Test verlangen* oder *einen positiven Bewerber ablehnen* könnten, war in der Diskussion. Daneben wurde überlegt, ob und wie man auf HIV/Aids testen solle, um eine Übersicht über die Zahl der Erkrankten zu erhalten.[1153] Aus der Sicht eines schwulen Juristen äußerte sich Stefan Reiß, zuvor Mitglied der Emanzipationsgruppe Homo Heidelbergensis: *Wer zum Test geht und einen positiven HIV-Antikörper-Status mitgeteilt bekommt, erlebt* [...] *sofort einen Prozeß, der unaufhaltsam zum sozialen Tod führt. Die kleinste Schwäche – und sei es das Küssen der eigenen Kinder einer Drogenbenutzerin – kann ihr danach als Mordversuch vorgeworfen werden.*[1154] Wie man am besten weiter verfahren solle, war auch am Ende dieses zweitägigen Symposiums offen.[1155]

DIE ANGST VOR AIDS. DISKRIMINIERUNG VON INFIZIERTEN

Bei allen Diskussionen um Aids spielte die Frage des Schutzes nichtinfizierter Menschen vor einer Ansteckung eine so wichtige Rolle, dass darüber mitunter die Frage des sozialen Miteinanders und der medizinischen Versorgung der Menschen, die sich mit HIV infiziert hatten oder an Aids erkrankt waren, aus dem Blick geriet. Stattdessen verbreitete sich mit Aids die Angst vor einer Ansteckung und mussten Menschen mit HIV oder Aids erleben, dass sie stigmatisiert, ausgegrenzt und diskriminiert wurden – nicht nur gesellschaftlich, auch vonseiten der Medizin. Für die Rhein-Neckar-Region ist ein solcher Fall überliefert, über den sogar die Frankfurter Rundschau und das ARD-Fernsehmagazin Kontraste berichteten. Am Theresienkrankenhaus in Mannheim wurde 1993 einem HIV-infizierten Mann (in der Presse als Manfred K. bezeichnet) eine Operation mit dem Argument verweigert, das gesundheitliche Risiko für den Patienten sei durch den Eingriff zu groß. Danach verschlechterte sich der gesundheitliche Zustand des Betroffenen so sehr, dass er seinen Beruf aufgeben musste.

Der Betroffene klagte und bekam von der Kommission für Fragen der ärztlichen Haftpflicht recht. Deren Gutachter kam zum Schluss, dass die Ärzte offenbar nur aus Angst vor einer Ansteckung mit HIV die Operation abgelehnt hätten. Die Angst war jedoch unbegründet. Denn der Patient wurde an der Frankfurter Uniklinik ohne Komplikationen operiert. Vom Theresienkrankenhaus erhielt Manfred K. eine finanzielle Entschädigung. Wie er dem Mannheimer Morgen darlegte, ging es ihm aber um mehr: *Ich fühle mich als Kassenpatient und Homosexueller diskriminiert, und das macht mir zu schaffen.*[1156]

AIDS. INFORMATIONEN UND DISKUSSIONEN FÜR MÖGLICHST ALLE

HIV/Aids wurde in der Region Rhein-Neckar an verschiedenen Orten und in unterschiedlichen gesellschaftlichen Kontexten öffentlich diskutiert. Wesentlichen Anteil daran hatten neben den überregionalen auch die regionalen und lokalen Medien, wie zum Beispiel die Tageszeitungen und die in der Regel monatlich erscheinenden Stadtillustrierten wie zum Beispiel Ketchup, das 1985 das Gespräch eines Hetero-Paares beim Sex vorstellte und dabei die Krankheit Aids und die Ängste vor einer Infektion thematisierte. Ende des Jahres 1985 leistete Ketchup abermals Aufklärungsarbeit im Artikel *AIDSENDE ZEITEN*. Aids war auch ein Thema an den Schulen. So publizierte die Schülerzeitung Kontakt der Realschule Herxheim in der Südpfalz 1985 einen mehrseitigen Artikel über Aids und die Folgen. Selbstverständlich nahm sich auch das überregionale Gay Journal des Themas an. 1985 konstatierte die Zeitschrift, dass *Aids in aller Munde* sei.

Veranstaltung auf den Kapuzinerplanken in Mannheim anlässlich des 1. Weltaidstags, 1.12.1990. Neben dem Gedenken an die an Aids verstorbenen Menschen diente die Veranstaltung der Information und Aufklärung. Foto-Thomas, MARCHIVUM

Neben den Zeitungen sorgten auch verschiedene Veranstaltungsformate wie Vorträge, Diskussionen, Tagungen, Film- und Theateraufführungen dafür, dass über Aids aufgeklärt und die Krankheit und ihre weitreichenden Folgen diskutiert wurden. Im Januar 1985 lud die Volkshochschule Heidelberg zu einem Vortrag von Michael Holy, der im Rahmen der Veranstaltungsreihe „Rosa Zeiten" des schwulenpolitischen Arbeitskreises (Schwup) Heidelberg über „Homosexualität und Politik heute: AIDS und der Fall Kießling" sprach. 1986 bot die Heidelberger Gruppe Anale Grande im Haus Buhl eine Show zum Thema Aids. 1987 wurde von Schwup an der Universität Heidelberg ein Vortrag zum Thema „AIDS-Meldepflicht-Zwangstest" angeboten. An der Universität Mannheim fand im Januar 1987 ebenfalls eine Aids-Informationsveranstaltung statt. Auch in der Zuckerfabrik in Frankenthal wurde im Januar 1987 eine Diskussionsrunde zum Thema Aids veranstaltet. Im Mai 1987 fand durch die Mannheimer Fachhochschule für

Sozialwesen im Forum der Jugend eine Informations- und Diskussionsveranstaltung über medizinische und rechtliche Aspekte von Aids statt. Hier sprachen neben Ärzten und Therapeuten auch Vertreter der Aids-Hilfe Mannheim, der Aids-Initiative Karlsruhe sowie der Bundesanwalt und Homosexuellenaktivist Manfred Bruns aus Karlsruhe.[1157]

Anlässlich der 36. Internationalen Filmwoche wurden im Oktober 1987 in Mannheim neun Filme zum Thema Aids gezeigt. Zur Filmreihe erschien eine Dokumentation mit Aufsätzen und Interviews.[1158] In Heidelberg fand 1987 die deutschsprachige Erstaufführung des Theaterstücks „The normal Heart“ über HIV/Aids statt. Es stammte vom Aktivisten Larry Kramer, der neben der Gay Men's Health Crisis auch Act up mitgründete.[1159] Im März 1988 veranstaltete das Mannheimer Stadtjugendamt unter Schirmherrschaft von Bundesgesundheitsministerin Süssmuth an der Gesamtschule Herzogenried einen Jugendkongress zum Thema Aids.[1160] 1990 fand eine AIDS-Aktionswoche an mehreren Orten in Ludwigshafen statt, die vom Oberbürgermeister eröffnet wurde. An ihr war neben der Bundeszentrale für gesundheitliche Aufklärung auch die Aids-Hilfe Mannheim-Ludwigshafen beteiligt. Neben Theater und einem Benefizkonzert gab es einen Aufklärungsbus und im Haus der Jugend eine Ausstellung zur Geschichte des Kondoms: „Vom groben Linnen zum zarten Latex. Fünf Jahrhunderte Verhütung.“ Im Mai 1992 bot das Deutsch-Amerikanische Institut (DAI) in Heidelberg eine Diskussion zum Thema „Should the state have any control over the sex lives of individuals?“ an. Der SV Waldhof-Mannheim nahm anlässlich eines Gastspiels beim FC St. Pauli in seine Fan-Artikel auch Präservative auf, um auf diese Weise einen Beitrag zur Verhütung von Aids zu leisten. Im Juni 1997 lud das Frauencafé in Heidelberg zum Vortrag „HIV/Aids was haben Frauen und Lesben damit zu tun?“ ein. Am Welt-Aids-Tag war beispielsweise auch das Rhein-Neckar-Fernsehen beteiligt.[1161] Dass Aids alle anging, wurde also in verschiedener Weise und unterschiedlichen Kontexten thematisiert. Eine spezielle Beratung boten die Aids-Hilfen.

Plakat für den 1. Mannheimer Jugendkongress Aids am 12.3.1988. MARCHIVUM

AIDS-HILFE MANNHEIM-LUDWIGSHAFEN

Im Frühjahr 1985 wurde in Mannheim eine AIDS-Hilfe-Organisation gegründet, aus der dann die Aids-Hilfe Mannheim-Ludwigshafen hervorging. Die zunächst rein ehrenamtliche Initiative bestand 1985 aus zehn, 1987 aus 12 Personen. Als sie 1995 ihr zehnjähriges Jubiläum beging, verfügte sie über eigene Räume und zwei hauptamtliche Stellen, die aus Spendengeldern und Zuschüssen der Stadt und des Landes bezahlt wurden. Zeitweise bestand auch eine vom Arbeitsamt finanzierte ABM-Stelle.

Die Aids-Hilfe bot telefonische und persönliche Beratungen zum Beispiel über Infektionsrisiken und sozial-rechtliche Fragen an. Zugleich betreute sie Infizierte und Erkrankte. Es gab getrennte Gesprächsgruppen für Männer und Frauen.[1162] Die Aids-Prävention durch Safer Sex-Kampagnen und Aufklärung wurde nach Berliner Vorbild gestaltet, mit dem Ziel in der Öffentlichkeit *offensiv gegen falsche Prüderie* und für die unkomplizierte Safer Sex-Methoden, vor allem die Verwendung von Kondomen, zu werben.[1163] Im Rahmen eines Modellversuches arbeitete mit Astrid Müller auch eine Streetworkerin in der Aids-Aufklärung.[1164] Später wurden bei der Aids-Hilfe Mannheim-Ludwigshafen verschiedene Positiven-Gesprächsgruppen angeboten. So traf sich die Schwule Positivengruppe zweimal im Monat, die Frauen Positivengruppe einmal in der Woche.[1165] Die Aids-Hilfe Mannheim-Ludwigshafen wirkte regelmäßig bei Benefizveranstaltungen mit und warb so Gelder ein, die HIV-Positiven und Aids-Kranken zugutekamen.

Hervorzuheben ist, dass die Aids-Hilfe Mannheim-Ludwigshafen auch überregionale Bedeutung hatte. Sie unterstützte mit ihrer Expertise die Gründung anderer Aids-Hilfen, wie beispielsweise in Pforzheim, wo Jörg Sauer und Fikret Düzgün beratend tätig waren,[1166] und wirkte an der Planung, Organisation und Durchführung von bundesweiten Positiventreffen zum Beispiel im Waldschlösschen bei Göttingen ebenso mit wie am europäischen Positiventreffen. Einer der Initiatoren dieser Veranstaltungen war Jörg Sauer von der Mannheimer Aids-Hilfe.[1167] Norbert Theobald wurde 1997 als langjähriger ehrenamtlicher Mitarbeiter des Vereins beim Neujahrsempfang der Stadt Mannheim eine besondere Ehre zuteil. Oberbürgermeister Gerhard Widder verlieh ihm als Anerkennung für seine besonderen Verdienste eine Auszeichnung und ehrte damit letztlich auch die Aids-Hilfe, die als eingetragener Verein noch bis 2012 bestand.[1168] Seither gibt es das Folgeprojekt KOSI.MA, das als (Kompetenz)Zentrum für sexuelle Gesundheit bis heute über HIV und andere sexuelle Krankheiten informiert.[1169]

AIDS-HILFE HEIDELBERG

Im Januar 1986 wurde auf Initiative von zirka zehn schwulen Männern die Aids-Hilfe in Heidelberg gegründet. Binnen Jahresfrist waren 17 Personen und nun auch heterosexuelle Frauen und Männer mit dabei.[1170] Zunächst arbeitete man in privaten Wohnungen, dann in der Römerstraße, bevor die Aids-Hilfe 1988 eigene Räume in der Bunsenstraße und schließlich 1992 in der Unteren Neckarstraße 17 erhielt.[1171] Ebenso wie die Aidshilfe Mannheim-Ludwigshafen leistete die Heidelberger Aids-Hilfe einen wichtigen Beitrag nicht nur zur Information und Beratung Infizierter und Kranker, sondern auch zur Aufklärung über HIV/Aids und zum Abbau von Vorurteilen und Stigmatisierungen. So trat auch die Aids-Hilfe Heidelberg mehrfach mit Veranstaltungen an die Öffentlichkeit heran, wie zum Beispiel mit der Aufführung des Films „Noch leb ich ja" von Michael Aue im Februar 1987 in der Gaststätte Jägerlust in der Gaisbergstraße.[1172]

Ihre bis dato vermutlich größte Aufmerksamkeit erhielt die Aids-Hilfe Heidelberg anlässlich ihres 6. Geburtstags 1992, als sie mit einem fast vierwöchigen Veranstaltungsprogramm an verschiedenen Orten in der Stadt hervortrat. Die Heidelberger Oberbürgermeisterin Beate Weber war Schirmfrau. Vom 19. Januar bis 16. Februar 1992 widmeten sich alleine vier Kunstausstellungen dem Thema

Aids. Dazu zählte die aus New York stammende Ausstellung „Bilderschock", deren Vernissage auf dem Uni-Platz stattfand. Daneben gab es Fotoarbeiten unter dem Titel „Metamorphosen" von Reinhold Haar sowie Porträts HIV-Positiver von Roland Lämmle im Deutsch-Amerikanischen Institut zu sehen. Ilka Förster stellte Zyklen zum Thema „Leben bis zum Tod" offenbar in der Kunsthandlung Welker aus. Es gab eine Lesung der Schauspielerin Inge Mattes, einen Auftritt des Travestie-Duos Viktor und Viktoria im Autonomen Zentrum und in den Räumen der Aids-Hilfe eine Diskussion zu „Safer Sex und Medien" mit Fletcher Dubois und Reinhold Haar. Zu den weiteren Programmpunkten zählten neben der Aufführung des Theaterstücks „Vieux Carré" nach Tennesse Williams und einem Auftritt des Karlsruher schwulen Chors Schrillmänner in der Stadthalle der Vortrag „Die Lebenslage AIDS-kranker Kinder und deren Eltern" von Irmgard Theilen in der Volkshochschule Heidelberg, die Kunst-Aktion „AIDS-Hilfe" mit Hildegard Putz und Thorsten Knebel im AZ und ein Workshop „Shiatsu – heilsame Berührungen" zur japanischen Energiemassage. In den Räumen der Aids-Hilfe gab es ein Regenbogencafé, und die Zweigstelle Rohrbach der Stadtbücherei lud zum „s'Kränzel" ein – als *Gespräch und Information bei Kaffee und Tee mit AIDS und Kinder e. V. Baden-Württemberg Sitz Heidelberg*. Den Höhepunkt der Veranstaltungsreihe bildete am 8. Februar 1992 ein *Fest im Königssaal des Schlosses*.[1173]

Dass die Aids-Hilfe für die Veranstaltungen u. a. die Stadthalle und das Schloss als prominente öffentliche Orte erhalten konnte, zeigt, dass das Bewusstsein für Aids wirklich angekommen war in Heidelberg. Deutlich wird auch, dass inzwischen das Bewusstsein bestand, dass Aids nicht alleine eine Krankheit von Schwulen war. Folgerichtig präsentierte im Folgejahr das Jugendtheater Heidelberg das Stück „Aids gehts los", das als Mitmachstück zur Aids-Aufklärung Jugendlicher diente. Dass die Aids-Hilfe Heidelberg in den 1990er Jahren auch Treffpunkt der Heidelberger schwul-lesbischen Jugendgruppe Rosa Prinzen/Lila Prinzessinnen war, zeigt, dass sie auch als Ort der Vernetzung und Safe Space in der queeren Community Bedeutung hatte.[1174]

DIE SCHWESTERN DER PERPETUELLEN INDULGENZ

Es gab auch andere Initiativen, die aufklärten, Öffentlichkeit schufen, Ängste ab- und verantwortliches Verhalten aufbauen halfen. Die zweifellos bunteste waren die Schwestern der Perpetuellen Indulgenz. Sie wurden 1979 in San Francisco von Männern *aus der spirituellen Tuntenszene* gegründet. Durch *unkonventionelle Aktionen*, Straßentheater und Showeinlagen bei Partys, aber ebenso mit politischen Demonstrationen und Protestmärschen machten sie sich bekannt. Dazu trug nicht zuletzt bei, dass sie sich als schrille Nonnen kleideten. Trotz ihres exaltierten Auftretens sahen sich die Schwestern *sehr bewußt in der Übernahme der Idee von Spiritualität, Hilfe und Dienst am Nächsten, der traditionelle Nonnen seit Jahrhunderten verpflichtet waren*. Diese Ideale wurden von den Schwestern *bewußt auf*

Logo der Schwestern der Perpentuellen Indulgenz. Schwulst Nr. 22, 1993

sich und die schwule Gemeinschaft übertragen. Sie selbst sahen sich damit auch *als Vorkämpferinnen gegen die AIDS-Krise* an. 1982 sollen sie die weltweit erste Safer Sex-Broschüre überhaupt publiziert haben. Im selben Jahr wurde in den USA unter der Schirmherrschaft von Shirley MacLaine die erste Aids-Benefiz-Veranstaltung der Schwestern auf der Castro Street im Zentrum des Schwulenviertels von San Francisco veranstaltet.[1175]

Wenige Jahre später waren die Schwestern der Perpetuellen Indulgenz auch in Deutschland aktiv und hier zuerst in der Rhein-Neckar-Region bzw. in Heidelberg, wo sich 1991/92 eine Ordensniederlassung gründete. Dazu gibt es zwei Überlieferungen. Einmal wird berichtet, die Ordensgründung in Heidelberg habe am 1. Mai 1992 *mit einer feierlichen Zeremonie* stattgefunden. Folgt man anderen Quellen, war die Gründung angeblich bereits am 21. September 1991 in St. Michael auf dem Heiligenberg in Heidelberg erfolgt.[1176] Unbestritten ist, dass die sogenannte „Erzabtei Sancta Magnesia Avuncula" zu Heidelberg eine Gründung der Schwester „Johanna Indulgentia Tara Maria Benuva" war.[1177] Nach einer vorangegangenen Gründung in Frankreich war Heidelberg in Europa die zweite Ordensniederlassung. Am 30. Juli 1992 wurde die Niederlassung vom Orden in San Francisco anerkannt.[1178] Schon zu Beginn des Jahres 1992 war man in Heidelberg auf der Suche nach Mitschwestern mit Mut, Interesse am *öffentlichen Aufruhr*, wie man vermutlich den Auftritt im Habit und sein Echo einschätzte, sowie der Bereitschaft, sich helfend in den Kontexten von HIV und Aids einzusetzen. Kontaktadresse war das Gaya in der Blücherstraße 1 in Heidelberg.

Im Folgejahr verlagerte sich der Sitz der Schwestern nach Mannheim. Das Ziel blieb aber unverändert, den *Orden auch in Deutschland zu einem festen Bestandteil der schwulen Szene* zu machen. Ansprechpartner*in in Mannheim war über mehrere Jahre „Trish Trash de Gomorrah", alias Dirk Volker Schäfer, die mit der Adresse ihres „Privatkonvent Santa Sebastiana Martyrium" genannt wurde.[1179]

Mit dem Verteilen von Aids-Broschüren und Kondomen an verschiedenen Orten wurden die Schwestern zu einem festen Bestandteil der Selbsthilfe, die in Kooperation mit den Aids-Hilfen Aufklärungsarbeit betrieben. Beispielsweise waren die Schwestern beim Regenbogenfest 1996 im Mannheimer Schneckenhof beteiligt. Im Januar 1997 veranstalteten sie einen Informationsabend zum etwas anderen Umgang

Die Schwestern vom „Orden der Perpetuellen Indulgenz e. V." in Berlin nach der Eröffnung des dortigen 24. Lesbisch-Schwulen Stadtfestes, 16.7.2017. picture alliance / dpa / Soeren Stache

mit Aids an der Mannheimer Abendakademie. 1998 waren die Schwestern abermals an der Abendakademie Mannheim mit einem Vortrag „Aids – eine Strafe Gottes?... über Schuld und Sünde in der AIDS-Diskussion" anwesend. Die Schwestern waren zu diesem Zeitpunkt ein eingetragener Verein. Seit Ende 1996 fanden bei „Trish Trash de Gomorrah" Koordinationstreffen für den CSD 1997 statt. Ihre Adresse fungierte als Kontaktadresse für den CSD. Im Juni 1997 veranstalteten die Schwestern im Kontext der Veranstaltungen zum CSD die Ausstellung „LiebesLeben" auf dem Mannheimer Toulon-Platz und einen Safer Sex-Workshop. Zum Welt-Aids-Tag am 1. Dezember 1997 gingen sie mit Sammelbüchsen für Spenden durch die Mannheimer Innenstadt.[1180] Der Standort der Schwestern befand sich zunächst in der Kobellstraße in Mannheim, 1997/98 wurde er als *Deutsches Mutterhaus* geführt. Bis zu dieser Zeit war Mannheim offenbar das Zentrum der Schwestern der Perpetuellen Indulgenz in Deutschland, dann wurde der Sitz nach Berlin verlegt.[1181] 1998 traten die Mannheimer Schwestern mit einem Vortrag in der hiesigen Abendakademie noch einmal an die Öffentlichkeit. Danach sind keine weiteren Aktivitäten mehr überliefert.

ACT UP (AIDS COALITION TO UNLEASH POWER)

Als weitere Gruppierung im Kontext der HIV/Aids-Krise gründete sich Act up 1987 in den USA. Durch den Berliner Journalisten Andreas Salmen kam das Konzept von Act up, mit teils spektakulären Aktionen auf das Thema Aids aufmerksam zu machen, nach Deutschland. In etwa einem Dutzend deutscher Städte bestanden entsprechende Gruppen. Zu ihren Aktivitäten gehörten sogenannte „die ins" (analog zum bekannten „sit in" vom Englischen „to die" = sterben), in denen die Aktivisten als „Aids-Tote" vor speziellen Orten lagen, um auf die tödliche Gefahr aufmerksam zu machen. Dem offensiven Konzept entsprachen auch die plakativen Logos, auf denen u. a. „Schweigen = Tod" stand. Dies wurde mit dem rosa Winkel verbunden, dem Zeichen, das die Nationalsozialisten in den Konzentrationslagern zur Kennzeichnung homosexueller Häftlinge nutzten. Der hier verwendete Winkel zeigte aber mit seiner Spitze nach oben. Auch in der Rhein-Neckar-Region gab es eine Gruppe von Act up-Aktivist*innen, die sich mindestens zwischen 1994 und 1996 einmal wöchentlich in der Aids-Hilfe Mannheim trafen. Damit existierte die Gruppe länger als die anderen deutschen Act up-Organisationen, die sich zumeist schon 1992/93 wieder auflösten. Über ihre Aktionen in der Region Rhein-Neckar ist in den ausgewerteten Quellen nichts überliefert.[1182]

OASIS – DIE AIDS HOSPIZ-GRUPPE

Im Februar 1994 gründete Isabelle Moeller-Dutoit aus Lampertheim die Aids Hospiz-Gruppe Mannheim-Ludwighafen, der sie den Namen Oasis gab. Die Rhein-Neckar-Zeitung berichtete über ihre Initiative und zitierte Moeller-Dutoit mit den Worten: *Wir bemühen uns, HIV-Positiven und Aids-Betroffenen eine kleine Oase in der Wüste ihrer Unsicherheiten und Ängste zu sein.*[1183] Auch die Stadtillustrierte Meier berichtete und verwies in diesem Zusammenhang darauf, dass die Pflege von Aids-Kranken *auf Staatsebene noch sehr im Argen* lag.[1184] 1995 gehörten der Hospiz-Gruppe sieben Frauen und Männer an, die alle ehrenamtlich arbeiteten und sich zum Ziel gesetzt hatten, Betroffene der Region *in der letzten Phase ihres Lebens partnerschaftlich und psychosozial zu begleiten.*[1185] Sie besuchten die Kranken, erledigten für sie Einkäufe, begleiteten sie bei Spaziergängen oder auch ins Kino und halfen nicht zuletzt dadurch, dass sie den Erkrankten einfach nur zuhörten und sie in ihren letzten Stunden betreuten. Die Gruppe arbeitete mit der Aids-Hilfe Mannheim-Ludwigshafen ebenso zusammen wie mit dem Förderverein für aidskranke Frauen und deren Kinder. Außerdem gehörte sie der Internationalen Gesellschaft für Sterbebegleitung e. V. Bingen/Rhein an. Oasis war bis zum Ende des Untersuchungszeitraums 1999 mindestens sieben Jahre in der Rhein-Neckar-Region aktiv.[1186]

DAS WOHNPROJEKT JOACHIM BULLA

Mitte der 1990er Jahre wurden in der Region Rhein-Neckar auch Wohnprojekte für Menschen mit Aids realisiert. So entstand 1995 in Heidelberg ein Wohnprojekt für vier Bewohner unter Betreuung der Aids-Hilfe. In Mannheim wurde das Wohnprojekt Joachim Bulla e. V. gegründet. Joachim Bulla war bis zu seinem Tod an den Folgen von Aids Betreiber der Diskothek MS Connexion und in vielerlei Hinsicht in der schwulen Szene in Mannheim aktiv. In der Folge wurde das Wohnprojekt nach ihm benannt. Zweck des gemeinnützig anerkannten Vereins war *die Erstellung und Organisation eines Wohnprojektes für HIV-Infizierte und an AIDS erkrankte homosexuelle Männer.*

In betreuten Wohnungen sollten *HIV-Infizierte oder bereits an AIDS erkrankte Männer in Würde leben und sterben können.* Auch wollte man homosexuelle Männer unterstützen, *die aufgrund ihres physischen und psychischen Zustands auf Hilfe angewiesen* waren und *aus Angst vor Diskriminierung völlig isoliert* lebten und *nicht den Mut* hatten, *eine allgemeine Beratungsstelle aufzusuchen.* Außerdem machte man sich die Mitwirkung *an Einrichtungen zur Beratung und Pflege von Menschen mit HIV und AIDS* zur Aufgabe. Eine gute Voraussetzung dafür war, dass der Verein im Forum AIDS unter Leitung des Mannheimer Gesundheitsamtes vertreten war. 1996 war die Einrichtung *eines Hauses mit zwei Sozialarbeiterstellen* geplant. Für die medizinische Versorgung standen *zwei externe Pflegedienste* zur Verfügung, *die ebenfalls Mitglied im Forum AIDS Mannheim* waren. Zur Finanzierung des Wohnprojekts wurde 1996 vom MS Connexion bereits die vierte Benefiz-Gala veranstaltet. Für den 29. September 1996 waren Stefan Runge, Klaus Vinçon, Ralf Barreuter und Jürgen Thomas als Gäste angekündigt.[1187]

BENEFIZVERANSTALTUNGEN: DAS REGENBOGENFEST IN MANNHEIM

Mehrfach fanden in Mannheim und Heidelberg Benefizveranstaltungen zugunsten von Menschen mit HIV oder Aids statt, die von den Aids-Hilfen organisiert und von den Kommunen unterstützt wurden, wie der Aids-Ball, der am 13. Dezember 1997 mit dem Stargast Margot Werner im Mannheimer Rosengarten stattfand,[1188] oder das oben erwähnte Fest im Heidelberger Schloss vom 8. Februar 1992. Auch zum Welt-Aids-Tag fanden in beiden Städten Veranstaltungen statt, bei denen um Spenden geworben wurde.

Plakat für das 3. Regenbogenfest am 3.8.1991. MARCHIVUM

Keine Benefizveranstaltung hat jedoch so viel Aufmerksamkeit und Popularität erfahren wie das Mannheimer Regenbogenfest, das sich seit seinen Anfängen 1988 als jährlich wiederkehrendes Ereignis mit Bühnenshows, Musik, Tanz und Spendentombola etablierte und zu einer festen Größe im Kulturleben der Region wurde. Von 1988 bis 2002 wurde das Regenbogenfest von der Aids-Hilfe Mannheim-Ludwigshafen durchgeführt. Seit 2003 führte Benefiz Rhein-Neckar das Regenbogenfest weiter. 2014 fiel es aus.[1189] Vorläufer des Regenbogenfestes war das unter der Mannheimer Kurpfalzbrücke stattfindende Brückenfest des Arbeitskreises „Wirte gegen Aids", das am 1. August 1987 zum ersten Mal gefeiert wurde. Es war eine gemeinsame Aktion der Aids-Hilfe, der Streetworkerin des Staatlichen Gesundheitsamts und der Szenelokale.[1190] Beim Brückenfest trafen sich Gruppen, die späterhin auch beim Regenbogenfest beteiligt waren.

Mit dem Regenbogenfest wollte die Aids-Hilfe Mannheim-Ludwigshafen Aids weiter *ins Bewußtsein der Öffentlichkeit bringen* und um Spenden für notwendige Unterstützungsleistungen werben. Am 2. und 3. September 1989 fand das Regenbogenfest *in einem Zirkuszelt auf der Neckarwiese unterhalb des DGB Hauses* bereits zum zweiten Mal als *Benefiz- und Solidaritäts-Festival zugunsten von Menschen mit HIV und Aids* statt. Das Ganze, bei dem es samstags ein 9-stündiges non-stop-Musikprogramm gab, kostete *phänomenalerweise* keinen Eintritt. Dafür wurden Spenden *mittels einer Tombola, einer Versteigerung von gestifteten Kunstwerken und dem Verkauf von Speisen und Getränken* eingebracht.[1191] Das Konzept, dass Künstler unentgeltlich auftraten, wurde auch beim 4. Regen-

Plakat für das 2. Regenbogenfest am 2.9.1989. MARCHIVUM

Regenbogenfest 1997 im Schneckenhof des Mannheimer Schlosses. Benefiz-Rhein-Neckar e.V. / Christine Sperling

bogenfest am 13. August 1994, nunmehr im Schneckenhof des Mannheimer Schlosses, fortgesetzt. Von 16 bis 18 Uhr gab es ein Kinderprogramm auf der Wiese vor dem Schloss. Für die Tombola hatten Mannheimer und Ludwigshafener Firmen gespendet.[1192]

Der Schneckenhof blieb als Veranstaltungsort für viele Jahre erhalten.[1193] Das Regenbogenfest 1996 stand unter der Schirmherrschaft des Mannheimer Oberbürgermeisters Gerhard Widder und beeindruckte – wie in jedem Jahr – mit einem bunten Bühnenprogramm, das zahlreiche Besucher*innen anzog. Als *Mannheimer Hofdamen* traten Travestiegruppen auf. Daneben waren das Musical Human Pacific, die Univers Fancy Dancers und eine Modenschau zu sehen. Das Kinderprogramm wurde mit *Unterstützung von Karnevalsvereinen, einem Harley Davidson-Club und der Feuerwehr* betreut. [1194] 1997 konnte die Aids-Hilfe durch das Regenbogenfest 30.000 DM einnehmen. Zum 10. Regenbogenfest 1998 kamen 5.000 Gäste, was einen *leichten Rückgang* zu den Vorjahren markierte. Die Freiwillige Feuerwehr Mannheim-Mitte, das Gesundheitsamt, Karnevalsvereine, verschiedene Vereinigungen sowie die Kneipen und Clubbetreiber *der Szene* waren vertreten.[1195] 13.000 DM wurden erzielt.

1999 war klar: *Nichts macht so viel Spaß, wie das Feiern für einen guten Zweck.* Gleichzeitig bot die Veranstaltung *einen zwanglosen Rahmen*, um mit Menschen zu *plauschen, die vielleicht andere sexuelle Neigungen haben*. Diese Äußerung der Lokalpresse und die Schirmherrschaft des Oberbürgermeisters zeigen, wie sehr sich die Wahrnehmung inzwischen geändert hatte. Ziel des Regenbogenfestes war und blieb auch 1999 der *Abbau von Berührungsängsten* und das *Werben um Verständnis für Aids-Kranke und HIV-Infizierte*. Dazu gab es Informationsstände von 20 Gruppen und ein buntes Programm für die Kinder, beispielsweise mit der Hüpf-Burg des Arbeiter-Samariter-Bundes. Die Museumspädagogik der Reiß-Engelhorn-Museen bot ein Programm. Annette Küppersbusch (WDR) und Klaus Dechant (SWR) übernahmen die Moderation.[1196] Dass der Bericht zum 23. Regenbogenfest über Mehmet Bulut und seinen Mann Bekir aus Freinsheim, das nach eigener Einschätzung *erste türkische verheiratete Schwulenpaar*, informierte, zeigt ebenfalls die Veränderungen in der Gesellschaft an.[1197] 2015 wurde das Regenbogenfest an den OEG City-Beach neben der Kurpfalzbrücke verlegt. 2019 fand das 30. Regenbogenfest statt.[1198]

SCHLUSSBETRACHTUNG

Aids zwang die Menschen dazu, miteinander ins Gespräch zu kommen, sich über Sexualitäten, Sexualpraktiken und Möglichkeiten der Verhütung vor einer Ansteckung auszutauschen.[1199] Die Initiativen zur Gründung der Aids-Hilfen gingen in Mannheim und Heidelberg von den zunächst am meisten betroffenen schwulen Männern aus. Die Arbeit der Aids-Hilfen wurde später von einem größeren Kreis unterschiedlicher Einrichtungen und Personen unterstützt, wie man an den Veranstaltungen zum 6. Geburtstag der Aids-Hilfe Heidelberg oder am Regenbogenfest in Mannheim sehen kann. Wie viel Engagement bestand und wie groß die Not war, zeigt sich auch an der Gruppe Oasis und den Wohnprojekten. Dass in der Region Rhein-Neckar jahrelang die erste Ordensniederlassung der Schwestern der Perpetuellen Indulgenz beheimatet war und sich hier das erste Zentrum der Bewegung in Deutschland befand, zeigt ebenso wie die Tatsache, dass die Act up-Gruppe hier offenbar länger als andernorts aktiv war, wie breit das Engagement war.[1200] 2006 wurde auf dem Bergfriedhof in Heidelberg eine Gedenkstätte für die an Aids Verstorbenen eingeweiht.[1201]

Wir halten uns an den Händen und weinen
um unsere Freundinnen und Freunde,
unsere Partnerinnen und Partner,
unsere Angehörigen und alle,
die wir durch AIDS verloren haben.
Wir vergessen Euch nie!

Aids-Hilfe Heidelberg, Inschrift an der Gedenkstätte für Verstorbene mit HIV/AIDS auf dem Heidelberger Bergfriedhof

Gedenkstätte für Verstorbene mit HIV/AIDS auf dem Heidelberger Bergfriedhof. Foto 2022, privat
Die Aids-Hilfe Heidelberg weihte die Gedenkstätte am 13. Mai 2006 anlässlich ihres 20-jährigen Jubiläums ein. Das Friedhofsamt stellte den Platz in der Nähe der Eingangspforte am Steigerweg zur Verfügung. Ein Steinmetzehepaar stiftete die Stele und die Bank.

32 NAPOLEON SEYFARTH (1953 – 2000). LEBENSKÜNSTLER UND STERBENSKÜNSTLER

WOLFGANG KNAPP

Links: Hans-Joachim Seyfarth als Student in Mannheim, 1975. Schwules Museum Berlin

Rechts: „Napoleon" Seyfarth in Berlin, 1989. Foto: Jürgen Baldiga, Schwules Museum Berlin

Napoleon Seyfarth wurde 1953 als Hans-Joachim Seyfarth in Ludwigshafen-Oggersheim als Sohn eines Barbesitzers und einer Hausfrau geboren. Nach dem Besuch der Grundschule in Ludwigshafen wuchs er bei seinen Großeltern väterlicherseits in Bad Dürkheim auf. Im Anschluss an das Abitur studierte er in Mannheim Psychologie und gründete dort 1975 mit Freunden die erste Mannheimer Schwulengruppe SchAM (Schwule Aktion Mannheim). 1980 zog Seyfarth nach (West-)Berlin, setzte dort zunächst sein Studium fort, entschied sich dann aber für eine Tätigkeit bei der Post. Er ging voll auf in der Berliner Subkultur, wurde Mitstreiter und kritischer Beobachter der noch jungen Schwulenbewegung.

> *Ich ordnete mein Leben. Ich setzte mich an den Schreibtisch und zog Bilanz. [...] Ich wusste, dass es, zumindest für mich, ein Leben vor dem Tod gegeben hatte. Jetzt wollte ich beweisen: Es gibt ein Leben mit dem Tod.*[1203]
>
> Napoleon Seyfarth

Mit der Diagnose seiner HIV-Infektion im Jahre 1988 begann für Seyfarth eine zweite, strikt organisierte Lebensphase. Er heiratete eine Lesbe, wurde Postbeamter, stilisierte sich als „Napoleon" und veröffentlichte 1991 den autobiografischen Roman „Schweine müssen nackt sein". Das Buch erregte mit der Thematisierung von HIV und AIDS und seiner unverblümten, teils zynischen Sprache große mediale Aufmerksamkeit und Seyfarth erlangte mit über 250 Auftritten, Interviews und Lesungen deutschlandweit Bekanntheit. Auch nach dem Ausbruch von AIDS 1998 setzte er die Inszenierung seiner Person und seiner offensiven Auseinandersetzung mit dem Tod fort, bis er im Jahre 2000 starb.[1202]

Lebenslauf und Totentanz

„Schweine müssen nackt sein – ein Leben mit dem Tod" (1991)

Das Buch ist ein Rückblick auf ein intensives Leben im Angesicht des Todes und zugleich ein Sittengemälde der BRD: Seyfarth beschreibt die Entwicklung des kleinen schüchternen „Hans", dessen Homosexualität in der Familie mit dem Ausdruck „DUDUDU" zusammengefasst wird – hin zum großen „Napoleon", der seine Lebensweise als „schwule Sau" voll auskostet. Der bürgerlichen Enge der 1960er Jahre bei Verwandten und Tanten stehen das faszinierende Nachtclubleben des Vaters und erste homosexuelle Erfahrungen in der Rhein-Neckar-Region gegenüber. Die persönliche schwule Emanzipation in den 1970er Jahren geht einher mit dem Engagement in der Schwulenbewegung. Durch HIV und AIDS wird diese Bewegung in den 1980er Jahren zur Anti-AIDS-Bewegung.

CHRISTIAN KÖNNE

Am 28. Juni 1969 setzten sich queere Menschen erstmals gegen die Willkür einer Polizeirazzia in der New Yorker Bar Stonewall Inn in der Christopher Street zur Wehr. Es kam zu Ausschreitungen. Fortan gingen queere Menschen und ihre Unterstützer in den USA mit später sogenannten Gay Pride-Märschen auf die Straßen, um gegen Diskriminierung und für gleiche Rechte zu demonstrieren.[1204] Dies wurde Vorbild für die seither in vielen Ländern organisierten Demonstrationen, die im deutschsprachigen Raum vielfach unter der Bezeichnung Christopher Street Day (CSD) veranstaltet werden.[1205]

BIS DER CSD IN DIE REGION RHEIN-NECKAR KAM

Die erste Demonstration Homosexueller gab es in der Bundesrepublik 1972 in Münster. Zehn Jahre nach den Ereignissen in New York gingen 1979 in Berlin (West), Bremen, Köln und Stuttgart Homosexuelle im Rahmen von als „Stonewall 69 / Gay Pride 79" bezeichneten Demonstrationen auf die Straße, um für ihre Rechte zu kämpfen. Zur Veranstaltung in Stuttgart gehörten neben der Demonstration am 30. Juni 1979 auch ein Grillfest am Vorabend sowie Infostände. Die zirka 400 Teilnehmenden dieses ersten CSD in Baden-Württemberg kamen aus Frankfurt, Gießen, Heidelberg, Karlsruhe, Konstanz, Lahr, Mannheim, München, Stuttgart, Tübingen und Würzburg. Im selben Jahr fand im Rahmen der mehrtägigen Veranstaltung Homolulu vom 23. bis 29. Juli die bis dato größte Demonstration Homosexueller in Frankfurt a. M. mit 1.500 Demonstrierenden statt. Homolulu war von Mitgliedern der schwulen Emanzipationsgruppe Homo Heidelbergensis, wie Stefan Reiß und Eckard Prinz, mit organisiert worden. Letztgenannter trug eine per Akklamation verabschiedete Resolution vor.[1206]

Homolulu in Frankfurt a. M, 28.7.1970. pbk / Abisag Tüllmann

In Baden-Württemberg bestand nach dem Auftakt in Stuttgart 1979 mehrere Jahre das Konzept eines CSD Südwest. Das hieß, dass es in unterschiedlichen Städten jeweils die zentrale Demonstration für das Land Baden-Württemberg insgesamt gab. So wurde der CSD beispielsweise 1984, 1990 und 1999 in Karlsruhe, 1992 in Konstanz oder 1996 in Freiburg veranstaltet.[1207] Im Rahmen des CSD Südwest kam die Demonstration, die im Vorjahr in Heilbronn stattgefunden hatte, 1987 nach Heidelberg und damit erstmals in die Region Rhein-Neckar.[1208]

ZUM „ERSTEN MAL“ CSD IN DER REGION RHEIN-NECKAR: HEIDELBERG 1987

Am 20. Juni 1987 fand die Gay-and-Lesbian-Parade in Heidelberg statt. Die Schwulen- und Lesbengruppen Heidelbergs zusammen mit der SAS (Schwule Aktion Südwest) waren die Organisatoren. Die Heidelberger Emanzipationszeitung Rosamunde gab ein „Demo-Begleitheft“ heraus. Den Beginn der Demonstration am 20. Juni bildete eine Ansprache von Günter Dworek, damals Mitglied des Bundesverbandes Homosexualität. Als Route war die Strecke Universitätsplatz – Friedrich-Ebert-Anlage – Bismarckplatz – Hauptstraße – Universitätsplatz festgelegt worden. Etwa 400 *homosexuelle Frauen und Männer der Schwulen Aktion Südwest* zogen mit *Tanzeinlage, lila Luftballons, Rasseln und Pfeifen* durch die Heidelberger Altstadt. Zwei Männer liefen vor dem Demonstrationszug her und skandierten *Wir sind die schwulen Tanten und grüßen die Passanten.* Auf den Transparenten war u. a. zu lesen *Erbarmen, die Lesben kommen* oder *Stell Dir vor, Du bist schwul und keiner weiß es*. Die Stimmung bei den Demonstrierenden war angeblich *so gut, daß sie die Passanten ansteckte* und diese teilweise dazu *animierte, mitzumachen oder mitzulaufen. Das einfallsreiche und sympathische Auftreten der Leute* trug aus Sicht der Presse *wesentlich dazu bei, daß ihre Anliegen bei den Heidelbergern da und dort zum Tagesgespräch wurden.* Andere Quellen bestätigten dies, beschrieben aber auch Passanten, die so ausgesehen hätten, *als ob sie sich einen Exorzisten wünschten.*[1209]

In Heidelberg wurde gefordert, dass der Artikel 3 des Grundgesetzes um die Passage, dass niemand wegen seiner sexuellen Orientierung diskriminiert werden dürfe, ergänzt werden müsse. Außerdem wandte man sich gegen *diskriminierende Gesetze, gegen diffamierende Erklärungen der Kirchen zur Homosexualität u. gegen Zwangsmaßnahmen, die unter dem Deckmantel der Bekämpfung von Aids die Ausgrenzung und Diskriminierung von Minderheiten* betrieben. Auch eine *Gleichbehandlung homosexueller und heterosexueller Paare* und *eine Entschädigung homosexueller KZ-Opfer* wurden eingefordert. Bei der Abschlusskundgebung sprachen ein Vertreter des Bundesverbandes Homosexualität sowie Jutta Oesterle-Schwerin und Heike Schiller offenbar für den Lesbenring.

Neben der Demonstration gab es das ganze Wochenende über unterschiedliche Programmpunkte. Am 19. Juni sah man im Kino Gloriette auf der Rosa Leinwand schwule und lesbische Filme. Am 20. Juni gab es nachmittags Workshops im Haus der Evangelischen Studentengemeinde wie beispielsweise einen Schmink- oder einen Frisierkurs. Die Aids-Hilfe zeigte Filme aus San Francisco. Im Frauencafé in der Blumenstraße 43 gab es ein gemeinsames Kaffeetrinken für Frauen. Die Buchläden waren mit Veröffentlichungen mit queerer Thematik beteiligt. Als Spontan-Aktion wurde *ein riesiges Plakat* am Heidelberger Schloss heruntergelassen, das dort aber nicht lange hängen blieb. Abends wurde zu einer großen *Schwulen- und Lesbenfete* eingeladen.[1210]

1991 und 1995 fanden in Heidelberg weitere Christopher Street Days statt. 1991 wurde dieser unter *lesben + schwule. selbstbewußt andersrum* angekündigt. Bis 1995 kamen als neue Programmaspekte hinzu: eine *Frauen- und Lesbendisco*, eine schwul-lesbische Schifffahrt von Mannheim zum CSD Heidelberg, die den regionalen Charakter der Veranstaltung abbildete, sowie ein Stadtrundgang für Frauen und Lesben, der vermutlich zu den zentralen Orten der FrauenLesbengeschichte Heidelbergs führte.[1211] Der CSD in Heidelberg wurde stets von Lesben und Schwulen gemeinsam organisiert.

ZUM „ERSTEN MAL" CSD IN MANNHEIM: 1992, 1997, 2001

Anders als man dies heute vermuten könnte, tat man sich in Mannheim trotz einer großen schwulen und lesbischen Szene im öffentlichen Umgang mit Homosexualität schwer. Dies zeigt sich darin, dass die Quadratestadt die letzte in Nordbaden war, die einen CSD ausrichtete. Bezeichnenderweise ist bis heute nicht eindeutig beantwortet, wann eigentlich „der erste" CSD Mannheims stattfand. Überliefert sind drei „erste Male" 1992, 1997 und 2001.

Titelseite des Programmheftes zum CSD Südwest 1997 in Mannheim. MARCHIVUM

Im Stadtmagazin Meier wurde mit dem Datum 13. Juni 1992 jedenfalls eine *Homo-Demo in Mannheim* angekündigt, die als *Christopher Street Day mit Rahmenprogramm für den wilden Süden* geplant war. Die Nachricht wundert insofern, als am 13. Juni 1992 nachgewiesenermaßen der CSD Südwest in Konstanz stattfand, an dem auch die SchAM teilnahm. Wollte die SchAM parallel eine eigene Veranstaltung in Mannheim anbieten? Und wie ist die Meldung in der Zeitschrift Lust zu bewerten, in der eine *Christopher-Day-Party* am 27. Juni 1992 im MS Connexion ankündigt wurde? Bot das Connexion die CSD-Party bewusst an einem anderen Tag als dem der Demo an? Dies alles bleibt Spekulation, da bisher keine Hinweise gefunden wurden, dass 1992 eine CSD-Parade in Mannheim stattfand.[1212] War die Ankündigung im Meier also nur eine Fehlinformation? Es könnte aber auch sein, dass der für den 13. Juni geplante CSD kurzfristig abgesagt wurde, weil sich die Stadt seit dem 6. Juni im Ausnahmezustand befand. An diesem Tag kam es bei einer Pro-Asyl-Demonstration autonomer Gruppen zu heftigen Krawallen und gewalttätigen Auseinandersetzungen, die dazu führten, dass die Stadt ein Demonstrationsverbot erließ und man am 13. Juni weitere Unruhen befürchtete.[1213] Wurde aus diesem Grund also 1992 der CSD abgesagt und gab es deshalb 14 Tage später zum Ausgleich eine CSD-Party?

Sicher ist, dass es einen „ersten CSD" in Mannheim am 21. Juni 1997 gab. Er fand im Rahmen des CSD Südwest statt. Beim Demonstrationszug waren etwa 700 Teilnehmende in der Innenstadt auf der Straße.[1214] Als Begleitprogramm des CSD gab es an verschiedenen Tagen im Juni zahlreiche weitere Veranstaltungen: die Ausstellung „LiebesLeben" auf dem Toulonplatz, bei der die Schwestern der

Perpetuellen Indulgenz einen Safer Sex-Workshop veranstalteten, eine schwule Filmwoche des Cinema Quadrat, Lesungen im Anderen Buchladen und in der Buchhandlung Ex Libris, eine Podiumsdiskussion im Stadthaus zum Thema „Psychosoziale Versorgung von Lesben und Schwulen", ein Konzert der Schrillmänner aus Karlsruhe im Reiß-Museum und, ebenfalls im Reiß-Museum, die Informationsveranstaltung „Haben Schwule und Lesben auch Menschenrechte?", die von Amnesty International in Zusammenarbeit mit der SchAM angeboten und bei der auch der Film „Jeffrey" gezeigt wurde. Das Programm beinhaltete auch einen Gottesdienst in der evangelischen Konkordienkirche, der von der Ökumenischen Arbeitsgruppe Homosexuelle und Kirche (HuK) zusammen mit den Schwestern der Perpetuellen Indulgenz veranstaltet wurde. Weitere Aktionen fanden in Heidelberg statt: ein Vortrag „Lesben mit Kinderwunsch" in der Volkshochschule und ein Vortrag im Frauencafé in der Blumenstraße zu HIV/Aids und der Frage, was Frauen damit zu tun hatten. Am Demonstrationstag selbst fand in Mannheim auf den Kapuzinerplanken ein CSD-Straßenfest mit Infoständen, einer Bühne und Disco statt, bei dem auch die Regionalgruppe Heidelberg des Lesbenrings vertreten war. Der Erlös des Festes wurde an die Aids-Hilfe gespendet. Mit einem Tea-Dance der SchAM im Bürgerhaus der Neckarstadt, einer Jack off Party im Heidelbaer und der CSD-Abschlussparty im MS Connexion fand der Tag seinen Ausklang.[1215]

Ein weiterer „erster CSD" wurde 2001 im Mannheimer Morgen vermeldet. In Mannheim würde *zum ersten Mal ein Christopher Street Day (CSD)* stattfinden. Dieser CSD war im Unterschied zu jenem von 1997 keiner innerhalb der Reihe des CSD Südwest, sondern eine eigenständige Veranstaltung. Nur in dieser lokalpatriotischen Zählweise war er der „erste" Mannheimer CSD. Der Bundestagsabgeordnete Volker Beck (Bündnis 90/Die Grünen) war der Schirmherr.[1216] 2001 war der CSD erstmals auch in der regionalen Presse umfangreich abgebildet. Im Mannheimer Morgen wurde der CSD auf Seite Eins angekündigt. In der Ausgabe findet sich auch eine umfangreiche Berichterstattung mit Interviews und einem Glossar zur LSBTI-Begrifflichkeit, in dem die Begriffe bisexuell, Coming Out, Homosexualität, lesbisch, schwul, Transsexuelle, Transvestit und Travestie erklärt wurden. Im Interview stellte der damalige Chef des MS Connexion, Burckard Hofmeister, in einem Ranking der *schwulen Deutschland-Karte* Mannheim aus seiner nicht unvoreingenommenen Sicht nach Köln und Berlin auf Position drei und damit explizit *vor Hamburg oder Frankfurt*.

In einem eigenen Artikel wurde erstmals die Mannheimer Szene mit ihren verschiedenen Diskotheken, Bars und Cafés, aber auch dem Anderen Buchladen einem breiten Publikum in der Tagespresse vorgestellt, dabei wurden auch Bezüge zur Geschichte mancher Orte gemacht. Der Club Ballerino, Ecke Friedrichsring/Ifflandstraße, sei eines *der ältesten Szene-Lokale* und bestehe *seit über 30 Jahren*. Hier erfuhr man, dass weibliche Homosexuelle *noch in den 1980er Jahren so gut wie keine Stimme innerhalb der Bewegung hatten*. Die Rheinpfalz aus Ludwigshafen bildete in der Ausgabe zum Tag des CSD in der Leserbriefseite widerstreitende

Ansichten zur *eingetragenen Lebenspartnerschaft* ebenso ab wie eine Notiz über einen evangelischen Pfarrer in Köln, der seinen Partner heiraten wollte. In der folgenden Ausgabe erschien der CSD auch auf der Titelseite der Rheinpfalz. Zu dieser veränderten medialen Abbildung trug sicher das inzwischen veränderte politische Klima bei. Nach der Wahl 1998 und dem Antritt der rot-grünen Koalition waren 2001 das Gesetz über die „Eingetragene Lebenspartnerschaft" und 2006 das Antidiskriminierungsgesetz verabschiedet worden. Im Jahr 2002 hatte der Bundestag die Verurteilungen nach § 175 StGB aufgehoben, die vor 1945 ergangen waren, und sich davor, im Jahr 2000, bei den Homosexuellen für die staatliche Verfolgung entschuldigt.

Zur Demonstration am 5. August 2001 zogen 34 Wagen und Fußgängergruppen durch die Innenstadt. Die Schätzungen über die Zahl der Menschen, die den CSD besuchten, variierten zwischen 50.000 und 75.000 Teilnehmenden. Die offizielle Zahl wurde mit 60.000 angegeben. Dies war 2001 der viertgrößte CSD in Deutschland. Diese *politische Demonstration für Gleichberechtigung* war *ein voller Erfolg*, bei dem die Rheinpfalz berechtigterweise darauf hinwies, dass an ihr neben den Homosexuellen *auch Heteros* beteiligt waren und *durch ihre Anwesenheit Toleranz* bewiesen. Die Erwähnung von trans Menschen erfolgte im Mannheimer Morgen und in der Rheinpfalz nur am Rande und überwiegend unter dem Blickwinkel von Drag Queens. Die Berichte bilden insofern den Diskurs der Zeit ab, dessen Fokus auf Homosexualität lag, wobei noch immer erwähnt werden musste, dass man darunter auch Lesben verstand. Beim anschließenden Straßenfest auf dem Marktplatz stellten sich Gruppen und Initiativen vor. Daneben gab es eine Verköstigung und ein Bühnenprogramm.[1217] Dieser CSD markierte in verschiedener Hinsicht eine Zeitenwende. Jährliche Durchführung, Schirmherrschaft einer prominenten Person, kontinuierliche Berichterstattung in der Tagespresse, zu der sicher nicht zuletzt auch die Teilnahme von vielen Menschen beitrug, gehörten seither zu den Kontinuitäten des CSD in Mannheim.

DER CSD IN MANNHEIM – ANSPRÜCHE, THEMEN UND TEILNEHMENDE

Dass die Kontinuität der Durchführung eines CSD in Mannheim ganz grundsätzlich, aber durchaus nicht selbstverständlich war, zeigte sich, als es zwischen 2006 und 2008 verstärkt zu Diskussionen um das Konzept des CSD ebenso wie um dessen Organisation kam. Während der CSD 2006 zunächst abgesagt und dann von einem anderen Organisationsteam binnen weniger Monate auf die Beine gestellt wurde, fiel der CSD 2008 in Mannheim aus. Seit 2009 war der CSD Rhein-Neckar e. V. der Veranstalter. Die Fragen der thematischen Ausrichtung ebenso wie die Auseinandersetzungen über die Organisation aufseiten der Veranstalter und die von manchen angesichts weiterhin bestehender Ungleichbehandlung, Diskriminierung oder Ausgrenzung in die Irre führende Diskussion um die Frage, ob und wozu man einen CSD eigentlich „noch" brauche, zeigten sich auch in den

CSD Mannheim, 10.8.2019. Stadt Mannheim / Alexander Kästel

wechselnden Zahlen der Menschen, die am CSD in Mannheim teilnahmen: 2005: 30.000, 2006: 15.000/20.000, 2009: 60.000, 2010: 75.000, 2011: 60.000.[1218] Diese Zahlen bewiesen aber auch die dauerhafte politische Relevanz der Frage des Umgangs mit queeren Menschen in der Gesellschaft. Der CSD war eine Möglichkeit, sich öffentlich für eine vielfältige (Stadt-)Gesellschaft zu positionieren.

Dass am CSD in Mannheim auch offiziell muslimische Gruppen teilnahmen, gehörte zu den wichtigen Signalen.[1219] Diese Positionierung nahm auch die Politik vor. 2009 war Mannheims Oberbürgermeister Dr. Peter Kurz (SPD) Schirmherr, 2011 war dies der Ministerpräsident von Baden-Württemberg, Winfried Kretschmann (Bündnis90/Die Grünen). Schirmfrauen waren im Jahr 2013 die Sozialministerin von Baden-Württemberg Karin Altpeter (SPD), 2016 die Ministerpräsidentin von Rheinland-Pfalz Malu Dreyer (SPD) und 2018, also dem Jahr nach der Einführung der „Ehe für alle" sowie der juristischen Rehabilitation der nach 1945 bis 1994 wegen § 175 StGB Verurteilten durch den Bundestag, Bundesjustizministerin Katharina Barley (SPD). Dass 2015 anlässlich des CSD von der Stadtverwaltung eine Diversity Konferenz durchgeführt wurde und es seit 2016 zum Auftakt der CSD-Saison einen Regenbogenempfang gibt, der im ersten Jahr im Rathaus Mannheim stattfand, weist in die gleiche Richtung.[1220] Der CSD war und blieb – trotz aller oftmals als „schrill" bezeichneten Kostüme oder der verschiedenen Partys – im Kern eine politische Veranstaltung. Nicht zufällig plante gegen den CSD im Jahr 2010 die NPD in Ludwigshafen eine Gegendemonstration, die auf breiten Widerstand stieß und schlussendlich abgesagt wurde.

Der CSD in Mannheim behielt auch den Aspekt der regionalen Vernetzung bei, die sich beispielsweise 2006 zeigte, als eine CSD-Tram mit Musik und Getränken ab Mannheim Hauptbahnhof auch Station in Heidelberg, Weinheim und Ludwigshafen-Oggersheim machte. 2021 fand aufgrund der Corona-Pandemie eine Fahrrad-Demonstration statt, die von Mannheim nach Ludwigshafen führte.[1221] Gemeinsame Grußworte aus der Politik der drei Großstädte Heidelberg, Ludwigshafen und Mannheim gehören seit Jahren ebenfalls zum regionalen Charakter des CSD Rhein-Neckar.[1222] Im Jahr 2019 führten mit Wolfgang Erichson (Heidelberg), Jutta Steinruck (Ludwigshafen) und Dr. Peter Kurz die (Ober-)Bürgermeister der drei Großstädte der Metropolregion gemeinsam den Demonstrationszug an.

Seinen internationalen politischen Anspruch machte der CSD in Mannheim verschiedentlich deutlich. So ging man 2006 unter dem Motto *Einig gegen Diskriminierung – hier und in Europa* auf die Straße.[1223] 2017 wurde dies am Konzept „Twin Cities. Together for Equality“ deutlich, in dessen Rahmen auch Abordnungen der Mannheimer Partnerstädte Beyoğlu-Istanbul (Türkei), Chișinău (Moldawien), Haifa (Israel) und Swansea (Großbritannien) über die Situation und Arbeit in ihren Ländern berichteten.[1224] Zum 100. Jahrestag der Einführung des Wahlrechts von Frauen nahmen 2018 Aktivistinnen aus dem türkischen Beyoğlu, dem polnischen Bydgoszcz, dem moldawischen Chișinău, dem israelischen Haifa, dem litauischen Klaipėda, dem walisischen Swansea sowie aus Berlin-Charlottenburg-Wilmersdorf zum Thema *Sichtbarkeit von Frauen* in der queeren Community* am Regenbogenempfang teil.[1225]

Flyer der SchAM e. V. mit Veranstaltungshinweisen für den Zeitraum 17.6.–27.8.2006, u. a. für das Grillfest am anderen Ufer, das Regenbogenfest und den CSD Rhein-Neckar-Kurpfalz. MARCHIVUM

Anlässlich des 50. Jahrestags der Stonewall-Unruhen in der New Yorker Christopher Street und vor dem Hintergrund eines politischen Rechtsrucks und zunehmenden Populismus in verschiedenen Parlamenten weltweit gingen im Jahr 2019 in Mannheim 120.000 Menschen zur CSD-Demonstration unter dem Motto *Zusammenhalt wirkt! 50 Jahre Stonewall* auf die Straße, was der Mannheimer Morgen unter der Überschrift *CSD in Mannheim: Ein Meer der Vielfältigkeit* zusammenfasste.[1226] Die Rhein-Neckar-Zeitung hielt den CSD ebenfalls für ein *Starkes Zeichen für mehr Vielfalt*.[1227] 2019 galt der CSD Mannheim als fünftgrößter in Deutschland, nach Köln, Berlin, Hamburg und Stuttgart.[1228] Angeblich war es die bis dahin größte Demonstration in Mannheim.

DORFPRIDE – CSD IN MÜHLHAUSEN UND OFTERSHEIM

Am 2. August 2020 fand die erste sogenannte Dorfpride in Mühlhausen im Rhein-Neckar-Kreis, einem Dorf mit 8.500 Einwohnern statt. Eine der Organisatorinnen war die badische Weinprinzessin, Gemeinderätin Mühlhausens und trans Aktivistin

Simona Maier, der es ein Anliegen war, queeres Leben auch auf dem Land sichtbar zu machen. Trotz Corona-Pandemie kam ein Demonstrationszug von 500 Personen zusammen. Eine der Reden hielt Bürgermeister Jens Spangenberger (CDU). Ein weitergehendes Programm musste aufgrund der notwendigen Hygiene-Regeln als Folge der Corona-Pandemie entfallen.[1229] Im Juli 2021 wurde die nächste Dorfpride in Oftersheim veranstaltet. Zu diesem Anlass ließ Bürgermeister Jens Geiß (CDU) die Regenbogenfahne vor dem Rathaus hissen. Außerdem führte er den Demonstrationszug an und sprach u. a. auch über einen homosexuellen Verwandten. Auch vor den Kirchen beider Konfessionen wurde die Regenbogenfahne aufgezogen. Dies zeigt, dass die Bewegung für eine vielfältige Gesellschaft auch in den kleineren Gemeinden der Region Rhein-Neckar angekommen ist.[1230] 2022 wurde die Dorfpride bereits zum dritten Mal und nun in Ladenburg veranstaltet.[1231]

SCHLUSSBETRACHTUNG

Der Christopher Street Day war seit seiner Etablierung 1979 ein bedeutsames Ereignis für Menschen auch aus der Region Rhein-Neckar. Wie viel Widerstand und Ablehnung vorhanden waren und wie viel gesellschaftliche und politische Veränderung notwendig war, aber auch wie viel Mut der Teilnehmenden sich zu zeigen, wie viel logistisches und finanzielles Organisationstalent und Freiwillige es brauchte, zeigt sich nicht nur daran, dass erst 1987 in Heidelberg und mutmaßlich noch einmal zehn Jahre später 1997 in Mannheim der erste CSD stattfand. Auch dass diese Veranstaltungen anfangs mit etwa 400 bis 500 Personen aus heutiger Perspektive vergleichsweise klein waren und teilweise sehr unregelmäßig durchgeführt wurden, weist in diese Richtung. In verschiedener Hinsicht markierte der Mannheimer CSD des Jahres 2001 eine Zäsur dieser Veranstaltung in der Region Rhein-Neckar.

In allen untersuchten Jahren waren stets lesbische und schwule Aspekte Thema verschiedener Veranstaltungen. Trans* spielte im Unterschied dazu ausweislich der untersuchten Quellen kaum eine Rolle, und wenn dann vor allem hinsichtlich der Dragqueens. Mit unterschiedlichen Formaten, die zunehmend auch von breiteren gesellschaftlichen Kreisen und Institutionen sowie Politikerinnen und Politikern verschiedener Parteien mitgetragen wurden, blieb der CSD eine Veranstaltung, die einen politischen Anspruch für die Metropolregion, aber auch deutschland- und europaweit im Hinblick auf eine auf Vielfalt und Gleichberechtigung abzielende Gesellschaft formulierte und in ihrem Programm abbildete.

CSD 2019 in Mannheim. Kundgebung im Schlosshof. Stadt Mannheim / Alexander Kästel

JA, ICH WILL! DER WEG ZUR „EHE FÜR ALLE“

WOLFGANG KNAPP

Die Einführung der eingetragenen Lebenspartnerschaft im Jahre 2001 war ein wichtiger Schritt auf dem Weg zur Gleichstellung, beließ die lesbischen und schwulen Paare aber weiter in einem Sonderstatus gegenüber der Ehe. Das Lebenspartnerschaftsgesetz enthielt vor allem eheliche Pflichten und wenige eheliche Rechte. Erst im Laufe der folgenden Jahre wurde die umgangssprachlich genannte „Homo-Ehe“ der „Hetero-Ehe“ weiter angeglichen. Seit dem 1. Oktober 2017 ist in Deutschland die Eheschließung für lesbische und schwule Paare gesetzlich möglich. Die rechtliche Gleichstellung homosexueller Partnerschaften ist damit erreicht. Viele gleichgeschlechtlich liebende Menschen in der Metropolregion Rhein-Neckar haben seitdem geheiratet (siehe S. 296 f.).

Allerdings war dies ein langer und beschwerlicher Weg, der bundesweit von kontroversen Diskussionen begleitet wurde. Die Ablehnung erfolgte seitens der Kirchen aus religiösen Gründen und von politisch konservativer Seite. So wurde das traditionelle Familienbild als gefährdet oder sogar entwertet betrachtet. Die Kontroverse wurde auch in der Region Rhein-Neckar geführt. Die Gegner gleichgeschlechtlicher Partnerschaften und Ehen argumentierten mit dem grundgesetzlich garantierten Schutz der Ehe und Familie. Dazu formulierte das Bundesverfassungsgericht 2002, 2009 und 2013 jedoch wegweisende Urteile, die letztlich die Öffnung der Ehe für gleichgeschlechtliche Paare ermöglichten (siehe S. 294 f.).[1232]

Oben: Feier zur Eintragung der Lebenspartnerschaft in Ludwigshafen, 2006. Privat

Unten: Hochzeitsfeier am Rhein bei Ludwigshafen, 2018. Thomas Weber Photography, Speyer

„Der besondere Schutz der Ehe in Art. 6 Abs. 1 GG hindert den Gesetzgeber nicht, für die gleichgeschlechtliche Lebenspartnerschaft Rechte und Pflichten vorzusehen, die denen der Ehe gleich oder nahe kommen."

Leitsätze zum Urteil des Ersten Senats vom 17. Juli 2002 – 1 BvF 1/01 – 1 BvF 2/01 –

Ehe für alle: Hochzeitszeremonie für 44 gleichgeschlechtliche Paare in Heidelberg, 2017. Philipp Rothe für die Stadt Heidelberg

„Es ist verfassungsrechtlich nicht begründbar, aus dem besonderen Schutz der Ehe abzuleiten, dass andere Lebensgemeinschaften im Abstand zur Ehe auszugestalten und mit geringeren Rechten zu versehen sind […].“

Leitsätze zum Beschluss des Ersten Senats vom 7. Juli 2009 – 1 BvR 1164/07 –

„Leben eingetragene Lebenspartner mit dem leiblichen oder angenommenen Kind eines Lebenspartners in sozial-familiärer Gemeinschaft, bilden sie mit diesem eine durch Art. 6 Abs. 1 GG geschützte Familie im Sinne des Grundgesetzes.“

Leitsätze zum Urteil des Ersten Senats vom 19. Februar 2013 – 1 BvL 1/11 – 1 BvR 3247/09 –

LEBENSPARTNERSCHAFTEN UND EHESCHLIESSUNGEN IN AUSGEWÄHLTEN STÄDTEN

oben gegengeschlechtliche Eheschließungen
unten gleichgeschlechtliche Lebenspartnerschaften/Eheschließungen*

		2001	2002	2003	2004	2005	2006	2007	2008	2009
BAD DÜRKHEIM	oben	81	99	97	116	170	191	190	187	194
18.575 Einwohner**	unten	0	1	0	0	1	0	2	2	3
FRANKENTHAL	oben	209	214	217	254	210	223	194	187	198
48.762 Einwohner**	unten	3	2	1	0	1	2	0	2	5
GERMERSHEIM	oben	102	107	101	120	108	108	104	111	73
20.798 Einwohner**	unten	1	0	2	1	0	0	1	0	1
HEIDELBERG	oben	1074	975	963	1017	1009	900	858	908	857
161.485 Einwohner**	unten	8	20	13	8	10	7	9	12	23
LUDWIGSHAFEN	oben	688	620	637	654	630	581	555	575	586
172.253 Einwohner**	unten	10	10	6	5	10	14	7	11	8
MANNHEIM	oben	1313	1338	1325	1335	1212	1195	1156	1127	1241
321.261 Einwohner**	unten	27	37	22	24	40	23	28	37	49
…TZINGEN***	oben									
21.644 Einwohner**	unten									
[illegible]	oben	329	349	370	365	321	233	300	322	339
172.253 Einwohner**	unten	0	0	2	1	2	2	1	3	8

* Quelle: Standesämter der Städte (zusammengestellt von Dana-Livia Cohen, Nathalie Leuerer und Wolfgang Knapp)

DER METROPOLREGION RHEIN-NECKAR 2001 – 2019

LP: Lebenspartnerschaften, ES: Eheschließungen, UW: Umwandlung Lebenspartnerschaften in Ehen

2010	2011	2012	2013	2014	2015	2016	2017	2018	2019
							LP sowie ES inkl. UW	ES inkl. UW	ES inkl. UW
193	202	197	191	198	190	202	198	187	125
3	4	2	5	3	4	5	5	12	3
196	212	209	209	225	198	197	214	215	199
8	2	1	2	5	3	3	10	10	7
92	93	101	85	106	99	97	109	94	98
0	1	1	1	0	1	1	2	2	0
940	930	932	889	942	1043	987	1069	1060	1031
21	14	24	26	37	41	29	103	64	45
589	564	621	577	568	605	621	527	505	481
17	16	19	20	15	21	16	68	79	13
1239	1127	1212	1207	1263	1228	1250	1204	1261	1217
47	46	47	48	46	49	53	48	118	72
		160	137	150	132	142	181	153	
		3	3	4	4	2	7	–	
421	442	419	435	371	427	441	418	411	484
4	5	2	5	8	5	8	8	20	13

** Quelle: www.statistikportal.de

*** In Schwetzingen konnten Lebenspartnerschaften ab 2012 standesamtlich eingetragen werden.

35 AKTIV IM LEBEN. QUEERE FREIZEITANGEBOTE IN DER RHEIN-NECKAR-REGION

DANA-LIVIA COHEN

Hinweis:
Dieser Text entstand vor dem Ausbruch der Corona-Pandemie und ihrer Verbreitung in der Rhein-Neckar-Region im Jahr 2020. Die Pandemie hat die hier beschriebenen queeren Freizeitangebote in erheblichem Maße eingeschränkt.

IDAHOBIT* Luftballon-Aktion im Rahmen des Queer Festivals in Heidelberg 2019. Benjamin Schnepp

Die digitale Revolution hat schon lange im Dating-Verhalten vieler Menschen Einzug gehalten. Zum einen bieten etliche binär ausgerichtete Partneragenturen auch die Möglichkeit, gezielt nach queeren Personen zu suchen, zum anderen gibt es Apps für das Handy, die es ermöglichen, allerorts in Echtzeit Gleichgesinnte kennenzulernen. Aber auch im 21. Jahrhundert ist das menschliche Bedürfnis nach persönlichem Kontakt groß und nicht zu unterschätzen.

Zum ungezwungenen Treffen gibt es in der Rhein-Neckar-Region eindeutig queere oder queer-freundliche Cafés und Bars. Sie sind Teil des seit Jahrzehnten blühenden Nachtlebens. Seit den 1980er Jahren ist vor allem Mannheim ein queeres Dorado mit dem über Deutschland hinaus bekannten Nachtclub MS Connexion. Auch Partyreihen, die über die Jahre zwar den Veranstaltungsort, aber kaum das Konzept geändert haben, wie beispielsweise die Himbeerparty in der Alten Feuerwache, ziehen in Mannheim regelmäßig ein großes Publikum von Gays and Friends an.

Der Christopher Street Day Rhein-Neckar ist ein fester Marker im Kalender auch vieler nichtqueerer Bürger*innen und ist so in die Mehrheitskultur integriert. Der internationale Gedenktag IDAHOBIT* gegen LSBTTIQ*-Feindlichkeit wird mittels verschiedener Aktionen in der Region begangen, um nur einen Gedenktag zu nennen. Viele Beratungsstellen und Netzwerke veranstalten in der Quadratestadt regelmäßige Events wie beispielsweise das „Grillen am anderen Ufer“ von PLUS e. V. Auch queere Eltern sind in der Region durch die ILSE – Initiative Lesbischer und Schwuler Eltern vertreten, die regelmäßig Freizeitaktivitäten für Regenbogenfamilien anbieten. Mannheim hat mit dem mvd e. V. einen eigenen queeren Sportverein. Ältere Generationen haben sich über die

Badminton im queeren Sportverein mvd. Fotoarchiv mvd e. V.

Jahrzehnte nicht nur geoutet, sondern auch emanzipiert und organisiert. Die Gruppe Gay & Grey Rhein-Neckar trifft sich regelmäßig in Ludwigshafen.

Das Kulturprogramm wird durch gezielte Kinoprogramme wie die regelmäßige Queerfilmnacht im CinemaxX und die jährlich stattfindenden Schwulen Filmtage im Mannheimer Programmkino Cinema Quadrat bereichert. Der Frauenbuchladen Xanthippe in den Mannheimer Quadraten ist seit Jahrzehnten nicht nur ein Ort für gute Literatur für ein emanzipiertes Publikum, sondern auch ein Treffpunkt zum Austausch.

Das in Heidelberg stattfindende Queere Festival zieht jedes Jahr tausende Kulturinteressierte in die Region und ist europaweit ein Begriff. Seit 1992 bereichern die RosaKehlchen aus Heidelberg die regionale Musiklandschaft mit einem reichen Repertoire an Darbietungen von Barock bis hin zu modernem Pop. Der Verein steht nicht nur für Unterhaltung, sondern ist auch ein Paradebeispiel für gesellschaftliches Engagement durch kulturelle Aktivität.

Mitglieder des Ensembles der RosaKehlchen. Archiv RosaKehlchen e. V.

36 INFORMATION UND HILFE. BERATUNGSSTELLEN FÜR QUEERE MENSCHEN IN DER RHEIN-NECKAR-REGION

DANA-LIVIA COHEN

Im digitalen Zeitalter können sich Ratsuchende über vielfältige Kanäle informieren. Dennoch sind die persönliche Beratung und der Aufbau von Kontakten zu Gleichgesinnten von großer Bedeutung. In der Rhein-Neckar-Region finden sich fest verankerte Institutionen, die oftmals nicht nur beraten und aufklären, sondern zugleich als Knotenpunkte für Netzwerke dienen.

Das Team der Psychologischen Lesben- und Schwulenberatung Rhein-Neckar e. V. bei einem Treffen in Heidelberg, 2019. PLUS e. V.

Auf Landesebene gibt es in Baden-Württemberg das Netzwerk LSBTTIQ. Der Zusammenschluss von knapp 100 LSBTTIQ Gruppen, Vereinen und Initiativen fördert die Kooperation von überparteilichen und weltanschaulich ungebundenen Organisationen, um bei landespolitischen Entscheidungen gemeinsame Positionen zu vertreten. Wichtige Wirkungsbereiche sind neben Beratung auch Medienarbeit und Aufklärung in Schulen. Für Rheinland-Pfalz fungiert QueerNet Rheinland-Pfalz e. V. als überregionales Netzwerk. In Hessen wiederum wird die queere Jugendarbeit durch die der Antidiskriminierungsstelle unterstehende Landesfachstelle koordiniert.

Nicht nur für die Standorte Mannheim und Heidelberg, sondern für die ganze Region ist seit den 1990er Jahren die Psychologische Lesben- und Schwulenberatung Rhein-Neckar e. V. (PLUS) eine wichtige Anlaufstelle für Beratung und Vermittlung an unterschiedliche Netzwerke. Diverse Berufsgruppen organisieren sich, wie etwa die Burte Kreide, ein Netzwerk für Regenbogenlehrer*innen in der Region. Auch für Regenbogenfamilien gibt es die Möglichkeit zum Austausch über die Initiative Lesbischer und Schwuler Eltern (ILSE). Wie ein Leben, unabhängig von der sexuellen Orientierung, in hoher Qualität auch mit AIDS möglich ist, darüber klärt in Mannheim das Kompetenzzentrum zu sexuell übertragbaren Infektionen (KOSI.MA) auf. In Ludwigshafen, Landau und Heidelberg gibt es darüber hinaus Vertretungen der Deutschen AIDS-Hilfe.

Queeres Zentrum Mannhein in G 7, 14, Februar 2022. Foto: Kathrin Schwab, MARCHIVUM

Gerade in der Jugendarbeit haben sich auf verschieden Ebenen in den letzten Jahren Initiativen für

Queeres Zentrum Mannheim e. V. in G 7, 14, Februar 2022. Foto: Kathrin Schwab, MARCHIVUM

Beratung und Aufklärung gegründet. Die meisten Institutionen bieten Aufklärung und Informationen direkt in Schulen an. Die Gruppe SCHLAU in Rheinland-Pfalz organisiert Bildungs- und Aufklärungsveranstaltungen zu sexueller Orientierung und geschlechtlicher Vielfalt für Schulen und andere Einrichtungen. Jugendlichen, die sich ihrer sexuellen Orientierung erst bewusst werden, bieten Gruppen wie die Gipfelstürmer, die JungeLesbengruppe Mannheim (JuLe), die Deltaboys, die sT*ernchen sowie der Jugendtreff Queer Youth in Heidelberg eine weitere Möglichkeit, Gleichgesinnte zu treffen. Nicht zuletzt haben die meisten Universitäten und Hochschulen in der Region Kontaktstellen für queere Themen.

Das Bundesministerium für Familie, Senioren, Frauen und Jugend fördert und informiert auf Bundesebene mit der Anlaufstelle QUEERLEBEN Inter* und Trans* Beratung transidente Personen vom Kindes- bis ins Seniorenalter. Die Bundesvereinigung Trans* e. V. (BVT*) versteht sich als Dachverband von zahlreichen Organisationen und Gruppen, die sich für Belange von trans*Menschen einsetzt. Zur Entgegenwirkung von Stigmatisierung transidenter Menschen sowie Förderung der Akzeptanz in der Gesellschaft bietet zudem der Arbeitskreis „Deutsche Gesellschaft für Transidendität und Intersexualität e. V. (DGTI) Rheinland Pfalz" verschiedene Angebote an. Lokale Selbsthilfegruppen finden sich beispielsweise in Heidelberg und Mannheim.

Um in Mannheim der Vielzahl an Angeboten und Initiativen ein gemeinsames Dach zu geben, ist im Sommer 2021 das Queere Zentrum Mannheim (QZM) in G 7, 14 eröffnet worden. Hier hat die queere Community einen Ort für Vernetzung und Begegnung geschaffen, der die gesamte Stadtgesellschaft anspricht.

ABKÜRZUNGEN

Die folgende Liste enthält themen- und fachspezifische Abkürzungen. Sonstige Abkürzungen sind allgemein üblich und z. B. im Duden beschrieben.

Act up	Aids Coalition to Unleash Power
ADAV	Allgemeiner Deutscher Arbeiterverein
AFLR	Autonomes Frauen- und Lesbenreferat
AK	Arbeitskreis
AStA	Allgemeiner Studentenausschuss (heute Allgemeiner Studierendenausschuss)
BfM	Bund für Mutterschutz
BLB	Badische Landesbibliothek
BVH	Bundesverband Homosexualität
BVT	Bundesvereinigung Trans*
CCC	Constitutio Criminalis Carolina
CID	Criminal Investigation Command
CSD	Christopher Street Day
DAH	Deutsche Aktionsgemeinschaft Homosexualität
DAI	Deutsch-Amerikanisches Institut
DASP	Deutsche Studien- und Arbeitsgemeinschaft
DGTI	Deutsche Gesellschaft für Transidendität und Intersexualität
DiNoS	Die normalen Schwulen
ESG	Evangelische Studentengemeinde
FZ	Frauenzentrum
GdE	Gemeinschaft der Eigenen
GLAK	Generallandesarchiv Karlsruhe
GSA	Goethe- und Schiller-Archiv
GzVeN	Gesetz zur Verhütung erbkranken Nachwuchses
HAW	Homosexuelle Aktion Westberlin
HIOB	Homosexuelle Informationsgruppe Ortenau Baden
HIV	human immunodeficiency virus
HStAM	Hessisches Staatsarchiv Marburg
HuK	Homosexuelle und Kirche
IFLO	Internationale Freundschaftsloge
IGA	International Gay Association
ILSE	Initiative Lesbischer und Schwuler Eltern
ISCE	International Commitee for Sexual Equality
Kastra	Kastrierter Allgemeiner Studentenausschuss
KOSI.MA	Kompetenzzentrum für sexuelle Gesundheit Mannheim
KSG	Katholische Studentengemeinde
LASp	Landesarchiv Speyer
LAZ	Lesbisches Aktionszentrum
LBZ	Landesbibliothekszentrum
LGBTIQ	Lesbians, Gays, Bisexuals, Transgender, Intersex, Queers
LSBTIQ	Lesben, Schwule, Bisexuelle, Trans*, Inter*, Queers
LSVD	Lesben- und Schwulenverband Deutschland
NARGS	Nationale Arbeitsgruppe Repression gegen Schwule
PLUS	Psychologische Lesben- und Schwulenberatung
QZM	Queeres Zentrum Mannheim
RCDS	Ring Christlich-Demokratischer Studenten
RNZ	Rhein-Neckar-Zeitung
RStGB	Reichsstrafgesetzbuch
SAS	Schwule Aktion Südwest
SchAM	Schwule Aktion Mannheim
Schwaz	Schwule im Autonomen Zentrum
Schwup	Schwulenpolitischer Arbeitskreis
Sig.	Signatur
Sirhene	Schwuleninitiative Rhein-Neckar
StadtArch	Stadtarchiv
STAF	Staatsarchiv Freiburg/Br.
StGB	Strafgesetzbuch
StudA	Studentenakte
SVD	Schwulenverband Deutschland
TSG	Transsexuellengesetz
UAH	Universitätsarchiv Heidelberg
UB	Universitätsbibliothek
UkZ	Unsere kleine Zeitung
USPD	Unabhängige Sozialdemokratische Partei Deutschlands
VhL	Verein für humanitäre Lebensgestaltung
VK	Völklinger Kreis
WhK	Wissenschaftlich-humanitäres Komitee

ANMERKUNGEN

1 Ministerium für Soziales und Integration Baden-Württemberg (2018). Online unter https://sozialministerium.baden-wuerttemberg.de/de/service/publikation/did/lexikon-der-kleinen-unterschiede/ (abgerufen am 27.1.2022). Herausgeber und Autor danken für die Genehmigung der auszugsweisen Wiedergabe der Texte.
2 Pressemitteilung des Bundesfamilienministeriums vom 7.7.2017.
3 Handschriftliche Notiz Barbara Just-Dahlmanns auf der Rückseite des Fotos AB00645-010 in der Bildsammlung des MARCHIVUM.
4 G. Bleibtreu-Ehrenberg (2006), S. 10ff. Vgl. auch M. Brinkschröder (2006).
5 J. Campe (1988), S. 55 – 57. Beichtspiegel aus dem Lateinischen von R. Campe (Originaltext in: Patrologia Latina, ed. Migne, Bd. 140, p. 949f., 967f., 925f.)
6 Zu Folgendem vgl. B.-U. Hergemöller (1996), S. 1 – 21, 191ff., 335; ders. (2000), S. 17, 20ff.; S. Patzold (2009), S. 223ff., 223, Fußnote 24.
7 Witte, H. (1893), S. 125f.; B.-U. Hergemöller (2000), S. 19, 25, 66, 187.
8 M. Barz u. a. (1987), S. 191; H. Puff (2000); ders. (2018).
9 A. Liebers (1989); B.-U. Hergemöller (2000), S. 56; K. Losert (2001).
10 B.-U. Hergemöller (2004), S. 14. Zum weiteren Ders. (1990b); C. Reinle (2009), S. 13 – 42.
11 D. van der Cruysse (1994). Vgl. auch C. Mühling (2016); C. Könne (2018b); M. Böth (2015).
12 S. von Massenbach (1977), S. 20f.
13 Brief an Karoline von Wales, Paris, 09.01.1716 (H). In: A. Haberl (1996), S. 399f.
14 Brief an die Kurfürstin Sophie, Versailles, 16. März 1698. In: H. Kiesel (1992), S. 119.
15 Brief ohne Datum. In: K. F. Pockels (1791), S. 32.
16 Brief 1700. In: J. Campe (1988), S. 96.
17 Versailles, 26.8.1689. In: J. Campe (1988), S.95f.
18 Brief an Raugräfin Amalie Elisabeth, Versailles, 3.12.1705, in: A. Haberl (1996), S. 315f.
19 E. Bodemann (1895/2004).
20 R. Friedemann (1902), S. 4.
21 F. Neubauer (1914), S. 18f.
22 M. Hirschfeld (1914), S. 160, 563, 658, 661, 664f., 668 – 670, 672, 1014.
23 B. Bosold u. a. (2015), S. 23.
24 H. Michaelis (1907), S. 57.
25 H.-J. Stümke (1989), S. 7ff.
26 C. Schäfer (2006), S. 23.
27 J. J. Cella (1787), S. 5ff. Rechtschreibung und Zeichensetzung vorsichtig angeglichen.
28 M. Herzer (1990), S. 31.
29 Vgl. C. Schäfer (1989), S. 26f.; ders. (2006), S. 27, Fußnote 54; H.-G. Stümke (1989), S. 11.
30 Provinzialblatt der badischen Pfalzgraffschaft Nr. 12, 12.9.1803.
31 J. Baumann (1968), S. 38.
32 Badisches Gesetz und Verordnungsblatt Sept. 1834, Nr. 39; April 1845, S. 63.
33 Zitiert nach H. Michaelis (1907), S. 71.
34 Statistisches Jahrbuch für das Großherzogtum Baden I. Jg. 1868, Karlsruhe 1869, S. 79.
35 Ausgewertet wurden die bis März 2020 digitalisiert vorliegenden Zeitungsbestände der Badischen Landesbibliothek sowie der Universitätsbibliothek Heidelberg nach dem juristischen Terminus „widernatürliche Unzucht“. Bei den hier vorgestellten Zahlen kann es sich nur um Näherungswerte handeln.
36 Funde in: Großherzoglich Badisches Anzeigeblatt für den See-, Donau- und Dreisam-Kreis 8.8.1829, S. 683; Karlsruher Zeitung 14.8.1855 und 10 weitere Berichte bis 18.1.1870.
37 Vgl. M. Herzer (1984), S. 10 – 12; A. Sternweiler (2004), Kap. 8 u. 11.
38 Beschluss des Bayerischen Landtags, abgedruckt in Wissenschaftlich-humanitäres Komitee (1929), S. 3f. Vgl. auch M. Hirschfeld (1898), S. 20.
39 Zur Diskussion um Iffland in Ludwigshafen vgl. W. Knapp (2017). Zu ihm als Namenspatron der Ifflandstraße in Hamburg und der Diskussion seiner gleichgeschlechtlichen Neigung B. Rosenkranz / G. Lorenz (2012), S. 340.
40 Zitiert nach A. Košenina (2013), S. 112.
41 Zitiert nach Oliver vom Hove: August Wilhelm Iffland, in https://austria-forum.org/af/Wissenssammlungen/Essays/Kunst/August_Wilhelm_Iffland (Zugriff: 14.4.2022).
42 C. Könne (2021), S. 4. Folgt man H. Eulenburg (1921), S. 123 – 128 war Ifflands Vorliebe stadtbekannt. Hierzu: E. In het Panhuis (2006), S. 124, 112, 259.
43 A. Heilmann (2011); S. zur Nieden (2005); P. Winzen (2011); N. Domeier (2010); M. Schwartz (2019); H. Möllers (2019).
44 B.-U. Hergemöller (2001), S. 384f.
45 P. Derks (1990), S. 436, 432. Zum Brief und den bei von Kleist dahinter stehenden eigenen homoerotischen Kontexten vgl. H. Detering (2013), S. 140 – 142.
46 Zitiert nach P. Derks (1990), S. 432.
47 A. Moll (1893), S. 67.
48 M. Hirschfeld (1904a), S. 30; M. Hirschfeld (1920), S. 512, 637, 665. Vgl. auch M. Hirschfeld / WhK (1900), S. 371.
49 Die Freundschaft Nr. 16, 1922; 3, 1927, S. 93.
50 Blätter für Menschenrecht Nr. 8, 1928.
51 C.-A. von Reichlin-Meldegg (1853), S. 326, 342.
52 F. Deibel (1905), S. 29, 30.
53 R. Immerwahr (1985), S. XXV.
54 M. Fischer (2016). Online unter https://uniblaga.eu/wp-content/uploads/2017/01/ 39.1.8.pdf (Zugriff: 22.4.2022).
55 L. Frey (1898), S. 185ff.
56 B.-U. Hergemöller (2001), S. 622.
57 E. Nussberger (2014), S. 32ff.
58 F. L. von Neugebauer (1908), S. 620f.
59 J. A. Gregor (2015), S. 27ff. Vgl. auch N. Schrott (2020).
60 D. Krämer (2020), S. 57ff.
61 Fig. 2, Tafel XIV in F. Ahlfeld (1880 – 82); F. A. von Neugebauer (1908), S. 379.
62 F. A. von Neugebauer (1908), S. 117.
63 Würzburger Stadt- und Landbote 17.10.1877, S. 2.

64 H. Braun (1894), S. 376ff., 382. Vgl. auch F. A. von Neugebauer (1908), S. 245f.
65 Dieses und die folgenden Zitate aus: General-Anzeiger der Stadt Mannheim und Umgebung [im Folgenden General-Anzeiger Mannheim genannt] 11.5.1907, 2. Abendblatt S. 1; 21.5.1907, Abendblatt S. 3; 8.6.1907, Abendblatt S. 3; 30.7.1907, Mittagsblatt S. 4; 19.12.1908, Abendblatt S. 15. Vgl. auch: Monatsberichte WhK Nr. 7, 1.7.1907, S. 151.
66 U. Klöppel (2010), S. 266ff.
67 Karlsruher Zeitung 14.2.1832, S. 315f.; 24.11.1837, S. 3331; 2.6.1840, S. 898. Durlacher Wochenblatt, 29.8.1861, S. 274; Ortenauer Bote, 25.4.1856, S. 257; Badischer Beobachter, 15.2.1870, S. 1; Durlacher Tageblatt, 5.3.1930.
68 Karlsruher Tagblatt, 15.12.1935, S. 8. Vgl. D. Krämer (2020), S. 32f.
69 B. Bahro (2009).
70 U. Klöppel (2010), S. 235ff.
71 Dem Universitätsarchiv Heidelberg (UAH), namentlich Sabrina Zinke, sei herzlich gedankt, dass es das Projekt mit der Finanzierung einer Studentin unterstützte, die die Aktenbestände einsehen konnte. Auch Sara Süß sei herzlich für ihre Forschung im UAH zur Intergeschlechtlichkeit gedankt.
72 C. Völling / B. J. Dombrowe (2010), S. 92f., 96f.
73 F. Mehring (1912), S. 990.
74 G. Mayer (1909), S. 72.
75 H. Kennedy (1992), S. 46f. Vgl. auch M. Baumgardt (1984), S. 15f.; A. Sternweiler (2005), Kap. 7.
76 K. H. Ulrichs (1865), Bd. 1, I-V, III. Vindicta, Kampf für Freiheit von Verfolgung, III. Urnische Tageschronik. Online: https://www.projekt-gutenberg.org/ulrichs/mannmae1/chap006.html
77 H. Kennedy (1995).
78 G. Mayer (1909), S. 432.
79 Rheinische Zeitung 13.7.1867, S. 3.
80 Augsburger Neueste Nachrichten Nr. 124, 12.8.1862, S. 1553; Der Volksbote für den Bürger und den Landmann, 10.9.1862, S. 846; Heidelberger Zeitung 9.9.1862; Allgemeine Zeitung 5.9.1862, Nr. 248, S. 4098; Freiburger Zeitung 9.9.1862, S. 982.
81 G. Mayer (1909), S. 91.
82 Zitiert nach R. Linsert (1931), S. 178.
83 Zitiert nach J. Lauritsen / D. Thorstadt (1984), S. 50. Abgedruckt in D. Grumbach (1995a), S. 21.
84 Zitiert nach R. Linsert (1931), S. 178.
85 Kladderadatsch 13.10.1867, Beiblatt zur Nr. 47.
86 Zitiert nach Die Reichstagswahl (1867), S. 25.
87 H.-G. Stümke (1989), S. 19 f.
88 K. Marx / F. Engels (1985), S. 324f.
89 Mayer (1909), S. 432 f.
90 R. Linsert (1931), S. 177.
91 A. Bebel (1911), S. 9. Vgl. auch K. Ludwig (1914); M. Hirschfeld (1914), S. 522; R. Linsert (1931), S. 176–179; H. J. Friederici (1970); D. Grumbach (1995b), S. 17–37; B.-U. Hergemöller (2001), S. 655f.; S. Jordan (2010), S. 59–60.
92 A. Schock (2004), S. 134f.
93 Wochenblatt für die Amtsbezirke Offenburg, Oberkirch, Achern, Rheinbischofsheim 18.1.1850, S. 41.
94 Angaben aus: MARCHIVUM, Familienbogen Johann Jacob Grohe; General-Anzeiger Mannheim 4.9.1887, S. 6; Adressbuch Mannheim 1833, 1845, 1850. Auch: Brief Grohes im Bestand der Staatsbibliothek zu Berlin, abgedruckt in: M. Herzer (2001), S. 6. Auch B.-U. Hergemöller (2001), S. 448.
95 Angaben zum Studium aus: Adressbücher der Uni Heidelberg WS 1847/48 bis WS 1850/51. Vgl. auch M. Herzer (2001), S. 6f.; B.-U. Hergemöller, S. 448.
96 Hierzu M. Grohe (1861), S. 214. Das Buch endet mit dem Gedicht „Der Name Gottes“, in dem Grohe über Allah als „der Allbarmherzige“ schreibt. Ob er zum Islam übertrat und diesen Glauben praktizierte, wie M. Herzer im Deutschen Literaturlexikon (Bd. 1, Aufl. 2, Bern 1949, S. 476) behauptet, ist nirgends belegt. Vgl. M. Herzer (2002), S. 43.
97 B.-U. Hergemöller (2001), S. 448.
98 M. Herzer (2002), S. 42.
99 Nachweise Reisen und Lesungen in: Fremdenblatt für Heidelberg 1.6.1889; Emser Fremdenlisten 1891; Karlsruher Tagblatt 10.4.1898; Leipziger Tageblatt und Anzeiger 28.2.1871; 16.2.1871; Bonner Zeitung 6.6.1871, Lindauer Tagblatt für Stadt und Land 19.11.1870
100 M. Herzer (2006).
101 H. Vierordt (1925), S. 327.
102 M. Herzer (2001), S. 6.
103 Angabe bei M. Herzer (2006). Briefe Grohes in: Staatsbibliothek Berlin, Staatsbibliothek München, Deutsches Literaturarchiv Marbach, Goethe- und Schiller-Archiv Weimar.
104 B.-U. Hergemöller (2001), S. 449. Biographischer Abriss zu Grohe in E. Sams (2000), S. 341.
105 Allgemeine Zeitung München 3.6.1864; Regensburger Conversations-Blatt 22.2.1865; Leipziger Tageblatt und Anzeiger 28.2.1871.
106 M. Herzer (2006). Darin Gutachten Grosse zu Grohe wg. Stipendium.
107 Lindauer Tagblatt für Stadt und Land 19.11.1870.
108 M. Herzer (2001), S. 8f., Zitat S. 9.
109 General-Anzeiger Mannheim 16.1.1887, S. 3. Auch: Heidelberger Tageblatt 18.1.1887. Zu den Strafsachen gegen Grohe auch: MARCHIVUM, Familienbogen Johann Jacob Grohe mit Notizen zur Strafsache wg. „groben Unfugs“ und „Majestätsbeleidigung“.
110 M. Herzer (2001), S. 2.
111 B.-U. Hergemöller (2001), S. 448.
112 M. Herzer (2001), S. 7f.
113 M. Grohe (1893), S. 11f.
114 R. von Krafft-Ebing (1889), S. 171.
115 MARCHIVUM, Familienbogen Johann Jacob Grohe mit Vermerk und Notizen zur Strafsache wg. „groben Unfugs“ und „Majestätsbeleidigung“.
116 R. von Krafft-Ebing (1889), S. 172.
117 Ebd.
118 Ebd. S. 171, 173.
119 B.-U. Hergemöller (2001), S. 449.
120 M. Grohe (1893), Anm. S. 19.
121 M. Herzer (2001), S. 2.
122 M. Grohe (1893), Anm. S. 19, 11f, 8ff.
123 Zu Krafft-Ebing s. V. Sigusch, S. 175ff., hier weitere Literaturhinweise.
124 Vgl. zum österreichischen Recht (§ 129b) https://ausstellung.de.doew.at/m21sm139.html (Zugriff: 18.3.2022).

125 V. Sigusch (2008), S. 175ff.
126 M. Hirschfeld (1914), S. 902ff.; H.-G. Stümke (1989), S. 28.
127 Das Buch mit Ein- und Austritten der „Beamten" nennt für Juli 1911 als „Gestorben": „30./6 Carl Feigel Kfm. Wohlf". Auskunft BASF-Archiv an den Autor vom 27.2.2020. Ich bedanke mich für die Unterstützung!
128 General-Anzeiger Mannheim 26.7.1911, Mittagsblatt S. 4, Abendblatt S. 3; Badische Presse 26.7.1911, Mittagsausgaber S. 3; Karlsruher Tagblatt 28.7.1911, 3. Bl., Nr. 207, S. 1; Freiburger Zeitung, 27.7.1911, 2, Morgenausgabe S. 2; Badische Presse 2.8.1911, Mittagsausgabe S. 3; Der Volksfreund 29.7.1911, S. 5; Durlacher Wochenblatt 26.7.1911, S. 1; Mittelbadischer Courier, 26.7.1911.
129 General-Anzeiger Mannheim 1.8.1911, Abendblatt S. 3.
130 Zur Soldatenprostitution vgl. M. Hirschfeld / WhK, 7. Jg., 2. Bd., Leipzig 1905, S. 719ff. Vgl. auch M. Hirschfeld (1904a), S. 47ff, 62ff.; ders. (1920), S. 534, 900. Ferner I. Bloch (1907), S. 568f.; P. Winzen (2010), S. 146.; J. Dobler (2008), S. 359ff.
131 M. Lücke (2008), S. 126.
132 W. Theis / A. Sternweiler (1984), S. 51ff.
133 Karlsruher Tagblatt, 28.7.1911, 3. Bl., Nr. 207, S. 1.
134 Müller-Palleske an Kammer des Inneren, 11.4.1912. In: LASp, Akte H 3, Nr. 8079. Darüber berichtete auch eine Zeitung in Augsburg.
135 Information des Archivs Darłowo an den Autor vom 25.7.2018. Weitere biografische Angaben aus den u. g. Zeitungen sowie StadtArch. Landau, hier Jahresberichte höhere Töchterschule, Nr. 19 (SJ 1892/93) S. 32, 20, Nr. 20 (SJ 1893/94), S. 4, 32.
136 Zu Emil Palleske: M. Weller (1966). Nach dem Tod seines Schwiegervaters rief Müller-Palleske dazu auf, ihm den Nachlass zuzusenden: Kölnische Zeitung, 14.6.1911, Zweite Morgen-Ausgabe o.p.
137 Berliner Tagblatt Nr. 296, Abendausgabe 13.6.1888, S. 3; Bonner Zeitung 16.6.1888, S. 632.
138 Nachweise: Adressbücher Landau 1901, S. 82; 1905, S. 70, 121; Uni Archiv Heidelberg: Studentenausweis (1907) von Friedrich Müller, geb. 11.3.1887.
139 StadtArch. Landau: 21. Jahresbericht Töchterschule (SJ 1894/95), S. 31.
140 StadtArch. Landau: Niederschrift Ratssitzung 9.5.1900; Landauer Anzeiger 16.5.1900, 18.5.1900, 23.5.1900, 25.5.1900, 29.5.1900.
141 Leipziger Tageblatt und Anzeiger 29.5.1900, Frühausgabe 2. Beilage o.p.
142 Jahrbuch des Freien Deutschen Hochstifts 1907, Frankfurt a. M. 1952, S. 203. StadtArch. Marbach/Neckar: Stiftungsurkunde „Landauer Preis" der Töchterschule Landau, Sig: Depositum Schillerverein Marbach Bü 193. Zur Preisverleihung 1898 die Marbacher Lokalzeitung Postillon 12.11.1898.
143 Hierzu: Gerti Pohlit: Rehabilitation eines Lehrers. In: Rheinpfalz 16.10.2018. Online veröffentlicht unter: https://www.rheinpfalz.de/startseite_artikel,-rehabilitation-eines-lehrers-_arid,1287552.html (Zugriff: 13.4.2022).
144 Pfälzisches Museum. Monatsschrift für heimatliche Literatur und Kunst, Geschichte und Volkskunde XI. Jg., Nr. 6, Dez. 1894, S. 48; XIII. Jg., Nr. 3, Juni 1896, S. 48; XXII. Jg., Nr. 10 und 11, Okt. und Nov. 1905, S. 173. W. Diehl (2003), S. 39; ders. (2016), S. 278f.
145 Landauer Anzeiger 22.3.1897, S. 6; 20.5.1897, S. 3; 22.3.1897, S. 6; 21.5.1900. StadtArch. Landau: 27. Jahresbericht Töchterschule (SJ 1900/1901), S. 29.
146 https://de.statista.com/statistik/daten/studie/1100185/umfrage/durchschnittseinkommen-im-deutschen-kaiserreich/ (Zugriff: 22.11.2020)
147 Berliner Tageblatt 20.6.1907, S. 6f. Müller-Palleske wurde mehrfach zu Werken Schillers befragt und machte sich um den Brief-Nachlass seines Schwiegervaters verdient.
148 M. Keilson-Lauritz (1997), S. 30ff. Vgl. auch V. Sigusch (2008), S. 82; M Herzer (2017), S. 66ff. C. Könne (2021), S. 5. E. In het Panhuis (2006), S. 12.
149 K. Dubout (2018), S. 283.
150 M. Hirschfeld (1904 b), S. 12.
151 Pirmasenser Zeitung 18.05.1905. In: Jahrbuch für sexuelle Zwischenstufen IV. Jg., Monatsbericht des WhK 1905, S. 7.
152 Landauer Anzeiger 7.6. In: Monatsbericht WhK Nr. 7, 1.7.1905, S. 6f.
153 Müller-Palleske an Kammer des Inneren, 11.4.1912. In: LASp, Akte H 3, Nr. 8079.
154 Pfälzisches Museum. Monatsschrift für heimatliche Literatur und Kunst, Geschichte und Volkskunde, XI. Jg., Nr. 6, Dez. 1894, S. 48.
155 Landauer Anzeiger 25.1.1906, Nr. 21, S. 2.
156 V. Sigusch 2008, S. 254ff.
157 G. Hamelmann (1992), S. 94ff.
158 Stöcker gibt das Jahr 1906 als Gründungsjahr an. In: R. Lütgemeier-Davin / K. Wolff (2015), S. 134.
159 LASp, Sig. H 3, Nr. 8079, Bl. 28 – 30.
160 Hinweis auf Erklärung M-P vom 6.2.1906 und Schreiben der Regierung vom 5.4.1906, No. 37210. In: LASp, Akte H 3, Nr. 8079, Bl. 28 – 30.
161 Augsburger Abendzeitung 22.09.1911.
162 Abschrift Magistratssitzung vom 15.9.1911. In: LASp, Akte H 3, Nr. 8079, Bl. 38.
163 Augsburger Abendzeitung 22.09.1911.
164 Landauer Anzeiger 19.9.1911; General-Anzeiger Mannheim 19.9.1911, Abendblatt S. 4.
165 Archiv Zürich: Meldekarte Karl (sic!) Müller-Palleske. Vgl. auch StadtArch. Landau: Landauer Anzeiger 23./24.9.1911.
166 Adolf Brand: Extrapost des Eigenen. Ein Nachrichten und Werbeblatt, Berlin 1911, S. 110f.
167 Abschrift Magistratssitzung vom 15.9.1911. In: LASp, Akte H 3, Nr. 8079, Bl. 38.
168 Auszug Beschluss Magistrat 22.9.1911. In: LASp, Akte H 3, Nr. 8079, Bl. 39.
169 Bürgermeister Landau an Kammer des Innern Speyer, 18.4.1912. In: LASp, Akte H 3, Nr. 8079, Bl. 4.
170 Magistrat Landau an Kammer des Inneren in Speyer, 13.9.1912. Pensionsanspruch des vormaligen Direktors Carl Müller. In: LASp, Akte H 3, Nr. 8079, Bl. 29 – 30.
171 Gutachten in: LASp, Sig. H 3, Nr. 8079, Bl. 49.
172 Archiv Zürich, Meldekarte Karl (sic!) Müller-Palleske.
173 Jahrbuch des Freien Deutschen Hochstift 1907, Frankfurt a. M. 1952, S. 359; 1908, S. 343.
174 Hirschfeld (Jahrbuch) 1921, S. 72 – 87.
175 Die Freundschaft Nr. 18, 6.5.1922.

176 M. Herzer / J. Steakley (1986), S. 97. Zum Prinzen von Preußen und Müller-Palleske vgl. auch B.-U. Hergemöller (2001), S. 272.
177 Die Freundschaft Nr. 20, 20.5.1922; 27/28, 15.7.1922.
178 Ich danke Kevin Dubout für den Hinweis auf das Tagebuch von Eugen Wilhelm und den Eintrag zu Müller-Palleske darin. Eine Einsicht war im Rahmen dieser Arbeit nicht möglich.
179 Die Freundschaft Nr. 20, 20.5.1922; 23, 10.6.1922.
180 Nachweis Todesjahr in Brief von Friedrich August Müller, dem Sohn Müller-Palleskes, an das Goethe-Schiller-Archiv vom 28.10.1943, Sign. GSA 150/A 349, Bl. 1.
181 Hierfür wurde der gesamte Jahrgang der Freundschaft 1930 geprüft.
182 Für diesen Beitrag nicht mehr berücksichtigt werden konnte der Aufsatz von Friedrich Kühl zu Müller-Palleske, der 2022 in den Mitteilungen der Magnus Hirschfeld Gesellschaft veröffentlicht wird. Ich danke Raimund Wolfert für die Information zu diesem Projekt!
183 Heil- und Pflegeanstalt Wiesloch, 24.5.1943: Ableben T. Wangemann. In: GLAK, Sign. GLA 446 Heidelberg-1, Nr. 981.
184 Projektgruppe (2017), S. 22. Auch: Sippentafel Familie Dr. T. Wangemann / H. Merensky Nr. 980. Gesundheitsamt HD, 30.12.1942. In: GLAK, Sign. GLA 446 Heidelberg-1, Nr. 981, o.p. (im Folgenden: Sippentafel 30.12.1942).
185 Aerztliches Zeugnis Anstalts Oberarzt Dr. Ernst Psychiatrische Gefangenenanstalt Bruchsal 28.4.1936. In: UAH L-III-1918/367 (im Folgenden: Zeugnis Dr. Ernst 28.4.1936).
186 Reichstagsprotokoll der 254. Sitzung, 11.5.1914, S. 8707.
187 H.-W. Schmuhl (2017), S. 34. Vgl. auch Dr. Franz Jahnel: Aerztliches Gutachten. Akten des Landgerichts Frankfurt/M., 16.1.1915. In: UAH L-III-1918/367 (im Folgenden: Gutachten Jahnel 16.1.1915).
188 Israelitisches Wochenblatt 7.12.1906, S. 4; Im Deutschen Reich Nr. 11, Dez. 1905, S. 639f.; Israelitische Wochenschrift Nr. 48, S. 669.
189 Zeugnis Dr. Ernst 28.4.1936.
190 Ärztliches Gutachten Geisteszustand T. Wangemann, Direktion der psych. Klinik i.V. gez. Dr. Hans Gruhle, HD 25.9.1918, S. 9. In: UAH L-III-1981/367 (im Folgenden: Gutachten Gruhle 25.9.1918).
191 Gutachten Jahnel 16.1.1915. Auch: Gutachten Gruhle 25.9.1918, S. 4.
192 M. Zirlewagen (2006), S. 45f. L. Biewer (2006), S. 19.
193 Gutachten Gruhle 25.9.1918, S. 4.
194 Projektgruppe (2017), S. 21f., S. 26.
195 Der wahre Jacob, Nr. 169, Jan. 1893, S. 1387; Jeversches Wochenblatt 11.11.1892, Beilage, S. 1; Vorwärts 10.11.1892, S. 2; 6.6.1893, S. 1f.; Elbeblatt und Anzeiger 7.11.1892, S. 2; Siebenbürgisch-Deutsches Tageblatt. Allgemeine Tageszeitung für das Deutschtum in Rumänien, Nr. 263, 12.11.1892.
196 Vorwärts 24.8.1893, S. 7; Freiburger Zeitung 9.11.1892, S. 1.
197 Ebd. 28.2.1894, S. 7; 3.3.1894, S. 8.
198 Projektgruppe (2017), S. 28ff., S. 26.
199 H. Meyer (1901), S. 454.
200 Siebenbürgisch-Deutsches Tageblatt, Nr. 139, 17.6.1896.
201 H. Meyer (1901), S. 454 – 456.
202 Siebenbürgisch-Deutsches Tageblatt, Nr. 151, 4.7.1897, S. 1.
203 H.-W. Schmuhl (2017), S. 34.
204 Aus Akten Landgericht HD, 20.2.1909, St.S. gegen T. Wangemann, gez. Kürz. In: UAH L-III-1918/367 (im Folgenden: Aus Akten, Kürz 20.2.1909).
205 Leipziger Tageblatt und Anzeiger 18.10.1899, Frühausgabe, S. 8072; Ebd. 1.3.1901, Frühausgabe S. 1518; 3.3.1901, 9, Beilage; 11.2.1902, Abendausgabe S. 1038; Dresdner Nachrichten 2.4.1901.
206 H. W. Beyer (1932), S. 195.
207 Karlsruher Tagblatt 16.05.1906, S. 3201; Badische Presse 16.5.1906, S. 3.
208 K. Virgenz (1933), S. 9ff.
209 Gutachten Gruhle 25.9.1918, S. 7ff.
210 A. Slavtcheva-Raiber (2005), S. 49, Fußnote 266.
211 Brief von Wangemann 16.4.1914 Rustschuk. In: GSA Weimar, Sig. GSA 69/3855.
212 Heidelberger Zeitung 25.4.1905, 2. Bl. Ich danke Dr. Hans-Werner Scheuing für die Recherchen in und Informationen zu Neckargemünd!
213 Gutachten Gruhle 25.9.1918, S. 8. Vgl. zum Haus in Neckargemünd auch: Sippentafel 30.12.1942.
214 Gutachten Jahnel 16.1.1915. Auch: Aus Akten, Kürz 20.2.1909; Gutachten Gruhle 25.9.1918, S. 1.
215 Der Volksfreund 3.4.1908, S. 5. Auch: Aus Akten, Kürz 20.2.1909; Gutachten Gruhle 25.9.1918, S. 11.
216 Gutachten Gruhle 25.9.1918, S. 8.
217 Aus Akten, Kürz 20.2.1909.
218 Berliner Volks-Zeitung 11.5.1914, Morgenausgabe Nr. 267, S. 1; Berliner Tageblatt 11.6.1914, S. 6; Deutsche Tageszeitung 11.6.1914. In GSA Weimar, Sig. 69/3855; Berliner Volkszeitung 11.6.1914, S. 1; Frankfurter Zeitung, 11.6.1914, Drittes Morgenblatt S. 2; General-Anzeiger für Dortmund und die Provinz Westfalen 12.6.1914, 3. Blatt; Berliner Tageblatt 11.6.1914, S. 6; Vorwärts 11.6.1914, S. 9f.
219 Bockenheimer Anzeiger 4.3.1915; Gutachten Jahnel 16.1.1915.
220 Gutachten Jahnel 16.1.1915.
221 K. M. Kämpf (2016), S. 387; H. Rohleder (1921), zum Umgang mit Masturbation in der Schule S. 299ff. Vgl. auch K. H. Bloch (1989), S. 235ff, 363ff.; V. Sigusch (2008), S. 32ff.
222 Gutachten Jahnel 16.1.1915.
223 Ebd.; auch Bockenheimer Anzeiger 4.3.1915.
224 Kölner Lokal Anzeiger 25.9.1914, S. 6; Echo der Gegenwart 28.9.2014; Bockenheimer Anzeiger 24.9.1914; Leipziger Tageblatt und Anzeiger 26.9.1914 Abendausgabe S. 4; Dresdner Nachrichten 26.9.1914, Frühausgabe; Münchner neueste Nachrichten, Wirtschaftsblatt, alpine und Sport-Zeitung 26.9.1914, S. 3; Hamburgischer Correspondent, Nr. 484, 23.9.1914, Beilage S. 2; Metzer Zeitung 30.9.1914; Calwer Tagblatt, Amts- und Anzeigeblatt für der Oberamtsbezirk Calw. 1.10.1914.
225 Frankfurter Nachrichten 15.5.1915, S. 3; Kleine Presse, Stadt-Anzeiger und Fremdenblatt 10.6.1915, S. 3; ebd. 18.2.1916, S. 3 und 31.3.1916, S. 4; Bockenheimer Anzeiger 15.5.1915.; Frankfurter Zeitung 10.6.1915, Zweites Morgenblatt S. 4; Norddeutsches Volksblatt 12.6.1915.; Castorper Zeitung 24.2.1916; Neueste

Nachrichten Rauxel 24.2.1916; Duisburger General-anzeiger 22.2.1916; Dortmunder Zeitung 8.4.1916.; Aachener Rundschau 24.2.1916.; Altonaer Nachrichten 10.3.1916, S. 3; Leipziger Tageblatt und Anzeiger 22.2.1916 Frühausgabe, S. 10; Leipziger Tageblatt und Anzeiger 31.3.1916 Abendausgabe S. 4. Außerdem: Bekanntmachung Nr. 24, über den straffällig gewordenen ehem. Pfarrer T. Wangemann. In: HStAM, Bestand 318, Fronhausen Nr. 223. Der evang. Verein für innere Mission schaltete eine Anzeige, in der er vor Wangemann warnte: Sonntagsgruß 21.5.1916. Wangemann war lt. folgender Quelle bis 28.1.1916 im Gefängnis: Gutachten Gruhle 25.9.1918, S. 12.

226 Gutachten Gruhle 25.9.1918, S. 1, 2, 12.

227 Der Landbote, Sinsheimer Zeitung 18.2.1919. Hier ist die Datierung des Urteils mit „24. Febr." angegeben. Da die Zeitung aber am 18.2.1919 erschien, scheint dies ein Tippfehler zu sein und es ist der 14.2. anzunehmen.

228 Notizen aus Akten Landgericht Heidelberg. II. Strafverfahren gegen Wangemann. In: LASp, Sign. T 41, 80, Bl. 23 (im Folgenden: Notizen Strafverfahren Wangemann, LASp, Sign. T 41, 80).

229 Mannheimer General-Anzeiger 8.1.1921, Abendausgabe S. 3; Volksfreund 11.6.1921, S. 4; Sossenheimer Zeitung 18.6.1921. Auszug Krankengeschichte zu: Aerztliches Zeugnis (Abschrift) Anstalts Oberarzt Dr. Ernst Psychiatrische Gefangenenanstalt Bruchsal 28.4.1936, S. 1. In: UAH L-III-1918/367 (im Folgenden: Auszug Krankengeschichte 28.4.1936).

230 Psychiatrisch-neurologische Klinik Heidelberg. Krankengeschichte, 12.5.1936. In: UAH L-III-1918/367 (im Folgenden: Psychiatrisch-Neurologische Klinik 10.5.–20.6.1936).

231 Gutachten Gruhle 25.9.1918, S. 2, 14f.

232 Psychiatrisch-Neurologische Klinik 10.5.–20.6.1936.

233 Gutachten Gruhle 25.9.1918, S. 2, 14f.

234 Gutachten Jahnel 16.1.1915.

235 Gutachten Gruhle 25.9.1918.

236 Gutachten Jahnel 16.1.1915.

237 Aus Akten, Kürz 20.2.1909.

238 Gutachten Jahnel 16.1.1915.

239 Gutachten Gruhle 25.9.1918, S. 14, 16f.

240 Ebd. S. 14.

241 Vorwärts 11.6.1913, S. 10; H. Stöcker (1913). Vgl. auch Geschäftsbericht Deutscher Bund für Mutterschutz, Ortsgruppe Berlin, erstattet am 31.3.1914, S. 1 – 3, hier: S. 3; L. Langemann / H. Hummel (1916), S. 122; Vorwärts, 22.11.1913, Nr. 307, 2. Beilage, S. 1; ebd. 29.11.1913.; 1.12.1913.

242 Gutachten Jahnel 16.1.1915.

243 Heidelberger Zeitung 1.3.1919, S. 8; 20.3.1919, S. 3; Volksfreund 22.3.1919, S. 3; Badische Presse 21.3.19191, S. 3; Badische Post 27.12.1919, Beilage; 20.3.1919, S. 4; Der Volksfreund, Nr. 131, 11.6.1921, S. 4; Der Landbote. Sinsheimer Zeitung 18.2.1919.

244 D. Grumbach (1995).

245 Heidelberger Zeitung 15.3.1919, S. 5. Vgl. ebd. 20.3.1919, S. 3.

246 Notizen aus den Akten des Landgerichts Heidelberg. II. Strafverfahren gegen Wangemann Theodor In: LASp, Akte T 41, 80, Bl. 23.

247 Die Freundschaft Nr. 48, 1920.

248 Gutachten Gruhle 25.9.1918.

249 Angabe ohne Jahr, vermutlich 1913 oder 1914. Gutachten Jahnel 16.1.1915.

250 Brief T. Wangemann an Börries von Münchhausen. In: GSA Weimar, Sig. GSA 69/3855.

251 Ärztliches Gutachten Geisteszustand T. Wangemann 24.8.1935. In: GLAK, Sign. GLA 446 Heidelberg-1, Nr. 981.

252 Auszug Krankengeschichte Dr. Ernst 28.4.1936, S. 1.

253 Vorladung Dr. Schiffmann, Gesundheitsamt HD, St. S. Wangemann 18.9.1935. In: GLAK, Sign. GLA 446 Heidelberg-1, Nr. 981.

254 Gutachten Schiffmann 24.8.1935, S. 4.

255 Heidelberger Volksblatt 14.5.1934, S. 10. Vgl. auch ebd.15.5.1934, S. 12.

256 Gutachten Schiffmann 24.8.1935, S. 2.

257 Psychiatrisch-neurologische Klinik10.5 – 20.6.1936.

258 Zeugnis Dr. Ernst 28.4.1936.

259 Psychiatrisch-neurologische Klinik 10.5 – 20.6.1936.

260 Gedicht Theodor Wangemann: Typus inversus. In: GLAK 446 Heidelberg-1, Nr. 981. In Stadtarchiven Nußloch und Kulmbach keine Hinweise auf genannte Personen.

261 Sippentafel 30.12.1942.

262 Direktion der Heil- und Pflegeanstalt Wiesloch, 24.5.1943: Ableben T. Wangemann. In: GLAK, Sign. GLA 446 Heidelberg-1, Nr. 981.

263 C. Schäfer (2006), S. 23ff. Auch J. Hutter (1992); G- Bleibtreu-Ehrenberg (2015, S. 340.

264 Erwin In het Panhius: Vor 150 Jahren wurde „Homosexualität" erfunden. 20.10.2019. Online veröffentlicht unter: https://www.queer.de/detail.php?article_id=34715 (Zugriff: 16.3.2022).

265 R. Herrn (2005), S. 65ff, S. 54.

266 F. von Neugebauer (1908), S. 620; U. Klöppel (2010), S. 274f.

267 Vgl. N. Domeier (2010); D. Richter (2010); F. Bösch (2009); M. Schwartz (2019), S. 16ff. Presseberichte zu die Skandalen u. a. in: Pfälzische Presse 11.6.02, 18.11.02, 23.11.02, 29.11.1902, 16.10.1903; Landauer Anzeiger 26.11.1902; General-Anzeiger Mannheim 18.10.1907; 7.11.1907.

268 W. Wippermann (2011). Auch in Mannheim war man „gründlich unterrichtet". General-Anzeiger Mannheim 30.7.1896, S. 1f.

269 Zu den lesbischen Vertreterinnen der Frauenbewegung auch: I. Kokula (1981), S. 28ff.; M. Piper (1984).

270 L. Frey (1898), S. 184f. Rede von Theo-Anna Sprüngli alias Anna Rüling 1904 in: I. Kokula (1981), S. 191ff. Auch: C. Leidinger (2016), hier speziell Anm. 18.

271 M. Keilson-Lauritz (1997), S. 28ff. Auch: V. Sigusch (2008), S. 81f.; M. Herzer (2017), S. 66ff.

272 Der vollständige Text als Reprint in: J. Katz (1975), getr. Paginierung, hier: S. 1 – 32. Vgl. zu Trosse auch: I. Kokula (1981), S. 22; C. Leidinger (2012).

273 C. Pfanz-Sponagel (1993), S. 210ff.

274 Landauer Anzeiger 25.1.1906.

275 General-Anzeiger Mannheim 21.3.1898, S. 2.

276 S. Schraut (2016), S. 186f.

277 General-Anzeiger Mannheim 25.3.1898, S. 5; 12.3.1903, Mittagsblatt S. 2; 11.12.1903, Abendblatt S. 1f; 2.8.1907, Abendblatt S. 2; 17.9.1907 Mittagsblatt S. 3; 25.9.1907 Mittagsblatt S. 4.

278 Ebd. 5.10.1910, Abendblatt S. 3. Zum Heidelberger Frauenverein vgl. I. Scheidle (1996a), S. 241 – 252.
279 Zitat aus: Neue Frauenkleidung und Frauenkultur, Organ des Deutschen Verbandes für Verbesserung der Frauenkleidung, H. 10, 1.12.1910, S. 87f. Vgl. zur Tagung auch: Karlsruher Tagblatt 9. u. 10.10.1910.
280 H. Schröder / J. Horsley 2005, S. 94 – 134. C. Leidinger (2018). A. Fink (2009). Vgl. zum Frauenpaar Hilger Krukenberg auch B. Kuhn (2002), speziell S. 86 – 91, hier S. 88.
281 Scheidle spricht für Heidelberg von Netzwerken, in die sich Freundinnenpaare einbrachten. I. Scheidle (1996b), S. 91.
282 C. Pfanz-Sponagel (2004), S. 108.
283 General-Anzeiger Mannheim 12.11.1902, Abendblatt S. 2.
284 Ebd. 29.11.1903, 1. Bl., S. 3.
285 C. M. Klapeer (2014), S. 210ff. Vgl. auch H. Hacke (2015), S. 44ff., 156ff.
286 S. Heißler (1993). Auch: R. Lütgemeier-Davin / K. Wolff (2015), S. 134. Stöcker gibt als Gründungsjahr 1906 an.
287 V. Sigusch (2008), S. 254 – 260.
288 G. Hamelmann (1992), 89ff.
289 Zitiert nach C. Pfanz-Sponagel (2004), S. 92. Vgl. zur Beratungsstelle ebendort S. 91ff.
290 S.Heißler (1993), S. 190. Zitat in: M. Jansen-Jurreit (1986), S. 36.
291 General-Anzeiger Mannheim, 15.6.1904, Mittagsblatt S. 3.
292 Ebd. 2.3.1908, Abendblatt S. 4.
293 Ebd. 4.1.1912, Mittagsblatt S. 3.
294 Redebeitrag lt. Stenographischem Bericht In: M. Hirschfeld / WhK, Jg. 8, 1906, S. 921. Der Volksfreund 23.02.1906.
295 F. A. Müller-Eisert (1912), S. 46ff. Später vertrat Müller-Eisert Positionen des NS-Staates. In: Die in Einigung begriffenen Staaten von Europa. Das großdeutsche Reich und das Völkerrecht des europäischen Großraums, Karlsruhe 1941.
296 Badische Landeszeitung 24.4.1875 (Kunst und Wissenschaft).
297 General-Anzeiger Mannheim 5.11.1902, Abendblatt S. 3.
298 Ebd. 1.11.1907, S. 2.
299 Monatsbericht des WhK 6. Jg., Nr. 2, 1.2.1907, S. 28.
300 General-Anzeiger Mannheim 14.4.1909 Mittagsblatt S. 3.
301 Ebd. 10.11.1908, Mittagsblatt S. 3.
302 General-Anzeiger Mannheim 27.8.1912, Mittagsblatt S. 10.
303 Monatsbericht des WhK 6. Jg., Nr. 7, 1.7.1907, S. 147f.
304 Karlsruher Zeitung 26.5.1907 (Dritter Kongress der Deutschen Gesellschaft zur Bekämpfung der Geschlechtskrankheiten). Vgl. auch Badische Presse 27.5.1907, Abendausgabe.
305 Monatsbericht des WhK 5. Jg. Nr. 3, 1. März 1906, S. 77.
306 Man findet sie als Zeichner der Jahresberichte in: M. Hirschfeld / WhK, 3. Jg.,1901, S. 614; 7. Jg., 2. Bd., 1905, S. 1076; 6. Jg., 1904, S. 736. Vgl. zu den „Fondszeichnern“ und Mitgliedern des WhK auch: M. Keilson-Lauritz (1997), S. 34.
307 C. Könne (2021), S. 5.
308 K. Dubout (2018), S. 283.
309 Alphabetische Liste der Unterzeichner in: M. Herzer (2005), S. 25 – 44.
310 A. Sternweiler (2004), Kap. 13.
311 M. Hirschfeld (1904 b), S. 12, Fußnote 3.
312 Ein Zwangzögling in Frauenkleidern. In: General-Anzeiger Mannheim 12.4.1912 Mittagsblatt S. 4.
313 General-Anzeiger Mannheim 1.3.1917, S. 3.
314 Ebd. 15.10.1906, Mittagsblatt. Auch: Monatsbericht des WhK 6. Jg., Nr. 3, 1.3.1907, S. 58.
315 Ebd. 7.9.1914, S. 4.
316 Ebd. 16.5.1914, S. 4.
317 Werbung ebd. 6.4.1912 Mittagsblatt S. 8.
318 Ebd. 26.1.1900, Abendblatt S. 2; 25.6.1906, Abendblatt S. 4; 12.2.1912, Abendblatt S. 3; 28.2.1891, S. 5; 22.10.1895, S. 6; 2.3.1900, Mittagsblatt S. 3. Vgl. ebd. 6.9.1901, Mittagsblatt S. 2; Genossenschaft (1895), S. 592; (1896), S. 571.
319 Badische Landeszeitung 5.12.1894, 2. Blatt.
320 Zitat in: General-Anzeiger Mannheim 8.9.1900, Mittagsblatt S. 2; 3.11.1911 Mittagsblatt S. 4; 2.4.1907, Abendblatt S. 3; 17.9.1907, Abendblatt S. 3; 17.1.1914 Mittagsblatt S. 4.
321 R. Herrn (2005), S. 57.
322 A. Moll (1921), mit Abb. von Alexander Tacianu S. 343, 344 und Willi Walde S. 340.
323 Landauer Anzeiger 31.7.1908. In: Zeitschrift für Sexualwissenschaft 1908, S. 676.
324 Folgende Angaben aus: 5.1.1913 Protokoll der Polizei. In: MARCHIVUM, Realrecht, L 4, 13, Sign. 20/1971_00269. Auch: General-Anzeiger Mannheim, 20.2.1912, Mittagsblatt S. 8; 19.10.1907, Mittagsblatt S. 6; 28.9.1911, Mittagsblatt S. 13; 23.10.1911 Mittagsblatt S. 16; 2.3.1914 Abendblatt S. 3; 1.7.1912 Abendblatt S. 4.
325 H.-G. Stümke (1989), S. 29.
326 General-Anzeiger Mannheim 29.12.1909 Mittagsblatt S. 7.
327 Ebd. 15.6.1906, Mittagsblatt S. 2.
328 Nachweis Adresse Spanische Weinstube in: General-Anzeiger Mannheim 27.1.1913, Abendblatt S. 8. Zitat aus: 5.12.1912 Erklärung des Wirts Georg Germann „Drei Könige“ bei der Polizei Mannheim. In: MARCHIVUM, Realrecht, L 4, 13, Sign. 20/1971_00269.
329 Zitate aus: 29.5.1913 Protokoll der Polizei. In: MARCHIVUM, Realrecht, L 4, 13, Sign. 20/1971_00269.
330 5.12.1912 Erklärung des Wirts Georg Germann „Drei Könige“ bei der Polizei Mannheim. In: MARCHIVUM, Realrecht, L 4, 13, Sign. 20/1971_00269.
331 Zitate aus den Polizeiprotokollen vom 27.3.1912 und 24.2.1912. In: MARCHIVUM, Realrecht, L 4, 13, Sign. 20/1971_00269. Vgl. zum Begriff „Päderast“: Wie heißen sie denn? In: J. Dobler (2003), S. 10.
332 5.12.1912 Erklärung des Wirts Georg Germann „Drei Könige“ bei der Polizei Mannheim. In: MARCHIVUM, Realrecht, L 4, 13, Sign. 20/1971_00269.
333 5.1.1913 Protokoll der Polizei. Ebd.
334 11.4.1914 ebd.
335 Zur Terminologie „schwul“ vgl. Wie heißen sie denn? In: J. Dobler (2003), S. 10.
336 Nicht datiertes Protokoll der Polizei, wohl Okt. 1912. In: MARCHIVUM, Realrecht, L 4, 13, Sign. 20/1971_00269.

337 Die ersten Kneipen in Kreuzberg und Friedrichshain. In: J. Dobler (2003), S. 16ff.
338 Mannheimer General-Anzeiger 8.6.1907. In: Monatsberichte des WhK, 6. Jg., Nr. 7, 1.7.1907, S. 151.
339 5.1.1913 ebd.
340 General-Anzeiger Mannheim 16.5.1914, Abendblatt S. 4.
341 E. In het Panhuis (2006), S. 60ff. B. Rosenkranz u.a. (2009), S. 17. Vgl. J. Dobler (2008), S. 145ff, 347ff.
342 5.1.1913 Protokoll der Polizei. In: MARCHIVUM, Realrecht, 20/1971_00269.
343 Wie heißen sie denn? In: J. Dobler (2003), S. 14.
344 24.2.1912 Protokoll der Polizei. In: MARCHIVUM, Realrecht, L 4, 13, Sign. 20/1971_00269.
345 11.4.1914 ebd.
346 29.5.1913 ebd.
347 24.2.1912 ebd., darin als Anlage zum Polizeiprotokoll: „Liste von Personen, die im dringenden Verdacht stehen, Päderastie miteinander zu treiben".
348 Reichstagsrede von August Bebel (SPD) vom 13.1.1898. In: Reichstagsprotokolle Bd. 1897/98, Bd. 1, S. 410.
349 Die ersten Kneipen in Kreuzberg und Friedrichshain. In: J. Dobler (2003), S. 17.
350 M. Hirschfeld (1914), S. 897.
351 General-Anzeiger Mannheim 29.12.1891, S. 2.
352 M. Hirschfeld / WhK, 5. Jg., 2. Bd., 1903, S. 1251; Badische Landeszeitung 2.1.1902, Abendblatt o.p.
353 Einkommenswerte online unter: https://www.gesetze-im-internet.de/sgb_6/anlage_1.html (Zugriff: 01.01.2021).
354 General-Anzeiger Mannheim 20.10.1905, 2. Mittagsblatt S. 1; Frankfurter Zeitung 21.10.1905.
355 Wormser Zeitung 10.2.1908. In: Zeitschrift für Sexualwissenschaft 1908, S. 192. Vgl. auch Deutsche Nachrichten, 24.3.1908. Ebd. S. 556. Auch: Generalanzeiger Mannheim 20.3.1908, Mittagsblatt S. 4.
356 General-Anzeiger Mannheim 15.7.1909, Mittagsblatt S. 4.
357 https://de.statista.com/statistik/daten/studie/1100185/umfrage/durchschnittseinkommen-im-deutschen-kaiserreich/ (Zugriff: 1.4.2022).
358 Vorwärts, Berliner Volksblatt 22.12.1911. Vgl. auch: Berliner Tageblatt und Handels-Zeitung 21.12.1911, Morgen-Ausgabe. Nachweis des Wohnsitzes: Adressbuch Frankenthal 1908/09, S. 39. General-Anzeiger Mannheim 8.4.1911, Mittagsblatt S. 4; 12.4.1911, Abendblatt S. 8; 20.12.1911, Mittagsblatt S. 4f; Karlsruher Tagblatt 22.12.1911, 3. Blatt, S. 10.
359 General-Anzeiger Mannheim 23.1.1912, Mittagsblatt S. 8.
360 Morgenpost Berlin 31.3.1907. In: Monatsbericht des WhK 6. Jg., Nr. 5, 1. Mai 1907, S. 102. Auch: R. Linsert (1931), S. 494ff.
361 Badische Presse 10.8.1900, S. 2; 11.8.1900, S. 2; Münchner Neueste Nachrichten, Wirtschaftsblatt 14.8.1900, S. 3; General-Anzeiger Mannheim 8.8.1900, Mittagsblatt S. 3; 9.8.1900, Mittagsblatt S. 3. Auch in: M. Hirschfeld / WhK, 3. Jg., 1901, S. 541.
362 General-Anzeiger Mannheim 29.2.1904, Abendblatt S. 4.
363 Karlsruher Tagblatt 18.4.1910, S. 3050; 25.5.1910, S. 4037; General-Anzeiger Mannheim 18.4.1910, Abendblatt S. 4.
364 Badische Presse 14.8.1912, Mittagsausgabe; Durlacher Wochenblatt/Tageblatt, 4.4.1914, S. 1. Urteil vom 3. April 1914 zu Gesamtstrafe plus Ehrenstrafe. In: GLAK, 456, F9, Nr. 444. D. Drüll (1986), S. 247.
365 Karlsruher Tagblatt 28.7.1912, S. 14. M. Hirschfeld (1920), S. 195f.
366 General-Anzeiger Mannheim 19.9.1911, Abendblatt.
367 Im Stadtarchiv Frankfurt/Oder sind keine Unterlagen zu Weyrach erhalten. Sterbedatum, -ort sind unbekannt. Information an den Autor vom 5.1.2021. Adressbuch Heidelberg 1881, S. 128; 1883, S. 129.
368 Zitat: Badischer Beobachter 13.09.1883, Nr. 206. Heidelberger Generalanzeiger 13.11.1883; Dresdner Nachrichten 14.11.1883, S. 3.
369 Karl Weyrach wegen mehrfacher widernatürlicher Unzucht. In: GLA Karlsruhe Sig. 233, Nr. 35432.
370 Dresdner Nachrichten 14.11.1883, S. 3.
371 Die erste Liste von berühmten homosexuellen Männern der Geschichte wurde angeblich 1898 von Ludwig Frey veröffentlicht. Vgl. B-U. Hergemöller (2001), S. 9f.
372 Karlsruher Zeitung 16.8.1884. Für die Schlussrechnung vgl. Karlsruher Zeitung 23.6.1886. Für das Ende auch Heidelberger Zeitung 22.6.1886. Ferner: Ebd. 16.11.1883; 19.11.1883.
373 Badische Presse 10.11.1905, S. 1; General-Anzeiger Mannheim 9.11.1905, Abendblatt S. 3; 6.1.1906 Mittagsblatt S. 2; Heidelberger Zeitung 10.11.1905, 1. Bl.; Weißeritz-Zeitung 14.11.1905; Bünder Tageblatt 10.11.1905; Iserlohner Kreisblatt 10.11.1905; Dortmunder Zeitung 10.11.1905; General-Anzeiger für Dortmund und die Provinz Westfalen 12.11.1905.
374 Heidelberger Zeitung 27.12.1905, 1. Bl; Volksfreund, 29.1.1906; General-Anzeiger Mannheim 6.1.1906 Mittagsblatt S. 2.
375 Ein streitbarer Pfarrer als Alpdruck. In: Berliner Volkszeitung 10.1.1906.
376 Badische Landes-Zeitung 11.11.1905, Mittagsblatt.
377 Volksfreund, 30.12.1905, S. 1; General-Anzeiger Mannheim 6.1.1906, Mittagsblatt S. 2; Heidelberger Zeitung 10.10.1905, 1. Bl.; Monatsbericht des WhK, 5. Jg., Nr. 2, 1.2.1906, S. 42.
378 Der Volksfreund. 30.12.1905, S. 1.
379 Münchner Neueste Nachrichten 23.10.1906, S. 3.
380 Hamburgischer Correspondent und neue hamburgische Börsenhalle 17.10.1906, S. 2.
381 Kölner Local-Anzeiger 13.4.1908, S. 8. Auch: Westdeutsche Landeszeitung 16.4.1908, 2. Bl.; Der Landbote 11.4.1908, 2. Bl. Im Staatsarchiv Freiburg (Sig. B 821/2 Nr. 5162) Akte zu Bilger, die ausweist, dass er 1921 in der Psychiatrie Illenau behandelt wurde. Aufgrund der Corona-Pandemie konnte diese Akte für die vorliegende Arbeit nicht eingesehen werden.
382 https://de.statista.com/statistik/daten/studie/1100185/umfrage/durchschnittseinkommen-im-deutschen-kaiserreich/ (Zugriff: 01.04.2022).
383 Karlsruher Tagblatt 30.12.1908, 5. Bl., S. 8486; 7.1.1909, 4. Bl.; 6.3.1909, S. 1943; General-Anzeiger Mannheim 4.1.1909, Abendblatt S. 3; 6.1.1909, Mittagsblatt S. 4; 3.3.1909, Abendblatt S. 5; Volksfreund 7.1.1909, S. 1; 23.1.1909, S. 5.; Volksfreund, 6.3.1909, S. 6; Mittelbadischer Courier, 29.12.1908; Badische Presse 5.1.1909, Mittagsausgabe S. 3; Badische

Neckarzeitung Odenwälder Bote 2.3.1909; Durlacher Wochenblatt 5.3.1909; Freiburger Zeitung 5.3.1909, Abendausgabe; Karlsruher Zeitung 7.3.1909.

384 Badische Neckarzeitung Odenwälder Bote 6.3.1909; Mosbacher Volksblatt 5.3.1909. Diese und die anderen Pressberichte sind die einzigen erhaltenen Informationen. Im GLA Karlsruhe sind keine Unterlagen vorhanden. Im Stadtarchiv Hardheim findet sich (lt. Auskunft vom 20.4.2022) außer zu Gemeinderechner Bundschuh keine weitere Information über den Prozess oder die anderen Verurteilten.

385 Vgl. zum Prozess in Karlsruhe Badische Presse 23.2.1901 Abendausgabe S. 1.

386 Ein Vergleich war für folgende Jahre möglich: Statistisches Jahrbuch für das Großherzogtum Baden XXI, 1888, Karlsruhe 1890, S. 270, 271; XXIII, 1890, Karlsruhe 1892, S. 266f.; 1899, S. 404, 405, darin Angaben zu § 175 für 1897.

387 Gewöhnlich werden Untersuchungen entlang spezieller Verwaltungsgrenzen vorgenommen, um eine Vergleichbarkeit der Ergebnisse zu anderen Verwaltungseinheiten zu ermöglichen. Da die Digitalisierung der Zeitungsbestände aber für die verschiedenen Bereiche der Region Rhein-Neckar höchst verschieden ist, ist dies aktuell nicht möglich. Daher werden hier Ergebnisse für die Region Rhein-Neckar benannt, die es künftig zu überprüfen gilt.

388 Der Tatbestand „widernatürliche Unzucht" erfasste bis 1901 sowohl Homosexualität zwischen Männern als auch Sexualität mit Tieren. Seit 1902 weisen die Statistiken beides getrennt aus. In den Zeitungen finden sich aber z.B. durch die Angabe des Tatorts Hinweise auf Sexualität mit Tieren. Diese Fälle wurden nicht berücksichtigt. Vgl. J. Baumann (1968), S. 58.

389 B. Jellonnek (1990), S. 186

390 Ebd. S. 187.

391 Da die Zeitungen für die eher ländlich oder kleinstädtisch geprägte Pfalz als Digitalisate fehlen und auch der Bereich des Odenwalds in den Digitalisaten wenig erfasst wird, dürfte dies die hier abgebildete Tendenz in der Aussage eher unterstützen.

392 B. Jellonnek (1990), S. 185f.

393 Die hier „überlappend" angegebenen Zeitangaben dienen der besseren Lesbarkeit der Tabelle. In der statistischen Auswertung wurden für jede Zeile jeweils die Strafmaße „bis exklusive" dem Endwert gewertet. Strafmaße, die tagesgenau genau auf den Endwert der jeweiligen Zeile fielen, wurden in die nächst höhere Stufe eingerechnet. Beispiel: eine Strafe von genau 3 Monaten findet sich in der Zeile der Strafmaße 3 – 6 Monate und NICHT in der Zeile 1 – 3 Monate. Bei den übrigen Zeilen ist analog verfahren worden, da ansonsten eine Tabelle nach Wochen oder Tagen hätte erstellt werden müssen, um ganz präzise abbilden zu können.

394 Suchbegriffe für die statistische Auswertung: „widernatürliche Unzucht", „homosexuell" und „Homosexualität". Abschluss der Auswertung: BLB Karlsruhe, UB Heidelberg, MARCHIVUM März 2022. Keine Nachweise in Digitalisaten LBZ Rheinland-Pfalz und UB Darmstadt, Stand März 2022.

395 Plenarprotokoll des Deutschen Bundestages, 184. Sitzung, 12.12.1985, S. 14066.

396 K. Wowereit (2007), S. 178ff.

397 Vgl. S. zur Nieden (2005).

398 P. Winzen (2010). Vgl. auch N. Domeier (2010), P. Jungblut (2003).

399 Badische Presse 6.8.1905, S. 3; Volksfreund 5.8.1905.

400 Karlsruher Tagblatt Nr. 163, 2. Bl., 14.6.1909, S. 5128. Im StadtArch Konstanz vorliegende Meldekarte Steinbrunns als Mikrofiche schlecht lesbar. Folgende Geburtsdaten möglich: 19. oder 29. März oder Mai 1877.

401 Durlacher Wochenblatt Nr. 142, 22.6.1909; Karlsruher Tagblatt Nr. 163, 2. Bl., 14.6.1909, S. 5128; Konstanzer Zeitung 14.06.1909.

402 Durlacher Wochenblatt Nr. 142, 22.6.1909; General-Anzeiger Mannheim, Abendblatt 14.6.1909, S. 4.

403 Durlacher Wochenblatt Nr. 142, 22.6.1909.

404 Heidelberger Tageblatt 18.4.1910, S. 5.

405 Badische Presse Nr. 176, 18.4.1910, Abendausgabe S. 1; Durlacher Wochenblatt Nr. 90, 19.4.1910; Mannheimer General-Anzeiger, Abendblatt 18.4.1910, S. 4.

406 Neckargemünder Bände, SR 49, Ratsprotollbuch 1905 – 1910, Sitzung 16.4.1910, No. 23, S. 606. In: StadtArch Neckargemünd.

407 Karlsruher Tagblatt Nr. 106 1910, 18.4.1910, S. 3050; Badische Presse Nr. 176, 18.4.1910, Abendausgabe S. 1; Durlacher Wochenblatt Nr. 90, 19.4.1910; Freiburger Zeitung 25.5.1910, Morgenausgabe S. 2; Heidelberger Tageblatt 24.5.1910, S. 6.

408 Badische Presse Nr. 235, 25.5.1910, Mittagsausgabe S. 3 f; Heidelberger Tageblatt 24.5.1910, S. 6.

409 Durlacher Tagblatt, Nr. 119, 25.5.1910, S. 1.

410 Zitat: Heidelberger Tageblatt 25.5.1910, S. 5. Vgl. auch: Konstanzer Zeitung 25.05.1910; Durlacher Tagblatt, Nr. 119, 25.5.1910, S. 1; Badische Presse Nr. 251, 4.6.1910, Mittagsausgabe S. 2; Freiburger Zeitung, 2. Morgenausgabe, 4.6.1910, S. 1.

411 Karlsruher Zeitung Nr. 152, 4.6.1910, S. 4292; General-Anzeiger Mannheim Mittagsblatt 6.6.1910, S. 6.

412 US-Einzugsregistrierungskarte für den Ersten Weltkrieg, StadtArch Karlsruhe.

413 G. Kellermann (1925), S. 77.

414 In den französischen Archiven der Departements Haute und Bas Rhin ebenso wie in Stadtarchiven seiner ehemaligen Wohnorte finden sich kein Hinweis auf Braun. Allein sein Geburtsnachweis im Stadtarchiv von Selz (Seltz) ist erhalten. In den erhaltenen Listen von Promotionen der ehem. Kaiser-Wilhelm- Universität Straßburg ist seine Dissertation nicht nachgewiesen. Informationen zu Braun im Schrifttum der Zollverwaltung von Elsass-Lothringen.

415 Bericht über das Verhalten des 1. Bürgermeisters Braun in Schifferstadt. In: LASp H 45, Nr. 4865, Bl 22.

416 Ebd. Bl. 24.

417 Kurze Notizen aus den Akten des Landgerichts Heidelberg. Ebd., Bl. 22, 23.

418 Landgericht, Heidelberg, 29.3.1922, Strafkammer I. gegen 1) Bürgermeister Braun 2) Heinrich Landes wg. wid. Unzucht. Ebd., Bl. 24.

419 Die Freundschaft Nr. 9, 1922.

420 Amtsverweser J(acobus) Bezirksamt Speyer an Bürgermeisteramt Schifferstadt, 23.01.1922. In: LASp H 45, Nr. 4865, Bl. 4.

421 Rechtsanwalt Völcker an das Bezirksamt Speyer 25.1.1922. Ebd., Bl. 5a.
422 Corps Palaio-Alsatia an Bezirksamt Speyer, 6.2.22. Ebd., Bl. 17.
423 StadtArch Schifferstadt Protokollbuch der Gemeinde Schifferstadt 1920 – 1922. Sitzung Stadtrat 3.10.1921, Bl. 200 – 205; Sitzung 28.10.1921, Bl. 206 – 210.
424 Präsident Interalliierte Rheinlandkommission an Reichskommissar für besetzte rheinische Gebiete. 13.5.1922. In: LASp H 45, Nr. 4865, Bl. 29. Außerdem: Bescheid Feststellungsbehörde wg. Ersatzanspruch Gemeinde Schifferstadt für die Kosten durch Eingreifen Rheinlandkommission, 15.12.1922. Ebd. Und: Rehbachbote 22.7.22. Ebd.
425 Protokoll über Sühneversuch 28.11.1922 Frankenthal Landgericht in Sachen Walter Braun [...], zufolge Beschluss I. Zivilkammer Landgericht Frankenthal 10.11.1922, Abschrift 28.11.1922 AZ: A 247/22 II. Vgl. auch Bescheid Feststellungsbehörde wg. Ersatzanspruch Gemeinde Schifferstadt für die Kosten durch Eingreifen Rheinlandkommission, 15.12.1922. In: LASp H 45, Nr. 4865.
426 Rehbachbote 21.1.1922. In: LASp H 45, Nr. 4865.
427 Rehbachbote, 30.11.1922.
428 Zeitungsausschnitt Frankfurter Zeitung undatiert. In: LASp H 45, Nr. 4865.
429 Rehbachbote, 1.2.1923; Durlacher Tagblatt 01.02.1923.
430 Im Bestand des Landesarchivs der Pfalz findet sich zur Mitgliedschaft beider in der Freien Pfalz kein Hinweis. Auch in den in der Pfälzischen Landesbibliothek vorhandenen Veröffentlichungen zur Freien Pfalz findet sich kein Hinweis.
431 Zeitungsbericht ohne Kennzeichnung. Veröffentlichung Dr. Weil, Vertreter von Braun vor Gericht. In: LASp H 45, Nr. 4865.
432 Rechtsanwalt Dr. Ludwig Weil, 29.3.1922, an Disziplinarkammer für nichtrichterliche Beamte Zweibrücken. Ebd., Bl. 26. Präsident Disziplinarkammer Zweibrücken, 3.4.1922. Ebd. Bl. 27. Verfügung Präsident Disziplinarkammer Zweibrücken, 26.41922. In: Ebd. Bl. 62. Vgl. auch Rehbachbote 28.1.1922.
433 Rheinisches Volksblatt, 30.1.22. In: LASp H 45, Nr. 4865, Bl. 12; Rehbachbote, 28.1.1922.
434 Rehbachbote 1.2.1923; Durlacher Tagblatt, 1.2.1923.; Mannheimer General-Anzeiger, Mittag-Ausgabe 27.1.1923, S. 2; Mittag-Ausgabe 31.1.1923, S. 4.
435 Vgl. u. a. M. Herzer (2017).
436 Matrikelbuch der Universität Heidelberg für das SS 1890, S. 519. Vgl. R. Dose (2005), S. 19 – 22.
437 Perversionen oder die Psychatrisierung sexueller Vorlieben. In: V. Sigusch (2008), S. 175ff.
438 UAH, StudA Hirschfeld, S. 3.
439 S. Döring (1996), S. 217 – 347. Vgl. auch N. Kampe (1988), S. 128.
440 R. Dose (2004), S. 33 – 64, hier: S. 35. M. Herzer / J. Steakley (1986), S. 158.
441 Adressbücher der Universität Heidelberg für das SS 1890, S. 23, für das WS 1890/91, S. 22, für das SS 1891, S. 23.
442 UAH, StudA Hirschfeld, S. 3.
443 Vgl. für Baden u. a. nahezu gleichlautend: Gesetzesentwurf, betreffend die Verpflichtungen zum Kriegsdienste, wie solcher dem Reichstage des norddeutschen Bundes vorgelegt worden ist § 11 und Entwurf Wehrgesetz § 47. In: Entwurf über allgemeine Wehrpflicht für das Großherzogtum Baden, Karlsruhe 1862. Vgl. auch E. Hartmann (1917), S. 14 – 19, hier: S. 18; S. Buxton (1996), S. 16ff; L. Mertens (1990), S. 316 – 329, hier: S. 320ff.
444 L. Mertens (1990), S. 320f., Zitat S. 327.
445 GLAK, 456 A Nr. 1484, Eintrag Nr. 5, S. 6.
446 I. Elbogen / E. Sterling (1993), S. 252ff.
447 Zitate aus Bruno Weil (Hg.): K. C. Jahrbuch 1906. Hier zitiert nach I. Elbogen / E. Sterling (1993), S. 273. Vgl. auch M. Rürup (2008), S. 45ff.
448 UAH: Gründungsdokument Badenia; RA_4818_3 M. Auch: Oppenheimer (1915/16), S. 532, Zitat: S. 568; G. Berger / D. Aurand (1986), S. 352. M. Pohl (2013), S. 74. N. Giovannini (1992), S. 205.
449 G. Berger / D. Aurand (1986), S. 352. Vgl. auch M. Rürup (2008), S. 242. Vgl. zur Satisfaktionsfähigkeit und Ehre der Studentenschaften M. Rürup (2008), S. 179ff, zur Badenia S. 201, 252. Die bisherige Angabe muss also korrigiert werden. Vgl. M. Herzer (2017), S. 31.
450 M. Pohl (2013), S. 95, S. 103.
451 Brief Friedrich Ebert an Hirschfeld. Abgedruckt in: M. Hirschfeld / WhK, 18. Jg., 1918/19, S. 175.
452 N. Giovannini (1992), S. 206. Zu Kontakten der Badenia mit anderen Korporationen vgl. M. Rürup (2008), S. 89ff.
453 M. Oppenheimer (1915/16), S. 530.
454 K. Hödl (2004), S. 190ff.
455 R. Berger (2003), S. 78.
456 M. Hirschfeld: Von einst bist jetzt. In: M. Herzer / J. Steakley (1986), S. 126.
457 R. Linsert (1931), S. 494 – 505.
458 M. Herzer (2005).
459 Nachweis Slevogt in: H.-G. Stümke / R. Finkler (1981), S. 423f. Nachweis Purrmann in: A. Sternweiler (1998).
460 J. Baumann (1968 a), S. 99.
461 Jahresberichte in M. Hirschfeld / WhK, 3. Jg., Leipzig 1901, S. 614; 7. Jg., 2. Bd., 1905, S. 1076; 6. Jg. 1904, S. 736. Über K. L. Seitz ist im StadtArch Ludwigshafen nichts bekannt.
462 Die Freundschaft Nr. 23, 10.6.1922.
463 H. Bergemann u. a. (2019), Eintrag im Gästebuch vom Juli 1934, S. 42. Kurzbiografie Wagners S. 225f. Vgl. auch S. 90, 92.
464 Es haben sich keine Hinweise gefunden, dass sich die Emanzipationsbewegungen Heidelbergs Anfang der 1970er an Hirschfeld in Heidelberg erinnerte.
465 Dieter Berner: Das Fidus Haus in Woltersdorf. In: Kairos. Magazin der Jahrhundertwende-Gesellschaft Nr. 6, Jan.-März 1990, S. 10f. Ders.: Bisexualitäten um 1900. In: Kairos Nr. 8, Sept.-Okt. 1990, S. 10f. Christoph Münch: Vor hundert Jahren studierte Magnus Hirschfeld in Heidelberg. In: RNZ, 18.08.1990.
466 Sara Weß: Gibt es bald eine Magnus-Hirschfeld-Straße? In: RNZ 19.03.2018, S. 5. Christian Könne: Erinnerung an Magnus Hirschfeld in Heidelberg (10.04.2018), veröffentlicht unter: https://www.lsbttiq-bw.de/2018/04/10/erinnerung-magnus-hirschfeld-heidelberg/ (Zugriff: 19.05.2018). 10 Jahre Queer Festival, Heidelberg Mai 2018, Programmheft, S. 25.

467 Programmheft Queer Festival Heidelberg 2019, S. 16. Dozenten: Sabrina Zinke (UAH), Michael Braun (Friedrich-Ebert-Gedenkstätte), Referent: Christian Könne.
468 Die vorliegenden Ausführungen und die Namen der Petenten basieren auf folgenden Quellen: Wissenschaftlich-humanitäres Komitee Berlin (1904); Wissenschaftlich-humanitäres Komitee Berlin (1926); M. Herzer (2005); A. Sternweiler (1998).
469 Zitiert nach Sternweiler (1998), S. 117.
470 Zitiert nach M. Herzer / J. Steakley (1986), S. 54.
471 M. Herzer (1997a), M. Herzer (1997b); Katz (1978); W. Theis / A. Sternweiler (1984); A. Sternweiler (1997), S. 95-104; J. Dobler (2003) S. 71-76; A. Sternweiler (2004), Kap. 19ff.; S. Micheler (2017).
472 J. Baumann (1968a), S. 59 f; J. Dobler (2008), S. 501ff.; J. Munier (2021), S. 53, 443.
473 Volkszeitung Heidelberg, 16.11.1920, S. 1f.
474 C. Koller (2001), S. 204, 238, 244, 249, 258, 338. Vgl. auch: I. Wigger (2007), S. 43, 55, 60, 62, 64.
475 Karlsruher Zeitung, 7.11.1922, S. 1. Bayerisches Staatskommissariat (1930), S. 121, 125, 151, 257, 271.
476 Volkszeitung Heidelberg 21.12.1923, S. 1; Der Volksfreund, Nr. 85, 8.4.1924, Beilage Unterhaltung und Belehrung; 23.8.1930, S. 3; 19.12.1931, S. 2. Vgl. zu Frey auch: Der Volksfreund 2.4.1932, S. 13. Vgl. auch D. Grumbach (1995), S. 17ff.
477 Weitere Zeitungen, an die die Dez.-Aufgabe der Blätter für Menschenrecht versandt wurden: Hessischer Volksfreund, Darmstadt; Neckar Echo, Heilbronn; Rheinische Warte, Koblenz; Der Volksfreund, Karlsruhe; Volkszeitung, Mainz; Volksstimme, Saarbrücken; Arbeiter-Zeitung, Saarbrücken; Volkswacht, Worms; Arbeiter-Zeitung, Stuttgart, u. a. In: Blätter für Menschenrecht 5. Jg., Nr. 3, 1927, S. 17ff.
478 S. Volk (2007); J. Steakley (2007), S. 68f.; Ders. (2011).
479 Mannheimer General-Anzeiger 30.12.1919, Mittagsausgabe S. 8.
480 J. Munier (2021), S. 45ff; J. Steakley (2007), S. 79ff; Die Freundschaft Nr. 8, 1920.
481 Mannheimer General-Anzeiger 31.12.1919, Mittagsausgabe S. 4.
482 Neue Mannheimer Zeitung 6.9.1928, Mittagsblatt S. 10; 8.9.1928, Mittagsblatt S. 15; 19.11.1927, Abend-Ausgabe S. 5, 18; 19.7.1930, Mittagsblatt S. 8.
483 I. Crăciun (2018), S. 122, 136; K. Nowak (2018), S. 227; M. Hagener (2000).
484 Neue Mannheimer Zeitung, 10.2.1932, Mittagsblatt S. 7; 11.2.1932, Abendblatt S. 3; 13.2.1932, Mittagsblatt S. 2; 22.8.1932, Morgenausgabe S. 8; 20.3.1932, Sonntagsblatt, S. 7; 21.4.1932, Mittagsblatt S. 2; 7.2.1933, Mittagsblatt S. 2; Hakenkreuzbanner 16.2.1932, S. 6.
485 V. Sigusch (2008), S. 254 – 260; R. Lütgemeier-Davin / K. Wolff (2015), S. 134. Stöcker gibt als Gründungsjahr des Bundes für Mutterschutz in Mannheim 1906 an.
486 G. Hamelmann (1992), S. 89 – 104.
487 Neue Mannheimer Zeitung 30.10.1928, Mittagsblatt S. 9; 31.10.1929, Abendblatt S. 7; 8.10.1925, Mittag-Ausgabe S. 10; 12.11.1925, Abendausgabe S. 3. Vgl. Karlsruher Tagblatt 2.12.1924, S. 6. Vermutlich nahm die Stelle ihre Arbeit im Folgejahr auf.
488 Protokoll der 24. Sitzung des Badischen Landtags vom 14.5.1929, S. 1318.
489 Zitate: Die neue Generation, Publikationsorgan des Deutschen Bundes für Mutterschutz und Sexualreform, Nr. 6/7, 1925, S. 172. Abgedruckt in J. Munier (2021), S. 79. Neue Mannheimer Zeitung 19.3.1931, Mittagsblatt S. 7.
490 Neue Mannheimer Zeitung 27.3.1931, Mittagsblatt S. 3; 10.3.1932, Mittagsblatt S. 4; 27.3.1931, Mittagsblatt S. 3; 19.3.1927, Abendausgabe S. 4; 3.5.1927, Mittag-Ausgabe S. 4; 26.2.1927, Abend-Ausgabe, S. 12.
491 S. Schraut (2016), S. 186f.
492 Die Information im Internationalen Reiseführer lautet, dass an diesen Orten die Freundschaft „gelesen" werde. Vermutlich wurde die Zeitschrift dort aber nicht vertrieben. K. Schultz (1920/21), S. 53 – 55.
493 Die Freundschaft Nr. 4, 1920; 41, 1920; 42, 1920; 45, 1920; 10, 1926; 1, 1933, abgedruckt in J. Munier (2021), S. 56; K. Schulz (1920/1921), S. 32. Nachdruck ohne Seiten der Abonnenten, in: Capri, Zeitschrift für schwule Geschichte Nr. 4, 1991, S. 29 – 43, hier: S. 38.
494 Die Freundschaft Nr. 39, 1920; 41, 1920; 49, 1920; 42, 1920; 43, 1920; 41, 1920; 47, 1920; 16, 1921; 14, 1923.
495 Zu Einkommen bzw. Kaufkraft vgl. https://de.statista.com/statistik/daten/studie/1100231/umfrage/durchschnittseinkommen-in-der-weimarer-republik/ und https://www.planet-wissen.de/geschichte/deutsche_geschichte/weimarer_republik/pwiediehyperinflationvon100.html (Zugriff: 12.5.2022).
496 Blätter für Menschenrecht, Jan. 1931, S. 13.
497 Ebd., Nr. 6, 1928. (Leserbrief Kurt Schröder: „Nur eine Zigarette bitte").
498 Die Freundschaft Nr. 50, 1921.
499 Brief von Harry Landes wegen Verhaftung Bürgermeister Braun. In: Die Freundschaft Nr. 9, 4.3.1922.
500 Blätter für Menschenrecht Nr. 4, 5 1932, S. 32.
501 Ebd. Juni 1929, S. 4.
502 Dass es zu Lebzeiten der Mehrzahl dieser Personen weder die Terminologie Homosexualität oder Transvestitismus noch beides als Identitätskonzepte gab, wurde nicht thematisiert. Wie sich diese Personen selbst gesehen hatten, bleibt unbekannt.
503 Die Freundschaft Nr. 16, 1922; 49, 1922; 6, 1924, S. 74f; 7, 1922; 14, 1922; 3, 1927, S. 93; Blätter für Menschenrecht Nr. 8, 1928.
504 Die Freundschaft Nr. 18, 1922.; 19, 1922.; 20, 1922.; 27/28, 1922.
505 Ebd. Nr. 2, 1924, S. 26.; Frauenliebe Nr. 26, 1928, S. 4.
506 K. Plötz (1999), S. 47ff.
507 Ausgewertet wurden alle Ausgaben der Freundin sowie alle Ausgaben von Frauenliebe/Garçonne sowie die angegebenen Jahrgänge der Freundschaft.
508 Die Freundin Nr. 12. 1927; 17, 1927; 13, 1929; 1, 1930; 3, 1930; 16, 1931; 40, 1932.
509 R. Herrn (2005), S. 142f.
510 Die Freundin 17, 1927; 16, 1929; 5, 1929; 14, 2.10.1929; 16, 1929; 34, 26.8.1931.
511 Da sie Erpressern dazu dienten, Opfer zu suchen, und weil sie später auch vonseiten der Zensur unter Beobachtung standen, wurden die Kontaktanzeigen seit 1923 nicht mehr in den Zeitschriften abgedruckt, sondern in speziellen Mitgliederpublikationen vermutlich nur noch an die Abonnenten weitergegeben. Die hier vorgestellten

Inserate stammen aus der Zeit, in der die Kontaktanzeigen noch öffentlicher Bestandteil der Zeitschrift waren.

512 Bei Mehrfachnennungen von Orten wurden alle Angaben gewertet. Daher übersteigt die Zahl der Ortsnennungen mit 81 die Zahl der Anzeigen von 63.

513 Die Freundschaft Nr. 28, 1920; 7, 1921; 10, 1921; 12, 1921; 16, 1921; 19, 1921; 24, 1921; 27, 1921; 46, 1921; 26, 1921; 27/28, 1922.

514 Die Freundschaft Nr. 29, 1922. K. Plötz (1999), S. 50ff.

515 Ausweislich der Freundschaft wurde der Laden von einem „Herrn" Grohe geführt. J. Munier (2021) übernimmt diese Information. Diese Angabe trifft jedoch nicht zu. Folgt man den Mannheimer Adressbüchern für die Jahre 1920 bis 1922 war Jakobine Grohe die Besitzerin. Ob die Angabe verschiedener Geschlechter (amtlich: Frau; in der Emanzipationszeitschrift: Herr) auf eine trans Identität von Grohe hinweist, kann nicht ausgesagt werden.

516 Die Freundschaft Nr. 22, 1920; 8, 1921; 16, 1921; 8, 1922. Im Mannheimer Adressbuch 1924 finden sich Jakobine Grohe und die Buchhandlung nicht mehr. Da das Adressbuch 1923 fehlt, muss offen bleiben, wann genau die Buchhandlung aufgegeben wurde.

517 Zur Biografie Fleischmanns: A. Knoll (2007), S. 9 – 38.

518 MARCHIVUM, Meldekarte Fleischmann. Die Freundschaft Nr. 13, 1919; 19, 1919; 16, 1920. Nachdruck der Zeitschrift in A. Knoll (2007), S. 235 – 247. Als weiterer Ort taucht in der Freundschaft (N. 10, 1919) eine Briefmarken-Börse in T 4, 8 auf. Aufgrund der Ähnlichkeit der Adresse zu der von Fleischmann und des hier angebotenen Sortiments, das später auch in seinem Laden in H 4, 10 genannt wird, scheint es sich möglicherweise um eine Anzeige von Fleischmann mit versehntlich falscher Adressangabe gehandelt zu haben.

519 Annonce als Nachweis der Adresse: Mannheimer General-Anzeiger 5.9.1919, Mittags-Ausgabe, S. 5. Eine Übersicht von Anzeigen, die Fleischmann in der Freundschaft schaltete, in: A. Knoll (2007), S. 34.

520 Die Freundschaft Nr. 18, 1919; 12, 1920; 21, 1920; 4, 1920; 8, 1922; 32, 1922; Blätter für Menschenrecht, Nr. 5, 1923; 10, 1924. Die Freundin Nr. 3, 1925. Vgl. zu Fleischmanns Abgrenzung von Pädophilie J. Munier (2021), S. 103ff.

521 Mannheimer Adressbuch 1924, Straßenverzeichnis, S. 539.

522 Ebd. 1927, Straßenverzeichnis, S. 542; MARCHIVUM, Meldekarte Fleischmann. In den Blättern für Menschenrecht kein Eintrag mehr seit Okt. 1930.

523 Die Freundschaft Nr. 2, 1921; 3, 1921; 5, 1921; 48, 1921; 51, 1921; J. Munier (2021), S. 126ff.

524 Nachweis Weißer Adler: Adressbuch Mannheim 1920, Teil 3, S. 877. Nachweis Platanengarten: Ebd. 1922, Teil 3, S. 957. Waworka, auch Wavorka, ist im Adressbuch 1921, S. 576 in der Dalbergstraße 10 als Wirt genannt, aber ohne Name des Lokals.

525 Die Freundschaft Nr. 48, 1921; Mannheimer Adressbuch 1919, Teil 2, Straßenverzeichnis, S. 437. Wirt der „Edinger Aktienbrauerei": Eduard Karl.

526 Blätter für Menschenrecht Nr. 1, 1932; 2/3, 1933, S. 12.

527 Werbung des Frankfurter Hof mit Ankündigung der Freundinnen und Freunde in Ordner Homosexualität im Rhein-Neckar-Raum, MARCHIVUM. Neue Mannheimer Zeitung 7.12.1931, Abendblatt, S. 6. Hakenkreuzbanner 18.1.1938, Frühausgabe; 21.2.1939, Frühausgabe.

528 Zur Frage der Terminologie auch zur Verwendung von „Cross-Dresser" bzw. „Transvestitismus" vgl. R. Herrn (2005), S. 20.

529 Neue Mannheimer Zeitung 12.3.1931, Mittagsblatt S. 3; 7.5.1932, Mittagsblatt S. 1; 22.8.1932, Abendblatt S. 3.

530 Die Freundin Nr. 35, 1931; 36, 1932; 39, 1932; Zitat in: Die Freundschaft Nr. 34, 1921.

531 R. Herrn (2005), S. 126ff.

532 Die Freundin Nr. 14, 1929; 6, 1930.

533 A. Sternweiler / Schwules Museum Berlin (2004), Kap. 16.

534 Mannheimer General-Anzeiger 20.10.1919, Abend-Ausgabe S. 3; 13.11.1920, Abend-Ausgabe S. 4; 10.11.1924, Morgen-Ausgabe S. 3; 5.10.1926, Mittag-Ausgabe S. 4; 9.6.1931, Abendblatt S. 3.

535 Mannheimer Morgen 9.12.1954, S. 6. Mannheimer Morgen 5.1.1955, S. 7; vgl. auch Die Rheinpfalz 23.9.1954, abgedruckt in: H. Breit (2017), S. 398.

536 Man findet sie als Zeichner der Jahresbeiträge in: M. Hirschfeld / WhK, 3. Jg. 1901, S. 614; 6. Jg. 1904, S. 736.; 2. Jg., 2. Bd., 1905, S. 1076. Vgl. zu den „Fondszeichnern" und Mitgliedern des WhK auch M. Keilson-Lauritz (1997), S. 34. J. Munier (2021), S. 55.

537 Die Freundschaft Nr. 10, 1919; 13, 1919. A. Knoll (2007), S. 306.

538 Die Freundschaft Nr. 48, 1920; 28, 1920.

539 Ebd. Nr. 3, 1921; 46, 1922. J. Munier (2021), S. 128.

540 Blätter für Menschenrecht Nr. 4, 1924; 13, 1924; 25, 1924; 1, 1925; Die Freundin Nr. 4, 1925; 7, 1926.

541 Blätter für Menschenrecht Nr. 23, 1924. Ausweislich des Mannheimer Adressbuches war die Adresse K 3, 30 die Privatadresse von Franziska Berg, die dort offenbar mit ihrer verwitweten Mutter lebte. Die Freundin, Nr. 22, 1927.

542 Die Freundin Nr. 3, 1925.; 7, 1926.

543 Blätter für Menschenrecht Nr. 6, 1927, S. 2; 10, 1929, S. 31; Sept. 1930. Ohne Nennung Mannheim: Juni 1931.

544 Blätter für Menschenrecht Nr. 10/11, 1931, S. 14; 1, 1932; 2, 1932, S. 12; 6/7, 1932 S. 9 f; 12/1; 2/3 1933, S. 11 f.

545 Laut K. Plötz (1999), S. 80 f., die die Zeitschrift „Die Freundin" ausgewertet hat, sollten sich 1927 und 1930 Mannheimerinnen, die der Damengruppe beitreten wollten, bei Gregor Doll melden. Vgl. Die Freundin: Nr. 8, 1924, Nr. 22, 1927, Nr. 1, 1928.

546 A. Meyer (1994), S. 44.

547 Die Freundschaft Nr. 9, 1921.

548 Blätter für Menschenrecht Nr. 2, 1932, S. 12.

549 Das Freundschaftsblatt Nr. 51, 1932; 4, 1933. Abgedruckt in J. Munier (2021), S. 141f.,

550 Blätter für Menschenrecht, Juni/Juli 1932, S. 9f.

551 Das Freundschaftsblatt Nr. 51, 1932; 4, 1933. Abgedruckt in J. Munier (2021), S. 141f.,

552 Blätter für Menschenrecht, Nr. 2, 3, 1933, S. 11f.

553 J. Munier (2021), S. 91.

554 Gestapo Neustadt/Wstr. Schreiben 9.3.38. In: LASp H 91 / 5274. o.p.

555 Vgl. G. Schloß (2019).

556 Zum sogenannten Transsexuellenrecht siehe den Artikel des Bundesministeriums des Innern, in

https://www.personenstandsrecht.de/Webs/PERS/DE/rechtsbereiche/transsexuellenrecht/transsexuellenrecht-node.html (abgerufen am 21.01.2022). Siehe auch: Gesetzestext des Bundesministeriums der Justiz, http://www.gesetze-im-internet.de/tsg/BJNR016540980.html (abgerufen am 21.01.2022).

557 Die vorliegenden Ausführungen basieren auf Aktenbestand H 74, Nr. 2415 im LASp, der sich aus amtlichen und von Hertha Wind selbst hinzugefügten Schriftstücken und Bilddokumenten zusammensetzt. Ergänzende Angaben aus den Standes- und Melderegistern der Stadt Mannheim.

558 Vgl. dazu O. Striehn (1938), S. 60 – 63.

559 Diverse Zeitungen berichteten u. a. über das Schicksal von Adolf/Hertha Wind, teilweise erschienen die Artikel aufgrund der persönlichen Initiative von Hertha Wind, z. B. Der Stern 18.04.1954 („Auch ich war ein Mann"); Die Rheinpfalz (Ausgabe Speyer) 25.09.1954 („Die Tragödie eines Menschenlebens. Der Fall Wind – Filmstoff: Vom Matrosen zur Rentnerin"); Mannheimer Morgen 09.12.1954 („Ein Matrose wurde mit 30 Jahren zur Frau"); ebd. 02.02.1955, („Metamorphosen"); Bild Zeitung, 05.01.1955 ("Geheimnisse einer unheimlichen Ehe. Aus Adolf wurde Hertha"); Wochenend Sonntagspost 22.01.1955 („Ein ungewöhnlicher Prozeß begann in Mannheim. Hertha war einmal mein Mann").

560 Die vorliegenden Ausführungen basieren auf Aktenbestand und Fotosammlung zu Heinrich Habitz/Liddy Bacroff im Staatsarchiv Hamburg. Ergänzende Angaben aus dem Aktenbestand zur Erziehungsanstalt Schwarzacher Hof im Generallandesarchiv Karlsruhe, den „Zögling Heinrich Habitz" betreffend.

561 Der betreffende Schriftwechsel im Aktenbestand zur Erziehungsanstalt Schwarzacher Hof im Generallandesarchiv Karlsruhe. Eine Ausgabe des Notenblatts im LASp.

562 Neun Tatbestände gleichgeschlechtlicher Handlungen nach Johannes Nagler. In: Rudolf Klare: Homosexualität und Strafrecht, Hamburg 1937, S. 135. Abgedruckt in: B. Rosenkranz u. a. (2009), S. 25.

563 J. Munier (2021), S. 255ff.

564 C. Schoppmann (1991), S. 74f.

565 C. von Bülow (2000), S. 305ff.

566 C. Schoppmann (2004).

567 A. Zinn (2020b); S. C. Hunecke (2020).

568 R. Herrn (2014).

569 Aus arbeitsorganisatorischen Gründen, zu denen auch die Schließungen während der Corona-Pandemie gehören, war es dem Verfasser nicht möglich, die relevanten Bestände im LASp und Generallandesarchiv Karlsruhe im Hinblick auf die Verfolgung hin systematisch zu überprüfen. Die systematische Aufarbeitung der Verfolgung für den badischen und rheinhessischen Teil der Region Rhein-Neckar steht noch aus. Für die Pfalz wurden die Ergebnisse von B. Jellonnek (1990 und 2002) herangezogen, für Baden die Ergebnisse von J. Munier (2021).

570 Blätter für Menschenrecht, Heft 2/3 1933, S. 11f.

571 J. Munier (2021), S. 142ff.

572 Die Freundin Nr. 7, 1933.

573 J. Munier (2021), S. 149.

574 Durlacher Tageblatt, 30.3.1933. Vgl. ebd. 1.4.1933, 2. Bl..

575 Urteil 15.3.1943, S. 3. In: GLAK, Sign. GLA 507, Nr. 12250.

576 Neue Mannheimer Zeitung 12.12.1929, S. 9.

577 Hakenkreuzbanner 17.1.1937, Sonntag-Ausgabe.

578 J. Munier (2021), S. 205ff.

579 Ärztl. Gutachten Geisteszustand T. Wangemann, HD 24.8.1935. In: GLAK, Sign. GLA 446 Heidelberg-1, Nr. 981.

580 Bericht Kripo Ludwigshafen, 15.9.37, S. 6. In: LASp H 91, Nr. 5194.

581 Hakenkreuzbanner 17.1.1937, Sonntag-Ausgabe.

582 Urteil 25.5.1943. In: StAF G 701/2 Nr. 3068.

583 Badische Presse 4.3.1933, Abendausgabe S. 2. Hierzu auch J. Dobler (2003), S. 178ff.; G. Grau (2004), S. 56ff.

584 Hakenkreuzbanner 18.3.1933.

585 Augenzeugenbericht zur Plünderung in G. Grau (2004), S. 60ff.

586 Heidelberger Neueste Nachrichten 9.5.1933, S. 8.

587 J. Munier (2021), S. 155f.

588 Heidelberger Volksblatt 2.7.1934, S. 1.

589 H. G. Hockerts (2011), S. 276ff. Vgl. auch W. Dierker (2005).

590 B. Jellonnek (1990), S. 195. H. Prantl (1978), Berichte vom 8.10.1936 S. 130, vom 7.6.1937 S. 174, 178f., vom 6.7.1937 S. 184, S. 186, vom 7.8.1937 S. 192. Vgl. auch Hergemöller (2001), S. 96f.

591 Neue Mannheimer Zeitung 22.7.1937, Abend-Ausgabe S. 4.

592 Hakenkreuzbanner 17.1.1937, Sonntag-Ausgabe; 11.11.1937, Früh-Ausgabe. Auch: Neue Mannheimer Zeitung 11.11.1937, Ausgabe B, S. 7.

593 Hakenkreuzbanner 17.2.1939, Früh-Ausgabe.

594 Neue Mannheimer Zeitung 9.1.1940, S. 3.

595 Heidelberger Beobachter 28.3.1936.

596 Hakenkreuzbanner 21.6.1938, Früh-Ausgabe.

597 Neue Mannheimer Zeitung 23.11.1937, Ausgabe A, S. 3.

598 Hakenkreuzbanner 17.2.1939, Früh-Ausgabe.

599 Neue Mannheimer Zeitung 4.3.1941, Die Stadtseite. Auch Hakenkreuzbanner 4.3.1941.

600 Hakenkreuzbanner 17.1.1937, Sonntag-Ausgabe.

601 Neue Mannheimer Zeitung 9.10.1942; 20.3.1943.

602 Ebd.

603 J. Munier (2021), S. 183.

604 Hakenkreuzbanner 17.1.1937, Sonntag-Ausgabe.

605 B. Jellonnnek (1990), S. 197.

606 J. Munier (2021), S. 172ff.

607 B. Jellonnek (1990), S. 176ff.

608 Ebd. S. 189f.

609 J. Munier (2021), S. 179ff.

610 B. Jellonnek (1990), S. 200.

611 Hakenkreuzbanner 17.1.1937, Sonntag-Ausgabe; Neue Mannheimer Zeitung 23.11.1937, Ausgabe A, S. 3; Gestapo Neustadt/Wstr. Schreiben 9.3.38. In: LASp H 91 / 5274. o.p.

612 B. Jellonnek (1990), S. 211.

613 Ebd. S. 211.

614 Ebd. S. 21.

615 Ebd. S. 211.

616 T. Bastian (2000), S. 55.

617 GLAK: Signaturen GLA 507, Nr. 952, 3684-3.687, 8809, 10100-10102, 12257, 12216-12219, 12250-12252, 12253, 12256.

618 Vgl. zur Hinrichtung eines dieser Männer: J. Munier (2021), S. 203f.
619 B. Jellonnek (1990), S. 117ff.
620 Anklage vom 26.2.1943. In: GLAK, Signatur GLA 507, Nr. 12252.
621 Ebd. Nr. 12218.
622 J. Munier (2021), S. 259.
623 Landtag von Rheinland-Pfalz (2020), S. 32, 70. Vgl. auch Korelus-Bruder, Ellen: Lernprojekt zur NS-Zeit geht unter die Haut, in: Die Rheinpfalz 6.2.2020, online unter https://www.rheinpfalz.de/lokal/speyer_artikel,-lern-projekt-zur-ns-zeit-geht-unter-die-haut-_arid,5029708.html?reduced=true (Zugriff: 06.03.2022).
624 J. Munier (2021), S. 242.
625 Vgl. zu einem weiteren Mann aus Mannheim, der wegen Homosexualität in Wiesloch inhaftiert war: J. Munier (2021), S. 246.
626 Zitiert nach C. Schoppmann (1991), S. 75.
627 O. Striehn (1938), S. 57.
628 J. Munier (2021), S. 261, hier Fußnote 1039.
629 Zu Walter s. Jakob K.: Alles in allem ein erfülltes Leben – trotzdem. In: L. van Dijk (2003), S. 64 – 74. Zu J. Rosenstein s. Heil, Christiane: Ein neues Leben fern im Westen. In: FAZ online 26.1.2015 unter https://www.faz.net/aktuell/gesellschaft/holocaust-ueberlebender-neues-leben-fern-im-westen-13391692.html (Zugriff: 26.12.2020). Auch: F. Dönhoff (2014). Zu F. Lang s. J. Munier (2021), S. 159f. Zu E. Zimmermann s. E. Zimmermann (1993), S. 117f.
630 H. Bergemann u. a. (2019), S. 225, 90, 92.
631 Brief von Harry Landes wegen Verhaftung Bürgermeister Braun. In: Die Freundschaft Nr. 9, 4.3.1922.
632 UAH: Harry Landes aus Heidelberg stud phil., Rechnungsnummern: Nr. 601, Akten Quästur Sign. REP 29-315, Nr. 601-900; Nr. 01444, Akten Quästur Sign. REP 29-350, Nr. 1361-1500; Nr. 01144, Akten Quästur Sign: REP 29-377, Nr. 1041-1200.
633 https://www.der-liebe-wegen.org/?profil=heinz-landes (Zugriff: 23.12.2018).
634 S. Roy Maley: Gordon McLean. Online unter: https://www.thecanadianencyclopedia.ca/en/article/gordon-mclean-emc (Zugriff: 28.12.2020).
635 Urteil Landgericht Mannheim 25.5.1943. In: StAF G 701/2 3068.
636 Schreiben von Schönith an den Direktor des Zuchthauses Ensisheim, Regierungsrat Bohrmann vom 1.1.1945. In: StAF G 701/2 3068.
637 Kripo Karlsruhe, An Vorstand Zuchthaus Enisheim, Schreiben vom 21.4.1944. In: StAF G 701/2 3068.
638 Schreiben von Schönith an den Direktor des Zuchthauses Ensisheim, Regierungsrat Bohrmann vom 1.1.1945. In: StAF G 701/2 3068.
639 Schreiben des Bruders Alfred Schönith im Namen der Familie an den Direktor des Zuchthauses Ensisheim vom 28.11.1943. In: StAF G 701/2 3068.
640 Schreiben des Regierungsrats in Freiburg an den Direktor des Zuchthauses Ensisheim vom 3.1.1945. In: StAF G 701/2 3068.
641 Beim Kreisarchiv des Enzkreises liegt keine Information zum Sterbedatum und -ort von Schönith vor. Anfragen an die Gemeindeverwaltung Neuhausen, zu der Schellbronn gehört, und die KZ-Gedenkstätte Dachau wurden vor Redaktionsschluss nicht beantwortet.
642 H. Breit (2017).
643 Wochenend 22.1.1955.
644 O. Striehn (1938), S. 60 – 63, hier: S. 62.
645 Mannheimer Morgen 9.12.1954, S. 6.
646 R. Herrn (2014), S. 101 – 106.
647 LASp H 91, Nr. 2575, S. 2, 4, 6 – 8, 11.
648 B. Jellonnek (1990), S. 180f.
649 Mannheimer General-Anzeiger 30.12.1922, Abendausgabe S. 4; 4.5.1923, Mittag-Ausgabe S. 6; Neue Mannheimer Zeitung 3.1.1934, Mittag-Ausgabe S. 3.
650 Die nachfolgende Liste basiert auf folgenden Publikationen: J. Müller / A. Sternweiler (2000/2015); A. Knoll (2015), hier zu den Opfern aus Dachau; Ostrowska u. a. (2020). Zu Sachsenhausen vgl. auch http://raunitz.de/sh_tote_opfer/ (Zugriff: 26.02.2020). Vgl. auch die Liste von homosexuellen NS-Opfern aus Baden-Württemberg in der Wanderausstellung „Sie machen Geschichte“. Zu dieser Ausstellung vgl. https://sozialministerium.baden-wuerttemberg.de/fileadmin/redaktion/m-sm/intern/downloads/Downloads_Offenheit_und_Akzeptanz/Wanderausstellung-LSBTTIQ_Begleitheft.pdf (Zugriff: 30.03.2022).
651 J. Munier (2021), S. 271, 279.
652 B. Rosenkranz u. a. (2009), S. 63ff. Vgl. zu Liddy Bacroff auch die Seite des Stadtmuseums Ludwigshafen/Rhein: https://www.vom-anderen-ufer.de/menschen/liddy-bacroff/ (Zugriff: 07.06.2019).
653 https://www.der-liebe-wegen.org/?profil=hugo-roth (Zugriff: 27.12.2020).
654 Die Informationen stammen neben der Tagespresse aus dem Projekt www.der-liebe-wegen.org (letzter Zugriff: 20.7.2022). Die Angaben zu Fritz Bunz, Viktor Forstmann und Otto Scheuerbrand wurden von Monika Kleinschnitger recherchiert.
655 N. Günter (1992), S. 49.
656 Undatiertes Dokument, das Ärzte nach Wehrkreisen als Gutachter vorschlägt. Abgedruckt in: G. Grau (2004), S. 232. Zu Schneider vgl. auch F. Mildenberger (2002), S. 280f.
657 A. Buck (1993). Vgl. auch M. Rotzoll / G. Hohendorf (2017).
658 Gedenkstätte Buchenwald (2014), S. 299. Für die Information zu Geburtsdatum und -ort sowie Sterbedatum und -ort danke ich dem Standesamt Sandhausen! A. Zinn (2012), S. 88, Fußnote 27, gibt an, dass Herzog am 1.3.1901 geboren wurde, als franz. Fremdenlegionär diente, 1938 verhaftet wurde und als politischer Gefangener nach Buchenwald kam. Dort wurde er vom Einkäufer der Kantine zum Kapo des Steinbruchs und hatte diese Position bis zum 23.12.1941 (seine Entlassung) inne.
659 Bericht „Die Situation der Homosexuellen im Konzentrationslager Buchenwald“ (Auszug), 1945. Buchenwald Archiv Sign. 52-46-16. Abgedruckt in W. Röll (um 1990), S. 27f.
660 Zitiert nach: A. Niere (2021), S. 100.
661 A. Zinn (2012), S. 88.
662 D. Grumbach (1995a).
663 A. Niere (2021), S. 101, 112.

664 Auszug der Antrittsvorlesung von Kleine abgedruckt in W. U. Eckart (2012), S. 87 – 94. Vgl. zu Kleine auch F. Mildenberger (2002). Außerdem: J. Peter (2004), S. 105f.
665 H. O. Kleine (1938), S. 483.
666 Ebd. S. 489. Vgl. auch J. Peter (2004), S. 109f., Fußnote 284.
667 C. Schoppmann (1991), S. 66ff.
668 Reichsstudentenführer Scheel am 10.1.1940 und der NSD Dozentenbund am 30.4.1940 setzten sich für die Ernennung Kleines zum außerplanmäßigen Professor ein, die der Reichsminister für Wissenschaft und Volksbildung am 22.7.1940 vollzog. Nachweise in: UAH, Medizinische Fakultät, Personalakten Hugo Otto Kleine, geb. 31.8.1898, Sign. PA 1016.
669 Zitiert nach W. U. Eckart u. a. (2006), S. 864.
670 Schreiben mit Anweisung zur Entfernung aus dem Dienst, 25.10.1945, Entlassung am 2.11.1945. In: UAH, Medizinische Fakultät, Personalakten Hugo Otto Kleine, geb. 31.8.1898, Sign. PA 1016.
671 W. Theopold (1986), S. 348 – 352.
672 M. Lengwiler / J. Madarász (2010), S. 152ff.
673 Joachim Lilla: Scheel, Gustav, in: Ders.: Staatsminister, leitende Verwaltungsbeamte und (NS-)Funktionsträger in Bayern 1918 bis 1945, 10.10.2012, https://verwaltungshandbuch.bayerische-landesbibliothek-online.de/scheel-gustav (Zugriff: 31.12.2020).
674 G. Grau (2004), S. 271f.
675 M. Kramp (2002), S. 282f.
676 G. Franz-Willing (1987). Vgl. auch P. T. Haase (2018).
677 Artikel Reichszentrale zur Bekämpfung der Homosexualität und Abtreibung. In: G. Grau (2011), S. 248f. Vgl. auch den biographischen Abriss zu Rodenberg, in: G. Grau (2004), S. 22.
678 G. Grau (2004), S. 141, 167f. Vgl. auch G. Grau (2011), S. 252f.
679 G. Grau (2004), S. 141, 167f.
680 Vgl. zu Rodenbergs Anteilen an der Verfolgung weiblicher Homosexualität: C. Schoppmann (1991), S. 194ff., 198f. Seine Habilitationsschrift zur „Hang"-Homosexualität ist verschollen. G. Grau (2004), S. 22.
681 G. Grau (2004), S. 309. Vgl. zu dem Gesetz auch F. Mildenberger (2002), S, 166ff., 231.
682 B. Jellonnek (1990), S. 148f., 150.
683 Ebd. S. 127.
684 Ebd. S. 127, Fußnote 206.
685 Ich danke Angelika Arenz-Morch von der NS-Dokumentation Rheinland-Pfalz für die Informationen zu Osthofen! Desgleichen danke ich Miriam Breß, die die Einzelschicksale der Häftlinge des Lagers Neustadt/Wstr. untersucht hat, für ihre Informationen! Aktuell finden für beide Lager bzw. für die Regionen Rheinhessen und Pfalz noch Untersuchungen zur Homosexuellenverfolgung statt, dasselbe gilt für den Gedenkort Kislau. Deshalb kann es sein, dass sich an dieser Einschätzung von Anfang 2022 künftig noch etwas ändert.
686 M. Brenneisen (2011); ders. (2020).
687 M. Kramp (2002), S. 288. Vgl. auch R. Lautmann u. a. (1977), S. 341.
688 H. Heger (2001), S. 122ff.
689 Ich danke Arno Huth und Dorothee Roos von der KZ-Gedenkstätte Neckarelz für die Informationen zu den homosexuellen Häftlingen in den Neckarlagern!
690 M. Voutey (2002/03), S. 159 – 160.
691 Zeitzeugeninterviews zur Verfügung gestellt von Arno Huth. Ich danke Verein der KZ-Gedenkstätte Neckarelz für diese Informationen und die Überlassung des Materials.
692 L. van Dijk (2020), S. 253.
693 Heinrich Keil, *2. Juli 1910 in Katzlin (Österreich), †17.2.1945 im KZ Dachau. Informationsschrift der KZ-Gedenkstätte Neckarelz freundlicherweise überlassen von Dorothee Roos.
694 K. Plötz (2014), S. 71ff.; G. Grau / K. Plötz (2017), S. 56ff.; K. Plötz (2021), S. 20ff.
695 E. Rulffes (2021), S. 238ff.
696 J. Gotzmann (1994); M. Schwartz (2019), S. 237ff.; K. Ebner (2018) S. 111ff.
697 G. Grau / K. Plötz (2017), S. 81ff.; J. Munier (2021), S. 303.
698 R. Gatzweiler (1951), S. 29.
699 M. Schwartz (2019), S. 212ff.
700 Pforzheimer Zeitung 3.12.1954, S. 2; 17.9.1954, S. 1.
701 Ebd. 30.1.1959, S. 2.
702 Begünstigung entschieden abgestritten. In: Rhein Zeitung 12.9.1962, o.p. Zum Prozess auch: Entscheidender Tag im Prozess. In: Rhein Zeitung 13.9.1962, o.p. Freispruch für Manteuffel. In: Rhein Zeitung 18.9.1962, o.p. Kein Freispruch zweiter Klasse. In: Rhein Zeitung 19.9.1962, o.p.
703 N. Kleinwächter (2016), S. 18; A. Heilmann (2011), S. 21ff.
704 K.-H. Steinle (1997), S. 200f.
705 A. Sternweiler (2004), Kapitel 41.
706 D. Herzog (2016), S. 89.
707 L. Ludwig v. Friedeburg (1952), S. 192f.
708 K. Plötz (2021).
709 Zu Rheinland-Pfalz: G. Grau / K. Plötz (2017), S. 73. Zu Baden-Württemberg: J. Munier (2021), S. 302, 312.
710 Zu Tischer vgl. V. Springmann (2020). Zu Schirdewahn vgl. Svenja Schlicht, Nele Bianga: Es war eine Straftat. In: Ruprecht 16.12.2019. Online veröffentlicht unter: https://www.ruprecht.de/2019/12/10/%E2%80%9Ees-war-eine-straftat%E2%80%9C/ (Zugriff: 6.2.2022). Vgl. auch Lea Seethaler über Klaus Schirdewahn im Mannheimer Morgen vom 9.2.1922.
711 S. Meyer (2018), S. 33ff.
712 J. Munier (2021), S. 308.
713 Zur Diskussion um „widernatürliche Unzucht" vgl. C. Schäfer (2006).
714 A. Pretzel (2002), S. 306.
715 J. Baumann (1968 a), S. 170.
716 M. Görtemaker, C. Safferling (2016), S. 362f., 394 – 399. Zu Lackners Äußerungen vgl. S. Seelbach (1966), S. 11, 13f., 18, 27, 45f., 99, 105, 107, 111, 151.
717 Sozialdemokratischer Pressedienst. P/XXIII/DOKUMENTATIONS-ANHANG, vom 18.10.1968. Online unter: http://library.fes.de/spdpd/1968/681018.pdf (Zugriff: 21.6.2019).
718 H.-J. Schoeps (1962).
719 J. Baumann (1968 b); B. Magee (1967), S. 5; K. Ebner (2018), S. 95 – 141, 185 – 210.
720 Zitiert nach J. Munier (2021), S. 383. Nachlass Barbara Just-Dahlmann im MARCHIVUM.
721 G. Grau; K. Plötz (2017), S. 28.

722 Brief an die Rheinpfalz Kaiserslautern vom 22.7.1953. In: Die Gefährten, Sept. 1953, S. 20f.
723 Quick Nr. 51, 1965, S. 65; 2, 1966, S. 34; 3, 1966, S. 32; 6, 1966, S. 49; 8, 1966, S. 104; 13, 1966, S. 105.
724 F. Bauer (1965).
725 A. Sternweiler (1998).
726 R. Italiaander (1968), S. 14f., 18, 45, 47, 50, 61, 75.
727 Pforzheimer Zeitung, 6.3.1969, S. 7. Der Spiegel Nr. 20, 1969, S. 55.
728 G. Grau / K. Plötz (2017), S. 175ff.
729 Adolf Müller-Emmert. In: Protokoll der Verhandlungen des Deutschen Bundestages, 9.5.1969, S. 12835.
730 Bundeszentrale für gesundheitliche Aufklärung (1969).
731 K. Ebner (2018), S. 95 – 141, 185 – 210.
732 J. Baumann (1968 a), S. 160.
733 V. Bruns (1997); K.-H. Steinle (1997).
734 R. Wolfert (2014), S. 88; ders. (2015); B. Riechers (1999); Gammerl (2021), S. 35 – 141.
735 Die Freunde Nr. 1, 1951, S. 27; 1, 1952, S. 40.
736 R. Wolfert (2014), S. 90.
737 Freond Nr. 8, 1951, S. 44.
738 Die Gefährten, April-Juni, Sept. 1953; Juni/Juli 1954. Vgl. hierzu Munier (2021), S. 324.
739 Munier (2021), S. 322.
740 Freond Nr. 11, 1952, S. 36.
741 R. Wolfert (2015); ders. (2009); A. Pretzel / V. Weiß (2010), S. 9 – 26.
742 Nachweis der ausgewerteten Zeitschriften im Anhang. Wenn in einer Anzeige mehr als eine Stadt genannt ist, wurde hier jede Angabe für jede Stadt einzeln gewertet, so dass die Zahl der angegebenen Treffer aller Städte nicht der Anzahl der Anzeigen entspricht. Beispiel: Anzeige geschaltet für Heidelberg-Mannheim: 2 Wertungen.
743 Der Weg / Die Insel Nr. 6, 1952, S. 32; Die Gefährten, Inseraten-Beilage, März 1953.
744 Der Weg / Die Insel Nr. 5, 1952, S. 31.
745 Bei Mehrfachnennungen pro Seite ist die Belegstelle einmal angegeben. Der Weg Nr. 7, 1952, S. 32; 10, 1952, S. 31; 11, 1952, S. 33; 2, 1953, S. 34. Die Insel Nr. 1, 1952, S. 35. Der Weg / Die Insel 2, 1952, S. 36; 3, 1952, S. 30; 4, 1952, S. 31; 6, 1952, S. 30; 6, 1952, S. 32. Die Gefährten, Inseraten-Beilage, Sept. 1953; Juni/Juli 1954.
746 Der Weg / Die Insel Nr. 4, 1952, S. 29. Der Weg Nr. 10, 1952, S. 31.
747 Der Weg / Die Insel Nr. 5, 1952, S. 31; 3, 1952, S. 29. Der Weg Nr. 8, 1952, S. 32; 2, 1953, S. 32; 10, 1952, S. 31. Die Gefährten, Inseraten-Beilage, Juli/Aug. 1953.
748 Die Freunde Nr. 8, 1951, S 44. Ob eine weitere Werbung im „Jagsttal" für „angenehmen Aufenthalt und Unterkunft" dieselbe Unterkunft meint, ist nicht bekannt. In: Der Weg / Die Insel Nr. 5, 1952, S. 33.
749 K. Plötz / M. Velcke (2018), S. 228.
750 J. Munier (2021), S. 322, 376, 333.
751 S. Meyer (2018), S. 33ff.
752 O. Striehn (1938), S. 60 – 63. H. Breit (2017).
753 Wochenend 22.1.1955. Stern, April 1954. Abgedruckt in: S. Meyer (2018), S. 34.
754 Mannheimer Morgen 9.12.1954, S. 6; 5.1.1955, S. 7; 2.2.1955, S. 4.
755 I. Scheidle (2017).
756 Schmerzhafter Weg bis zum Outing, „Gay & Grey '-Treffpunkt hilft schwulen Senioren. In SWR Landesschau RP 20.5.2021, online veröffentlicht. Auch: Heike Wallich-Zink: Klaus Schirdewahn leitet die Gruppe Gay and Grey. RNZ 8.4.2021, online veröffentlicht.
757 Zu Leben und Werk Rudi Baerwinds vgl. M. Tapié de Celeyran / W. Sauré (1974); U. Dann / C. Theuer / K. Scholl (2010).
758 Siehe den Artikel „Ein übles Machwerk verschwindet" im NS-Kampfblatt „Hakenkreuzbanner" vom 3.11.1936.
759 Siehe www.rudibaerwind.de (eigene Website der Rudi-Baerwind-Stiftung mit Sitz in Mannheim, abgerufen am 29.09.2020).
760 Siehe U. Dann / C. Theuer / K. Scholl (2010).
761 Zitiert nach M. Tapié de Celeyran / W. Sauré (1974), S. 2 (unpaginiert).
762 Baerwind 1959 in einem Brief an Dorothea Mitzlaff (Briefe Baerwinds aus der Haftanstalt in Mannheim), MARCHIVUM.
763 Vgl. dazu auch den Zeitzeugenbericht von Fritz Gärtner auf dem dieser Publikation beigegebenen Film.
764 U. Dann u. a. (2010), S. 103.
765 Brief Baerwinds aus der Justizvollzugsanstalt Mannheim, MARCHIVUM. Online veröffentlicht unter https://www.marchivum.de/de/blog/rudi-baerwind (abgerufen am 20.10.2020).
766 Vgl. auch U. Dann u. a. (2010), S. 11.
767 Zur FrauenLesbenbewegung vgl. u. a. U. Gerhard (2008); E. Rulffes (2021), S. 241ff; C. Perincioli (2007); H. Schenk (1988), S. 84ff; dies. (1992), S. 127f; U. Nienhaus (2007). Zur Diskussion, wann die Frauenbewegung in der Bundesrepublik begann, vgl. K. Wolff (2012). Die Lesben waren nur ein Teil vieler Gruppen der Frauenbewegung. Vgl. I. Lenz (2008), S. 235; H. Bendkowski (2007). Vgl. zur Einführung der Lesbenemanzipationsgeschichte G. Dennert u. a. (2007a) S. 31 – 61, 126 – 159, 253 – 287. Zur Schwulenbewegung vgl. u. a. J. Dobler, H. Rimmele (2008b); M. Holy (2017); E. Kraushaar (2017); S. Haunss (2004), S. 191ff; A. Pretzel / V. Weiß (2013b). Für Lesben und Schwule: B. Gammerl (2021), S. 143ff. Zur Trans*bewegung vgl. S. Meyer (2018); A. de Silva (2014). Zur Bisexuellenbewegung vgl. u. a. K. Ritter (2014); K. Ritter (2020), S. 364ff. Zu den Aufladungen und Umdeutungen von Stonewall vgl. Weingand (2022).
768 Gesetz zum Schutz von Kindern mit Varianten der Geschlechtsentwicklung vom 12.5.2021. Veröffentlicht im Bundesgesetzblatt Jg. 2021 Teil I Nr. 24, Ausgegeben Bonn 21.5.2021, S. 1082. Online veröffentlicht unter: https://www.bgbl.de (Zugriff: 27.2.2022).
769 Gay Journal Nr. 4, 1982, S. 2.
770 Für die Kapitel zur Emanzipationsgeschichte wurden neben der hier gekennzeichneten Archivüberlieferung insgesamt die im Literaturverzeichnis ausgewiesenen Publikationen als Quellen verwendet.
771 J. Bartholomae (2013), S. 73.
772 Vgl. hierzu Jens M.A. Reimer: German Gay History. Die Geschichte vom deutschen Homo Magazin DON 1970 – 1984 mit Unterstützung von Schwules Museum Berlin. Online unter: http://gay-history.blogspot.com/2013/09/don-german-gay-magazine-1980-heft-9.html (Zugriff: 07.02.2020) Vgl. zu Talis auch Jens M.A. Reimer vom 11.07.2014. Online unter: http://gay-histo-

ry.blogspot.com/2014/07/die-don-akteure-6-gerd-talis.html (Zugriff: 07.02.2020).

773 Schwuchtel Nr. 1, 1975, S. 15; 2, S. 1; 4, S. 1; 7, 1977, S. 1; P. Henze (2019), S. 141, 264; Leserbrief von Homo Heidelbergensis in: Emanzipation Nr. 1, 1978, S. 6; I. Lenz (2008), S. 244ff; Rosa Provinz. Blatt von/für Göttinger Schwestern, Trinen, Tucken, Schwuchteln, Kerle, Männer, Macker oder einfach nur gewöhnliche Homosexuelle, hgg. Homosexuelle Aktion Göttingen und Schwule Aktion Mannheim, Dezember 1980, o.p.

774 Zur Rosamunde: Ketchup Nr. 4, 1983, S. 6; B.Gmünder (1996), S. 73; Die Pfundspost ist in keiner Bibliothek nachgewiesen. Abbildung der Pfundspost Nr. 3, JuliAugust 1996. In: Gab, September 1996, S. 29.

775 Nummer 35, 1988, S. 12.

776 Meier Nr. 4, 1996, S. 124; 7, 1997, S. 98; 6, 1998, S. 100; 8, 1999, S. 77.

777 Die „Communale" Heidelberg und „Stadtstreicher / Zeitung in Mannheim und Ludwigshafen" wurden aus arbeitsökonomischen Gründen nicht in die Untersuchung mit einbezogen.

778 Ketchup Nr. 7/8 1982, S. 40; 3, 1983, S. 51; 9, 1983, S. 7; 2, 1984, S. 30ff.

779 Carlo Sponti Nr. 30/31 (undatiert), S. 13.

780 Blatt ohne weitere Kennzeichnung, das die Buchläden in Mannheim und Heidelberg abbildet, wohl: Rosa Provinz Nr. 18 Juli 1981, S. 51. In: Schwule Geschichte im Rhein-Neckar-Raum Ordner 2, MARCHIVUM; Meier Nr. 11, 1988, S. 59; Nummer Nr. 26, 1987, S. 3.

781 Broschüre Frauenreferat im Asta (1976). In UAH ASTA Frauenreferat FB 94. Frauenbuchladen. In: Carlo Sponti Nr. 24/25, o.D., S. 13; Courage Nr. 4, 1983, S. 37; Lesbenstich Nr. 1, 1987; Abschminke Nr. 11, 1989, o. p.; 12, Sommer 89, S. 26; 14, Frühjahr 1990, S. 28.

782 J. Bartholomae (2013), S. 71.

783 Meier Nr. 11, 1987, S. 8; 5, 1993, S. 132; 12, 1995, S. 119; Lust Nr. 44, 1997, S. 20.

784 Courage Nr. 11, 1978, S. 49; 5, 1982, S. 66; Abschminke Nr. 20, 1993, S. 40; Meier Nr. 12, 1988, S. 9; 6, 1999, S. 90; 11, 1999, S. 112. Zu FrauenLesbenbuchläden: I. Bubeck (2007), S. 225; D. Hermanns (2017), S. 240.

785 Heidelberger Tageblatt 16.11.1976, S. 18; Ketchup Nr. 3, 1981, S. 31; KiK-Magazin Nr. 66/67, 1982/83, S. 59, 62; 68, 1983, S. 67 – 71; 76, 1983, S. 77, 81; 1984, S. 51; 90, 1985, S. 52.

786 Ketchup Nr. 9, 1982, S. 32, 33; Rosamunde Nr. 6. o.D., S. 20.

787 Meier Nr. 10, 1993, S. 91; 6, 1997, S. 106; 6, 1999, S. 90, 94; 2, 1999, S. 74, 96; Björn Berndt: 25. Schwule Filmtage, 4.2.2020. Online unter: https://www.maenner.media/regional/gab/25-schwule-filmtage/ (Zugriff: 17.3.2021).

788 Gay Journal Nr. 10, 1979, S. 30.

789 KiK-Magazin Nr. 29, 1981, S. 21f; Ketchup Nr. 2, 1983, S. 62; 3, 1983, S. 70; 5, 1983, S. 56; Rosamunde Nr. 4+5, Feb. 1983, S. 43; KiK-Magazin Nr. 73, 1983, S. 42; 95, 1985, S. 33.

790 Ketchup Nr. 3, 1984, S. 9; taz 13.1.1984; Lila Klatschmohn, Winter 1983/84, S. 51. Reinberg (1995), S. 47f.

791 H. Giese (1958), S. 64ff. U. Hoffmüller, S. Neuer (1977), S. 132ff. I. Kokula (1983), S. 15, 125ff. C. Küppers (2018). M. Holy (2017a), S. 59ff. Haunss (2004), S. 191ff.; C. Griffith (2022).

792 K. Plötz / M. Velcke (2018), S. 228.

793 N. Seyfarth (1991), S. 43. Munier (2021), S. 322.

794 Treffs nach dem letzten Stand. In: Don Nr. 3, 1972.

795 Neue Schwulenkneipen. In: Ketchup Nr. 2, 1981, S. 6.

796 Zur Vergleichbarkeit eines Mediums Angaben aus Spartacus. Nicht: Restaurants und Hotels. Ausgaben: Spartacus 1987, 1994, 2003.

797 Zur Datenbasis vgl. neben den oben im Text in der Sekundärliteratur einzeln nachgewiesenen Orten auch Übersicht Emanzipationsmedien im Anhang sowie Stadtplan Homo Heidelbergensis DAH-Treffen 1973. Ordner Homosexualität im Rhein-Neckar-Raum, MARCHIVUM.

798 UkZ, Nr. 6, 1977, S. 16. Courage Nr. 1, 1978, S. 56; 5, 1978, S. 32; Lesbenstich Nr. 1/1986; 1, 1991; 3, 1991; Abschminke Nr. 14, 1990.

799 Lust Nr. 6, 1991, S. 7. Zur SM-Szene in Mannheim vgl. F. Seitz (1997); Nummer 32, 1988.

800 Dies ist aus Zeitzeugenaussagen bekannt und findet sich als Randnotiz in manchen Publikationen zur Beschreibung von Stammtischen. Dass die Schwulen ihre Stammtische im Nebenzimmer hatten, lässt nicht zwingend auf das Verhalten der Wirte schließen. Die SchAM nannte als Grund selbst den „angstfreien" Zutritt. In: Ketchup Nr. 9, 1980, S. 12.

801 Erster und letzter Nachweis genannt.

802 Zur Bedeutung einer schwulen Bar und zur Angst, diese zu betreten, aus Sicht eines aus Tunesien stammenden Mannes für Mannheim hier zw. Minuten 39.15 und 41.15: https://www.youtube.com/watch?v=8oL0aPM7ZqU (Zugriff: 27.2.2022).

803 Nummer 19, 1985, S. 5; 20, 1986, S. 4; 27, 1987, S. 3; 28, 1987, S. 3; Lust Nr. 45, 1997/98, S. 17.

804 Nummer Nr. 33, 1988, S. 4; Lust Nr. 14, 1992, S. 6.

805 Nummer Nr. 23, 1986, S. 10; 28, 1987, S. 3; Rosamunde Nr. 6. o.D., S. 5.

806 Magnus Nr. 5, 1990, S. 57; Meier Nr. 12 1986, S. 11; 10, 1992, S. 30; 9, 1995, S. 105; 7, 1999, S. 102; Lust Nr. 12, 1992, S. 8.

807 Walter Weber: Wie alles bei uns anfing. In: Schwuchtel Nr. 6, 1977, S. 5.

808 Rosamunde Nr. 2, wohl Frühjahr 1981, S. 10; ebd. Nr. 3, Jan. 1982, S. 7.

809 Vgl. zu Rusche: Gay Journal Nr. 4/1985, S. 4; 11/1985, S. 10. Zu Hörle: N. Seyfarth (1991), S. 63.

810 Undatierter Aufruf ‚Heidelschwul ... Homosexuelle Aktion Heidelberg". In Ordner Homosexualität im Rhein-Neckar-Raum, MARCHIVUM. Lt. N. Seyfarth (1991), S. 63, waren die Treffen dienstags.

811 Rote Volksuniversität Nr. 8, wohl 1973, S. 6. In: Ordner Homosexualität im Rhein-Neckar-Raum, MARCHIVUM.

812 Nachweis Homo Heidelbergensis in „Bemerkungen zur Geschäftsordnung". In: R. Schmidt (2020), Dokumentationsteil; Rosamunde Nr. 2, o.D., S. 22; N. Seyfarth (1991), S. 63.

813 Aufruf Homo Heidelbergensis „Hallo Schwule (auch solche, die es mal ganz gern haben) und Antischwule!" In: Ordner Homosexualität im Rhein-Neckar-Raum, MARCHIVUM. Nahezu gleiches Motto der HAW, in: P. Henze (2019), S. 302.

814 Jürgen Runge: Rechenschaftsbericht des Tutoriums „Homosexualität und Gesellschaft“, Heidelberg Febr. 1974; Literaturliste zur Vorlesung Bräutigam Sommersemester 1974. In: Ordner Homosexualität im Rhein-Neckar-Raum, MARCHIVUM.
815 Carlo Sponti Nr. 14/15, S. 9, 11; 16/17, S. 11; 18/19, S. 8; 20/21, S. 12.
816 Zitat KSG in: Carlo Sponti Nr. 14/15, S. 10; Carlo Sponti Nr. Nr. 13, S. 4; 22/23, S. 12; 28/29, S. 13; 30/32, S. 6; Homosexuelle Emanzipation, Nr. 1, Nr. 2, Nr. 3, 1978; das alternative adreßbuch 1977, S. 6. In: Ordner Homosexualität im Rhein-Neckar-Raum, MARCHIVUM. Vgl. auch P. Recht u. a. (1976), S. 83; Homosexuelle Aktion Westberlin (1975), S. 107. Vgl. auch D. Assig u. a. (1977), S. 93; Gay Journal Nr. 8, 1979, S. 28. Der AStA der Uni Heidelberg wird im Vorlesungsverzeichnis im Untersuchungszeitraum nur als solcher erwähnt, keine seiner Referate.
817 Vgl. zu den Arbeitsgruppen: P. Henze (2019), S. 205ff.; S. Haunss (2004), S. 202; R. Schmidt (2020), S. 142f; M. Holy (2017a), S. 51ff. Zu den Debatten in Heidelberg: N. Seyfarth (1991), S. 62ff., 71, 75. Ders. (1996), S. 119.
818 Nennung Homo Heidelbergensis in: P. Recht u. a. (1976), S. 83; Schwuchtel Nr. 7, 1977, S. 19; Leserbrief zu Artikel von Thea Maus in: Emanzipation, Nr. 1, 1978, S. 6.
819 Zitate in: Heidelberger Tageblatt 21.2.1973. S. 13; Der Spiegel 11/1973, 12.03.1973, S. 46 – 62, hier S. 60; DAH Kongress und und Unterschriftenaktion nicht in Mannheimer Morgen. Stadtplan „old highdelberg“ wohl zum DAH Treffen im Febr. 1973 erstellt. In: Ordner Homosexualität im Rhein-Neckar-Raum, MARCHIVUM. Das Archiv der kath. Studentengemeinde verfügt nicht über Informationen zum DAH-Treffen. Auskunft an den Autor 2018. Zum DAH-Treffen: E. Kraushaar (1997), S. 139f.
820 R. Schmidt (2020), S. 71f., 75. Auch: Holy (2017a), S. 50.
821 Schwuchtel Nr. 2; 3, 1976, S. 16, 19; Carlo Sponti Nr. 34/35, o.D., S. 5; Protokoll über die Tagung schwuler Gruppen in Freiburg vom 28.–30.11.1975, 04.01.1976. In: Ordner Homosexualität im Rhein-Neckar-Raum, MARCHIVUM.
822 Rosamunde Nr. 3, Jan. 1982, S. 26; 4+5, Febr. 1983, S. 37.
823 K. Kämpf (2022), S. 197ff. Zur Diskussion um Pädophilie in der Schwulenbewegung vgl. auch H. Haunss (2004), S. 196, 198f, 215ff.
824 P. Henze (2019), S. 349, Zitat: S. 353. Auch: S. Haunss (2004), S. 220.
825 VHS Heidelberg Programm Sept.-Dez. 1978, S. 18f. In: Archiv der VHS Heidelberg. Ich bedanke mich für die Überlassung der Unterlagen! Ein Leserbrief zur Veranstaltung in Gay Journal Nr. 1, 1979, S. 30. Zu einem weiteren Vortrag von Edward Brongersma ebd. Nr. 8, 1979, S. 31. Zu den weiteren Angaben: Gay Journal Nr. 7, 1979, S. 4; Rosamunde Nr. 3, Jan. 1982, S. 25; Ketchup Nr. 12, 1981, S. 78.
826 Walter Weber: Wie alles bei uns anfing. In: Schwuchtel Nr. 6, 1977, S. 5. Zu den Aktionen der Schwulenbewegung J. Plastargias (2015), S. 194; P. Henze (2019), S. 301ff., 320; S. Haunss (2004), S. 200f. Zur Debatte im Bundestag vgl. K. Ebner (2018), S. 95 – 141, 185 – 210. Rosamunde Nr. 2, wohl Frühjahr 1981, S. 10.
827 Rosamunde Nr. 2, wohl Frühjahr 1981, S. 10.
828 Kein Bericht im Heidelberger Tageblatt und Mannheimer Morgen.
829 Uni Spiegel Nr. 5/1976, 7.5.1976, S. 6; UAH, Homo Heidelbergensis Gutschein zum 1. Maifest 1976.
830 Homosexuelle Emanzipation Nr. 3, 1978, S. 37.
831 Gay Journal Nr. 7, 1979, S. 11; 9, 1979, S. 4. Zum Spendenkonto von Homolulu bei einer Bank in Ludwigshafen vgl. Homolulu, schwule Tageszeitung Nr. 1, 24.7.1979, online veröffentlicht unter https://web.archive.org/web/20050419015111/http://geocities.com/schwulencity/homolulu/Homolulu_1.html (Zugriff: 23.2.2022).
832 Gay Journal Nr. 9, 1979, S. 8.
833 Gay Journal Nr. 1, 1982, S. 8; 2, 1982, S. 19; Rosamunde Nr. 3, Jan. 1982, S. 16, S. 25.
834 R. von Praunheim (2007). Zum Effekt des Films ohne Hinweise auf Heidelberg vgl. P. Henze (2019), S. 153ff.
835 Zitate: Carlo Sponti Nr. 13, S. 4f. Info-Blatt zur Filmankündigung von Carlo Sponti – Kulturbrigade und Homo Heidelbergensis, o. D. In: Ordner Homosexualität im Rhein-Neckar-Raum, MARCHIVUM. Zu den Frauen, die eine „autonome Lesbenkultur“ etablieren wollten, vgl. auch I. Lenz (2008), S. 232f.
836 N. Seyfarth (1991), S. 72.
837 Carlo Sponti Nr. 28/29, S. 3. Flugblatt zur Ankündigung des Films „Rosa Winkel?“ am 8., 9. und 10. Febr. 1977 im Gloria Kino. In: Ordner Homosexualität im Rhein-Neckar-Raum, MARCHIVUM.
838 Carlo Sponti Nr. 28/29, S. 3. Vgl. zu Brühwarm A. Pretzel / V. Weiß (2017), S. 91 – 100, hier S. 96. P. Henze (2019), S. 141.
839 Carlo Sponti Nr. 30/31, S. 6; H. Rimmele (1997), S. 147.
840 Plakat für den Auftritt der Gruppe Brühwarm 1977 am 21.6.1977. In: Ordner Homosexualität im Rhein-Neckar-Raum, MARCHIVUM
841 Heidelberger Tageblatt 24.06.1977. Kein Bericht im Mannheimer Morgen.
842 Carlo Sponti Nr. 30/31, S. 13; Zitat in ebd. Nr. 34/35, S. 9.
843 E. Kraushaar (2017), S. 81f. Holy (2017a), S. 67. P. Henze (2019), S. 336ff.
844 Gay Journal Nr. 3, 1979, S. 27; 7, 1979, S. 4.
845 Ketchup Nr. 6, 1980, S. 49; 10, 1982, S. 33; 10, 1984, S. 75. Rosamunde Nr. 2, o.D., S. 11.
846 Jörn Wolters: Die Homo Heidelbergensis. In: Rosamunde Nr. 1, Nov. 1980, S. 10.
847 Rosamunde Nr. 4+5, Febr. 1983, S. 22, 26, 37, 43.
848 Ebd. Nr. 2 o. D., wohl Frühjahr 1981, S. 7; Nr. 3, o. D., wohl Jan. 1982, S. 5.
849 Ebd. Nr. 4+5, Febr. 1983, S. 26; Ketchup Nr. 10, 1982, S. 7, 33; 3, 1985, S. 45; 10, 1984, S. 53, 61, 68, 75.
850 B. Gmünder (1993), S. 150 (Stichtag der Redaktion: 1.3.1993).
851 B. Gmünder (Spartacus) 1990/91, S. 341, 94/95, S. 389); Meier Nr. 10 1990, S. 80; 4, 1992, S. 143; 7, 1995, S. 101; 5, 1996, S. 127. Letzte Nennung Rosa Telefon in Meier Nr. 2, 1997, S. 103.
852 Rosamunde Nr. 4+5, Febr. 1983, S. 13f.

853 In der ESG befindet sich hierzu keine Überlieferung. Antwort von Hans-Georg Ulrichs an den Autor vom 3.9.2018 mit dem Hinweis, im Archiv beim Oberkirchenrat in Karlsruhe zu forschen. Diese Forschung konnte aus arbeitsökonomischen Gründen nicht umgesetzt werden. KiK-Magazin Nr. 68, 1983, S. 66; 77, 1983, S. 56; Ketchup Nr. 3, 1983, S. 46, Nr. 10, 1984, S. 48; Rosamunde Nr. 4+5, Febr. 1983, S. 13f; 7, o. D., S. 3; Nummer Nr. 15, 1984, S. 19; Gay Journal Nr. 4, 1984, S. 21; 11, 1984, S. 13; Ketchup Nr. 6, 1984, S. 7; Schlagloch Nr. 5, Juni 1988, S. 7.
854 Nummer Nr. 14, 1984, S. 16. Vgl. ebd. Nr. 16, 1985, S. 19, 19, 1985, S. 9; Gay Journal Nr. 11, 1984, S. 13.
855 Nummer Nr. 20, 1986, S. 3.
856 Gay Journal Nr. 3, 1983, S. 20; Zitat: Nummer Nr. 14, 1984, S. 16.
857 Ketchup Nr. 1, 1985, S. 49, 55, 58 – 60, 62, 67; Nummer Nr. 17, 1985, S. 14; Rhein-Neckar-Zeitunge 1.2.1985, S. 4; 22.1.1985, S. 5.
858 Nummer Nr. 18, 1985, S. 6; 22, 1986, S. 5; Gay Journal Nr. 8, 1985, S. 8, 12; Zu Anale Grande vgl. auch Rosamunde Nr. 6, o. D., S. 21.
859 Nummer Nr. 20, 1986, S. 3; Rosamunde Nr. 6, o. D., S. 20. Schwup war bei der Rosa Leinwand offenbar in einer nicht näher bekannten Weise „mit dabei“, aber nicht federführend. Organisiert wurde sie von Michael, Peter und Klaus.
860 Nummer 25, 1986, S. 3; Gay Journal Nr. 4/5, 1987, S. 47; Rosamunde Nr. 6, o. D., S. 20.
861 Informationen zur Vortragsreihe aus: Gay Journal Nr. 4/5, 1987, S. 47; Nummer, verschiedene Ausgaben der Jahre 1986 – 87; Ketchup Nr. 6, 1987, S. 112; Rosamunde Nr. 7, o. D.; Anträge Räume Vortragsreihe durch AStA für: 6.2., 21.5., 22.5., 2.6. und 3.7.1987. In: UAH, Registraturakten Sign. 7095, ungeordneter Bestand.
862 Manfred Bruns, Vorkämpfer der homosexuellen Emanzipation in Deutschland, ehemaliger Staatsanwalt und Sprecher des LSVD. In: A. Rüdiger (2016), S. 122 – 138.
863 Nummer Nr. 17, 1985, S. 14.
864 Michael Fahrenholz: Wissenschaft und Homosexualität. In: Rosamunde Nr. 7, o. D., S. 7.
865 Nummer Nr. 26, 1987, S. 2; Farbe bekennen. Die Grünen. Bundestagswahlprogramm, Bonn 1987, S. 10.
866 Nummer Nr. 26, 1987, S. 2; Schlagloch Nr. 1, 1987, S. 3; 5, Juni 1988, S. 7, 12; B. Gmünder (1993), S. 149. Der Schwup war nicht in den Ankündigungen im Meier enthalten. Keine Nennung auch in B. Gmünder (Spartacus) 1994/95, S. 389.
867 Rosamunde Nr. 7, o. D., S. 3; Ruprecht Nr. 63, Dez. 1999, S. 11.
868 Ketchup Nr. 7, 8 1983, S. 7; Gay Journal Nr. 2, 1985, S. 17.
869 Nummer Nr. 14 , 1984, S. 16; 16, 1985, S. 19.
870 Ebd. Nr. 14, 1984, S. 16.
871 Ketchup Nr. 5, 1984, S. 62; 6, 1984, S. 65; 11, 1984, S. 53; 2, 1986, S. 43; 10, 1987, S. 47. Nummer Nr. 30, 1987, S. 20; Rosamunde Nr. 8, o. D., S. 3.
872 Rolf Gramm: Ausgrenzung vor Gericht. Stadtjugendring gegen Schwulengruppe. In: Die Zeit 5.1.1990, online unter https://www.zeit.de/1990/02/ausgrenzung-vor-gericht/komplettansicht?print (Zugriff: 22.1.21). Auch: Meier Nr. 1, 1989, S. 7; taz 12.12.1988, S. 2; 13.01.1990, S. 4; Magnus Nr. 3, 1989, S. 73; Meier Nr. 2, 1990, S. 10. Weitere Berichte in Mannheimer Morgen und RNZ.
873 B. Gmünder (Spartacus) 1990/91, S. 340f; B. Gmünder (1993), S. 149; Meier Nr. 11, 1989, S. 54; 1, 1990, S. 65; 11, 1992, S. 157; 6, 1993, S. 85; 1, 1996, S. 99; 4, 1998, S. 97; 9, 1999, S. 101.
874 Rosamunde Nr. 6, o. D., S. 20; 7, o. D., S. 2. B. Gmünder (1993). B. Gmünder (Spartacus) 1990/91, S. 341; 1994/95, S. 389. Nicht mehr enthalten in: B. Gmünder (Spartacus) 2003/2004, S. 402.
875 Nummer Nr. 22, 1985, S. 5; Schlagloch Nr. 10, Nov. 1988, S. 4; Meier Nr. 7, 1993, S. 99; 7, 1995, S. 101; Nr. 8, 1995, S. 83; 9, 1995, S. 105; 12, 1996, S. 136; 5, 1997, S. 126.; 8, 1998, S. 83; B. Gmünder (1993), S. 150.
876 Ruprecht Nr. 52, 5.2.1997 (falsche Datierung, richtig ist: 1998), S. 17.
877 Meier Nr. 4, 1998, S. 97; 5, 1998, S. 97; 6, 1998, S. 100; 7, 1998, S. 91; 9, 1999, S. 101.
878 Lust Nr. 33, 1996, S. 17; Meier Nr. 7, 1995. S. 101; 3, 1997, S. 107.
879 Unerhöhte Minne. In: Der Spiegel Nr. 32/2000, 6.8.2000, online veröffentlicht unter: https://www.spiegel.de/kultur/unerhoerte-minne-a-2725fd5e-0002-0001-0000-000017069109 (Zugriff: 21.2.2022). Auch: Schwul in Freiburg (SiF), Okt. 2003, S. 2 – 5, hier S. 3; Ruprecht Nr. 73, Juli 2001, S. 6.
880 B. Gmünder (1993). Meier Nr. 8, 1995, S. 83; 11, 1995, S. 112; 7, 1996, S. 127; 8, 1996, S. 91; 9, 1996, S. 115; 12, 1996, S. 137; 1, 1997, S. 89; 2, 1997, S. 102; 4 1997, S. 109; 6, 1997, S. 107; 4, 1998, S. 96; 11, 1999, S. 112. Magnus Nr. 9, 1990, S. 82; Nummer Nr. 27, 1987, S. 5.
881 Rosamunde Nr. 4+5, Febr. 1983, S. 13f, 37; 8, o. D., S. 8; B. Gmünder (1993), S. 149; C. Könne (2017b).
882 K. Fitschen (2017), S. 15; Rosamunde Nr. 7, o. D., S. 2.
883 Zitat: K. Fitschen (2017), S. 16; M. Wörner (2017), S. 31.
884 KiK-Magazin Nr. 89, 1984, S. 6; 99, 1985, S. 46; 107, 1986, S. 28. Ketchup Nr. 7, 8 1986, S. 62; 10, 1986, S. 44; 11, 1986, S. 43; 5, 1987, S. 50; 9, 1987, S. 49; Rosamunde Nr. 7, o. D., S. 2; Magnus Nr. 7, 1990, S. 67; Meier 9, 1995, S. 104; 9, 1998, S. 100.
885 Nummer 28, 1987, S. 2, 5; 29, 1987, S. 4; Meier Nr. 9, 1996, S. 115; 10, 1996, S. 127; 2, 1997, S. 102; 3, 1997, S. 106; 3, 1998, S. 99; 9, 1999, S. 101. M. Gutfleisch (2017), S. 51, 54.
886 Programmheft: 10 Jahre Queer Festival. Live Music, Art, Performance, Film, Politics, Heidelberg 2018.
887 Beleg Heidelberg in: du & ich. Nr. 9, 1970, S. 41. Zum Verband: E. in het Panhuis (2020).
888 M. Holy (2017a), S. 41, 57f.
889 Wie bei uns alles anfing, undatiertes Dokument im Ordner Homosexualität im Rhein-Neckar-Raum, MARCHIVUM. Vgl. auch Walter Weber: Wie alles bei uns anfing. In: Schwuchtel Nr. 6, 1977, S. 5. Zur Kooperation bzw. Trennung von Lesben und Schwulen in Berlin vgl. P. Henze (2019), S. 331ff., S. 144ff.
890 Zitat: Frankfurter Frauen (1975), S. 208 – 219, hier S. 213. Vgl. auch I. Kokula (1983), S. 71; I. Kuckuk (1975), S. 73.

891 Zitat: Frankfurter Frauen (1975), S. 214. Zur Schwierigkeit von Lesben im sozialen Umfeld vgl. B. Reinberg / E. Roßbach (1995), S. 40ff., 62ff., 73ff.
892 Frankfurter Frauen (1975), S. 210, 215, S. 217.
893 Ebd. S. 208f., 210f., 212.
894 M. Kühn (2007).
895 I. Lenz (2008), S. 251f.
896 Lesbenpresse Nr. 3, März 1976, S. 2.
897 Aufkleber datiert 15.3.1976 in: UAH Sig. ZA-IIa, 18.2.
898 Kontrolliert wurden die Inhaltsverzeichnisse folgender Ausgaben der Heidelberger Frauenzeitung: Juni 1977, 1978, 1979.
899 Abschminke Nr. 5, Winter 1985/86, S. 5 – 7, hier S. 6.
900 Zeitgenössischen Debatte: Lesbenpresse Nr. 1, Febr. 1975, S. 17f.; 5, Mai 1977, S. 35; Lust Nr. 3, 1990/91, S. 10f. Forschung: H. Bendkowski (2007). I. Lenz (2008), S. 235.
901 Lesben und Frauenbewegung. Abgedruckt in: I. Lenz (2008), S. 254ff, hier S. 255.
902 Frankfurter Frauen (1975), S. 208 – 219, S. 208f.
903 Lesbenpresse Nr. 2, Juni 1975, S. 23.
904 Ebd. Nr. 2, Juni 1975, S. 8. Text in I. Lenz (2008), S. 244f.
905 Leserbriefe. In: UkZ Nr. 9, 1975, S. 24. Daniela Sippel verfasste in der UkZ (Nr. 7, 8, 1976, S. 22 – 25) auch eine Rezension zum Theaterstück „Die bitteren Tränen der Petra von Kant“, das in Heidelberg als Gastspiel gelaufen war.
906 Rhein-Neckar Zeitung 31.5.1975. Heidelberger Tageblatt 3.6.1975. Bestand UAH Sig. ZA-IIa, 18.2.
907 D. Assig (1976), S. 99.
908 Gewalt gegen Lesben. In: Jahrbuchgruppe des Münchner Frauenzentrums (1976), S. 217 – 225, hier S. 217, 222f.
909 Der AStA der Uni Heidelberg hatte für den 23.4.1977 einen Antrag auf Räume in der Neuen Universität gestellt, um dort ein Frauenfest im Rahmen des Frauenkongresses zu feiern. Dieser Antrag wurde aus Fristgründen abgelehnt. Antrag des AStA an die Universität vom 19.4.1977. Beschluss des Rektorats vom 21.4.1977, In: UAH, Generalia Sig. 7095, 1977.
910 UkZ Nr. 7, 8, 1977, S. 6 – 8.
911 Vgl. Bericht über Frauenkongress, ohne Erwähnung Lesben, in Carlo Sponti Nr. 32/33, o.D., S. 7. Hierzu auch G. Horsch (1996), S. 264.
912 G. Horsch (1996), S. 264f.
913 UkZ Nr. 1, 1977, S. 1; 3, 1977, S. 2; Courage Nr. 11, 1977, S. 44; 12, 1977, S. 54; 1, 1978, S. 56; 3, 1978, S. 64.
914 J. B. Suffner (2007), S. 235 – 238.
915 UkZ Nr. 9, 1977, S. 2; 11, 1977, S. 2; Lesbenpresse Nr. 5, Mai 1977, S. 39. Aufgrund der Corona-Pandemie war ein Besuch im Feministischen Archiv in Frankfurt a. M. zur Einsichtnahme in die Heidelberger Frauenzeitung leider nicht möglich, so dass sich nicht prüfen ließ, ob das LAZ auch in den „Terminen“ der Heidelberger Frauenzeitung“ präsent war.
916 G. Horsch (1996), S. 264.
917 Ebd., S. 262f.
918 F. Rau (1974); Erneute Hausbesetzung in der Plöck. In: Rhein-Neckar-Zeitung 19.1.1974; Lesbenpresse Nr. 2, Juni 1975, S. 3. Vgl auch G. Horsch (1996), S. 262f.
919 Lesbenpresse Nr. 2, Juni 1975, S. 9; Courage Nr. 5, 1978, S. 55; 12, 1979, S. 52. G. Horsch (1996), S. 264ff.
920 Ebd. Nr. 1, 1979, S. 56; 3, 1979, S. 56; 4, 1979, S. 53; 8, 1979, S. 54; 9, 1979, S. 55; Courage Nr. 12, 1979, S. 52.
921 Nachweis Lenaustraße in Ketchup Nr. 11, 1980, S. 48. Zum Umzug vgl. auch Ketchup Nr. 5, 1981, S. 6; Rosa Provinz. Dez. 1980; Courage Nr. 11, 1980, S. 51.
922 Courage Nr. 8, 1981, S. 57; 10, 1981, S. 53; Nachweise in 13 Ausgaben des KiK-Magazins 1981 – 1983, erste/letzte Meldung in Nr. 39, 1981, S. 38, 45; 77, 1983, S. 39, 53. Außerdem in Ketchup Nr. 12, 1982, S. 45, 54; 4, 1983, S. 52, 58; 5, 1983, S. 57; 6, 1983, S. 49. Abschminke Nr. 1, Juli 83, S. 27, 29.
923 Zitate: Abschminke Nr. 5, Winter 1985/86, S. 5 – 7. Ketchup Nr. 4 1986, S. 6.
924 G. Horsch (1996), S. 266f. Abschminke Nr. 1, Juli 1983, S. 27, 29; 7, Winter 1986/87, S. 34; 13, Herbst 89, S. 24; 17, Frühjahr 1994, S. 33; Ketchup Nr. 1, 1986, S. 40; 5 1986, S. 47; Lesbenstich Nr. 1, 1987; 1+2/1990; 1, 1991; 3, 1991; Lust Nr. 37, 1996, S. 16; 43, 1997, S. 14; 45, 1997/98, S. 16.
925 Ketchup Nr. 9, 1986, S. 50; 12, 1985, S. 67; Abschminke Nr. 15, Sommer 1992, S. 39; Meier Nr. 12, 1992, S. 105; 11, 1993, S. 114, 131; 9, 1999, S. 101; 10, 1999, S. 113.
926 Abschminke Nr. 7, Winter 1986/87, S. 34; 8, Sommer 1987, S. 38f; Meier Nr. 2, 1993, S. 81, S. 100; 5, 1992, S. 104; 6, 1992, S. 92; 8, 1992, S. 63; 11, 1992, S. 110, S. 130.
927 Meier Nr. 7, 1995. S. 101; 2, 1998, S. 79; 9, 1999, S. 101; Lust Nr. 22, 1994, S. 20f. Zum Lesbenring vgl. auch Elke Heinicke. In: A. Rüdiger (2016), S. 231 – 236.
928 Meier Nr. 3, 1999, S. 92; 12, 1992, S. 119; 3, 1995, S. 99, 139.
929 Lesbenstich Nr. 2/89, Pfingsten, Adressliste.
930 Vorlesungsverzeichnis der Universität Heidelberg 1973 – 1999 (Stichprobe: alle 5 Jahre) enthält nur allgemeinen Hinweis zum AStA, keine Referate; Infoheft „Frauenreferat im Asta“ (o. D.) wohl 1976/77. Darin: „Bericht über das Frauentutorium“. In: UAH, ASTA Frauenreferat, Sig. FB 94, S. 6; Abschminke Nr. 7, Winter 1986/87, S. 34f; 8, Sommer 1987, S. 38f; 9, Winter 87/88, S. 31; Lesbenstich Nr. 1, 1987.
931 Lesbenstich Nr. 3, 1987, S. 28f. Verbot auch in Schlagloch Nr. 1, 1987, S. 16.
932 Meier Nr. 1, 1988, S. 26; Schlagloch Nr. 4, Mai 1988, S. 12.
933 Rückseite Flugblatt „Warum Fachschaftskonferenz? Sommeruni! In: UAH, Fachschaftskonferenz (FSK) 1992 – 1998, FB 98.
934 Zitate: Abschminke Nr. 17 Frühjahr 1994, S. 7; Meier Nr. 7, 1995, S. 101; 12, 1996, S. 137; 1, 1997, S. 89; 6, 1997, S. 107.
935 Meier Nr. 4, 1998, S. 97; 6, 1998, S. 100; 7, 1998, S. 91; Autonomes Queerreferat (2019), S. 2.
936 Abschminke Nr. 17, Frühling 1994, S. 34; I. Kokula (1983), S. 71; I. Lenz (2008), S. 260f.
937 A. Hehsling / P. Taube (2007), S. 242f; Lust Nr. 22, 1994, S. 12.
938 Abschminke Nr. 18/19, 1994, S. 20 – 21, hier S. 20; taz 24.05.1994, S. 2. A. Hehsling et al. (2007), S. 244 – 245. Zitat: Lust Nr. 25, 1994, S. 19.
939 I. Scheidle (2011), S. 24.

940 Abschminke Nr. 18/19 Winter 94, S. 20 – 21.
941 Abschminke Nr. 18/19 Winter 94 (11. Jg.), S. 20 – 21. Gabriela Husmann ist auch Autorin eines Buches über Sexualität und Symbiose in lesbischen Beziehungen: G. Husmann (1995).
942 Erstmals Meier Nr. 6, 1992, S. 96, letztmals ebd. Nr. 1, 1999, S. 87.
943 Meier Nr. 7, 1997, S. 99; 3, 1998, S. 99; 11, 1998, S. 90; 1, 1999, S. 87; 2, 1999, S. 75.
944 Meier Nr. 7, 1997, S. 99. 2, 1998, S. 78. 9, 1999, S. 101.
945 Meier Nr. 2, 1998, S. 78; 6, 1999, S. 91; 8, 1999, S. 77. Nicht mehr nachgewiesen in Meier Nr. 10, 1999, S. 113.
946 Lesbenstich Nr. 1/88, März-Pfingsten, S. 27.
947 I. Lenz (2008), S. 233.
948 Gay Journal Nr. 11, 1979, S. 15; I. Scheidle (2011), S. 24; I. Scheidle (1996 b), S. 82. I. Franken (2022), S. 80.
949 Courage Nr. 11, 1980, S. 51. Abschminke Nr. 7, Winter 1986/87, S. 34.
950 Meier Nr. 6, 1997, S. 115; 6, 1999, S. 90. I. Scheidle (2006).
951 Als Gründungstermin der SchAM ist Mai 1975 zweimal überliefert. Laut Schwuchtel Nr. 2/3, 1976, S. 19, war bei einem Treffen der Schwulengruppen aus Baden-Württemberg, Rheinland-Pfalz und dem Elsass vom 6.–8.2.1975 in Heidelberg auch eine Gruppe aus Mannheim eingeladen. Wer dies war, ist unbekannt.
952 Zentrale Quelle für die Frühzeit der SchAM ist die Autobiografie von N. Seyfarth (1991), der den 17.5.1975 als Gründungsdatum angibt.
953 N. Seyfarth (1991), S. 72f, 77ff.
954 Nummer Nr. 20, Jan., Febr. 1986, S. 3.
955 Ketchup Nr. 6, 1984, S. 11.
956 N. Seyfarth (1991), S. 72f.
957 Nummer Nr. 20, 1986, S. 3.
958 Ketchup Nr. 10, 1980, S. 46; 9, 1981, S. 7; 12, 1983, S. 70; 11, 1984, S. 87; 10, 1985, S. 47, 55, 67, 73, 79; 5 1986, S. 49, 58, 63, 71; Nummer Nr. 20, 1986, S. 3; Magnus Nr. 1, 1990, S. 76; 8, 1990, S. 74; 4, 1992, S. 86; Meier Nr. 3 1988, S. 32; 12 1989, S. 57; 10, 1990, S. 80; N. Seyfarth (1991), S. 101f; B. Gmünder (Spartacus), 1987, S. 330; B. Gmünder (1996), S. 72.
959 P. Recht u. a. (1976), S. 83. Vgl. Emanzipation Nr. 3, 1978, S. 37; Gay Journal Nr. 7, 1979, S. 26; KiK-Magazin Nr. 22, 1981, S. 47.
960 N. Seyfarth (1991), S. 77ff. Gay Journal Nr. 8, 1979, S. 5, 8.
961 HIOB-Info Nr. 4, 1979, S. 26; 6, 1980, S. 23. Archiv Jürgen Bürkle (HIOB Lahr). Ich bedanke mich für die Überlassung des Materials und die Informationen!
962 Ketchup Nr. 9, 1981, S. 7. Programm der Schwulen Woche 1981 in Mannheim. In: Archiv Jürgen Batt (HIOB Lahr). Ich bedanke mich für die Überlassung des Materials und die Informationen!
963 Ketchup Nr. 6, 1984, S. 11.
964 Nummer Nr. 20, 1986, S. 3; Magnus Nr. 6, 1992, S. 95; Meier Nr. 7, 1992, S. 97f; 1, 1993, S. 21; 7, 1997, S. 98f; 2, 1998, S. 78; 11, 1999, S. 112. Es scheint, dass sich ein 2-Monats-Rhythmus dieser Foren etablierte. Vgl. zum BVH: A. Mielchen (2013), S. 118 – 135.
965 N. Seyfarth (1991), S. 72f.
966 Ketchup Nr. 3, 1984, S. 9, 114 – 116, hier: S. 116. Zu den Drohungen vgl. Lila Klatschmohn, Winter 1983/84, S. 50f.
967 Ketchup Nr. 6, 1984, S. 11.
968 Magnus Nr. 6, 1990, S. 73. Zum Verbot solcher Infostände in den 1980er Jahren vgl. H.-G. Stümke / R. Finkler (1981), S. 491ff.
969 Mannheimer Morgen 20.08.1992 („Kein Ansturm auf das Standesamt"). Meier Nr. 4, 1999, S. 87.
970 Der Spiegel Nr. 17, 1980, 21.4.1980, S. 229.
971 Gay Journal Nr. 4, 1982, S. 10; Der Spiegel Nr. 17, 1980, S. 229.
972 Helmut Schödel: Lotte in Mannheim: kunstlos. In: Die Zeit 18.04.1980. Online unter: https://www.zeit.de/1980/17/lotte-in-mannheim-kunstlos/komplettansicht (Zugriff: 22.02.2020).
973 Das Stück scheint verloren. Nachfragen des Autors im Deutschen Literaturarchiv Marbach, im Nationaltheater und in den Reiss-Engelhorn-Museen nach dem Verbleib und nach Informationen zur Inszenierung wurden negativ beantwortet. Ich danke für die Unterstützung bei Irmgard Siede, Christoph Lind, Claude Sui und Judith Börschinger.
974 N. Seyfarth (1991), S. 106.
975 M. Dannecker / R. Reiche (1974). Wie groß der Anteil von Mannheim/Ludwigshafen an der Stichprobe war und wo genau in Mannheim befragt wurde, ist leider nicht mehr zu erschließen. Anfrage des Autors an Martin Dannecker und dessen Antwort per Email am 30.7.2019, der sich hieran nicht mehr erinnern konnte.
976 N. Seyfarth (1991), S. 106. Eine Kontrolle der Leserbriefe im Mannheimer Morgen in den ersten vier Wochen nach der Aufführung kann diese Aussage von Seyfarth nicht bestätigen.
977 Ketchup Nr. 6, 1980, S. 48 – 49.
978 N. Seyfarth (1991), S. 106. Ketchup Nr. 9, 1980, S. 10 – 15.
979 Ketchup Nr. 6, 1980, S. 4; 9, 1980, S. 10 – 15, hier: S. 10; 10, 1980, S. 46; KiK-Magazin Nr. 35, 1981, S. 25; HIOB-Info Nr. 6, 1980, S. 23. In: Archiv Jürgen Bürkle (HIOB Lahr). Ich bedanke mich für die Überlassung des Materials und die Informationen!
980 Ketchup Nr. 9, 1981, S. 7; 19, 1981, S. 8. Plakat Schwule Woche Mannheim 1981. In: Schwules Archiv Berlin.
981 Gay Journal Nr. 1, 1982, S. 17.
982 KiK-Magazin Nr. 35, 1981, S. 25; 52, 1982, S. 62; Ketchup Nr. 9, 1981, S. 7; 10, 1981, S. 8, 30, 31, 32, 33, 34; Gay Journal Nr. 4, 1982, S. 2. Leider blieb dem Autor die Einsicht in privat vorhandene Quellen über die SchAM verwehrt, so dass er nur auf die Informationen zurückgreifen konnte, die in der Presse veröffentlicht oder durch die Überlieferung von Zeitzeugen bekannt sind.
983 Gay Journal Nr. 7, 1982, S. 21; Ketchup Nr. 6, 1982, S. 6; Mannheimer Morgen 20.6.1982, S. 26.
984 Magnus Nr. 10, 1991, S. 82; 11, 1991, S. 18, 85; Mannheimer Morgen 30.9.1992 („Homosexuelle suchen Kontakt zur Öffentlichkeit"); Meier Nr. 10, 1992, S. 30; 12, 1992, S. 121.
985 Lust Nr. 20, 1993, S. 10; Meier Nr. 10, 1993, S. 91, 114, 122, 147.
986 Meier Nr. 2, 1998, S. 78.
987 Ketchup Nr. 12, 1980, S. 7; 4, 1981, S. 6; 5, 1981, S. 7; KiK-Magazin Nr. 46, 1982, S. 9; Tempo (Meier) Nr. 3, 1985, S. 5; Meier 1, 1990, S. 49; 12, 1992, S. 121; 2, 1998, S. 79; 9, 1999, S. 101; Lust Nr. 45, 1997/98, S. 17;

Magnus Nr. 3, 1989, S. 84; 1, 1990, S. 76; 4, 1992, S. 86; B. Gmünder (Spartacus), 1990, S. 362.

988 Nummer 20, 1986, S. 3.

989 Nummer 32, 1988; Meier Nr. 1, 1990, S. 53; 2, 1990, S. 62; 5, 1992, S. 117; 10, 1992, S. 126; 1, 1993, S. 97; 4, 1993, S. 130; Magnus Nr. 2, 1990, S. 63; 4, 1992, S. 86; 6, 1992, S. 95; B. Gmünder (1993), S. 183.

990 Nummer Nr. 32, 1988; Meier Nr. 1, 1990, S. 57; 2, 1992, S. 118; 5, 1992, S. 110; Magnus Nr. 6, 1992, S. 95; 6, 1990, S. 73; 7, 1990, S. 83; B. Gmünder (1993), S. 183; ders. (1996), S. 72. Welcher Gruppe der „Offene schwule Stammtisch" 1996 – 1998 dienstags im Brauhaus Binding in der Goethestraße 8 diente, ist unbekannt. Vgl. Lust Nr. 35, 1996. S. 19; 45, 1997/98, S. 18.

991 Ketchup Nr. 3, 1984, S. 9; 10, 1984, S. 7; Zitat: KiK Magazin Nr. 80, 1984, S. 45; Magnus Nr. 3, 1989, S. 84; 1, 1990, S. 76; 7, 1990, S. 61; 12, 1990, S. 78; B. Gmünder (Spartacus) 1991, S. 362; Lust Nr. 35, 1996. S. 19; Meier Nr. 7, 1992, S. 118f; 3, 1998, S. 99; 11, 1999, S. 113.

992 Meier Nr. 6, 1995, S. 103; 10, 1995, S. 113; 5, 1997, S. 127; 9, 1999, S. 100.

993 Ebd. Nr. 7, 1997, S. 98f.; 2, 1998, S. 78; 11, 1999, S. 112. Es scheint, dass sich ein 2-Monats-Rhythmus dieser Foren etablierte.

994 H. Simon (1978), S. 126.

995 Meier Nr. 11, 1995, S. 112; Magnus Nr. 10, 1990, S. 89; GAB März/April 1996, S. 24; Lust Nr. 35, April/Mai 1996. S. 19; 45, Dez. /Jan. 1997/98, S. Letzte Nennung in Meier Nr. 6, 1997, S. 107.

996 Ketchup Nr. 6, 1983, S. 45; 11, 1985, S. 42; 12, 1983, S. 36.

997 Meier Nr. 7, 1993, S. 99, S. 135; 12, 1995, S. 119; 5, 1996, S. 126; 7, 1997, S. 99; 2, 1999, S. 74; 12, 1999, S. 91; Lust Nr. 20, 1993, S. 10; 35, 1996. S. 19; GAB März/April 1996, S. 24.

998 Meier Nr. 7, 1995, S. 101; B. Gmünder (1996), S. 72f.

999 Meier Nr. 5, 1998, S. 97; 2, 1999, S. 75; 7, 199, S. 102; 11, 1999, S. 112.

1000 Magnus Nr. 9, 1991, S. 82; Meier Nr. 12, 1999, S. 90; 6, 1995, S. 103; 3, 1998, S. 98; 3, 1999, S. 92; 9, 1999, S. 101; 7, 1996, S. 127; Lust Nr. 37, Aug./Sept. 1996, S. 17; GAB März/April 1996, S. 24.

1001 GAB Sept. 1996, S. 29; Meier Nr. 11, 1996, S. 120; 12, 1999, S. 90; 11, 1996, S. 120; 12, 1999, S. 90; Abdruck Cover Pfundspost Nr. 3, Juli/Aug. 1996 in GAB, Sept. 1996, S. 29. Die Pfundspost ist in keiner Bibliothek nachgewiesen.

1002 Meier Nr. 7, 1995, S. 101; 9, 1996, S. 115; 7, 1997, S. 99; 2, 1999, S. 75, 7, 1999, S. 103; 7, 1997, S. 99; 12, 1999, S. 91; Lust Nr. 35, 1996. S. 19; 37, 1996, S. 17; Queer, April 1999, S. 57.

1003 Quellen: Zeitzeugeninterview 2017 mit dem Gründer der Gruppe Rosa Kreide, Privatarchiv des Autors; Gab 21.5.2008.

1004 Meier Nr. 1, 1996, S. 99; 6, 1996. S. 115; 6, 1997, S. 107.

1005 Ebd. Nr. 7, 1995, S. 101; 9, 1995, S. 105; 2, 1996, S. 114f.; 11, 1996, S. 120; 2, 1997, S. 102; 4, 1998, S. 96; 5, 1999, S. 77.

1006 Magnus Nr. 9, 1990, S. 82; 10, 1990, S. 89; Meier Nr. 12, 1996, S. 136; 7, 1997, S. 99; 6, 1999, S. 91; Queer, April 1999, S. 57.

1007 Meier Nr. 7, 1995, S. 101; 9, 1995, S. 105; 3, 1996, S. 139; Queer, April 1999, S. 57.

1008 Queer, April 1999, S. 52. M. Göth / A. Jäger (2018); E. Varsa (2016).

1009 Landesschau Rheinland-Pfalz 20.5.2021: Schmerzhafter Weg bis zum Outing. Gay & Grey-Treffpunkt hilft schwulen Senioren. Online unter: https://www.youtube.com/watch?v=EHb3AWdYPj8 (Zugriff: 17.4.2022).

1010 P. Schröder (2012).

1011 Frankfurter Frauen (1975), S. 308. Auch im Folgejahr war dies nicht der Fall. Siehe Jahrbuchgruppe des Münchner Frauenzentrums (1976), S. 236. Es wurde ein Info erstellt, das aber in keiner Bibliothek elektronisch nachgewiesen ist. Vgl. zum Info: Lila Klatschmohn, Sommer 1982, S. 24.

1012 Homosexuelle Aktion Westberlin (1975), S. 109; Lesbenpresse Nr. 5, Mai 1977, S. 39; 6, 1978, S. 31; UkZ Nr. 2, 1977, S. 10.

1013 UkZ Nr. 4, 1976, S. 3.

1014 Gay Journal Nr. 11, 1979, S. 15; I. Scheidle (2011), S. 24; I. Scheidle (1996 b), S. 82; I. Franken (2022), S. 80.

1015 Frauenzentrum München (1978), S. 9 – 10. Abgedruckt in I. Lenz (2008), S. 254ff, hier S. 255.

1016 Courage Nr. 3, 1978, S. 62; 12, 1978, S. 56; 11, 1980, S. 51; Homosexuelle Emanzipation Nr. 3, 1978, S. 37; Gay Journal, Nr. 8, 1979, S. 28. N. Seyfarth (1991), S. 74.

1017 Lila Klatschmohn, Sommer 1982, S. 5, Angaben zu den Autorinnen im gesamten Heft; Meier Nr. 2, 1986, S. 5; 10, 1987, S. 32; Abschminke Nr. 10, Sommer 1988, S. 39. Zu den Berliner Damenclubs der 1920er Jahre vgl. A. Meyer (1994). Letzte Nennung in Lust Nr. 35, 1996. S. 19.

1018 Meier Nr. 4, 1989, S. 39, S. 51; Abschminke Nr. 17 Frühjahr 1994, S. 33.

1019 Meier Nr. 1, 1988, S. 25; 3, 1988, S. 38; 4, 1988, S. 32; 11, 1988, S. 36; 11, 1989, S. 63; 5, 1993, S. 109; 6, 1993, S. 122, 1, 1993, S. 71; Magnus Nr. 6, 1991, S. 87.

1020 B. Gammerl (2012).

1021 In den kommentierten Vorlesungsverzeichnissen finden sich von 1986 – 2000 lediglich allgemeine Ankündigungen auf den AStA, aber nicht, auf die dort vorhandenen AKs oder Referate.

1022 Tempo Nr. 3, 1985, S. 4.

1023 Gay Journal Nr. 11, 1986, S. 68.

1024 Jürgen Munder: Schweiss und Tränen. Das Mannheimer UStA-Schwulen- und Lesbenreferat. In: Rosamunde Nr. 8, o.D., S. 20.

1025 Magnus Nr. 3, 1989, S. 84; 1, 1990, S. 76.

1026 Meier Nr. 1, 1987, S. 7; 12, 1987, S. 33; 10, 1992, S. 30; 12, 1992, S. 121; Nummer 26, 1987, S. 3; 28, 1987, S. 3; 29, 1987, S. 3; 32, 1988, S. 5; Magnus, Nr. 4, 1991, S. 11.

1027 Jürgen Munder: Schweiss und Tränen. Das Mannheimer UStA-Schwulen- und Lesbenreferat. In: Rosamunde Nr. 8, o.D., S. 20.

1028 Abschminke Nr. 13, 1989, letzte Seite; Astarix Nr. 7, 1991, S. 10; 15, 1991, S. 5; 17, 1991.

1029 Astarix Nr. 9, 1993, S. 3; 12, 1993, S. 13; 17, 1993, S. 10; 23, 1993, S. 9; 25, 1993, S. 5; 1, 1994, S. 13; 4, 1994, S. 13. bAStA Nr. 0, 1996, S. 7; 5, 1996, S. 9; 7, 1997, S. 9; 45, 2000; Meier Nr. 7, 1996, S. 127; 7, 1997, S. 99; 6, 1998, S. 100; 12, 1999, S. 91.

1030 bAStA Nr. 43, 1999, S. 19; 45, 2000, S. 4; 51, 2000, S. 10; 52, 2000, S. 3.
1031 Queer im Schloss „seit nunmehr drei Jahren". In: Basta Nr. 127, 2011, S. 9.
1032 Zu Mannheim: Courage Nr. 7, 1979, S. 57; zu Pirmasens: Lesbenstich Nr. 3, 1986, S. 36; Zur Landlesbenbewegung vgl. u. a. E. Hartard / C. Tutscher (2007); S. Titze (2016), S. 34 – 38.
1033 UkZ Nr. 6, 1977, S. 39; Courage Nr. 5, 1978. S. 32; 12, 1979, S. 52; Lesbenstich Nr. 1, 1986; Queer Nr. 97, April 1999, S. 54.
1034 Lesbenstich Nr. 1, 1986; Meier Nr. 12, 1990, S. 20; 5, 1993, S. 96; 7, 1995, S. 101; 2, 1996, S. 114; 5, 1996, S. 126; 10, 1996, S. 127; 2, 1998, S. 78; 3, 1999, S. 93; 4, 1999, S. 87, 8, 1999, S. 77; 9, 1999, S. 101; 12, 1999, S. 91.
1035 Meier Nr. 7, 1996, S. 127; 9, 1996, S. 115; 10, 1996. S. 127; 1, 1997, S. 88; 6, 1997, S. 107.
1036 Meier Nr. 10, 1996. S. 126f; 12, 1996, S. 136; 1, 1997, S. 88; 7, 1997, S. 98; 2. 1998, S. 79; 6, 1998, S. 100; 8, 1998, S. 83; 9, 1998, S. 100.
1037 Situation von Lesben und Schwulen in Rheinland-Pfalz. In: Landtag von Rheinland-Pfalz, 13. Wahlperiode, Drucksache 13/4092, 12.03.1999, S. 9.
1038 I. Scheidle (2017), veröffentlicht unter (https://www.vom-anderen-ufer.de/menschen/elisabeth-schmidt/) (Zugriff: 11.10.2020).
1039 Meier Nr. 5, 1999, S. 95.
1040 Frauenbeauftragte der Stadt Mannheim und Autorinnen (1993).
1041 Informationen der Queerbeauftragten der Stadt Mannheim Margret Göth und des Lesbenarchiv Spinnboden Berlin vom 19., 24. und 25.5.2022 an den Autor.
1042 Frauenjahrbuch 1977, S. 236, S. 238.
1043 A. Schock / K.-S. Fessel (2004), S. 87; K. Schupp (1998); A. Schock / K. Schupp (2005).
1044 N. Seyfarth (1991), S. 7 – 50.
1045 Zu Köln/Germersheim I. Franken (2022), S. 87. Kontakte/Adressen. In: UkZ Nr. 2, 1977, S. 11. Lust Nr. 11, 1992, S. 19; 37, 1996, S. 13; Gab, Juli 1996, S. 12; Sept. 1996, S. 20; B. Gmünder (Spartacus) 1994, S. 357; Frauenbüro Kreis Bergstraße / Pro Familia Bensheim (2005).
1046 Nummer 12, 1984; 14, 1984, S. 16; 15, 1984, S. 19; 16, 1985, S. 19; 20, 1986, S. 7; B. Gmünder (Spartacus) 1987, S. 284.
1047 Lust Nr. 9, 1991/92, S. 19; 22, 1994, S. 20f (hieraus: Zitat); Abschminke Nr. 18/19 Winter 94, S. 53. Meier Nr. 7, 1997, S. 99; 6, 1998, S. 100. Interview Heinicke in: A. Rüdiger (2016), S. 231 – 236.
1048 Landtag von Rheinland-Pfalz: Situation von Lesben und Schwulen in Rheinland-Pfalz. Drucksache 13/4092, 12.3.1999, S. 9f. Auch: Rubrik 6.5 Kontakte, Treffs, Discos und Stammtische für lesbische Frauen. In: Frauenhandbuch Rheinland-Pfalz, o.O. 2001.
1049 Nachweise der Gruppe und Angabe des Telefonkontakts in: Lust ab Nr. 26, 1994, S. 12 bis Nr. 45, 1997/98, S. 13.
1050 Diese und weiter Informationen zu den Teilnehmer*innen am 28. und 30.4.2021 durch den Initiator der Schwulengruppe an den Autor. Ich bedanke mich für die Informationen und Unterstützung!
1051 Schwulst Nr. 34, Sept. 1996, S. 14. Magnus Nr. 6, 1991, S. 11. Queer, April 1999, S. 54, S. 56, S. 59. B. Gmünder (Spartacus) 2003, S. 426.
1052 Information von Kerstin Erlewein an den Autor vom 25.4.2021. Ich danke Frau Erlewein für diese Unterstützung und Information.
1053 Personal- und Vorlesungsverzeichnis der Erziehungswissenschaftlichen Hochschule Rheinland-Pfalz: WS 1983/1984, darin: Männer- und Frauenreferent, S. L 11; WS 89/90, darin: Frauenreferat, S. L 12. Information des Initiators der Schwulengruppe an den Autor vom 28. und 30.4.2021.
1054 AStA Uni Landau: Studi-Führer 2001/2002, S. 40; PuniKA Unizeitung der Universität Koblenz-Landau 1. Jg., Nr. 1 WS 1996/97, Nov./Dez., S. 26ff; Zur Gründung der Gruppe Queerulanten vgl. https://www.queerulanten-landau.de/%C3%BCber-uns/ (Zugriff: 28.05.2022)
1055 Es wurden die Bestände aller Schülerzeitungen der Schulen aus Landau sowie der Realschule Herxheim, die in der Pfälzischen Landesbibliothek vorhanden sind, geprüft. Zum Umgang mit Homosexualität in der Gesellschaft vgl. den Aufsatz „Homosexuelle: Alltagsfaschismus". In: Panoptikum, Schülerzeitung der Maria-Ward-Schule, Juli 1997, S. 4f.
1056 Queernet Rheinland-Pfalz (Hg.): Schwul, lesbisch, queer leben in der Region Pfalz, o.O, o.D., o.p.
1057 https://landau.schlau-rlp.de/ (Zugriff: 28.05.2022).
1058 Vgl. https://www.rosakehlchen.de/links (Zugriff: 28.1.2022); https://www.weibrations.com (Zugriff: 28.1.2022).
1059 Meier Nr. 11, 1996, S. 121; 1, 1997, S. 88; 7, 1997, S. 98; 2, 1998, S. 78; 6, 1998, S. 100; Queer, April 1999, S. 54, 56.
1060 B. Gmünder (1993), S. 159f.
1061 Information vom Initiator der Schwulengruppe an den Autor.
1062 Meier Nr. 4, 1992, S. 143; 7, 1995. S. 101; 8, 1996. S. 91; 9, 1996, S. 115. Ab Sept. 1996 sind Hermann aus der Region Hockenheim sowie Rainer Wellmann als Kontaktperson der HuK in Edingen-Neckarhausen genannt. Auch Matthias aus dem Bereich Bad Dürkheim wird als Kontaktperson 1996 genannt. B. Gmünder (1996), S. 71.
1063 Meier Nr. 11, 1993, S. 153; 8, 1995, S. 83; 11, 1995, S. 112; 3, 1996, S. 138; 10, 1996, S. 127; 7, 1997, S. 99; Lust Nr. 17, 1993, S. 18; 19, 1993, S. 14; 43, 1997, S. 13.
1064 Rubrik Partnerschaft. In: UkZ Nr. 11, 1975, S. 31.
1065 Erste Erwähnung Frauenzentrum Speyer Herdstraße 7 in: Frauenjahrbuch 1977, S. 238. UkZ Nr. 5, 1977, S. 2.
1066 In den Emanzipationszeitschriften und Stadtmagazinen wird 1978 – 1989 das Frauenzentrum Labyrinth 3x erwähnt, jeweils ohne Verweis auf Lesben: Courage Nr. 3, 1979, S. 57; 10, 1981, S. 54; Meier Nr. 2, 1986, S. 5.
1067 Ketchup Nr. 2, 1987, S. 51; 3, 1987, S. 53; Lesbenstich Nr. 13, 1989, S. 26; Meier Nr. 2, 1986, S. 5; 10, 1989, S. 54. 11, 1989, S. 58, S. 63; 9, 1990, S. 70; 11, 1990, S. 77.
1068 Lesbenstich Nr. 1, 2, 1990, Frühling bis Okt., S. 13.
1069 Lava Nr. 6, 1990, Cover Rückseite mit Terminankündigungen. J. B. Suffner (2007), S. 235 – 238.

1070 Meier Nr. 2, 1992, S. 76, 83, 89, 96; 4, 1992, S. 112; 6, 1992, S. 89; 4, 1993, S. 133; Abschminke Nr. 15, 1992, S. 39.

1071 Abschminke Nr. 10, 1988, S. 39, S. 40 (Rückseite).

1072 Anfrage des Autors nach Zeitzeuginnen, die sich im Frauenzentrum Labyrinth engagiert hatten, an das Büro des Frauennotrufs Speyer vom 23.5.2021. Das Büro des Frauennotrufs hat diese Anfrage an die damals beteiligten Lesben weiter geleitet. Leider hat sich aber niemand beim Autor gemeldet. Vgl. zur Speyerer Lesbengeschichte auch den online verfügbaren Vortrag von Christian Könne vom 16.5.2022 hier: https://www.youtube.com/watch?v=eiITUo2levc (Zugriff: 28.5.2022).

1073 Rosemarie Joeckle: Bildnis einer älteren Frau in Dragoneruniform. In: U. Brommer (1990), S. 184 – 186.

1074 Queernet Rheinland-Pfalz (Hg.): Schwul, lesbisch, queer leben in der Region Pfalz, o.O., o.D., o.p.

1075 Meier Nr. 9, 1995, S. 104; 11, 1995, S. 112; 8, 1999, S. 77; 10, 1999, S. 113.

1076 Ketchup Nr. 5, 1982, S. 31; 4, 1985, S. 45 (hieraus Zitate); Meier Nr. 1, 1996, S. 99; 2, 1996, S. 114f.; 3, 1996, S. 138.

1077 Lust Nr. 27, 1994/95, S. 13; Lust Nr. 34, 1996, S. 18. Meier Nr. 9 1990, S. 62; 8, 1998, S. 83. Auch: Rubrik 6.5 Kontakte, Treffs, Discos und Stammtische für lesbische Frauen, In: o.A. o.Hg.: Frauenhandbuch Rheinland-Pfalz, o.O., 2001.

1078 Maier Nr. 7, 1997, S. 99; 9, 1995, S. 105; 11, 1996, S. 120; 7, 1997, S. 99; Lust Nr. 27, 1994/95, S. 13; 34, 1996, S. 18; 35, 1996, S. 20; Queer, April 1999, S. 59; Frauenhandbuch Rheinland-Pfalz 2001.

1079 B. Gmünder (1994), S. 455. Archivierte Webseite der Gruppe unter: https://www.oocities.org/westhollywood/8321/ (Zugriff: 27.12.2021).

1080 Gay Journal Nr. 1; 2, 1983, S. 9.

1081 Deutscher Bundestag, Drucksache 11/7197 (neu), 9.7.1990, S. 9.

1082 K. Plötz / M. Velcke (2018), S. 212, 232, 242.

1083 C. Könne (2017a), S. 63.

1084 Hierzu und den folgenden Informationen: Emanzipation Nr. 3, 1978, S. 37; Meier Nr. 9, 1988, S. 6; 9, 1988, S. 6. Auch: N. Seyfarth (1991), S. 90f. Zu den Vorurteilen gegenüber US-amerikanischen Soldaten als angebliches Sicherheitsrisiko ebenso wie zum Out-Sein von Homosexuellen in der US-Armee vgl. M. Wolinsk / K. Sherril (1993), S. 121ff., 141ff. Zeitzeugenbericht Wolf. In: C. Könne (2019), S. 105.

1085 Die Emanzipationspresse für schwule Männer stellte im Gay Journal Nr. 8, 1985, S. 23 einen Text vor, der berichtete, dass Lesben als Sicherheitsrisiko aus der kanadischen Armee entlassen wurden.

1086 Zu den US-Amerikanerinnen der Emanzipationspresse und den Zitaten: Lila Klatschmohn, Sommer 1982, S. 22. Beim „Sub Madame" handelte es sich vermutlich um ein entsprechendes Lokal in Mannheim und nicht um die zeitgenössisch sehr populäre Bar „Madame" für Schwule in Saarbrücken. R. Shilts (1993).

1087 Abschminke Nr. 15, Sommer 1992, S. 13 – 16, hier: S. 15.

1088 Als mögliche Einstiege vgl. M. Altendorf (1993); P. Bell (1997); S. Angelides (2001).

1089 Vgl. zur Arbeit des Netzwerks BiNe als Gruppe und zur Unterscheidung zwischen Gruppe und Szene K. Ritter (2020), S. 336ff., S. 347ff.

1090 Meier Nr. 9, 1996, S. 115; 12, 1996, 136; 3, 1997, S. 106; 7, 1997, S. 99; 3, 1998, S. 99; 6, 1999, S. 90; 7, 1999, S. 102f; 8, 1999, S. 77. Offenbar war ein bisexueller Stammtisch in Heidelberg bis 2007 über „Margret" erreichbar, aber zu der Zeit fanden keine Treffen statt. Information zum Bi-Friends Stammtisch Heidelberg online unter: https://www.bine.net/content/gruppenliste (Zugriff: 16.4.2022).

1091 Bisexuelle Männer exemplarisch in: Gay Journal Nr. 11, 1979, S. 31; 12, 1979, S. 3, S. 12. Bisexuelle Frauen aus Mannheim und Heidelberg exemplarisch in: Courage Nr. 12, 1978, S. 50; 3, 1979, S. 53.

1092 Nicht berücksichtigt wurden die Anzeigen verheirateter Frauen auf der Suche nach anderen Frauen, da diese Anzeigen keine Auskunft darüber gaben, ob sich die Frauen als bisexuell, heterosexuell oder lesbisch mit Interesse an erotischen Bi-Kontakten sahen. Ketchup Nr. 2, 1984, S. 49; 3, 1985, S. 43.

1093 Ketchup Nr. 3, 1980, S. 24; 11, 1982, S. 33.

1094 (Reihenfolge o.g. Personen in Klammer) Ketchup Nr. 4, 1982, S. 31f. (4); 4, 1983, S. 37 (1); 10, 1983, S. 39 (2); 2 1985, S. 35 (5); 3 1985, S. 42 (6); 5 1986, S. 40 (3).

1095 Ketchup Nr. 6, 1983, S. 42 (1); 9, 1983, S. 36 (3); 11, 1982, S. 33 (2).

1096 KiK Magazin Nr. 81, 1984, S. 41 (1); 91, 1985, S. 44 (4); Ketchup Nr. 6, 1983, S. 45 (2); 9, 1983, S. 33 (3).

1097 Ketchup Nr. 7, 8 1983, S. 42 (1); 9, 1985, S. 42 (2); 11, 1985, S. 42 (3).

1098 Um sich der Antwort auf die Frage anzunähern, inwiefern auch Bisexuelle in den Emanzipationsgruppen Homosexueller in der Region Rhein-Neckar engagiert waren, wären Zeitzeugeninterviews eine weitere mögliche Quelle.

1099 Lila Klatschmohn, Sommer 1982, S. 6.

1100 Abschminke Nr. 6, 1986, S. 17.

1101 Vgl. zur Zurückweisung und Nicht-Akzeptanz von Bisexuellen durch Homo- wie Heterosexuelle: Johannes Nichelmann: Tabuthema Bisexualität. Vom Stigma auf Frauen und Männer zu stehen, 1.2.2018. In: https://www.deutschlandfunkkultur.de/tabuthema-bisexualitaet-vom-stigma-auf-frauen-und-maenner-100.html (Zugriff: 16.4.2022). Vgl. auch Julia Vergin: Bisexualität. „Du gehörst nicht zu uns!", 23.10.2018. Online veröffentlicht unter: https://www.dw.com/de/bisexualit%C3%A4t-du-geh%C3%B6rst-nicht-zu-uns/a-45943143.

1102 https://de.wikipedia.org/wiki/Bisexuelle_Gemeinschaft (Zugriff: 25.1.2022).

1103 Zur Veränderung der Situation bis in die 1970er Jahre vgl. S. Meyer (2018), S. 30 – 51.

1104 W. Eicher (1984), S. 1f.

1105 Geschlechtsumwandlung in deutschen Kliniken. In: Pforzheimer Zeitung 27.5.1977, S. 5.

1106 Transsexuelle. Irrtum der Natur. In: Der Spiegel Nr. 49, 1978, Online veröffentlicht.

1107 W. Eicher (1984), Titelblatt, S. 2.

1108 C. Völling (2010), S. 92f.

1109 2018 berichtet Tom von seiner Mastektomie in Mannheim. Online unter: https://www.youtube.

com/watch?v=lIMZnPMqSps (Zugriff: 18.1.2022). 2018 berichtet auch Jay von seiner Mastektomie in Mannheim. Online unter: https://www.youtube.com/watch?v=yMneR9vg0BY (Zugriff: 18.1.2022).
1110 KiK-Magazin Nr. 87, 1984, S. 18 – 20; Meier Nr. 9, 1993, S. 20; 10, 1999, S. 112.
1111 Ketchup Nr. 2, 1984, S. 49; 5, 1984, S. 56 (3); 9, 1984, S. 42 (5); 6, 1985, S. 46 (4); KiK-Magazin Nr. 81, 1984, S. 41 (1); 87, 1984, S. 47 (6); 107, 1986, S. 15 (2). Reihenfolge o.g. Personen in Klammer.
1112 W. Vogel (1999). Vgl. auch I. Müller (1999).
1113 Meyer: Kämpfe um Respekt und Anerkennung, S. 36.
1114 KiK-Magazin Nr. 12 (1.–15.11.1980), S. 32.
1115 S. Meyer (2018), S. 40f. Zur Arbeit im „Chez Romy Haag" vgl. N. Eckert (2021), S. 65.
1116 Zur Darstellung von Transgender in diesen Programmen vgl. R. Saalfeld (2020), S. 165ff.
1117 Ketchup Nr. 9, 1982, S. 41; 2, 1983, S. 62; 4, 1983, S. 60; 5, 1983, S. 56; 9, 1983, S. 56; 7, 8, 1984, S. 77; 10, 1984, S. 60; 2, 1985, S. 13; 4, 1985, S. 65; 3, 1986, S. 69; 4 1986, S. 58; 9, 1986, S. 65; KiK-Magazin Nr. 71, 1983, S. 64; Juni 1984, S. 63; 95, 1985, S. 56; taz 25.11.1994, S. 27; Meier Nr. 3 1986, S. 29; 6, 1989, S. 46; 2, 1992, S. 94; 4, 1992, S. 46f; 6, 1992, S. 90; 1, 1999, S. 87; 2, 1999, S. 74; 3, 1999, S. 92; 7, 1999, S. 102. G. Dee (1998), S. 44, 48, 51.
1118 Meier Nr. 4, 1990, S. 63; Magnus Nr. 1, 1992, S. 12; 2, 1992, S. 82; Schwulst Nr. 31, 1995, S. 26; Lust Nr. 37, 1996, S. 16.
1119 Ketchup. Nr. 11, 1979, S. 8 – 10.
1120 Zur Darstellung von Transgender im Kino vgl. R. Saalfeld (2020), S. 249ff.
1121 KiK-Magazin Nr. 1, 1980, S. 39; 70, 1983, S. 75; 71, 1983, S. 76; 81, 1984, S. 51; 82, 1984, S. 10, 24; Ketchup Nr. 9, 1982, S. 32; 3, 1983, S. 16; Meier Nr. 6, 1993, S. 127.
1122 Homosexuelle Emanzipation Nr. 3, 1978, S. 36.
1123 Gay Journal Nr. 1, 1979, S. 26; 10, 1979, S. 2; 12, 1984, S. 10.
1124 Zur Diskussion um diesen Fall sowie um einen weiteren in Berlin vgl. I. Kokula (1983), S. 85.
1125 Courage Nr. 4, 1978, S. 57.
1126 Transsexualität. Zwischen allen Stühlen. In: Abschminke Nr. 18/19, S. 16 – 18, hier S. 16.
1127 Ich bin meine eigene Frau. In: Meier Nr. 5, 1993, S. 84 – 85.
1128 20 Jahre „anderer Buchladen" in Mannheim. In: Lust Nr. 44, 1997, S. 20.
1129 Transsexualität. Zwischen allen Stühlen. In: Abschminke Nr. 18/19 Winter 94, S. 16 – 18.
1130 K. H. Steinle (2021), S. 222. Hier wird sie als Michaela Egner bezeichnet.
1131 Leben im Untergrund. Tabuthema Transsexualität. In: Meier Nr. 9, 1993, S. 20.
1132 Meier Nr. 10, 1993, S. 128.
1133 B. Gmünder (1993), S. 150.
1134 Zu Simone online unter: https://www.vom-anderen-ufer.de/bibliographische-notizen/simone/ Zu Kerstin Erlewein online unter: https://www.vom-anderen-ufer.de/bibliographische-notizen/kerstin/ (Zugriff: 16.4.2022)
1135 V. Schnitzer (2018). Sabine Geschwill: Für das Leben als Mann hatte Valerie Schnitzer „keine Kraft" mehr. In: Rhein-Neckar-Zeitung 7.7.2018. Online veröffentlicht https://www.rnz.de/nachrichten/region_artikel,-transsexualitaet-fuer-das-leben-als-mann-hatte-valerie-schnitzer-keine-kraft-mehr-_arid,371000.html (Zugriff: 18.1.2022). Auch: Dank geheilter Seele ein befreites Ich. In: Rheinpfalz 25.1.2021. Online veröffentlicht https://www.rheinpfalz.de/lokal/pirmasens_artikel,-dank-geheilter-seele-ein-befreites-ich-_arid,5160673.html?reduced=true (Zugriff: 18.1.2022).
1136 A. de Silva (2014), S. 151 – 170.
1137 Stadt Mannheim: Transgender Day of Remembrance und Trans*Aktionswoche Rhein-Neckar. Pressemeldung vom 19.11.2015. Online veröffentlicht unter: https://www.mannheim.de/de/presse/transgender-day-of-remembrance-und-transaktionswoche-rhein-neckar (Zugriff: 16.4.2022).
1138 Gerhard Bühler: Ludwigshafen. Gedenkfeier zum weltweiten „Transgender Day of Remembrance". Rheinpfalz 20.11.2019. Online veröffentlicht.
1139 Auskunft des Standesamts Mannheim vom 20.3.2022 an Andreas Schenk.
1140 Information des Standesamts Heidelberg vom 25.7.2022 an den Autor.
1141 Angaben des Standesamts Hockenheim vom 28.6.2022.
1142 Angaben aus dem Standesamt Landau vom 21.4.2021 und 12.5.2021 an den Autor. Ich danke den Standesämtern für die tatkräftige Unterstützung dieser Forschungsarbeit!
1143 Weitere Abfragen wurden neben den o. g. auch den Standesämtern Ladenburg, Lampertheim, Walldorf und Worms gestellt. Hier lagen vor Redaktionsschluss noch zu wenige oder keine Informationen vor.
1144 Die folgenden Ausführungen basieren auf dem autobiografischen Filmbeitrag „Dietmar bittet um Verseihung [sic]", vgl. https://www.youtube.com/watch?v=48yzSBTeG4Y (abgerufen am 25.01.2022), den autobiografischen Aussagen von Kracht im Film „Die Bettwurst" von 1971 (auch „Kieler Bettwurst" genannt) sowie auf Schilderungen von Evelyn Künneke in ihrer Autobiografie: S. Künnecke (1981), S. 245 – 247. Recherchen im Stadtarchiv Ludwigshafen (Melderegister/Hausregister) dienten zur Vervollständigung der biografischen Eckdaten.
1145 Die Berliner Zeitung vom 5.7.1976 berichtete über das Unglück unter der Überschrift „Der Star aus der ‚Bettwurst' wurde tot aus dem Grunewaldsee gefischt".
1146 O-Ton von Dietmar Kracht in dem Film „Die Bettwurst / Die Kieler Bettwurst" (Regie: Rosa von Praunheim), BRD 1971.
1147 E. Künneke (1981), S. 245.
1148 D. Telge (2013); M. Bochow (2013); L. Engelmann (2014), S. 271 – 303.
1149 M. Reichert (2018).
1150 R. Süssmuth (1987), S.19, 25.
1151 M. Seithe (2017).
1152 Rosamunde Nr. 8, o.D., S. 11, 13.
1153 taz 24.11.87, S. 5.
1154 Stefan Reiß, Rechtsanwalt und ehemaliger AL-Abgeordneter in Berlin. In: taz 24.11.1987, S. 4. Zu Reiß auch: D. Telge (2013), S. 154.
1155 Wege aus AIDS-Dilemma. In: Berliner Morgenpost 24.11.1987. Auch: Informationsweitergabe ist bedenk-

lich. In: Ärzte-Zeitung 25.11.1987. In: DAH (Hg.): Aids-Infodienst Nr. 29, Berlin (West), Jan. 1988, S. 26.
1156 Gutachter rügen Klinik, die HIV-Infizierten abgewiesen hatte In: Frankfurter Rundschau, 18.7.1995; HIV-Patient fühlt sich bestätigt. In: Mannheimer Morgen 14.7.1995; Operation zu Unrecht abgelehnt? In: Mannheimer Morgen 2.2.1995.
1157 Ketchup Nr. 1, 1985, S. 60; 10, 1985, S. 16; 11, 1985, S. 29 – 31; 1, 1987, S. 57; 6, 1987, S. 64, 112; Rosamunde Nr. 6, o.D., S. 21; Aids in aller Munde. In: Gay Journal Nr. 10, 1985. In: DAH (Hg.): Aids-Infodienst Nr. 3, Berlin (West), Okt. 1985; Kontakt. Schülerzeitung der Realschule Herxheim, Nr. 11, 1985, S. 23ff; Meier Nr. 5, 1987, S. 7, 41.
1158 Ketchup Nr. 10, 1987, S. 28 – 29.
1159 Ingeborg Bördlein: AIDS-Theaterstück „The Normal Heart" in Heidelberg erstaufgeführt. In: Ärzte-Zeitung 4./5.9.1987, Abgedruckt in: DAH (Hg.): Aids-Infodienst Nr. 25/26, Berlin (West), Sept./Okt. 1987, S. 108.
1160 Meier Nr. 3, 1988, S. 4. Auch: Waltraut Kirsch-Mayer in Mannheimer Morgen 14.3.1988.
1161 Meier Nr. 9, 1990, S. 7; 5, 1992, S. 117; 6, 1997, S. 106; taz 27.8.1994, S. 37; Lust Nr. 45, 1997/89, S. 16.
1162 Nummer 21, 1986, S. 11; Meier Nr. 4, 1990, S. 63; 7, 1995, S. 101. Interview mit Werner Hügelschläfer und Heiko D. Neumann in der Rheinpfalz, 19.6.1995. Weitere Hinweise aus Unbegründete Angst vor Aids abgebaut. In: Heilbronner Stimme 7.10.1985. In: DAH (Hg.): Aids-Infodienst Nr. 3, Berlin (West), Okt. 1985.
1163 Meier Nr. 3, 1987, S. 8.
1164 Brigitte Gisel: Die Aids-Beraterin am Tresen. In: Communale Nr. 31, 30.7.1987. In: DAH (Hg.): Aids-Infodienst Nr. 23/24, Berlin (West), Juli/Aug. wohl 1987, S.100.
1165 Meier Nr. 6, 1996, S. 115; 8, 1996, S. 91.
1166 Christian Könne: LSBTIQA*PF: Schwarzwald. Zur Geschichte sexueller und geschlechtlicher Vielfalt in Pforzheim und dem Schwarzwald (Arbeitstitel). Im Erscheinen.
1167 DAH (Hg.): Aids-Infodienst Nr. 10/11, Berlin (West), Juni/Juli 1986, S. 7. Viertes bundesweites Positiventreffen. In: DAH (Hg.): Aids-Infodienst Nr. 16/17, Berlin (West), Dez. 1986, Jan. 1987. Vgl. auch Bildungswerk im Waldschlösschen. In: DAH (Hg.): Aids-Infodienst Nr. 25/26, Berlin (West), Sept. /Okt. 1987, S. 8. Vgl. auch Deutsche Aids-Hilfe / K.-D. Beißwenger (1993), S. 58.
1168 Danke an drei Vorbilder. In: Mannheimer Morgen, 21.12.1997.
1169 Mannheim: Aus Aids-Hilfe wird „KOSI.MA". In: Queer 21.3.2012. Online unter: https://www.queer.de/detail.php?article_id=16153 (Zugriff: 30.1.2022).
1170 Rosamunde. Nr. 6, o.D., S. 20. Rosamunde Nr. 7, o.D., S. 15.
1171 Aids-Hilfe Heidelberg (2016), S. 9.
1172 Noch leb ich ja. In: DAH (Hg.): Aids-Infodienst Nr. 16/17, Berlin (West), Dez. 1986, Jan. 1987.
1173 Aids-Hilfe Heidelberg (2016), S. 9; Magnus Nr. 1, 1992, S. 12; 2, 1992, S. 82; Meier Nr. 1, 1992, S. 96; 2, 1992, S. 78, 88.
1174 Magnus Nr. 1, 1992, S. 83; Lust Nr. 16, 1993, S. 7. Erster Nachweis Jugendgruppe in Meier Nr. 1, 1997, S. 88. Letzter Nachweis im Untersuchungszeitraum bis 12/1999 in Meier Nr. 12, 1999, S. 91.
1175 M. Reichert (2018), S. 75, 173. Reichert gibt an, dass die erste Safer Sex Aufklärungsbroschüre 1985 vom Arzt Sonnabend und den Patienten Callen und Berkewitz veröffentlicht wurde; M. M.Wilcox (2018), S. 31ff; Zitate aus: Schwulst Nr. 24, Dez. 1993, S. 8.
1176 Andreas Marschner: Jubiläum. Die queeren Sisters of mercy. 25 Jahre Schwestern der Perpetuellen Indulgenz. In Siegessäule 02.09.2016. Online veröffentlicht; M. Wilcox (2018), S. 5ff; Schwulst Nr. 24, 1993, S. 8; http://www.homowiki.de/Schwestern_der_Perpetuellen_Indulgenz (Zugriff: 30.12.2019).
1177 Patrick Schirmer Sastre: Schwestern der Perpetuellen Indulgenz. Sündige und habe Spaß dabei. In: Berliner Zeitung 21.11.2013. Online veröffentlicht; Axel Schock: Sündigt und habt Spaß dabei! Online unter: https://www.iwwit.de/blog/2016/09/suendigt-und-habt-spass-dabei/ (Zugriff: 30.12.2019).
1178 Origins of the sisters of perpetual indulgence. In: http://www.indulgenz.de/wp-content/uploads/2013/06/ORIGINS-OF-THE-SISTERS-OF.pdf (Zugriff: 30.12.2019). Auch: https://www.dieschwestern.de/home/wer.php?m_id=102&pkt=1&lang=de (Zugriff: 30.12.2019).
1179 Magnus Nr. 4, 1992, S. 86; Schwulst Nr. 22, 1993, S. 16; Meier Nr. 8, 1995, S. 83; 3, 1996, S. 139; 10, 1996, S. 127; 11, 1996, S. 121. Auch B. Gmünder (1996), S. 63.
1180 Bundeszentrale für politische Bildung (2019), S. 129; Schwulst Nr. 36 1997, S. 68; Meier Nr. 12, 1996, S. 136; 1, 1997, S. 88; 3, 1997, S. 106; 6, 1997, S. 106; 2, 1998, S. 78; Lust Nr. 37, 1996, S. 16; 45 1997/98, S. 16.
1181 M. M. Wilcox (2018), S. 235, gibt an, dass der Sitz in Heidelberg 1997 mit dem Sitz in Berlin verbunden (merged) wurde, wodurch Berlin zum Erzmutterhaus wurde. Doch aus der Überlieferung für Süddeutschland ergibt sich, dass es den Sitz in Heidelberg zu dieser Zeit nicht gab.
1182 L. Engelmann (2014), S. 283ff; Axel Schock: Act up in Deutschland. Vier Jahre des Protests. 8.12.2017. Online unter: https://magazin.hiv/2017/12/08/act-up-in-deutschland/ (Zugriff 20.02.2020); Lust Nr. 27 1994/95, S. 13; 36, 1996, S. 18; 37, 1996, S. 17. Act up nicht in Meier „regelmäßige Termine/Gruppen"; Ullis Act up Erinnerungen Teil 2. 8.3.2018. Online unter: https://www.2mecs.de/wp/2013/06/act-up-in-deutschland-act-up-erinnerungen-2/ (Zugriff: 20.02.2020).
1183 Alltagshilfe und Sterbebegleitung. In: RNZ 11.8.1995. Auch weitere Berichte in: RNZ 11.8.1995 und Rheinpfalz 11.5.1996.
1184 Meier Nr. 11, 1995, S. 112.
1185 Alltagshilfe und Sterbebegleitung. In: RNZ 11.8.1995.
1186 Meier Nr. 7, 1996, S. 127; 10, 1996, S. 127; 6, 1999, S. 91; 7, 1999, S. 103.
1187 Chronik. In: Aids-Hilfe Heidelberg (2016), S. 9; Meier Nr. 9, 1996, S. 115; B. Gmünder (1996), S. 64 (Zitate); Deutsche Aids-Hilfe e. V. (1996), S. 7, 46, 50 (Zitate); Gab Sept. 1996, S. 29.
1188 Lust Nr. 45, 1997/98, S. 16.
1189 Laura Seezer: 30. Regenbogenfest in Mannheim. 30.7.2019. Online unter: https://www.wochenblatt-reporter.de/mannheim/c-ausgehen-geniessen/30-regenbogenfest-in-mannheim_a107056 (Zugriff: 03.03.2020)
1190 Deutsche Aids-Hilfe (Hg.): Aids-Informationsdienst Nr. 25/26, Berlin (West), Sept./Okt. 1987, S. 7f.
1191 Meier Nr. 9, 1989, S. 8; Mannheimer Morgen 4.9.1989, S. 19.

1192 Lust Nr. 25, 1994, S. 8.
1193 Meier Nr. 8, 1995, S. 83; 8, 1996, S. 91; 8, 1998, S. 82.
1194 Lust Nr. 37, 1996, S. 16.
1195 Mannheimer Morgen 17.8.1998, S. 16.
1196 „Infostraße" wirbt um Verständnis für HIV-Kranke. In: Mannheimer Morgen 16.8.1999.
1197 Eine knallbunte Party zum Genießen. In: Mannheimer Morgen 13.8.2011.
1198 Laura Seezer: 30. Regenbogenfest in Mannheim. Online veröffentlicht am 30.7.2019 unter: https://www.wochenblatt-reporter.de/mannheim/c-ausgehen-geniessen/30-regenbogenfest-in-mannheim_a107056 (Zugriff: 30.1.2022).
1199 F. Seitz (1997).
1200 S. Haunss (2004), 227ff; M. Bochow (2013), S. 161 – 170, hier: S. 166ff.
1201 Aids-Hilfe Heidelberg (2016), S. 9.
1202 Die vorliegenden Ausführungen basieren auf dem persönlichen Nachlass von Napoleon Seyfarth (Schrift- und Bilddokumente) im Schwulen Museum in Berlin sowie auf der Autobiografie N. Seyfarth (1991).
1203 N. Seyfarth (1991), S. 188 – 189 und S. 201.
1204 Die Geburtsstunde des „Gay Pride", 28.6.2019. Online unter: https://www.bpb.de/politik/hintergrund-aktuell/292948/stonewall-unruhen-28-06-2019 (Zugriff: 23.1.2022).
1205 D. Grumbach (2001).
1206 Gay Journal Nr. 7, 1979, S. 11; 8, 1979, S. 5; 9, 1979, S. 4.
1207 Gay Journal Nr. 8, 1984, S. 1; Magnus Nr. 5, 1990, S. 55; 6, 1992, S. 95; Meier Nr. 6, 1999, S. 90; Gab Juli 1996, S. 6.
1208 Rosamunde Nr. 8, o.D., S. 1, 3.
1209 Gay Journal Nr. 1, 1987, S. 5; 2/3, 1987, S. 61; 4/5, 1987, S. 47; 6, 1987, S. 19; Nummer 30, 1987, S. 14 (Zitate); Mannheimer Morgen 22.6.1987, S. 13 (Zitate).
1210 Mannheimer Morgen 22.6.1987, S. 13 (Zitate); Schlagloch Nr. 1, 1987, S. 3; Nummer 28, 1987, S. 5; 29 1987, S. 4f.; 30, 1987, S. 14 (Zitate); Gay Journal Nr. 4, 5, 1987, S. 47; 6, 1987, S. 19.
1211 Schlagloch Nr. 16, 1991, S. 7; Magnus Nr. 6, 1991; 8, 1991, S. 45f; taz 16.6.1995, S. 20; Meier Nr. 6, 1995, S. 103. Zu CSD Heidelberg 1995 kein Presseecho im Mannheimer Morgen.
1212 Meier Nr. 6, 1992, S. 90; Lust Nr. 12, 1992, S. 8; Mannheimer Morgen/Rheinpfalz 15.6.1992, 27.6.1992, 29.6.1992. An allen Terminen Großereignisse wie Antifa-Demo, Fest im Luisenpark, Rheinland-Pfalz-Tag. Eine CSD-Veranstaltung, sollte es sie gegeben haben, wäre wohl aufgrund dieser Veranstaltungen nicht in die Tagespresse gelangt, die Themen mit LSBTI Bezug nur partiell abbildete.
1213 Presseberichte hierzu in MARCHIVUM, Zeitgeschichtliche Sammlung S2/1113.
1214 Mannheimer Morgen 23.6.1997, S. 16. Kein Bericht in Rheinpfalz 23.6.1997.
1215 Meier Nr. 5, 1997, S. 127; 6, 1997, S. 106. Jack off Partys waren Sexpartys, bei denen wegen der Gefährdung durch HIV/Aids allein masturbiert wurde.
1216 Mannheimer Morgen 4.8.2001, S. 1, 18.
1217 Mannheimer Morgen 4.8.2001, S. 2, 18; Die Rheinpfalz, 4.8.2001, Titelseite. Auch: Bunt und schrill geht es auf den Straßen zu. In: Rheinpfalz 6.8.2001.
1218 Daten aus Mannheimer Morgen 25.8.2006, 26.8.2006,13.8.2011 15.8.2011; Rheinpfalz 28.8.2006. Außerdem: Christian Scheuß: Queer im Quadrat. In: Queer 14.8.2009. Online veröffentlicht.
1219 Da die Geschichte des CSD in Deutschland bisher nicht erforscht ist, ist die Frage der offiziellen Teilnahme muslimischer Gruppen in Städten mit größeren muslimischen Bevölkerungsanteilen offen. Dies gilt auch für Mannheim. Wann genau hier die erste Gruppe dabei war und wie viele es seither waren, ist bislang unbekannt.
1220 Pressemeldungen Stadt Mannheim 3.7.2015, 8.7.2022. Online veröffentlicht unter https://www.mannheim.de/de/presse/staedtischer-empfang-zum-diesjaehrigen-csd-rhein-neckar (Zugriff: 21.1.2022), https://www.mannheim.de/de/nachrichten/erster-regenbogen-empfang-der-stadt-mannheim-zum-auftakt-der-csd-saison (Zugriff: 22.1.2022).
1221 CSD als Parade gegen Diskriminierung. In: Mannheimer Morgen 21.8.2006.
1222 Katja Bauroth: So schön bunt war der CSD. Online unter: https://www.mannheim24.de/mannheim/impressionen-christopher-street-2014-3768282.html (Zugriff: 21.1.2022).
1223 Mannheimer Morgen 21.8.2006.
1224 Pressemeldung Stadt Mannheim 9.8.2017. Online unter:https://www.mannheim.de/de/presse/zahlreiche-aktivitaeten-und-internationale-gaeste-im-rahmen-der-csd-saison-2017 (Zugriff: 23.1.2022).
1225 Pressemeldung Stadt Mannheim 10.8.2018. Online unter https://www.mannheim.de/de/nachrichten/regenbogenempfang-der-stadt-mannheim-2018 (Zugriff: 23.1.2022).
1226 Mannheimer Morgen 10.8.2019.
1227 Volker Endres: Starkes Zeichen für mehr Vielfalt. 120.000 Menschen kamen zur Parade. RNZ 11.8.2019. Online veröffentlicht.
1228 https://www.mannheim24.de/mannheim/csd-mannheim-alle-infos-zum-verruecktesten-fest-jahres-12889153.html (Zugriff: 21.1.2022).
1229 Klara Gaßner: Erste „Dorf Pride" in Mühlhausen. RNZ 4.8.2020. Online veröffentlicht https://www.rnz.de/nachrichten/wiesloch_artikel,-bunte-welle-der-solidaritaet-erste-dorf-pride-in-muehlhausen-plus-fotogalerie-_arid,529002.html (Zugriff: 22.1.2022).
1230 Anna Manceron: Oftersheim zeigt Flagge für queere Menschen auf dem Land. In: RNZ 2.8.2021. https://www.rnz.de/nachrichten/metropolregion_artikel,-dorfpride-oftersheim-zeigt-flagge-fuer-queere-menschen-auf-dem-land-plus-fotogalerie-_arid,715114.html (Zugriff: 23.1.2022). Auch: Hunderte Menschen bei Dorf Pride in Oftersheim. In: SWR aktuell BW 31.7.2021. Online veröffentlicht https://www.swr.de/swraktuell/baden-wuerttemberg/mannheim/dorf-pride-oftersheim-100.html (Zugriff: 22.1.2022).
1231 Annette Steininger: Ladenburg. „Dorfpride" zieht dieses Jahr durch die Altstadt. RNZ 23.3.2022. Online veröffentlicht https://www.rnz.de/region/metropolregion-mannheim_artikel,-ladenburg-dorfpride-zieht-dieses-jahr-durch-die-altstadt-_arid,849115.html (Zugriff: 25.3.2022).
1232 Folgende Zitate aus: https://www.bundesverfassungsgericht.de/entscheidungen/.

QUELLEN

ARCHIVE

Für die vorliegende Veröffentlichung wurde bei folgenden Archiven nach Beständen angefragt.

Bundes- und Landesarchive

Archives Départementales du Bas-Rhin Strasbourg (Frankreich)
Archives Départementales du Haute-Rhin Colmar (Frankreich)
Bundesarchiv Berlin
Generallandesarchiv Karlsruhe
Hessisches Staatsarchiv Marburg
Landesarchiv Berlin
Landesarchiv Speyer
Staatsarchiv Freiburg/Br.
Staatsarchiv Hamburg
Thüringisches Landesarchiv Weimar

Kreis- und Regionalarchive

Kreisarchiv Enzkreis
Kreisarchiv Rhein-Neckar-Kreis
Kreisarchiv Neckar-Odenwald-Kreis
Kreisarchiv des Landkreises südliche Weinstraße
Kantonsarchiv Zürich (Schweiz)
Kantonsarchiv Basel (Schweiz)

Stadt- und Gemeindearchive

Bad König
Bad Thal
Braunschweig
Bruchsal
Colmar (Frankreich)
Darłowo/Rügenwalde (Polen)
Dahner Felsenland (Verbandsgemeindeverwaltung)
Eisenach
Elberfeld
Frankenthal
Frankfurt/Main
Frankfurt/Oder
Germersheim
Hardheim
Heidelberg
Heppenheim
Hockenheim
Kaiserslautern
Karlsruhe
Konstanz
Kulmbach
Landau
Ludwigshafen/Rh.
Mannheim (MARCHIVUM)
Mainz
Marbach/Neckar
Mosbach
Mulhouse (Frankreich)
Neckargemünd
Neuhausen/Enzkreis
Neustadt/Wstr.
Nußloch
Pforzheim
Pirmasens
Sandhausen
Schifferstadt
Schwetzingen
Sélestat (Frankreich)
Seltz (Frankreich)
Speyer
Strasbourg (Frankreich)
Weinheim
Wiesbaden
Worms
Zweibrücken

Archive von NS-Gedenkstätten

Arolsen Archives
KZ-Gedenkort Kislau
KZ-Gedenkstätte Dachau
KZ-Gedenkstätte Neckarelz
KZ-Gedenkstätte Neustadt/Wstr.
KZ-Gedenkstätte Osthofen
KZ-Gedenkstätte Sandhofen

Universitätsarchive

Universitätsarchiv Heidelberg
Universitätsarchiv Kaiserslautern
Universitätsarchiv Koblenz-Landau
Universitätsarchiv Mannheim

Literaturarchive

Archiv der Gottfried-Keller-Gesellschaft, Zürich (Schweiz)
Archiv des Freien Deutschen Hochstift, Frankfurt/Main
Deutsches Literaturarchiv, Marbach/Neckar
Goethe- und Schiller-Archiv, Weimar
Handschriftenarchiv der Staatsbibliothek zu Berlin Preußischer Kulturbesitz

Weitere Archive

Archiv der BASF, Ludwigshafen
Archiv der deutschen Schule in London
Archiv der Friedrich-Ebert-Gedenkstätte, Heidelberg
Archiv der Friedrich-Ebert-Stiftung, Bonn
Archiv des Auswärtigen Amtes, Berlin
Archiv des Schwulen Museums, Berlin
Bibliothek und Archiv der Magnus-Hirschfeld-Gesellschaft e. V., Berlin
Deutsches Tagebucharchiv, Emmendingen
FrauenGenderBibliothek Saar, Saarbrücken
Hauptarchiv der v. Bodelschwinghschen Stiftungen Bethel, Bielefeld
Liebesbriefarchiv Koblenz-Darmstadt
Martin-Opitz-Bibliothek, Spezialbibliothek für deutsche Kultur und Geschichte im östlichen Europa, Herne
Spinnboden Lesbenarchiv & Bibliothek, Berlin

LITERATUR

Ahlfeld, Friedrich: Atlas zu Die Missbildungen des Menschen. Eine systematische Darstellung der beim Menschen angeboren vorkommenden Missbildungen und Erklärung ihrer Entstehungsweise. 2 Bände. Leipzig 1880 – 82. <F. Ahlfeld (1880 – 82)>

Aids-Hilfe Heidelberg: 30 Jahre Aids-Hilfe Heidelberg e. V. Festschrift 2016 zum 30-jährigen Bestehen und Geschäftsbericht 2015. Heidelberg 2016. <Aids Hilfe Heidelberg (2016)>

Altendorf, Marion: Bisexualität. Zweigeschlechtliches Begehren und zweigeteiltes Denken. Pfaffenweiler 1993. <M. Altendorf>

Angelides, Steven: A History of Bisexuality. Chicago 2001. <S. Angelides (2001)>

Antidiskriminierungsstelle des Bundes (Hg.): Einstellungen gegenüber Lesben, Schwulen und Bisexuellen in Deutschland. Ergebnisse einer bevölkerungsrepräsentativen Umfrage. Berlin 2017 <Antidiskriminierungsstelle des Bundes (2017)>

Assig, Dorothea u. a.: Sexualität ist mehr. Eine Unterrichtsreihe zum Thema Sexualität für die Sekundarstufe. Wuppertal 1976. <D. Assig (1976)>

Assig, Dorothea / Baurmann, Michael / Dose, Ralf / Kirchmeier, Horst / Kunz, Eckehard: Sexualität ist mehr. Arbeitshefte für die Jugendbildungsarbeit. Dortmund 1977. <D. Assig u. a. 1977>

Autonomes Queerreferat der Verfassten Studierendenschaft der Ruprecht-Karls-Universität Heidelberg (Hg.): Queere Erstifibel Heidelberg. Heidelberg 2019. <Autonomes Queerreferat (2019)>

Bahro, Benno: Dora Ratjen. Ein schweres Schicksal. In: Bahro, Benno / Braun, Jutta (Hg.): Berlin ,36. Das Buch zum Film. [Ohne Ortsangabe] 2009, S. 63 – 97. <B. Bahro (2009)>

Bartholomae, Joachim: Klappentexte – Verlage. Buchläden und Zeitschriften als Infrastruktur der Schwulenbewegung. In: A. Pretzel / V. Weiß (2013a), S. 69 – 90. <J. Bartholomae (2013)>

Barz, Monika / Leistner, Herta / Wild, Ute (Hg.): Hättest du gedacht, daß wir so viele sind? Lesbische Frauen in der Kirche. Stuttgart 1987, S. 191. <Barz u. a. (1987)>

Bastian, Till: Homosexuelle im Dritten Reich. Geschichte einer Verfolgung. München 2000. <T. Bastian (2000)>

Bauer, Fritz (Hg.): Sexualität und Verbrechen. Beiträge zur Strafrechtsreform. Frankfurt a. M. 1965. <F. Bauer (1965)>

Baumann, Jürgen: Paragraph 175. Über die Möglichkeit, die einfache, nicht jugendgefährdende und nichtöffentliche Homosexualität unter Erwachsenen straffrei zu lassen (zugleich ein Beitrag zur Säkularisierung des Strafrechts). Neuwied 1968. <J. Baumann 1968a>

Baumann, Jürgen: Alternativ-Entwurf eines Strafgesetzbuches. Besonderer Teil. Sexualdelikte, Straftaten gegen Ehe, Familie und Personenstand, Straftaten gegen den religiösen Frieden und die Totenruhe. Tübingen 1968. <J. Baumann (1968b)>

Baumgardt, Manfred: Berlin, ein Zentrum der entstehenden Sexualwissenschaft und die Vorläufer der Homosexuellenbewegung. In: M. Bollé (1984), S. 13 – 16. <M. Baumgardt (1984)>

Bayerisches Staatskommissariat für die Pfalz (Hg.): Die Pfalz unter französischer Besatzung 1919 – 1930. München 1930. <Bayerisches Staatskommissariat (1930)>

Bebel, August: Aus meinem Leben. Stuttgart 1911. <A. Bebel (1911)>

Bell, Peter: Coming-out bisexual. In: Ulrich Biechele (Hg.): Identitätsbildung, Identitätsverwirrung, Identitätspolitik. Eine psychologische Standort-Bestimmung für Lesben, Schwule und andere. Berlin 1997, S. 128 – 138. <P. Bell (1997)>

Bendkowski, Halina: Wenn quer nicht queer ist. Zum Lesben-Heterakonflikt. In: G. Dennert u. a. (2007a), S. 83 – 85. <H. Bendkowski (2007)>

Bergemann, Hans / Dose, Ralf / Keilson-Lauritz, Marita (Hg.): Magnus Hirschfelds Exil-Gästebuch. Berlin 2019. <H. Bergemann u. a. (2019)>

Berger, Gerhart / Aurand, Detlev (Hg.): Weiland Bursch zu Heidelberg. Eine Festschrift der Heidelberger Korporationen zur 600-Jahr-Feier der Ruperto Carola. Heidelberg 1986. <G. Berger / D. Aurand (1986)>

Berger, Ruth: Sexualität, Ehe und Familienleben in der jüdischen Moralliteratur (900 – 1900). Wiesbaden 2003. <R. Berger (2003)>

Beyer, Hermann Wolfgang: Die Geschichte des Gustav Adolf-Vereins in ihren kirchen- und geistesgeschichtlichen Zusammenhängen. Göttingen 1932. <H. W. Beyer (1932)>

Biewer, Ludwig: Die Geschichte des Verbandes. In: Praktisches Handbuch des Verbandes der Vereine Deutscher Studenten (Kyffhäuser Verband). Berlin (West) 1980, S. 7 – 53, hier: S. 13. <L. Biewer (1980)>

Biewer, Ludwig: Bismarck und die Vereine Deutscher Studenten. In: Zirlewagen, Marc (Hg.): 1881 – 2006. 125 Jahre Vereine deutscher Studenten, Bd. I: Ein historischer Rückblick, Bad Frankenhausen 2006, S. 11 – 44. <L. Biewer (20006)>

Bleibtreu-Ehrenberg, Gisela: Homosexualität. Geschichte eines Vorurteils. Frankfurt a. M. 2015, S. 183ff. <G. Bleibtreu-Ehrenberg (2015)>

Bloch, Iwan: Das Sexualleben unserer Zeit. Berlin 1907. <I. Bloch (1907>

Bloch, Karl Heinz: Masturbation und Sexualerziehung in Vergangenheit und Gegenwart. Ein kritischer Literaturbericht. Frankfurt a. M. 1989 <H. K. Bloch (1989>

Bochow, Michael: Hat die Aids-Krise die soziale Situation schwuler Männer in Deutschland verändert? Entwicklungen in den 1980er und 1990er Jahren. In: A. Pretzel / V. Weiß (2013a), S. 161 – 170. <M. Bochow (2013)>

Bodemann, Eduard (Hg.): Briefe der Herzogin Elisabeth Charlotte von Orléans an ihre frühere Hofmeisterin A. K. v. Harling, geb. Uffeln, und deren Gemahl, Geh. Rath Fr. v. Harling zu Hannover. Hannover 1895. Nachdruck Hildesheim 2004. <E. Bodemann (2004)>

Bollé, Michael (Hg.): Eldorado. Homosexuelle Frauen und Männer in Berlin 1850 – 1950. Geschichte, Alltag und Kultur. Berlin (West) 1984. <M. Bollé (1984)>

Bösch, Frank: Öffentliche Geheimnisse. Skandale, Politik und Medien in Deutschland und Großbritannien 1880 – 1914. München 2009. <F. Bösch (2009)>

Bosold, Birgit / Brill, Dorothée / Weitz, Detlef (Hg.) im Auftrag des Deutschen Historischen Museums und Schwulen* Museums Berlin: Homosexualität_en, Dresden 2015. <Bosold u. a. (2015)>

Böth, Mareike: Erzählweisen des Selbst. Körperpraktiken in den Briefen Liselottes von der Pfalz (1652 – 1722). Köln 2015. <N. Böth (2015)>

Braun, H.: Ein Fall von Pseudohermaphroditismus masculinus externus – Aus dem Mannheimer Krankenhause. In: Zeitschrift für Geburtshilfe und Gynäkologie, 1894, S. 375 – 382. <H. Braun (1894).

Breit, Hannah: Geschlechtsangleichung. Eine weit zurückreichende Geschichte. In: Walter Rummel (Hg.): 200 Jahre Landesarchiv Speyer. Erinnerungsort pfälzischer, rheinhessischer und deutscher Geschichte 1817 – 2017, Koblenz 2017, S. 398 – 399. <H. Breit (2017)>

Brenneisen, Marco: Das Konzentrationslager Mannheim-Sandhofen im Spiegel der Öffentlichkeit. Die Rezeptionsgeschichte eines KZ-Außenlagers. Marburg 2011. <M. Brenneisen (2011)>

Brenneisen, Marco: Schlussstriche und lokale Erinnerungskulturen die „zweite Geschichte" der südwestdeutschen Außenlager des KZ Natzweiler seit 1945. Stuttgart 2020. <M. Brenneisen (2020)>

Brinkschröder, Michael / Horatz, Herbert / Kaern-Biederstedt, Franz / Wörner, Michael (Hg.): Aufgehende Saat. 40 Jahre Ökumenische Arbeitsgruppe Homosexuelle und Kirche. Stuttgart 2017 <M. Brinkschröder u. a. 2017)>

Brinkschröder, Michael: Sodom als Symptom. Gleichgeschlechtliche Sexualität im christlichen Imaginären. Eine religionsgeschichtliche Anamnese. Berlin 2006. <M. Brinkschröder (2006)>

Brommer, Ute (Hg.): Frauen in Speyer. Leben und Wirken in zwei Jahrtausenden. Ein Beitrag von Speyerer Frauen zum Jubiläumsjahr. Speyer 1990. <U. Brommer (1990)>

Bruno Gmünder Verlag: Frankfurt, Rhein, Main, Neckar, Saar von hinten, 93/94. Berlin 1993. <B. Gmünder (1993)>

Bruno Gmünder Verlag: Stuttgart, Freiburg, Karlsruhe. Konstanz, Mannheim, Ulm, Zürich, Basel, Bern von hinten. Berlin 1996. <B.Gmünder (1996)>

Bruno Gmünder Verlag: Spartacus, Guide for gay men / International Gay Guide. Berlin 1986 bis 2017. <B. Gmünder (Spartacus)>

Bruns, Volker: Éducation homophile in Klein-Paris. In: E. Kraushaar (1997), S. 85 – 103. <V. Bruns (1997)>

Bubeck, Ilona: Lesbisch-literarischer Spiegel – Frauenbuchläden, Verlage und Vertrieb. In: G. Dennert u. a. (2007a), S. 225 – 228. <I. Bubeck (2007)>

Buck, Andreas: Psychiatrische und neurologische Dissertationen unter Carl Schneider an der Universität Heidelberg in den Jahren 1933 bis 1945. Ein Beitrag zum Wissenschaftsalltag im Nationalsozialismus. Diss., Hannover 1993. <A. Buck (1994)>

Bundesstiftung Magnus Hirschfeld (Hg.): Forschung im Queerformat. Aktuelle Beiträge der LSBTI*, Queer- und Geschlechterforschung. Bielefeld 2014. <Bundesstiftung Magnus Hirschfeld (2014)>

Bundeszentrale für gesundheitliche Aufklärung: Sexualkunde-Atlas. Biologische Informationen zur Sexualität des Menschen. Opladen 1969. <Bundeszentrale für gesundheitliche Aufklärung (1969)>

Bundeszentrale für politische Bildung: Dossier Homosexualität. Bonn 2019. <Bundeszentrale für politische Bildung 2019>

Buxton, Steven: Männlichkeit und militärische Erziehung von Einjährig-Freiwilligen im deutschen Kaiserreich 1871 – 1914. Ein Beitrag zur sozialen Militarisierung im deutschen Kaiserreich. Konstanz 1996. <S. Buxton (1996)>

Campe, Joachim: Andere Lieben. Homosexualität in der deutschen Literatur. Ein Lesebuch. Frankfurt/M 1988. <J. Campe (1988)>

Cella, Johann Jakob: Über Verbrechen und Strafe in Unzuchtsfällen. Zweibrücken, Saarbrücken, Leipzig 1787. <J. J. Cella (1787)>

Crăciun, Ioana : „Möchte doch wissen, wozu wir eigentlich auf der Welt sind!". Zur Inszenierung von Kindheit und Jugend im Weimarer Kino. In: Herbst-Meßlinger, Karin / Rother, Rainer / Schaefer, Annika: Weimarer Kino neu gesehen. Berlin 2018, S. 121 – 143. <I. Crăciun (2018)>

Dann, Ursula / Theuer, Christine / Scholl, Klaus in Zusammenarbeit mit der Rudi-Baerwind-Stiftung (Hg.): Rudi Baerwind. Leben und Werk 1910 – 1982. München 2010. <U. Dann u. a. (2010)>

Dannecker, Martin / Reiche, Reimut: Der gewöhnliche Homosexuelle. Eine soziologische Untersuchung über männliche Homosexualität in der Bundesrepublik. Frankfurt a. M. 1974. <M. Dannecker / R. Reiche (1974)>

De Silva, Adrian: Grundzüge struktureller und konzeptueller Entwicklungen der Trans*Bewegung in der Bundesrepublik Deutschland seit Ende der 1990er Jahre. In: Bundesstiftung Magnus Hirschfeld (2014), S. 151 – 170. <A. de Silva (2014)>

Dee, Georgette: Gib mir Liebeslied. Chansons, Geschichten, Aphorismen. München 1998. <G. Dee (1998)>

Deibel, Franz: Dorothea Schlegel als Schriftstellerin im Zusammenhang mit der romantischen Schule. Berlin 1905. <F. Deiblel (1905)>

Dennert, Gabriele / Leidinger, Christiane / Rauchut, Franziska (Hg.): In Bewegung bleiben. 100 Jahre Politik, Kultur und Geschichte von Lesben. Berlin 2007. <G. Dennert u. a. (2007a)>

Dennert, Gabriele / Leidinger, Christiane / Rauchut, Franziska: Kämpfe und Konflikte um Macht und Herrschaft – Lesbenbewegung in der BRD der 80er Jahre. In: G. Dennert u. a. (2007a), S. 126 – 159. <G. Dennert u. a. (2007b)>

Derks, Paul: Die Schande der heiligen Päderastie. Homosexualität und Öffentlichkeit in der deutschen Literatur 1750 – 1850. Berlin 1990. <P. Derks (1990)>

Detering, Heinrich: Das offene Geheimnis. Zur literarischen Produktivität eines Tabus von Winkelmann bis Thomas Mannheim. Göttingen 2013. <H. Detering (2013)>

Deutsche Aids-Hilfe / Beißwenger, Klaus-Dieter: 10 Jahre Deutsche Aids-Hilfe. Geschichte und Geschichten. Berlin 1993. <Deutsche Aids-Hilfe / K.-D. Beißwenger (1993)>

Deutsche Aids-Hilfe e. V.: Adressbuch Wohnprojekte für Menschen mit HIV und AIDS. Berlin 1996. <Deutsche Aids-Hilfe (1996)>

Deutsches Historisches Museum: Homosexualität_en. Dresden 2015. <Deutsches Historisches Museum (2015)>

Die Reichstagswahl in Elberfeld-Barmen. Graf v. Bismarck, Max v. Forckenbeck, Dr. v. Schweitzer. Ein Beitrag zur Geschichte der Parteien im Wupperthal. Elberfeld 1867, S. 25. <Die Reichstagswahl (1867)>

Diehl, Wolfgang: Heimat, Provinz und Region im Spiegel der Literatur. 125 Jahre Literarischer Verein der Pfalz. Frankenthal 2003. <W. Diehl (2003)>

Diehl, Wolfgang: „Die schönste Stadt des Landes Au". Landau in der Literatur. Landau 2016. <W. Diehl (2016)>

Dierker, Wolfgang: „Planmäßige Ausschlachtung der Sittlichkeitsprozesse". Die Kampagne gegen katholische Ordensangehörige. In: S. zur Nieden (2005), S. 281 – 293. <W. Dierker (2005)>

Dobler, Jens (Hg.): Von anderen Ufern. Geschichte der Berliner Lesben und Schwulen in Kreuzberg und Friedrichshain. Berlin 2003. <J. Dobler (2003)>

Dobler, Jens: Zwischen Duldungspolitik und Verbrechensbekämpfung. Homosexuellenverfolgung durch die Berliner Polizei 1848 – 1933. Frankfurt a. M. 2008. <J. Dobler 2008>

Dobler, Jens / Rimmele, Harald: Schwulenbewegung. In: Roth, Roland / Rucht, Dieter (Hg.): Die sozialen Bewegungen in Deutschland seit 1945. Ein Handbuch. Frankfurt a. M. 2008, S. S. 541 – 556. <J. Dobler / H. Rimmele (2008)>

Domeier, Norman: Der Eulenburg-Skandal. Eine politische Kulturgeschichte des Kaiserreichs. Frankfurt a. M. 2010. <N. Domeier (2010)>

Dönhoff, Friedrich: Ein gutes Leben ist die beste Antwort. Die Geschichte des Jerry Rosenstein. Zürich 2014. <F. Dönhoff (2014)>

Döring, Susanne: Die Geschichte der Heidelberger Juden (1862 bis 1918). In: Andreas Cser: Geschichte der Juden in Heidelberg. Heidelberg 1996, S. 217 – 347. <S. Döring (1996)>

Dose, Ralf: Die Familie Hirschfeld aus Kolberg. In: Kotowski, Elke-Vera / Schoeps, Julius H. (Hg.): Magnus Hirschfeld. Ein Leben im Spannungsfeld von Wissenschaft, Politik und Gesellschaft. Berlin 2004, S. 33 – 64. <R. Dose (2004)>

Dose, Ralf: Magnus Hirschfeld. Deutscher, Jude, Weltbürger. Teetz 2005. <R. Dose (2005)>

Drüll, Dagmar: Heidelberger Gelehrtenlexikon 1803 – 1932. Bd. 2. Heidelberg 1986. <D. Drüll (1986)>

Dubout, Kevin: Der Richter und sein Tagebuch. Eugen Wilhelm als Elsässer und homosexueller Aktivist im Deutschen Kaiserreich. Frankfurt a. M. 2018. <K. Dubout (2018)>

Ebner, Katharina: Religion im Parlament. Homosexualität als Gegenstand parlamentarischer Debatten im Vereinigten Königreich und in der Bundesrepublik Deutschland (1945 – 1990). Göttingen 2018. <K. Ebner (2018)>

Eckart, Wolfgang U. / Sellin, Volker / Wolgast, Eike (Hg.): Die Universität Heidelberg im Nationalsozialismus. Heidelberg 2006. <W. U. Eckhart u. a. (2006)>

Eckart, Wolfgang U.: Frau und Frauenheilkunde im Nationalsozialismus. Anmerkungen und offene Fragen. In: Anthuber, Christoph u. a. (Hg.): Herausforderungen: 100 Jahre Bayerische Gesellschaft für Geburtshilfe und Frauenheilkunde. Stuttgart 2012, S. 87 – 94. <W. U. Eckart (2012)>

Eckert, Nora: Wie alle, nur anders. Ein transsexuelles Leben in Berlin. München 2021. <N. Eckert (2021)>

Eicher, Wolf: Transsexualismus. Möglichkeiten und Grenzen der Geschlechtsumwandlung. Stuttgart 1984. <W. Eicher (1984)>

Elbogen, Ismar / Sterling, Eleonore: Geschichte der Juden in Deutschland. Hamburg 1993. <I. Elbogen / E. Sterling (1993)>

Engelmann, Lukas: Homosexualität und Aids. In: Mildenberger, Florian u. a. (Hg.): Was ist Homosexualität? Hamburg 2014, S. 271 – 303. <L. Engelmann (2014)>

Eulenburg, Herbert: Der Guckkasten. Deutsche Schauspielerbilder. Stuttgart 1921. <H. Eulenburg (1921)>

Fesser, Gerd: August Becker. Kaiserslautern 2005, S. 137ff. <G. Fesser (2005)>

Fink, Andreas: Elsbeth Krukenberg (1867 – 1954). Ein engagiertes Leben zwischen Universitätsstadt und Provinz. In: Bad Kreuznacher Heimatblätter Nr. 10 und 11, 2009. <A. Fink (2009)>

Fische, Markus: Romantische Konstruktionen von Männlichkeit und Weiblichkeit – Die Romane von Dorothea und Friedrich Schlegel. In: Germanistische Beiträge, Bd. 39. Sibiu 2016, S. 130 – 155. <M. Fische (2016)>

Fitschen, Klaus: Die Anfänge der HuK. In: M. Brinkschröder u. a. (2017), S. 14 – 23. <K. Fitschen (2017)>

Franken, Irene: „Sie, 28 J., dunkler, sportlicher Typ, engagiert, sucht Partnerin." Die Gründung der Homosexuellen Frauenaktion in Köln, der ersten „autonomen" Lesbengruppe in der BRD, durch Gertraud Müller. In: Fachverband Homosexualität und Geschichte e. V. (Hg.): Invertito. Jahrbuch für die Geschichte der Homosexualitäten, 23. Jg. 2021. Berlin 2022, S. 53 – 94. <I. Franken (2022)>

Frankfurter Frauen (Hg.): Frauenjahrbuch 1. Frankfurt a. M. 1975. <Frankfurter Frauen (1975)>

Franz-Willing, Georg: „Bin ich schuldig?" Leben und Wirken des Reichsstudentenführers und Gauleiters Dr. Gustav Adolf Scheel, 1907 – 1979. Eine Biographie. Leonie am Starnberger See 1987. <G. Franz-Willing (1987)>

Frauenbeauftragte der Stadt Mannheim und Autorinnen (Hg.): Stadt ohne Frauen? Frauen in der Geschichte Mannheims, Mannheim 1993. <Frauenbeauftragte (1993)>

Frauenbüro Kreis Bergstraße / Pro Familia Bensheim (Hg.): Wegweiser für Familien, Frauen und Männer, Bensheim/Heppenheim 2005. <Frauenbüro Kreis Bergstraße / Pro Familie Bensheim (2005)>

Frauenzentrum München (Hg.): Extrajournal Frauenoffensive. Frauenbeziehung – Frauenliebe. Eine Informationsveranstaltung des Frauenzentrums München vom 15.4.1978. München 1978. <Frauenzentrum München (1978)>

Frey, Ludwig (Pseudonym): Die Männer des Rätsels und der Paragraph 175 des deutschen Reichsstrafgesetzbuches. Beitrag zur Lösung einer brennenden Frage. Leipzig 1898, S. 184f. <L. Frey (1898)>

Friedemann, Rudolf: Herzogin Elisabeth Charlotte von Orleans. Briefe über die Zustände am französischen Hofe unter Ludwig XIV. Ausgewählt aus den Jahren 1672 – 1720. Stuttgart 1902. <Friedemann, R. (1902)>

Friederici, Hans Jürgen: Schweitzer, Johann Baptist von. In: Geschichte der deutschen Arbeiterbewegung. Biographisches Lexikon, Dietz. Berlin (Ost), 1970, S. 423 – 425. <H. J. Friederici (1970)>

Grau, Günter / Plötz, Kirsten: Aufarbeitung der strafrechtlichen Verfolgung und Rehabilitierung homosexueller Menschen in Rheinland-Pfalz. Mainz 2017. <G. Grau / K. Plötz (2017)>

Gammerl, Benno: Raus aufs Land? Der Ausstieg der Landlesbenbewegung in den späten 1970er und frühen 1980er Jahren. In: Terhoeven, Petra (Hg.): Exit. Ausstieg und Verweigerung in „offenen" Gesellschaften nach 1945. Göttingen 2020, S. 239 – 261. <B. Gammerl (2020)>

Gammerl, Benno: Anders fühlen. Schwules und lesbisches Leben in der Bundesrepublik. Eine Emotionsgeschichte. München 2021. <B. Gammerl (2021)>

Gatzweiler, Richard: Das Dritte Geschlecht. Um die Strafbarkeit der Homosexualität. Köln 1951, S. 29. <R. Gatzweiler (1951)>

Gedenkstätte Buchenwald (Hg.): Konzentrationslager Buchenwald 1937 – 1945. Begleitband zur ständigen historischen Ausstellung, 9. Auflage. Göttingen 2014. <Gedenkstätte Buchenwald (2014)>

Genossenschaft deutscher Bühnenangehöriger (Hg.): Neuer Theater Almanach. Theatergeschichtliches Jahr- und Adressenbuch. Berlin 1895, 1896. <Genossenschaft deutscher Bühnenangehöriger (1895, 1896)>

Gerhard, Ute: Frauenbewegung. In: Roth, Roland / Rucht, Dieter (Hg.): Die sozialen Bewegungen in Deutschland seit 1945. Ein Handbuch. Frankfurt a. M. 2008, S. 187 – 218. <U. Gerhard (2008)>

Giese, Hans: Der homosexuelle Mann in der Welt. Stuttgart, 1958. <H. Giese (1958)>

Giovannini, Norbert: Jüdische Studentinnen und Studenten in Heidelberg. In: Ders. / Bauer, Jo-Hannes / Mumm, Hans-Martin: Jüdisches Leben in Heidelberg. Studien zu einer unterbrochenen Geschichte. Heidelberg 1992, S. 201 – 219. <N. Giovannini (1992)>

Görtemaker, Manfred / Safferling, Christoph: Die Akte Rosenburg. Das Bundesministerium der Justiz und die NS-Zeit. München 2016. <M. Görtemaker / C. Safferling (2016)

Göth, Margret / Jäger, Angela: Sicher out? Geschützt vor Diskriminierung und Gewalt in der Region Rhein-Neckar? Mannheim 2018. <M. Göth / A. Jäger (2018)>

Gotzmann, Joana: Der Volkswartbund. Die Bischöfliche Arbeitsstelle für die Fragen der Volkssittlichkeit im Kampf gegen Homosexuelle. In: Kristof Balser u. a. (Hg.): „Himmel und Hölle". Das Leben der Kölner Homosexuellen 1945 – 1969. Köln 1994, S. 169 – 183. <J. Gotzmann (1969)>

Grau, Günter: Homosexualität in der NS-Zeit. Dokumente einer Diskriminierung und Verfolgung. Frankfurt a. M. 2004. <G. Grau (2004)>

Grau, Günter: Lexikon der Homosexuellenverfolgung 1933 – 1945. Institutionen, Kompetenzen, Betätigungsfelder. Berlin/Münster 2011. <G. Grau (2011)>

Grau, Günter / Plötz, Kirsten: Aufarbeitung der strafrechtlichen Verfolgung und Rehabilitierung homosexueller Menschen in Rheinland-Pfalz. Mainz 2017. <G. Grau / K. Plötz (2017)>

Gregor, Joris Anja: Constructing Intersex. Intergeschlechtlichkeit als soziale Kategorie. Bielefeld 2015. <J. A. Gregor (2015)>

Griffith, Craig: Die Ambivalenz der Schwulenemanzipation der 1970er Jahre. Ein kurzer Überblick. In: Fachverband Homosexualität und Geschichte e. V. (Hg.): Invertito. Jahrbuch für die Geschichte der Homosexualitäten, 23. Jg. 2021. Berlin 2022, S. 136 – 144. <C. Griffith (2022)>

Grohe, Melchior: Reime und Reisen. Mannheim 1861. <M. Grohe (1861)>

Grohe, Melchior: Der Urning vor Gericht. Ein forensischer Dialog. Leipzig 1893. <M. Grohe (1893)>

Grumbach, Detlef (Hg.): Die Linke und das Laster. Schwule Emanzipation und linke Vorurteile. Hamburg 1995. <D. Grumbach (1995)>

Grumbach, Detlef: Over the Rainbow. Ein Lesebuch zum Christopher Street Day. Hamburg 2001. <D. Grumbach (2001)>

Gutfleisch, Markus: Mit Katholikentagen die Kirche verändern. In: M. Brinkschröder u. a. (2017), S. 46 – 55. <M. Gutfleisch (2017)>

Haase, Philipp T.: Gustav Adolf Scheel. Studentenführer, Gauleiter, Verschwörer: ein politischer Werdegang. In: Wolfgang Proske (Hg.): NS-Belastete aus dem Norden des heutigen Baden-Württemberg. Gerstetten 2018, S. 295 – 325. <P. T. Haase (2018)>

Haberl, Annedore (Hg.): Liselotte von der Pfalz. Briefe. München 1996. <A. Haberl (1996)>

Hacker, Hanna: Frauen* und Freund_innen. Lesarten „weiblicher Homosexualität“. Österreich, 1870 – 1938. Wien 2015. <H. Hacker (2015)>

Hagener, Malte: Verstoßene, Uneheliche und Verkaufte. Sitten- und Aufklärungsfilme in der Weimarer Republik. In: Ders. (Red.): Geschlecht in Fesseln. Sexualität zwischen Aufklärung und Ausbeutung im Weimarer Kino. München 2000, S. 167 – 174. <M. Hagener (2000)>

Hamelmann, Gudrun: Helene Stöcker, der „Bund für Mutterschutz“ und „Die neue Generation“. Frankfurt a. M. 1992. <G. Hamelmann (1992)>

Hartard, Eva / Tutscher, Christiane: Landlesben. Let‘s talk about… die guten alten Zeiten in Altenbücken. In: G. Dennert u. a. (2007a), S. 208 – 209. <E. Hartard / C. Tutscher (2007)>

Harthauser, Wolfgang: Der Massenmord an Homosexuellen im Dritten Reich. In: Willhart S. Schlegel: Das große Tabu. Zeugnisse und Dokumente zum Problem der Homosexualität. München 1967, S. 7 – 37. <W. Harthauser (1967)>

Hartmann, Ernst (Bearb.): Berufswahl. Was kann der Sekundaner (Einjährig-Freiwillige) und Primaner werden? Stuttgart 1917. <E. Hartmann (1917)>

Haunss, Sebastian: Identität in Bewegung. Prozesse kollektiver Identität bei den Autonomen und in der Schwulenbewegung. Wiesbaden 2004. <S. Haunss (2004)>

Heger, Heinz: Die Männer mit dem rosa Winkel. Hamburg 2001. <H. Heger (2001)>

Hehsling, Ange / Taube, Paula: Das Lesbenfrühlingstreffen. Von den Anfängen als internationales Pfingsttreffen 1972 bis zum Lesbenpfingstreffen heute. In: G. Dennert u. a. (2007a), S. 241 – 243. <A. Hehsling / P. Taube (2007)>

Hehsling, Ange / Michael, Caroline / Suder, Katrin / Taube, Katrin / Rode, Tanja: Immer noch und immer wieder – Das Lesbenfrühlingstreffen (LFT). In: G. Dennert u. a. (2007a), S. 244 – 245. <Hehsling u. a. (2007)>

Heilmann, Andreas: Normalität auf Bewährung. Outings in der Politik und die Konstruktion homosexueller Männlichkeit. Bielefeld 2011. <A. Heilmann (2011)>

Heißler, Sabine: Stets habe ich mir ein nahes Ziel gewählt, doch hat ein fernes mich dazu beseelt. Sexualreform, der Bund für Mutterschutz und der Kampf gegen den § 218 in Mannheim von 1907 bis 1933. In: Frauenbeauftragte (1993), S. 185 – 200. <S. Heißler (1993)>

Helene Stöcker. Die sexuelle Not des Studenten. In: Die neue Generation 9 / 1913 / 12, S. 641 – 655. <S. Stöcker (1913)>

Henze, Patrick: Schwule Emanzipation und ihre Konflikte. Zur westdeutschen Schwulenbewegung der 1970er Jahre. Berlin 2019. <P. Henze (2019)>

Hergemöller, Bernd-Ulrich: „iubemus insurgere leges“ – Vom „Senatus consultum de Baccanalibus“ bis zum „Allgemeinen Landrecht für die preußischen Staaten. In: Matthias Grimm (Hg.): Die Geschichte des § 175. Strafrecht gegen Homosexuelle. Berlin 1990, S. 14 – 29. <B.-U. Hergemöller (1990a)>

Hergemöller, Bernd-Ulrich: Sodomiter. Schuldzuschreibungen und Repressionsformen im späten Mittelalter. In: Ders. (Hg.): Randgruppen der spätmittelalterlichen Gesellschaft. Warendorf 1990, S. 316 – 356. <B.-U. Hergemöller (1990b)>

Hergemöller, Bernd-Ulrich: Krötenkuss und schwarzer Kater. Ketzerei, Götzendienst und Unzucht in der inquisitorischen Phantasie des 13. Jahrhunderts. Warendorf 1996, S. 1 – 21. <B.-U. Hergemöller (1996)>

Hergemöller, Bernd-Ulrich: Sodom und Gomorrha. Zur Alltagswirklichkeit und Verfolgung Homosexueller im Mittelalter. Hamburg 2000. <B.-U. Hergemöller (2000)>

Hergemöller, Bernd-Ulrich: Mann für Mann. Ein biografisches Lexikon. Frankfurt a. M. 2001. <B.-U. Hergemöller (2001)>

Hergemöller, Bernd-Ulrich: Chorknaben und Bäckerknechte. Homosexuelle Kleriker im mittelalterlichen Basel. Hamburg 2004, S. 14. <B.-U. Hergemöller (2004)>

Hermanns, Doris: Gibt es ein Leben nach dem Frauenbuchladen? In: Stephanie Kuhnen (Hg.): Lesben raus! Für mehr lesbische Sichtbarkeit. Berlin 2017, S. 230 – 244. <D. Hermanns (2017)>

Herrn, Rainer: Schnittmuster des Geschlechts. Transvestitismus und Transsexualität in der frühen Sexualwissenschaft, Gießen 2005. <R. Herrn (2005)>

Herrn, Rainer: „In der heutigen Staatsführung kann es nicht angehen, daß sich Männer in Frauenkleidern frei auf der Straße bewegen.“ Über den Forschungsstand zum Transvestitismus in der NS-Zeit. In: Michael Schwartz (Hg.): Homosexuelle im Nationalsozialismus. Neue Forschungsperspektiven zu Lebenssituationen von lesbischen, schwulen, bi-, trans- und intersexuellen Menschen 1933 bis 1945. München 2014, S. 101 – 106. <R. Herrn (2014)>

Herzer, Manfred: Das Jahr 1869. In: M. Bollé (1984), S. 10 – 12. <M. Herzer (1984)>

Herzer, Manfred: Deutsches Schwulenstrafrecht vor der Gründung des deutschen Kaiserreichs. In: Matthias Grimm (Hg.): § 175. Strafrecht gegen Homosexuelle. Berlin 1990, S. 30 – 41. <M. Herzer (1990)>

Herzer, Manfred: Das Wissenschaftlich-humanitäre Komitee. In: A. Sternweiler (1997b), S. 37 – 48. <M. Herzer (1997a)>

Herzer, Manfred: Die Gemeinschaft der Eigenen. In: A. Sternweiler (1997b), S. 89 – 94. <M. Herzer (1997b)>

Herzer, Manfred: Bericht über Melchior Grohe. In: Capri. Zeitschrift für schwule Geschichte, Jahresband 2001, S. 5 – 12. <M. Herzer (2001)>

Herzer, Manfred: Nachträge zu Melchior Grohe. In: Capri. Zeitschrift für schwule Geschichte. Jahresband 2002, S. 42f. <M. Herzer (2002)>

Herzer, Manfred: Eine sehr unvollständige Petentenliste. In: Schwules Museum Berlin (Hg.): Capri. Zeitschrift für schwule Geschichte, Nr. 37. Berlin 2005, S. 25 – 44. <M. Herzer (2005)>

Herzer, Manfred: Zwei neue Quellen zu Melchior Grohe. In: Capri. Zeitschrift für schwule Geschichte, Jahresband 2006, S. 38 – 40. <M. Herzer (2006)>

Herzer, Manfred: Magnus Hirschfeld und seine Zeit. Berlin 2017. <M. Herzer (2017)>

Herzer, Manfred / Steakley, James (Hg.): Magnus Hirschfeld: Von einst bis jetzt. Geschichte einer homosexuellen Bewegung 1897 – 1922. Berlin (West) 1986. <M. Herzer / J. Steakley (1986)>

Herzog, Dagmar: Sexy Sixties? Die sexuelle Liberalisierung der Bundesrepublik zwischen Säkularisierung und Vergangenheitsbewältigung. In: Christina von Hodenberg; Detlef Siegfried (Hg.): Wo „1968“ liegt. Reform und Revolte in der Geschichte der Bundesrepublik. Göttingen 2016, S. 79 – 112. <D. Herzog (2016)>

Hirschfeld, Magnus: § 175 des Reichsstrafgesetzbuches. Die homosexuelle Frage im Urteil der Zeitgenossen. Leipzig 1898. <M. Hirschfeld (1896)>

Hirschfeld, Magnus: Berlins drittes Geschlecht. Berlin 1904 <M. Hirschfeld (1904a)>

Hirschfeld, Magnus: Das Ergebnis der statistischen Untersuchung über den Prozentsatz der Homosexuellen. Leipzig 1904. <M. Hirschfeld (1904b)<

Hirschfeld, Magnus: Die Transvestiten. Berlin 1910. <M. Hirschfeld (1910)>

Hirschfeld, Magnus: Die Homosexualität des Mannes und des Weibes. Berlin 1914, 2. Auflage 1920. <M. Hirschfeld 1914/1920>

Hirschfeld, Magnus: Von einst bis jetzt (1922/23). In: Herzer / Steakley (1986). <M. Hirschfeld 1922/23)>

Hirschfeld, Magnus / Wissenschaftlich-humanitäres Komitee (Hg.): Jahrbuch für sexuelle Zwischenstufen, Jahrgänge 1 – 23. Leipzig. Stuttgart 1899 – 1923. <M. Hirschfeld / WhK>

Hockerts, Hans Günter: Die Sittlichkeitsprozesse gegen katholische Ordensangehörige und Priester 1936/37. Eine Studie zur nationalsozialistischen Herrschaftstechnik und zum Kirchenkampf. Mainz 1971. <H. G. Hockerts (1971)>

Hödl, Klaus: Die Konstruktion „jüdischer Sexualität“. Selbstzuschreibungen und Fremdzuschreibungen. In: Bruns, Claudia / Walter, Tilmann (Hg.): Von Lust und Schmerz. Eine historische Anthropologie der Sexualität. Köln 2004, S. 175 – 194. <K. Hödl (2004)>

Hoffmüller, Udo / Neuer, Stephan: Unfähig zur Emanzipation? Homosexuelle zwischen Ghetto und Befreiung. Gießen 1977. <U. Hoffmüller (1977)>

Höhn, Maria: Amis, Cadillacs und „Negerliebchen“. GIs im Nachkriegsdeutschland. Berlin 2008. <M. Höhn (2008)>

Holy, Michael: Jenseits von Stonewall. Rückblicke auf die Schwulenbewegung in der BRD 1969 – 1980. In: A. Pretzel / V. Weiß (2017a), S. 39 – 79. <M. Holy (2017)>

Homosexuelle Aktion Göttingen / Schwule Aktion Mannheim (Hg.): Rosa Provinz. Blatt von/für Göttinger Schwestern, Trinen, Tucken, Schwuchteln, Kerle, Männer, Macker oder einfach nur gewöhnliche Homosexuelle. Dezember 1980. <Homosexuelle Aktion Göttingen / Schwule Aktion Mannheim (1980)>

Homosexuelle Aktion Westberlin (Hg.): Tuntenstreit. Theoriediskussion der Homosexuellen Aktion Westberlin. Berlin (West) 1975. <Homosexuelle Aktion Westberlin (1975)>

Horsch, Gerlinde: Wie alles anfing – die neue Heidelberger Frauenbewegung. In: P. Nellen (1996), S. 259 – 268. <G. Horsch (1996)>

Hunecke, Samuel Clowes: Die Grenzen der Homophobie. Lesbischsein unter nationalsozialistischer Herrschaft. In: A. Zinn (2020a), S. 117 – 129. <S. C. Hunecke (2020)>

Husmann, Gabriela: Getrennt vereint – vereint getrennt. Sexualität und Symbiose in lesbischen Beziehungen. Pfaffenweiler 1995. <G. Husmann (1995)>

Hutter, Jörg: Die Entstehung des § 175 im Strafgesetzbuch und die Geburt der deutschen Sexualwissenschaft. In: Lautmann, Rüdiger / Taeger, Angela (Hg.): Männerliebe im alten Deutschland. Sozialgeschichtliche Abhandlungen. Berlin 1992, S. 187 – 238 <J. Hutter (1992)>

Immerwahr, Raymond (Hg.): Friedrich Schlegel. Kritische Ausgabe seiner Werke. Paderborn 1985. <R. Immerwahr (1985)>

In het Panhuis, Erwin: Anders als die Andern. Schwule und Lesben in Köln und Umgebung 1895–1918. Köln 2006. <E. in het Panhuis (2006)>

In het Panhuis, Erwin: Die erste homosexuelle Interessenvertretung der Bundesrepublik, 26.2.2020. In: https://www.queer.de/detail.php?article_id=35602 (Zugriff: 26.09.2020). <E. in het Panhuis (2020)>

Italiaander, Rolf (Hg.): Weder Krankheit noch Verbrechen. Plädoyer für eine Minderheit. Hamburg 1968. <R. Italiaander (1968)>

Jahrbuchgruppe des Münchner Frauenzentrums (Hg.): Frauenjahrbuch 76. München 1976. <Jahrbuchgruppe des Münchner Frauenzentrums (1976)>

Jansen-Jurreit, Marieluise (Hg.): Frauen und Sexualmoral. Frankfurt a. M. 1986 <M. Jansen-Jurreit (1986)>

Jellonnek, Burkhard: Homosexuelle unter dem Hakenkreuz. Die Verfolgung von Homosexuellen im Dritten Reich. Paderborn 1990. <B. Jellonnek (1990)>

Jellonnek, Burkhard (Hg.): Nationalsozialistischer Terror gegen Homosexuelle. Verdrängt und ungesühnt. München 2002. <B. Jellonnek (2002)>

Jordan, Stefan: Schweitzer, Johann Baptist von. In: Otto zu Stolberg-Wernigerode: Neue deutsche Biographie, Bd. 24. Berlin 2010. <S. Jordan (2010)>

Jungblut, Peter: Famose Kerle. Eulenburg – eine wilhelminische Affäre. Hamburg 2003. <P. Jungblut (2003)>

Kampe, Norbert: Studenten und „Judenfrage“ im Deutschen Kaiserreich. Göttingen 1988. <N. Kampe (1988)>

Kämpf, Katrin M.: Das P-Wort. Pädophilie als Grenzfigur sexueller Normalisierung und historiografische Leerstelle. In: Finzsch, Norbert / Velke, Marcus (Hg.): Queer, Gender, Historiographie. Aktuelle Tendenzen und Projekte. Berlin 2016, S. 379–405. <K. M. Kämpf (2016)

Kämpf, Katrin: Pädophilie. Eine Diskursgeschichte. Bielefeld 2022. <K. Kämpf (2022)>

Katz, Jonathan (Hg.): Lesbianism and Feminism in Germany, 1895–1910. New York 1975. <J. Katz (1975)>

Katz, Jonathan: Gay american history. Lesbians and gay men in the U.S.A., New York 1978, S. 581–597. <J. Katz (1978)>

Keilson-Lauritz, Marita: Die Geschichte der eigenen Geschichte. Literatur und Literaturkritik in den Anfängen der Schwulenbewegung am Beispiel des Jahrbuchs für sexuelle Zwischenstufen und der Zeitschrift Der Eigene. Berlin 1997. <M. Keilson-Lauritz (1997)>

Kellermann, G.: Geschichte des Korps Palaio-Alsatia-Straßburg zu Frankfurt a. M. [Ohne Ortsangabe] 1925, S. 77. <G. Kellermann (1925)>

Kennedy, Hubert: Karl Heinrichs Ulrichs formuliert eine Theorie, und das freie Deutsche Hochstift wendet sie auf ihn an. In: Lautmann, Rüdiger / Taeger, Angela (Hg.): Männerliebe im alten Deutschland. Sozialgeschichtliche Abhandlungen. Berlin 1992, S. 39–59. <H. Kennedy (1992)>

Kennedy, Hubert: Johann Baptist von Schweitzer. The queer Marx loved to hate. In: Gert Hekma u. a. (Hg.): Gay men and the sexual history of the political left. New York, London 1995, S. 69–96.<H. Kennedy (1995)>

Kiesel, Helmuth: Briefe der Liselotte von der Pfalz. 1992. <H. Kiessel (1992)>

Klapeer, Christine M.: Perverse Bürgerinnen. Staatsbürgerschaft und lesbische Existenz, Bielefeld 2014. <C. M. Klapeer (2014)>

Klare, Rudolf: Homosexualität und Strafrecht. Hamburg 1937. <R. Klare (1937)>

Kleine, Hugo Otto: Die Erbpathologie in der Frauenheilkunde. In: Ziel und Weg. Zeitschrift des NS-Ärztebundes, Nr. 18, 1938, S. 482–489, hier: S. 483. <H. O. Kleine (1938)>

Kleinwächter, Niklas: Lesben und Schwule in der Union. Homosexuellenpolitik in der Merkel-CDU. Stuttgart 2016. <N. Kleinwächter 2016)>

Klöppel, Ulrike: XX0XY ungelöst. Hermaphroditismus, Sex und Gender in der deutschen Medizin. Eine historische Studie zur Intersexualität. Bielefeld 2010. <U. Klöppel (2010)>

Knapp, Wolfgang: Lesbisch-schwule Geschichte in Ludwigshafen, in https://www.vom-anderen-ufer.de/gesellschaft/lesbisch-schwule-geschichte-in-ludwigshafen/, 2017 (Zugriff: 9.4.2022). <W. Knapp (2017)>

Knoll, Albert: „Gott sei Dank, daß ich so bin!“ August Fleischmann. Ein Vorkämpfer der Münchner Homosexuellenbewegung. München 2007. <A. Knoll (2007)>

Knoll, Albert: Der Rosa Winkel Gedenkstein. Die Erinnerung an die Homosexuellen im KZ Dachau. München 2015. <A. Knoll (2015)>

Kokula, Ilse: Formen lesbischer Subkultur. Vergesellschaftung und soziale Bewegung. Berlin (West) 1983. <I. Kokula (1983)>

Kokula, Ilse: Weibliche Homosexualität um 1900 in zeitgenössischen Dokumenten. München 1981. <I. Kokula (1981)>

Koller, Christian: „Von Wilden aller Rassen niedergemetzelt“. Die Diskussion um die Verwendung von Kolonialtruppen in Europa zwischen Rassismus, Kolonial- und Militärpolitik (1914–1930). Stuttgart 2001. <C. Koller (2001)>

Könne, Christian: „Flugplatz, Mord und Prostitution.“ Wie die DDR-Medien die Amerikaner in der Pfalz inszenierten. In: Bundeszentrale für politische Bildung (Hg.): Deutschlandarchiv 2016. Bonn 2017, S. 58–72 <C. Könne (2017a)>

Könne, Christian: Schwule Geschichte im Rhein-Neckar-Raum. Ein Projekt zu Beginn der 1990er Jahre. Online veröffentlicht 2017. In: https://www.vom-anderen-ufer.de/gesellschaft/schwule-geschichte-rhein-neckar/ (Zugriff: 21.2.2022). <C. Könne (2017b)>

Könne, Christian: Homosexuelle und die Bundesrepublik Deutschland. Gleichberechtigte Mitmenschen? 7.9.2018.

In: https://www.bpb.de/geschichte/zeitgeschichte/deutschlandarchiv/275113/homosexuelle-und-die-bundesrepublik-deutschland (Zugriff: 18.1.2022). <C. Könne (2018a)>

Könne, Christian: „Von keinem Weibsmensch verliebt ... " Die Briefe der Liselotte von der Pfalz berichten auch über ihre Ehe mit dem homosexuellen Philippe Duc d'Orléans. Heikle deutsch-französische Verhältnisse und ihre Rezeptionsgeschichte. In: Die Pfalz Nr. 3, 2018, S. 8–9. <C. Könne (2018b)>

Könne, Christian: Die Amerikaner in Rheinland-Pfalz nach dem zweiten Weltkrieg – Aspekte eines Verhältnisses. In: Ders. (Hg.): 100 Jahre amerikanische Präsenz in Rheinland-Pfalz. Speyer/Bad Kreuznach 2019, S. 83–121. <C. Könne (2019)>

Könne, Christian: Eine lange queere Geschichte in Rheinland-Pfalz. Mainz 2021. <C. Könne (2021)>

Košenina, Alexander: Iffland spielt mit Schiller. Franz Mohr als Anwalt einer neuen Bühnenästhetik. In: Alt, Peter-André / Lepper, Marcel / Raulff, Ulrich (Hg.): Schiller der Spieler. Göttingen 2013, S. 107–125. <A. Košenina (2013)>

Krämer, Dennis: Intersexualität im Sport. Mediale und medizinische Körperpolitiken. Bielefeld 2020.<D. Krämer (2020)>

Kramp, Mario: Homosexuelle im besetzten Frankreich 1940–1944/45. Fragmente einer noch zu schreibenden Geschichte. In: B. Jellonnek (2002), S. 273–298. <M. Kramp (2002)>

Kraushaar, Elmar (Hg.): Hundert Jahre schwul. Eine Revue. Berlin 1997. <E. Kraushaar (1997)>

Kraushaar, Elmar: Höhenflug und Absturz. Von Homolulu am Main nach Bonn in die Beethovenhalle. In: A. Pretzel / V. Weiß (2017), S. 80–90. <E. Kraushaar (2017)>

Kuckuc, Ina: Der Kampf gegen Unterdrückung, Materialien aus der deutschen Lesbierinnenbewegung. München 1975. <I. Kuckuc (1975)>

Kuhn, Bärbel: Familienstand ledig. Ehelose Frauen und Männer im Bürgertum 1850–1914. Köln 2002. <B. Kuhn (2002)>

Kühn, Monne: „Haut der geilen Männerpresse in die Fresse." – Itzehoer Prozess-Protest 1974. In: G. Dennert u. a. (2007a), S. 68–71. <M. Kühn (2007)>

Künnecke, Evelyn: Sing Evelyn sing – Revue eines Lebens. Hamburg 1981. <E. Künnecke (1981)>

Küppers, Carolin u. a. (Hg.): Orte der Begegnung. Orte des Widerstands. Zur Geschichte homosexueller, trans* geschlechtlicher und queerer Räume. Hamburg 2018. <C. Küppers (2018)>

Landtag von Rheinland-Pfalz (Hg.): Veranstaltungen zum Tag des Gedenkens an die Opfer des Nationalsozialismus am 27. Januar 2020. Mainz 2020. <Landtag von Rheinland-Pfalz (2020)>

Langemann, Ludwig / Hummel, Helene: Frauenstimmrecht und Frauenemanzipation. Denkschrift des deutschen Bundes gegen Frauenemanzipation. Berlin 1916. <L. Langemann / H. Hummel (1916)>

Lauritsen, John / Thorstadt, David: Die frühe Homosexuellenbewegung 1864–1935. Hamburg 1984. <J. Lauritsen / D. Thorstadt (1984)>

Lautmann, Rüdiger / Grikschat, Winfried / Schmidt, Egbert: Der rosa Winkel in den nationalsozialistischen Konzentrationslagern. In: Lautmann, Rüdiger (Hg): Seminar Gesellschaft und Homosexualität. Frankfurt a. M. 1977, S. 325–365. <R. Lautmann u. a. (1977)>

Leidinger, Christiane: Transgressionen. Streifzüge durch Leben und Werk von Emma Trosse (1863–1949). Erste Denkerin des Dritten Geschlechts der Homosexuellen und Sinnlichkeitslosen. In: Invertito. Zeitschrift für die Geschichte der Homosexualitäten 2012, S. 9–38. <C. Leidinger (2012)>

Leidinger, Christiane: Theo-Anna Sprüngli (1880–1953), besser bekannt als „Anna Rüling". Berühmte Berliner Rednerin, Kulturjournalistin, Ulmer Schauspielleiterin und Theaterdramaturgin. Online publiziert 16.12.2016. In: https://www.lsbttiq-bw.de/2016/12/16/theo-anna-spruengli-1880-1953-besser-bekannt-als-anna-rueling-beruehmte-berliner-rednerin-kulturjournalistin-ulmer-schauspielleiterin-und-theaterdramaturgin/ (Zugriff: 07.06.2019). <C. Leidinger (2016)>

Leidinger, Christiane: Keine Tochter aus gutem Hause. Johanna Elberskirchen (1864–1943). Konstanz 2018. <C. Leidinger (2018)>

Lengwiler, Martin / Madarász, Jeanette (Hg.): Das präventive Selbst. Eine Kulturgeschichte moderner Gesundheitspolitik. Bielefeld 2010. <M. Lengwiler / K. Madarász (2010)>

Lenz, Ilse (Hg.): Die Neue Frauenbewegung in Deutschland. Abschied vom kleinen Unterschied. Eine Quellensammlung, Wiesbaden 2008. <I. Lenz (2008)>

Liebers, Andrea: „Eine Frau war dieser Mann". Die Geschichte der Hildegund von Schönau, Zürich 1989. <A. Liebers (1989)>

Linsert, Richard: Kabale und Liebe. Über Politik und Geschlechtsleben. Berlin 1931. <R. Linsert (1931)>

Losert, Kerstin: Kleider machen Männer. Mittelalterliche Geschlechterkonstruktion und die Legende der Hildegund von Schönau. In: Invertito. Jahrbuch für die Geschichte der Homosexualitäten 2001, S. 68–93. <K. Losert (2001)>

Lücke, Martin: Männlichkeit in Unordnung. Homosexualität und männliche Prostitution in Kaiserreich und Weimarer Republik. Frankfurt a. M. 2008. <L. Mücke (2008)>

Ludwig, Karl: Der Erpresserparagraph. In: Vorwärts (Parteizeitung SPD) 22.6.1914. >K. Ludwig 1914>

Lütgemeier-Davin, Reinhold / Wolff, Kerstin (Hg.): Helene Stöcker, Lebenserinnerungen, Die unvollendete Autobiographie einer frauenbewegten Pazifistin. Köln 2015. <R- Lütgemeier-Davin / K. Wolff (2015)>

Magee, Bryan: Einer von zwanzig. Eine Untersuchung der Homosexualität bei Mann und Frau. Wiesbaden 1967. <B. Magee (1967)>

Marx, Karl / Engels, Friedrich: Werke, Bd. 32. Berlin (Ost) 1985. <K. Marx / F. Engels (1985)>

Mayer, Gustav: Johann Baptist von Schweitzer und die Sozialdemokratie. Ein Beitrag zur Geschichte der deutschen Arbeiterbewegung. Jena 1909. <G. Mayer (1909)>

Mehring, Franz: Schweitzers Anfänge. In: Die neue Zeit. Feuilleton, H. 55, 20.9.1912, S. 985 – 990. <F. Mehring (2012)>

Mertens, Lothar: Das Einjährig-Freiwilligen Privileg. Der Militärdienst im Zeitgeist des deutschen Kaiserreiches. In: Zeitschrift für Religions- und Geistesgeschichte, 42. Jg., H. 1, 1990, S. 316 – 329. <L. Mertens (1990)>

Meyer, Adele (Hg.): Lila Nächte. Die Damenklubs im Berlin der zwanziger Jahre. Mit einem Nachwort von Ilse Kokula. Berlin 1994. <A. Meyer (1994)>

Meyer, H[ans]: Die Diaspora der deutschen evangelischen Kirche in Rumänien, Serbien und Bulgarien. Potsdam 1901, S. 454. <H. Meyer (1901)>

Meyer, Sabine (Hg.): Kämpfe um Respekt und Anerkennung. Zur Geschichte transgeschlechtlichen Lebens in den westlichen Besatzungszonen und der BRD zwischen 1945 und 1980. In: Dies. (Hg.): Auf nach Casablanca? Lebensrealitäten transgeschlechtlicher Menschen zwischen 1945 und 1980. Berlin 2018, S. 30 – 51. <S. Meyer (2018)>

Michaelis, Hermann: Die Homosexualität in Sitte und Recht. Berlin 1907. <H. Michaelis (1907)>

Micheler, Stefan: Anstand und Bewegung. Die Freundschaftsverbände Männer begehrender Männer der Weimarer Republik. In: Pretzel, Andreas / Weiß, Volker (Hg.): Politiken in Bewegung. Die Emanzipation Homosexueller im 20. Jahrhundert. Hamburg 2017, S. 78 – 100. <S. Micheler 2017>

Mielchen, Andreas: Wider die Norm. Die Lebensformenpolitik des Bundesverbandes Homosexualität 1986 – 1997. In: A. Pretzel / V. Weiß (2013a), S. 118 – 135. <A Mielchen 2013>

Mildenberger, Florian: „… in Richtung der Homosexualität verdorben“. Psychiater, Kriminalpsychologen und Gerichtsmediziner über männliche Homosexualität 1850 – 1970. Hamburg 2002. <F. Mildenberger (2002)>

Ministerium für Soziales und Integration Baden-Württemberg (Hg.): Lexikon der kleinen Unterschiede. Begriffe zur sexuellen und geschlechtlichen Identität. 3. Auflage 2018. In: https://sozialministerium.baden-wuerttemberg.de/de/service/publikation/did/lexikon-der-kleinen-unterschiede/ (abgerufen am 27.01.2022). <Ministerium für Soziales und Integration Baden-Württemberg (2018)>

Moll, Albert: Die konträre Sexualempfindung. Mit Benutzung amtlichen Materials mit einem Vorwort von Dr. R. von Krafft-Ebing. Berlin 1893. <A. Moll (1893)>

Moll, Albert: Handbuch der Sexualwissenschaften. Mit besonderer Berücksichtigung der kulturgeschichtlichen Beziehungen. Leipzig 1921. <A. Moll (1921)>

Möllers, Heiner: Die Affäre Kießling. Der größte Skandal der Bundeswehr. Berlin 2019. <H. Möllers (2019)>

Morel, E. D.: Der Schrecken am Rhein. Berlin 1920. <E. D. Morel (1920)>

Mühling, Christian: Homosexualität am französischen Königshof. Das Beispiel Philipps I. von Orleans. In: Finzsch, Norbert / Velke, Marcus (Hg.): Queer, Gender, Historiographie. Aktuelle Tendenzen und Projekte. Berlin 2016, S. 49 – 69. <C. Mühling (2016)>

Müller, Irene: Travestie. Frankfurt a. M. 1999. <I. Müller (1999)>

Müller, Joachim / Sternweiler Andreas (Hg.): Homosexuelle Männer im KZ Sachsenhausen. Berlin 2000, Neuauflage Hamburg 2015. <J. Müller / A. Sternweiler (2000/2015)>

Müller-Eisert / Müller, Franz Arthur: Die sogenannte widernatürliche Unzucht. Ein Beitrag zur Kritik des Vorentwurfs zu einem deutschen Strafgesetzbuch von 1909. Diss., Heidelberg 1912. Berlin-Charlottenburg 1912. >F. A. Müller-Eisert (1912)>

Munier, Julia: Lebenswelten und Verfolgungsschicksale homosexueller Männer in Baden und Württemberg im 20. Jahrhundert. Stuttgart 2021. <J. Munier (2021)>

Neliba, Günter: Wilhelm Frick. Der Legalist des Unrechtsstaates. Eine politische Biografie. Paderborn 1992, S. 49. <G. Neliba (1992)>

Nellen, Petra (Hg.): Die Vergangenheit ist die Schwester der Zukunft. 800 Jahre Frauengeschichte in Heidelberg. Ubstadt-Weiher 1996. <P. Nellen (1996)>

Neubauer, Friedrich: Lehrbuch der Geschichte. Ausgabe A, V. Teil. Halle/Saale 1914, S. 18f. <F. Neubauer (1914)>

Nienhaus, Ursula: Wie die Frauenbewegung zu Courage kam. In: Notz, Gisela (Hg.): Als die Frauenbewegung noch Courage hatte. Die „Berliner Frauenzeitung Courage“ und die autonomen Frauenbewegungen der 1970er und 1980er Jahre. Dokumentation einer Veranstaltung am 7. Juni 2006 in der Friedrich-Ebert-Stiftung Berlin. Bonn 2007, S. 7 – 22. <U. Nienhaus (2007)>

Niere, Angelika: Homosexualität in der Holocaustliteratur. Gießener Arbeiten zur neueren deutschen Literatur und Literaturwissenschaft, 37. Frankfurt a. M. 2021. <A. Niere (2021)>

Nowak, Kai: Umkämpfte Filme. Skandal und Zensur im Kino der Weimarer Republik. In: Herbst-Meßlinger, Karin / Rother, Rainer, Schaefer / Annika: Weimarer Kino neu gesehen. Berlin 2018, S. 215 – 237.

Nussberger, Erika: Zwischen Tabu und Skandal. Hermaphroditen von der Antike bis heute. Köln 2014. <E. Nussberger (2014)>

Oehler, Christiane: Die Rechtsprechung des Sondergerichts Mannheim 1933 – 1945. Berlin 1997. <C. Oehler (1997)>

Oosterhuis, Harry: Stepchildren of Nature. Krafft-Ebing, Psychiatry and the Making of Sexual Identity. Chicago / London 2000. <H. Oosterhuis (2000)>

Oppenheimer, Max: Wie die Badenia zustande kam. In: Kartell-Convent Blätter, H. 8 und 9 (1915/16), S. 530 – 532, 568 – 570). <M. Oppenheimer (1915/16)>

Ostrowska, Joanna / Talewicz-Kwiatkowska, Joanna / van Dijk, Lutz (Hg.): Erinnern in Auschwitz auch an sexuelle Minderheiten. Berlin 2020. <Ostrowska (2020)>

Patzold, Steffen: Die Lust des Herrschers. Zur Bedeutung und Verbreitung eines politischen Vorwurfs zur Zeit Heinrich IV. In: Gerd Althoff (Hg.): Heinrich IV. Vorträge und Forschungen. Ostfildern 2009, S. 219 – 253. <S. Patzold (2009)>

Perincioli, Cristina: Warum musste die Tomate so weit fliegen? Über 68erInnen, Anarchismus, Lesbianismus bis zum Frauenzentrum. In: G. Dennert u. a. (2007a), S. 62 – 67. <C. Perincioli (2007)>

Peter, Jürgen: Der Einbruch der Rassenhygiene in die Medizin. Auswirkung rassenhygienischen Denkens auf Denkkollektive und medizinische Fachgebiete von 1918 bis 1934. Frankfurt a. M. 2004. <J. Peter (2004)>

Pfanz-Sponagel, Christiane: Aus dem Schutz des Hauses heraus in die Öffentlichkeit. Mannheimer Frauen in der Politik 1918 – 1933. In: Frauenbeauftragte (1993), S. 204 – 213. <C. Pfanz-Sponagel (1993)>

Pfanz-Sponagel, Christiane: Vom Frauenverein zum Mandat. Frauen, Frauenbewegung und Politik im Rhein-Neckar-Raum 1890 – 1933, Ludwigshafen 2004. <C. Pfanz-Sponagel (2004)>

Piper, Mecki: Die Frauenbewegung und ihre Bedeutung für lesbische Frauen (1850 – 1920). In: M. Bollé (1984), S. 116 – 124. <M. Piper (1984)>

Plastargias, Jannis: RotZschwul. Der Beginn einer Bewegung (1971 – 1975). Berlin 2015. <J. Plastargias (2015)>

Plötz, Kirsten / Velcke, Marcus: Aufarbeitung von Verfolgung und Repression lesbischer und schwuler Lebensweisen in Hessen 1945 – 1985. Wiesbaden 2018. <K. Plötz / M. Velcke (2018)>

Plötz, Kirsten: „… in ständiger Angst…“ Eine historische Studie über rechtliche Folgen einer Scheidung für Mütter mit lesbischen Beziehungen. Mainz 2021. <K. Plötz (2021)>

Plötz, Kirsten: Einsame Freundinnen? Lesbisches Leben während der zwanziger Jahre in der Provinz. Hamburg 1999. <K. Plötz (1999)>

Plötz, Kirsten: Wo blieb die Bewegung lesbischer Trümmerfrauen? In: Bundesstiftung Magnus Hirschfeld (2014), S. 71 – 86. <K. Plötz (2014)>

PLUS. Psychologische Lesben- und Schwulenberatung Rhein-Neckar e.V.: Sicher Out? Geschützt vor Diskriminierung und Gewalt in der Region Rhein-Neckar? Dokumentation zur Kurzbefragung. Mannheim 2018. <PLUS (2018)>

Pockels, Karl Friedrich (Hg.): Bekenntnisse der Prinzessin Elisabeth Charlotte von Orléans. Aus ihren Originalbriefen. Danzig 1791.<K. F. Pockels (1791)>

Pohl, Monika: Ludwig Marum – Gegner des Nationalsozialismus. Verfolgungsschicksal eines Sozialdemokraten jüdischer Herkunft. Karlsruhe 2013. <M. Pohl (2013)>

Prantl, Helmut: Die kirchliche Lage in Bayern nach den Regierungspräsidenten-Berichten 1933 – 1943. Bd. 4: Regierungsbezirk Pfalz 1933 – 1940. Veröff. d. Kommission für Zeitgeschichte, Reihe A, Bd. 24. Mainz 1978. <H- Prantl (1978)>

Pretzel, Andreas: NS-Opfer unter Vorbehalt. Berlin 2002. <A. Pretzel (2002)>

Pretzel, Andreas / Weiß, Volker: Überlegungen zum Erbe der zweiten deutschen Homosexuellenbewegung. In: Dies. (Hg.): Ohnmacht und Aufbegehren. Homosexuelle Männer in der frühen Bundesrepublik. Hamburg 2010, S. 9 – 26. <A. Pretzel / V. Weiß (2010)>

Pretzel, Andreas / Weiß, Volker (Hg.): Zwischen Autonomie und Integration. Schwule Politik und Schwulenbewegung in den 1980er und 1990er Jahren. Hamburg 2013. <A. Pretzel / V. Weiß (2013a)>

Pretzel, Andreas / Weiß, Volker: Zwischen Autonomie und Integration. Schwule Politik und Schwulenbewegung in den 1980er und 1990er Jahren. In: A. Pretzel / V. Weiß (2013a). <A. Pretzel / V. Weiß (2013b)>

Pretzel, Andreas / Weiß, Volker (Hg.): Rosa Radikale. Die Schwulenbewegung der 1970er Jahre. Hamburg 2017. <A. Pretzel / V. Weiß (2017)>

Projektgruppe „Ganz unten. Obdachlosigkeit, öffentliche Skandalisierung, diakonisches Engagement“: Wargemanns Wanderungen. Eine Episode aus der Frühzeit der Wandererfürsorge. In: Ravensberger Blätter. Organ des Historischen Vereins für die Grafschaft Ravensberg e. V., H. 2, 2017, S. 12 – 32. <Projektgruppe (2017)>

Puff, Helmut: Female sodomy. The trial of Katharina Hetzeldorfer 1477. In: Journal of medieval and early modern studies. 30 (2000) 1, S. 41 – 61. <H. Puff (2000)>

Puff, Helmut: Mann mit Mann, Weib mit Weib – gleichgeschlechtliche Liebe in Spätmittelalter und früher Neuzeit. In: Cüppers, Martin / Domeier, Norman (Hg.): Späte Ausarbeitung. LSBTTIQ-Lebenswelten im deutschen Südwesten. Stuttgart 2018, S. 27 – 38. <H. Puff (2018)>

Radke, Holger / Zöbeley, Günter: Die Gerichte im Landgerichtsbezirk Mannheim, In: Münchbach, Werner (Hg.): Festschrift 200 Jahre Badisches Oberhofgericht Oberlandesgericht Karlsruhe. Heidelberg 2003, S. 425 – 464. <H. Radke / G. Zöbeley (2003)>

Rau, F. [Mitarb.]: Frauen in der Plöck 48. Bagger, Bullen und Beamte. Dokumente und Erfahrungen. Heidelberg, Selbstverlag 1974. <F. Rau (1974)>

Recht, Peter / Schmerl, Christiane / Stoffel, Detlef u. a.: Rosa Winkel? Das ist doch schon lange vorbei…. Materialien zum gleichlautenden Film. Bielefeld 1976. <P. Recht u. a. (1976)>

Reichert, Martin: Die Kapsel. Aids in der Bundesrepublik. Berlin 2018. <M. Reichert (2018)>

Reinberg, Brigitte / Roßbach, Edith: Stichprobe: Lesben. Erfahrungen lesbischer Frauen mit ihrer heterosexuellen Umwelt. Pfaffenweiler 1995. <B. Reinberg / E. Roßbach (1995)>

Reinle, Christine: Das mittelalterliche Sodomiedelikt im Spannungsfeld von rechtlicher Norm, theologischer Deutung und gesellschaftlicher Praxis. In: Thoma, Lev Mordechai / Limbeck, Sven (Hg.): „Die sünde, der sich der tiuvel schamet in der helle" Homosexualität in der Kultur des Mittelalters und der frühen Neuzeit. Ostfildern 2009, S. 13–42. <C. Reinle (2009)>

Richter, Dieter: Friedrich Alfred Krupp auf Capri. Ein Skandal und seine Geschichte. In: Michael Epkenhans, Ralf Stremmel (Hg.): Friedrich Alfred Krupp. Ein Unternehmer im Kaiserreich. München 2010, S. 157–178. <D. Richter (2010)>

Riechers, Burkhardt: Freundschaft und Anständigkeit. Leitbilder im Selbstverständnis männlicher Homosexueller in der frühen Bundesrepublik. In: Invertito. Jahrbuch für die Geschichte der Homosexualitäten, Nr. 1, 1999, S. 12–46. <B. Riechers (1999)>

Rimmele, Harald: „Alle gaben sich tolerant und verständnisvoll". Die Berichterstattung über Schwule in den siebziger Jahren. In: E. Kraushaar (1997), S. 130–149. <H. Rimmele (1997)>

Ritter, Kim: „Dieses Gefühl irgendwie so'n Zuhause gefunden zu haben". Biografische Konstruktionen von Bisexualität im Kontext monosexueller Ordnung. In: Bundesstiftung Magnus Hirschfeld (2014), S. 199–214. <K. Ritter (2014)>

Ritter, Kim: Jenseits der Monosexualität. Selbstetikettierung und Anerkennungskonflikte bisexueller Menschen. Gießen 2020. <K. Ritter (2020)>

Rohleder, Hermann: Die Masturbation. Eine Monographie für Ärzte, Pädagogen und gebildete Eltern. Berlin 1921. <H. Rohleder (2021)>

Röll, Wolfgang: Homosexuelle Häftlinge im Konzentrationslager Buchenwald. Weimar [um 1990]. <W. Röll (um 1990)>

Rosenkranz, Bernhard / Bollmann, Ulf / Lorenz, Gottfried: Homosexuellenverfolgung in Hamburg 1919–1969. Hamburg 2009. <B. Rosenkranz u. a. (2009)>

Rosenkranz, Bernhard / Lorenz, Gottfried: Hamburg auf anderen Wegen. Die Geschichte des schwulen Lebens in der Hansestadt. Hamburg 2012. <B. Rosenkranz / G. Lorenz (2012)>

Rotzoll, Maike / Hohendorf, Gerrit: Murdering the sick in the name of progress? The Heidelberg psychatrist Carl Schneider as a brain researcher and „therapeutic idealist". In: Weindling, Paul (Hg.): From clinic to concentration camp. Reassessing Nazi medical and racial research, 1933–1945, London 2017, S. 163–182. <M. Rotzoll / G. Hohendorf (2017)>

Rüdiger, Ariane: Es gibt noch viel zu tun. Die Macherinnen und Macher der LGBTIQ-Bewegung. Berlin 2016. <A. Rüdiger (2016)>

Rulffes, Evke: Die Erfindung der Hausfrau. Geschichte einer Entwertung. Hamburg 2021. <E. Rulffes (2021)>

Rürup, Miriam: Ehrensache: Jüdische Studentenverbindungen an deutschen Universitäten 1886–1937. Göttingen 2008. <M. Rürup (2008)>

Saalfeld, Robin: Transgeschlechtlichkeit und Visualität. Bielefeld 2020. <R. Saalfeld (2020)>

Sams, Eric: The Songs of Johannes Brahms. New Haven 2000. <E. Sams (2000)>

Satjukow, Silke / Gries, Rainer: Unsere Feinde. Konstruktion des Anderen im Sozialismus. Leipzig 2004. <S. Stjukow / R. Gries (2004)>

Schäfer, Christian: „Widernatürliche Unzucht" (§§ 175, 175a, 175b, 182 a.F. StGB). Reformdiskussion und Gesetzgebung seit 1945. Berlin 2006. <C. Schäfer (2006)>

Scheidle, Ilona: Vom landesmütterlichen Regiment zur bürgerlichen Massenorganisation: Der badische Frauenverein – Zweigverein Heidelberg. In: P. Nellen (1996), S. 241–252. <I. Scheidle (1996a)>

Scheidle, Ilona: „Sie schätzten einander" - oder: Freundinnen – ein zeitloses Thema ganz zeitgebunden, In: P. Nellen (1996), S. 81–94. <I. Scheidle (1996b)>

Scheidle, Ilona: Elisabeth Schmidt. Ledig, erwerbsarbeitend, frauenliebend. Online 2017 veröffentlicht unter (https://www.vom-anderen-ufer.de/menschen/elisabeth-schmidt/) (Zugriff: 11.10.2020). <I. Scheidle (2017)>

Scheidle, Ilona: Heidelbergerinnen, die Geschichte schrieben. Frauenportraits aus fünf Jahrhunderten. Kreuzlingen 2006. <I. Scheidle (2006)>

Scheidle, Ilona: Lesben-Geschichte-Frauen-Bewegung. In: Heinrich Böll Stiftung: gender geblickt. queer-feministische, ein-, aus- und durchblicke. Berlin 2011, S. 22–27. <I. Scheidle (2011)>

Schenk, Herrad: Die feministische Herausforderung. 150 Jahre Frauenbewegung in Deutschland. München 1988. <H. Schenk (1988)>

Schloß, Gertrud: Die Nacht des Eisens. Gedichte mit einem biographischen Essay von Tamara Breitbach. Trier 2019. <G. Schloß (2019)>

Schmidt, Reinhard (Hg.): HAG. Homosexuelle Aktionsgruppe Bochum. Beginn der homosexuellen Emanzipation im Jahr 1970. Norderstedt 2020. <R. Schmidt (2020)>

Schmuhl, Hans-Walther: Infam. Theodor Wangemanns weiterer Lebensweg. In: Ravensberger Blätter. Organ des Historischen Vereins für die Grafschaft Ravensberg e. V., H. 2, 2017, S. 33–45. <H.-W. Schmuhl (2017)>

Schnitzer, Valerie: Geheilte Seele, befreites Ich, Saarbrücken 2018. <V. Schnitzer (2018)>

Schock, Axel: Out im Kino. Das lesbisch-schwule Filmlexikon. Berlin 2003. <A. Schock (2003)>

Schock, Axel: Schwule Orte. Berlin 2004. <A. Schock (2004)>

Schock, Axel / Fessel, Karen-Susan: Out! 800 berühmte Lesben,

Schwule und Bisexuelle. Berlin 2004, S. 87. <A. Schock / K.-S. Fessel 2004)>

Schock, Axel / Schupp, Karin: Out-Takes. Das lesbisch-schwule Lexikon des unnützen Wissens. Berlin 2005. <A. Schock / K. Schupp (2005)>

Schoeps, Hans-Joachim: Soll Homosexualität strafbar bleiben? In: Der Monat 15, 1962, S. 22 – 23. <H.-J. Schoeps (1962)>

Schoppmann, Claudia: Nationalsozialistische Sexualpolitik und weibliche Homosexualität. Pfaffenweiler 1991, S. 66ff. <C. Schoppmann (1991)>

Schoppmann, Claudia: Zur Situation lesbischer Frauen in der NS-Zeit. In: G. Grau (2004), S. 35ff. <C. Schoppmann (2004)>

Schraut, Sylvia: Frau und Mann, Mann und Frau. Eine Geschlechtergeschichte des deutschen Südwestens 1789 – 1980. Stuttgart 2016. <S. Schraut (2016)>

Schröder, Hiltrud / Horsley, Joey u. a. (Hg.): Berühmte Frauenpaare. Frankfurt a. M. 2005. <H. Schröder / J. Horsley (2005)>

Schröder, Paul: Suchat. Chronik einer eingetragenen Lebenspartnerschaft. Friedberg 2012.<P. Schröder (2012)>

Schrott, Nina: Intersex-Operationen. Die strafrechtliche Bewertung geschlechtsbestimmender Operationen an intersexuell geborenen Minderjährigen unter besonderer Berücksichtigung stellvertretender elterlicher Einwilligung. Baden-Baden 2020. <N. Schrott (2020)>

Schulz, Karl (Hg.): Der Internationaler Reiseführer. Berlin (1920/1921). <K. Schulz (1920/21)>

Schupp, Karin: Angst vor den wilden Lesben! Skandale, Klatsch & Tratsch. Berlin 1998. <K. Schupp (1998)>

Schwartz, Michael: Homosexuelle, Seilschaften, Verrat. Ein transnationales Stereotyp im 20. Jahrhundert. Berlin 2019. <M. Schwarz (2019)>

Seelbach, Siegfried: Gleichgeschlechtliches Verhalten als Straftatbestand. Die Beratungen der Großen Strafrechtskommission. Stuttgart 1966. <S. Seelbach (1966)>

Seithe, Matti: Rezeption und Wirkung massenmedialer Informationen zu HIV und Aids. Wiesbaden 2017. <M. Seithe (2017)>

Seitz, Friede: Begegnung in Blau. Roman. Mannheim 1997. <F. Seitz (1997)>

Seyfarth, Napoleon: „Sport treibt ein Homosexueller schon gar nicht!" Für Peter L., genannt Kußmaul, der mir den Doppelpaß beibrachte. In: Hamm, Patrick / Hakert, Ulmann-Matthias (Hg.): Bewegte Männer. Das schwule Buch zum Sport. Köln 1996, S. 117 – 120. <N. Seyfarth (1996)>

Seyfarth, Napoleon: Schweine müssen nackt sein – ein Leben mit dem Tod. St. Gallen, Berlin, São Paulo 1991. <N. Seyfarth (1991)>

Shilts, Randy: Conduct unbecoming. Lesbians and gays in the U.S. military. Vietnam to the Persian Gulf. New York 1993. <R. Shilts (1993)>

Sigusch, Volkmar: Geschichte der Sexualwissenschaft. Frankfurt a. M. 2008. <V. Sigusch (2008)>

Simon, Hildegard: Brief einer Mutter an die Eltern junger Homosexueller. In: Jaekel, Hans Georg: Ins Ghetto gedrängt. Homosexuelle berichten. Hamburg 1978, S. 125 – 127. <H. Simon (1978)>

Slavtcheva-Raiber, Anna: Geschichte, Entwicklung und Sprachwerbetätigkeit der deutschen Schulen in Bulgarien im Zeitraum 1900 – 1939. Diss., Mannheim 2005. <A. Slavtcheva-Raiber (2005)>

Sobek, Daniela: Lexikon lesbischer Frauen im Film. München 2000. <D. Sobek (2000)>

Springmann, Veronika: Vom Allgemeinen und Besonderen. Oskar Tischer – mehr als nur ein Fall? In: A. Zinn (2020a), S. 163 – 176. <V. Springmann (2020)>

Stadtmuseum Tübingen (2021) (Hg.): Queer durch Tübingen. Geschichten vom Leben, Lieben und Kämpfen. Tübingen 2021. <Stadtmuseum Tübingen (2021)>

Steakley, James: Anders als die Andern. Ein Film und seine Geschichte. Hamburg 2007. <J. Steakley (2007)>

Steakley, James: Die Freunde des Kaisers. Die Eulenburg-Affäre im Spiegel zeitgenössischer Karikaturen. Hamburg 2004. <J. Steakley (2004)>

Steinle, Karl-Heinz: Homophiles Deutschland – West und Ost. In: A. Sternweiler (1997), S. 195 – 203. <K.-H. Steinle (1997)

Steinle, Karl Heinz: Marianne. Eine versteckte Kämpferin. In: Stadtmuseum Tübingen (2021), S. 214 – 225. <K.-H. Steinle (2021)

Sternweiler, Andreas (Hg.): 100 Jahre Schwulenbewegung. Goodbye to Berlin. Berlin 1997. <A. Sternweiler (1997)>

Sternweiler, Andreas (Hg.): Liebe, Forschung, Lehre. Der Kunsthistoriker Christian Adolf Isermeyer. Berlin 1998. <A. Sternweiler (1998)>

Sternweiler, Andreas / Schwules Museum (Hg.): Selbstbehauptung und Beharrlichkeit. Zweihundert Jahre Geschichte. [Begleitbuch zur Dauerausstellung des Schwulen Museums] Berlin 2004. <A. Sternweiler (2004)>

Striehn, Otto: Kastration nach § 14II des Gesetzes zur Verhütung erbkranken Nachwuchses und nach § 42k des Reichsstrafgesetzbuches unter Berücksichtigung der an der Kreis-Heil- und Pflegeanstalt zu Frankenthal vorhandenen Fälle. Bleicherode a. H. 1938. <O. Striehn (1938)>

Stümke, Hans-Georg / Finkler, Rudi: Rosa Winkel, Rosa Listen. Homosexuelle und „gesundes Volksempfinden" von Auschwitz bis heute. Reinbek 1981. <H.-G. Stümke / R. Finkler (1981)>

Stümke, Hans-Georg: Homosexuelle in Deutschland. Eine politische Geschichte. München 1989. <H.-G. Stümke (1989)>

Suffner, Jillian B.: Eine Lesbe macht noch kein Theater Lesbisch bewegte Theaterkultur auf der Straße. In: G. Dennert u. a. (2007a), S. 235 – 238. <J. B. Suffner (2007)>

Süssmuth, Rita: AIDS. Wege aus der Angst. Hamburg 1987, S. 19. <R. Süssmuth (1987)>

Tapié de Celeyran, Michel / Sauré, Wolfgang u. a.: Ich bin Maler – und basta. Rudi Baerwind. Mannheim (1974). <M. Tapié de Celeyran / W. Sauré (1974)>

Telge, Dieter: Krise als Chance – AIDS-Selbsthilfebewegungen in Wechselwirkung mit schwulen Emanzipationsbestrebungen. In: A. Pretzel / V. Weiß (2013a), S. 153 – 160. <D. Telge (2013)>

Theis, Wolfgang / Sternweiler, Andreas: Alltag im Kaiserreich und in der Weimarer Republik. In: M. Bollé (1984), S. 48 – 73. <W. Theis / A. Sternweiler (1984)>

Theopold, Wilhelm: Doktor und Poet dazu. Dichterärzte aus fünf Jahrhunderten. Mainz 1986. <W. Theopold (1986)>

Titze, Sigrid: Frauenbildungs- und Tagungshaus Zülpich. In: Rüdiger, Ariane: „Es gibt noch viel zu tun…" Die Macher und Macherinnen der LSBTIQ-Bewegung. Berlin 2016, S. 34 – 38. <S. Titze (2016)>

Ulrichs, Karl Heinrich: Agronauticus. Leipzig 1869. <K. H. Ulrichs (1869)>

Ulrichs, Karl Heinrich: Forschungen über das Räthsel der mannmännlichen Liebe, Bd. 1 – 4, 1864 – 1879. Neuauflage Berlin 1994. <K. H. Ulrichs (1994)>

van der Cruysse, Dirk: „Madame sein ist ein ellendes Handwerck". Liselotte von der Pfalz – eine deutsche Prinzessin am Hof des Sonnenkönigs. München 1994. <D. van der Cruysse (1994)>

van Dijk, Lutz: Einsam war ich nie. Schwule unter dem Hakenkreuz 1933 – 1945. Berlin 2003. <L. van Dijk (2003)>

van Dijk, Lutz: Endlich den Mut… Briefe von Stefan T. Kosinski (1925 – 2003). Berlin 2005. <L. van Dijk (2005)>

van Dijk, Lutz: Verdammt starke Liebe. Die wahre Geschichte von Stefan K. und Willi G. Berlin 2015. <L. van Dijk (2015)>

van Dijk, Lutz (Hg.): Erinnern in Auschwitz auch an sexuelle Minderheiten. Berlin 2020. >L. van Dijk (2020)>

Varsa, Eszter unter Mitarbeit von Magret Göth und Angela Jäger: Homosexualität und Islam: lsbttiq und muslimisch sein? Mannheim 2016. <E. Varsa (2016)>

Vierordt, Heinrich: Das Buch meines Lebens. Stuttgart 1925. <H. Vierordt (1925)>

Virgenz, Karl: Deutsche Schule im Auslande 1883 – 1933. Herausgegeben anläßlich der Fünfzigjahrfeier der Deutschen Schule Rustschuk. Sofia 1933. <K. Virgenz (1933)>

Vogel, Walter: Die Schönen der Nacht. Showstars und Travestie. Wien 1994. <W. Vogel (1994)>

Volk, Stefan: Skandalfilme. Cineastische Aufreger gestern und heute. Marburg 2011, S. 19ff. <S. Volk (2011)>

Völling, Christiane mit Dombrowe, Britta Julia: Ich war Mann und Frau. Mein Leben als Intersexuelle. Köln 2010. <C. Völling (2010)>

von Bülow, Carola: Der Umgang der nationalsozialistischen Justiz mit Homosexuellen, Diss., Oldenburg 2000. <C. von Bülow (2000)>

von Friedeburg, Ludwig: Die Umfrage als Instrument der Sozialwissenschaften. Zur Methode und Verwendung der Umfrage unter besonderer Berücksichtigung der Umfrage in der Intimsphäre. Diss., Freiburg/Br. 1952. <L. von Friedeburg (1952)>

von Gottschall, Rudolf: Die deutsche Nationalliteratur des neunzehnten Jahrhunderts literarhistorisch und kritisch dargestellt. Breslau 1872. <R. Gottschall (1872)>

von Krafft-Ebing, Richard: Psychopathia Sexualis. Mit besonderer Berücksichtigung der konträren Sexualempfindung. Stuttgart 1889. <R. Krafft-Ebing (1889)>

von Lengerke, Christiane: „Homosexuelle Frauen", Tribaden, Freundinnen, Urninden. In: Eldorado. Homosexuelle Frauen und Männer in Berlin 1850 – 1950. Geschichte, Alltag und Kultur. Berlin (West) 1984, S. 125 – 148. <C. von Lengerke (1984)>

von Massenbach, Sigrid (Hg.): Die Memoiren des Herzogs von Saint-Simon. Bd. 1, 169' – 1704. Frankfurt a. M. u. a. 1977. <S. Massenbach (1977)>

von Neugebauer, Franz Ludwig: Hermaphroditismus beim Menschen. Leipzig 1908. <F. L. Neugebauer (1908)>

von Paczensky, Susanne: Verschwiegene Liebe. Lesbische Frauen in unserer Gesellschaft. Reinbek 1984. <S. von Paczensky (1984)>

von Praunheim, Rosa: Nicht der Homosexuelle ist pervers, sondern die Situation, in der er lebt. Ein Buch von Rosa von Praunheim. Berlin 2007. <R. von Praunheim (2007)>

von Reichlin-Meldegg, Carl-Alexander Freiherr: Heinrich Eberhard Gottlob Paulus und seine Zeit nach dessen literarischem Nachlasse, bisher ungedrucktem Briefwechsel und mündlichen Mittheilungen dargestellt, B. 2. Stuttgart 1853. <C.-A. von Reichlin-Meldegg (1853)>

von Rönn, Peter: Das Homosexualitätskonzept des Psychiaters Hans Bürger-Prinz im Rahmen der NS-Verfolgungspolitik. In: B. Jellonnek (2002). <P. von Rönn (2002)>

Voutey, Maurice: Gefangener des Unwahrscheinlichen oder ein Traum geht ans Äußerste. Vier Jahreszeiten in Dachau und in den Neckarlagern. Elztal-Dallau 2002/03. <M. Voutey (2002/03)>

Weingand, Hans-Peter: Macht der Bilder, Macht der Mythen: 50 Jahre „Stonewall Riots". In: Fachverband Homosexualität und Geschichte e. V. (Hg.): Invertito. Jahrbuch für die Geschichte der Homosexualitäten, 23. Jg. 2021. Berlin 2022, S.12 – 52. <H.-P. Weingand (2022)>

Weller, Maximilian: Emil Palleske 1823 – 1880. In: Menn, Walter (Hg.): Pommersche Lebensbilder, Bd. IV. Köln und Graz 1966, S. 372 – 358. <M. Weller (1966)>

Wigger, Iris: Die „Schwarze Schmach am Rhein". Rassistische Diskriminierung zwischen Geschlecht, Klasse, Nation und Rasse. Münster 2007. <I. Wigger (2007)>

Wilcox, Melissa M.: Queer Nuns. Religion, Activism, and serious Parody. New York 2018. <M. M. Wilcox (2918)>

Winzen, Peter: Das Ende der Kaiserherrlichkeit. Skandalprozesse um die homosexuellen Berater Wilhelms II. 1907 – 1909. Köln 2010. <P. Winzen (2010)>

Winzen, Peter: Der erste politische Homosexualitätsskandal im Kaiserreich. Friedrich Alfred Krupp (1854 – 1902). In: Archiv für Kulturgeschichte Nr. 93, 2011, S. 415 – 450. <P. Winzen (2011)>

Wippermann, Wolfgang: Skandal im Jagdschloss Grunewald. Männlichkeit und Ehre im deutschen Kaiserreich, Darmstadt 2011. <W. Wippermann (2011)>

Wissenschaftlich-humanitäres Komitee (Hg.): Neunzehnter Bericht der Kommission für die Petitionen. Berlin 1904. <Wissenschaftlich-humanitäres Komitee (1904)>

Wissenschaftlich-humanitäres Komitee (Hg.): Mitteilungen der Wissenschaftlich-humanitären Komitees, Nr. 4. Berlin 1926. <Wissenschaftlich-humanitäres Komitee (1926)>

Wissenschaftlich-humanitäres Komitee (Hg.): Kundgebung Katholischer Homosexueller an die Reichstagsfraktion der Deutschen Zentrumspartei. Zugleich für Eltern, Priester, Fürsorger und Gesetzgeber. Berlin 1929. < Wissenschaftlich-humanitäres Komitee (1929)>

Witte, Heinrich: Der letzte Puller von Hohenburg. Ein Beitrag zur politischen und Sittengeschichte des Elsasses und der Schweiz sowie zur Genealogie des Geschlechts der Püller. Straßburg 1893, S. 125f. <H. Witte (1893)>

Wolfert, Raimund: „Gegen Einsamkeit und ‚Einsiedelei'". Die Geschichte der Internationalen Homophilen Welt-Organisation (IHWO). Hamburg 2009. <R. Wolfert (2009)>

Wolfert, Raimund: Zwischen den Stühlen – die deutsche Homophilenbewegung der 1950er Jahre. In: Bundesstiftung Magnus Hirschfeld (2014), S. 87 – 104. <R. Wolfert (2014)>

Wolfert, Raimund: Homosexuellenpolitik in der jungen Bundesrepublik. Kurt Hiller, Hans Giese und das Frankfurter Wissenschaftlich-humanitäre Komitee. Göttingen 2015. <R. Wolfert (2015)>

Wolff, Kerstin: Ein Traditionsbruch? Warum sich die autonome Frauenbewegung als geschichtslos erlebte. In: J. Paulus / E.-M. Silies / K. Wolff (2012), S. 257 – 275. <K. Wolfff (2012)>

Wolinsky, Marc / Sherril, Kenneth (Ed.): Gays and the Military. Joseph Steffan versus the United States. Princeton 1993. <M. Wolinsky / K. Sherril (1993)>

Wörner, Michael: Die Entwicklung der HuK in den 1980er Jahren. In: M. Brinkschröder u. a. (2017), S. 24 – 32. <M. Wörner (2017)>

Wowereit, Klaus: ... und das ist auch gut so. Mein Leben für die Politik. München 2007. <K. Wowereit (2007)>

Würdemann, Ulrich: Schweigen = Tod, Aktion = Leben. ACT UP in Deutschland 1989 bis 1993. Berlin 2017. <U. Würdemann (2017)>

Zilles, Sebastian: The 1970s in Retrospect and the HIV/AIDS Incision: Re-reading Napoleon Seyfarth's Schweine müssen nackt sein (1991). In: Janin Afken, Benedikt Wolf (Hg.): Sexual culture in Germany in the 1970s. A golden age for queers? Cham 2019, S. 267 – 286. <S. Zilles 2019)>

Zimmermann, Elisabeth: Wir waren ja sozusagen der Feind. In: Schoppmann, Claudia: Zeit der Maskierung. Lebensgeschichten lesbischer Frauen im „Dritten Reich". Berlin 1993, S. 114 – 121. <E. Zimmermann (1993)>

Zinn, Alexander: „Die Bewegung der Homosexuellen". Die soziale Konstruktion des homosexuellen Nationalsozialisten im antifaschistischen Exil. In: D. Grumbach (1995a), 38 – 84. <A. Zinn (1995)>

Zinn, Alexander: Homophobie und männliche Homosexualität in Konzentrationslagern. Zur Situation der Männer mit dem rosa Winkel. In: Eschebach, Insa (Hg.): Homophobie und Devianz. Weibliche und männliche Homosexualität im Nationalsozialismus. Berlin 2012, S. 79 – 96. <A. Zinn (2012)>

Zinn, Alexander (Hg.): Homosexuelle in Deutschland 1933 – 1969. Göttingen 2020. <A. Zinn (2020a)>

Zinn, Alexander: „Kein Anlass zum Einschreiten gegeben". Lesbisches Leben im Nationalsozialismus. In: A. Zinn (2020a), S. 103 – 116. <A. Zinn (2020b)>

Zirlewagen, Marc: „50 Jahre Arbeit für Volkstum und Staat" – Der Kyffhäuser-Verband der Vereine Deutscher Studenten 1881 – 1933. In: Ders. (Hg.): 1881 – 2006. 125 Jahre Vereine deutscher Studenten, Bd. I: Ein historischer Rückblick. Bad Frankenhausen 2006, S. 45 – 56. <M. Zirlewagen (2006)>

zur Nieden, Susanne (Hg.): Homosexualität und Staatsräson. Männlichkeit, Homophobie und Politik in Deutschland 1900 – 1945. Frankfurt a. M. 2005. <S. zur Nieden (2005)>

ZEITSCHRIFTEN

Das Verzeichnis berücksichtigt die Zeitschriften, die sich in ihrer inhaltlichen Ausrichtung oder in einzelnen Rubriken dezidiert an queere Leser*innen wenden oder im Kontext der Emanzipationsbewegungen von Bedeutung sind. In Klammern sind die ausgewerteten Jahrgänge oder Ausgaben angegeben. Im Verzeichnis nicht berücksichtigt sind die ebenfalls untersuchten Tages-, Wochen- und Monatsblätter, die sich mit ihren Themen an eine breite Öffentlichkeit wenden.

Kaiserreich

Jahrbuch für sexuelle Zwischenstufen unter besonderer Berücksichtigung der Homosexualität. Hrsg. von Magnus Hirschfeld. Stuttgart / Leipzig (Jgg. 1899 – 1908).

Monatsberichte des Wissenschaftlich-humanitären Komitees. Hrsg. vom Wissenschaftlich-humanitären Komitee. Charlottenburg-Berlin (Jgg. 1904 – 1908).

Der Eigene. [Mit wechselnden Untertiteln, u. a.:] Ein Blatt für männliche Kultur. Hrsg. von Adolf Brand. Berlin (Jgg. 1898,1899, 1903).

Zeitschrift für Sexualwissenschaft. Hrsg. von Magnus Hirschfeld. Leipzig (Jg. 1908).

Weimarer Republik

Blätter für Menschenrecht. Hrsg. vom Bund für Menschrecht. Berlin (Jgg. 1923 – 1933, jeweils die ersten 6 Monate des Jahres, 1933 Erscheinen früher eingestellt)

Das 3. Geschlecht. Die Transvestiten. Berlin (Jgg. 1930 – 1932, Nachdruck Hamburg 2016).

Die Freundin. Wochenschrift für ideale Freundschaft. Hrsg. vom Bund für Menschenrecht. Berlin (Jgg. 1924 – 1932, nicht in allen Jahren erschienen).

Die Freundschaft. Monatsschrift für ideale Freundschaft. Hrsg. von Karl Schultz. Berlin (Jgg. 1919 – 1926, 1930).

Frauenliebe/Garconne. Wochenschrift für Freundschaft, Liebe und sexuelle Aufklärung. Berlin (Jgg. 1926 – 1930).

Bundesrepublik bis 1969

Die Freunde/Freond. Halbmonatsschrift für ideale Freundschaft. Hamburg-Altona (Jgg. 1951 – 1952).

Die Gefährten. Monatsschrift für Menschlichkeit, Wahrheit und Recht. Hrsg. vom Verein für Humanitäre Lebensgestaltung. Frankfurt a. M. (März—September 1953, Juni/Juli 1954).

Die Insel. Monatsblätter für Freundschaft und Toleranz. Hamburg (November/Dezember 1951).

Der Weg zu Freundschaft und Toleranz. Eine Monatsschrift. Hrsg. vom Bundesorgan des Weltbundes für Menschenrechte, angeschlossen Internationale Freundschaftsloge. Hamburg (Jg. 1952).

Wir Freundinnen. Monatsschrift für Frauenfreundschaft. Hamburg (Jgg. 1951 – 1952).

Bundesrepublik seit 1970

FrauenLesbenzeitschriften

Abschminke. Unabhängige Frauenzeitung Raum Heidelberg, Mannheim. Heidelberg (1.1983 – 22.1999).

Courage. Aktuelle Frauenzeitung. Berlin (Jgg. 1976 – 1984).

Frauenjahrbuch. Hrsg. von der Jahrbuchgruppe des Münchner Frauenzentrums. Münster / Frankfurt a. M. / München / Naumburg, Elbenberg (Jgg. 1975 – 1977).

Heidelberger Frauenzeitung. Hrsg. vom Frauenzentrum Heidelberg, Heidelberg (Ausgaben 2 – 4 der Jgg. 1977 – 1979).

Lava. Karlsruher Frauenzeitung. Hrsg. von Lava im Frauentreff e. V. Karlsruhe (1.1989 – 14.1994).

Lesbenpresse. Hrsg vom Lesbenpressenkollektiv im LAZ. Berlin (Ausgaben 1 – 8, 11 der Jgg. 1975 – 1982).

Lesbenstich. Eine Zeitung der Lesbenbewegung. Berlin (1.1986 – 4.1990, 1.1991, 3.1991, 1 – 2.1992, 4.1992, 1 – 2.1993, 4.1993).

Lila Klatschmohn. Emanzenblatt Mannheim, Ludwigshafen. Frauenbuchladen Xanthippe, Mannheim. (1.1979 – 14.1981/82; Sonderausgabe 1983/84).

UkZ. Unsere kleine Zeitung von und für Lesben. Hrsg. von Gruppe L 74 e. V. Berlin (Jgg. 1975 – 1977).

Schwulenzeitschriften

du & ich. Für Schwule und andere Männer. Berlin / Hannover (Jgg. 1969 – 1972).

Emanzipation. Homosexuelle Emanzipationsgruppen Süddeutschlands informieren. München (Ausgaben 1 – 2, 1975; 1 – 3, 1978).

Gab. Die schwule Infozeitschrift / Das Gay-Magazin. Berlin / Frankfurt a. M. (Jg. 1996) .

Gay Journal / G. J. Pan-Verlag, Heidelberg. (Jgg. 1979, 1982 – 1987).

Lust. Lesbische und schwule Themen. Eine Vierteljahreszeitschrift. Wiesbaden (Ausgaben 1 – 23, 25 – 27, 33 – 37, 43 – 45 der Jgg. 1990 – 2012).

Magnus. Das schwule Magazin. Hrsg. vom Verein zur Förderung schwuler Kultur in den Medien e. V. Berlin (0.1989 – 6.1992).

Nummer. Die Zeitschrift der schwulen Bewegung im Rhein-Main-Gebiet. Wiesbaden (Ausgaben: 1 – 4, 6 – 35 der Jgg. 1979 – 1988).

Queer. Die Monatszeitung für Schwule und Lesben. Gesamtausgabe, Köln (April 1999).

Rosamunde. Zeitung im schwulen Heidelberg. Heidelberg (Ausgaben 1 – 8 der Jgg. 1980ff.).

Schwuchtel. Eine Zeitung der Schwulenbewegung. Berlin (1.1975 – 7.1977).

Zeitungen der Studierenden

Astarix. Wochenzeitung des AStA der Universität Mannheim. Mannheim (1.1991 – 6.1994).

bAStA. Mannheimer Studierenden Zeitung. Hrsg. vom AStA der Universität Mannheim. Mannheim (0.1996 – 53.2000).

PuniKA. Unizeitung der Universität Koblenz-Landau. Hrsg. vom AStA-Sekretariat. Landau (Ausgaben 1996/97).

Schlagloch/Ruprecht. Heidelberger Student(inn)enzeitung. Unabhängige Zeitung von Studierenden für Studierende. Hrsg. vom Arbeitskreis Zeitung. Heidelberg (Jgg. 1987 – 1999).

Stadtmagazine

Carlo Sponti. Heidelbergs Ilustre Illustrierte. Heidelberg (Ausgaben 6 – 10, 13 – 35, 38 – 42, 44 – 45 der Jgg. 1973 – 1978).

Ketchup. Mannheim, Heidelberg, Ludwigshafen. Heidelberg / Neckargemünd (Jgg. 1979 – 1987).

KiK-Magazin. Termine Karlsruhe, Heidelberg, Speyer, Mannheim, Ludwigshafen. Karlsruhe (Jgg. 1980 – 1986).

Meier. Das Magazin für das Rhein-Neckar-Delta. Musik, Clubs, Kino, Bühne, Essen, Leben im Delta. Mannheim (Jgg. 1985 – 1990, H. 7 – 12, 1992; H. 7 – 12, 1993; H. 6 – 12,1995; 1996; H. 1 – 7, 1997; H. 2 – 12, 1998; 1999).